泾源年鉴

2024

泾源县党史和地方志研究室 编

黄河出版传媒集团
阳光出版社

图书在版编目(CIP)数据

泾源年鉴. 2024 / 泾源县党史和地方志研究室编.
银川 ：阳光出版社，2024. 11. -- ISBN 978-7-5525
-7752-5

Ⅰ. Z524.34

中国国家版本馆 CIP 数据核字第 2025RS4596 号

泾源年鉴 2024 泾源县党史和地方志研究室 编

责任编辑 胡 鹏
封面设计 刘 萍
责任印制 岳建宁

黄河出版传媒集团
阳光出版社 出版发行

出版人 薛文斌
地 址 宁夏银川市北京东路 139 号出版大厦(750001)
网 址 http://www.ygchbs.com
网上书店 http://shop129132959.taobao.com
电子信箱 yang guangchubanshe@163.com
邮购电话 0951-5047283
经 销 全国新华书店
印刷装订 固原博奥彩色印刷有限公司
印刷委托书号 （宁）0031961

开 本 889 mm×1194 mm 1/16
印 张 25
字 数 600 千字
版 次 2024 年 11 月第 1 版
印 次 2024 年 11 月第 1 次印刷
书 号 ISBN 978-7-5525-7752-5
定 价 198.00 元

《泾源年鉴（2024）》编审委员会

《泾源年鉴（2024）》编纂人员

《泾源年鉴(2024)》资料提供人员

（按姓氏笔画顺序排列）

丁万成	丁六七	丁彩虹	于帅英	于永平	于永江	于勐斌	于梦江
于得水	于雁北	马义雄	马元元	马玉婷	马亚楠	马　尧	马　丽
马丽娟	马明清	马忠贤	马佳旺	马　荣	马思琦	马彦东	马　艳
马　艳	马莲芳	马晓丽	马淑珍	马　琴	马　越	马鹏杰	马　静
马德旺	王世馨	王洛颜	王海涛	王维亮	史丽娜	兰五六	兰慧琴
伍　军	刘亚军	苏　丽	李文祥	李志红	李　莹	李　倩	杨天鹏
杨　杰	杨　妮	杨　荣	杨　浩	肖燕燕	何亚慧	冶　涛	沙永霞
沙慧娟	张　谦	陈　朴	陈海燕	陈睿鹏	金利星	金斌斐	周苗苗
屈妞妞	赵佳鑫	柳武平	咸桂林	拜正国	禹　坤	禹　瑞	洪小蛟
高小龙	唐金林	海少将	曹　春	常玉琴	董文慧	韩军健	惠六七
惠花萍	童宝平	童晓凤	童智勇	鄢晓斌	赫小龙	赫亚荣	赫志成
赫丽君	赫惠军	樊　欣					

编辑说明

BIANJI SHUOMING

一、《泾源年鉴(2024)》是由中共泾源县委员会、泾源县人民政府主办,泾源年鉴编审委员会承办,泾源县党史和地方志研究室编辑,公开发行的正式出版物,是具有公报性质的大型资料性工具书。

二、本年鉴以马克思列宁主义、毛泽东思想、邓小平理论、“三个代表”重要思想、科学发展观、习近平新时代中国特色社会主义思想为指导,坚持辩证唯物主义和历史唯物主义的立场、观点和方法,全面、客观、准确地记载泾源县2023年经济、政治、文化、社会和生态文明建设等方面发展情况。

三、本年鉴采取分类编辑法,以类目、分目、条目组成框架结构的主体部分。少数分目中增设二级分目层次。全书条目标题统一用【】和字体加黑表示。全书前有目录,后有索引,以便于检索。

四、本年鉴设专载、泾源综览、大事记、中国共产党泾源县委员会、泾源县人民代表大会、泾源县人民政府、政协泾源县委员会、纪委监委、群众团体、经济管理、法治、军事、农业　自然资源　水务、工业和园区建设、商贸、城乡建设与环境保护、交通　邮政　通信、银行　保险、科学技术、教育　体育、文化　旅游　广电、卫生健康、社会管理、乡镇、荣誉榜、附录共26个部类。

五、本年鉴所刊载的原始资料由各部门、单位、各乡镇和各企业提供,具有重要的“资治、教化、存史”价值,为人们了解泾源发展现状、建设新泾源提供信息咨询服务。

六、本年鉴主要采用记、述、图、表等记述方法,大事记同一日发生的事件用“是日”表示,同时发生的更多大事用“△”表示。

七、本年鉴设荣誉榜,所收录内容为获得县级以上表彰奖励的先进集体、先进个人。

八、本年鉴严格执行出版物汉字使用管理规定、法定计量单位、出版物上数字用法、标点符号用法等国家标准及规定,力求规范化。使用自治区、市、县、乡镇名时,一般写明全称。泾源县简称“泾源”,有时简称“全县”“县内”“县”。

九、《泾源年鉴(2024)》收录的《泾源县2023年国民经济和社会发展公报》由泾源县统计局提供,因来源、统计口径等原因,个别数据与统计资料中的数据不尽一致,引用时以《泾源县2023年国民经济和社会发展公报》为准。

编　者

2024年6月

2024 年 1 月 2 日，中国共产党泾源县第十五届委员会第六次全体会议在县人民会堂召开

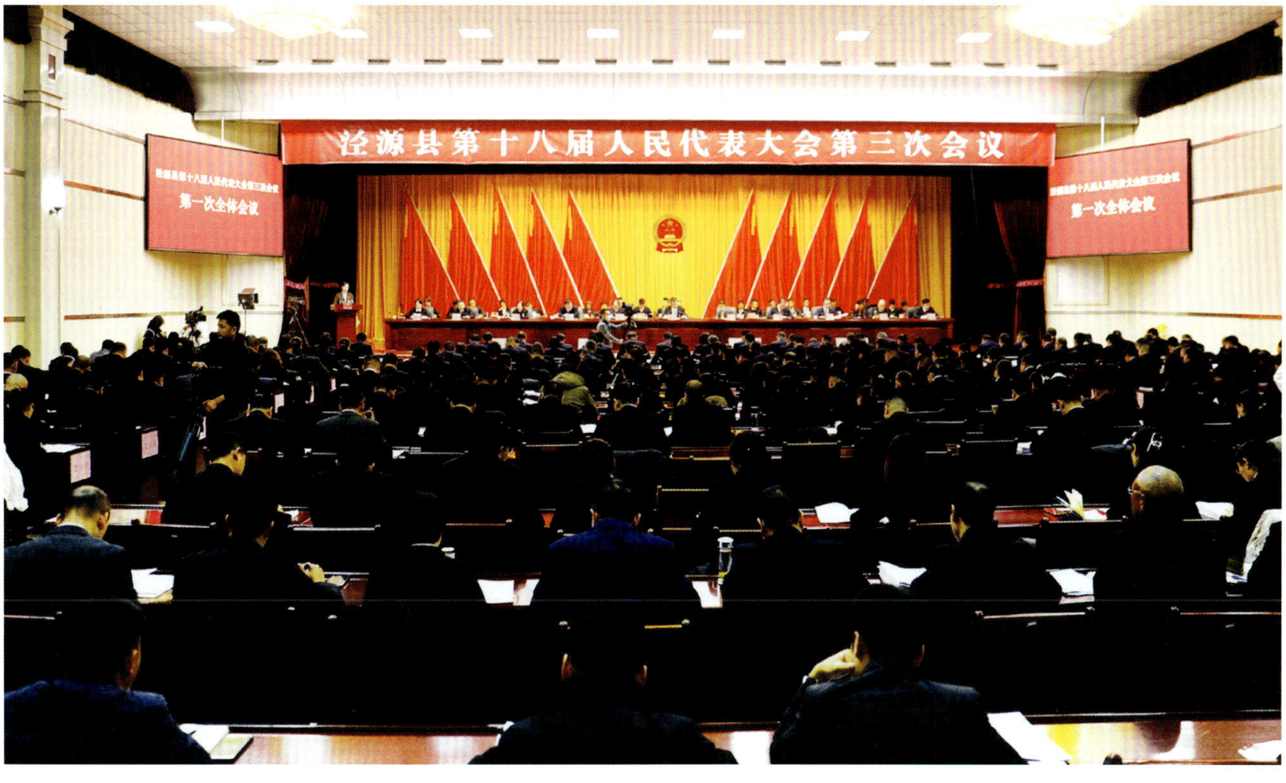

2024 年 1 月 8 日，泾源县第十八届人民代表大会第三次会议在县人民会堂召开

2024 年 1 月 5 日，中国人民政治协商会议泾源县第十四届委员会第三次会议在县人民会堂召开

2024 年 2 月 2 日，中国共产党泾源县第十五届纪律检查委员会第四次全体会议召开

2023 年 12 月 20 日，县委书记王荣（右一）到黄花乡调研产业发展情况

2023 年 10 月 13 日，县人大常委会主任李白虎（左六）陪同市人大调研组调研泾源县未成年人保护法落实情况

2023 年 4 月 6 日，县委副书记、政府县长马晓红（右三）带领相关部门负责人调研督导全县重点项目进展情况

2023 年 11 月 8 日，县政协主席李刚（左六）一行调研县属国有企业运行情况

2023 年 2 月 23—24 日，泾源县邀请泾源籍在外创业企业家代表召开“燕归巢”行动座谈会

2023 年 2 月 26 日，新民乡石咀村肉兔分红启动会

2023 年 8 月 13 日，兴盛乡群众在上金村扶贫车间务工

2023 年 9 月 14 日，六盘山镇集美村养蜂场

2023 年 6 月 26 日，兴盛乡兴明村蔬菜种植

2023 年 5 月 31 日，新民乡马河滩村大田木耳

2023 年 8 月 13 日，兴盛乡红旗村“出户入园”项目建设全景

2023 年 9 月 8 日，泾源县举办村党组织书记抓党建促乡村振兴“擂台比武”决赛

2023 年 2 月 20 日，泾源县科级领导干部学习贯彻党的二十大精神集中培训班在县人民会堂开班

2023 年 3 月 23 日，泾源县召开 2023 年全县领导干部廉政警示教育月启动大会

2023 年 1 月 15 日，泾源县举办 2023 年迎新春秦腔展演

2023 年 2 月 17 日，第九届全国大众冰雪季宁夏冰雪系列活动暨陕甘宁越野滑雪挑战赛（宁夏六盘山站）在泾源县雅豪国际滑雪场开幕

2023 年 6 月 5 日，泾源县召开扶贫志指导小组会议暨《泾源县扶贫志》评审会

2023 年 6 月 17 日，在县人民广场举办中国梦•劳动美——大力弘扬劳模精神劳动精神工匠精神大学生走基层宣传习近平新时代中国特色社会主义思想文艺演出

2023 年 7 月 18—20 日，泾源县举办宁夏•泾源第四届杨岭乡村文化旅游节

2023年7月28日，在泾源县雅豪国际滑雪场举办宁夏·泾源第一届汽摩节暨“六盘山杯”汽车场地越野赛开幕式

2023年9月27日，泾源牛街投入试运营

2023年9月30日，泾源县以“大地欢歌·美好生活”为主题，在大湾乡杨岭村举办2023年全国“村晚”示范展示活动

2023 年 10 月 27 日，在泾源县冶家村乡村舞台举办文艺演出

2023 年 10 月底，县文旅局督导石窑湾石窟修复项目

2023 年 12 月 31 日，第十届全国大众冰雪季启动仪式（宁夏分会场）暨 2024 世界雪日固原分会场活动在泾源县雅豪国际滑雪场举行

2023 年 2 月 14 日，泾源县在体育场召开 2023 年春风行动暨闽宁劳务协作现场招聘会

2023 年 3 月 15 日，中国移动通信集团宁夏有限公司泾源分公司开展“3·15”反诈宣传活动

2023 年 3 月 20 日，泾源县残疾人托养中心启动仪式在县残疾人康复中心举行

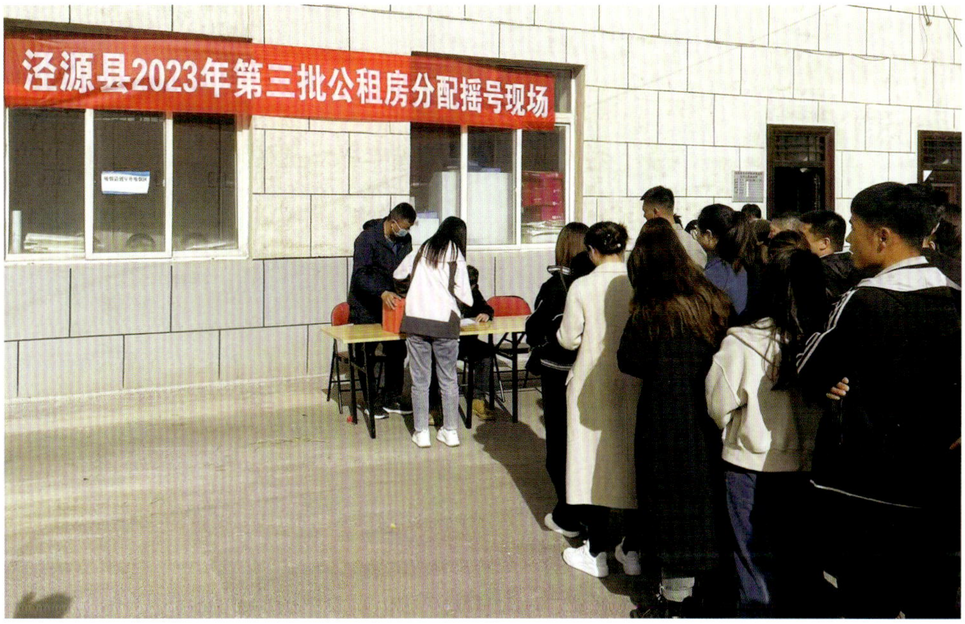

2023年11月2日，泾源县举行2023年第三批公租房分配摇号

2023年11月8日，泾源县消防宣传月启动仪式在县人民广场举行

2023年5月29日，“砺剑六盘·2023”跨区域地震应急救援联合演练在泾源县卧龙山开展

2023年2月7日，“中国体育彩票杯”宁夏泾源县第六届农民篮球争霸赛暨第五届职工群众篮球运动会在县体育馆开幕

2023年8月7日，共青团泾源县委员会开展“闽宁协作一家亲　山海相约筑梦想”暑假夏令营研学活动

2023 年 8 月 31 日，泾源县老年养护院竣工

2023 年 8 月 15 日，泾源县交通运输局开展交通项目质检工作

2023 年 4 月 22 日，泾源县中能建投绿塬共享储能电站建设现场

2023 年 4 月 10—14 日，泾源县开展 2023 年春季干部职工义务植树活动

2023 年 9 月 20 日，泾源县城全景图

2023 年 10 月 11 日，生态环境部专家组对六盘山国家级自然保护区生态环境保护成效开展评估

2023 年 6 月 25 日，泾源县野荷谷

2023 年 8 月 13 日，泾源县六盘山国家森林公园龙门云海

目 录 / CONTENTS

专 载

泾源综览

大事记

中国共产党泾源县委员会

泾源县人民代表大会

泾源县人民政府

政协泾源县委员会

纪委监委

群众团体

经济管理

法　治

军　事

农业　自然资源　水务

工业和园区建设

商　贸

城乡建设与环境保护

交通　邮政　通信

银行　保险

科学技术

教育　体育

文化　旅游　广电

卫生健康

社会管理

乡 镇

荣誉榜

附 录

索 引

在县委十五届六次全会暨县委经济工作会议上的报告(摘要)

——在县委第一次全体会议上

中共泾源县委书记　王　荣

(2024年1月2日)

这次全会的主要任务是:深入学习贯彻党的二十大精神、中央经济工作会议和习近平总书记视察宁夏重要讲话指示批示精神,全面贯彻落实自治区第十三次党代会、自治区党委十三届四次五次六次全会和市委五届八次九次十次全会及区市党委经济工作会议精神,回顾总结2023年工作,研究部署2024年工作,动员全县各级党组织和广大党员干部扛牢使命重任、保持奋进姿态,凝心聚力谱写好全面建设社会主义现代化美丽新宁夏泾源新篇章。

现在,我受县委常委会委托,向全会作工作报告。

2023年是全面贯彻党的二十大精神的开局之年,是泾源县加快推进高质量跨越式发展的重要一年。一年来,面对机遇风险交织的复杂局面,面对艰巨繁重的发展安全任务,在习近平总书记和党中央的关心关怀下,在区市党委的坚强领导下,县委常委会坚持以习近平新时代中国特色社会主义思想为指导,不折不扣贯彻落实党中央重大决策和区市党委部署要求,以深入开展主题教育为动力,以铸牢中华民族共同体意识为主线,高效统筹发展和安全、发展和环保、发展和民生,坚持生态立县、产业兴县、特色富民,团结带领广大党员干部群众负重拼搏、务实苦干,交出了一份经济回升向好、民生普惠共享、社会大局稳定的群众满意答卷。

一年来,我们坚持以政治建设为统领,深学细悟强思想、凝心铸魂担使命,贯彻落实更加坚定自觉。

始终坚持把理论武装作为坚定理想信念、增强政治定力、鼓舞发展信心的首要任务,扎实开展主题教育,坚持不懈用党的创新理论武装头脑、指导实践,坚决筑牢“总书记怎么说、我们就怎么做”的政治忠诚。

一是主题教育走深走实。聚焦主题主线,认真对标主题教育总要求和习近平总书记提出的

"五个更加注重""三个实实在在"重要要求，统筹推进理论学习、调查研究、推动发展、检视整改、建章立制。制定"1+2+9"系列文件，逐项建立113项"怎么做"工作台账，举办7天县处级干部读书班，开展6次专题交流研讨，轮训所有基层党组织书记和党员，全县广大党员干部在真学真懂真信真用中领会了精神实质、汲取了奋进力量。大兴调查研究之风，深入推进检视问题整改，建立完善机制38项，解决了一批群众急难愁盼问题，推动学习成果转化为发展成效。

二是学习宣传入脑入心。坚持不懈用习近平新时代中国特色社会主义思想凝心铸魂，严格落实"第一议题"和"双随机"制度，县级领导示范引领，先学一步、学深一层，县委理论学习中心组集中学习18次，交流研讨83人次，带动全县各级党委（党组）理论学习中心组集中学习470余次，开展专题辅导43场次，县乡村三级宣讲队伍集中宣讲660余场次，全县党员干部群众在深学细悟中进一步夯实了坚定拥护"两个确立"、坚决做到"两个维护"的思想根基。

三是对标落实不折不扣。深入学习贯彻党的二十大精神和自治区第十三次党代会、自治区党委十三届四次五次六次及市委五届八次九次十次全会精神，科学制定学习贯彻落实分工方案等贯彻文件，逐项明确目标任务、逐条细化工作措施，确保各项重点任务在泾源落地落实。全面整改各级各类巡视督察检查反馈问题，特别是对自治区党委第三巡视组巡视反馈的4个方面35条问题，细化为43条，压茬推进、跟踪问效，完成整改34条，8条取得阶段性成效，1条正在积极推进，切实以整改实效提升发展质效。

一年来，我们坚持把高质量发展作为首要任务，立足优势谋长远、聚力攻坚求突破，发展基础更加坚实稳固。

始终牢记习近平总书记赋予宁夏建设黄河流域生态保护和高质量发展先行区的使命任务，立足资源禀赋、扛牢发展责任，全力以赴促产业、扩投资、抓改革、护生态，高质量发展步子迈得更实更稳。

一是产业质效稳步提升。健全完善"1+3+X"产业发展体系，因地制宜布局建设"八个万级"农业特色产业示范基地，推动产业向绿色化、融合化、高端化方向发展。文旅产业融合带动，实施重点景区提升、文旅项目支撑、文旅市场培育、文旅多业融合、引客入泾营销"五大行动"，建成16个农文旅融合示范基地和"泾源牛街"特色街区，高质量举办西安、福州旅游推介会和杨岭乡村旅游节等活动赛事，成功创建全国首批"避暑旅游目的地"，全年接待游客突破120万人次。农业产业多点开花，按照"去库存活资源、扩规模提质量、多业态求突破"的发展思路，腾退苗木2.8万亩，盘活闲置资产100余处，肉牛饲养量达到11万头，蜂群达到3.5万箱，肉羊饲养量达到7.1万只，打造菌菇示范基地6个、种植规模超过515万棒，种植中药材4.7万亩，发展冷凉果蔬1.5万亩，带动发展庭院经济5000余户。泾源黄牛肉、泾源蜂蜜等"国字号"农特产品落户长三角，亮相中阿博览会、博鳌"一带一路"全球金融大会，农业兴农的成效更加明显。辅助产业提档升级，实施中能建共享储能电站项目，填补了固原市储能电站建设空白，服装箱包企业发展壮大，电子商务全面升级，形成了新的经济增长点。

二是有效投资持续扩大。深入开展"扩大有效投资巩固提升年"活动，县级领导和部门负责同志"跑部进厅到市"对接汇报协调，推行重大项目"五比"和"晒比促"机制，全年实施各类重点项目46个，完成投资15.1亿元，"双争"到位资金24亿元。先后赴北京、江苏、浙江、福建等地开展招商引资，高质量举办异地商会会长泾源行活动，落实招商项目15个，到位资金28.12亿元，同比增长8%。紧盯中央和区市政策机遇，动态谋划储备2024年重点项目62个，总投资76.5亿元，社会投资类项目15个，所谋划项目实现数量向质量、政府投资向社会投资、被动落实向主动作为“三重转变”。

三是改革创新取得突破。创新建立专班推进、定期调度、支撑保障、督查督办“四项机制”，深入推进农业农村、国资国企等重点领域改革和“六权”改革，全国非住宅类乱占耕地试点和第二轮土地承包延期试点扎实推进，园区工业总产值达到2亿元以上、实现翻番，完成全区首笔农业碳汇交易，吸引社会资本参与燕家山生态修复入选全区生态产品价值典型案例。深入实施科技创新“四大工程”，邀请国家菌草研究中心林占熺教授和福建农林大学科技团队来泾调研指导，开展野生菌菇普查，联合福建亚热带植物研究所开展道地中药材种植技术项目研究，培育国家高新技术企业1家、自治区科技型中小企业10家，科技创新为产业发展提供了有力支撑。

四是生态底色更加鲜明。深入推进六盘山生态保护和修复重点工程，完成绿化造林5.5万亩、生态修复3500亩、闽宁碳汇林1446亩，全县森林覆盖率、湿地保护率、草原综合植被盖度分别达到37.4%、17.4%、95%，位居全区前列。纵深打好蓝天、碧水、净土“三大保卫战”，实施泾河干流水环境综合治理等项目，改造提升农村污水处理设施29座，农村垃圾治理率和畜禽粪污资源化利用率、农用残膜回收利用率均达到90%以上，全县空气质量、出境断面水质达到约束性指标。加快发展方式绿色转型，严把“两高一低”项目准入关口，全年单位GDP能耗强度低于3.0%。探索发展林药、林菌、林禽、林蜂等生态经济，实现了“山绿”与“民富”互促共赢。

一年来，我们坚持把改善民生福祉作为根本目的，精准施策补短板、强化保障提质量，群众获得感幸福感更加充盈。

始终把实现好、维护好、发展好最广大人民的根本利益作为一切工作的出发点和落脚点，以协调推进乡村振兴战略和新型城镇化战略为抓手，以缩小城乡发展差距和居民生活水平差距为目标，更深感情为民服务、更大力度为民办事、更实举措为民谋利，托起了泾源人民“稳稳的幸福”。

一是巩固了脱贫攻坚成果。严格落实“四个不摘”，健全完善防返贫动态监测帮扶机制，监测对象风险消除率超过六成，牢牢守住了不发生规模性返贫的底线。持续激发群众内生动力，紧盯“四项”收入分类施策，脱贫人口纯收入增长16.5%以上，稳定实现“两个高于”目标。聚焦移民群众产业、就业、社会融入三件大事，统筹资金1.48亿元实施项目29个，移民就业率达到93%。持续开展“四查四补”，国家综合考核和自治区督导调研反馈问题全部整改到位。持续深化闽宁协作和央企定点帮扶，交融互鉴探索乡建乡创新模式、携手“三聚焦”打造集美示范乡村典型经验在全国示范推广。

二是提升了城乡生活品质。聚焦“山水乡村、花园城市”定位，坚持完善功能与提升管理并重，持续扮靓城乡颜值。实施城市更新行动，基础设施补短板二期项目投入使用，保障性安居工程和配套供热管网项目顺利推进，荣华园二期商业项目主体完工，预计全县城镇化率提高到37%。实施美丽乡村建设行动，新建高质量美丽宜居村庄3个，实施人居环境整治项目15个，泾河源小城镇和4个美丽宜居村庄列入全区乡村建设重点行动，蒿店村等5个村入选第六批中国传统村落名录，杨岭村获评中国美丽休闲乡村，泾源县被评为全国村庄清洁行动先进县。

三是推进了民生事业进步。集中80%以上的财力保障民生，全力推动“六大提升行动”。扎实推进就业创业，培育创业实体211个，劳动力转移就业2.9万人。持续优化教育资源，教育基础设施不断改善，全县普惠性学前教育资源占比达到100%。组建县医疗健康总院，县医院重症医学科完成改造，临床“五大中心”通过区级评审并投入使用，顺利通过国家卫生县创建验收。深化文化惠民工程，出台推进移风易俗助力乡村振兴实施意见，区级文明城市创建成果持续巩固。基本养老、医疗保险参保率持续上升，社会保障体系更趋完善。

一年来，我们坚持把提高治理效能作为关键抓手，守牢底线防风险、系统施治护稳定，安定团结、政通人和的生动局面更加巩固。

时刻牢记习近平总书记强调的“没有安全和稳定，一切都无从谈起”的重要要求。深入践行总体国家安全观，坚持以“时时放心不下”的责任感和“睁眼睡觉”的警觉性抓安全、防风险、护稳定，持续用力推动高质量发展和高水平安全良性互动。

一是民主法治建设不断完善。支持人大及其常委会全面依法履行权力，保障“一府一委两院”和县政协依法依规依章开展工作，召开县委人大工作会议，人大代表意见建议、政协委员提案办复率均达到100%。扎实开展“八五”普法，建立会前学法制度，行政应诉案件出庭率100%，政府债务“2+1+3”化解机制被评为自治区法治政府创建示范项目。党内法规制度全面落实，机要保密、档案管理科学规范，工会、团委、妇联、科协、残联、文联、红十字会、工商联等群团组织联系服务群众能力不断提高。

二是基层社会治理成效明显。加强和创新社会治理，深化和发展新时代“枫桥经验”，持续推进党建引领基层治理“1+1+3”和社区“1+N”治理机制，全面加强县乡村三级综治中心标准化建设，创新推广“快警驿站、微法庭、数字检察”，积极开展“无诉无案无访”村居创建，群众问题办结率达到96%，胜利村、瓦亭村获评全区第一批议事协商示范村，“4+N”乡村一体联动下沉化解矛盾工作法被中央和自治区党委政法委列为典型案例，新旗村荣获第三批全国乡村治理示范村，泾源县创成全区首批乡村治理示范县。

三是公共安全水平稳步提升。坚持生命至上，严格落实“三个字”总要求和“十个字”重点任务，分领域组织专题培训14场次，开展大型综合应急演练活动18场次，大排查大整治专项行动发现各类问题全部整改销号，处理履行职责不力、风险隐患排查整治不到位的干部25人，广大党员干部群众安全意识和应急能力全面提升。严厉打击各类违法犯罪活动，连续三年命案“零发生”，公众安全感排名全区第一。

四是民族团结局面持续巩固。全面建设铸牢中华民族共同体意识示范县，深入开展感恩、认同、法治、文明“四项教育”和“百场万人”大宣讲活动，持续加强宗教管理，深化实施教义教规中国化阐释、教职人员素质提升、信教群众思想教育“三项行动”，全面规范142所宗教场所“五进”工作，创成区级民族团结进步示范单位3个、区市级模范集体6个，全国民族团结进步示范县创建通过自治区复验命名，中华民族共同体意识深入人心。

一年来，我们坚持把加强党的建设作为根本保障，夯基固本强堡垒、优化作风提效能，政治生态更加清明清朗。

牢记“两个永远在路上”，深入学习贯彻习近平总书记关于党的建设的重要思想，坚决扛起管党治党政治责任，驰而不息推进全面从严治党向纵深发展、向基层延伸，为全县经济社会高质量发展提供了坚强保障。

一是打造了坚强有力的战斗堡垒。增强基层党组织政治功能和组织功能，深入实施基层党组织建设提质增效工程，深化“一抓两整”示范县乡创建，创成示范乡镇7个、示范村80个，培树农村党建品牌示范点13个，83%的村级党支部达到3星级以上。深入推进其他领域党建工作，企业、学校、医院和“三新”领域党建提标扩面，“五型”模范机关达到80%以上。创新制定村集体经济发展“一方案两办法”，全县所有行政村集体经济实现自主经营、收入10万元以上“两个全覆盖”，30万元以上的达到38个，占比39.6%，基层党组织凝聚力、号召力、战斗力明显增强。

二是锻造了干事创业的干部队伍。认真落实新时代好干部标准和“四个特别”政治要求，树立正确选人用人导向，深入实施干部专业能力和政治能力提升工程，对7个乡镇、50个县直部门科级领导班子开展政治素质考察，选派23名年轻干部赴厦门和区市部门挂职锻炼，选拔任用干部3批次64人次、晋升职级216人次。大力实施“才聚泾源1594”行动，建成人才交流服务中心，新建道地中药材和菌菇种植产学研基地2个，柔性引进产业专家13名，“组团式”引进医疗专家15名，回引在外创业人才30余名，产业和专业型人才引育取得新成效。

三是营造了风清气正的政治生态。坚持严的基调，持续加强对“一把手”和领导班子监督，扎实开展“转作风、勇担当、勤履职、提效能”行动，严肃查处“四风”问题31件，处分5人，开除公职1人。深化“廉政警示教育周”活动，一体推进“三不腐”，精准运用“四种形态”，靶向治理乡村振兴、教育、安全生产等重点领域腐败和不正之风，开展警示教育132场次，处置问题线索124件，立案43件，处分33人，采取组织措施26人。充分发挥巡察利剑作用，完成常规巡察3轮，全县政治生态持续向好。

一年来，县委常委会坚持以身作则、以上率下，高标准抓好自身建设、严要求提升自身水平。带头强化政治建设，严守纪律规矩，认真执行党章和新形势下党内政治生活若干准则，严格落实民主集中制、重大事项请示报告制度等，带头践行正确政绩观，不断改进作风，深入一线抓工作、促发展，“四下基层”解难题、办实事，进一步增强了班子政治力、凝聚力、战斗力。

各位委员、同志们，一年来，我们上下一心、众志成城，干了一些打基础、利长远的实事；我们负重拼搏、攻坚克难，解决了一些茬口硬、任务重的难事；我们广集民智、开拓创新，推进了一些提信心、聚民心的大事。我们在行动中统一思想，在实践中坚定信心，在实干中锤炼意志，在苦干中锻炼队伍，取得了一些振奋人心的成绩。农业产业发展打开了新局面，探索了农旅、蜂旅、林旅、文旅多业态融合发展机制，菌菇、木耳、中药材等生态经济蓬勃发展，真正让自然禀赋与基础优势迸发出了前所未有的发展活力。盘活资源资产为发展注入了“源头活水”，集全县之力推进雅豪滑雪场收购运营，胭脂峡景区、王洛宾文化园、百花溪谷等闲置优质资源被盘活利用，群众反映强烈的一些历史遗留问题得到有效解决，充分激活了发展动能。改革创新迈出了新步伐，吸引社会资本参与生态修复，碳汇林和国储林项目落地开工，让绿色资源变成了真金白银。党建引领夯实了基层基础，探索形成了“3655”新型村集体经济发展模式，党建引领基层治理试点县取得明显成效，基层党组织政治功能和组织功能进一步加强。干部作风有了明显转变，各级党员干部在实干中展现新作为、在发展中展现新担当，全县上下形成了团结一心、干事创业的良好氛围。

成绩来之不易，奋斗蕴含艰辛。这些成绩的取得，是习近平总书记掌舵领航和党中央坚强领导的结果，是习近平新时代中国特色社会主义思想科学指引的结果，是区市党委正确领导的结果，是全县人民团结拼搏、苦干实干的结果，是广大党员干部特别是基层干部勤勉敬业、攻坚克难的结果，是各位县委委员、候补委员担当尽责、奋发有为的结果。在此，我代表县委常委会，向所有关心、支持、参与泾源建设和发展的各级干部、各位同志、各界朋友致以崇高的敬意和衷心的感谢！

在肯定成绩的同时，我们也应当清醒看到，县委常委会的工作与党中央和区市党委的要求相比，与全县人民的期盼相比，还存在一些差距和不足，主要表现在：在学懂弄通习近平新时代中国特色社会主义思想上还有差距；破解高质量发展瓶颈问题的办法措施还不够多，改革创新动力还需进一步加强；安全生产、生态环保等领域风险防范化解还有薄弱环节；全面从严治党责任压得还不够实，党员干部作风还需进一步提升等等。这些问题，我们已经采取针对性措施加以解决，今后仍需加大工作力度。

以上报告请同志们提出意见建议。

人大常委会工作报告

——在泾源县第十八届人民代表大会第三次会议上

泾源县人大常委会主任　李白虎

（2024 年 1 月 7 日）

各位代表：

现在，我代表县人大常委会向大会报告工作，请予审议，并请列席人员提出意见。

过去一年的主要工作

2023 年是全面贯彻党的二十大精神的开局之年，是实施“十四五”规划承前启后的关键一年，也是贯彻落实自治区第十三次党代会精神的发力之年。一年来，县人大常委会在县委的坚强领导下，坚持以习近平新时代中国特色社会主义思想为指导，全面贯彻习近平法治思想、习近平总书记关于坚持和完善人民代表大会制度的重要思想和视察宁夏重要讲话指示批示精神，深入学习贯彻党的二十大、二十届二中全会和中央人大工作会议精神，坚决贯彻落实自治区第十三次党代会、十三届四次五次六次全会、市委五届八次九次十次全会、县委十五届五次六次全会和区市县党委人大工作会议精神，坚持围绕中心，服务经济社会发展大局，认真履行宪法和法律赋予的各项职责，忠诚担当、奋力进取、主动作为，为推动全县经济社会高质量跨越式发展作出了重要贡献。

一、坚定政治立场，把牢政治方向，以政治建设统领新时代人大各项工作

常委会坚持把政治建设摆在首位，牢牢把握人大机关首先是政治机关的本质属性，恪守最高政治原则，自觉用党的创新理论成果凝心铸魂，确保人大工作正确方向。

坚持党的领导，把牢正确方向。常委会在思想上政治上行动上始终同以习近平同志为核心的党中央保持高度一致，深刻领悟“两个确立”的决定性意义，增强“四个意识”、坚定“四个自信”、做到“两个维护”。自觉把党的全面领导贯穿人大工作全过程各方面，坚定不移在县委的坚强领导下开展工作，充分发挥党组把方向、管大局、保落实的重要作用，重要会议、重要工作、重大事项及时向县委请示报告。坚决贯彻落实县委决策部署，推动县委人大工作会议重点任务落实落细，坚持履职尽责紧贴县委中心、工作开展紧跟县委部署，确保人大工作始终与县委同心同向、步调一致。

深化理论武装，筑牢思想根基。始终把学习贯彻习近平新时代中国特色社会主义思想和党的二十大精神作为首要政治任务，坚定不移把习近平总书记视察宁夏重要讲话指示批示精神作为“纲”和“魂”。深入扎实开展学习贯彻习近平新时代中国特色社会主义思想主题教育，牢牢把握“学思想、强党性、重实践、建新功”的总要求，一体推进 5 项重点措施，着力在以学铸魂、以学增智、以学正风、以学促干上下功夫。深入学习研讨，认真调查研究，积极担当作为，深刻检视整改，健全制度机制，努力把主题教育成果转化为做好新时代人大工作的实际成效。

忠诚担当使命，履行法定职责。聚焦党中央及区市县党委决策部署，聚焦人民群众所思所盼所愿，全力助推经济结构调整、产业优化升级、重大项目建设、重点领域改革、脱贫成果巩固、乡村振兴衔接、民生福祉改善、安全生产责任落实、生态环境保护、民族团结进步、法治泾源建设等各项重点工作。全年召开常委会会议6次，听取和审议“一府一委两院”工作报告22项，开展视察调研13次、执法检查7次、专题询问1次，实施专项工作满意度测评21次，交办审议意见建议77条。依法批准财政决算、预算调整，作出决议决定16项，审查规范性文件5件。坚持党管干部原则和人大依法任免有机统一，任免国家机关工作人员4人次。

二、围绕中心大局，关注民生改善，积极助推经济社会高质量跨越式发展

常委会坚持把围绕中心、服务大局作为履职尽责的根本原则，寓支持于监督之中，集群策聚全力，助推解决制约经济社会发展的突出矛盾和问题。

推动经济平稳运行。加强计划、预算执行监督，听取审议计划和预算编制执行、预算调整、决算等工作情况报告。强化对政府及部门预算执行和其他财政收支的监督，听取审计查出问题整改落实情况报告，开展满意度测评，推动防范和化解债务风险。专题调研国有资产管理工作，听取和审议国有资产管理情况报告，督促政府及相关部门强化国有资产管理，实现保值增值。加强政府债务审查监督，批准政府债券资金预算调整。听取和审议“十四五”规划纲要实施情况中期评估报告，依法调整部分计划指标。加强重大项目实施情况的监督，对全县重大投资项目开展视察，听取和审议专项工作报告，紧盯建设时限、工程质量、项目绩效等方面提出审议意见，推动项目建设提速增效，为提高经济社会发展质量赋能添力。

助力乡村全面振兴。坚持把推动巩固拓展脱贫攻坚成果同乡村振兴有效衔接作为重要任务，围绕全县确定的支柱产业、“八个万级”农业特色产业示范基地和乡村振兴示范村建设工作开展专题视察调研，紧盯产业支撑、人才保障、市场活力等方面，督促政府加大统筹推进力度，努力建设乡村振兴示范县。按照县委工作安排，班子成员认真落实“1+3+X”和“八个万级”特色产业包抓责任，推动文旅、肉牛、中蜂、生态经济、冷凉蔬菜等特色产业提质增效。带头落实联乡包村责任，抽调机关干部16人联系帮扶脱贫群众70户，为群众办好事实事百余件。

促进营商环境优化。认真贯彻落实全区民营经济高质量发展暨营商环境全方位提升推进会精神，围绕《宁夏回族自治区优化营商环境条例》和《宁夏回族自治区中小企业促进条例》贯彻实施情况开展专项检查和专题询问，提出意见建议8条，推动解决影响营商环境的堵点难点和突出问题。立足我县特色优势和发展所需，积极开展招商引资，围绕冰雪旅游、肉牛产业发展和苗木销售等工作，赴黑龙江、吉林、拉萨和长三角等地区洽谈对接，宣传我县招商惠企政策，为全县产业发展和招商引资献策出力。

压实安全生产责任。深入学习贯彻习近平总书记关于安全生产重要论述，认真落实自治区党委十三届四次和市委五届八次全会精神，围绕安全生产“一法两条例”贯彻实施，对7个乡镇、各行业部门和重点企业，与区市人大同步开展执法检查，听取和审议政府安全生产隐患排查整治工作情况报告，开展满意度测评，提出加强和改进安全生产工作的意见建议4条。组织全县各级人大代表进行安全生产专题培训，深入开展“护安全　促发展”主题实践活动，发挥人大代表在各行业的模范带头作用，坚决把统筹发展和安全落到实处。

加强生态环境保护。深入学习贯彻习近平生态文明思想，认真落实自治区党委十三届五次和市委五届九次全会精神，持续加强生态建设和环境保护工作，开展生态修复、生活垃圾规范填埋、生活污水处理等工作监督，听取和审议县人民政府年度环境状况和环境保护目标完成情况的报告，督促加快问题隐患排查整治，切实防范化解环境风险，科学实施山水林田湖草系统治理，全力打好蓝天、碧水和净土保卫战，促进生态优势加快转化为经济效益，推动生态增效、环境增美。

紧盯民生福祉改善。坚持人民至上的根本要求，着力推动解决群众的急难愁盼问题。对全县学前教育、高中教育、职业教育工作开展视察调研，听取和审议专项工作报告，督促政府部门全面提高教育教学质量，推动教育均衡发展。对县域紧密型医共体实体化运行情况开展视察调研，推动加快提升医疗卫生服务水平，确保人民群众享受到优质、高效、便捷的医疗服务。紧盯城市步道维修改造、停车场建设、城乡清洁能源取暖等与人民群众生活相关的热点问题，推动民生实事落地落实，切实增进民生福祉。

三、坚持法治思维，保障法律实施，坚定不移维护宪法法律的权威和尊严

常委会坚持把习近平法治思想作为法治泾源建设的根本遵循，发挥法治固根本、稳预期、利长远的保障作用，积极推进全面依法治国基本方略在我县的贯彻实施。

全面推进严格执法。紧紧围绕中央和区市县党委决策部署开展执法检查工作，对重点领域法律法规实施情况进行专项检查，围绕《中华人民共和国安全生产法》《宁夏回族自治区促进民族团结进步工作条例》等法律法规贯彻实施情况开展执法检查7次，抽查执法部门贯彻实施法律法规情况，提出改进执法工作的建议23条，推动相关法律法规有效贯彻实施。

深入推进公正司法。听取和审议县人民政府贯彻实施《中华人民共和国治安管理处罚法》、监察委员会“五个专项整治”等工作情况报告，专项检查人民法院执行工作、人民检察院未成年人检察工作，提出进一步加大执行工作力度、加强法治宣传、强化协调联动等意见建议7条，促进监察、侦查、检察、审判职能充分发挥，推动公正司法，保障社会公平正义。

扎实推进全民守法。深入宣传《中华人民共和国宪法》《中华人民共和国地方各级人民代表大会和地方各级人民政府组织法》《中华人民共和国民法典》等相关法律法规，认真开展“国家宪法日”和“宪法宣传周”系列活动，对全县实施“八五”普法工作开展中期检查，督促落实“谁执法、谁普法”责任，推动全社会尊法学法守法用法。

四、突出主体地位，夯实工作基础，全力支持保障代表更好依法履职尽责

始终坚持代表主体地位，全力做好服务保障，丰富代表履职活动内容和形式，支持代表投身改革发展和乡村振兴“主战场”，当好人民群众“代言人”。

强化代表履职学习培训。始终坚持把提高代表履职能力作为更好发挥代表作用的重要前提，积极搭建学习平台，完善学习机制，确保学习实效。围绕学习贯彻习近平新时代中国特色社会主义思想、习近平法治思想、习近平总书记关于坚持和完善人民代表大会制度的重要思想、党的二十大精神、中央和区市县党委人大工作会议精神及代表履职法规等内容，邀请自治区专家教授，举办全县人大代表履职集中培训班，有计划、分批次、全覆盖开展区市县乡（镇）四级人大代表培训10期655人次，代表履职能力不断提升。

推进代表履职平台建设。认真落实全区代表家站规范化建设工作推进会精神，全面加强代表之家和代表联络站建设，按照“八有”要求，在全县7个乡（镇）、96个行政村和2个社区设立代表联络家站，突出“五项功能”定位，以“五个一”活动为载体，让每个家站都成为代表开展履职活动、密切联系群众的有效平台。组织134名人大代表列席县人大常委会、政府常务会，参加“一府一委两院”座谈会、听证会和满意度测评，人大代表参政议政形式更加多样。利用“代表履职通”App和“泾源人大”公众号等媒介，推送人大常委会决议、决定及代表履职相关内容，切实保障代表的知情权、知政权。

优化代表履职服务保障。持续深化“双联”制度，密切常委会组成人员与代表、代表与选民的联系。将各级人大代表全员编入代表小组，同步开展履职活动。规范代表履职活动的内容和形式，制定《泾源县第十八届人民代表大会代表履职暂行办法》《泾源县人大代表向选民述职活动实施方案》，督促代表走访选民、接待选民、反映民意、对选民述职，带头参与乡村振兴、产业发展、社会治理、安全生产、生态环保等重点工作，以实际行动践行“人民选我当代表、我当代表为人民”的职责使命。

提升议案建议办理质效。县十八届人大二次会议闭幕后，及时将议案建议转交县人民政府办理。为提高议案建议办理实效，定期开展办理情况督查，适时组织视察检查，听取和审议办理情况报告，并对议案建议办理情况进行满意度测评，提出优化办理流程、提高办理质效的审议意见，推动议案建议有效办复。县十八届人大二次会议确定的4件议案和73条建议全部办复。

五、恪守职责定位，务实创新进取，持之以恒推进“四个机关”建设

始终坚持习近平总书记对人大建设“四个机关”的定位，认真落实人大干部队伍“政治坚定、服务人民、尊崇法治、发扬民主、勤勉尽责”的要求，不断提高依法履职、推动发展的能力。

深化纪律作风建设。严守党的政治纪律和政治规矩，认真落实党风廉政建设工作责任制，从严落实中央八项规定及其实施细则精神，严格执行自治区“八条禁令”和市委“十项规定”，常态化开展警示教育，扎实开展纠治形式主义官僚主义专项整治，营造勤政务实、风清气正、团结干事的良好风气。

健全完善工作机制。进一步健全完善县人大常委会党组理论学习中心组和常委会集体学习、机关干部日常学习、代表履职培训学习等制度机制，修订常委会议事规则、常委会组成人员履职考评办法、常委会审议意见办理督办办法等制度12项，强化制度执行，保证常委会各项工作高效运转。

切实增强工作合力。主动加强与区市人大的沟通汇报，认真配合区市人大常委会组织开展的检查、调研活动，积极做好有关省、市人大来泾考察调研工作。加强对乡镇人大法定会议、主席团工作、代表活动的指导，多方筹措资金15万元，帮助乡镇人大解决依法履职中遇到的困难和问题，不断提升乡镇人大工作水平。

各位代表，2023年，我们以奋斗诠释作为，以行动践行使命，走过了不平凡的一年。一年工作成绩的取得，是坚持以习近平新时代中国特色社会主义思想科学指引的结果，是区市人大常委会精心指导和县委坚强领导的结果，是“一府一委两院”积极配合、通力协作的结果，是全体人大代表、常委会组成人员认真履职、辛勤工作的结果，是全县人民和社会各界积极参与、大力支持的结果。在此，我代表县人大常委会向所有关心、支持人大工作的同志，表示衷心的感谢和崇高的敬意！

在总结成绩的同时，我们也清醒地认识到工作中的差距和不足，主要是：依法监督的刚性还不够，监督实效有待进一步增强；丰富和发展全过程人民民主的创新举措还不够多，闭会期间调动代表发挥作用的效果不够好；常委会自身建设还需加强，争先创优的劲头不够足，主动服务代表的意识不够强等。这些问题我们将在今后的工作中切实加以改进。

2024 年主要任务

2024 年是中华人民共和国成立 75 周年，也是人民代表大会制度建立 70 周年。常委会工作的总体要求是：坚持以习近平新时代中国特色社会主义思想为指导，深入学习贯彻习近平法治思想和习近平总书记关于坚持和完善人民代表大会制度的重要思想，坚定不移把习近平总书记视察宁夏重要讲话指示批示精神作为“纲”和“魂”，全面贯彻落实党的二十大、二十届二中全会和中央人大工作会议精神，认真贯彻落实自治区第十三次党代会和自治区党委十三届六次全会、市委五届十次全会、县委十五届六次全会和区市县党委人大工作会议精神，坚持党的领导、人民当家作主、依法治国有机统一，深入践行全过程人民民主，以铸牢中华民族共同体意识为主线，紧紧围绕县委“15375”工作部署，忠诚履职，务实进取，为奋力开创泾源高质量跨越式发展新局面，谱写全面建设社会主义现代化美丽新宁夏泾源新篇章努力奋斗！

一、强化思想政治引领，在贯彻落实党的决策部署上笃行不怠

准确把握政治机关定位，坚定不移在思想上政治上行动上同以习近平同志为核心的党中央保持高度一致，坚定捍卫“两个确立”，坚决做到“两个维护”。一是坚持以习近平新时代中国特色社会主义思想为指导，深入学习贯彻习近平法治思想和习近平总书记关于坚持和完善人民代表大会制度的重要思想，全面贯彻落实党的二十大、二十届二中全会、中央及区市县党委人大工作会议精神，确保党中央重大决策部署及区市县党委工作要求落地落实。二是坚持党对人大工作的全面领导，始终坚定自觉地在县委的领导下依法开展工作，坚持重要会议、重点工作、重大事项向县委请示报告制度，高效完成县委交办的各项工作任务，使县委的主张通过法定程序依法转化为全县人民的共同意志，坚决做到县委有部署、人大有行动、代表有作为。三是巩固拓展学习贯彻习近平新时代中国特色社会主义思想主题教育成果，筑牢对党忠诚的思想政治根基。加强党风廉政教育，严格落实意识形态工作责任制，把全面从严治党要求融入人大工作全过程各方面。

二、切实增强监督实效，在服务经济社会发展大局上全力以赴

坚持围绕中心、服务大局、突出重点，聚焦中央及区市县党委决策部署，聚焦人民群众所思所盼所愿，在依法监督、正确监督、有效监督中，更加有力地支持“一府一委两院”工作。一是按照县委十五届六次全会确定的目标任务、重点工作、重大举措，依法运用视察、检查、听取和审议专项工作报告、专题询问、满意度测评等方式，为推进“五个创建”目标、打好打赢“七大战役”，凝聚推动经济社会高质量跨越式发展的强大合力。二是把实现好、维护好、发展好最广大人民根本利益作为一切工作的出发点和落脚点，紧盯产业发展、社会治理、就业、教育、医疗、养老、社保等事关人民群众切身利益的工作开展监督，推动解决人民群众的急难愁盼问题，不断实现人民群众对美好生活的向往。三是加强对人大及其常委会决议决定等执行情况的监督，对人代会、常委会作出的决议决定执行情况跟踪问效，确保决议决定高质量落实。同时，加强对常委会审议意见办理情况的监督，定期听取“一府一委两院”审议意见办理情况报告，推动审议意见有效办理。

三、推进全面依法治县，在提升法治泾源建设水平上积极作为

坚定维护宪法权威和尊严，统筹运用法定监督方式，强化对法律法规实施情况和执法司法工作的监督，推动法治泾源、法治政府、法治社会建设。一是加强宪法法律实施情况的监督。围绕中央和区市县党委决策部署和宪法法律贯彻实施情况开展执法检查、视察调研，切实保障宪法法律和上级人大的决议决定全面执行，推进依法行政。二是加强监察司法检查。听取和审议“一府一委两院”专项工作报告，推动司法机关、监察机关、审判机关、检察机关正确行使职权，切实保障公民、法人和其他组织的合法权益，促进公正司法。三是加强法律宣传教育监督。深入学习宣传贯彻习近平法治思想，全面贯彻落实中央和区市县党委关于法治建设的部署要求，促进全县各级干部和广大群众增强尊法学法守法用法意识，推动“八五”普法规划顺利实施、宪法法律宣传扎实开展、普法责任全面落实，为全县经济社会高质量跨越式发展营造良好法治环境。

四、充分发挥代表作用，在践行全过程人民民主上彰显新成效

始终坚持代表主体地位，加强代表能力建设，丰富代表联系人民群众的内容和形式，全力支持和保障代表充分发挥作用。一是持续提升代表履职能力，采取走出去与请进来相结合、政治学习与业务培训相结合、线上与线下相结合等多种方式，不断加强各级人大代表和基层人大干部履职能力培训，引导各级人大代表站稳政治立场，强化政治责任，不断提升履职能力。二是规范代表履职平台建设，对已设立的9个代表之家和96个代表联络站，在优化功能、增强实效上下功夫，发挥代表家站“民意窗”“宣传站”“大课堂”等作用，促进代表家站标准化建设、规范化管理、常态化运行，高效发挥作用。三是丰富代表履职形式，健全完善“双联”机制，建立人大代表中的党政领导干部和常委会工作机构联系代表制度，常态化开展接待选民、走访选民，倾听民意、化解民忧，进行年度述职等活动，发挥代表在密切联系群众、反映群众诉求、解决民生难题、推动经济社会发展中的重要作用，进一步激发代表履职活力。四是拓宽代表参政议政渠道，积极组织代表列席县人大常委会和“一府一委两院”重要会议，参与有关视察、检查、评议、听证等重大活动。引导代表围绕县委中心工作和民生关切深入调研，提出高质量的意见建议。五是健全完善代表议案建议办理督办反馈制度，定期开展办理情况检查，适时组织视察检查，听取和审议办理情况工作报告，提升议案建议办结率。

五、着力夯实履职根基，在加强“四个机关”建设上奋力争先

认真贯彻落实习近平总书记对加强新时代人大自身建设的要求，全面贯彻落实中央及区市县党委人大工作会议精神，深化“四个机关”建设。一是在县委的坚强领导下，落实全面从严治党主体责任，切实发挥常委会党组把方向、管大局、保落实的作用，认真贯彻新时代党的建设总要求，严守政治纪律和政治规矩，建设自觉坚持中国共产党领导的政治机关。二是坚持依法行使监督权、决定权、任免权，把党的主张转变为全县人民的自觉行动，让人民当家作主通过人大及其常委会各项重大决议决定得到充分保证，建设保证人民当家作主的国家权力机关。三是自觉对标中央重大决策部署和区市县党委工作要求，强化能力作风建设，增强勇于担当、善于作为、狠抓落实的能力，进一步提升工作效能，建设全面担负宪法法律赋予的各项职责的工作机关。四是不断丰富人大代表密切联系人民群众的内容和形式，拓宽联系渠道，积极回应社会关切，更好接地气、察民情、聚民智、惠民生，建设始终同人民群众保持密切联系的代表机关。

各位代表，新时代新征程新奋斗，唯有踔厉奋发、笃行不怠，方能不负时代、不负人民。让我们紧密团结在以习近平同志为核心的党中央周围，在县委的坚强领导下，依法履职尽责，忠实为民奉献，为奋力开创高质量跨越式发展新局面，谱写全面建设社会主义现代化美丽新宁夏泾源新篇章而团结奋斗！

政府工作报告

——在县第十八届人民代表大会第三次会议上

泾源县人民政府县长　马晓红

（2024 年 1 月 6 日）

各位代表：

现在，我代表县人民政府向大会报告工作，请予审议，并请政协委员和其他列席人员提出意见。

2023 年主要工作回顾

2023 年是贯彻落实党的二十大精神开局之年，也是泾源县加快推进高质量跨越式发展的重要一年。一年来，全县上下坚持以习近平新时代中国特色社会主义思想为指导，深入学习贯彻党的二十大和习近平总书记视察宁夏重要讲话指示批示精神，在区市党委、政府和县委的坚强领导下，在县人大、政协的监督支持下，统筹发展和安全、发展和环保、发展和民生，迎难而上、拼搏奋斗，经济社会发展迈出了坚实步伐。

一年来，我们攻坚克难，承压奋进，经济运行稳中向好。全面贯彻“六个更好统筹”，强化经济运行调度，系统谋划一系列促发展政策举措，统筹落实一揽子稳经济政策措施，深入开展“扩大有效投资年”和项目“五比”活动，全年开工建设重点项目 46 个，完成投资 15.1 亿元，落实招商引资项目 15 个 28.12 亿元，“双争” 到位资金 24 亿元，累计减税降费 3991 户 1336 万元，减缓社保费 2167 万元，新增各类市场主体 818 家。预计全年地区生产总值增长 6%；固定资产投资增长 7%；地方一般公共预算收入增长 6%；地方一般公共预算支出增长 3%；城镇和农村居民人均可支配收入分别增长 8%、9%；金融机构各项存贷款余额分别增长 12.8%、10.5%。

一年来，我们优化结构，示范带动，产业发展提质增效。“1+3+X”特色产业体系不断壮大，“八个万级”特色产业示范基地建设成效明显。积极推进生态文旅特色县建设，泾源牛街旅游特色街区投入运营，王洛宾文化园、胭脂峡景区恢复营业，建设泾河北岸、百花溪谷等农文旅融合发展示范基地 16 处，农文旅推介活动亮相西安、福州，冰雪文化节、六盘山山花节、汽摩节成功举办，全年接待游客 120 万人次，实现旅游综合收入 9 亿元，绿色“底片”擦靓泾源生态旅游“名片”入选全国绿色旅游目的地创新发展典型案例，荣获全国首批“避暑旅游目的地”称号，杨岭村被评为中国美丽休闲乡村。探索建立“户繁场育”联企带农养殖机制，建设“出户入园”示范场 5 个、“50”家庭牧场 10 家，补栏育肥牛 3.28 万头，新开设区内外泾源黄牛肉专营店 32 家，第七届黄牛节成功举办，全县肉牛饲养量达到 11 万头。持续推行中蜂养殖“大手连骨干拉小手”机制，建成中蜂产业融合发展示范园 2 个、百群以上标准化蜂场 10 个，种植蜜源植物 3.4 万亩，全县蜂群达到 3.5 万群。积极推进大湾乡杂交小尾寒羊产业示范基地建设，培育千只肉羊养殖场1个、百只养殖场10个，全县肉羊饲养量达到7.1万只。泾河源镇高标准冷凉果蔬基地、兴盛乡蔬菜绿色标准示范园、黄花乡农业科技示范园建成投用，全县冷凉果蔬种植面积达到1.5万亩。建成菌菇繁育中心和示范园区6处，示范带动农户546户，菌菇种植规模达到515万棒。稳步推进六盘山道地中药材种植示范基地建设，种植板蓝根、柴胡、黄芪等特色中药材4.7万亩。三峡能源一期项目有序推进，中能建投绿塬共享储能电站建成并网，实现产值2200万元。发挥闽宁协作区域资源优势，扶持服装箱包企业发展壮大，产值突破1亿元。

一年来，我们狠抓巩固，强化衔接，乡村振兴深入推进。严格落实“四个不摘”，统筹整合各类涉农资金2.69亿元，实施产业发展、基础设施提升等项目50个。持续深化“四查四补”，强化动态监测帮扶，新纳入监测对象135户581人，落实“一户一策”，消除风险60户232人。推进移民致富提升行动，实施产业、就业、基础设施配套等项目29项。大力推进小额信贷帮扶，新增贷款1.83亿元，贷款覆盖率达到71.6%。持续深化闽宁协作和央企定点帮扶，投入资金6155万元，实施项目45个。积极推动消费帮扶，外销各类农特产品1.83亿元。建立村集体经济发展“3655”工作机制，96个村集体收入均达到10万元以上，庞东村经济合作社荣获自治区示范农村集体经济组织。建设乡村振兴示范村15个，集美村获评自治区乡村振兴示范村。全面落实各项增收措施，全县脱贫人口人均纯收入同比增长16.5%，稳定实现“两个高于”目标。

一年来，我们加强保护，系统治理，生态建设成效明显。自治区党委十三届五次全会和“1+4”系列文件精神全面落实，生态文明建设深入推进。“四尘”管控持续加强，绿色施工全面推行，城乡冬季清洁取暖工程稳步推进。严格落实河长制，加大饮用水水源地保护，香水河县城段生态缓冲带修复工程全面竣工，农村生活污水处理设施稳定运行。全县环境空气质量和地表水环境质量均居全区第一。强化农村环境卫生综合整治，生活垃圾收集转运一体化示范项目全面建成，乡镇生活垃圾卫生填埋提升改造及封场工程全面完工。建设高标准农田2万亩，回收残膜708吨，畜禽粪污回收利用11万吨。黄河流域六盘山生态功能区山水林田湖草沙一体化保护和修复工程有序推进，实施燕家山生态修复1500亩，修复治理历史遗留矿山5.59公顷，完成国土绿化5.5万亩，森林覆盖率达到37.4%。

一年来，我们协调推进，优化功能，城乡品质日益提升。大力实施城市更新行动，城市基础设施补短板二期、县城生态修复项目全面完成，污水处理厂提标改造二期顺利推进，保障性安居工程配套供热管网建成投用，荣华园二期商业开发项目全面完工。大力实施乡村建设行动，持续深化农村人居环境综合整治，新建卫生厕所1310座，建设高质量美丽宜居村庄3个，荣获全国村庄清洁行动先进县。强化城乡水利服务保障，更新农村供水管网43公里，维修高效节水灌溉管道10公里，提升改造自来水防冻井1.2万户。实施城乡建筑节能改造5万平方米、农村热源清洁化改造3700户。加快推进农村电网改造，架设10千伏线路24公里、低压线路83公里。实施提升农村公路质量服务乡村振兴三年攻坚行动项目115公里、生命防护和水毁抢修道路50公里、特色旅游公路3.7公里，“商贸流通+物流整合服务”被评为全国第四批农村物流服务示范品牌，荣获全区提升农村公路质量服务乡村振兴示范县。

一年来，我们守正创新，深化改革，发展活力不断彰显。加大科技创新力度，实施科技创新项目67项，新认定国家高新技术企业1家、自治区科技型企业10家、固原市科技型企业8家，发放“宁科贷”企业贷款800万元。推行“管委会+公司”运营模式，成立园区投资发展公司，引进星耀药业科技、泾水源冷链物流、泾泾牛王谷生态牧业等7家企业入驻园区，盛飞豪有限公司培育入规，园区产值突破2亿元。不断深化“放管服”改革，163政务服务模式县乡一体化深入推进，“一窗受理”“跨省通办”“一业一证”改革全面开展，24小时不打烊自助服务区落地投用。出台落实全方位优化营商环境推动民营经济高质量发展工作措施24条，解决困难企业纾困资金2760万元。深入推进“六权”改革，完成农业、工业、养殖业用水权证颁发，用水权交易纳入自治区交易平台。用能权改革有序推进。核定初始排污权管理企业141家，政府储备权核算工作全面完成。国土空间规划体系初步建立，村庄规划编制全面完成，“三区三线”划定成果获批使用，流转土地8000亩。山林地调查落界62.7万亩，建设闽宁协作碳汇林1446亩，完成全区首笔农业碳汇交易1.97万吨，引进社会资本参与燕家山生态保护修复试点入选全区生态产品价值典型案例。

一年来，我们凝心聚力，共建共享，民生福祉持续改善。实施居民收入提升行动，扎实推进“就业创业促进年”活动，培育创业实体211个，创造新岗位404个，城镇新增就业597人，安置城乡公益性岗位230人，发放创业贷款5345万元，劳动力转移就业2.9万人，实现工资收入7.2亿元。实施基础教育质量提升行动，第二中学建设项目全面竣工，第五幼儿园投入使用，城关二小、平凉庄小学宿舍楼建设如期完成，打造教育数字化试点校1所，装备智慧教室19间。巩固“双减”和“五项管理”成果，高考综合改革进展有序，县内中高考成绩再创新高，荣获全国红领巾中队6个。实施健康水平提升行动，推进健康泾源建设，医疗健康总院全面成立，县域医共体信息化平台搭建完成，县人民医院门急诊综合业务楼主体工程完工，重症医学科、卒中和胸痛中心建成使用，泾河源镇、大湾乡卫生院服务能力通过国家标准水平认定，国家卫生县创建顺利通过评估验收。社会保障不断加强，县老年养护院全面建成，残疾人托养中心成立运营，完成困难老年人居家适老化改造518户，养老机构新增护理型床位382张。实施城乡低保“增效+扩围”、高龄津贴“提标+扩围”行动，新增城乡低保对象2346人、高龄老年人832人，累计发放各类救助资金8580万元。城乡居民养老保险、医疗保险参保率均达到95%以上。文体事业全面发展，提升改造文化示范点5个，完成文化惠民活动120场次，《柳毅传书》实景演出100场次。大庄村、集美新村多功能运动场建成投用，陕甘宁越野滑雪挑战赛、全市第四届中学生田径运动会顺利承办，宁夏首届残特奥运动会泾源县运动员勇夺四金一银。

一年来，我们强化治理，维护团结，社会大局安定和谐。统筹发展和安全，自治区党委十三届四次全会精神及“1+37+8”系列文件全面落实，重大事故隐患专项排查整治2023行动深入开展，城镇燃气、道路交通、九小场所、森林草原防火、消防安全治理等重点领域安全风险隐患排查整治成效显著，排查各类问题隐患1万余条，整改率100%，“5·29”跨省联合应急救援演练反响良好，全区突发地质灾害应急避险演练在我县举行。党建引领基层治理“1+1+3”工作机制、社区治理“1+N”工作模式、乡村治理积分卡“5223”模式深化拓展，县乡综治中心标准化、实体化建设全面完成，荣获全区乡村治理示范县，新旗村荣获全国乡村治理示范村。深化平安泾源建设，创新推出“城市快警”，反诈三年行动向纵深推进，打击治理电信诈骗实现

“两升两降”，刑事案件、行政案件发案数实现“双下降”，县公安局法制大队荣获全区公安工作先进集体。“4+N”乡村一体下沉化解机制创新推行，矛盾纠纷排查和积案化解取得积极成效，荣获全国信访工作示范县。国家“食品安全示范城市”创建成效明显，质量强县和知识产权保护工作取得新进展。双拥示范县创建扎实推进，军地军民共建迈上新台阶。铸牢中华民族共同体意识示范县创建工作深入推进，感恩、认同、法治、文明“四项教育”全面深化，基层宗教治理不断深入，宗教和顺的良好局面更加巩固，创建区级民族团结进步示范单位3个、区市级模范集体6个，全国民族团结进步示范县通过区级复验，县委统战部获评全区民族团结进步模范集体。

一年来，我们坚守初心，从严从实，自身建设全面加强。坚持党的全面领导，认真学习贯彻党的二十大和习近平总书记视察宁夏重要讲话指示批示精神，政府系统拥护“两个确立”更加坚决、践行“两个维护”更加坚定。深入开展学习贯彻习近平新时代中国特色社会主义思想主题教育，深入践行“四下基层”，检视整改问题67项，为民办实事154件。不断加强政府系统党的建设，认真履行党风廉政建设“一岗双责”，严格落实中央八项规定及其实施细则精神，坚决执行自治区“八条禁令”、固原市“十项规定”，扎实推进巡视、审计、国务院大督查及环保督察反馈问题整改，深入开展乡村振兴、粮食购销等领域专项整治，驰而不息纠正“四风”。牢固树立过“紧日子”思想，“三公”经费支出持续下降，政府债务化解成效明显。深入学习贯彻习近平法治思想，政府系统会前学法制度全面落实，“八五”普法扎实开展，党政机关争议问题“2+1+3”化解模式入围第三批全区法治政府建设示范项目，新旗村荣获全国民主法治示范村，庞东村、杨岭村荣获全区民主法治示范村。坚决落实县委工作部署，主动接受人大、政协和社会各界监督，人大代表议案建议、政协委员提案办复率均达100%。支持工青妇、残联、红十字会等群团组织开展工作。邮政、气象、通信等工作取得新成绩。

各位代表！成绩来之不易、奋斗伴随艰辛。全县发展道路上取得的每一点成绩、每一项进步、每一份收获都浸透着汗水、凝聚着心血，都是拼出来、干出来、奋斗出来的！这些成绩的取得，根本得益于习近平总书记掌舵领航，得益于习近平新时代中国特色社会主义思想科学指引，得益于党中央、国务院和区市党委、政府的坚强领导，得益于县委科学决策、正确领导和县人大、县政协有效监督、鼎力支持，是全县人民苦干实干、顽强拼搏的结果。在此，我谨代表县人民政府向辛勤劳动在各条战线上的全县人民，向大力关心支持政府工作的各位人大代表、政协委员，向离退休老同志、人民团体、工商联和各界人士，向驻泾人武部指战员、政法干警、武警官兵、消防救援队伍，向参与泾源建设、支持泾源发展的各界朋友，表示衷心的感谢和崇高的敬意！

在总结成绩的同时，我们更加清醒地认识到，高质量发展道路上还存在不少困难和问题：农业基础薄弱，规模化程度不高，产业化水平较低；工业发展受限滞后，规上企业数量少，工业经济比重偏小；项目谋划建设不够有力，有效投资后劲不足，项目带动作用不强；财源基础薄弱，税源支撑不足，财政收入乏力；公共服务还不够优质均衡，风险隐患仍不容忽视；少数干部精准服务的能力本领还不够强、敢拼敢闯的精神状态还不够足，等等。对此，我们一定要高度重视，认真解决。

2024 年的主要工作

2024 年是中华人民共和国成立 75 周年，是“十四五”规划承前启后之年，也是推进泾源经济社会高质量发展关键之年，做好经济社会发展工作，意义重大。按照县委十五届六次全会部署，政府工作的总体要求是：坚持以习近平新时代中国特色社会主义思想为指导，深入贯彻党的二十大、二十届二中全会和中央经济工作会议精神，坚定不移把习近平总书记视察宁夏重要讲话指示批示精神作为“纲”和“魂”，全面贯彻落实自治区第十三次党代会和自治区党委十三届六次全会、市委五届十次全会、县委十五届六次全会及区市县党委经济工作会议精神，把推进中国式现代化作为最大的政治，把铸牢中华民族共同体意识作为各项工作的主线，把坚持高质量发展作为新时代的硬道理，坚持稳中求进、以进促稳、先立后破，完整、准确、全面贯彻新发展理念，主动服务和融入新发展格局，以先行区建设为牵引，聚焦“生态泾源、绿色发展”定位，围绕县委“15375”总体部署，高效统筹发展、安全、环保、民生等各项工作，重点抓好“八个坚持”，着力实现“八个新突破”，奋力实现全年目标任务，谱写全面建设社会主义现代化美丽新宁夏泾源新篇章。

预期发展目标是：地区生产总值增长 6.5%左右，地方一般公共预算收入增长 4%左右，全社会固定资产投资增长 6%以上，社会消费品零售总额增长 5.5%左右，城镇居民人均可支配收入增长 7%左右，农村居民人均可支配收入增长 9%左右。城镇调查失业率控制在 5.5%以内。完成区市下达的各项约束性指标。

实现上述目标，我们将重点抓好以下工作。

一、坚持强投资、促消费，着力推动县域经济高质量发展实现新突破

坚持把扩大有效益的投资和激发有潜能的消费作为推动高质量发展的重要基石，全面深化“扩大内需提质升级行动”，形成消费和投资相互促进的良性循环。着力增强投资实力。按照自治区抓好“四个全面”优化，实现“三个加快转变”要求，启动实施“项目投资攻坚年行动”，实行“领导包抓、专班推进、督办晒比”和“周督查、月调度、季评比”工作推进机制，明确作战图、时间表、任务书，推动项目谋划提标、争取提效、建设提速、投资提质，大力推进 62 个 76.5 亿元重点项目加速实施，重点抓好 13 个过亿元项目落地见效，产业类项目投资比重达到 60%以上，社会投资类项目占比达到 50%以上。着力提升争引能力。深化拓展“1+N”“三个一”机制，坚持链式思维、落地思维、闭环思维，扎实开展领导招商、以商招商、驻点招商、节会招商、园区招商，全周期全要素推动签约项目抓落地、在建项目抓进度、竣工项目抓达产，力争招商引资项目到位资金 30 亿元以上。抢抓先行区、副中心城市建设战略机遇，找准切入点、锚定突破口，提升项目谋划精准性和质效度，发扬“拼、抢、争”精神，建立“晾晒”实绩工作机制，力争落实“双争”到位资金 25 亿元以上。着力激发消费潜力。深入实施“现代服务业扩容提质工程”，加快推进传统消费提质、新型消费培育、文旅体育消费拓展、居民收入提升，突出增强文旅产业吸引力、竞争力和性价比，围绕“氧吧”“避暑”“康养”“冰雪”“美食”等优势，有效发挥旅游景区、文旅融合基地等旅游消费新场景聚集作用，打造更多“假日经济”“夜间经济”“冰雪经济”。大力提振市场信心，扩大新能源汽车、智能家电等大宗商品消费供给，加快推进现代物流体系建设，全面释放消费潜力。

二、坚持稳实体、强主体，着力推动现代产业高质量发展实现新突破

坚持把发展特色产业作为推动高质量发展的重要引擎，实施特色产业提质计划，紧紧围绕“1+3+X”产业发展体系，探索走好“壮大一产、带动三产、撬动二产”的“一三二”产业发展新路子。多元融合做强文旅产业。以创建生态休闲文旅特色县为目标，大力实施“旅游+”“+旅游”战略，强化农文旅多元融合，以文塑旅、以旅彰文，以农兴旅、以旅带农，构建全域旅游发展新格局。着力优化服务要素，积极盘活县城游客集散中心、泾河源游客服务中心和旅游驿站，完善泾源牛街、八方隆、盈德旅游特色街区等夜间消费聚集区功能，不断提升城市的“烟火气”“生活味”。持续推进精品民宿“3310”工程，新建精品民宿10家，全力推进六盘山森林度假酒店建设，积极推动龙房宫温泉康养旅游度假区项目落地，争取创建4星级旅游饭店、国家级乡村旅游重点村，推动形成民宿产业发展集群，努力实现旧宅变民宿，田园变景区，农民变股民。积极推进农文旅融合特色村镇建设，实施乡村振兴暨农文旅融合示范带建设项目，布局果蔬采摘、农耕体验、自驾营地等新业态，全力营造望得见山、看得见水、记得住乡愁的乡村旅游新格局。推动林旅融合，创新林地经营模式，发展森林旅游、森林休闲、森林康养等林旅产业，打造集观光旅游、森林休憩、康体疗养、户外拓展、科普教育等功能于一体的森林康养综合体，争创国家级森林康养试点基地。大力推进文旅品牌建设，加快建设杨岭生态展示中心、民族团结进步创建展示中心，持续开展农文旅推介宣传，全力办好各类文化旅游节会活动，高效承办中国避暑旅游产业峰会，力争创成“中国气候宜居城市”，不断扩大泾源旅游美誉度和影响力。扩规强链做大特色农业。深入实施“八个万级”农业特色产业提质增效工程，建设“4个产业集群”，巩固“2个产业基地”，推进“4项融合”，积极创建区域特色农产品基地。坚持“优化布局扩规模、内繁外引夯基础、做强加工补链条、多元开发兴业态”发展思路，大力实施“八项计划”，种植优质饲草13万亩，引进企业建设千头以上生态牧场，培育肉牛养殖万头乡镇2个、千头示范村5个、“50”家庭牧场15家，外引育肥牛1.5万头，冷配改良肉牛3.5万头，肉牛饲养量达到12万头。建立泾源黄牛肉行业标准，健全购销内外循环机制，建设以牛肉为主的预制菜加工中心，鼓励支持企业改造生产线，规范提升一批牛肉外销店，不断推动肉牛全产业链产值提升。围绕标准化养殖规范提升、产品研发能力提升、追溯管理信息平台建设、蜂旅融合基地功能拓展“四项重点”，新建标准化蜂场8个，巩固提升千群示范村10个、标准化蜂场59个，繁育蜂王及王台1.5万只，蜂群总量稳定到4万群。广泛推行“泾源蜂蜜”团体标准，积极研发药用、饮用、食用等蜂蜜新产品，扩建众天、珍好佳蜂产品生产线，年生产加工“泾源蜂蜜”30万公斤。坚持“企业+村集体+农户”联农带农利益联结机制，实施中药材基地及加工销售项目，建设中药材良种繁育示范基地3处、大田标准化种植基地8处、林下仿野生种植基地8处、玉米中药材套种基地2处，新种植中药材3万亩，全县中药材面积达到6万亩。深化“包棚创业+菌棒托管+特困补助”联农带农机制，规范提升菌菇产业园区3个，培育林下菌菇种植基地10个，新建菌菇产业园6个，建设年生产万吨以上菌棒生产线，全县菌菇种植达到1000万棒。深化“企业+合作社+村集体+农户”联动发展机制，布局设施果蔬产业带，建设年育苗1000万株以上蔬菜种植繁育中心、现代设施蔬菜园区、冷凉果蔬采摘园，全县种植冷凉果蔬规模达到2万亩。立足“优质+高效”产

业定位，组建肉羊养殖联合社，新建肉羊养殖示范村 2 个，巩固提升 3 个，全县肉羊饲养量达到 8 万只。坚持“生态产业化、产业生态化”发展思路，积极探索发展林旅、林蜂、林菌、林草、林药等生态经济，加快推进全县“三棵松”苗木去库存和产业结构调整，实现产业变“绿”、经济增“绿”，争创生态经济创新发展示范区。挖潜增效做活新兴产业。依托优势风电资源，积极推进三峡能源 200MW 共享储能、中能建投 40MW 风力发电、国家电投 30MW 分散式风电和泾源万合 400MW 共享储能项目落地。探索发展数字经济，推动智算中心建设项目落地实施。发挥闽宁帮扶协作优势，加强企业对接力度，力争落地服装箱包企业 1~2 家，培育入规服装箱包企业 2 家，确保服装箱包产量达到 2000 万件以上，实现产值 1.5 亿元以上。积极引进实战型电商企业，全力搭建电商创业平台，加强电商人才培训，力争创建自治区级电商直播示范基地 2 个，培育电商龙头企业 5 个，实现网络零售额 3000 万元以上。持续深化园区体制机制改革，推动园区集约式、聚合式、突破式发展。支持盘活关停企业资产，实施“腾笼换鸟”恢复产能，持续推进“燕归巢”行动，推行新增工业用地“标准地+承诺制”“以租带让”模式，让企业“轻装上阵、拎包入驻”。加快孵化园区标准化厂房、公共冷藏冷冻库、山泉水加工等重点项目建设，争取培育规模以上企业 2 家，储备具备入规条件企业 1 家，力争园区产值增长 15%以上。

三、坚持夯基础、创示范，着力推动和美乡村高质量发展实现新突破

坚持把乡村全面振兴作为推动高质量发展的重要阵地，围绕“两确保、三提升、两强化”工作要求，实施乡村振兴示范行动，全力建设乡村全面振兴样板县。夯实农业发展基础。采取“长牙齿”的硬措施，落实最严格的耕地保护制度。实施高效节水灌溉 4000 亩，加快国土综合整治，平整治理农村低效土地 1.4 万亩，提升耕地质量及土地开发 4590 亩。涉农资金 60%以上投入产业发展，因地制宜发展种植业、养殖业和庭院经济，持续深化村集体经济“3655”发展机制，不断增强乡村发展驱动力。巩固拓展脱贫成果。严格落实“四个不摘”，常态化开展“四查四补”，健全完善动态监测帮扶机制，扎实推进“农民增收致富行动”和“移民致富提升行动”，全面深化闽宁对口协作和央企定点帮扶，强化消费帮扶产销对接，开展“百企兴百村”行动，实施农民“四项增收计划”，精准落实产业、就业各项增收措施，坚决守住不发生规模性返贫底线。推进和美乡村建设。学习运用“千万工程”经验，实施乡村产业发展水平、乡村建设水平、乡村治理水平“三大提升计划”。夯实乡村振兴战斗堡垒，扎实开展“基层党建提质增效”工程，全面推进“六盘先锋”党建品牌“细胞工程”创建，扎实推进党建引领基层治理示范县建设，切实提升乡村发展向心力引领力。加快推进乡村人才振兴，引导城市人才下乡，推动专业人才服务乡村，着力培养一批“土专家”“田秀才”“乡创客”，为推进乡村振兴提供有力人才支撑。持续推进农村人居环境整治，大力实施厕所革命、生活污水治理、生活垃圾治理、村容村貌提升行动，新建农村卫生厕所 260 座，改造农村建筑节能 2 万平方米、村镇公共建筑热源 4.5 万平方米，建设美丽宜居村庄 3 个、乡村振兴示范村 15 个，推动和美乡村焕发新颜值。

四、坚持重治理、守底线，着力推动绿色低碳高质量发展实现新突破

坚持把优化生态环境作为推动高质量发展的重要载体，突出打好“四大战役”，努力建设人与自然和谐共生的美丽泾源。持续防污治污固本色。推进大气污染防治，以扬尘、烟尘管控和臭氧污染防治攻坚为主线，持续加强道路机械清扫、洒水和喷雾降尘作业，全面推动冬季清洁取暖项目，强化秸秆焚烧管控，确保环境空气质量优良天数比例达到95%以上。突出河源保护，大力推进颉河、策底河水生态修复，统筹推进胜利村、涝池村生态清洁型小流域综合治理，加快推进农村污水处理设施扩容改造、干沟河山洪沟道治理工程，确保泾河出境断面水质稳定保持在Ⅱ类标准，争创国家水土保持示范县。强化土壤污染源头管控，争取实施农业面源污染综合治理项目，规模以上畜禽养殖粪污资源化利用和处置率达到90%以上。持续植绿增绿添成色。坚持山水林田湖草沙一体化保护和系统治理，大力开展国土绿化行动，统筹实施“三北”、黄河“几字弯”及“三山”等重大工程，积极推进生态保护修复营造林、燕家山土地整治及生态修复、策底河流域生态治理等重点项目，完成造林8.5万亩；加快实施国家储备林基地建设项目，建设储备林11万亩；持续推进碳汇林建设，营造碳汇林1000亩；全面实施生态保护与修复二期、历史遗留废弃矿山生态修复项目，治理生态修复面积1700亩，力争森林覆盖率达到38%以上。持续降碳减碳亮底色。统筹抓好节能降碳增效、绿色低碳循环、绿色生活创建，大力推进能源革命，加快废弃物有机循环利用和无害化处理，持续实施城乡环卫一体化建设。严格落实环境监管执法，持续开展重点企业排污、固危废污染防治专项检查，加快环保督察反馈问题整改，全面落实“三线一单”生态环境分区管控体系，切实守好生态环境生命线。

五、坚持优环境、提品质，着力推动城乡山川高质量发展实现新突破

坚持把城乡一体发展作为推动高质量发展的重要支撑，聚焦“山水乡村、花园城市”定位，深入实施城乡面貌提升行动，推进城乡融合发展。着力提优城乡基础。全面推进以县城为重要载体的新型城镇化建设，重点实施冶家村红色美丽村庄试点项目，精细实施传统村落保护工程，打造宜居宜业和美乡村示范样板，争创全国传统村落集中连片保护利用示范县。积极推进提升农村公路质量服务乡村振兴项目、园黄公路、农村公路生命防护工程建设，改造提升农村公路73公里，加快推进城乡交通一体化改革，不断优化完善城乡路网体系，争创全国城乡客运一体化改革示范县、全国“四好农村路”示范县。争取实施洪家沟水库建设项目，全力推进农村供水补短板工程，维修更新城乡供水管网，不断提升城乡供水保障能力。持续激发城市活力。统筹老城区改造和新城区建设，扎实推进城市更新“十项工程”，优化市政基础设施和公共服务设施布局，集中实施县城防涝排洪、污水处理厂提标改造二期工程，全面完成县城生活垃圾填埋场改造提升，不断优化城市服务体系。吸引社会资本助推房地产市场健康发展，持续增强城市承载能力。精细推进城市管理。建立规划、建设、治理相统筹，责任、权力、投入相匹配的管理体制，加快“智慧城市”建设，规范城市运营管理，优化停车资源供给，推行生活垃圾分类、环卫作业一体化清扫。健全完善小区物业管理体系，不断提高服务水平。强化城市管理网格化功能，加强市政设施维护管理，着力提升城市形象。

六、坚持挖潜力、增活力，着力推动改革创新高质量发展实现新突破

坚持把深化改革创新作为推动高质量发展的重要动力，实施改革创新赋能行动，以改革破解难题，以创新激发活力。不断强化科技创新。坚持人才第一导向，大力实施“才聚泾源1594行动”，培育引进更多人才和科创团队，不断提升人才服务重点企业、重大项目、重点产业的能力水平。启动实施“企业梯度培育计划”，完善科技型企业培育库，组织申报国家、区、市科技型企业5家。加大“宁科贷”支持企业力度，缓解企业融资难题。深化东西部科技合作，加快产学研融合平台建设，实施科技合作、科特派等项目13项。全面深化重点改革。全方位贯彻“四水四定”原则，争取国家和自治区水资源补偿。持续推进山林权确权颁证，助推山林资源变资产。优化国土空间布局，推广吸引社会资本参与生态保护修复实践样板。争取自治区林业碳汇试点县建设，力争实现碳汇入市交易。加快推动排污单位初始排污权有偿使用费测算征收。引导金融机构创新金融产品，不断赋能“六权”改革金融属性。深入实施国有企业改革深化提升行动，着力激活国企发展动能。持续优化营商环境。纵深推进“放管服”改革，全力推行“线上审批、不见面办理”，加快“区域评估”“联合测绘”“联合审图”“联合验收”，全力落实工程建设项目审批制度改革，持续提高政务服务能力。坚持“两个毫不动摇”，鼓励支持民营经济和民营企业发展壮大，深入开展“企业纾困帮扶专项行动”，加大各类惠企政策措施落实力度，坚决破除各种不合理门槛和限制，加强规范事中事后监管，依法保护企业产权和权益，持续激发企业活力。

七、坚持惠民生、增福祉，着力推动社会事业高质量发展实现新突破

坚持把民生福祉改善作为推动高质量发展的重要目标，深入实施“六大提升行动”，扎实办好民生实事，在发展中保障和改善民生。强化就业创业。统筹实施就业创业优先和居民增收致富工程，全力做好农村劳动力、脱贫人口、退役军人、高校毕业生等重点群体就业，加强困难群体就业兜底帮扶，开展技能培训300人，发放创业贷款3700万元，培育创业实体120个，带动就业600人，新增城镇就业300人，农村劳动力转移就业2.3万人以上，推动实现就业增收量质双升。提升教育质量。统筹推进泾河源镇、兴盛乡、六盘山镇中心小学综合教学楼建设，有序推进泾源三小食堂改扩建和运动场提升，加快推进第四中学、职业中学项目建设，全面建成投用第二中学，实施中小学运动场提升、清洁取暖改造工程，不断改善办学条件。持续推进教育数字化建设，全面开展课堂教学视导教研，加快实施县内高中振兴计划，不断强化与区内外优质高中战略合作，全面深化“县管校聘”改革，着力提升教育教学质量。建设健康泾源。持续深化医药卫生体制改革，加快推进“互联网+医共体”平台应用，实现医疗健康总院实体化运行，突出抓好中医药特色科室建设，全面完成县人民医院急救救治能力提升、龙潭街社区卫生服务中心建设项目，加快推进县级医疗服务能力达标工程，积极推进疾病预防控制机构改革，健全完善疾病预防控制体系，持续巩固国家卫生县创建成果，大力开展爱国卫生运动，全面提升城乡居民健康素养水平。做好社会保障。健全分层分类社会救助体系，做好困难群众兜底保障。深化养老服务体系建设，探索公建民营或托管运营方式，推动老年养护院、泾河源敬老院运营管理，争取实施中心敬老院消防安全改造提升项目，持续强化家庭养老床位适老化改造，建设家庭养老床位260张，积极开展居家养老上门服务600户，强化残疾人康复托养服务，不断提升服务水平。繁荣文化事业。扶持发展文化大院、民间文艺团队，加快推进文化馆、图书馆数字化建设，大力开展文物和非遗保护传承，积极开展“送戏下乡”“戏曲进校园”等演出活动。加快实施县城体育场提升项目，积极推进社区多功能运动场改造，广泛开展群众性文化体育赛事活动，深化拓展新时代文明实践中心建设，持续推进文明创建活动，不断提升群众文明素养。

八、坚持防风险、保安全，着力推动社会治理高质量发展实现新突破

坚持把完善治理体系作为推动高质量发展的重要保障，坚决贯彻总体国家安全观，努力营造以大安全促大发展，以大发展保大安全的和谐格局。持续强化风险防范。深入开展国家安全教育，不断加强国防动员和后备力量建设。严格落实地方政府债务限额管理，妥善处置化解存量债务，不断强化企业债务风险防范，有效防范处置非法集资，牢牢守住不发生系统性风险底线。持续深化基层治理。坚持“自治、法治、德治”思路，巩固拓展党建引领基层治理“1+1+3”工作机制和“5223”治理模式，着力构建基层治理共同体。深入开展“八五”普法，坚持和发展新时代“枫桥经验”“浦江经验”，开展“三无”村居创建，全面推进信访工作法治化，不断加强和改进人民信访工作。围绕建设铸牢中华民族共同体意识示范县目标，深入推进“六项提升行动”，扎实开展示范创建“七进”工作，打造“泾河两岸石榴红”品牌。坚持我国宗教中国化方向，依法加强宗教事务管理，促进各民族共同繁荣发展。积极做好新时代国防动员、双拥共建，巩固发展军政军民团结大好局面。继续深化平安泾源建设，常态化开展扫黑除恶斗争，严厉打击各类违法犯罪活动。加快推进质量强国和知识产权强国建设，严格食品经营风险分级动态管理，大力推进国家食品安全示范城市创建。深入落实国家“十五条硬措施”“三管三必须”和自治区“1+37+8”系列文件要求，深入实施安全生产治本攻坚专项整治三年行动，扎实开展本质安全提升、企业主体责任落实、隐患排查整治、全民安全意识提升专项行动，着力加强应急管理体系和应急救援能力建设，全县社会大局安全稳定。

各位代表！大道至简，实干为要。我们将始终践行“社会主义是干出来的”伟大号召，大力倡树“严细深实勤俭廉+快”工作作风，为民执政、为民用权、为民服务，努力建设人民满意政府。

一是坚定政治方向，坚持忠诚干事。深刻领悟“两个确立”的决定性意义，深学细悟笃行习近平新时代中国特色社会主义思想，认真贯彻落实党的二十大和习近平总书记视察宁夏重要讲话指示批示精神，持续开展学习贯彻习近平新时代中国特色社会主义思想主题教育，全面贯彻中央、区市和县委决策部署，坚决履行“忠诚担当、干事有为”，以实绩实效践行对党绝对忠诚。

二是强化法治建设，坚持依法干事。深入践行习近平法治思想，依法履行政府职能，常态化开展政府系统会前学法，健全完善法律顾问、合法性审查、重大行政决策等制度，从严落实政府权责清单，全面落实行政执法“三项制度”，争创自治区法治政府建设示范县。依法接受人大及其常委会监督，自觉接受人民政协民主监督，主动接受社会和舆论监督，高质量办理人大代表议案建议和政协委员提案。

三是勇于担当作为，坚持务实干事。全面落实“三个务必”要求，坚持以高质量发展实绩为准绳，围绕项目建设、招商引资、产业发展、乡村振兴、生态保护等重点任务，专班化、项目化、清单化推进工作落地落实。弘扬“四下基层”优良传统，践行“一线工作法”，强化督查问效，全面推行“红黑榜”，切实加大“晒比促”，严肃整治“中梗阻”，确保政府工作定一件、干一件、成一件，让实干担当成为政府的鲜明底色。

四是弘扬清风正气，坚持廉洁干事。坚决落实全面从严治党要求，认真履行“一岗双责”，扎实推进政府系统党风廉政建设。严格落实中央八项规定及其实施细则精神，持续深化重点领域整治，坚决纠治形式主义、官僚主义，着力提升服务群众的能力水平。不断加强审计监督、财会监督、统计监督，严格落实过“紧日子”要求，严控一般性支出，压减“三公”经费，切实提高财政资金使用绩效。

各位代表，奋斗赢取未来，实干成就梦想。让我们更加紧密地团结在以习近平同志为核心的党中央周围，在区市党委、政府和县委的坚强领导下，踔厉奋发、勇毅前行，为加快建设美丽新宁夏做出泾源新的更大贡献！

附：名词解释

六个更好统筹：更好统筹疫情防控和经济社会发展，更好统筹经济质的有效提升和量的合理增长，更好统筹供给侧结构性改革和扩大内需，更好统筹经济政策和其他政策，更好统筹国内循环和国际循环，更好统筹当前和长远。

村集体经济发展“3655”工作机制：开展“三年提升”行动，聚焦班子队伍好、集体收入好、管理运行好、联农带农好、村风民风好、群众评价好“六好”创建目标，创新探索农旅融合多点增收、盘活资产挖潜增效、抱团发展利益联结、自主经营发展产业、社会化服务保驾护航“五种”发展模式，建立逐级包抓、多元扶持、监督管理、奖补激励、评估考核“五项”保障机制。

三区三线：“三区”是指城镇空间、农业空间、生态空间三种类型的国土空间；“三线”分别对应在城镇空间、农业空间、生态空间划定的城镇开发边界、永久基本农田、生态保护红线三条控制线。

“4+N”乡村一体下沉化解机制：法官、检察官、警官、律师“4支队伍”专业力量+“N”个平安建设成员单位职能力量联合向乡村下沉。

党政机关争议问题“2+1+3”化解模式：对行政争议债务和民事债务两类问题精准建档，交由县人民政府审核小组统一审核，采取一站式调解化解、依法查处和诉讼解决三种方式进行多元化实质化化解。

“1+N”招商机制：投资促进服务中心牵头抓总，多个项目相关部门协同招商、跟踪推进、包服落地工作机制。

“三个一”招商机制：一个产业制定一个招商方案、编制一份项目清单、制作一套宣传资料和投资指南。

建设“4个产业集群”、巩固“2个产业基地”、推进“4项融合”：建设肉牛产业集群、中蜂产业集群、菌菇产业集群、中药材产业集群；巩固冷凉蔬菜产业基地、大湾乡肉羊产业基地；推进农文旅、林下经济、庭院经济和村集体经济融合发展。

四水四定：以水定城、以水定地、以水定人、以水定产。

政协工作报告

——在政协泾源县第十四届委员会第三次会议上

政协泾源县委员会主席　李　刚

（2024 年 1 月 5 日）

各位委员、同志们：

我受政协泾源县第十四届委员会常务委员会委托，向大会报告一年来的工作，请予审议，并请列席人员提出意见。

2023 年工作回顾

2023 年是全面贯彻中共二十大精神的开局之年，是落实自治区第十三次党代会安排部署的发力之年，也是县政协十四届委员会履职抓深化求拓展的关键之年。一年来，在县委坚强领导和区市政协精心指导下，县政协常委会坚持以习近平新时代中国特色社会主义思想为指导，全面贯彻落实党中央决策部署和区市县党委工作要求，把加强思想政治引领、广泛凝聚共识作为中心环节，充分发挥协商民主重要渠道和专门协商机构作用，围绕中心谏良言、紧扣大局谋实策、团结各界聚合力，为助力全县经济社会高质量发展做出积极贡献。

一、坚持党的领导和政治引领有机结合，在筑牢共同团结奋斗思想基础上扛起责任

一年来，我们坚决对标对表，在政治上坚决维护、组织上自觉服从、行动上步调一致，确保政协工作始终沿着正确政治方向前进。

一是毫不动摇坚持党的领导。县委高度重视政协工作，全方位支持政协高质量履职，把政协工作纳入县委工作总体布局，与全县工作一体谋划、一体推进。县政协坚持“党委有部署、政协有落实”，始终做到政协的一切工作在县委领导下开展，一切重要活动围绕全县中心任务进行，一切重要安排报县委审批后实施，坚决把县委的各项决策部署贯彻落实到政协履职的全过程、各方面，确保政协事业始终沿着正确的政治方向前进。一年来，及时向县委请示重大事项、重要会议、重点工作 17 次，提交专题报告 11份，邀请县委和政府领导出席政协活动 26 次，确保各项工作有序推进，成效显著。

二是扎实有效推进主题教育。按照统一部署，突出政协特色，推动主题教育与政协履职互融互促、走深走实。认真落实“第一议题”制度，深学细悟习近平新时代中国特色社会主义思想，跟进学习“最新篇”，认真学习“宁夏篇”，贯通学习“政协篇”，县政协党组理论学习中心组、主席会议专题学习 38 次、常委会集体学习 5 次，开展“树立正确政绩观”等专题研讨 16 人次，主席会议成员带头“四下基层”，开展调研 23 次，形成调研报告 4 篇，梳理发现问题 7 个，提出意见建议 15 条，建章立制 8 项，以“铸牢中华民族共同体意识”“特色产业发展”等为主题，举办“委员大讲堂”19 场次，开展“沿着总书记足迹·感悟思想伟力”等实践活动 5 项，教育引导全体委员和机关干部奋进新征程，建功新时代，更加坚定自觉地捍卫“两个确立”，做到“两个维护”，凝聚起了党员干部学深悟透、感恩奋进的高度自觉，发挥了政协调查研究、建言资政的独特优势，持续展现了政协系统围绕中心、服务大局、干事创业的履职作为，主题教育取得阶段性成效。

三是坚持不懈强化全面从严治党。认真贯彻落实党中央和区市县党委关于加强新时代人民政协党的建设工作要求，切实发挥政协党组在把方向、管大局、保落实上的重要作用。将60名中共党员委员按界别纳入4个专委会功能型党支部，实行双重管理，做深做实“党组成员联系政协常委”“政协常委联系党员委员”“党员委员联系党外委员”等工作，促进党建链引领委员链、委员链带动履职链。认真履行全面从严治党主体责任和党组成员“一岗双责”职责，党组会议研究部署意识形态、党风廉政建设7次，开展廉政教育活动5次，谈心谈话36人次，党组领导力号召力、机关执行力战斗力、委员凝聚力向心力明显提升。

二、坚持建言资政和民主监督同步发力，在助力县委政府决策部署落地落实上展现作为

一年来，我们聚焦特色产业发展、重点任务推进和重大决策部署落实，主动调查研究、深入协商议政、强化监督实效，为全县经济社会高质量发展建有用之言、谋前瞻之计、献务实之策。

一是协商调研聚焦中心工作。坚持“党政所需、群众所盼、政协所能”原则，紧扣事关全县高质量发展大局和民生福祉改善的大事要事难事，精选协商议题，积极协商议政。会同县委政府精心制定年度协商计划11项，围绕耕地保护粮食安全、县属国有企业改革、“1+3+X”产业发展等方面，吸纳界别委员深入调研，实事求是、客观公正反映了工作中存在的困难和问题，提出了中肯的意见建议，形成有“含金量”调研视察报告10篇。协同区市政协完成“三山”保护、肉牛产业、民宿经济发展、碳汇林建设等专项调研7次。围绕优化营商环境、教育质量提升、移风易俗等主题开展专题协商5次、对口协商6次、“有事好商量”议事活动5次，开展生态经济、服装箱包产业等专班工作调研7次，形成了一批高质量议政成果，呈送的“关于推进肉牛全产业链发展，实现肉牛产业提质增效”等9份调研视察报告得到县委政府主要领导批示，相关建议被职能部门采纳，为县委政府科学民主决策和精准施策提供了重要参考。

二是提案办理突出成效转化。坚持精益求精，做好提案征集、审查、交办工作，着力在加强提案督办、深化办理协商、增强办理实效上下功夫，政协十四届二次会议提案立案88件，立案率92.6%，召开提案交办督办会4场次，开展提案督办活动2次，10件提案由县委和政府、政协领导领衔督办，16项协商成果交由县委和政府督查室跟踪督办，提案办复率100%，实效率91%，有效推动了提案办理从“答复满意”向“结果满意”转变，一批事关全县高质量发展和群众切身利益的实际问题得到妥善解决，提案办理成为推动县委和政府决策落实的有力举措。积极借助全国和区市政协平台呼吁解决影响我县发展的突出问题，驻宁全国政协委员蒋齐深入我县调研，向全国政协会议提交的《关于支持建立六盘山区省域生态补偿机制的提案》被立案办理。驻泾委员在区市政协全会上提交的关于支持中蜂产业发展、加快建设新能源充电桩、提高职业教育办学水平、加强道路沿线旅游观光点建设、帮助联通天然气等提案12件，均得到有效办理。

三是民主监督体现效能提升。认真贯彻落实中共中央办公厅《关于加强和改进人民政协民主监督工作的意见》和区市县党委具体要求，不断探索监督成果转化的规律特点。出台《民主监督员选派办法》，深入推进特邀监督员工作程序化、规范化建设，全力支持委员履职尽责。开展防返贫动态监测帮扶、农村小微权力运行视察活动2次，专题听取国民经济和社会发展计划、安全隐患排查整治等工作5次，参与全县水价听证、煤炭询价等决策活动7次，列席县委和政府重要会议40余场次，持续拓展民主监督和知情明政渠道。深入贯彻自治区党委十三届四次、五次全会精神，认真落实区市政协和县委有关要求，组织消防安全和生态环保政策宣讲活动5场次，深入相关领域督导检查31次，协调推动化解安全风险和苗头隐患，督促问题及时整改。通过制度运行、民主程序和有效工作，充分展现政协在助推部署落实中的担当作为。

三、坚持职能发挥和为民履职相互赋能，在增进民生福祉上用心用力

一年来，我们把不断满足人民群众对美好生活的向往作为履职重要着力点，察民情解民忧，办实事暖民心，助推全县民生事业持续提升。

一是畅通社情民意渠道“察民情”。坚持把社情民意信息作为传递民情、了解民意的重要途径，注重在调研视察中深入了解诉求、在座谈交流中广泛征集建议、在跟踪督办中有效推动落实，不断健全社情民意收集、落实、跟踪、反馈工作机制。先后报送社情民意信息45期，提出意见建议67条，其中，“关于有效清理中小企业欠款的建议”等27件社情民意信息得到县委政府主要领导批示办理。组织委员和相关部门开展“微协商”4场次，找准问题症结，商议解决办法，促成沿街餐饮店治理、城区停车场不足等问题解决，推动开设职工餐厅、农特产品进商超等建议办理落实。一批事关县域经济发展和惠及民生的社情民意，得到了相关部门采纳和有效办理，受到广大群众好评，实现“有事好商量、问题好解决”，社情民意信息收集办理落实成为2023年政协工作的“点睛之笔”。

二是提升协商建言质量“解民忧”。广大政协委员紧扣民生改善的实事、社会治理的难事，扎实开展“深入群众、联系界别、服务基层”活动，广泛听取民意，主动为民建言。面对企业发展的痛点堵点，开展“优化营商环境，助推企业发展”协商议事会，召集市场监管、审批服务等部门直面问题、沟通协商，帮助企业现场解决实际困难8件。面对群众关切的居民小区道路硬化和矛盾纠纷化解等问题，深入社区协商议事，向公安、住建等部门现场交办问题4条并跟踪督办。同时，及时反映农村污水处理、小区物业管理、校园周边食品安全等涉及民生领域意见建议19条，得到相关部门高度重视和及时办理，赢得人民群众广泛赞誉。

三是致力开展公益事业“暖民心”。大力倡导政协委员及社会各界积极参与公益活动，牵头成立爱心济困协会，监督指导募捐资金，广泛开展扶危济困、慈善救助活动。资助困难大学新生54名，救助农村低收入家庭8户，走访慰问老党员、困难群众6户。支持鼓励政协委员发挥自身优势，深入群众开展健康义诊、送戏下乡等“为民办实事”实践活动17场次，充分展现了新征程政协委员履职为民新形象。

四、坚持凝聚共识和增进团结融会贯通，在广泛汇集发展合力上彰显优势

一年来，我们始终坚持大团结大联合，广泛凝聚共识，激发发展动力，努力寻求最大公约数，画出最大同心圆。

一是坚持在合作共事中增进团结。高度重视同各界人士的沟通协商、团结联谊，为他们表达意见和主张搭建平台、创造条件，开展“传统村落保护与开发”“旅游产品开发与营销”等协商议政活动，召开“闽籍企业话泾源发展”“无毒社区创建”等一线协商恳谈会，最广泛地把各界群众紧紧团结在党的周围，努力营造合作共事氛围，不断扩大团结面、增强包容性。

*二是坚持在交流联谊中增强影响。*主动加强与上级政协和兄弟县区政协交流合作，自治区政协主席陈雍等区市领导多次深入泾源调研指导工作，县政协报送的《关于赴福建古田、云南永胜等地考察菌菇产业情况》《关于泾源县民宿经济发展的思考》等调研报告，得到陈雍主席批示转办。先后接待海南省、鄂尔多斯市、陕西陇县、甘肃镇原县及区内兄弟县区政协来泾考察交流活动 12 批次，建立的《县党政部门向县政协通报重要情况制度》被四川古蔺县学习借鉴，展示了良好对外形象。围绕产业发展、社会治理、自身建设等工作，组织委员前往陕西安康和区内西夏区、平罗县、利通区、中宁县等地考察学习，借鉴先进经验，推动工作提质。同时，结合“燕归巢行动”，积极开展对外联络交流，大力宣传推介泾源，支持引导企业家回乡创业。

*三是坚持在文史宣传中凝聚力量。*深化“书香政协”建设，在县图书馆设立“政协书屋”，常态化开展委员读书交流分享活动，努力让书香成为政协的鲜明气质。收集整理闽宁协作和泾源籍在外人士事迹，组织编撰《山海的交响》《走南闯北泾源人》等图书，与区内外政协系统互赠文史图书 500 余册，充分发挥文史资料存史资政、团结育人作用。利用政协履职通 App、泾源政协微信公众号等载体，发布政协工作和履职动态 160 余篇，《华兴时报》《固原日报》等媒体报道我县经验做法和委员事迹 23 篇，全方位多渠道发出人民政协好声音。

五、坚持强基固本和激发活力协同推进，在加强专门协商机构建设上提质增效

一年来，我们注重加强机制建设、队伍建设、作风建设和委员管理服务，主动紧跟新时代、契合新要求。

*一是抓组织机制建设增效能。*以新修订的政协章程为遵循，修订完善常委会通则、协商工作规则、协商成果反馈办理办法等制度 31 项，推动政协工作制度化、规范化、高效化。坚持一体多用，着力打造委员履职综合体，设立 7 个乡镇委员联络小组和社区“民生议事堂”、轻工产业园区“有事好商量”等协商议事平台，新建 10 个界别委员工作室、委员会客厅，推进政协协商向基层、向各领域、各行业和产业链拓展延伸，在全市政协系统“两项建设”现场观摩会中得到一致好评。探索搭建协商阵地、委员履职和服务群众平台，推动政协工作创新发展的“335”工作机制，被《宁夏政协简讯》刊发交流，充分展示推进全过程人民民主的泾源生动实践。

*二是抓委员履职担当激活力。*完善班子成员和专委会联系界别、联系党政对口部门、联系乡镇委员联络小组的“三联”机制，定期走访界别委员，帮助协调解决委员和委员企业的困难和问题。制定《委员管理办法》《委员考核办法》，明确委员履职“五个一”活动，对“履职作业”进行量化考核，严格委员履职综合评价，表彰履职优秀委员 15 名，推行委员动态化管理，依章依规督促 23 人退出委员队伍，增补委员 21 名，举办委员履职能力提升培训班、委员冰雪运动体验、委员书画摄影作品展等活动，多角度展示委员专业特长，进一步激发新时代政协委员新活力。

*三是抓机关服务保障夯基础。*扎实开展“转作风、勇担当、勤履职、提效能”行动，持续推进“五型模范机关”创建，制定年度工作要点、重点任务清单，按照“活动有方案计划、每月有协调推进、半年有梳理剖析”的要求，项目化、时序化推进重点工作，主席会议每月听取专委会工作进展，适时下发工作提示，督促任务落实落细。

制定出台《委员履职经费保障办法》,用心用情做好委员履职服务保障,努力将政协机关建成政协委员的温馨之家。

各位委员、同志们！过去一年我们凝心聚力助发展、全力以赴促稳定、履职尽责惠民生,取得了一定的成绩。这些成绩的取得,得益于习近平新时代中国特色社会主义思想的科学指引,得益于区市政协的帮助指导,得益于中共泾源县委的坚强领导,得益于县人大、县政府和全县各级各部门的鼎力支持,得益于广大政协委员和社会各界人士的团结努力。一年来,县委高度重视政协工作,县委书记王荣41次批示政协工作,为我们履职把方向、鼓士气、增动能。政府县长马晓红多次听取意见建议,协商落实重要事项、现场督办重点提案,为政协履职活动提供全方位支持保障。其他县级领导和老领导老同志也从多方面给予政协支持,这些都为做好新时代政协工作提振信心、增添动力。在此,我代表县政协常委会向长期以来关心支持政协工作的各位领导、各级各部门和社会各界人士,表示衷心的感谢和诚挚的敬意！

回顾过去一年的履职实践,我们也清醒地认识到,县政协工作与县委的要求和社会各界的期望还有差距。主要是:建言资政质量有待进一步提高,凝聚共识的举措有待进一步强化,民主监督的方式有待进一步创新,委员主体作用发挥有待进一步提升,等等。这些问题我们都将认真研究,切实加以解决。

2024年工作任务

2024年是中华人民共和国成立75周年,是实现"十四五"规划目标任务的关键一年。在新的一年里,县政协工作的总体要求是:坚持以习近平新时代中国特色社会主义思想为指导,深入贯彻落实中共二十大、二十届二中全会和中央经济工作会议精神,坚定不移把习近平总书记视察宁夏重要讲话指示批示精神作为"纲"和"魂",全面贯彻落实自治区第十三次党代会和自治区党委十三届六次全会、市委五届十次全会及区市党委经济工作会议精神,把推进中国式现代化作为最大的政治,把铸牢中华民族共同体意识作为各项工作的主线,把坚持高质量发展作为新时代的硬道理,坚持稳中求进、以进促稳、先立后破,完整、准确、全面贯彻新发展理念,加快融入新发展格局,紧扣县委提出的"15375"总体部署,坚持团结和民主两大主题,以思想政治建设为引领,以广泛凝聚共识为中心环节,着力发展全过程人民民主,更好发挥专门协商机构作用,为奋力谱写全面建设社会主义现代化美丽新宁夏泾源新篇章贡献智慧和力量。

一、强化政治引领,以更高站位把准政治方向

牢记人民政协的政治属性,坚持以党的政治建设为统领,进一步夯实团结奋斗的共同思想政治基础。要强化理论武装,搭好重要平台。巩固拓展主题教育成果,健全习近平新时代中国特色社会主义思想常态化学习制度,跟进学习习近平总书记最新重要讲话指示批示精神,读原著、学原文、悟原理,坚定担起"落实下去、凝聚起来"的政治责任,以实际行动做"两个确立"的坚定捍卫者,"两个维护"的忠实实践者。要强化党的领导,畅通重要渠道。找准"总书记怎么说,我们就怎么做""党委有部署,政协有行动"的政协坐标,把加强党的领导、全面落实县委各项工作要求作为根本准则,面向委员加强思想政治引领,面向社会传播县委主张,通过各种协商民主形式,把党中央和区市县党委决策部署转化为县政协工作任务和界别群众共同意

志。要强化党的建设，巩固重要阵地。发挥政协党组把方向、管大局、保落实的领导作用、党员委员“关键少数”作用，全面推进政协机关党建工作，推动专委会功能型党支部开展拓展型组织生活，积极构建上下衔接、立体覆盖、各尽其责的组织体系。

二、聚焦主责主业，以更高质效服务中心大局

充分发挥人民政协的政治优势、组织优势、智力优势，主动担当作为，认真履职尽责。要聚焦大事，服务经济社会发展。紧扣区市县党委确定的奋斗目标和关键举措，聚焦高质量发展首要任务，自觉把履职工作放到全县中心大局中去谋划，统筹履职活动，科学精准选题，加强系统研究，努力为全县经济社会高质量发展建诤言、献良策。要关注要事，助推决策部署落实。紧盯县委提出的扎实推进“五个创建”、打好打赢“七大战役”等目标任务，按照协商计划总体安排，瞄准乡村振兴、安全生产、生态文明建设等关键领域，多层次、广角度开展调研视察，拿出前瞻性、针对性的协商议政成果，献出更多有价值、有分量、可落实的实招硬招，助力县委政府决策部署落地落实。要紧盯实事，协助破解焦点难题。聚焦社会广泛关注的焦点难点、基层反映较多的空白点、薄弱点，瞄准实事和制约发展的短板弱项，针对项目招引建设、优化营商环境、干事创业作风等堵点痛点，深入基层走访调研、下沉一线视察监督，抓住矛盾症结，找准制约因素，寻求破解良方，建发现问题之言，献对策措施之法，提长效常治之策。

三、坚守人民立场，以更实举措践行人民民主

人民政协是人民民主的重要实现形式，发展全过程人民民主是政协责任使命。要完善民主监督机制。完善委员工作室运行机制，推动协商重心下移、履职触角下延、监督力量下沉，促进协商监督更好服务发展所需、基层所盼。进一步完善知情反馈、督促落实和沟通协调机制，推动提案办理和社情民意信息反馈由“重数量”“重答复”向“重质量”“重落实”转变，将建言成果更多转化为政策措施和发展成效。要丰富民主监督方式。聚焦影响高质量发展的重点领域改革、重大工作推进及重点职能部门任务，选取切口小、能协商、易见效的具体问题，综合运用会议监督、视察监督、提案监督、专项监督等方式进行调研视察，认真开展民主评议和各类决策听证论证活动，更好发挥协商式监督优势，努力实现面上拓展、质上提升、常态长效，确保“监”到点子上、“督”到关键处。要凸显监督为民实效。聚焦群众最盼最急最忧的教育、医疗、就业等突出问题，开展委员履职“服务为民”活动，加强对各类惠民政策落实情况的跟进监督，倾听群众呼声，把群众的“小事”作为政协的“大事”，深入协商议政，助推县委政府决策和工作举措更加惠民生、暖民心、顺民意。

四、广泛凝聚共识，以更高水平汇聚奋进合力

牢牢把握团结和民主两大主题，丰富平台载体，深化实践探索，汇聚团结奋进的磅礴力量。要持续凝聚发展共识。围绕改革发展进程中思想认识困惑点、利益关系交织点、现实矛盾易发点，深入界别群众当好决策部署“宣传员”，拓宽联系服务渠道充当和谐稳定“黏合剂”，搭建协商平台架起凝聚共识“连心桥”，做到联系群众广泛化，凝聚力量最大化。要不断扩大交流合作。主动接受上级政协工作指导，密切对外交流合作，加强文史资料征集和整理，强化宣传引导，利用好各级各类媒体传播平台，更多更好展示泾源发展变化、政协履职成果和委员风采。要广泛汇聚发展合力。广泛动员全体政协委员在全县各条战线、各项工作中主动担当、积极作为，让更多有志之士、有识之士、有为之士，团结一心、同向发力，努力形成一批助力发展的金点子，聚集助力发展的正能量。

五、坚持守正创新，以更高标准抓好自身建设

加强自身建设，是加强和改进人民政协工作的客观要求，也是政协事业蓬勃发展的重要基础。要强化委员履职服务管理。抓好常委队伍建设，全面推行常委履职述职制度，发挥“头雁”效应。要不断改进委员服务管理工作，鼓励支持委员“双岗担当、双责奉献”，引导当好“责任委员”、交好“履职作业”，努力争当“守纪律、讲规矩、重品行”的表率。要提升政协系统整体合力。认真落实区市县政协三级联动意见，积极融入“党建联建、理论联学、工作联动、平台联接、信息联通、履职联宣”的“六联”工作格局。强化专委会与界别委员工作室的对口联系指导，实行结对交流互动，组织开展联合调研、联合协商、联合培训等活动，努力构建“协商有序、监督有方、参政有为、履职有效”的运行机制。要深化政协机关作风建设。大力纠治形式主义、官僚主义，持之以恒纠“四风”，转作风，树新风，全面落实目标责任管理，持续优化机关运行机制，紧盯任务要求，加强督查督办，提升履职实效，把忠诚的底色擦得更亮，把担当的底蕴植得更厚，把实干的底气鼓得更足，把自律的底线守得更牢，努力营造干事创业的浓厚氛围，不断推进我县政协事业创新发展。

各位委员，同志们！站在历史新起点、身处伟大新时代，奋斗是最鲜明的底色，实干是最嘹亮的号角，团结是最强大的力量。让我们更加紧密地团结在以习近平同志为核心的党中央周围，在中共泾源县委的坚强领导下，同心同德、群策群力，坚定信心、开拓奋进，为奋力开创高质量跨越式发展新局面、谱写全面建设社会主义现代化美丽新宁夏泾源新篇章作出新的更大贡献！

建置区划

【位置面积】 泾源县位于宁夏回族自治区最南端，地处六盘山东麓，地理位置介于东经106°12′~106°29′、北纬35°15′~35°38′之间。东与甘肃省平凉市毗邻，南与甘肃省华亭市、庄浪县交界，西与隆德县接壤，北与原州区、彭阳县相连。东起泾源县泾河源镇底沟村，西至香水镇大庄村，东西宽约27.3公里；北起大湾乡四沟村，南至新民乡王家沟村，南北长约103.8公里。县城距固原市79公里，距自治区首府银川市420公里，至陕西省西安市360公里，至甘肃省兰州市350公里。全县土地总面积1128.67平方公里，县人民政府驻香水镇。

【建置沿革】 泾源县历史悠久，建置较早。夏商时属雍州，为古卢国地（泾水流域方国）。西周属周地。春秋乌氏戎占据建方国，属乌氏戎国地。战国秦惠文王时期（前337—前331年）派兵取乌氏戎地，置乌氏县（今泾源县北部），为泾源县建置之发端。秦属北地郡。汉代属安定郡。三国属魏雍州安定郡。晋属雍州安定郡。南北朝乌氏县废，今县地属陇郡。隋属平凉郡（原州）。唐时东北部属泾源节度使，南部属陇州华亭县。北宋乾德二年（964年）析华亭县西北部地区设置安化县，隶属秦凤路仪州（今甘肃华亭），县治在安化峡（今泾源县新民乡）。太平兴国八年（983年），安化县治迁徙至胜关（今宁夏泾源县香水镇永丰村南）。熙宁五年（1072年）安化县改属渭州（今甘肃平凉）。熙宁七年（1074年），废原州制胜关，安化县治移至关地。金大定七年（1167年），改安化县为化平县，隶属凤翔路平凉府，领安化、白岩、安国、耀武四镇与瓦亭寨。元文宗天历元年（1328年）九月，化平县废，并入华亭县，属陕西行中书省平凉府，为屯军区。清同治十年（1871年）划平凉、固原、华亭、隆德四州县地，迁徙当地土著汉民，安插99480余名回民于此，置化平川直隶厅，属平庆泾固化道。民国2年（1913年），改称化平县。设香水里、华临里、圣谕里、白面里。1949年7月29日，化平县解放。8月15日，中国共产党化平县委员会、化平县人民政府成立，隶属甘肃省平凉专区。全县设泾南、泾北、百泉、黄花4区18乡。1950年9月18日，因泾河发源境内，化平县改名为泾源县。1953年5月11日，因推行民族区域自治政策，改泾源县为泾源县回族自治区。1955年5月，泾源县回族自治区改名为泾源回族自治县。1956年11月，甘肃省将华亭县山寨区的新民乡、石嘴乡划归泾源回族自治县。1958 年 10 月 25 日，宁夏回族自治区成立，甘肃省泾源回族自治县划归宁夏固原专区，更名为泾源县；11 月，人民公社化，原白面、河北、涝池、东峡、新民、石嘴 6 乡组建为泾河源公社，驻白面，原城关、桥天、园子、兴盛 4 乡组建为红旗公社，后改为泾北公社，驻城关；原沙塘、黄花、惠台、红土 4 乡组建为跃进公社，后改为黄花公社，驻华兴。1961 年 4 月，析置新民(驻杨堡)、兴盛、惠台 3 个公社。1967 年，泾河源、泾北、兴盛、黄花、惠台 5 个公社分别更名为红卫、红旗、东方红、东风、星火公社，1970 年，恢复原名。1983 年，新民、泾河源、兴盛、泾北、黄花、惠台 6 个人民公社改为 6 乡；同年，自治区将银川市郊区和永宁县相连的芦草洼划为泾源县的移民基地；12 月，泾源县在此设置了铁东、铁西 2 乡。1990 年撤销泾北乡，分设香水镇和园子乡，撤销泾河源乡，分设为白面镇和东峡乡。至此，全县共辖香水、白面两镇和新民、东峡、园子、兴盛、黄花、惠台 6 乡以及芦草洼开发区。2000 年 9 月，芦草洼开发区整体移交银川市郊区政府管辖。2003 年 2 月，区划调整，自治区将固原市原州区的大湾乡、蒿店乡、什字镇划归泾源县。同年，东峡乡并入泾河源镇，镇政府驻原泾河源镇驻地；园子乡、惠台乡并入香水镇，镇政府驻原香水镇驻地；什字路镇、蒿店乡合并为六盘山镇，镇政府驻原什字路镇驻地。自此，全县辖香水、泾河源、六盘山 3 个镇和新民、兴盛、黄花、大湾 4 个乡。

【行政区划】 2023 年，泾源县辖 4 乡 3 镇，96 个行政村，3 个居民委员会。其中，香水镇 18 个行政村、3 个居民委员会(香水、百泉、泾河)，泾河源镇 18 个行政村，六盘山镇 16 个行政村，黄花乡 11 个行政村，新民乡 11 个行政村，大湾乡 13 个行政村，兴盛乡 9 个行政村。

地理自然

【地理环境】 泾源县在区域地质构造上处于中朝地台的西南边缘和昆仑秦岭地槽褶皱区的东段，六盘山构造线在县境内南北向、弧形构造突出。地质大部分为火山岩系及沉积岩系构造。地势自西向东倾斜，地貌为西高东低褶皱起伏的高山、丘陵地带。按照地貌形态和成因可分为侵蚀构造山地(占全县面积的 36%)、剥蚀构造丘陵(占全县面积的 24%)和侵蚀堆积河谷川地(占全县面积的 40%)三种类型。县境西部六盘山主脉长 41 公里，绝对标高 2200~2900 米，多为林地或林间草地，植被条件良好，为境内各河流的发源地。县境东部秋千架—石娃娃山系列，由北往南延伸，绝对标高 1800~2200 米，属低山区，山涧林草茂盛，为县境内林区和牧坡草场，属六盘山国家级自然保护区。主要山脉有六盘山脉、崆峒山脉。主要高山有米岗山、青杠咀、马尾山、大雪山、秋木台、秋千架、乏驴坡、炮台山、堡子山等。主要峡谷有西峡、沙南峡、沙塘峡、胭脂峡、马家峡、东峡、凉天峡、峡口等。平川地区主要有化平川、黄花川、盛义川、白面川。泾源县土壤可分 9 个类型，始成土面积最大，占土壤面积的 32.27%，棕壤土占 23.62%，其他依次为阴湿黑麻土、新成土、黝土、灰褐土、草甸土、山地草甸土和沼泽土，土壤以沉积物和冲积物为主要特征。

【自然资源】 全县土地面积 1128.67 平方公里，耕地面积 7945.38 公顷，森林面积 47673.33公顷，自然保护区面积 54493.33 公顷，国家级自然保护区 1 个，草原综合植被覆盖度 2.61%。泾源县地处六盘山天然次生林区，山林面积广阔，动植物资源较为丰富。县境内有高等植物788种，其中：苔藓植物41种，蕨类植物18种，种子植物729种，经济植物45种，药用植物63种，油料植物50种，淀粉植物14种，纤维植物20种，单宁植物36种，牧草植物24种，花卉观赏植物18种，食用菌藻类21种，野生果菜类29种。属于国家重点保护的植物有桃儿七、黄芪。境内栖居野生动物种类繁多，有陆栖脊椎动物206种，另有2个亚种，隶属于24目60科；两栖类5种，隶属1目3科；爬行类4种，隶属2目4科；鸟类158种，隶属15目36科；哺乳类39种，隶属36目17科。有国家一级保护动物金钱豹，二级保护动物林麝、红腹锦鸡等。药材资源丰富，境内中草药种类众多，分布广泛，以野生植物类药材居多，品种有600余种，年蕴藏量205万公斤，素有"药材宝库"之称。境内水资源充沛，有大小河流14条，较大的河流有7条，年平均径流量为6.5立方米/秒，年径流量为2.05亿立方米。境内最大河流为泾河，境内长度为29公里，境内泾河流域面积为231.49平方公里。已探明石灰岩、白云岩、水锈石储量分别为12亿吨、162万吨、3亿立方米，具铜、铁、铅、磷等矿产资源成矿潜力；地热温泉1处，流量163立方米/日，为含硫化氢硫酸钠型医疗热矿水；富锶–富偏硅酸矿泉水2处、富锶矿泉水8处，初步评价可开采资源量为2800立方米/天，具有进一步勘察开发前景。

【旅游资源】 泾源县内群山环抱，百泉汇流，气候湿润，山清水秀，风景宜人，被列为国家级自然保护区、国家森林公园和全国第一个旅游扶贫开发试验区。有秦汉时期的瓦亭萧关、成吉思汗屯兵避暑的凉殿峡、神奇秀丽的老龙潭、蜿蜒曲回的弹筝峡、水波荡漾的卧龙山、流泉飞瀑的胭脂峡、荷叶碧翠的野荷谷、云雾缭绕的白雾山和济公修行的延龄寺等，是一个以自然山水、森林景观为特色，集生态旅游、疗养避暑、野外探险、科学考察于一体的风景名胜区，被誉为黄土高原上的"绿色明珠"和"小九寨"。主要旅游景点有老龙潭、二龙河、鬼门关、野荷谷、胭脂峡、米岗山、五锅梁、大雪山。泾源县历史悠久，地方文化积淀深厚，人文景观有水沟秦汉遗址、制胜关、石窑湾石窟、凉殿峡、堡子山、北伍家清真寺等。

经济社会

【综合指标】 全年实现地区生产总值254222万元，按可比价格计算，比上年增长6.3%。其中：第一产业增加值36093万元，增长8.5%，贡献率为21.9%，拉动地区生产总值增长1.4个百分点；第二产业增加值46470万元，增长22.3%，贡献率为53.3%，拉动地区生产总值增长3.3个百分点；第三产业增加值171660万元，增长2.3%，贡献率为24.8%，拉动地区生产总值增长1.6个百分点。经济结构由上年13.3∶16.3∶70.4调整为14.2∶18.3∶67.5，第一产业比重上升0.9个百分点，第二产业比重上升2个百分点，第三产业比重下降2.9个百分点。全年人均地区生产总值29838元，比上年增长7.3%。据人口抽样调查，年末全县常住总户数为2.71万户，常住总人口为8.45万人。其中：城镇人口3.19万人，乡村人口5.26万人。常住人口城镇化率为37.75%，比上年末提高0.96个百分点。据公安户籍年报，年末全县总户数为32231户，户籍总人口113524人。其中：城镇人口11383人，乡村人口102141人；男59506人，女54018人。户籍人口城镇化率为10%。全年城镇新增就业人员602人，比上年减少21人。城镇失业人员实现再就业人数251人，比上年增加16人。城镇调查失业率低于5.5%。创业培训人数120人，技能培训人数656人。创造新岗位406个，发放创业担保贷款1800万元，全年农村劳动力转移就业人数29006人，实现工资收入7.5亿元。全年居民消费价格比上年上涨0.2%。其中食品价格上涨0.1%，非食品价格上涨0.2%，服务价格上涨1.0%，工业品价格下降0.5%。年末存续各类市场主体789户，全年新增登记各类市场主体859户。其中，年末存续私营企业271户，全年新登记私营企业284户；年末存续个体经营户518户，全年新登记个体经营户575户。

【农业经济】 全年粮食种植面积23687亩，比上年增加8.5%。夏粮面积400亩，秋粮面积15100亩，其中：玉米面积15100亩，马铃薯面积6000亩。全年粮食产量5491吨，比上年增长101吨，增长8.5%。其中，夏粮产量79吨，秋粮产量4032吨。小麦产量79吨，玉米产量4032吨，马铃薯折粮产量1233.6吨。全年猪肉产量62吨，牛肉产量4925吨，羊肉产量170吨，禽肉产量208吨，禽蛋产量382吨。年末牛存栏52940头，全年牛出栏31088头。年末羊存栏14140只，全年羊出栏9239只。年末家禽存栏73100只，全年家禽出栏100400只。年末生猪存栏667头，全年生猪出栏683头。

【工业和建筑业】 全年全部工业增加值比上年下降13.4%。其中：规模以上工业增加值增长10.2%。全县具有总承包资质和专业承包资质的建筑企业13家，全年完成建筑业总产值3.23亿元，比上年增长42.6%。建筑企业房屋建筑施工面积5.22万平方米，增长27%。

【固定资产投资】 全年全社会固定资产投资(不含农户)比上年增长8.2%。其中：厅局项目投资下降3.2%，占全社会固定资产投资的比重为10.7%；地方项目投资增长10.4%，占全社会固定资产投资的比重为85.8%；房地产项目投资下降4.7%，占全社会固定资产投资的比重为3.5%。地方项目投资中，第一产业投资比上年增长82.9%，占地方项目投资的比重为19.4%；第二产业投资比上年增长316.4%，占地方项目投资的比重为10.3%；第三产业投资比上年下降54.6%，占地方项目投资的比重为70.3%。民间固定资产投资比上年增长174.1%，占地方项目投资的比重为64.6%。全县房地产开发企业完成投资额0.54亿元。商品房销售面积0.5万平方米，比上年下降87.7%；其中，住宅销售面积0.47万平方米；商业营业用房销售面积0.03万平方米；商品房销售额0.19亿元，其中，住宅销售额0.17亿元，商业营业用房销售额0.019亿元；商品房待售面积13.5万平方米，其中，住宅待售面积10.18万平方米，商业营业用房待售面积3.33万平方米。

【国内贸易】 全年实现社会消费品零售总额78217.2万元，比上年下降4.6%。按经营地统计：城镇实现零售额60034.1万元，同比下降6.6%；乡村实现零售额18183.3万元，同比增长2.9%。按消费类型统计：批发业实现零售额27563.6万元，同比增长3.7%；零售业实现零售额41745.6万元，同比下降11.6%；住宿业实现零售额421.3万元，同比增长11.4%；餐饮业实现零售额8486.7万元，同比增长8.9%。按经济类型统计：国有经济实现零售额406.8万元，同比增长46.9%；集体经济实现零售额477.8万元，同比增长2.8%；私营经济实现零售额7628.4万元，同比下降46.6%；个体经济实现零售额42444.1万元，同比增长4.4%；股份制经济实现零售额22680.2万元，同比增长3.8%；

其他各种经济实现零售额4579.9万元,同比增长2.8%。

【交通和邮电】 全县境内等级公路里程达到772.432公里。按技术等级分:高速公路100.302公里,二级公路224.131公里,三级公路64.414公里,四级公路483.887公里。按行政等级分:国道107.216公里,省道38.627公里,县道27.61公里,乡道254.762公里,村道243.915公里。全县公路通车里程672.13公里,其中:高速公路通车里程100.302公里。全县营运车辆418辆,其中:客运82辆。全县公共交通运营车辆40辆,出租汽车123辆,旅游客运30辆。全年旅客运输总量41.06万人次,旅客运输周转量2845.45万人公里。年末全县民用汽车保有量3.6万余辆(包括三轮汽车和低速货车),比上年末增加0.1万辆,其中:私家车保有量3.1万辆,与上年持平。全年完成邮政业务总量1085.02万元,比上年增长25.34%。其中:邮政函件业务5.73万元,比上年下降17.3%;包裹业务46.26万元,比上年下降8.66%;快递业务232.04万元比上年增长137.28%。全年完成电信业务总量3820万元,比上年增长5.8%。全县电话用户总数60150户,其中移动电话用户59441户。固定互联网宽带接入用户24552户,比上年末增加837户。

【居民生活】 全年全体常住居民人均可支配收入达到18324元,比上年增长8.0%。按常住地分,城镇常住居民人均可支配收入32888元,比上年增加1832元,增长5.9%。农村常住居民人均可支配收入13893.1元,比上年增加1077元,增长8.4%。城乡居民人均可支配收入比为2.37。年末全县参加城镇职工基本养老保险人数10445人,比上年末增加683人。参加城乡居民基本养老保险人数66589人,比上年末增加168人。参加基本医疗保险人数104392人,其中,参加职工基本医疗保险人数6813人;参加城乡居民基本医疗保险人数97579人。参加失业保险人数4929人。参加工伤保险人数7051人,其中,参加工伤保险的农民工2365人。参加生育保险人数5047人。全县城乡居民最低生活保障人数16311人,其中,享受城市居民最低生活保障人数1180人(含高龄99人),发放城镇居民最低生活保障金672.25万元(含高龄津贴9.75万元);享受农村居民最低生活保障15131人(含高龄1646人),发放农村居民最低生活保障金5854.93万元(含高龄津贴437.82万元),425人享受农村特困人员救助供养(含集中供养111人),全年临时救助2111人次。全县退役军人和其他优抚对象1262人,其中重点优抚对象304人,年发放抚恤生活补助252.8万元。年末,全县有敬老院4所,床位638张,五保供养人数423人,其中集中供养110人。年末全县共有各类提供住宿的民政服务机构6个,其中养老机构4个。提供住宿的民政服务机构床位684张,其中养老服务床位684张。年末共有社区服务站99个。全年全县缴存住房公积金人数4006人,当年归集住房公积金10143.81万元,累计归集公积金90938.52万元,归集余额35561.07万元。当年发放贷款19户671.2万元,累计发放个人贷款1962户31161.83万元,贷款余额6976.7万元。公积金当年提取1051人6973.95万元,累计提取8492人55377.45万元。公积金使用率68.57%,公积金个贷率19.62%。

【科学技术和教育】 全年共签订技术合同42项,技术合同成交金额645万元。组织申报各类科技计划项目118项,已评审立项74项。争取上级科技项目39个,争取项目资金579.7万元。其中,争取自治区级科技项目39个,争取自治区科技专项资金579.7万元。全年专利申请数60件,全年专利授权数57件,有效发明专利数1件。县财政预算安排科技专项资金550万元。全县培训发展科技特派员135名,其中,法人科技特派员80名,自然人特派员55名。培育种养科技示范户155户,推广草畜、中蜂等新品种55个。年末全县各级各类学校73所。其中,幼儿园27所(含1所民办幼儿园),普通小学42所(含5个教学点),普通初中2所,完全中学1所,职业中学1所。专任教师1064(不含特岗教师)人,其中,幼儿园24人(不包括民办幼儿园教师),普通小学526人,普通中学487人,职业中学27人,特岗教师0人。在校学生17206人,其中,学前教育2775人(含民办幼儿园586人),普通小学7768人,普通初中3902人,普通高中2454人,职业中学307人。学前教育毛入园率为92.25%,小学学龄人口入学率为100%,初中阶段毛入学率为114.93%,高中阶段毛入学率为95.13%,小学六年巩固率为100%,初中三年巩固率为100%。

【文化旅游、卫生健康和体育】 全县文化和旅游系统共有艺术表演团体6个,共举办文艺演出220场。有县级文化馆1个,乡镇文化站7个,村级文化室94个,社区文化室2个,农家书屋100个。有公共图书馆1个,藏书19.89万册,借阅人次8.87万人次。文物管理所1所,有馆藏文物238件(可移动文物),其中国家级二级文物6件。不可移动文物全县定级26处,其中6处为区级保护单位,20处为县级保护单位。有线电视实际用户3800户,其中有线数字电视实际用户3280户。年末广播节目综合人口覆盖率为55%,电视节目综合人口覆盖率为76%。广场文艺演出40场次,放映电影1308场。全年共完成新闻1110期(档),摄制各类专题节目6部,完成专场录制4场,制作播出各类宣传片、公益广告21部。全县共有旅游景点4个,其中,国家AAAA级旅游景点1个,国家AAA级旅游景点1个,国家AA级旅游景点2个。注册旅行社3家。全年接待游客120.11万人次,接待游客总收入9.27亿元。年末全县共有各类卫生机构123个,其中:公立医院2所,民营医院2所,乡镇卫生院7所,城市社区卫生服务站2个,妇幼保健院1个,疾病预防控制中心1个,卫生监督所1个,村卫生室96个,个体诊所12个。各类卫生技术人员603人,其中:执业医师和执业助理医师269人、护士250人、药剂师31人、技师38人、其他卫生技术人员15人。乡村医生127人。实有病床数公立医院356张、私立医院120张。全年总诊疗人次232455人次,出院人数9955人。全县在小区、公园、广场、绿地、社区安装健身路径累计118套,篮球架累计118副,建成2个健身驿站。共组织开展体育活动赛事12项,新建社区健身广场2个,广场配体育健身器材累计120个。全县共有体育场地117个,体育场地总面积72.18万平方米,建筑面积8006平方米,人均体育场地面积达6.02平方米。县全民健身中心、县体育场、社区多功能运动场,城乡所有体育运动场所全部免费对外开放。参加体育锻炼的人数达15万人次,占常住人口的38.7%以上。有14人达到国家二级运动员等级标准。

【资源、能源消耗、环境和应急管理】 水资源总量2.4亿立方米。全年总用水量614.92万立方米,比上年下降18.3%。其中,生活用水388.05万立方米,工业用水17.65万立方米,农业用水157.98万立方米。年末行政区域面积1128.67平方公里,耕地面积7945.38公顷,森林面积 47673.33 公顷，自然保护区面积 54493.33 公顷，国家级自然保护区 1 个，草原综合植被覆盖度为 2.61%。全年完成造林面积 3666.67 公顷。其中人工造林面积 666.67 公顷，占全部造林面积的 18.18%。全县人均公园绿地面积 30.42 平方米，城市建成区绿地面积 238 公顷，城市建成区绿地率 39.5%，污水处理厂 4 个，污水处理厂集中处理率 100%，垃圾处理站 7 个，城市生活垃圾无害化处理率 100%，生活垃圾无害化处理率 100%。全县环境空气有效监测天数 357 天，其中优良天数 335 天，扣除沙尘天气影响后，优良天数比例达到 97.3%。可吸入颗粒物（PM_{10}）平均浓度为 35 微克/立方米，细颗粒物（$PM_{2.5}$）平均浓度为 15 微克/立方米。全年平均气温为 7.4℃，比往年偏高 0.8℃。全年降水量 647.2 毫米，比以往偏少 13.2 毫米，日照时数 1982.3 小时，比往年偏少 302.8 小时。全县共发生各类安全生产事故 1 起，死亡 5 人。亿元 GDP 生产安全事故死亡人数为 0.1058 人，未发生一次性死亡 10 人以上重大事故。

大事记

1月

2日 县委副书记、政府县长马晓红调研全县供水、供热等民生保障工作，各有关部门负责人参加调研。马晓红一行先后到县城水源地、香水河泵站、第一水厂、发改局换热站、供暖公司，通过实地查看、听取汇报等方式详细了解了泾源县供水、供热等民生保障工作是否严格按照县委和县政府的安排部署落实到位，并现场协调解决存在的主要问题。

4日 固原市委副书记、市人民政府市长杨青龙一行到泾源县大湾乡调研农村医疗救治准备工作，县委副书记、政府县长马晓红参加调研。

是日 固原市人民政府副市长杨生俊一行到泾源县调研全县巩固拓展脱贫攻坚成果同乡村振兴有效衔接国家综合考核准备情况，县委副书记、政府县长马晓红参加调研。

6日 自治区人民政府副主席王立一行到泾源县大湾乡杨岭村调研乡村旅游，县委副书记、政府县长马晓红参加调研。

7日 泾源县与海沧区就闽宁碳汇林项目建设召开对接会，会上，厦门市海沧区政府副区长庄源源与泾源县委常委、政府副县长任伟代表两地政府签订了碳汇林建设合作框架协议。泾源县委书记王荣，县委副书记、政府县长马晓红，县委常委、政府副县长陈晓忞出席会议见证签约。海沧区农业农村局负责人及有关业务负责同志、泾源县有关部门负责人参加会议。

10日 县委书记王荣到县公安局慰问广大民警辅警及离退休干警、干警家属，向他们致以节日的问候和衷心的感谢。

18日 县委副书记、政府县长马晓红深入兴盛乡围绕贯彻落实党的二十大精神开展基层宣讲并调研走访。

20日 县委副书记、政府县长马晓红一行到泾源县人民医院、泾河源镇中心卫生院、汽车站、集中供热公司、华通燃气有限公司、世纪购物中心等地调研农村供热、供气、春运、市场保供等工作。

30日 召开全县安全生产暨森林草原防灭火工作会议。县委副书记、政府县长、县安委会主任马晓红主持会议。

2月

1日 县人民政府召开全体（扩大）会议，传达学习了自治区人民政府第一次全体（扩大）会议、固原市人民政府第三次全体（扩大）会议精神，安排部署了政府系统重点工作。部分乡镇和部门就做好2023年重点工作、重点项目建设作了表态发言。县委副书记、政府县长马晓红主持会议。

2日 泾源县同中铁一局(南海洋、潘成福、张金玲、靳杰能、张建林、马家骏)召开项目建设座谈会,县委书记王荣,县委副书记、政府县长马晓红参加会议。

3日 泾源县召开2023年“八个万级”农业特色产业示范基地及重点项目建设现场推进会,县委副书记张明,县委常委、统战部部长杨继宏,县委常委、宣传部部长田鹏飞参加会议。

3—4日 泾源县召开2023年春耕备耕暨农业产业项目建设现场推进会,分析当前农业农村工作面临的形势及存在的问题,对全县春耕备耕、农业产业等各项重点工作进行安排部署。

4日 县委书记王荣调研泾源县生态建设工作,县领导张明、任伟、于雷、于清海及有关部门负责同志参加调研。

6日 召开泾源县2022年统战工作述职评议会暨2023年工作部署会。县委常委、统战部部长杨继宏主持会议。

7日 在宁全国人大代表视察组到泾源县视察贯彻落实党中央和自治区党委决策部署以及乡村振兴等工作,自治区人大常委会副主任沈凡,县领导马晓红、李白虎、任伟、李静参加了视察。

是日 召开农民收入提升专题会。县委常委、政府副县长任伟主持会议。

△ 召开县委巡察工作领导小组2023年第1次会议。县委常委、纪委书记、监委主任杨晓曦主持会议。

9日 召开迎接民族团结进步创建复验工作部署会。县委常委、统战部部长杨继宏主持会议。

14日 泾源县举办2023年春风行动暨闽宁劳务协作现场招聘会开幕式,县委常委、政府副县长陈晓忞参加开幕式。

15日 泾源县召开信访工作联席会议2023年第一次全体会议,县委常委、纪委书记、监委主任杨晓曦参加会议。

17日 召开县委常委会2022年度民主生活会,自治区党委常委、统战部部长马汉成,固原市委副书记、政府市长杨青龙到会指导并讲话。县委书记王荣主持会议。

18日 泾源县举行2023年第一季度重大项目集中开工仪式,县委副书记、政府县长马晓红出席仪式并讲话。县人大常委会主任李白虎、县政协主席李刚出席,县领导杨璞、任伟、田鹏飞、张怀彪、李静参加开工仪式。

是日 自治区党委常委、统战部部长马汉成一行先后到轻工产业园区调研工业发展情况和源牛(农牧)科技有限公司,到六盘山镇集美村调研铸牢中华民族共同体意识工作,到大湾乡绿塬村调研绿塬“共享储能”项目建设,县委书记王荣参加调研。

20日 泾源县召开2023年全县教育工作暨推进义务教育优质均衡发展和学前教育普及发展推进会。

是日 泾源县科级领导干部学习贯彻党的二十大精神集中培训班在县人民会堂开班,此次集中培训邀请自治区、固原市委党校(行政学院)教授来泾授课。

△ 召开第十五届纪律检查委员会第三次全体会议,县委副书记、政府县长马晓红出席会议。县委书记王荣主持会议。

21日 泾源县召开自治区自然资源厅调研落实金科常委批示事项及国土空间规划体系建设座谈会。县委常委、政府副县长任伟参加会议。

22日 福建省福州市工会一行到泾源县考察及交流。县委常委、政府副县长陈晓忞陪同。

是日 民族团结进步复验工作调研组到泾源县调研,

县委常委、统战部部长杨继宏陪同。

23—24 日　泾源县邀请泾源县籍在外创业企业家代表 68 人共话合作，共谋发展，为泾源县经济社会发展建言献策、贡献力量。县领导张明、杨璞、杨继宏、陈宝及有关部门负责人出席活动。

27 日　召开全县 2023 年安全生产暨消防安全工作专题会。县委副书记、政府县长、县安委会主任马晓红主持会议。

28 日　泾源县举办“三农”干部“大学习大轮训”专题培训班，邀请自治区党委农办副主任、农业农村厅副厅长罗全福为参训人员开展“三农”工作综合培训。培训班由县委常委、政府副县长任伟主持。

3 月

1 日　厦门市文旅局陈少泓处长、厦门市东西部协作办张群腾处长、厦门市委组织部洪伟毅副处长，携厦门文旅集团、厦门航空、厦门日报报业集团一行到泾源县考察。县政协主席李刚，县委常委、政府副县长陈晓忞，县委常委、组织部部长张毓龙，政府副县长李静，福建省第十二批援宁干部、县政府办公室副主任王健参加。

是日　泾源县召开泾源县农村工作领导小组暨乡村振兴领导小组专题会议。县委副书记张明主持会议。

1—7 日　泾源县工商业联合会组织非公经济人士在厦门大学举办专题培训班。县工商联主席、部分副主席和执委、民营经济人士代表 41 人参加。

2 日　泾源县召开全面依法治县委员会守法普法协调小组 2023 年第一次会议，对全县“八五”法治宣传教育中期检查评估工作进行了安排部署。县委常委、宣传部部长、县委全面依法治县委员会守法普法协调小组组长田鹏飞出席会议并讲话，政府副县长、公安局局长张怀彪主持会议。

是日　泾源县被评为“2022 年度全国村庄清洁行动先进县”。

3 日　厦门市工信局产业协调处处长陈秉佳带厦门市民营企业考察团一行到泾源县考察调研。县委常委、政府副县长陈晓忞，福建省第二批援宁干部、县政府办副主任王健及相关部门负责人陪同。

是日　召开全县纪检监察工作规范化、法治化、正规化建设年活动动员部署会。县委常委、纪委书记、监委主任杨晓曦主持会议。

△　泾源县召开纪委监委深化重复举报治理和业务范围外信访事项专项化解活动动员部署会。县委常委、纪委书记、监委主任杨晓曦主持会议。

3—5 日　县委副书记、政府县长马晓红带队到深圳市、广州市开展考察招商活动。

5 日　县委书记王荣一行先后到泾河源镇冶家村、上秦村、兰大庄村调研“八个万级”产业基地建设，到兴盛乡新旗村调研出户入园工作，到上金村调研冷凉蔬菜基地建设，到大田新天地调研产业发展工作。

6 日　泾源县召开乡村振兴领域腐败和作风问题专项治理工作动员部署会议，县委常委、纪委书记、监委主任杨晓曦，县委常委、政府副县长任伟出席会议。

8 日　召开全县组织宣传统战政法工作会议。县委书记王荣主持会议。

9 日　县委书记王荣带队，到项目建设一线督导调研重点项目开工建设情况，县委常委、组织部部长张毓龙参加调研。

是日　泾源县召开创建国家卫生县城启动会，县委副书记张明出席会议并讲话。

△　泾源县召开 2023 年上半年定兵会议。县委常委、人武部部长陈志东主持会议，县委常委、政府副县长任伟出席会议并讲话。

△ 县政协教育、文艺界委员界别活动暨“戏曲进校园”惠民文艺演出在泾源县第一中学举办。县政协副主席于清海，县闽宁办主任王健和相关部门负责人以及县政协教育界、文艺界政协委员参加活动。

10 日 召开县委第三轮巡察书记专题会议。县委书记王荣主持会议。

13 日 泾源县举办 2023 年大豆玉米带状复合种植技术培训班。本次培训班特别邀请了自治区农技推广总站相关专家授课。

14 日 自治区政府副主席吴秀章一行先后到泾源县新建泾河社区调研社区建设，到闽宁产业园调研帮扶车间运行，到轻工产业园区调研众天蜂业和盛飞豪企业运行，到黄花乡羊槽村调研乡村振兴示范村建设工作，县委书记王荣参加调研。

是日 举行宁夏水投集团、中国铁建股份有限公司、泾源县政府产业合作项目投资签约仪式。县委书记王荣主持会议。

15 日 中共泾源县委召开十五届县委第四轮巡察工作动员部署会。

是日 泾源县人大常委会组织部分委员、人大代表对全县未成年人检察工作及县人民法院执行工作开展视察，视察组由县人大常委会副主任陈宝带队。

16 日 盐池县政协党组书记、主席张晨一行到泾源县考察。县政协主席李刚，副主席于清海参加考察。

20 日 泾源县召开“八五”法治宣传教育中期检查评估工作会议，固原市政协副主席张翔宇，县委常委、宣传部部长、县委全面依法治县委员会守法普法协调小组组长田鹏飞出席会议。

是日 泾源县残疾人托养中心启动仪式在县残疾人康复中心举行。

22 日 县委第一巡察组完成对县纪委监委机关、县委组织部的进驻工作，并召开县委第一巡察组巡察县纪委监委机关和县委组织部工作动员会，固原市纪委常委、市委巡察办主任、市委巡察工作领导小组成员王泽稷同志主持会议并讲话，县委有关领导、第一巡察组、县纪委监委机关和县委组织部有关同志参加会议。

23 日 泾源县召开全县领导干部廉政警示教育月启动大会。县委书记王荣出席会议并作了廉政教育党课暨集体提醒谈话。县委副书记、政府县长马晓红主持会议。

是日 泾源县组织县级领导干部、各乡镇各部门主要负责同志 90 余人，赴西吉县参观廉政警示教育馆、将台堡红军长征纪念园，接受纪律警示教育和红色主题教育。县委书记王荣，县委副书记、政府县长马晓红，县政协主席李刚参加活动。

△ 自治区党委第三巡视组巡视泾源县工作动员会议召开。自治区党委第三巡视组组长陆斌出席会议并讲话，自治区党委第三巡视组副组长李红军、县委书记王荣、政府县长马晓红出席会议，王荣主持会议。

27—30 日 宁夏品质中国行（上海杭州南京站）活动分别在上海市、杭州市和南京市举行。上海、浙江、江苏和宁夏四省（市）相关领导和企业代表参加了品牌推介、现场品鉴、厨王争霸赛等活动。县委书记王荣参加了杭州站活动，政府副县长李静在南京站活动中向与会嘉宾和社会各界朋友推介了六盘山牛肉首选品牌——泾源黄牛肉。

29 日 香水镇泾河社区光伏发电项目成功并网发电，并正式投用。启动仪式上，政府副县长张怀彪出席并讲话，香水镇负责同志介绍了项目建设情况，自治区工信厅派驻泾河社区第一书记及县供电局负责同志致辞。

是日 县政协视察组视察巩固拓展脱贫攻坚成果同乡村振兴有效衔接工作。县政协主席李刚，副主席孙阿娜、于清海及部分县政协委员参加视察。

30 日 由固原市地震局主办，泾源县应急管理局、泾源县地震局承办的固原市 2023 年防震减灾科普讲解比赛在泾源县举办。宁夏地震局震害防御处处长、一级调研员闫冲，固原市地震局党组书记、局长李雅娟出席活动并讲话，泾源县委常委、政府副县长任伟出席活动并致辞，宁夏地震局及固原市“四县一区”有关单位相关负责同志出席活动。

4 月

3 日 县委副书记、政府县长马晓红调研全县义务教育优质均衡发展工作。县委常委、组织部部长张毓龙，政府副县长李静及相关部门负责同志参加调研。

4 日 固原市委副书记、政府市长杨青龙一行到六盘山镇集美村调研乡村产业发展情况，到泾河源镇调研泾水源食品有限公司生产经营情况，到兴盛乡兴盛村调研千亩冷凉蔬菜种植基地建设项目运营情况，到香水镇下桥村调研冬季清洁取暖项目建设情况，县委副书记、政府县长马晓红参加调研。

6 日 杨岭村发展建设现场推进会在大湾乡杨岭村召开，县政协主席李刚、在家的县级领导及相关部门负责人参加了会议。县委书记王荣主持会议。

7 日 泾源县政协召开第十四届常务委员会第 9 次会议，传达学习了习近平总书记近期重要讲话精神，学习了全国及区市有关会议精神，审议通过了有关文件，研究通过了有关委员辞职和增补事宜，对县政协 2023 年重点工作进行了安排部署。县政协主席李刚出席会议并讲话，副主席孙阿娜、于清海及全体常务委员参加会议，相关部门负责人应邀列席会议。

8 日 固原市乡村旅游民宿高质量发展培训班在泾源县香水风情堡开班，市、县文旅广电局负责同志和全市民宿行业企业负责人共 50 人参加培训。

9 日 泾源县召开全县新任职干部集体谈话会，县委书记王荣出席会议并讲话，县委常委、组织部部长张毓龙主持会议。会上，县纪委监委开展了廉政谈话和廉政知识测试。全县 2022 年以来新任职科级领导干部参加会议。

10 日 泾源县 2023 年首个非公有制经济妇女组织成立。

10—14 日 泾源县开展以“履行植树义务　共建美丽中国”为主题的 2023 年春季干部职工义务植树活动，用实际行动号召全民参与义务植树，擦亮泾源高质量发展的生态底色。县委书记王荣，县委副书记、政府县长马晓红，县人大常委会主任李白虎，县政协主席李刚及在家的县级领导，同县直各部门、各群众团体、区市驻泾各单位的干部职工一道投入到义务植树活动中。

10—17 日 以“建功新时代·赋能春风行”为培训主题的固原市“马兰花”妇女创业就业行动手工制作技能培训班在泾源县香水镇百泉社区开班，具有就业创业能力的脱贫妇女和城乡手工制作女性爱好者 50 余人参加了培训。

12 日 泾源县召开残疾人基本状况调查启动会暨培训会。会议邀请自治区专家讲解，县残联、香水镇政府及镇残联相关负责人和香水镇村（社区）调查员 46 人参加会议。

13 日 县委副书记、政府县长马晓红调研泾源县医疗卫生健康水平提升和国家卫生县城创建工作并召开座谈会协调解决相关问题。

是日 厦门市海沧区东孚街道党工委书记赖大庆一行到

泾源县黄花乡考察调研。县政协主席李刚参加调研。在黄花乡沙塘村中蜂繁育基地,考察团对泾源县中蜂产业发展成效给予了充分的肯定,认为泾源县蜜源丰富、中蜂产业发展迅速、蜂产品开发潜力较大,并对如何推动中蜂发展提出意见建议。

△ 自治区人大常委会副主任、自治区总工会主席沈左权带领调研组到泾源县调研行政复议、执法工作及工会职工文化活动阵地建设工作。市县领导张立君、马有芳、王荣、李白虎等陪同调研。

14 日 召开县委全面深化改革委员会 2023 年第 1 次会议。县委书记、县委全面深化改革委员会主任王荣主持会议。

16—18 日 县委书记王荣带领工作组赴北京市,与中国建材集团、战略支援部队特色医学中心(原解放军第 306 医院)就 2023 年帮扶工作进行座谈。

17 日 福建省厦门市自然资源和规划局党组书记、局长柯玉宗一行到泾源县考察自然资源、碳汇林建设及乡村振兴工作,县委常委、政府副县长任伟,县委常委、政府副县长陈晓忞,福建省第十二批援宁干部、县政府办副主任王健及县自然资源局相关负责人陪同考察。

18 日 甘肃省庆阳市镇原县政协党组成员、副主席李荣喜带领镇原县政协农业农村委以及政协委员一行 16 人到泾源县考察。

19 日 泾源县召开全县安全生产和消防工作暨安委会第二次全体(扩大)会议,县委副书记、政府县长、县安委会主任马晓红主持会议并讲话。

20 日 宁夏青基会青少年视力健康工程(泾源站)启动仪式在泾源县第一中学举行。启动仪式上,爱心企业上海意康眼镜有限公司总经理裔玉军、泾源县科立眼视光中心负责人周金飘分别就青少年视力健康工程公益活动和落地情况作了详细介绍,并向 10 名品学兼优学生代表发放了 5000 元奖学金。

是日 厦门市海沧区人大常委会党组书记、主任江根云,海沧台商投资区管委会副主任章春杰带产业考察团到泾源县调研对接产业合作事宜。县委县政府主要领导分别会见,县委常委、政府副县长任伟,县委常委、政府副县长陈晓忞,县人大常委会副主任于雷,福建省第十二批援宁干部、县政府办副主任王健陪同考察。

23 日 泾源县举办中国建材集团干部赴泾源县挂职工作轮换座谈会,中国建材研究总院组织部部长郭晓娟、县委副书记张明出席会议并讲话,县委常委、政府副县长杨璞、任伟,中国建材集团相关部门负责同志及泾源县有关部门和乡镇负责人参加会议,县委常委、组织部部长张毓龙主持会议。杨璞同志代表中国建材集团在泾挂职干部汇报了帮扶工作情况,新选派的挂职干部张路作了表态发言。

24 日 厦门市同安区委书记王跃平带领党政考察团到泾源县调研,出席了同安区与泾源县东西部协作联席会议,签订了两地政府及卫健、文旅、教育、残联等部门间的《对口结对协作协议》。县委副书记、政府县长马晓红,宁夏驻福建办事处副处长郑国勇,县领导陈晓忞、杨晓曦及福建省第十二批援宁干部、县政府办副主任王健陪同考察。

是日 泾源县白通路政府专职消防救援站正式挂牌成立。宁夏消防救援总队政治部主任王兴荣、队务处一级督导员高源,固原市消防救援支队支队长张兴玉、政治委员冶正成,县委常委、纪委书记杨晓曦,政府副县长、公安局局长张怀彪出席挂牌仪式。

25 日 "醉美花海·多彩泾源"第十九届宁夏六盘山山

花节暨首届六盘山花儿艺术节在泾源县王洛宾文化园启动。

26日　泾源县召开县委统战工作会议暨建设铸牢中华民族共同体意识示范县推进会和全县宗教工作会议。

是日　县委书记、县总林长王荣到二龙河林场、六盘山国家森林公园等地开展巡林工作，调研全县林长制落实情况。政府副县长张怀彪、县政协副主席于清海及有关部门负责人参加调研。

△　厦门市农业农村局一级调研员蔡瑞进，厦门市农业综合执法支队支队长、一级调研员张新民带队到泾源县考察。宁夏驻福建办事处副处长郑国勇，县委常委、政府副县长陈晓忞，福建省第十二批援宁干部、县政府办副主任王健陪同考察。固原市乡村振兴局副局长梁亚明与考察团成员进行了会面。

27日　由中共泾源县委员会、泾源县人民政府主办，中共泾源县委宣传部、泾源县文化旅游广电局、泾源县农业农村局、泾源县闽宁办承办，宁夏旅游投资集团、泾源县国有资本投资运营集团有限责任公司协办，西安市莲湖区人民政府、莲湖区文化和旅游体育局作为支持单位举办的“红色六盘山·避暑泾河源”——宁夏·泾源县2023年文化旅游推介会在西安市大唐西市·金市广场成功举行。

28日　自治区人民政府教育督导委员会办公室督导调研泾源县义务教育优质均衡发展汇报反馈会在泾源县召开，政府副县长李静作了表态发言。

29日　县委副书记、政府县长马晓红，政府副县长张怀彪带领相关部门负责人督导调研“五一”期间安全生产、餐饮行业食品安全、交通道路安全、景区旅游服务等工作。

30日　泾源县第二届双品网购节暨农特产品展销会开幕。开幕式在泾河源镇泾河夜“肆”·闽宁特色街区举行。县委副书记、政府县长马晓红宣布展销会开幕，县人大常委会副主任马津垠致辞，政府副县长张怀彪安排活动，现场进行了旅游推介。开幕式由县政协副主席于清海主持，参加开幕式的还有区内外来泾游客和县内外农特产品、餐饮、旅游文化等企业负责人。

是月　泾源黄牛肉2023年喜获农业农村部“全国最受欢迎产品”荣誉。

5月

2日　县委书记王荣深入泾源县部分重点项目建设现场，调研项目建设推进情况。

4日　中共泾源县委全面依法治县委员会召开第七次会议，县委书记、县委全面依法治县委员会主任王荣主持会议并讲话。

是日　县人民政府召开第二次廉政工作会议。县委副书记、政府县长马晓红主持会议。

5日　固原市“推进移风易俗　助力乡村振兴”活动在泾源县新民乡文化广场启动。启动仪式上，固原市委常委、宣传部部长褚一阳出席并宣布活动启动，泾源县委副书记、政府县长马晓红为活动致词，县委常委、宣传部部长田鹏飞主持仪式并宣读《泾源县“推进移风易俗　助力乡村振兴”倡议书》。固原市委宣传部、文明办、市农业农村局有关负责同志及县人大常委会、县政协分管领导出席活动。

是日　红寺堡区政协副主席浦彦卿一行14人到泾源县考察学习延伸农业产业链条、提高农产品附加值工作。县政协主席李刚、副主席于清海陪同。

8日　县委副书记、政府县长马晓红带队调研督导泾源县巩固拓展脱贫攻坚成果同乡村振兴有效衔接工作，并召开工作推进会。

10日　泾源县委书记王荣调研泾源县“八个万级”农业

特色产业示范基地建设及乡村旅游工作。县委副书记张明，县委常委、统战部部长杨继宏，县政协副主席于清海及相关乡镇和部门负责人参加调研。

11日 泾源县“翰墨绘清廉　丹青扬正气”廉洁文化暨“忠诚立家风　美赞新泾源”主题书画摄影作品展活动正式启动。县委书记王荣出席并宣布活动开幕，县人大常委会主任李白虎致辞，县委常委、纪委书记、监委主任杨晓曦主持。

12日 泾源县2023年自然灾害应急演练正式拉开帷幕。县委副书记、政府县长、演练活动总指挥长马晓红，县委常委、政府副县长任伟，县委常委、人武部部长陈志东参加演练活动。固原市减灾委李学仕副局长应邀到场指导。

15日 福建省委常委、军区政委宋鸿喜一行调研大湾中学，县委书记王荣参加调研。

15—17日 福建省厦门市委常委、海沧台商投资区党工委书记、海沧区委书记游文昌带领海沧区考察团一行到泾源县对接交流闽宁协作工作。固原市委常委、副市长陈论生，县委书记王荣，县委副书记、政府县长马晓红，县人大常委会主任李白虎，县领导任伟等分别陪同考察及座谈。

16日 自治区政协副主席郑震一行调研泾源县肉牛产业发展情况。市县领导王政权、王荣、马晓红、李刚及相关乡镇、部门负责人参加调研。

17日 固原市委书记滑志敏到泾源县调研产业发展、基层治理、项目建设等工作。

18日 泾源县文明委召开2023年第一次全体会议，县委常委、宣传部部长、文明委主任田鹏飞主持会议并讲话。

是日 泾源县人大视察组由县人大常委会副主任于雷带队，采取实地查看、查阅资料、召开座谈会等方式，对泾源县全域旅游建设工作进行视察。

△ 泾源县在六盘山镇第一小学举行“八一爱民学校”揭牌仪式。

18—19日 自治区政协副主席刘可为带领调研组到泾源县，就生态保护修复、生态建设及产业发展工作开展调研。固原市、泾源县领导马正红、王荣、李刚陪同调研。

19日 以“美好中国，幸福旅程”为主题的2023年泾源县“5·19中国旅游日”暨文旅促消费宣传月系列活动拉开精彩序幕。活动启动仪式在泾源县人民广场举行，县委副书记、政府县长马晓红出席活动并宣布活动启动，县委常委、宣传部部长田鹏飞，县人大常委会副主任于雷，政府副县长李静，政协副主席于清海出席。

22日 由宁夏生态环境厅、固原市人民政府共同举办的2023年宁夏“5·22国际生物多样性日”主题宣传活动在泾源县举办。活动中，自治区生态环境厅副厅长陈建华、固原市人民政府副市长张杰，先后就做好生物多样性保护工作做了致辞，青年志愿者代表宣读了保护生物多样性倡议书，相关部门作了表态发言，学生代表作了倡议发言。

23日 自治区政协农业和农村委员会主任马波带领调研组到泾源县调研民宿经济发展情况。市县领导余剑雄、王政权、王荣、李刚、李静、于清海参加调研。

是日 厦门市同安区、海沧区与泾源县组织开展教育对口帮扶交流座谈暨签约仪式。

24日 泾源县科协联合科技局在香水镇、黄花乡举办菌菇产业技术培训班。

是日 由自治区民政厅、中国移动慈善基金会、宁夏儿童福利基金会与天津泰达国际心血管病医院联合实施的“中国移动爱‘心’行动——困境先心病儿童救助计划宁夏五期项目”免费筛查活动在泾源县残疾人康复中心顺利进行。

△ 自治区第一巡视组组长宋志霖一行先后到兴盛乡兴

盛村、泾河源镇冶家村、泾河源镇宁夏泾水源食品有限公司、香水镇沙南村、六盘山镇集美村、大湾乡瓦亭村马洼沟调研乡村振兴工作。县委书记王荣参加调研。

25 日 西吉县政协主席马保师一行 16 人组成考察组到泾源县考察。县政协主席李刚，县委常委、政府副县长张路及相关单位负责人陪同考察。

26 日 泾源县第五届“体教融合杯”中小学生田径运动会开幕。县领导张毓龙、马津垠、李静、孙阿娜出席开幕式。

是日 泾源县委宣传部联合县民政局、共青团泾源县委在泾源县图书馆举办以“移风易俗培育新风新貌　文明守约共建美丽乡村”为主题的村规民约（居民公约）诵读大赛。

27 日 泾源县委副书记、政府县长马晓红带领政府班子调研督导全县重点项目建设推进情况，现场办公协调解决项目推进中存在的问题。政府党组各成员，政府办公室、政府督查室、发改局、财政局、自然资源局主要负责人参加调研。

29 日 泾源县人民政府与宁夏消防救援总队固原支队、甘肃省消防救援总队平凉支队联合开展“砺剑六盘·2023”跨区域地震应急救援联合演练。泾源县水务、供电、公安、应急、卫健、华通燃气公司等单位、部门共同参与演练。县委常委、政府副县长任伟，宁夏消防救援总队固原支队支队长张兴玉，甘肃省消防救援总队平凉支队支队长畅克毅以实际身份参与演练，并现场观摩指导演习。

是日 泾源县工商联携手宁夏泾水源食品有限公司、泾源县双益建筑安装有限责任公司、泾源宾馆等 16 家爱心企业带着价值 37 万余元的爱心物品，分赴泾源县各小学开展以“圆梦微心愿，传递大温暖”为主题的“庆六一·献爱心”助学捐赠活动，为小朋友们送上节日的祝福，向师生致以亲切的问候。

△　共青团泾源县委在泾河源镇中心小学举行“希望工程 1+1——幻方助学计划”助学金发放仪式，受助学生及部分老师、家长代表共 100 余人参加。

29—30 日 泾源县“扫黄打非”办公室联合县公安局、县教育体育局、县文化旅游广电局、县市场监督管理局联合开展“护苗·迎六一”校园周边文化市场专项检查行动。

30—31 日 自治区人大常委会副主任杨玉经带领调研组到泾源县调研，市县领导童全成、马晓红、李白虎、于雷参加调研。

31 日 泾源县召开廉洁文化建设 2023 年联席会议，县委常委、纪委书记、监委主任杨晓曦出席会议。

6 月

1 日 泾源县召开 2023 年“口罩+手套”专项行动启动仪式暨畜间布病防控工作推进会。会议邀请了县疾控中心工作人员和重庆澳龙生物有限公司技术服务部总监，分别就畜间布病防控策略及关键技术、布病结核病净化技术进行了培训。

5 日 自治区人民政府副主席刘军一行到泾源县六盘山镇刘沟村调研百花溪谷自驾车营地建设情况，到六盘山镇和尚铺村王洛宾文化园调研文旅融合发展情况，到大湾乡杨岭村调研大湾乡杨岭村发展情况，县委副书记、政府县长马晓红参加调研。

是日 泾源县召开扶贫志指导小组会议暨《泾源县扶贫志》评审会，县委书记、扶贫志编审委员会主任王荣出席会议并讲话，县领导马晓红、张明、陈晓忞、杨继宏、田鹏飞、马津垠、于清海出席会议。

6 日 泾源县妇女第十次代表大会召开，来自全县各行各业的100名妇女代表出席大会。县委书记王荣出席开幕式并讲话，固原市妇联党组书记、主席马红英到会指导。县委副书记、政府县长马晓红，县委常委、宣传部部长田鹏飞，县人大常委会副主任马津垠，县政协副主席孙阿娜出席大会。

是日 自治区教育工委副书记、教育厅党组成员李玮，县委副书记、政府县长马晓红前往泾源高级中学高考考点，巡视督查泾源县2023年高考工作。县领导张怀彪、李静及相关部门负责人参加巡视。

7日 宁夏旅游投资集团党委书记、董事长白建平带领董事会成员一行到泾源县调研文旅产业发展情况。县委书记王荣，县委常委、政府副县长任伟，县委常委、宣传部部长田鹏飞，县政协副主席于清海及相关乡镇、部门、企业负责人参加调研。

是日 泾源县在县人民会堂举办2023年泾源县档案业务培训班。各乡镇、各部门单位档案管理人员参加了培训。

8日 青铜峡市政协主席宋丽一行11人到泾源县就推动产业振兴、夯实乡村经济基础、促进农旅融合发展等情况进行考察交流。县政协主席李刚，副主席于清海及相关单位负责人参加。

是日 泾源县召开纠治形式主义官僚主义专项整治和粮食购销、乡村振兴、教育、国有企业等领域专项治理工作推进会。县委常委、纪委书记、监委主任杨晓曦出席会议并讲话。

△ 县人大常委会组织部分人大代表组成检查组，就泾源县贯彻执行《宁夏回族自治区建设黄河流域生态保护和高质量发展先行区促进条例》情况开展检查。

9日 泾源县召开迎接国务院考核2022年度保障农民工工资支付工作动员部署会暨2023年全县根治拖欠农民工工资工作领导小组第一次联席会议。

10日 泾源县“红色六盘山·避暑泾河源”文化旅游节暨泾源县养生膳食烹饪大赛在泾河源镇冶家村举办，县委副书记、政府县长马晓红出席。

11日 由宁夏艺术职业学院党委主办的“沿着总书记的足迹 感悟思想伟力”学习贯彻习近平新时代中国特色社会主义思想主题教育专场文艺演出在泾源县大湾乡杨岭村上演。

12日 自治区工商联组织部分异地宁夏商会和宁夏异地商会会长、知名企业家到泾源开展考察交流活动。

是日 固原市委书记滑志敏一行到泾源县调研民宿经济发展情况，固原市政协主席余剑雄参加调研。

14日 召开泾源县党的建设领导小组2023年第1次会议。县委书记、县党的建设领导小组组长王荣主持会议。

16日 宁夏理工学院大学生艺术团走基层宣传习近平新时代中国特色社会主义思想巡回慰问演出走进泾源县。

17—18日 县委书记王荣带队到福建省厦门市同安区开展招商引资活动，对接闽宁协作有关事宜。

19日 县委副书记、政府县长马晓红带队深入兴盛乡新旗村户外野营地、泾河源镇泾河北岸野奢露营地等7个乡镇14个乡村振兴示范村、农文旅融合示范点调研督导乡村振兴示范村建设暨农文旅融合发展情况。

19—21日 县委书记王荣带队到福建省厦门市海沧区对接闽宁协作有关事宜，开展招商引资活动，参加固原市2023年农文旅推介招商大会。

20日 固原市政协党组书记、主席余剑雄带领全市政协系统“两项建设”现场观摩团到泾源县观摩调研，县领导李刚、孙阿娜参加观摩活动。

21日 中共泾源县委教育工作领导小组召开2023年

第1次全体会议暨县域义务教育优质均衡发展推进会，县委常委、组织部部长、县委教育工作领导小组组长张毓龙出席会议并讲话，政府副县长、县委教育工作领导小组副组长李静主持会议。

22日 县委书记王荣，县政协副主席、县委办公室主任于清海及相关部门负责人一行对泾源县重点行业领域安全生产工作进行督导检查。

是日 固原市委常委、宣传部部长褚一阳带队督导检查泾源县端午节安全生产工作。县委常委、宣传部部长田鹏飞，政府副县长李静及有关部门负责同志参加。

24日 泾源县召开2023年安全生产工作专题会议，县委副书记、政府县长、县安委会主任马晓红主持会议并讲话，县安委会各副主任、政府党组成员出席会议。

是日 召开全县经济运行调度暨重点项目建设推进会。县委副书记、政府县长马晓红主持会议。

27日 泾源县召开平安建设协调小组2023年第2次会议暨全县社会面整体防控专题会议，县委副书记、政法委书记、平安泾源建设协调小组常务副组长张明主持会议。

28日 泾源县组织全县科级及以上党员干部到六盘山红军长征纪念馆开展“学习二十大　奋进新征程”主题党日活动。

是日 由宁夏旅游投资集团主办的“六盘山宿集”品牌揭牌仪式暨“1+4”成员授牌仪式在泾源县泾河源山庄举行。固原市政府党组成员、宁夏六盘山旅游扶贫试验区开发建设管委会专职副主任李国才，泾源县委书记王荣，宁夏旅游投资集团党委副书记、总经理陶雨芳出席仪式。

30日 县委书记王荣带队调研督导全县安全生产工作，县政协副主席、县委办主任于清海参加调研。

是日 自治区党委常委，自治区人民政府副主席买彦州一行到六盘山镇集美村调研，到香水镇沙南村调研菌菇种植情况。

7月

2日 泾源县召开城镇燃气“九小场所”安全隐患排查整治专题会议。县委副书记、政府县长马晓红主持会议，县领导任伟、张怀彪、李静及各乡镇、部门相关负责人参加会议。

是日 以“有机原生态、健康新宁夏”为主题的宁夏冷凉蔬菜节暨全国知名蔬菜销售商走进宁夏活动第五站来到泾源县。

△ 固原市政协副主席虎久强一行到泾源县调研国家林业碳汇试点市建设和生态经济发展情况。县政协主席李刚，县委常委、政府副县长张路参加调研。

△ 固原市委副书记、政府市长杨青龙一行到泾源县调研安全风险隐患排查有关工作，县委副书记、政府县长马晓红参加调研。

7日 十五届县委第五轮巡察动员部署会召开，县委常委、纪委书记、监委主任、县委巡察工作领导小组组长杨晓曦做动员讲话，县委常委、组织部部长、县委巡察工作领导小组副组长张毓龙主持会议。

是日 自治区交通运输厅副厅长金花一行到泾河源镇河北村、北营村、龙潭村调研农村公路质量提升三年攻坚行动工作，县委书记王荣参加调研。

9日 “奔跑吧·少年”儿童青少年主题健身活动暨固原市教育体育系统第四届中学生田径运动会在泾源县拉开序幕。固原市人大常委会副主任马凤贤出席活动，市人民政府副市长杨生俊宣布运动会开幕，泾源县委书记王荣致开幕词，泾源县委副书记、政府县长马晓红主持开幕式。固原市教育工委书记、教育体育局局长赵万仓，泾源县领导张毓龙、于雷、李静、于清海出席活动。固原市及各县(区)教育体育局主要负责人应邀出席活动。

11日 固原市推进政协提案工作高质量发展专题培训班在泾源县开班。政协主席李刚，政协副主席孙阿娜参加培训班。

是日 自治区人民政府主席张雨浦一行到六盘山国家级自然保护区调研生态建设、文旅融合发展、生物多样性与天然林保护、泾河水源地保护等情况，到泾河源镇老龙潭调研文旅产业发展和夏季旅游促销情况，到泾河源镇冶家村调研乡村振兴、乡村旅游发展、居民收入提升等情况，县委书记王荣，县委副书记、政府县长马晓红参加调研。

12日 泾源县召开2023年县委农村工作领导小组第3次会议、县实施乡村振兴战略工作领导小组第5次会议暨考核评估反馈问题整改工作推进会。县委书记、县委农村工作领导小组组长王荣出席会议并讲话，县委副书记、政府县长马晓红主持会议。

是日 县人大常委会副主任于雷、马津垠及部分县人大代表组成视察组视察《宁夏回族自治区优化营商环境条例》《宁夏回族自治区中小企业促进条例》在泾源县实施情况。

13日 全区林草系统第二届森林草原防灭火技能大比武在泾源县举行。

14日 泾河源镇举行了以“崇文重教促振兴，奖学励志树榜样”为主题的2023年度村集体公益金资助高考优秀学子表彰大会。县委副书记张明，县委常委、政府副县长陈晓惢出席活动。

是日 召开县委常委会暨县委网络安全和信息化委员会第一次会议，县委副书记、政府县长马晓红参加会议。县委书记王荣主持会议。

15日 中央第十五指导组到大湾乡杨岭村调研美丽村庄建设工作，县委书记王荣参加调研。

18日 以“牢记领袖嘱托凝聚奋进力量”为主题的泾源县第四届杨岭乡村文化旅游节开幕，固原市委常委、政府副市长陈阳出席并宣布活动开幕。泾源县委副书记、政府县长马晓红致开幕词。市县领导师淑莲、剡小平、李刚、张路、于雷及泾源县各乡镇、各部门干部职工、周边群众参加开幕式。县委常委、宣传部部长田鹏飞参加开幕式。

是日 泾源县人民政府与浙江农合生态农业科技有限公司签署肉牛产业战略项目合作协议。浙江农合生态农业科技有限公司董事长杨无平，县委副书记、政府县长马晓红，县人大常委会副主任于雷出席签约仪式，仪式由县委常委、政府副县长任伟主持。

19日 工商银行固原泾源支行盛大开业。工商银行宁夏分行党委书记、行长张志勇，县委副书记、政府县长马晓红，县人大常委会副主任马津垠，政协副主席于清海出席活动。揭牌仪式上，工商银行总行网点管理处处长刘巍宣布工商银行固原泾源支行开业，张志勇、马晓红共同为工商银行固原泾源支行揭牌，工商银行固原支行党委书记、行长张河先致开幕词。

20日 固原市消防救援支队森林草原火灾六盘山培训基地揭牌仪式在六盘山林业局成功举行。固原市消防救援支队支队长张兴玉，六盘山林业局局长王双贵出席。

是日 县委书记王荣调研大湾乡杨岭研学基地建设。县委常委、宣传部部长田鹏飞，县政协副主席、县委办主任于清海参加调研。

△ 县政协视察组专题视察县村级“小微权力”规范运行情况，县政协主席李刚，县委常委、纪委书记杨晓曦，县委常

委、政府副县长张路，县政协副主席孙阿娜及部分政协委员参加视察。

21 日　县人大对全县重点项目建设进行视察。县人大常委会主任李白虎，副主任于雷、马津垠、陈宝及部分人大代表参加视察。

是日　泾源县在县人民广场集中开展了“共建平安泾源·共享美好生活”宣传日活动。政府副县长、公安局局长张怀彪，县政协副主席于清海、县人民法院院长尹鹏出席活动。

△　泾源县供销合作社召开第五次代表大会。宁夏供销社合作指导处副处长王剑，固原市供销社副主任庞英丽，县委常委、政府副县长任伟出席会议。

24 日　召开 2023 年食品药品安全委员会暨创建国家食品安全示范城市工作推进会议。县委书记王荣主持会议。

26 日　泾源县人大对全县“八个万级”农业特色产业示范基地和乡村振兴示范乡村建设工作进行视察。县人大常委会副主任于雷、马津垠及部分人大代表参加视察。

27 日　固原市委常委、宣传部部长褚一阳，市文化旅游广电局局长赵静，市委宣传部副部长、市文明办主任宋亚俊一行到泾源县调研旅游暨文化旅游（民宿）产业发展和旅游服务工作，县委常委、宣传部部长田鹏飞陪同调研。

28 日　由中共泾源县委、泾源县人民政府主办的宁夏·泾源第一届汽摩节暨“六盘山”场地越野赛开幕，固原市政府副市长杨生俊出席并宣布活动开幕，泾源县委书记王荣致开幕词。市县领导师淑莲、剡小平、刘玉华、李白虎、李刚出席开幕仪式，仪式由政府副县长李静主持。

是日　县领导王荣、马晓红、李白虎分别带队到县人武部、消防救援大队、武警中队和部分现役、退役军人家中开展八一建军节慰问。

8 月

1 日　泾源县退役军人事务局联合中国农业银行泾源县支行开展慰问活动。

2 日　泾源县召开各党委（党组）“一把手”集体廉政谈话会，县委常委、纪委书记、监委主任杨晓曦出席会议并进行集体廉政谈话。

是日　泾源县开展为现役军人“三等功”获得者家属集中送喜报活动，县委常委、人武部部长陈志东参加活动。

△　泾源县召开国家菌草工程技术研究中心林占熺教授团队调研菌草产业发展座谈会，林占熺教授团队一行 6 人出席会议，县委书记王荣主持。

△　国家菌草工程技术研究中心首席科学家林占熺、教授级高级农艺师黄国勇分别带队调研泾源县特色产业发展情况。县领导李刚、张明、陈晓参加调研。

△　由泾源县自然资源局、水务局、固原市生态环境局泾源分局承办的泾源县“绿水青山就是金山银山”生态文明建设专场文艺演出在泾源县人民广场开演。

3 日　县委书记王荣督导检查泾源县城乡供水、水源地保护及防汛工作，县人大常委会副主任于雷、县政协副主席于清海及相关部门负责人参加。

是日　泾源县首个农村党员联系服务群众“挂联诺”授牌仪式在新民乡马河滩村举行。

4 日　固原市企业家创新精神培训班（泾源县专场）成功举办，县内科技型中小企业主要负责人、技术开发与财务管理业务骨干、科技部门工作人员及各类科技服务人员参加培训。

5 日　自治区党委常委、政法委书记朱天舒一行到大湾乡杨岭村调研乡村振兴、产业发展，到六盘山镇和尚铺村调研乡村旅游产业发展，到香水镇沙南村调研菌菇产业发展，到县公安局调研党建、政法、基层治理等工作，县委书记王荣参加调研。

7日 泾源县召开驻村帮扶工作会议，县委常委、组织部部长张毓龙出席会议并讲话。

是日 泾源县举行2023年“善建”七彩课堂启动暨“闽宁协作一家亲·山海相约筑梦想”暑期夏令营研学活动出征仪式。县委常委、宣传部部长田鹏飞，县委常委、政府副县长张路出席。

8日 2023年全区“听党话、感党恩、跟党走”宣传教育活动启动仪式暨“全区十佳宣讲员”宣讲比赛在泾源县大湾乡杨岭村举行。市县领导胡斌、杨生俊、王荣、马晓红、张明、任伟出席。

9日 泾源黄牛肉浙江首家专营店——中山中路店盛大开业，浙江省供销社农业生产处二级调研员李永奇、浙江省工商联社会服务部副部长李峰，浙江农合集团董事长兼总经理陈锡锋及农合集团各处室负责人及成员企业负责人参加开业剪彩仪式。

是日 固原市委书记滑志敏一行到泾源县西峡水库调研防汛及病险水库监测工作，到兴盛乡红星村、泾河源镇高峰村调研地质灾害治理工作，到龙脊山调研农村公路道路安全隐患排查整治工作，县委书记王荣参加调研。

△ 泾源县召开关于水库、地质灾害隐患点及娱乐设施等领域安全生产风险隐患排查整治专题会议，县委副书记、政府县长马晓红参加会议。县委书记王荣主持会议。

10日 首次“闽宁协作”农业碳汇交易签约仪式在泾源县新民乡举行，共同献礼全国首个生态环境日。厦门市同安区政府副区长苏阳顺，泾源县委常委、政府副县长任伟，县委常委、统战部部长杨继宏出席活动。

是日 自治区党委书记梁言顺深入固原市六盘山林业局督查检查学习贯彻落实自治区党委十三届四次全会精神及重点领域安全风险隐患整治情况。

△ 泾源县召开迎接自治区文明城市到届验收暨2022年全区文明城市年度测评反馈问题整改工作推进会。县委常委、宣传部部长、县创城办主任田鹏飞出席会议并讲话，县委常委、政府副县长张路主持会议。

△ 厦门市同安区政府副区长苏阳顺一行到泾源县考察调研。县委常委、政府副县长陈晓忞，县委常委、政府副县长任伟，县委常委、统战部部长杨继宏，福建省第十二批援宁干部王健参加活动。

11日 自治区政协副主席陆军一行调研泾源县政协和统一战线工作。市县领导张翔宇、李刚、张明、杨继宏、孙阿娜、于清海等参加调研。

14日 泾源县召开自治区党委第三巡视组巡视泾源县情况反馈会，县委书记王荣参加会议。

15日 泾源县政协召开参加单位与界别工作座谈会，县政协主席李刚，副主席孙阿娜、于清海等出席会议。

是日 泾源县召开全县上半年经济形势分析会暨实施乡村振兴战略工作领导小组第6次会议。县委书记王荣出席会议并讲话，县委副书记张明主持会议。

△ 泾源农商行以“用水权证”为质押，向泾源县军盛草畜专业合作社发放了30万元的用水权质押贷款，标志着泾源县用水权改革迈出了关键一步，合力把“水资源”转变为“水银行”。

16日 自治区政协农业和农村委员会副主任沈自立、固原市政协副主席王政权一行调研泾源县食用菌产业发展情况。县政协主席李刚，县委常委、政府副县长张路参加调研。

是日 福建农林大学校长兰思仁一行先后到黄花乡羊槽

村菌菇基地、泾六盘中蜂养殖基地、沙南村集体经济林下木耳种植基地、沙南村菌草产业园调研菌菇产业发展，县委书记王荣参加调研。

17 日 泾源县在城关清真寺举办宗教场所安全知识培训及消防应急演练。县委常委、统战部部长杨继宏出席，各乡镇统战委员、统战干事和宗教场所管理人员、宗教教职人员180余人参加。

是日 泾源县工会第七次代表大会在泾源县人民会堂召开。县委书记王荣出席开幕式并讲话，县领导马晓红、张毓龙等出席，县人大常委会副主任、总工会党组书记马津垠主持，来自全县各条战线的119名工会代表参加，各乡镇、县直各部门(单位)负责人列席。

△ 固原市委书记滑志敏一行到泾源县六盘山镇和尚铺村调研农村道路改造提升及平交路口安全隐患整治，县委副书记、政府县长马晓红参加调研。

18 日 县委副书记、政府县长马晓红一行深入泾源高级中学、泾源一中、县人民医院、县中心敬老院等地开展重点民生领域安全生产和学校秋季开学准备工作督导检查，政府副县长李静参加。

21 日 县委书记王荣一行深入部分乡镇、行政村，实地调研乡村振兴、安全生产等工作。县委常委、统战部部长杨继宏，县政协副主席、县委办公室主任于清海及相关单位负责同志参加调研。

22 日 自治区自然资源厅联合泾源县委和政府在泾源县泾河源镇高峰村举办突发地质灾害应急避险演练。自然资源厅党组书记、厅长常晋宏为演练总指挥，远程参加了本次演练。自然资源厅党组成员、副厅长吕世民，县委书记王荣，宁夏国土资源调查监测院院长肖兆龙分别作为演练现场总指挥、演练现场避险总指挥、调查总指挥在现场参加演练。

23 日 召开十五届县委审计委员会第五次会议。县委书记、县委审计委员会主任王荣主持会议。

是日 召开县安委会2023年第六次全体(扩大)会议。县委副书记、政府县长、县安委会主任马晓红主持会议。

25 日 北京大成(银川)律师事务所党支部到泾源县泾河源镇龙潭小学开展捐资助学暨送法进校园活动。县委副书记、政法委书记张明出席活动并讲话。

是日 海南省政协原副主席吴岩俊、马勇霞一行到泾源县野荷谷景区、六盘山国家森林公园开展书画采风交流活动，县委书记王荣出席活动。

26 日 一支近500人的西安旅行团，在当地旅行社的组织带领下，首站来到六盘山国家森林公园，拉开了西安千人旅行团秋游“天高云淡六盘山”的序幕。

是日 自治区民政厅厅长蒋文龄一行到六盘山国家森林公园调研，县委副书记、政府县长马晓红参加调研。

28—30 日 福建省厦门市同安区民政局相关负责人协同同安区6家社会组织到泾源县开展协作共建活动。

30 日 固原市2023年“民族团结进步月”启动仪式在泾源县老龙潭中华龙文化宫广场举行，固原市委常委、统战部部长胡斌讲话并宣布民族团结进步月活动启动，市人民政府副市长杨生俊主持活动，县人大常委会主任李白虎致欢迎辞，市委统战部副部长、市民宗局局长马辉春介绍了固原市民族团结进步月活动有关情况。

是日 泾源县政协办公室联合泾源县爱心济困协会在县图书馆四楼会议室举办2023年募捐大会暨困难学生捐助活动，县政协党组书记、主席李刚，部分政协委员及有关部门、乡镇负责同志应邀出席。

是月 泾源县获批中国良

好农业规范高质量发展整建制创建试点县。

是月 泾源县“商贸流通+物流整合服务”项目入选全国第四批农村物流服务名单。

9月

1日 上海西鲜记、本来生活网与泾源县开展农产品销售项目实地考察洽谈座谈会。县委常委、政府副县长任伟出席座谈会。座谈会上，县委常委、政府副县长任伟介绍了泾源县肉牛、中蜂等农业产业发展情况。本来生活网大区总经理韩立鑫介绍了企业概况和销售情况，上海西鲜记电子商务有限公司副总经理张立非分享了农产品原产地参观活动体验。随后，双方就泾源县农产品发展、销售进行了交流讨论。

是日 自治区政协主席陈雍一行到泾源县新民乡马河滩村慰问困难群众，调研菌菇种植及联农带农情况，到香水镇沙南村、水舟缘农林科技有限公司调研企业示范带动群众发展菌菇产业增收情况，到皇达科技园区菌菇种植基地调研建设运营情况，县委书记王荣参加调研。

4日 泾源县举办2023年青少年禁毒知识竞赛。政府副县长、禁毒委副主任、公安局局长张怀彪，禁毒委副主任、县人民法院院长尹鹏，各乡镇及成员单位相关负责人出席活动。

是日 自治区团委书记龚雪飞一行到泾源县大湾乡杨岭村调研青少年红色教育基地建设情况。县委书记王荣，县委副书记、政府县长马晓红参加调研。

△ 自治区党委常委、副书记庄严一行到泾源县大湾乡杨岭村调研乡村振兴工作，县委书记王荣参加调研。

5日 县委理论学习中心组召开2023年第11次集中学习(扩大)会议，深入学习习近平总书记在全国生态环境保护大会和在新疆、四川考察时的重要讲话精神及安全生产相关法律、条例等内容。县委书记王荣主持会议并讲话。

是日 泾源县人大常委会开展“护安全 促发展”主题实践培训活动。县人大常委会党组书记、主任李白虎，副主任于雷、陈宝、马津垠及全县各级人大代表参加培训。培训邀请县应急管理局主要负责人，从“习近平总书记关于安全生产的重要论述、自治区党委十三届四次全会精神、市委五届八次全会精神、消防安全知识”等方面，通过政策解读、案例剖析、幻灯片展示等方式进行了细致讲解。

6日 泾源县召开总河长第七次会议，传达学习区市总河长会议精神和相关文件精神，听取全县河长制工作情况汇报，对下一步工作进行安排部署。县委书记、总河长王荣主持会议并讲话，县领导马晓红、张明、张毓龙、杨继宏、张怀彪等出席会议。

是日 泾源县2023年食用菌栽培管理技术培训班开班。泾源县部分食用菌种植户30余人参加培训。培训中，讲师围绕习近平总书记关于“三农”工作的重要论述、食用菌产业发展现状及未来发展趋势、食用菌制种及平菇生产技术、黑木耳栽培技术等内容开展培训，并就泾源县食用菌生产发展情况与参训人员进行了现场交流。

△ 国家发改委社会发展司副司长、一级巡视员彭福伟，国家体育总局经济司产业处二级调研员王国栋一行到泾源国投雅豪滑雪场，就泾源县户外体育活动开展情况及户外运动产业发展情况进行专题调研。自治区发改委、体育局相关负责同志及市、县领导参加调研。调研组一行实地参观考察了泾源县雅豪滑雪场建设情况，就滑雪场活动组织、体育设施建设、运营计划、特色品牌赛事打造等方面与相关负责人进行了

深入交流，并就滑雪场相关技术指标、配套设施、气候影响、地质条件等问题提出了优化性的意见和建议。

△ 自治区人大调研“一法两条例”落实情况，县委副书记、政府县长马晓红参加调研。

7 日 泾源县召开 2023年双拥工作领导小组会，传达学习区、市双拥工作会议精神，听取相关工作开展情况汇报，审议《泾源县贯彻落实自治区新时代双拥工作高质量发展示范区建设工作方案》，安排部署了下一步工作。县委副书记、政府县长、县双拥领导小组组长马晓红主持会议。

是日 由中国科协青少年科技中心、中国青少年科技教育工作者协会主办，宁夏科技馆、宁夏青少年科技辅导员协会、泾源县科学技术协会承办的 2023 年宁夏“科技教育乡村行”活动走进泾源。

7—8 日 泾源县组织各乡（镇）及相关部门（单位）40余名党员干部在大湾乡杨岭村研学实践基地开展了为期两天的全县领导干部意识形态工作专题培训班。这次培训是杨岭研学实践基地的首次亮相，标志着杨岭研学实践基地正式投入使用。

8 日 泾源县召开 2023年下半年定兵会议。县委常委、人武部部长陈志东主持会议，县委常委、政府副县长任伟出席会议并讲话。

是日 泾源县举办村党组织书记抓党建促乡村振兴“擂台比武”。县委书记王荣，人大常委会主任李白虎，县领导张明、杨晓曦、张毓龙、田鹏飞、于清海出席活动。

△ 泾源县举行“躬耕教坛 强国有我”庆祝第 39 个教师节活动，县领导王荣、马晓红、张明、杨晓曦、任伟、张毓龙、田鹏飞、张路、马津垠、马义杰、于清海出席活动，向全县广大教师和教育工作者致以节日的问候和诚挚的祝福。

11 日 泾源县人民政府与半亩良人智慧农业科技（宁夏）有限公司签约投资建设泾源县国家农村产业融合发展示范园项目。县委副书记、政府县长马晓红及县领导马义杰、于清海出席签约仪式。仪式由县委常委、政府副县长任伟主持。签约仪式上，半亩良人智慧农业科技（宁夏）有限公司董事长孙康介绍了公司基本情况和投资建设泾源县国家农村产业融合发展示范园项目规划情况，政府副县长马义杰代表县人民政府与半亩良人智慧农业科技（宁夏）有限公司签订泾源县国家农村产业融合发展示范园项目投资建设合作框架协议，与半亩良人农业产业发展（集团）有限公司、上海交通大学设计研究总院有限公司、中国能源建设集团西北电力建设甘肃工程有限公司签订项目战略合作补充协议。马晓红、孙康见证签约。

是日 县委副书记、政府县长马晓红率队调研泾源县生态环境工作。马晓红一行先后来到泾源县生活垃圾填埋场、县集中供热有限责任公司、泾河食品有限责任公司、县城污水处理厂、园子村和车村农村污水处理终端、泾河源镇污水处理厂等地，通过听取汇报、实地查看，详细了解泾源县生态环境保护方面的工作情况，现场办公，协调解决相关问题。

△ 泾源县组织开展新时代文明实践所（站）互观互学互评活动，县委常委、宣传部部长田鹏飞出席活动，各乡（镇）宣传委员、宣传干事等 20 余人参加活动。观摩组一行先后深入全县 7 个乡（镇）的 14 个新时代文明实践所（站），通过实地查看、听取讲解、查阅资料、现场点评的方式，详细了解各所（站）资源整合、阵地建设、品牌培育、志愿服务活动开展等情况。

△ 泾源县召开创建国家卫生县和健康泾源建设工作推进会。传达学习了全国和自治

区有关文件精神，通报了全县创建国家卫生县工作进展情况，安排部署了下一步工作。

12—13日　县政协党组书记、主席李刚带领班子成员和部分政协委员对十四届二次会议重点提案和社情民意办理情况进行督查，县委副书记、政府副县长吕子明，县委督查室、政府督查室及提案、社情民意承办部门负责同志参加督查。

14日　县人民政府召开第四次全体（扩大）会议，会议传达学习了习近平总书记关于当前经济形势和经济工作重要讲话及做好安全生产工作重要讲话重要指示批示精神，全面落实国务院第二次全体会议、自治区政府第二次全体（扩大）会议、市政府第四次全体（扩大）会议要求，并对全县统筹做好下半年工作和2024年重点任务谋划进行了再部署、再推进。县委副书记、政府县长马晓红主持会议。

是日　2023年宁夏农家书屋补充出版物百姓"线上点单"活动在县图书馆举办。自治区党委宣传部印刷发行管理处处长马晓军，县委常委、宣传部部长田鹏飞，各乡镇农家书屋管理工作人员及各村农家书屋管理员参加活动。

15日　泾源县学习贯彻习近平新时代中国特色社会主义思想主题教育工作会议召开，会议传达学习习近平总书记关于主题教育系列重要讲话和重要指示批示精神、党中央及区市党委主题教育相关会议精神，对全县学习贯彻习近平新时代中国特色社会主义思想主题教育进行动员部署。自治区党委第四巡回督导组组长曹学云，县委书记、县委主题教育领导小组组长王荣出席会议并讲话。县委副书记、政府县长、县委主题教育领导小组副组长马晓红主持会议。自治区党委第四巡回督导组成员徐振军、郑坤出席会议。

是日　泾源县举行2023年下半年新兵欢送会。

△　县委书记王荣到大湾乡和部分重点项目建设地调研乡村振兴和重点项目建设工作。县委常委、宣传部部长田鹏飞，县政协副主席于清海参加调研。在大湾乡杨岭村，王荣详细了解杨岭生态园建设运营情况及未来规划，并对杨岭村下一步建设提出要求。

18日　泾源县县处级干部学习贯彻习近平新时代中国特色社会主义思想主题教育读书班开班。县委书记、县委主题教育领导小组组长王荣作开班动员讲话。

是日　中国共产党泾源县六盘山镇党校揭牌成立，六盘山镇党员干部教育培训再添新阵地。揭牌仪式上，宣读了《关于成立中国共产党泾源县六盘山镇委员会党校的通知》，并揭牌，随即举办了六盘山镇第一期农村党员能力提升示范培训班，开启了以基层党建、乡村振兴等9个主题为内容的为期5天的培训。

19日　泾源农特产品直播带货庆丰收节活动启动，县内外50家农业企业及网红主播60人，通过"网红+媒体+带货"的形式，助力泾源农特产品展销，进一步宣传、推介、拓展农特产品销售渠道，持续擦亮泾源品牌。

是日　中共大湾乡委员会党校在大湾乡杨岭村研学实践基地正式揭牌成立，标志着大湾乡581名党员有了"家门口的党校"，泾源县乡镇党校建设迈出了坚实的一步。仪式上，市委常委、组织部部长杨继宏和县委书记王荣共同为"中国共产党大湾乡委员会党校"揭牌。王荣作致辞并代表县委向长期以来关心和支持泾源各项工作的各位领导表示感谢，对中共大湾乡委员会党校的成立表示热烈祝贺！

19—20日　福建省厦门市民政局相关负责人协同海沧区5家社会组织与泾源县5个村（居）开展结对协作共建活动。

福建省第十三批援宁干部、县政府办公室副主任赖劭哲参加签约仪式。

20日 宁夏·泾源第七届黄牛节暨农特产品直播带货庆丰收活动正式启动。自治区农业农村厅党组成员郑戈出席活动并讲话，固原市人民政府副市长杨生俊宣布活动开幕，县委书记王荣致辞，县委副书记、政府县长马晓红主持活动，固原市农业农村局局长杨荣和李白虎、李刚、马义杰、于清海等在家的县级领导出席活动。

是日 厦门市委农办、市乡村振兴局、农业农村局副局长洪志伟一行3人来到泾源看望援宁专技人才并开展调研。县委副书记、政府副县长吕子明，福建省第十三批援宁干部、县政府办公室副主任赖劭哲陪同。洪志伟一行先后到黄花乡羊槽村菌草产业园考察菌草产业发展情况，到县轻工产业园区调研闽籍企业生产经营状况，并到专技人才集中住宿地了解他们报到、安置及生活保障等情况。

△ 中国建材集团党委副书记常张利一行到泾源县调研指导定点帮扶工作，慰问集团挂职干部，并召开定点帮扶工作座谈会。县委副书记、政府县长马晓红主持座谈会，县委常委、宣传部部长田鹏飞，中国建材集团选派挂职干部，县委常委、政府副县长张路陪同调研。调研组一行先后来到杨岭产业生态园、研学实践基地、餐饮中心、康养中心、杨岭小学、星空露营地参观调研，详细了解当地产业发展情况及帮扶成效。座谈会上，马晓红介绍了全县巩固拓展脱贫攻坚成果同乡村振兴有效衔接情况，张路代表中国建材集团驻泾源县帮扶工作队作工作汇报，包保企业负责同志先后作了发言。

22日 在泾河源镇河北村召开了宁夏第三次全国土壤普查泾源县外业调查采样启动会。全国土壤普查专家、自治区三普办平台外业组副组长、自治区农业综合开发中心副主任刘晓峰宣布宁夏第三次全国土壤普查泾源县外业调查采样工作启动。县普查领导小组组长、政府副县长马义杰对全县土壤三普工作进行了部署要求。

是日 厦门市科学技术局党组书记、局长孔曙光一行到泾源县调研，对接东西部科技协作相关工作，并参加专技人才工作交流座谈会。县委副书记、政府副县长吕子明及福建省第十三批援宁干部、县政府办公室副主任赖劭哲参加调研。

△ 福建省厦门市海沧区嵩屿街道党工委副书记、办事处主任郑政蓉一行到泾源县考察交流，并开展“山海情深共潮声 闽宁协作同圆梦”主题党日活动。

23日 泾源县召开2023年巩固拓展脱贫攻坚成果推进乡村振兴工作推进会暨业务能力提升专题培训会，对相关工作进行再安排、再推进、再落实。县委副书记、政府县长马晓红主持会议并讲话，政府副县长马义杰参加会议并安排相关工作。

是日 厦门市国资委党委委员、副主任曹征宇带领相关国企负责人到泾源县考察调研。县委副书记、政府副县长吕子明，县委常委、统战部部长杨继宏，县政府办副主任、第十三批援宁干部赖劭哲陪同调研。

24日 召开泾源县安委会2023年第七次全体(扩大)会议暨今冬明春森林草原防灭火工作安排部署会，传达学习国务院及区市有关会议精神，通报全县安全生产风险隐患大排查大整治和森林草原防灭火有关情况，安排部署了相关工作。县委副书记、政府县长、县安委会主任马晓红主持会议。

25日 自治区乡村振兴局相关负责同志陪同中国农业科学院饲料研究所副所长杨培龙等专家组成的肉牛产业顾问组来到泾源，调研肉牛产业发展情况并召开座谈交流会。座谈会由政府副县长马义杰主持,相关单位负责同志和县内肉牛产业龙头企业代表参加。

是日 厦门市委宣传部组织中央驻闽媒体、福建省驻厦媒体记者20余人到泾源县进行调研采访,深入挖掘闽宁协作厦门典型经验,通过文字、图片、视频等全媒体方式充分展现闽宁协作取得的丰硕成果。

△ 泾源县团委召开面向广大团员和青年开展学习贯彻习近平新时代中国特色社会主义思想主题教育工作推进会,传达学习共青团中央及区、市团委团员和青年主题教育工作会议及全县学习贯彻习近平新时代中国特色社会主义思想主题教育工作会议精神,认真学习相关文件精神,安排部署全县团员和青年主题教育工作。

25—27日 厦门市同安区农业农村局相关负责同志带领同安区相关乡镇考察组到泾源县开展结对帮扶及考察调研工作。县委副书记、政府副县长吕子明参加调研。

25—27日 泾源县自然资源局召开秋冬季森林草原防灭火工作启动会暨森林资源管护专业知识及灭火机具操作演练培训会,对今冬明春森林草原防灭火工作进行了安排部署,对450余名护林员进行森林资源管护专业知识及灭火机具操作演练培训。

25—27日 固原市教育体育局组织区内外专家组到泾源县开展第三阶段"六盘名校"评估验收工作。

26日 泾源县举办以"汇聚志愿力量·共创文明泾源"为主题的第二届新时代文明实践志愿服务项目大赛。县委常委、宣传部部长田鹏飞出席活动并致辞。

27日 召开县委学习贯彻习近平新时代中国特色社会主义思想主题教育领导小组第一次会议,传达学习中央及区、市有关会议精神,研究审议主题教育有关专项工作方案,安排部署了下一步工作。县委书记、县委主题教育领导小组组长王荣主持会议。

是日 县委书记王荣带队督导检查重点行业领域安全生产工作,看望慰问节日期间坚守岗位的一线执勤交警、辅警。政府副县长、公安局局长张怀彪,县政协副主席、县委办公室主任于清海及相关部门负责同志参加督导检查。

28日 召开中秋、国庆期间重点工作专题会议,对节日期间全县各项重点工作进行了安排部署。县委书记王荣主持会议。

是日 县委副书记、政府县长马晓红带队督导检查重点行业领域安全生产工作。马晓红一行先后到六盘山镇值班室、312国道至344国道交会处、世纪购物中心、供热公司、六盘山森林公园、盛飞豪冷链管理有限公司及包抓餐饮企业旅游宾馆,通过实地走访、听取汇报、查阅资料等方式,深入了解了节日期间值班值守、道路交通安全、市场保供、人员密集场所安全、景区旅游安全、供暖准备、企业消防与生产安全、餐饮企业环境卫生、食品安全管理等相关情况。

29日 县委书记王荣带队督导检查泾源县道路交通保障和文旅市场运行等工作,对节日期间坚守一线的干部职工致以节日的祝福。政府副县长、公安局局长张怀彪,县政协副主席、县委办公室主任于清海及相关部门负责同志参加督导检查。

30日 泾源县在老龙潭革命烈士陵园,开展烈士纪念日缅怀纪念活动,深切缅怀革命先烈们的不朽功勋,深情寄托对烈士们的无限哀思,并向英烈们致以崇高敬意。县委书记王荣,杨继宏、马津垠、马义杰、于清海等在家的县领导出席活动,活动由政府副县长、公安局局长张怀彪主持。

30日—10月1日 泾源

县以“大地欢歌·美好生活”为主题,在大湾乡杨岭村举办2023年全国“村晚”展示活动,县委书记王荣出席并宣布活动启动,县领导杨继宏、田鹏飞、马津垠、张怀彪、马义杰、于清海出席启动仪式。

是月 中共泾源县委党校(行政学校)按照计划有序完成新址搬迁工作,已经举办首期培训班。

是月 泾源县大湾乡杨岭村入选2023年中国美丽休闲乡村名单。

是月 泾源县兴盛乡新旗村入选第三批全国乡村治理示范村镇名单。

10月

1日 泾源县在人民广场举办了以“情满中秋·礼迎国庆·乐享消费”为主题的国庆节专场文艺演出活动。

2日 固原市委书记滑志敏一行到G344线杨庄段调研道路交通安全保卫工作,到G344线“5·21”交通事故段调研整改工作,到大湾乡中庄村地质灾害隐患点调研地质灾害隐患治理情况,县委书记王荣参加调研。

6日 县委副书记、政府县长马晓红一行到六盘山镇、香水镇、县集中供热公司等地,督导调研全县巩固拓展脱贫攻坚成果同乡村振兴有效衔接及城市供暖工作。政府副县长马义杰参加调研。

8日 自治区政府副主席、公安厅厅长冼国义一行到六盘山国家级自然保护区野生动物救护中心调研野生动物救护工作,到西峡国有林场五锅梁林区巡林,县委书记王荣参加调研。

9日 县委书记王荣一行深入六盘山镇督导调研全县巩固拓展脱贫攻坚成果同乡村振兴有效衔接工作落实情况。县政协副主席于清海参加调研。

11日 泾源县人大常委会检查组对全县贯彻执行《宁夏回族自治区促进民族团结进步工作条例》情况开展执法检查,检查组由县人大常委会副主任陈宝带队。

12日 县委书记王荣深入泾河源镇督导检查学习贯彻习近平新时代中国特色社会主义思想主题教育开展情况。县委常委、组织部部长张毓龙,县政协副主席、县委办公室主任于清海参加督导检查。

是日 泾源县人大常委会视察组深入部分乡镇及相关部门对“八五”普法工作开展视察。县人大常委会副主任陈宝带队,县委常委、政府副县长张路参加。

13日 泾源县在人民广场集中组织开展了以“共同打造有韧性的未来”为主题的防灾减灾宣传活动。

是日 十五届县委第六轮巡察工作动员部署暨第五轮巡察结果反馈会召开。县委常委、纪委书记、监委主任、县委巡察工作领导小组组长杨晓曦出席会议并讲话,县委常委、组织部部长、县委巡察工作领导小组副组长张毓龙主持会议。

16日 中央主题教育督导组到大湾乡杨岭村调研主题教育开展和乡村振兴情况,到轻工产业园区调研特色产业发展情况,县委书记王荣参加调研。

17日 宁浙两省“宣讲走亲”暨“村支书话生态”巡回宣讲活动走进泾源,先后在行政中心和香水社区为县直机关干部和社区居民开展宣讲。活动邀请了“两山”理念诞生地——浙江省安吉县天荒坪镇余村党支部副书记俞小平作宣讲。

是日 中央主题教育督导组到泾河源镇机关调研主题教育开展情况,到二龙河林场调研生态建设情况,到香水风情堡调研全域旅游发展情况,到胭脂峡调研生态建设情况,县委书记王荣参加调研。

17—21日 泾源县举办了为期5天的“2023年乡村振

兴文旅产业及民宿经济发展培训”,全县各乡村民宿经营业主及农家乐经营户 40 余人参加了培训。

18 日　自治区党委常委、统战部部长马汉成一行到泾源县第一小学调研铸牢中华民族共同体意识工作开展情况,到东山流域调研生态建设及森林草原防火工作开展情况,到黄花乡羊槽村调研铸牢中华民族共同体意识工作开展情况,县委书记王荣参加调研。

18—19 日　自治区爱卫办组织专家按照《国家卫生县城标准》,对泾源县创建国家卫生县工作情况进行了评估验收。

19 日　自治区党委常委、统战部部长马汉成，带领自治区工商联领导、宁夏商会会长、宁夏异地商会会长及知名企业负责人来到泾源县,开展民营企业政企对接活动。县委书记王荣陪同考察并主持推介会。县委副书记、政府县长马晓红,县人大常委会主任李白虎,县领导任伟、杨继宏、于清海及相关单位负责人参加活动。

26 日　泾源县在县委党校举办县委学习贯彻习近平新时代中国特色社会主义思想主题教育党组织书记集中轮训班,县委常委、组织部部长张毓龙出席开班仪式并作了动员讲话。

是日　厦门援泾专技人才联合县中心敬老院开展了“跨越山海·幸福起航”医疗义诊活动。

11月

2 日　第十三批援宁工作队泾源工作组召开泾源县闽宁合作专技人才及西部计划志愿者专题会议。县委副书记吕子明出席会议并讲话,福建第十三批援宁干部、县政府办公室副主任赖劭哲主持会议,厦门援泾专技人才工作队全体人员及在泾服务的福建来宁西部计划志愿者参加会议。

4 日　县委书记王荣调研全县生态环保工作,县委副书记张明、县政协副主席于清海等参加调研。

7 日　固原市委宣讲团到泾源县开展“感恩总书记　奋进新征程”学习贯彻习近平新时代中国特色社会主义思想主题教育宣讲活动,宣讲团成员孙建军、海明贵等 10 名老师在泾源县 10 个会场同时进行集中宣讲,县乡村部分干部参加了本次活动。

是日　县委书记、县委主题教育领导小组组长王荣,以《深入学习贯彻习近平总书记视察宁夏重要讲话指示批示精神　以感恩之心奋进之志　谱写泾源高质量发展新篇章》为主题,到县委党校讲主题教育专题党课。自治区党委主题教育第四巡回督导组副组长丁聃、成员陈安宁，市委主题教育领导小组办公室有关人员出席。

△　自治区人大常委会副主任杨经玉一行到泾河源镇冶家村调研家门口服务站和人大代表活动室建设情况,县委书记王荣参加调研。

8 日　固原市政协主席余剑雄一行到泾源县联系点调研工作,县政协主席李刚参加调研活动。

8—9 日　厦门市同安区政府副区长王旭辉带领同安区、海沧区考察调研组到泾源县调研劳务协作工作并召开闽宁劳务协作座谈会。县委副书记、政府副县长吕子明,福建省第十三批援宁干部、县政府办公室副主任赖劭哲陪同调研并与县委常委、政府副县长张路共同参加了座谈会。

8—9 日　厦门市海沧区委常委、宣传部部长林丽征一行到泾源县开展厦门海沧对口帮扶工作并召开 2023“诗意厦门·乐活海沧”文旅推介座谈交流会。县委常委、宣传部部长田鹏飞出席并致辞,政府副县长马义杰、两地旅游同业代表及企业代表等共 70 余人参加活动。

9 日　泾源县黄花乡联合

甘肃崆峒山国家级自然保护区管护中心后河保护站、崆峒山大景区管理委员会森林资源管理所和泾源县沙塘、蒿店、秋千架、青石嘴4个林场在黄花乡沙塘村开展跨省区、跨乡域森林草原防火联合应急救援演练。

是日 县政协组织部分政协委员开展"整合优势资源 做大做强县属国有企业"视察活动,视察组由县政协主席李刚带队,县领导任伟、于清海等及相关部门负责人参加调研。

9—10日 县委书记王荣带领自然资源、农业农村、乡村振兴、科技等部门负责同志,到全县七个乡镇和部分重点项目建设现场,就2024年特色产业和重点项目谋划工作进行专题调研,县委副书记张明、政府副县长马义杰、政协副主席于清海参加调研。

11日 泾源县人民政府与厦门鑫台农北尚园农业科技有限公司签订20万只蛋鸭养殖基地及鸭蛋深加工生产线建设项目。县委副书记、政府副县长吕子明主持,政府副县长马义杰签约。

13日 泾源县民兵训练靶场开展森林灭火演练,县委副书记、政府县长马晓红参加。

15日 县委全面深化改革委员会召开2023年第2次会议,县委书记、县委深改委主任王荣主持会议并讲话。

是日 中共泾源县委召开人大工作会议,县委书记王荣出席会议并讲话,县委副书记、政府县长马晓红主持会议。县人大常委会主任李白虎作表态讲话,县政协主席李刚出席会议。

△ 泾源县市场监督管理局联合县住建局、县消防救援大队、县人民医院在泾源县力天液化气储配有限公司充装站开展气瓶充装应急救援演练活动。

△ 国务院大督查调研组到泾源县香水镇米岗村调研农文旅融合发展情况,县委副书记、政府县长马晓红参加调研。

16日 固原市委书记滑志敏一行到泾源县大湾乡绿塬村调研新能源项目,到香水镇卡子村调研闽宁协作产业示范园建设情况,到香水镇米岗村调研农旅融合产业示范区建设情况,到泾河源镇底沟村调研高标准农田及中药材种植基地建设情况,到轻工产业园区调研源牛(宁夏)农牧科技有限公司牛肉精深加工情况和轻工产业园区孵化园建设情况。县委书记王荣参加调研。

17日 厦门援泾专技人才副主任医师林菊丽受邀赴固原市原州区人民医院普外科开展该院第一例"超声引导下双乳肿物微创切除术"。

21日 泾源县"2023年耕耘者"振兴计划新型农业经营主体专题培训班开班。

是日 厦门援宁泾源专技人才班组织专技人员走进泾源县第一中学开展了"冬季常见传染病预防"健康科普讲座。

23日 泾源县举办2023年农产品质量安全推进提升培训班。

24日 县委副书记、政府县长马晓红调研督导全县森林草原防灭火和农村冬季清洁取暖工程推进工作。

26日 县委副书记、政府县长马晓红带队对县十八届人大二次会议部分议案执行和县政协十四届二次会议部分委员提案办理情况进行督导调研,邀请县人大常委会副主任马津垠以及部分县人大代表和政协委员参加了调研。

27日 泾源县召开2024年重点项目前期工作推进会,县委书记王荣出席会议并讲话,县委副书记、政府县长马晓红主持会议并安排部署有关工作,县领导吕子明、任伟、马义杰等参加会议并分别安排了分管领域重点项目推进工作。

28日 泾源县融资担保有限公司走进泾源县残疾人康复中心,为康复中心特殊人群捐赠了一批爱心物资。

是日 泾源县交警大队、隆德县交警大队、彭阳县交警大队、固原市原州区二大队公安交警联合在泾源县开展了全市专项整治异地用警农村重点违法查处行动。

29日 宁夏师范学院党委常委、副校长韩惠丽一行到泾源县大湾乡杨岭村举行校外实践教学基地签约挂牌仪式，泾源县委书记王荣出席仪式并致辞，县委常委、统战部部长杨继宏，县政协副主席于清海出席仪式。

是日 泾源县文明委召开2023年第二次全体会议，县委常委、组织部部长张毓龙出席会议并讲话。

30日 中共泾源县委常委会召开学习贯彻习近平新时代中国特色社会主义思想主题教育调研成果交流会，自治区党委第四巡回督导组组长曹学云到会指导，县委书记王荣主持会议。

30日—12月5日 县委副书记、政府县长马晓红率泾源县党政代表团到厦门市、漳州市、上海市、西安市对接东西部协作，开展考察交流，洽谈合作项目。县委副书记、政府副县长吕子明，县委常委、宣传部部长田鹏飞，县直有关部门同志和部分企业负责人参加了活动。

12月

1日 县委书记王荣督导调研主题教育问题检视整改、为民办实事等工作，县委常委、组织部部长张毓龙，县政协副主席、县委办公室主任于清海及相关单位负责人参加调研。

2日 自治区党委政法委书记朱天舒一行到二龙河林场调研林场生态安全和环境保护工作情况，到泾河源镇冶家村调研乡村法治和乡村旅游情况，到泾河源镇庞东村调研林下菌菇产业园发展情况，到泾河源镇综治中心调研乡村基层法治工作情况，到大湾乡瓦亭村调研基层法治工作情况，县委书记王荣参加调研。

4日 固原市宪法宣传周活动启动仪式在泾源县大湾乡杨岭村举行。固原市委常委、宣传部部长、市委全面依法治市委员会守法普法协调小组组长褚一阳讲话并宣布固原市2023年“宪法宣传周”活动启动，市人大常委会副主任马有芳、市政协副主席杨耀峰出席启动仪式，县委书记、县委全面依法治县委员会主任王荣出席活动并致辞，启动仪式由宁夏六盘山旅游扶贫试验区开发建设管委会副主任李国才主持，县四套班子领导及市县相关部门负责同志参加活动。

是日 大湾乡党委和政府在杨岭村举办“振兴乡村文化 启航文明新征程”系列活动。县委常委、统战部部长杨继宏，大湾乡党委班子成员，各村干部群众和参演人员500余人参加活动。

△ 固原市委书记滑志敏一行到泾河源镇中心卫生院调研家庭医生签约及中医药服务工作，到县人民医院调研“组团式”帮扶助力医院高质量发展工作，县委书记王荣参加调研。

5日 泾源县召开实施乡村振兴战略领导小组2023年第9次会议暨综合考评工作安排部署会议，县委书记王荣出席会议并讲话，县委副书记、政法委书记张明主持会议。

6日 泾源县青年联合会第一届委员会第一次全体会议召开，共青团固原市委副书记杨洁，泾源县委常委、组织部部长张毓龙出席。

8日 “泾河马连江少年军校”揭牌仪式在泾源县第四小学举行。县人武部政委申国涛致辞，相关部门负责人及部分师生代表参加。

9日 县委书记王荣带队，到山东省滨州市阳信县调研肉牛全产业链发展，阳信县委副书记、政府县长宋全星，阳信县委常委、统战部部长杨涛陪同考察，泾源县政府副县长马义杰及有关部门、企业负责人参加考察。

10日　县委书记王荣带队，到河北省张家口市崇礼区调研冰雪运动项目，崇礼区委常委、政府常务副区长张树峰，张家口市公安局党委委员、交警支队长王建及有关部门、企业负责人陪同考察，泾源县政府副县长马义杰及有关部门负责人参加考察。

11—12日　县第十八届人大在县委党校举办代表履职能力提升培训班，县人大常委会主任李白虎出席开班仪式并讲话，县人大常委会副主任于雷主持开班仪式，县人大常委会副主任马津垠、拜春霞出席开班仪式，县第十八届人大代表及县人大机关干部130余人参加培训。

12日　泾源县乡村综治中心现场观摩会暨综治信访工作推进会在泾河源镇召开。县委副书记、政法委书记张明出席会议。

13日　泾源县融媒体中心与厦门市海沧区融媒体中心线上签订合作共建框架协议，协定双方将在内容生产上开展宣传合作，在人才培育上推动相互交流，在技术力量上推动资源共享，并探索开设闽宁协作专栏，共同策划制作并开展专题报道。

16日　2023“冬游固原消费季”启动仪式暨宁夏固原·泾源第四届冰雪文化体育旅游节开幕式在宁夏固原市泾源县雅豪滑雪场举办。

16—17日　2023年宁夏回族自治区青少年高山滑雪锦标赛在泾源县雅豪滑雪场举办。自治区体育局青少处一级调研员张浩出席开幕式。

22日　福建援宁工作队泾源工作组联合泾源县民政局在县中心敬老院举办“欢庆元旦迎新年·山海情深一家亲”慰问活动。福建第十三批援宁干部、泾源县政府办副主任赖劭哲参加活动。

是日　泾源县举行泾河供销集团有限公司揭牌暨泾源县农产品展销中心开业典礼，并同步举行“迎双节”农产品促消费活动。自治区供销合作社理事会副主任孙向前，县领导王荣、马晓红、李白虎、李刚、吕子明、马义杰及固原市供销合作社、厦门市同安区供销合作社、安徽省无为市农特产品展销中心相关负责人出席，典礼由县委副书记张明主持。

△　共青团泾源县第十六次代表大会召开，中共泾源县委书记王荣、共青团固原市委书记李树荣出席会议开幕式并讲话，县委副书记、政府县长马晓红，县人大常委会主任李白虎，县政协主席李刚出席。

30日　县委副书记、政府县长马晓红带领相关部门负责人调研节日期间全县供水、供热、物资保供、安全生产、森林草原防灭火等工作。

31日　第十届全国大众冰雪季启动仪式（宁夏分会场）暨2024世界雪日固原分会场活动在泾源县雅豪滑雪场举行。

中国共产党泾源县委员会

综　述

【概　况】 2023年是全面贯彻党的二十大精神的开局之年，是泾源县加快推进高质量跨越式发展的重要一年。一年来，泾源县在习近平总书记和党中央的关心关怀下，在区市党委的坚强领导下，坚持以习近平新时代中国特色社会主义思想为指导，不折不扣贯彻落实党中央重大决策和区市党委部署要求，以深入开展主题教育为动力，以铸牢中华民族共同体意识为主线，高效统筹发展和安全、发展和环保、发展和民生，坚持生态立县、产业兴县、特色富民，团结带领广大党员干部群众负重拼搏、务实苦干，交出了一份经济回升向好、民生普惠共享、社会大局稳定的群众满意答卷。

【政治建设】 聚焦主题主线，认真对标主题教育总要求和习近平总书记提出的“五个更加注重”“三个实实在在”重要要求，统筹推进理论学习、调查研究、推动发展、检视整改、建章立制。制定“1+2+9”系列文件，逐项建立113项“怎么做”工作台账，举办7天县处级干部读书班，开展6次专题交流研讨，轮训所有基层党组织书记和党员，全县广大党员干部在真学真懂真信真用中领会了精神实质、汲取了奋进力量。大兴调查研究之风，深入推进检视问题整改，建立完善机制38项，解决了一批群众急难愁盼问题，推动学习成果转化为发展成效。坚持不懈用习近平新时代中国特色社会主义思想凝心铸魂，严格落实“第一议题”和“双随机”制度，县级领导示范引领，先学一步、学深一层，县委理论学习中心组集中学习18次，交流研讨83人次，带动全县各级党委（党组）理论学习中心组集中学习470余次，开展专题辅导43场次，县乡村三级宣讲队伍集中宣讲660余场次，全县党员干部群众在深学细悟中进一步夯实了坚定拥护“两个确立”、坚决做到“两个维护”的思想根基。深入学习贯彻党的二十大精神和自治区第十三次党代会、自治区党委十三届四次五次六次及市委五届八次九次十次全会精神，科学制定学习贯彻落实分工方案等贯彻文件，逐项明确目标任务、逐条细化工作措施，确保各项重点任务在泾源落地落实。全面整改各级各类巡视督察检查反馈问题，特别是对自治区党委第三巡视组巡视反馈的4个方面35条问题，细化为43条，压茬推进、跟踪问效，完成整改34条，8条取得阶段性成效，1条正在积极推进，切实以整改实效提升发展质效。

【高质量发展】 始终牢记习近平总书记赋予宁夏建设黄河流域生态保护和高质量发展先行区的使命任务，立足资源禀赋、扛牢发展责任，全力以赴促产业、扩投资、抓改革、护生态，高质量发展步子迈得更实更稳。健全完善“1+3+X”产业发展体系，因地制宜布局建设“八个万级”农业特色产业示范基地，推动产业向绿色化、融合化、高端化方向发展。文旅产业融合带动，实施重点景区提升、文旅项目支撑、文旅市场培育、文旅多业融合、引客入泾营销“五大行动”，建成16个农文旅融合示范基地和“泾源牛街”特色街区，高质量举办西安、福州旅游推介会和杨岭乡村旅游节等活动赛事，成功创建全国首批“避暑旅游目的地”，全年接待游客突破120万人次。农业产业多点开花，按照“去库存活资源、扩规模提质量、多业态求突破”的发展思路，腾退苗木2.8万亩，盘活闲置资产100余处，肉牛饲养量达到11万头，蜂群达到3.5万箱，肉羊饲养量达到7.1万只，打造菌菇示范基地6个、种植规模超过515万棒，种植中药材4.7万亩，发展冷凉果蔬1.5万亩，带动发展庭院经济5000余户。泾源黄牛肉、泾源蜂蜜等“国字号”农特产品落户长三角，亮相中阿博览会、博鳌“一带一路”全球金融大会，农业兴农的成效更加明显。辅助产业提档升级，实施中能建共享储能电站项目，填补了固原市储能电站建设空白，服装箱包企业发展壮大，电子商务全面升级，形成了新的经济增长点。深入开展“扩大有效投资巩固提升年”活动，县级领导和部门负责同志“跑部进厅到市”对接汇报协调，推行重大项目“五比”和“晒比促”机制，全年实施各类重点项目46个，完成投资15.1亿元，“双争”到位资金24亿元。先后赴北京、江苏、浙江、福建等地开展招商引资，高质量举办异地商会会长泾源行活动，落实招商项目15个，到位资金28.12亿元，同比增长8%。紧盯中央和区市政策机遇，动态谋划储备2024年重点项目62个，总投资76.5亿元，社会投资类项目15个，所谋划项目实现数量向质量、政府投资向社会投资、被动落实向主动作为“三重转变”。创新建立专班推进、定期调度、支撑保障、督查督办“四项机制”，深入推进农业农村、国资国企等重点领域改革和“六权”改革，全国非住宅类乱占耕地试点和第二轮土地承包延期试点扎实推进，园区工业总产值达到2亿元以上、实现翻番，完成全区首笔农业碳汇交易，吸引社会资本参与燕家山生态修复入选全区生态产品价值典型案例。深入实施科技创新“四大工程”，邀请国家菌草研究中心林占熺教授和福建农林大学科技团队来泾调研指导，开展野生菌菇普查，联合福建亚热带植物研究所开展道地中药材种植技术项目研究，培育国家高新技术企业1家、自治区科技型中小企业10家，科技创新为产业发

2023年3月20日，泾源县委召开全县经济工作暨农村工作会议

展提供了有力支撑。深入推进六盘山生态保护和修复重点工程，完成绿化造林5.5万亩、生态修复3500亩、闽宁碳汇林1446亩，全县森林覆盖率、湿地保护率、草原综合植被盖度分别达到37.4%、17.4%、95%，位居全区前列。纵深打好蓝天、碧水、净土“三大保卫战”，实施泾河干流水环境综合治理等项目，改造提升农村污水处理设施29座，农村垃圾治理率和畜禽粪污资源化利用率、农用残膜回收利用率均达到90%以上，全县空气质量、出境断面水质达到约束性指标。加快发展方式绿色转型，严把“两高一低”项目准入关口，全年单位GDP能耗强度低于3.0%。探索发展林药、林菌、林禽、林蜂等生态经济，实现了“山绿”与“民富”互促共赢。

【脱贫攻坚成果巩固】 严格落实“四个不摘”，健全完善防返贫动态监测帮扶机制，监测对象风险消除率超过六成，牢牢守住了不发生规模性返贫的底线。持续激发群众内生动力，紧盯“四项”收入分类施策，脱贫人口纯收入增长16.5%以上，稳定实现“两个高于”目标。聚焦移民群众产业、就业、社会融入三件大事，统筹资金1.48亿元实施项目29个，移民就业率达到93%。持续开展“四查四补”，国家综合考核和自治区督导调研反馈问题全部整改到位。持续深化闽宁协作和央企定点帮扶，交融互鉴探索乡建乡创新模式、携手“三聚焦”打造集美示范乡村典型经验在全国示范推广。

【城乡功能完善与提升管理】 聚焦“山水乡村、花园城市”定位，坚持完善功能与提升管理并重，持续扮靓城乡颜值。实施城市更新行动，基础设施补短板二期项目投入使用，保障性安居工程和配套供热管网项目顺利推进，荣华园二期商业项目主体完工，预计全县城镇化率提高到37%。实施美丽乡村建设行动，新建高质量美丽宜居村庄3个，实施人居环境整治项目15个，泾河源小城镇和4个美丽宜居村庄列入全区乡村建设重点行动，蒿店村等5个村入选第六批中国传统村落名录，杨岭村获评中国美丽休闲乡村，泾源县被评为全国村庄清洁行动先进县。

【民生事业】 集中80%以上的财力保障民生，全力推动“六大提升行动”。扎实推进就业创业，培育创业实体211个，劳动力转移就业2.9万人。持续优化教育资源，教育基础设施不断改善，全县普惠性学前教育资源占比达到100%。组建县医疗健康总院，县医院重症医学科完成改造，临床“五大中心”通过区级评审并投入使用，顺利通过国家卫生县创建验收。深化文化惠民工程，出台推进移风易俗助力乡村振兴实施意见，区级文明城市创建成果持续巩固。基本养老、医疗保险参保率持续上升，社会保障体系更趋完善。

【民主法治建设】 支持人大及其常委会全面依法履行权力，保障“一府一委两院”和县政协依法依规依章开展工作，召开县委人大工作会议，人大代表意见建议、政协委员提案办复率均达到100%。扎实开展“八五”普法，建立会前学法制度，行政应诉案件出庭率100%，政府债务“2+1+3”化解机制被评为自治区法治政府创建示范项目。党内法规制度全面落实，机要保密、档案管理科学规范，工会、团委、妇联、科协、残联、文联、红十字会、工商联等群团组织联系服务群众能力不断提高。

【基层社会治理】 加强和创新社会治理，深化和发展新时代“枫桥经验”，持续推进党建引领基层治理“1+1+3”和社区

"1+N"治理机制，全面加强县乡村三级综治中心标准化建设，创新推广"快警驿站、微法庭、数字检察"，积极开展"无诉无案无访"村居创建，群众问题办结率达到96%，胜利村、瓦亭村获评全区第一批议事协商示范村，"4+N"乡村一体联动下沉化解矛盾工作法被中央和自治区党委政法委列为典型案例，新旗村荣获第三批全国乡村治理示范村，泾源县创成全区首批乡村治理示范县。

【公共安全】 坚持生命至上，严格落实"三个字"总要求和"十个字"重点任务，分领域组织专题培训14场次，开展大型综合应急演练活动18场次，大排查大整治专项行动发现各类问题全部整改销号，处理履行职责不力、风险隐患排查整治不到位的干部25人，广大党员干部群众安全意识和应急能力全面提升。严厉打击各类违法犯罪活动，连续三年命案"零发生"，公众安全感排名全区第一。

【民族宗教】 全面建设铸牢中华民族共同体意识示范县，深入开展感恩、认同、法治、文明"四项教育"和"百场万人"大宣讲活动，创成区级民族团结进步示范单位3个、区市级模范集体6个，全国民族团结进步示范县创建通过自治区复验命名，中华民族共同体意识深入人心。

【党的建设】 牢记"两个永远在路上"，深入学习贯彻习近平总书记关于党的建设的重要思想，坚决扛起管党治党政治责任，驰而不息推进全面从严治党向纵深发展、向基层延伸，为全县经济社会高质量发展提供了坚强保障。增强基层党组织政治功能和组织功能，深入实施基层党组织建设提质增效工程，深化"一抓两整"示范县乡创建，创成示范乡镇7个、示范村80个，培树农村党建品牌示范点13个，83%的村级党支部达到3星级以上。深入推进其他领域党建工作，企业、学校、医院和"三新"领域党建提标扩面，"五型"模范机关达到80%以上。创新制定村集体经济发展"一方案两办法"，全县所有行政村集体经济实现自主经营、收入10万元以上"两个全覆盖"，30万元以上的达到38个占比39.6%，基层党组织凝聚力、号召力、战斗力明显增强。认真落实新时代好干部标准和"四个特别"政治要求，树立正确选人用人导向，深入实施干部专业能力和政治能力提升工程，对7个乡镇、50个县直部门科级领导班子开展政治素质考察，选派23名年轻干部赴厦门和区市部门挂职锻炼，选拔任用干部3批次64人次、晋升职级216人次。大力实施"才聚泾源1594"行动，建成人才交流服务中心，新建道地中药材和菌菇种植产学研基地2个，柔性引进产业专家13名，"组团式"引进医疗专家15名，回引在外创业人才30余名，产业和专业型人才引育取得新成效。坚持严的基调，持续加强对"一把手"和领导班子监督，扎实开展"转作风、勇担当、勤履职、提效能"行动，严肃查处"四风"问题31件，处分5人，开除公职1人。深化"廉政警示教育周"活动，一体推进"三不腐"，精准运用"四种形态"，靶向治理乡村振兴、教育、安全生产等重点领域腐败和不正之风，开展警示教育132场次，处置问题线索124件，立案43件，处分33人，采取组织措施26人。充分发挥巡察利剑作用，完成常规巡察3轮，全县政治生态持续向好。

重要会议

【中国共产党泾源县第十五届委员会第六次全体会议】 2024年1月2日，中国共产党泾源县第十五届委员会第六次全体会议暨县委经济工作会议在县人民会堂召开。出席全会的有县委委员25人，候补委员6人。县有关领导同志、纪委常委、有关方面负责同志，部分县第十五次党代会基层代表列席会议。全会由县委常委会主持，县委书记王荣受县委常委会委托，向全会报告了一年来的工作，以“奋力开创高质量跨越式发展新局面”为主题，就学习贯彻中央经济工作会议和自治区党委十三届六次全会暨党委经济工作会议、市委五届十次全会暨市委经济工作会议精神，做好2024年工作作出了全面安排部署。县委副书记、政府县长马晓红就经济工作作了具体安排。全会充分肯定了县委常委会一年来的工作。一致认为，县委常委会坚持以习近平新时代中国特色社会主义思想为指导，深入学习贯彻党的二十大精神和习近平总书记视察宁夏重要讲话指示批示精神，坚持以政治建设为统领，深学细悟强思想、凝心铸魂担使命，贯彻落实更加坚定自觉；坚持把高质量发展作为首要任务，立足优势谋长远、聚力攻坚求突破，发展基础更加坚实稳固；坚持把改善民生福祉作为根本目的，精准施策补短板、强化保障提质量，群众获得感幸福感更加充盈；坚持把提高治理效能作为关键抓手，守牢底线防风险、系统施治护稳定，安定团结、政通人和的生动局面更加巩固；坚持把加强党的建设作为根本保障，夯基固本强堡垒、优化作风提效能，政治生态更加清明清朗，交出了一份经济回升向好、民生普惠共享、社会大局稳定的群众满意答卷。会议指出，要深刻认识泾源高质量跨越式发展迎来的历史机遇、面临的困难差距和现有的条件优势，把握机遇、激发潜力、发挥优势、补齐短板，树立“泾源面积虽小、但发展舞台并不小，泾源人口虽少、但责任担当并不少，泾源经济虽弱、但发展后劲并不弱”的意识，按照党中央指引的方向和区市党委明确的路径前进，就一定能在现代化建设征程中，争先创优，实现高质量跨越式发展。会议强调，2024年是中华人民共和国成立75周年，是实施“十四五”规划的关键一年。全县上下要坚持以习近平新时代中国特色社会主义思想为指导，深入学习贯彻党的二十大精神、二十届二中全会和中央经济工作会议精神，坚定不移把习近平总书记视察宁夏重要讲话指示批示精神作为“纲”和“魂”，全面贯彻落实自治区第十三次党代会和自治区党委十三届六次全会、市委五届十次全会及区市党委经济工作会议精神，把推进中国式现代化作为最大的政治，把铸牢中华民族共同体意识作为各项工作的主线，把坚持高质量发展作为新时代的硬道理，坚持稳中求进工作总基调，完整准确全面贯彻新发展理念，主动服务和融入新发展格局，以先行区建设为牵引，聚焦“生态泾源、绿色发展”定位，扎实推进“五个创建”，强化“三个统筹”，全力打好打赢“七大战役”，深化全面从严治党“五项保障”，奋力开创泾源高质量跨越式发展新局面，谱写全面建设社会主义现代化美丽新宁夏泾源新篇章。全会号召，全县各级党组织和广大党员干部要更加紧密地团结在以习近平同志为核心的党中央周围，高举习近平新时代中国特色社会主义思想伟大旗帜，在区市党委的坚强领导下，解放思想、开拓创新，务实苦干、团结奋斗，奋力开创高质量跨越式发展新局面，谱写全面建设社会主义现代化美丽新宁夏泾源新篇章。

【2023年第1次常委会会议】 1月19日，县委书记王荣主持召开十五届县委2023年第1次常委会(扩大)会议。会议学习习近平总书记2023年新年贺

词、在全国政协新年茶话会上、同党外人士座谈并共迎新春时的重要讲话精神、致《经济日报》创刊40周年的贺信精神；传达学习二十届中央纪委二次全会精神，研究贯彻意见；传达学习中共中央、国务院《关于做好2023年全面推进乡村振兴重点工作的意见》精神，自治区党委农村工作会议精神，研究贯彻意见；传达学习全国、全区安全生产电视电话会议精神；听取全县安全生产、疫情防控、道路交通安全、森林草原防灭火工作汇报，安排部署春节期间有关工作；传达学习自治区两会精神，研究贯彻意见；研究审议政府党组提交的《泾源县2023年为民办理实事任务清单(送审稿)》《泾源县民宿经济发展实施意见(送审稿)》；研究干部有关事宜。

【2023年第2次常委会会议】
2月2日，县委书记王荣主持召开县委2023年第2次常委会(扩大)会议。会议学习习近平总书记近期重要讲话重要指示精神；传达学习中央和自治区相关会议、区市相关文件精神，研究审议重点工作任务和重点项目建设分工。

【2023年第3次常委会会议】
2月16日，县委书记王荣主持召开县委2023年第3次常委会(扩大)会议。会议传达学习习近平总书记近期重要讲话和回信精神，传达学习自治区和固原市有关会议、文件精神，听取相关工作汇报，通报了近期外出招商情况。

【2023年第4次常委会会议】
3月2日，县委书记王荣主持召开县委2023年第4次常委会(扩大)会议。会议学习习近平总书记在中共中央政治局常委会会议、中共中央政治局会议、中共中央政治局第三次集体学习时的重要讲话精神和对内蒙古阿拉善左旗一露天煤矿坍塌事故的重要指示精神，传达学习党的二十届二中全会和全国、区市相关会议精神，研究审议相关事宜。

【2023年第5次常委会会议】
3月6日，县委书记王荣主持召开泾源县委2023年第5次常委会(扩大)会议。会议学习习近平总书记近期重要讲话重要指示精神，传达学习中央和自治区有关文件精神，研究审议有关事宜。

【2023年第6次常委会会议】
3月18日，县委书记王荣主持召开县委2023年第6次常委会(扩大)会议。会议传达学习习近平总书记在全国两会期间的重要讲话和全国两会精神，传达学习全国及区市有关会议精神，安排部署有关工作。

【2023年第7次常委会会议】
4月4日，县委书记王荣主持召开县委2023年第7次常委会(扩大)会议暨县委审计委员会第9次会议。会议学习习近平总书记近期重要讲话、贺信精神，传达学习了中央及区市有关会议和文件精神，安排部署了有关工作。

【2023年第8次常委会会议】
4月14日，县委书记王荣主持召开县委2023年第8次常委会(扩大)会议。会议传达学习习近平总书记近期重要讲话精神，传达学习中央及区市有关会议和文件精神，研究审议有关方案，听取相关工作汇报，安排部署有关工作。

【2023年第9次常委会会议】
4月20日，县委书记王荣主持召开县委2023年第9次常委会(扩大)会议暨县委农村工作领导小组2023年第2次会议。会议传达学习习近平总书记近期重要讲话精神和中央及区市有关会议、文件精神，研究审议有关方案，安排部署相关工作。

【2023 年第 10 次常委会会议】 5 月 4 日，县委书记王荣主持召开十五届县委 2023 年第 10 次常委会(扩大)会议。会议学习习近平总书记近期重要讲话、贺信、回信精神，传达学习中央及区市有关会议和文件精神，听取一季度全县经济运行情况等相关工作汇报，研究部署有关工作。

【2023 年第 11 次常委会会议】 5 月 23 日，泾源县委书记王荣主持召开县委 2023 年第 11 次常委会(扩大)会议。会议学习习近平总书记近期重要讲话精神，传达学习中央及区市相关会议和文件精神，传达学习滑志敏同志到泾源调研及座谈会精神，研究审议有关事宜。

【2023 年第 12 次常委会会议】 6 月 14 日，县委书记王荣主持召开县委 2023 年第 12 次常委会(扩大)会议。会议学习习近平总书记近期重要讲话精神，传达学习中央及区市相关会议和文件精神，听取相关工作汇报，研究审议有关事宜。

【2023 年第 13 次常委会会议】 6 月 22 日，县委书记王荣主持召开十五届县委 2023 年第 13 次常委会暨安委会第三次会议。会议传达学习了习近平总书记对银川市兴庆区富洋烧烤店燃气爆炸事故作出的重要指示精神和区市党委常委会及安委会会议精神，对全县安全生产工作进行再安排、再部署。

【2023 年第 14 次常委会会议】 6 月 26 日，县委书记王荣主持召开县委 2023 年第 14 次常委会(扩大)会议。会议传达学习习近平总书记在文化传承发展座谈会上、在考察内蒙古时的重要指示和在加强荒漠化综合防治和推进“三北”等重点生态工程建设座谈会上的重要讲话精神，听取全县安全生产重点领域排查整治工作情况、招商项目推进落实情况汇报，研究部署相关工作。

【2023 年第 15 次常委会会议】 6 月 28 日，县委书记王荣主持召开县委 2023 年第 15 次常委会(扩大)会议。会议学习贯彻习近平总书记重要指示精神，传达学习十三届自治区党委 2023 年第 20 次常委会会议和五届市委 2023 年第 13 次常委会会议精神，安排部署全县安全生产隐患全面深入排查整改工作。

【2023 年第 16 次常委会会议】 7 月 6 日，县委书记王荣主持召开县委 2023 年第 16 次常委会(扩大)会议暨泾源县安全风险隐患排查整治工作推进会。传达学习习近平总书记对防汛救灾工作作出的重要指示精神，传达学习区、市党委常委会会议及相关会议精神，安排部署全县安全风险隐患大排查大整治工作。

【2023 年第 17 次常委会会议】 7 月 7 日，县委书记王荣主持召开县委 2023 年第 17 次常委会(扩大)会议暨安全生产专题会议。会议学习习近平总书记重要指示精神，传达学习《自治区党委常委会会议研究部署安全生产风险隐患问题排查、整改整治工作情况通报》精神，对全县安全生产工作再安排再部署。

【2023 年第 18 次常委会会议】 7 月 14 日，县委书记王荣主持召开县委 2023 年第 18 次常委会(扩大)会议。会议学习习近平总书记近期重要讲话、重要指示精神，传达学习自治区党委常委会会议、张雨浦主席到固原调研和自治区相关通报精神，听取相关工作汇报，研究审议有关方案，安排部署相关工作。

【2023 年第 19 次常委会会议】 7 月 24 日，县委书记王荣主持召开十五届县委 2023 年第 19

次常委会(扩大)会议。会议传达学习习近平总书记在全国生态环境保护大会、中央财经委员会第二次会议上的重要讲话精神,传达学习习近平总书记对党的建设和组织工作作出的重要指示和全国组织工作会议精神,传达学习全区上半年经济形势分析会精神,研究贯彻落实意见,审议了有关方案,安排部署了相关工作。

【2023 年第 20 次常委会会议】7 月 28 日,县委书记王荣主持召开十五届县委 2023 年第 20 次常委会(扩大)会议。会议专题传达学习自治区党委十三届四次全会精神,研究贯彻落实意见。

【2023 年第 21 次常委会会议】8 月 8 日,县委书记王荣主持召开十五届县委 2023 年第 21 次常委会(扩大)会议暨理论学习中心组第 10 次集中学习会。会议传达学习习近平总书记关于安全生产的重要论述和对防汛救灾工作的重要指示精神,再次传达学习自治区党委十三届四次全会及“1+37+8”系列文件精神,解读“1+37+8”系列文件,研究审议泾源县贯彻落实自治区党委全会精神及“1+37+8”系列文件责任分工方案,安排部署进一步抓好自治区党委全会精神学习宣传贯彻工作。

【2023 年第 22 次常委会会议】8 月 18 日,县委书记王荣主持召开十五届县委 2023 年第 22 次常委会(扩大)会议。会议学习习近平总书记在中共中央政治局第七次集体学习、四川考察时的重要讲话精神,对全军党的建设会议作出的重要指示精神;传达学习梁言顺同志在自治区党委书记专题会听取第二轮巡视情况汇报时的讲话精神,自治区党委第三巡视组巡视泾源县情况反馈会议精神、市委五届八次全会精神和区市相关文件精神;研究部署有关工作;听取相关工作汇报,研究审议有关事宜。

【2023 年第 23 次常委会会议】9 月 8 日,县委书记王荣主持召开十五届县委 2023 年第 23 次常委会(扩大)会议。会议学习习近平总书记近期重要讲话、重要指示精神;传达学习相关会议和文件精神;听取相关工作汇报;研究审议有关方案;研究部署县委全面落实自治区党委第三巡视组巡视反馈意见整改工作。

【2023 年第 24 次常委会会议】9 月 13 日,县委书记王荣主持召开十五届县委 2023 年第 24 次常委会(扩大)会议。会议学习习近平总书记重要讲话、重要贺信回信精神;传达学习相关会议和文件精神,听取相关工作汇报;传达学习中央及自治区学习贯彻习近平新时代中国特色社会主义思想主题教育第一批总结暨第二批部署会议和市委相关会议精神,研究审议泾源县主题教育《实施方案》。

【2023 年第 25 次常委会会议】9 月 27 日,县委书记王荣主持召开十五届县委 2023 年第 25 次常委会(扩大)会议。会议学习习近平总书记近期重要讲话、重要指示、重要贺信回信精神; 传达学习贯彻自治区党委十三届五次全会精神,研究贯彻落实意见;听取自治区党委第三巡视组巡视泾源县反馈问题整改情况汇报,研究部署推进落实整改工作;安排部署中秋、国庆期间有关工作。

【2023 年第 26 次常委会会议】10 月 9 日,县委书记王荣主持召开十五届县委 2023 年第 26 次常委会(扩大)会议暨县实施乡村振兴战略工作领导小组 2023 年第 8 次会议。会议传达学习习近平总书记近期重要讲话、重要指示、重要贺信精神;进一步深入学习自治区党委十三届五次全会精神;听取相关

工作汇报，审议有关方案；研究部署乡村振兴重点工作。

【2023 年第 27 次常委会会议】 10 月 24 日，县委书记王荣主持召开十五届县委 2023 年第 27 次常委会（扩大）会议。会议专题传达学习市委五届九次全会精神，研究贯彻落实意见。

【2023 年第 28 次常委会会议】 11 月 5 日，县委书记王荣主持召开十五届县委 2023 年第 28 次常委会（扩大）会议暨全县三季度经济形势分析会议、2024 年重点工作重大项目谋划会。会议传达学习习近平总书记近期重要讲话、重要致辞贺信精神；传达学习区市相关会议和文件精神；听取全县前三季度经济运行情况和 2024 年重点工作重大项目谋划情况汇报，安排部署相关工作。

【2023 年第 29 次常委会会议】 11 月 15 日，县委书记王荣主持召开十五届县委 2023 年第 29 次常委会（扩大）会议。会议学习习近平总书记近期重要讲话、重要致辞贺信精神；传达学习中央及区市相关会议和文件精神，研究贯彻落实意见。

【2023 年第 30 次常委会会议】 12 月 7 日，受县委书记王荣委托，县委副书记、政府县长马晓红主持召开县委 2023 年第 30 次常委会（扩大）会议暨县委学习贯彻习近平新时代中国特色社会主义思想主题教育领导小组会议。会议传达学习习近平总书记近期重要讲话、重要指示重要贺信精神；传达学习中央及区市相关会议和文件精神，研究贯彻意见；听取相关工作汇报，安排部署下一步工作。

【2023 年第 31 次常委会会议】 12 月 15 日，县委书记王荣主持召开县委 2023 年第 31 次常委会（扩大）会议。会议传达学习习近平总书记近期重要讲话、重要贺信精神；传达学习中央经济工作会议、二十届中央第二轮巡视工作会议精神及区市有关会议和文件精神，研究贯彻落实意见；听取相关工作汇报，研究部署有关工作。

【2023 年第 32 次常委会会议】 12 月 20 日，县委书记王荣主持召开县委 2023 年第 32 次常委会（扩大）会议。会议传达学习习近平总书记对甘肃临夏州积石山县 6.2 级地震、低温雨雪冰冻灾害防范应对工作作出的重要指示精神及近期重要讲话精神；听取全县信访工作汇报和各群团组织工作汇报，研究部署有关工作。

【2023 年第 34 次常委会会议】 12 月 27 日，县委书记王荣主持召开十五届县委 2023 年第 34 次常委会（扩大）会议。会议传达学习自治区党委十三届六次全会暨自治区党委经济工作会议精神，研究贯彻落实意见。

【2023 年第 35 次常委会会议】 12 月 29 日，县委书记王荣主持召开县委 2023 年第 35 次常委会（扩大）会议。会议学习习近平总书记近期重要讲话精神，传达学习固原市委五届十次全会暨市委经济工作会议精神，研究贯彻意见；讨论有关工作报告和讲话稿，听取相关工作汇报，安排部署有关工作。

组织工作

【概　况】 2023 年，组织工作全面贯彻落实党的二十大精神和习近平总书记关于党的建设的重要思想，认真落实全国、全区、全市组织工作会议精神，扎实推进“全区组织工作落实年”重点任务，紧紧围绕全县发展大局选贤任能、强基固本、育才聚才，不断强弱项、补短板，抓规范、促提升，着力推动组织工作高质量发展，为全县经济社会高质量发展提供了坚强组织保证。

【理论武装】 坚持不懈用习近平新时代中国特色社会主义思想凝心铸魂，把旗帜鲜明讲政治贯穿到组织工作全过程，加强政治忠诚教育和党性教育，举办全县科级领导干部学习贯彻党的二十大精神集中培训班2期，开展党组织书记、党员干部轮训、调训3000余人次，实现科级干部和基层党组织书记学习党的二十大精神教育培训全覆盖。深入开展学习贯彻习近平新时代中国特色社会主义思想主题教育，实施党的创新理论学习教育计划，持续开展“大学习、大讨论、大宣传、大实践”活动，分级分类培训党员干部20期6000余人次。县处级党员干部和各级党组织书记带头到基层联系点、包抓乡镇、村组宣讲党的二十大精神、自治区党委十三届四次、五次全会精神200余场次，讲党课276次，全县党员干部党性修养不断得到淬炼，信仰、信念、信心更加坚定。认真贯彻落实自治区党委十三届四次、五次全会精神，组织实施全县党政领导干部安全生产、生态环境保护综合能力提升专题培训700余人次。围绕中国式现代化、乡村振兴、基层治理等内容，坚持走出去与请进来相结合，集中培训与观摩交流相配套，组织实施15个主题班次36个重点培训项目，培训党员干部1000余人次。

【干部队伍建设】 落实新时代好干部标准，坚持“四个特别”的政治标准，以自治区党委第三巡视组选人用人专项检查反馈问题整改全面推动选人用人规范化、科学化。制定了《全县科级领导班子及领导干部政治素质考察及优秀年轻干部调研工作方案》，成立了县级领导任组长的4个考察调研组，对全县7个乡镇、50个县直部门科级领导班子及领导干部政治素质进行了专项考察，深入考察领导干部的政治立场、政治态度、政治觉悟，了解干部真实表现。开展干部履职情况调研，实施干部考察与乡村振兴、安全生产、生态环保等重点工作同步启动，通过民主测评、个别谈话、推优排序、横向比对等方式，掌握平常时候看得出来、关键时刻站得出来、危急关头豁得出来的干部，提请县委选拔任用干部3批次64人次，晋升职级218人次，树立了“既出好成绩、又出好干部”的鲜明导向。开展新一轮优秀年轻干部专题调研，梳理“盘账”年轻干部，分类建立30岁、35岁、40岁左右优秀年轻干部信息库，储备培养一批好苗子。实施专业化青年干部“育苗”计划，持续推动政法单位“3331”工程，乡镇领导班子中35岁左右干部达到38.8%，党政工作部门领导班子中35岁左右干部占相应层级领导班子成员总数的21.4%。

【基层组织建设】 牢固树立大抓基层的鲜明导向，深入实施基层党组织强能增力行动，深化“一抓两整”示范县乡创建，全县三星级以上示范村达到80个，占村党组织总数的83%。开展“红色六盘”党建品牌“四个一”创建行动，培育农村党建品牌示范点26个，典型引领、示范带动，促进整体工作提升。深入实施“两个带头人”广进优备行动，抓实村干部队伍“源泉工程”，累计培育致富带头人1155名。举办村党组织书记抓党建促乡村振兴“擂台比武”活动，选树“乡村振兴担当作为好支书”4名、“优秀产业带头人”8名。采取“三推两考两定两备案”方式培育村级后备干部292名，建立长远培养、定期考核、正向激励“三项措施”，有效提升致富带头人和村级后备干部能力素质。探索建立发展壮大村集体经济“13655”模式，推动提质增效。开展党建引领乡村治理试点县建设，构建形成运行、治理、服务、支撑“四个体系”，创建命名党建引领乡村治理5A级示范村6个、4A级先

2023 年 9 月 8 日，泾源县举办村党组织书记抓党建促乡村振兴“擂台比武”颁奖仪式

进村 9 个。深化网格化管理、乡村治理“5223”模式、党建引领基层社会治理“1+1+3”机制、移风易俗“四项载体”，提升党建引领乡村治理效能，促进“五治融合”。泾河源镇、六盘山镇、兴盛乡 3 个乡镇被评为全区乡村治理示范乡镇，杨岭村被评为全国乡村治理示范村，集美村、李庄村、羊槽村 3 个村被评为全区乡村治理示范村，我县被评为全区乡村治理示范县。实施城市基层党建引领基层治理赋能增效行动，全面推行社区治理“1+N”模式，55 个基层党组织与社区结对共建，创建“党建引领、五心服务”社区党建品牌，解决居民急难愁盼问题 280 余件，有效提升社区党组织组织力。深化“五型”模范机关创建，推进中小学校建立党组织领导的校长负责制，成立卫健工委、医疗健康总院党委和国投集团公司党总支，政治机关建设持续加强。实施非公有制企业和社会组织党组织夯基扩面行动，成立交通运输行业党委，搭建“1+12+X”管理体系。开展“两个覆盖”攻坚行动，创建党建工作示范点 3 个，非公和社会组织党组织覆盖率分别为 86%、87%。加强新业态新就业群体党建工作，党的建设在新兴领域不断加强。

【人才队伍建设】 实施人才强县战略，制定《泾源县贯彻落实自治区〈关于加快推进乡村人才振兴的实施意见〉任务分工方案》，围绕乡村人才振兴，深入推进“才聚泾源 1594”行动，深化人才“培养、管理、评价、使用、流动”五项制度改革，形成上下衔接的人才规划和配套政策体系。围绕“1+3+X”产业发展需求，“田间地头式”开展实用人才技能培训 36 期，培养农村实用人才 2094 名。加大骨干人才培养力度，选派 2 名干部、20 名专技人才到厦门挂职锻炼，精准对接 40 名厦门援泾专技人才到教育、卫生和乡村振兴等重点岗位开展帮扶交流，推荐 2 名医疗专技人才参加自治区第十九批“基层之星”培养计划，组织 28 名医疗骨干人才赴区市医疗机构研修学习。深化教育医疗人才“组团式”帮扶，引进厦门大学附属第一医院、石嘴山市第一人民医院和固原市第一人民医院医疗专家 15 名，签约公费师范生 1 名、定向医学生 3 名。开展高素质农民评审工作，评定初级高素质农民 5 名。持续深化人才平台建设，获得国家菌草工程技术研究中心首席科学家林占熺教授团队支持，对泾源县菌菇产业发展进行技术指导。建成燕家山生态经济、六盘山珍稀中药材和水舟缘菌菇种植产学研实践基地，组建食用菌科技特派员服务团队和中药材种植技术专家指导组，扶持培育中药材企业、农民合作社 12 家，培养菌菇、中药材种植人才 800 余名。开展专家服务团队服务乡村行动，建成县人才交流服务中心，打造 7 个乡村人才驿站，组织技术专家“组团式”入乡强农。加大招才引智力度，深入开展“燕归巢”行动，组织商会会长、企业家“泾源行”活动，建立在外创业人才库，落实县乡村干部结对联系在外优秀人才制度，回引泾源县在外创业人才、复退军人等乡土精英30余名。

宣传工作

【县委理论学习中心组学习】 县委理论学习中心组坚持做到县委主要负责同志审定理论学习中心组学习计划、确定学习主题、主持集体学习研讨、进行学习讲评。严格落实"第一议题"制度和"双随机"制度，特别是在自治区第三巡视组巡视泾源后，进一步强化落实"双随机"制度，每次集中学习后安排5~7名县级领导进行研讨交流，随机抽查3~5名科级领导干部进行"随机"交流发言，提升学习的深度和学习成果转化的能力，县委理论学习中心组(扩大)集中研讨学习18次，交流研讨71人次，随机发言40人次，泾源县各级党委(党组)中心组开展集中学习470余次。

【党员干部理论学习】 以督查、巡察等方式着力抓实抓好各乡镇、部门(单位)例会学习、"三会一课"和主题党日学习，把学习《习近平谈治国理政》《高举中国特色社会主义伟大旗帜为全面建设社会主义现代化国家而团结奋斗——在中国共产党第二十次全国代表大会上的报告》等书目列入各级党委(党组)理论学习中心组学习计划，监督用好"学习强国"学习平台，泾源县"学习强国"学习情况位居固原市前列。全年各党委(党组)举办各类专题辅导班43场次，培训党员干部7000余人次。申报自治区级习近平新时代中国特色社会主义思想"七进"示范点5个。

【理论宣讲】 组建县乡村三级宣讲队伍，围绕党的二十大精神、习近平总书记视察宁夏重要讲话指示批示精神、铸牢中华民族共同体意识等主题，结合自治区党委十三届四次、五次全会和市委五届九次全会精神开展集中宣讲640余场次，组织开展"百名书记千名党员宣讲活动"，通过"板凳会"、庭院会等形式把理论政策送到群众中。

【舆论宣传】 通过有声书、访谈栏目、专题专栏、短视频等方式持续开展党的二十大、全国两会、自治区党委十三届四次五次全会精神等中央及区市重要会议活动宣传报道，宣传稳增长、稳就业、稳物价的举措成效，宣传安全生产和生态建设。聚焦"五个县"建设和"1+3+X"特色产业发展，中央电视台2套、3套、4套分别到泾源拍摄最美公路、非遗文化(赶牛)、泾河探源等节目，宁夏新闻10次播报泾源发展情况，宁夏电视台"直播60分"4次到泾源直播，在中央及区市主流媒体刊(播)有故事、有温度、有梦想的泾源新闻稿件1210余篇(其中，人民日报25篇、人民网29篇、新华社16篇)，多角度、深层次、全方位讲述"生态泾源、绿色发展"的故事。到西安开展2场、福州开展1场泾源文化旅游推介会，举办泾源县第七届黄牛节、第十九届宁夏六盘山山花节暨首届六盘山花儿艺术节、泾源县首届汽摩节、泾源县第四届杨岭乡村文化旅游节、泾源县第三届冰雪文化体育旅游节等宣传活动，中央及区市10余家主流媒体通过报刊、视频等方式均对活动进行全方位宣传报道，提升了泾源县文旅品牌及特色农产品的知名度和美誉度。

【文明创建】 坚持把文明村(镇)、文明单位、文明校园创建与"四德教育"、乡村振兴内生动力、基层治理、文明实践相结合，持续加强感党恩、听党话、跟党走宣传教育，采用戏剧小品、文艺汇演、集中宣讲等方式广泛开展红色教育、国防教育、爱国主义教育、铸牢中华民族共同体意识教育，申报全国文明村镇、文明单位、文明校园各1个，完成37个到届区市文明村镇、文明单位、文明校园复检验收，创建县级“五好家庭”、健康家庭、节水家庭43户。

2023年6月20日，泾源县开展“端午送真情　粽香颂党恩”新时代文明实践活动

【移风易俗】 制定《进一步推进移风易俗助力乡村振兴的实施意见》。承办固原市“推进移风易俗　助力乡村振兴”启动仪式，举行泾源县首届村规民约（居民公约）诵读大赛，开展以移风易俗为主题的广场文化演出13场，发放宣传彩页、各类宣传品1.5万余份，选树2022年度各类先进典型1500余人。

【精神文明建设】 坚持以人民为中心的创作导向，把创作优秀作品作为文艺工作的中心环节，创编大型花儿实景歌舞剧《牛运当头》，编印《闽宁协作访谈录（泾源篇）》《泾源旅游小故事》，编发《老龙潭》文学季刊3期，《柳毅传书》花儿歌舞剧完成公演80余场次。深化拓展“我们的节日”主题实践活动，整合“送戏下乡”“戏曲进乡村”等文化惠民平台，借助春节、清明节、中秋节等传统节日，精心组织开展“我们的中国梦—文化进万家”送春联、送窗花、送图书、秦腔戏曲展演、元宵节猜灯谜、游灯会、赏烟花等群众喜闻乐见的文化娱乐活动近230场次。立足“生态文旅特色县”的发展定位，制定《泾源县2023年文化旅游产业发展工作实施方案》，实施精品民宿“3310”工程，改造升级农家乐和旅游驿站，“五朵梅客栈”民宿正式托管运营，园子新村民宿试运营；完成杨岭村乡村旅游综合服务体系建设、百花溪谷帐篷营地、泾河北岸帐篷营地建设，建成“泾源牛街”特色街区，引进投资100万元文化企业1家。以“学习二十大　永远跟党走　奋进新征程”为主题，组织开展书美影展、广场文化演出、“村规民约”诵读比赛等活动260余场次。

2023年5月5日，泾源县举办固原市“推进移风易俗　助力乡村振兴”启动仪式

【新时代文明实践】 加强新时代文明实践阵地建设和志愿服

务队伍建设，注册志愿者1.5万人、志愿服务组织209个，培育志愿服务品牌10个，举办第二届文明实践项目大赛和新时代文明实践互观互学活动，开展各类志愿服务活动1180场次，累计服务时长达24万余小时，服务群众6.7万人次。

统战工作

【概　况】 2023年，统战工作在县委坚强领导和区市党委统战部门的具体指导下，坚持以习近平新时代中国特色社会主义思想为指导，深入学习贯彻习近平总书记关于做好新时代党的统一战线工作的重要思想、关于加强和改进民族工作的重要思想、关于宗教工作的重要论述及视察宁夏重要讲话指示批示精神，全面贯彻落实党中央决策部署和区市党委工作要求，以铸牢中华民族共同体意识为主线，以实现统战工作高质量发展为抓手，围绕中心服务大局，全县统一战线领域工作见行见效，为奋力描绘全面建设社会主义现代化美丽新宁夏的泾源篇章凝聚了共识、夯实了基础。

【政治引领】 坚持把学习贯彻习近平新时代中国特色社会主义思想主题教育作为一项重要政治任务，开展"牢记总书记嘱托，铸牢中华民族共同体意识"主题教育，组织全县统一战线各领域广泛开展"高举旗帜·同心向党·团结奋斗"学习宣传活动，引导全县统一战线各界自觉把思想和行动统一到党中央决策部署和区市党委工作要求上来。举办民主党派人士和党外代表人士座谈交流会，围绕"五个县"建设和"1+3+X"产业等方面征求意见建议9条，组织民主党派人士和党外代表人士开展"书香泾源"读书活动，举办统一战线各成员代表学习培训6期，组织统战委员外出培训2期。县委常委会研究统战工作6次，对贯彻落实中央民族工作会议和全国宗教工作会议精神进行全面安排部署。召开县委统一战线工作领导小组会议2次，听取统一战线重点工作开展情况汇报，将年度任务分解到各成员单位，有效凝聚齐抓共管的工作合力。

【沟通联系】 加强与无党派人士、新的社会阶层人士和自由职业人员的沟通联系，推荐4人为固原市知联会会员，2人为会员代表。组织实施了泾源县"燕归巢"行动启动会和"塞上民企大讲堂"活动，召开了商会会长、知名企业"泾源行"和泾源县政企对接活动，共74名区内外知名企业家参加，先后与18家商会、企业达成初步合作意向并现场签订合作协议16份，全面助力县域经济社会高质量发展。配合开展"追梦中华·闽宁协作谱新篇"2023海外华文媒体宁夏采访行活动，展示了闽宁协作下泾源县产业发展、生态农业、乡村旅游以及乡村治理的最新成果。全面落实统战系统领导干部分乡（镇）包抓负责制度，各包抓领导不定期深入各乡（镇）、示范创建单位、宗教场所了解情况、指导工作，督促统战领域各项工作任务全面有序落实。

【宗教事务法治化管理】 针对自治区督查反馈问题，紧盯共性问题整改，跟进指导个性问题整改。总结提炼的泾源县宗教教职人员考核"一申请五评议一审定"制度和宗教场所日常检查清单化交办制度被列入全市经验做法。严格落实"三定"学习制度，坚持每月组织宗教教职人员、宗教场所民主管理组织和寺监会负责人集中学习，组织开展党的民族宗教政策法规学习班3次，外出培训学习3次。开展"三定"学习12期84场次。在全县宗教界开展铸牢中华民族共同体意识演讲比赛和理论征文活动。依托新时代文明实践中心（所、站）

平台，多形式、深层次开展党的宗教政策法规宣传教育。制定印发了《关于在全县宗教活动场所集中开展法治宣传教育专项行动的实施方案》《关于组织开展宗教活动场所爱国卫生运动及城乡人居环境卫生整治活动的通知》等系列文件。

【巩固提升民族团结进步创建成果】 总结提炼的泾源县“铸牢中华民族共同体意识+文旅”典型经验和泾源县民族团结进步创建工作“十个一”互观互评机制被列入全市经验做法。坚持常态化推动铸牢中华民族共同体意识教育，持续开展“百场万人”大宣讲和感恩、认同、法治、文明教育活动，全年开展各层次宣讲105场10000余人次，发放铸牢中华民族共同体意识知识手册、应知应会口袋书5000余本。在区、市、县融媒体等平台开展主题播报17次，创作或转发民族团结进步主题宣传信息59条，推送主题短信4次覆盖10万余人次，营造了良好的创建工作氛围。承办固原市2023年民族团结进步月启动仪式，精心组织泾源县“民族团结进步月”工作，开展了主题文艺演出、“邻里一家亲”、示范创建互观互检、网络知识答题等13项活动。聚焦实施党员干部培元固本、青少年学生夯基育苗、各族群众凝心聚魂“三项工程”，在全县248个党支部开展了铸牢中华民族共同体意识主题党日活动，在全县275个团组织开展铸牢中华民族共同体意识主题团日活动，组织广大团员开展“沿着总书记足迹看变化”“红石榴一家亲·助力家乡新发展”等主题实践活动，将共同体意识教育纳入全县新时代文明实践站（所）必讲内容。开展“山海牵手·益童成长”系列活动，组织开展各族青少年交流活动628场次，覆盖青少年146487人次，面向西藏青少年开展交流活动187人次。创编《柳毅传书》《牛运当头》等实景歌舞剧，面向福建、西安、兰州等推介泾源旅游产业，吸引各地游客玩在泾源、吃在泾源、住在泾源，实现各族干部群众交往交流交融。创建全国民族团结进步示范县通过自治区级复验命名，创成区级民族团结进步示范单位3个，推选区级民族团结模范集体和个人2个，市级民族团结进步模范集体5个、个人12名，推荐第十三批自治区民族团结进步示范单位8个。

2023年8月30日，固原市2023年“民族团结进步月”启动仪式在泾源县龙文化宫广场举行

【重要会议】 4月26日，泾源县召开县委统战工作会议暨建设铸牢中华民族共同体意识示范县推进会和全县宗教工作会议。会议传达学习了中央及区市有关会议、文件精神，安排部署了相关工作，县委书记王荣出席会议并讲话，县领导李白虎、李刚、张明、杨继宏参加会议。4月26日下午，泾源县召开县委统一战线工作领导小组2023年第1次会议，会议传达学习中央统战工作会议、全国统战部长会议等会议精神，审议相关文件，县委书记、县委统

一战线工作领导小组组长王荣主持会议并讲话。6月28日下午，泾源县召开县委统一战线工作领导小组2023年第2次会议。会议传达学习有关会议、文件精神，对全县迎接中央“一督一检”工作进行再安排再部署。县委书记、县委统一战线工作领导小组组长王荣主持会议。

政策研究

【概　况】 2023年，泾源县坚持以习近平新时代中国特色社会主义思想为指导，认真贯彻落实党的二十大精神、习近平总书记关于全面深化改革的重要论述和视察宁夏重要讲话指示批示精神，全面贯彻落实中央和自治区党委全面深化改革部署要求，聚焦“生态泾源、绿色发展”定位和建设“五个县”目标，用足用好改革“关键一招”，推出了一系列务实改革举措，形成了一批制度机制成果和实践成果，重点领域和关键环节改革取得重大进展，为全县经济社会发展注入了强大生机活力，群众成就感、获得感、幸福感、安全感不断增强。

【改革责任落实】 建立健全党领导改革工作的体制机制，修订工作规则，构建完善县委深改委统筹决策、专项小组分块抓总、责任部门牵头实施、参与部门各尽其责、改革办协调督促的工作格局。全年召开县委深改委会议2次，审议《泾源县委深改委2023年工作要点》《关于全面贯彻落实党的二十大精神坚定不移把改革推向前进的实施意见》等改革文件，系统推进改革与发展深度融合。严格落实县级领导领衔重点改革任务工作机制，县委和政府主要负责同志主持召开县委常委会会议9次、政府常务会议12次研究部署改革工作，先后16次对“六权”改革等重点任务进行批示督办，推动各项改革任务落地见效。坚持狠抓督察促改革，先后开展全覆盖督察2次，对自治区党委深改委2023年工作要点、改革试点、“六权”改革等重点任务开展专项督察。

【“六权”改革】 深化用水权改革。完成农业、工业、养殖业用水权确权复核；研究制定《泾源县农业用水精准补贴和节水奖励机制方案》；深化水资源税改革，调整末端征税为取水端征税；深化用水权投融资机制，发放用水权质押贷款30万元。推进土地权“盘活增值”。“三区三线”成果批准启用，国土空间总体规划完成审议，县城中心城区控制性详细规划形成成果，完成91个行政村“多规合一”实用性村庄规划编制；全面推进“四块地”确权登记；积极引入社会资本，实施燕家山生态修复项目，成功入选全区生态产品价值典型案例。推进排污权“降污增益”。对全县1家重点管理企业和4家简化管理企业核定初始排污权；确定政府储备权排放量二氧化硫101.79吨、氮氧化物39.19吨、化学需氧量29.26吨、氨氮4.44吨。推进山林权“植绿增绿”。完成全县62.71万亩山林地调查落界和44086宗林权类不动产权籍资料审核；完成国土绿化5.3万亩、中幼林抚育3000亩、封山育林3000亩，修复治理历史遗留废弃矿山5.59公顷；积极推动林业碳汇，引入厦门市海沧区投资1000万元建设碳汇林1446亩。推进碳排放权和用能权“减碳控能”。推进全县存量用能底数、新增用能需求及各类能源总量摸底调查，加快重点行业和产业园区规划环评能评、碳汇储量调查、碳排放确权计量、碳排放权配额分配制度建立等工作；探索推进农业碳汇，在全区率先交易高标准农田碳减排量19790.6吨，交易额31万元。

【经济领域改革】 深化农村土

地制度改革，完成大湾乡中庄村、何堡村二轮土地延包试点改革。持续深化农村集体产权制度改革，研究制定《关于进一步发展壮大新型村集体经济的实施意见》及配套办法，全县村集体经济收入达到1374.3万元，村均10万元以上。获批创建整建制推进中国农业良好规范高质量发展试点县，六盘牧业、源牛等6家农牧科技企业顺利通过中国农业良好规范认证。深化园区体制机制改革，推进"管委会+公司"运行模式，组建园区投资发展公司，新培育1家入规企业，助推园区高质量发展。推进国资国企改革，组建国有资本投资运营集团公司，县属4家国有企业实现统一管理。深化"放管服"改革，常态化开展"我为企业解难题"，成功举办"燕归巢"行动、"知名企业家、商会会长泾源行"活动，为13家融资困难企业解决纾困资金2760万元，中小微企业享受各项税费优惠政策1688万元。

【民生领域改革】 以教育投入保障机制改革为抓手，推动教育软硬件设施升级，实施第二中学、第五幼儿园建设项目，增加学前教育学位360个、义务教育学位1800个。深化教育协作帮扶机制，推动建立校际对口帮扶协作体。加速医药卫生改革，研究制定《2023年全民健康水平提升行动实施方案》，组建医疗健康总院。深化三医联动改革，建立医疗服务价格动态调整机制。深化城乡居民养老保险制度改革，建立城乡居民养老金调整机制，城乡居民社会养老保险覆盖率达到98%以上，社会化发放率和支付率达到100%。

【生态领域改革】 常态化开展生态环境治理，以小流域综合治理为抓手，严格落实河长制、林长制，持续打好"蓝天、碧水、净土"保卫战，全县年空气质量优良天数比例达到95%以上，国控出境断面水质稳定在Ⅱ类标准，地表水环境质量稳居全区第一。长效化开展增绿护绿行动，巩固拓展国家"绿水青山就是金山银山"实践创新基地成果，开展扩绿提质行动，加快推进国家储备林建设，全县森林覆盖率达37.4%。创新发展绿色低碳经济，总投资4.65亿元的共享储能一期项目并网运营，5.8MW"光伏+产业"项目并网发电，共享储能二期项目、70MW风电项目开工建设。

【基层社会治理领域改革】 坚持和发展新时代"枫桥经验"，深化党建引领基层社会治理"1+1+3"工作机制、社区治理"1+N"联动共治机制，创新开展"无讼、无案、无访"村居创建，建立"4+N"乡村一体"下沉"机制，以调解力量下沉防止矛盾纠纷上行。乡村一体联动下沉化解矛盾工作法入选全国典型经验。深化司法责任制改革，全面实行员额法官检察官办案责任终身制，完善法官检察官助理、司法行政人员、聘用制书记员、司法警务辅助人员管理制度。推进执法责任制改革，落实民警办案积分制。创新建立"快警驿站""微法庭""智慧检务"等。完善司法制约监督体系建设，制定出台《加强县委政法委执法监督与检察机关法律监督衔接工作实施方案》，形成县委政法委牵头抓总、多方参与的执法司法监督工作格局。完善公共法律服务体系，建成覆盖县乡村的"一站式"调解中心29个，设立各级人民调解组织121个493人，实现乡(镇)公共法律服务平台和村(居)法律顾问全覆盖。

【党建领域改革】 深化"一抓两整"示范县乡创建，全县三星级以上示范村达到77个，占行政村总数的80%。创新开展"六盘先锋"党建品牌创建，培育农村党建品牌示范点13个。推进全区党建引领乡村治理示范县创建,2023 年获评全区乡村治理示范县,泾河源镇等 3 个乡镇被评为全区乡村治理示范乡镇,杨岭村、新旗村被评为全国乡村治理示范村,集美村等 3 个村被评为全区乡村治理示范村。加强纪检监察干部队伍建设,开展“纪检监察工作规范化、法治化、正规化建设年”活动,采取“3 项自我监督+7 项他人监督”方式,从严从实教育管理监督干部。深化派驻机构改革,研究制定《纪委监委派驻机构工作措施(试行)》,健全完善纪委监委派驻监督与巡察监督统筹协调、与被监督单位党组织沟通协调等 7 项制度,完善“室组地”联动监督等机制,推动构建上下贯通、左右衔接、内外联动的“一盘棋”监督格局。

史志工作

【概　况】 2023 年,泾源县党史和地方志研究室在县委和政府的坚强领导下,在上级业务部门的正确指导和大力支持下,坚持以习近平新时代中国特色社会主义思想为指导,认真学习贯彻党的二十大精神、习近平总书记视察宁夏重要讲话指示批示精神,紧紧围绕工作目标,扎实推进工作,不断提高方志工作为经济社会发展大局服务的水平,促进方志事业的科学发展。

【理论学习】 坚持不懈用党的创新理论武装思想、指导实践、推动工作,把学习贯彻习近平新时代中国特色社会主义思想作为首要政治任务,坚持集中学习与个人自学相结合、理论学习与工作实践相结合的方式,深入学习领会党的二十大精神、习近平总书记视察宁夏重要讲话指示批示精神和自治区党委十三届历次全会精神,深刻领悟“两个确立”的历史性意义,进一步增强“四个意识”、坚定“四个自信”、做到“两个维护”,确保党史和地方志工作政治方向正确、政治立场坚定、政治纪律严明,始终在思想上政治上行动上同以习近平同志为核心的党中央保持高度一致。加强地方志法律法规、专业知识学习普及,学习有关文件、各项规章制度及工作条例;参加全国及全区地方志系统举办的各类培训会议,认真聆听上级部门对地方志研究工作提出的要求,不断提高依法依规开展地方志工作的能力和水平。

【扶贫志编修】 全区扶贫志编纂工作启动后,泾源县高度重视,立即安排部署,制定了《扶贫志编纂工作方案》,成立以县委书记担任指导小组组长、县人民政府县长担任第一副组长的编审委员会,由县委宣传部统筹,史志室负责编纂,63 个成员单位全力配合,全面开展扶贫志资料收集、整理、编纂等各项工作。制定了《关于做好泾源县扶贫志编纂工作通知》和《扶贫志编纂进度安排》,明确了任务分工、时间步骤、保障措施,以及资料收集范围和完成时限。3 月 24 日,完成了 89 万

2023 年 5 月 19 日,《泾源县扶贫志》部门评审会在县行政中心召开

字的初稿编纂工作，并用40天时间通过编纂人员自我修改、编纂人员相互修改、编纂工作指导小组办公室集中修改的方式，完成了80余万字的修改稿；5月19日，召开县直部门评审会，广泛征求意见建议，完善了章节内容，修正了数据；6月5日，完成县级评审；6月14日，完成市级评审；6月26日，完成自治区级评审并将稿件报送方志出版社审校。11月底，完成了出版工作。《泾源县扶贫志》全书共86万字，收录近150张图片，综合运用述、记、志、传、图、表、录七种体裁，从各个层面、不同角度记录泾源人民从中华人民共和国成立以来全县人民摆脱贫困、战胜困难、决战脱贫攻坚的伟大历史进程，取得的辉煌成就。

【年鉴编纂】 完成了《泾源年鉴(2023)》的资料收集、整理、编纂及出版印刷工作。《泾源年鉴(2023)》共计61万字，收录图片40余张，设专载、泾源综览、大事记、党委 人大 政府 政协 纪委监委、群众团体、经济管理、法治、军事、农业 自然资源 水务、工业、商贸、城乡建设与环境保护、交通 邮电、银行 保险、科学技术、教育体育、文化旅游 广电、卫生健康、社会管理、乡镇、荣誉榜、附录共22个部类，全面反映了2022年1月—12月泾源县各项事业发展状况、重大事件和最新成就。

【党史资料整理】 贯彻落实中央和区、市、县有关党史工作方针，全面征集、整理、编纂县委重要党史资料，每日收集、整理县委及各领导的工作和县内重要活动，编辑完成6万余字的《泾源县党史大事记》。按照县委组织部要求，完成《固原组织史资料(泾源篇)》资料收集、整理及报送工作。挖掘县域红色资源，完成《红二十五军长征瓦亭战斗》《蒿店兵变》《老龙潭烈士陵园》《东山坡地下党支部》《杨岭村村史馆》《冶家红色美丽村庄》资料收集整理，完善了泾源史志资料信息库。

【宣传服务】 开展"5·18地方志宣传日"活动，通过展板、宣传折页、赠送志书等方式向广大群众宣传地方志相关知识，提高了群众对地方志工作的认识、拓宽了阅读渠道及用志、用鉴需求。方志资料室建设完善并完成数字化建设，全年为县域各单位提供各类资料查阅服务30余次，得到了各单位的一致认可。对接杨岭村等3个村史馆、县图书馆和新华书店以及区市相关部门，赠送志鉴、地情资料等图书300余册，达到了"存史、资政、育人"的效果，推动了地方志工作发展。

机构编制

【概　况】 2023年，在县委的坚强领导和区市党委编办的精心指导下，县委编办坚持以习近平新时代中国特色社会主义思想为指导，全面贯彻落实党的二十大精神，不断健全完善党政机构职能体系、深化重点领域体制机制改革、优化机构编制资源配置、加强机构编制法治建设，深入推进机构编制工作向纵深发展，为服务全县经济社会发展、助推乡村振兴提供有力的体制机制保障。

【思想引领】 把党的二十大精神与习近平新时代中国特色社会主义思想、习近平总书记关于机构编制工作重要论述指示批示精神、习近平总书记关于机构改革工作的重要论述结合起来学习、贯通起来理解，努力在学深悟透做实上下功夫。对标自治区第十三次党代会、十三届二次三次全会和市委五届六次七次全会及县委十五届三次四次五次全会精神，推动学习贯彻与业务工作深度融合。牢牢坚持机构编制刚性约束原则，在县委理论学习中心组、编委会、编办理论学习会议、评估动员部署会上先后学习了《中国共产党机构编制工作条例》（以下简称《条例》）、《机构编制违规违纪违法行为处理和问责规则（试行）》《关于统筹使用各类编制资源的实施意见》《机构编制管理评估办法（试行）》《机构编制监督检查工作办法》等法规制度，并要求各部门（单位）将《条例》及配套法规制度纳入本年度学习计划，列入党校主体班教学内容，组织干部开展机构编制理论政策学习。开展学习贯彻习近平新时代中国特色社会主义思想主题教育，开展主题教育预热先行，举办主题教育集中学习班、习近平新时代中国特色社会主义思想专题研讨交流会和“党建+业务”学习大讲堂活动，通过集中自学、交流发言、业务研讨等多种形式，学深悟细《中国共产党章程》《高举中国特色社会主义伟大旗帜　为全面建设社会主义现代化国家而团结奋斗——在中国共产党第二十次全国代表大会上的报告》《习近平新时代中国特色社会主义思想专题摘编》等必学书目。结合机构编制工作实际，科学选定12个调研课题，开展调查研究，把调研成果交流作为主题教育的重要环节抓实抓细。

【信息核查】 配合机构编制实名制库数据迁移工作，规范机构编制统计，持续完善实名制库人员编制档案信息，对全县机关事业单位在编人员信息全面开展核查和数据录改工作，录改错误信息4400条（目），为中央实名制库数据迁移工作顺利、保障在编干部权益开展提供准确、全面的数据基础。从严规范全县行政事业单位编外用人管理，按照县委编委会要求，会同县委组织部，县人社局、财政局等有关部门，对全县党政机关和事业单位编外人员进行核查和数据核实，摸清了编外用人规模等基础数据，形成了《编外人员信息汇总表》，研究制定了《泾源县编外人员管理办法（试行）》（审议稿）。按照自治区党委编办调研核查要求，在前期聘用编制人员核查的基础上，对自治区核定泾源县的31个聘用编制指标和26名聘用编制使用单位、占用聘用编制人员身份信息和招录情况、岗位分布、工作年限、薪酬待遇等详细情况进行核查，待自治区明确政策后，根据核查情况对聘用编制人员进行身份认定。强化机构编制纪律，对全县在编干部退休数据进行核查，对调离原单位、退休、去世、离职、辞职、开除公职等占编人员编制核销操作规程进行了规范，明确了部门（单位）工作职责。

【督导检查】 分别对禁毒办、人民医院、动物疾病预防控制中心、文物所、应急管理综合执法大队等2022年重点涉改单位进行了实地督查，就各单位规范机构设置、编制管理、规范挂牌、职能划转、档案移交、资料整理、政策落实等情况开展检查指导，现场反馈意见，督促其立即整改。巩固“县管校聘”改革成果，在各个学校自查自评的基础上，会同县人社局、教体局、政府教育督导室等部门，在全县3个乡镇和4所县城中小学校开展了县管校聘改革情况督导，对学校用编情况和教职工岗位设置进行了对标检查，现场答疑解惑，反馈意见，帮助解决涉及机构编制问题4项，岗位设置等问题16条。

【内设机构整治】 结合形式主义官僚主义专项整治工作，全面开展党政机关内设机构设置和职责履行情况排查工作，清理整治私设内设机构21个，调整内设机构职能6个。对教育体育局、水务局等内设机构混乱单位现场下发整改通知书，确保各部门（单位）按照“三定”规定规范设置内设机构。

【调研摸底】 深入开展调研摸底，做好新一轮机构改革准备工作。对照“三定”规定和2018

县委编办会同县司法局对大湾乡司法所机构编制管理和职能落实情况开展调研

年以来泾源县机构改革和编制调整事项，详细核查比对全县党政机关内设机构设置和职责调整、所属事业单位变更，编制机构基础信息核对和录改等工作，整理全县各部门“三定”规定档案，录改机构错漏信息36条。按照区市党委编办要求，分领域对农业农村、科技、财政、卫健、乡村振兴、信访、民政等涉改部门可能涉及改革的部门(单位)，尤其是所属事业单位人员编制和编制结构进行了核准锁定，建立了涉改部门基础资料台账。对全县机构编制执行情况开展对标调研，对部分挂牌机构、非公益类事业单位和归口管理机构进行了调研，对涉及职能事项进行了全面梳理，查找存在的问题，就机构运转情况向区市编办提出了意见建议，对监管单位提出了具体的监管建议。按照自治区党委编办、区司法厅调研泾源县基层行政执法体制改革指导要求，按照“充分准备，创新机制”的基本要求，开展基层行政执法体制改革专项调研工作，对全县执法部门职责事项进行梳理，对2018年以来6个执法领域执法队伍编制建设情况进行规范，共调整执法事项64项，取消执法事项66项，规范下放执法事项12项，整理执法人员资料24份，为后续实施综合行政执法改革提供数据支撑。为规范泾源县议事协调机构设置管理，进一步提升议事协调机构和党政职能部门工作效率，对各级议事协调机构和办事机构设置情况和工作情况进行核查，精准掌握议事协调机构底数，为后续党政机构改革提供坚实基础。按照自治区权责清单管理办法，组织人员对全县政府部门权责事项进行了梳理，并对交通运输、市场监管、应急管理、水务、医保、发改、民政、卫健等8个行业领域权责事项进行了调整，录入事项3197项，调整权责事项308项，涉及行政处罚、行政许可等8个方面，形成《泾源县政府部门权责清单事项目录(2023年)》，并按程序提请政府常务会议审定通过后在政府网站公布，为下一步机构改革职能调整和权责事项划分奠定了坚实基础。按照地方机构改革工作推进会精神，组织梳理了7个方面10项改革任务，16个涉改部门的“三定”方案及权责事项，比照2019年机构改革方案，研究拟定了《泾源县机构改革预演方案》及《机构改革工作专班》，对相关涉改领域机构设置、职责划转、领导职数等进行了初步明确，后续将不断加强与区、市党委编办沟通联系，有序推进本轮改革工作。开展小散弱事业单位机构设置、职能履行、重点工作推进情况调研，对全县44个小于3人和6人以下的事业单位就机构日常运行、编制使用及工作人员履职情况开展调研，探索制定事业单位优化调整方案，推动行业部门所属事业单位整合优化。

【重点领域改革】 依据《关于进一步推进公立医疗卫生机构

改革有关事项的通知》(宁编办发〔2022〕151号),按照新一轮标准,按床位数、医护比、服务半径等相关标准,对卫生健康局所属县人民医院、县妇幼保健院人员总量,3个社区卫生服务中心(站)和7个基层站人员编制重新进行核定,对县人民医院、妇幼保健院备案管理人员标准进行了核定,指导县卫生健康局党组依据编制标准核定人员岗位,指导县医院开展备案人员分流事项。按照自治区统一要求,开展动物疾病预防控制体系改革,撤销县动物卫生监督所,在县动物疾病预防控制中心加挂动物卫生监督所牌子,重新核定了编制标准,对县动物卫生监督所人员进行了划转。强化植保植检职能,在泾源县农业技术推广服务中心加挂植保植检中心牌子,明确了相关职能和编制,理顺了县乡关于动植物保护的职责清单,对乡镇兽医工作站继续实行派驻体制明确了职责权限。为不断满足人民群众生活需要,分别设立了泾源县第五幼儿园、泾源县龙潭街社区卫生服务中心。按照中央及自治区关于加强劳动人事处理效能建设要求,为加快推进泾源县仲裁实体化建设,在泾源县劳动监察大队加挂泾源县劳动争议仲裁院牌子,对职能承担进行了明确。按照自治区关于核减上交市、县(区)中小学教职工编制要求,核减中小学教职工编制20名,核减后教育系统教职工编制1057名。按照自治区关于做好退役士兵工作安排精神,对2023年2名转业士官进行了安置。

【机构编制执行和使用效益评估】 按照自治区关于开展2023年机构编制执行情况和使用效益评估的工作要求,结合县情实际,印发了《关于开展2023年机构编制执行情况和使用效益评估的工作方案》,征集建立泾源县机构编制事项评估专家库,组建了评估专家组,对标自治区要求,确定自然资源局、统计局等11个评估部门(单位)为评估对象。召开了动员部署会、业务培训会,6月初正式进驻评估单位,开展为期3个月的评估工作,共反馈问题63条,10月上旬,召开了评估总结会,所有问题已整改完成。强化结果运用,对发现的问题根源进行深入剖析,针对机构编制管理不严格的问题,制定印发了《泾源县机构编制申请事项评估办法(试行)》,进一步规范了机构编制申请事项办理流程。

【自身建设】 县委编办始终把学习贯彻习近平新时代中国特色社会主义思想作为根本任务,深入学习党的二十大精神、自治区第十三次党代会精神,不断强化理论武装,自觉把讲政治的要求全面融入机构编制工作。坚持每周开展2次集中学习,每两周开展1次交流研讨,干部每月撰写1篇心得体会,每季度开展1次小结评估的“1211”工作机制,牢固树立党的机关、政治机关意识,着力推进“五型”机关创建,巩固县级文明单位成果。持续强化作风建设,践行党的群众路线,毫不松懈纠正“四风”,着力打造过硬干部队伍,为全县经济社会发展提供有力的体制机制保障。

巡察工作

【概　况】 2023年,巡察工作在区市巡视巡察机构的精心指导和关心帮助下,在县委坚强有力领导下,县委巡察机构圆满完成十五届县委第四、第五轮巡察工作任务,第六轮巡察工作按计划开展。

【巡察工作主体责任落实】 县委始终把巡察工作作为全面从严治党有力抓手,县委常委会先后8次传达学习上级有关巡视巡察工作精神,修订巡察工作规划,听取各轮次巡察综合汇报和整改情况汇报,并将巡察工作列入县委工作要点，及时研究解决巡察重大事项。县委书记切实履行第一责任人职责，主持召开专题会议3次，传达学习中央和自治区巡视工作会议精神，先后听取第三、第四、第五轮巡察情况汇报，并点人点事，研究审定巡察组建议名单，旗帜鲜明向各被巡察党组织提要求、压担子，传导责任压力，推动了巡察工作落实。县委巡察工作领导小组靠前指挥、精准施策，先后进组调研指导工作3次，召开领导小组会议7次，听取汇报、研究具体问题，助推巡察工作高效开展。巡察办认真履行职能作用，协助县委落实主体责任，发挥参谋助手作用，组织修订制度6项，推进巡察工作规范化水平。

【政治巡察】 坚守政治巡察定位，开展政治监督，深入查找政治偏差，着力发现和推动解决影响党的领导、党的建设、全面从严治党的根本性全局性问题，督促全县各级党组织强化管党治党政治责任。

【常规巡察】 紧紧围绕“四个聚焦”进行政治监督，开展常规巡察3轮次，巡察乡（镇）1个、县直部门（单位）党组织15个。提交巡察报告16份、班子评价报告16份、党委（党组）书记履行全面从严治党第一责任人职责报告16份、谈话报告16份，移交信访件1件；发现各类问题431条，巡察监督的“探头”作用进一步发挥，有效推动被巡察党组织坚决做到“两个维护”政治自觉。

【对村巡察】 紧盯群众反映强烈的突出问题，加大对群众身边腐败和作风问题的巡察力度。巡察村级党组织12个，提交村级问题清单12份，发现村级各类问题65条，有力推动了新民乡各村集体经济发展；累计走访群众60余户，发现并督促乡村两级解决村级基础设施不完善、人居环境整治不彻底等立行立改问题4个，发挥了巡察联系群众纽带功能。

【交叉巡察】 为破解熟人监督困局，按照市委统一部署，采取县区交叉巡察模式，派出交叉巡察组1组7人，赴彭阳县对应急管理局开展交叉巡察，积累了交叉巡察工作经验。

【巡察整改】 县纪委监委将巡察整改纳入政治监督主要内容，结合季度政治督察、专项检查、明察暗访等措施，推动巡察整改走深走实。全年召开联审会议3次，下沉检查3次、下发督查通报3期，县委组织部以点带面对各乡（镇）、部门党建工作开展了督查检查，督促乡村两级不断抓好组织建设。巡察办统筹巡察整改工作，安排第三、第四轮被巡察党组织向书记会议汇报了整改情况。被巡察党组织认真履行主体责任，把巡察整改与重点工作相结合同步推进。截至2023年11月中旬，第三轮整改率91.5%，第四轮整改率97%，第五轮正在集中整改阶段。各单位共修订完善制度43项，处理干部2人，巩固了巡察成果。

【自身建设】 坚持以开展学习贯彻习近平新时代中国特色社会主义思想主题教育和纪检监察干部队伍教育整顿为抓手，锻造忠诚干净担当的巡察铁军。全年开展集中学习教育72次，交流研讨8人次，撰写心得体会34篇，分享读书报告11份，平均每人检视问题20条以上；同时，结合以会抓学、以巡促学、以干代学，不断夯实党员干部政治理论功底，增强党性意识，提高巡察实战能力。强化制度建设，对标中央和区市党委巡视巡察工作规划，修订了《中共泾源县委巡察工作规划（2022—2026年）》，并修订完善了《泾源县委巡察工作领导小组工作规则》等6项制度，确保县委巡察工作规

十五届县委第六轮巡察巡前培训会议

范开展。

【巡察数据保障】 按照巡视巡察信息化建设要求，做到数据录入与现场巡察同步推进，完成网络平台第四、第五轮会议研究、工作流程、监督成果等模块的录入任务，按时启动第六轮工作流程，累计录入各类数据500余条，确保巡察数据上下贯通，助推巡察工作提质增效。

党校工作

【概　况】 2023年，县委党校(行政学校)坚持以习近平新时代中国特色社会主义思想为指导，深入学习贯彻习近平总书记在中央党校建校90周年庆祝大会暨2023年春季学期开学典礼上的重要讲话精神和视察宁夏重要讲话指示批示精神，不断强化“总书记怎么说、我们就怎么做，不仅要做到、而且要做好”的政治自觉，全面落实区市县党代会和全会精神，始终践行“为党育才、为党献策”的党校初心，全面推进从严治校、质量立校，不断开创党校(行政学校)工作新局面。

【党建引领】 坚持党建工作与业务工作同谋划、同部署、同推进，落实新时代党的建设总要求，大力开展基层党组织提质增效工作，不断提高党的建设质量。制定印发《县委党校(行政学校)2023年党建工作计划》《县委党校(行政学校)2023年度基层党组织建设提质增效工作任务清单》。先后召开专题会议部署党建工作2次、民主生活会组织生活会2次、支委会15次、支部主题党日12次。党支部主要负责人履行第一责任人职责，带头落实讲党课制度，每季度党支部书记讲党课1次。严格按照要求推动“5+X”主题党日、“三会一课”、组织生活会、民主评议等制度落实落细，进一步加强机关党建规范化、标准化建设。

【理论学习】 始终将学习贯彻习近平新时代中国特色社会主义思想作为长期的重大政治任务，深学细悟笃行，深刻领悟“两个确立”的决定性意义，切实将思想和行动统一到总书记的重要讲话精神上来。校领导班子坚持做学习、贯彻、践行的表率，带动全体干部先学一步、学深一层，组织干部职工学习党的二十大精神、习近平总书记在中央党校建校90周年庆祝大会暨2023年春季学期开学典礼上的重要讲话精神及习近平总书记最新重要讲话精神，要求干部职工切实把握精神要义，在深学细悟中提高思想站位，共组织集中学习38次。组织教职工参与区市党校(行政学院)系统学习宣传贯彻党的二十大精神微党课大赛，1名教职工微党课《以“三个务必”铸就新时代共产党人鲜明的政治品格》分别荣获全区、市党校(行政学院〔校〕)系统学习贯彻党的二十大精神微党课大赛三等奖、二等奖。2名教职工获市党校(行政学院〔校〕)系统学习贯彻党的二十大精神微党课大赛优秀奖,得到了区市党校(行政学院)一致肯定。参加全市党校(行政学院〔校〕)系统庆祝建党 102 周年“学习二十大　奋进新征程　永远跟党走”红色经典情景微党课比赛,在比赛中荣获三等奖。选派 2 名教师参加由宁夏六盘山干部学院举办的“学习二十大　践悟红色情　奋斗新征程”师资培训班。

【主题教育】　在开展学习贯彻习近平新时代中国特色社会主义思想主题教育过程中坚持将理论学习、重点工作任务、为民办实事、检视整改结合起来,制定《中共泾源县委党校支部委员会学习贯彻习近平新时代中国特色社会主义思想主题教育工作计划》《县委党校(行政学校)学习贯彻习近平新时代中国特色社会主义思想学习计划》,按照规定动作学好必学篇目,及时跟进学习“最新篇”“宁夏篇”“行业篇”。针对离退休党员年龄大、行动不便的情况,开展“送学上门”,为老党员送去“精神食粮”。聚焦党校职能作用发挥,推动工作发展。成功举办“县委学习贯彻习近平新时代中国特色社会主义思想主题教育党组织书记集中轮训班”2 期,培训 232 人次。举办学习贯彻习近平新时代中国特色社会主义思想主题教育“党员进党校”轮训班 3 期,培训 874 人次。始终坚持问题导向,边学习、边对照、边检视、边整改,把问题整改贯穿主题教育始终,高质量推进主题教育走深走实。

【干部教育培训】　根据县委组织部《2023 年全县党员教育培训项目计划》,结合自身实际,制定了县委党校(行政学校)2023 年党员干部教育培训计划。全年共举办各类培训 38期,培训 4523 人次,较去年期数同比增长 78.95%。

【干部网络学习】　采取“三抓三到位”(抓谋划确保责任落实到位、抓重点确保日常管理到位、抓时效确保学习督促到位),完成 2022 年新增公务员网络学习信息录入,核减 2023 年度退休人员,及时下发《关于做好 2023 年全县干部网络培训工作通知》,定期督促参训人员及时参加网络培训,截至目前参训人员 719 人,参学率 100%,结业率 100%。

【决策咨询】　按照县委决策部署,围绕党校工作实际,制定了《县委党校(行政学校)关于大兴调查研究的实施方案》,确定调研课题《在践行初心使命中推动基层党校高质量发展》《泾源县加快建设铸牢中华民族共同体意识示范县的实践路径》。成立决策咨询专班,组织骨干力量,列出时间表、进度表,推进调研课题有序开展,其中《泾源县加快建设铸牢中华民族共同体意识示范县的实践路径》经自治区党校验收,准予结项,打破了县委党校决策咨询“0”的突破。

【理论宣讲】　充分发挥党校理论宣讲主渠道、主阵地作用,紧紧围绕党的二十大精神、铸牢中华民族共同体意识,组织校教职工召开备课会,积极研讨,组建宣讲团,先后赴杨岭村、黄花乡、泾河源镇开展理论宣讲,累计宣讲 40 场次,覆盖 5046 人次,切实将党的创新理论传递到基层一线。

【驻村帮扶】　按照县委组织部选派第五批驻村工作队要求,选派 2 名干部分别担任第一书记和驻村工作队员,严格落实“四个不摘”要求,常态化开展“四查四补”。对三类人群进行动态化管理,紧紧围绕重点人群开展走访摸排,确保应纳尽纳,不漏 1 户不落 1 人。以户为单位,了解群众当前急需解决

县委党校在六盘山镇农林村召开驻村帮扶工作会议

的困难和问题，算好时间账、经济账，找准脱贫致富的路径，按照“一户一策”制定年度目标、阶段计划和帮扶措施。同时完善三类人群户申请书、户认定公示、户基本信息资料、明白卡、扶贫手册、帮扶照片、“再识别、再复核”等资料，并为他们算好收支账等，做好了台账登记和“六有”系统的录入。

【志愿服务】 深入贯彻落实党的二十大精神和自治区党委十三届四次全会精神，参与社区联合党委工作，将志愿服务与在职党员到社区报到相结合，组织党员干部深入包抓小区（邮电小区），开展入户安全大排查，累计排查安全隐患 18 条，消除安全隐患 18 条，切实保障群众生命财产安全。

【党风廉政建设】 坚持严以治校、严以治教、严以治学，充分发挥“大熔炉”和“净化器”作用，把校风建设作为作风建设的重点。认真落实全面从严治党主体责任清单，严肃党内政治生活。落实全面从严治党“两个责任”，班子成员“一岗双责”，一体推进“三不腐”机制，深化运用监督执纪“四种形态”，严格落实党风廉政建设和反腐败工作。全面开展廉政风险大排查，对可能存在的廉政风险点进行再梳理再排查。结合“廉政警示教育月”活动，相继开展学习教育活动。及时传达强调中央八项规定及自治区党委加强作风建设“八条禁令”精神，组织全体党员干部观看了警示片，在学习中突出教育的针对性和多样性，教育引导全体党员、干部、职工坚定理想信念，打牢廉洁从政的思想基础，筑牢拒腐防变的思想防线。

档案工作

【概　况】 2023 年，泾源县档案馆在县委和政府的正确领导下，在区、市、县档案主管部门的指导下，按照县委和政府的统一安排部署，以习近平新时代中国特色社会主义思想为指导，开展学习贯彻习近平新时代中国特色社会主义思想主题教育，全面贯彻落实党的二十大精神及自治区党委十三届四次、五次全会精神，习近平总书记系列重要讲话精神，把习近平总书记对档案工作的重要指示批示作为当前和今后做好档案工作的总要求，全面推进档案治理体系和档案资源体系、档案利用体系、档案安全体系建设，围绕中心服务大局，档案工作运行更加有序，档案执法标准化、规范化建设进一步加强，全县档案工作水平不断提升。

【理论学习】 认真学习宣传贯彻党的二十大精神，自治区十三届四次、五次全会精神及县委和政府的各种会议精神。坚持把学习贯彻习近平新时代中国特色社会主义思想主题教育作为干部思想教育的重中之重，利用每周二集中学习和馆务会议、“三会一课”等，教育引导全体职工学政治、学理论、学业务，不断提高政治理论水平和业务能力，确保党员干部履职尽责，严守政治纪律和政治规矩，为打造一支忠诚、干净、担当档案队伍奠定了基础。

【执法监督检查】 局馆联动，通过实地查看、即时指导、责其整改等有效方式对8个立档单位的档案工作进行了系统检查，共下发档案工作指导记录单8份，提出整改措施29条。

【业务培训】 举办了2023年全县档案业务培训班。6月7日上午，邀请固原市档案馆档案征集接收科科长韩孔刚同志为各立档单位从档案的起源、门类、概念、重要性、《中华人民共和国档案法》的特征和归档文件材料的要求以及档案收集范围，归档文件整理规则、流程、要求等几个方面对《中华人民共和国档案法实施条例》和归档文件整理规则进行了讲解。通过培训，各立档单位档案工作者对什么是档案，如何收集、整理档案都有了较为全面的了解和认识，不同程度地增强了泾源县档案工作者的档案业务水平，为开展好今后的档案工作奠定了良好基础。单位内部组织开展了一次档案业务知识测试。测试以《中华人民共和国档案法实施条例》、归档文件整理规则、《机关文件材料归档范围和文书档案保管期限规定》、《各级各类档案馆收集档案范围的规定》为主要内容，通过这次档案业务知识测试，进一步增强了干部职工的档案意识，形成懂法规、熟业务的良好氛围，提升了全馆档案工作者的专业水平。

2023年泾源县档案业务培训班在县人民会堂召开

【档案安全监管】 为严格落实档案安全工作责任，给三个档案库房加装了监控设备，并将三个档案库房的气体灭火设施进行了更换。在原有的工作制度的基础上修订并完善了各项工作制度，从岗位职责到管理制度以及日常管理措施，共计39项。严格落实档案安全检查、隐患排除、应急管理等制度规定，健全防火、防水、防爆、防盗、防灾、防泄密等方面工作预案。安排专人对设备、设施和馆藏档案进行定期检查，每周对库房安全进行例行检查，每月对库房、机房、展厅及办公区域内的电源线路、设施开关、仪器设备、消防设备、有无虫蛀、鼠害等进行一次重点检查，对发现的问题和隐患及时采取措施，确保档案安全。

【档案资源提升利用】 编制更新了泾源县档案馆中长期档案接收计划、全宗介绍、组织沿革、档案工作突发事件应急处置预案、收集细则、爱国主义教育基地建设、红色档案资源收集、档案馆大事记以及档案移交要求、解密和开放审核制度等系列文件材料。根据《中华人民共和国档案法实施条例》及区、市档案业务主管部门要求，组织业务人员对馆藏的150卷民国档案进行了鉴定、扫描等系列工作，现已在馆际共享服务系统及“我的宁夏”开放档案10卷45条，提高了馆藏档案信息资源的开发利用水平。为优化档案资源结构，加强档案资源质量管控，配合上级档案管理机关制定印发了机关档案分类方案、文件材料归档范围和档案保管期限表三合一制度，对进一步提升机关档案基础业务和信息化水平，建设覆盖面更加广泛、内容更加丰富、结构更加优化的档案资源体系，维护国家档案资源完整与安全，促进档案事业健康长远发展具有重要意义。

【档案移交】 根据文件整理规范和要求，组织人员对县政府办公室2016—2018年的档案、教体局1959—2022年60余年档案进行了跟踪指导，共移交档案1314卷，教体局电子档案也同步移交至档案馆。

【档案科学化管理】 为进一步提高档案查阅便捷化服务水平，档案馆精简查阅流程，单位和个人凭介绍信或者工作证、身份证等合法证明即可查阅利用档案。全年共接待查阅利用者70多人次，提供案卷利用200余卷，为工作查考、个人维权做好服务，也为全县机关单位和人民群众提供了更加便捷优质的服务。

【档案工作宣传】 在“3·15”国际消费者权益保护日、“4·15”全民国家安全教育日集中宣传活动中，组织干部职工对档案法律法规、档案业务知识进行集中宣传。“6·9”国际档案日当天，组织全县各立档单位在县人民广场通过悬挂横幅，摆放展板，发放宣传手册、手提袋、纸巾盒、纸杯等方式，对档案业务及档案法律法规进行集中宣传，共向群众发放档案普法宣传手册5000余份，发放档案普法宣传手提袋、纸巾盒21000余个，现场解答公众咨询200余人次。6月13—14日，档案馆开展档案开放日活动，对爱国主义教育展厅和实物展厅进行了开放，邀请全县各立档单位及群众到馆参观，走进档案，了解档案。

机要工作

【组织领导】 第一时间将学习贯彻习近平总书记重要批示精神列入常委会重要议题，传达学习、研究贯彻落实意见。分别在县委十五届2023年第5次常委会（扩大）会议上、县委十五届2023年第11次常委会（扩大）会议上、县委十五届2023年第26次常委会（扩大）上传达学习区市县密码和保密相关文件精神和法律法规，通报了相关工作进展情况。在县密码和电子政务内网工作协调小组会议上传达学习了区市会议精神，安排部署了全县工作，组织全县22家密码和电子政务内网工作协调小组成员单位统一签订了《承诺书》。制定印发《2023年机要工作要点》《2023年全县电子政务内网工作要点》，组织召开县密码和电子政务内网工作协调小组（扩大）会议。

【公文流转】 2023年累计收发电报90余份、收发处理电子政务内网各类文件2700余份、全年“无错情”“无积压”，确保中央到区市县党委和政府政令指示安全畅通，及时上传下达。

【服务保障】 2023年服务保障区市县各类会议120余场次。筹备建设备用视频会议室，会场可容纳120余人，会议服务保障工作全部高效完成，未发生任何错情。

【信创工作】 按照区市党委工作安排部署及要求，组织开展全县工作摸底调研，对全县56个机关单位的底数进行全面摸排统计，制定实施方案，建立任务台账，制定5年工作计划。开展专项检查 2 次，提前完成了 2023 年度工作任务。

【保密监管】 严格落实涉密人员制度，做好密码通信、保密检查监管、电视电话会议保障、涉密载体销毁等工作，确保全年工作“零差错”“零延误”，不断提升密码服务保障能力。

【密码安全宣传教育】 以“4·15”全民国家安全教育日、“12·4”国家宪法宣传日为契机，组织全体密码干部在活动中结合工作实际面向全县职工和社会公众组织开展密码安全、密码普法宣传活动，活动共发放宣传彩页 2500 余份，张贴宣传海报 100 余张，发放相关宣传品7000 余个，受众超过 10000 人次，引导了全县干群践行总体国家安全观，切实增强了全民密码安全意识和素养。

保密工作

【概　况】 2023 年，保密工作坚持以习近平新时代中国特色社会主义思想为指导，认真学习贯彻党的二十大精神，深入贯彻党中央关于保密工作的决策部署和习近平总书记重要指示批示精神，全面贯彻落实自治区第十三次党代会精神和区市县党委关于保密工作的部署要求，贯彻总体国家安全观，防范化解危害国家安全和发展利益的重大泄密风险，坚持党管保密、依法治密、科技强密、从严管密，下好防范风险先手棋，打好保密工作主动仗，不断提升保密工作能力水平，在新时代推动全县保密事业高质量发展，为全面建设社会主义现代化美丽新泾源提供坚强保障。

【组织领导】 县委和县保密委员会高度重视保密工作，在常委会上集中学习《保密法》，并将保密工作纳入年度考核。组织召开保密委员会全体扩大会议，会上研究审议通过了《泾源县委保密委员会 2023 年工作要点》，对全县保密工作进行全面安排部署，提出工作要求，明确目标任务，确保各项工作深入推进、取得实效。4 月中旬到 5 月中旬，组织开展全县保密宣传教育月活动，各机关单位通过开展保密警示教育、参加保密管理专题培训、组织保密教育线上培训学习等方式，进一步增强了保密法治意识和保密法纪观念。县委保密委员会主任与保密委成员单位主要负责同志签订保密工作责任书，并对定密责任人及时进行更新备案。

【宣传教育】 县委保密办结合“保密宣传教育月”活动，组织开展全县保密专题学习会、主题党日活动、观看警示教育片等，组织编印《机关事业单位处理日常工作保密知识应知应会》读本，分发至各县级领导。各机关单位积极参与“保密故事大家讲”主题讲述活动，县委保密办严格审核评选出 4 个优

2023 年 4 月 15 日，泾源县国家保密局在县人民广场开展安全知识宣传

秀作品，上报至自治区党委保密办。在泾源县电视台每天循环播放保密公益宣传片《藏在照片里的秘密》，为全县各级领导干部360余人设置保密公益宣传彩铃，制发保密法宣传彩页1000余份，张贴宣传海报200余张，发放相关宣传品6000余个，受众超过10000余人次。在全县新入职事业编干部岗前培训期间，县保密局局长对全县新入职事业编干部进行了保密专题培训。

【服务保障】 落实保密管理职责职能，参与加强国家统一考试的保密监督管理工作，履行保密部门的监督管理职能，确保各类考试的安全保密。全年参与中考、高考等国家、自治区统一考试的监管工作3次，切实加强了考试安全保密管理工作。强化涉密计算机管理，通过实地查看、发放保密须知等形式，对全县涉密计算机进行全面检查，对各单位现存已报废非国产涉密计算机进行集中登记销毁，进一步加强了国家秘密载体的管理。

【督导检查】 通过现场翻阅资料、核对台账、技术检查等方式，开展全县保密专项检查2次，组织机关单位保密自查2次，现场指出隐患，反馈问题，开展业务指导，并下发通报要求限期整改。对7个乡镇保密室进行监督检查，已全部配备独立保密室，并落实“三铁一器”要求。对全县68个机关单位（包括内设机构）的涉密岗位及涉密人员进行备案。通过督导检查和自查整改，压实保密主体责任、完善保密规章制度、规范定密流程、强化文件管控等，进一步增强全县保密干部的政治素养、理论水平、专业能力和实践本领，着力提升全县保密管理能力水平。

网络安全与信息化工作

【概　况】 2023年，县委网信办坚持以习近平新时代中国特色社会主义思想为指导，深入贯彻落实习近平总书记关于网络强国的重要思想，认真学习宣传贯彻党的二十大精神，全面贯彻落实党中央及区市县各项决策部署，不断强化网络安全防护，持续建设网络良好生态，切实推进网络安全和信息化各项工作任务落实落细并取得成效。

【思想政治建设】 坚持党的基本方针、基本立场，深入学习习近平总书记视察宁夏重要讲话指示批示精神，开展学习贯彻习近平新时代中国特色社会主义思想主题教育，深刻领悟“两个确立”的决定性意义，进一步增强“四个意识”、坚定“四个自信”、做到“两个维护”，在思想上政治上行动上同以习近平同志为核心的党中央保持高度一致。通过集中学习、讲专题党课、研讨交流和干部自学等多种形式，利用“学习强国”“法宣在线”“宁夏干部教育网络学院”等网络学习平台，深入学习贯彻落实习近平新时代中国特色社会主义思想、党的二十大精神、习近平总书记关于网络强国的重要思想和习近平法治思想，特别是习近平总书记视察宁夏重要讲话指示批示精神，认真学习《中国共产党章程》《关于新形势下党内政治生活的若干准则》《习近平新时代中国特色社会主义思想学习纲要》等党内法规和理论书籍，集中学习55次，激发全体党员干部理论学习的热情和干事创业的激情，增强网信工作的科学性、前瞻性、创造性，为新时代网信事业发展注入动力和活力。

【网络宣传引导】 坚持正确的政治方向、正面导向和价值取向，不断巩固壮大以政务新媒体为主导、自媒体积极参与的网络传播矩阵，着力提升网上正面宣传的传播力、引导力、影响力和公信力，更好凝聚社会共识。以各专项活动为抓手，重点围绕学习宣传贯彻党的二十大精神、网络安全、预防电信网络诈骗、扫黄打非、禁毒、安全生产等活动，充分发挥新媒体传播优势和正面引导作用，传播泾源声音，讲好泾源故事。配合开展“网络中国节”“我在宁夏晒月亮”“网络达人浪固原”等网上主题宣传，推动网络空间文化培育、道德建设、行为规范和生态治理等工作的开展，展示了泾源经济社会发展取得的新成效、干部群众干事创业的新风貌。

2023 年 9 月 8 日，泾源县在杨岭村研学基地举办全县农村基层党组织网络辅导员专题培训班

【网络安全防护】 完善网络安全漏洞事件预警通报机制，常态化开展网络安全风险隐患排查整改，2023 年共处置一般性网络安全事件 16 件，及时消除网络安全风险隐患。对全县各重点部门（单位）开展网络安全检查，以查促改，压实网络安全主体责任。开展 2023 年网络安全宣传周活动，多维度、立体化、系统性地开展网络安全宣传，面向广大群众普及网络安全知识，增强网络安全意识，提升网络安全防护技能，全面营造全社会共筑网络安全防线的浓厚氛围。

【网络综合治理】 严格落实网络日常巡查机制，借助网信专网技术平台，加大对属地备案接入网站、“两微一端”、移动应用程序的动态管理和依法治理，全面检查属地新媒体平台信息内容，重点排查文字、图片、音频、视频等各类不良信息和虚假谣言，坚决杜绝违法违规有害信息网上传播，集中解决整治各类网络违法问题，规范新媒体账号运营传播秩序，建设风清气正网络家园。

泾源县人民代表大会

综　述

【概　况】 2023年，在县委的坚强领导下，县人大常委会坚持以习近平新时代中国特色社会主义思想为指导，全面贯彻习近平法治思想、习近平总书记关于坚持和完善人民代表大会制度的重要思想、习近平总书记视察宁夏重要讲话指示批示精神，深入学习贯彻党的二十大、二十届二中全会和中央人大工作会议精神、自治区第十三次党代会、十三届四次五次六次全会、市委五届八次九次十次全会、县委十五届五次六次全会和区市县党委人大工作会议精神，坚持围绕中心服务大局，认真履行宪法和法律赋予的各项职责，忠诚担当、奋力进取、主动作为，为推动全县经济社会高质量跨越式发展作出了贡献。

【政治理论学习】 坚持以习近平新时代中国特色社会主义思想为指导，深入学习贯彻落实党的二十大精神、中央及区市县党委人大工作会议精神，开展学习贯彻习近平新时代中国特色社会主义思想主题教育，自觉将习近平总书记视察宁夏重要讲话指示批示精神同自治区第十三次党代会、十三届四次五次六次全会、市委五届八次九次十次全会、县委十五届五次六次全会精神结合起来，深刻领悟“两个确立”的决定性意义，增强“四个意识”、坚定“四个自信”、做到“两个维护”，不断提高政治判断力、政治领悟力、政治执行力，始终在思想上政治上行动上同以习近平同志为核心的党中央保持高度一致。

【干部任免】 规范人事选举和任免程序，全面落实宪法宣誓制度。全年依法依规选举和任免国家机关领导人员4人。

【人大监督】 坚持把围绕中心、

2023年10月15日，县人大常委会主任李白虎到新民乡调研乡村振兴

服务大局作为履职尽责的根本原则，寓支持于监督之中，集群策聚全力，助推解决制约经济社会发展的突出矛盾和问题。聚焦党中央及区市县党委决策部署，聚焦人民群众所思所盼所愿，全力助推经济结构调整、产业优化升级、重大项目建设、重点领域改革、脱贫成果巩固、乡村振兴衔接、民生福祉改善、安全生产责任落实、生态环境保护、民族团结进步、法治泾源建设等各项重点工作。全年召开常委会会议6次，听取和审议"一府一委两院"工作报告22项，开展视察调研13次、执法检查7次、专题询问1次，实施专项工作满意度测评21次，交办审议意见建议77条。依法批准财政决算、预算调整，作出决议决定16项，审查规范性文件5件。

【法律学习宣传与监督】 坚持主任会、常委会会议法律学习制度，开展《中华人民共和国安全生产法》《宁夏回族自治区促进民族团结进步工作条例》等法律法规贯彻实施情况执法检查7次，提出改进执法工作的建议23条，推动相关法律法规有效贯彻实施。专项检查人民法院执行工作、人民检察院未成年人检察工作，提出进一步加大执行工作力度、加强法治宣传、强化协调联动等意见建议7条，促进监察、侦查、检察、审判职能充分发挥，推动公正司法，保障社会公平正义。深入宣传《中华人民共和国宪法》《中华人民共和国地方各级人民代表大会和地方各级人民政府组织法》《中华人民共和国民法典》等相关法律法规，认真开展"国家宪法日"和"宪法宣传周"系列活动，对全县实施"八五"普法工作开展中期检查，督促落实"谁执法、谁普法"责任，推动全社会遵法、学法、守法、用法。

【议案建议督办】 县十八届人大二次会议闭幕后，及时将代表意见建议转交县人民政府办理，及时跟踪督办人大代表意见建议办理工作。在县人大常委会第十四次会议上听取和审议县人民政府十八届人大二次会议议案建议办理工作报告，提出了3条审议意见转交县人民政府研究办理，进一步压实了责任，加大议案建议办理力度，提高议案建议办结率和群众满意度。

【代表服务】 2023年，县人大常委会全力做好代表服务保障，丰富代表履职活动内容和形式，支持代表投身改革发展和乡村振兴"主战场"，当好人民群众"代言人"。邀请自治区专家教授，举办全县人大代表履职集中培训班，有计划、分批次、全覆盖开展区市县乡（镇）四级人大代表培训10期655人次，代表履职能力不断提升。认真落实全区代表家站规范化建设工作推进会精神，全面加强代表之家和代表联络站建设，按照"八有"要求，在全县7个乡（镇）、96个行政村和2个社区设立代表联络家站。组织134名人大代表列席县人大常委会、政府常务会议，参加"一府一委两院"座谈会、听证会和满意度测评。持续深化"双联"制度，密切常委会组成人员与代表、代表与选民的联系。制定《泾源县第十八届人民代表大会代表履职暂行办法》《泾源县人大代表向选民述职活动实施方案》，督促代表走访选民、接待选民、反映民意、对选民述职，带头参与乡村振兴、产业发展、社会治理、安全生产、生态环保等重点工作，以实际行动践行"人民选我当代表、我当代表为人民"的职责使命。

【党的建设】 按照全县党建工作的总体要求，人大常委会党组会议专题研究党建、民族团结、党风廉政建设等重点工作，坚持抓经常、抓基础、抓规范、抓提升。

【作风建设】 严守党的政治纪律和政治规矩，认真落实党风廉政建设工作责任制，从严落实中央八项规定及其实施细则精神，严格执行自治区“八条禁令”和市委“十项规定”，常态化开展警示教育，扎实开展纠治形式主义官僚主义专项整治，修订常委会议事规则、常委会组成人员履职考评办法、常委会审议意见办理督办办法等制度12项。营造勤政务实、风清气正、团结干事的良好风气。

重要会议

【十八届人大常委会第十次会议】 2月28日，泾源县第十八届人大常委会第十次会议召开。县人大常委会主任李白虎，副主任于雷、陈宝、马津垠、拜春霞和委员共24人出席了会议。政府副县长张怀彪、县人民法院院长尹鹏、县人民检察院检察长孙岩及县监察委员会、政府办、发改局、财政局、审计局、农业农村局、自然资源局、民政局、住建局主要负责人，4名县人大代表列席会议。会议传达学习了党的二十大精神和《中华人民共和国治安管理处罚法》；审议了《泾源县人大常委会2023年工作要点》《泾源县人大常委会2023年代表工作计划》《泾源县人民代表大会常务委员会关于加强国有资产管理情况监督的决定》、县人大常委会检查组关于泾源县《中华人民共和国治安管理处罚法》实施情况的检查报告；听取了县人民政府关于县十八届人大常委会第六次会议审议意见办理情况的报告；听取和审议了县人民政府关于《中华人民共和国治安管理处罚法》实施情况的报告；通过了个别代表辞去县十八届人民代表大会代表的议案。

【十八届人大常委会第十一次会议】 4月25日，泾源县第十八届人大常委会第十一次会议召开。县人大常委会主任李白虎，副主任于雷、陈宝、马津垠和委员共21人出席了会议。政府副县长李静、县人民法院院长尹鹏、县人民检察院检察长孙岩及县监察委员会、政府办、发改局、自然资源局、财政局、教育体育局负责人及各乡镇2名县人大代表列席了会议。会议传达学习了十四届全国人大一次会议精神；听取了县人民政府关于县第十八届人大常委会第七次会议审议意见办理情况的报告、县人民法院关于县第十八届人大常委会第七次会议审议意见办理情况的报告、县人民检察院关于县第十八届人大常委会第七次会议审议意见办理情况的报告；听取和审议了县人民政府关于学前教育、高中教育、职业教育工作情况的报告，县人民法院关于执行工作的报告，县人民检察院关于未成年人检察工作的报告；审议了县人大常委会视察组关于学前教育、高中教育、职业教育工作情况的视察报告，关于县人民法院执行工作的检查报告，关于县人民检察院未成年人检察工作的检查报告；审议通过了泾源县人民政府关于提请调整2023年公共财政预算的议案、泾源县人民政府关于《泾源县国土空间总体规划（2021—2035年）》的议案和有关人事任免议案。

【十八届人大常委会第十二次会议】 6月20日，泾源县第十八届人大常委会第十二次会议召开。县人大常委会主任李白虎，副主任于雷、陈宝、马津垠和委员共24人出席了会议。政府副县长李静、县人民法院院长尹鹏、县人民检察院检察长孙岩及县监察委员会、县政府办、发改局、财政局、文化旅游广电局、卫健局、自然资源局、农业农村局、水务局、生态环境保护局、住建局主要负责同志，拟任职人员，各乡镇2名县人大代表列席会议。会议传达学习了《宁夏回族自治区建设黄河流域生态保护和高质量发展先行区促进条例》;听取和审议了县人民政府关于国家级全域旅游示范县创建工作情况的报告、关于泾源县《宁夏回族自治区建设黄河流域生态保护和高质量发展先行区促进条例》实施情况的报告、关于全县紧密型县域医共体建设情况的报告;审议了县人大常委会视察组关于泾源县国家级全域旅游示范县创建工作情况的视察报告、关于泾源县《宁夏回族自治区建设黄河流域生态保护和高质量发展先行区促进条例》实施情况的检查报告、关于全县紧密型县域医共体建设情况的视察报告;审议通过了《泾源县人大常委会关于加强人大对政府债务审查监督的实施办法(草案)》,表决通过了有关人事任免议案。

【十八届人大常委会第十三次会议】 8月24日,泾源县第十八届人大常委会第十三次会议召开。县人大常委会主任李白虎,副主任于雷、陈宝和委员共22人出席了会议。政府副县长任伟、县人民法院院长尹鹏、县人民检察院检察长孙岩及县监察委员会、县政府办、轻工业园区管委会、县财政局、发改局、住建局、自然资源局、行政审批局、市场监督管理局、中国农业银行泾源支行、中国工商银行泾源支行、中国邮储银行泾源支行、黄河农村商业银行泾源支行、宁夏银行泾源支行主要负责人,区人大代表于仙萍,市人大代表马珍、闫雪琴,各乡镇2名县人大代表及机关干部列席会议。会议传达学习了《中华人民共和国安全生产法》、自治区党委十三届四次全会精神、《宁夏回族自治区优化营商环境条例》《宁夏回族自治区中小企业促进条例》;听取和审议了县人民政府关于重点项目建设工作的报告、关于"八个万级"农业特色产业示范基地和乡村振兴示范乡村建设工作的报告、关于2023年上半年国民经济和社会发展计划执行工作的报告、关于2022年财政决算和2023年上半年财政预算执行工作的报告、关于2022年度本级预算执行和其他财政收支工作的审计工作报告、关于2021年度本级预算执行和其他财政收支审计查出问题整改情况的报告、关于国有资产管理工作的报告、关于政府债务的报告、关于《宁夏回族自治区中小企业促进条例》实施情况的报告、关于《宁夏回族自治区优化营商环境条例》实施情况的报告;审议了县人大常委会视察组关于泾源县重点项目建设工作的视察报告、关于泾源县"八个万级"农业特色产业示范基地和乡村振兴示范乡村建设工作的视察报告、县人大常委会检查组关于泾源县《宁夏回族自治区中小企业促进条例》实施情况的检查报告、关于泾源县《宁夏回族自治区优化营商环境条例》实施情况的检查报告;审议通过了县人民政府关于调整2023年公共财政预算的议案、县人民法院有关人事任免议案、县人民法院关于提请确定人民陪审员名额的议案;专题询问了县人民政府贯彻落实全区民营经济高质量发展暨营商环境全方位提升推进会精神情况,培育支持中小微企业发展及招商引资工作成效。

【十八届人大常委会第十四次会议】 10月25日,泾源县第十八届人大常委会第十四次会议召开。县人大常委会主任李白虎,副主任于雷、陈宝、马津垠、拜春霞和委员共21人出席了会议。政府副县长张怀彪、县人民检察院检察长孙岩及县监察委员会、县人民法院、轻工业园区管委会、政府办、财政局、发改局、农业农村局、自然资源局、住建局、审计局主要负责同志,各乡镇2名县人大代表及机关干部列席会议。会议学习了《宁夏回族自治区促进民族

2023 年 10 月 25 日，县十八届人大常委会第十四次会议在县人民会堂召开

团结进步工作条例》；听取和审议县人民政府关于《宁夏回族自治区促进民族团结进步工作条例》实施情况的报告、关于“八五”普法工作开展情况的报告、关于十八届人大二次会议议案建议办理工作的报告、关于“十四五”规划执行情况的报告；审议了县人大常委会检查组关于泾源县《宁夏回族自治区促进民族团结进步工作条例》实施情况的检查报告、关于泾源县“八五”普法工作开展情况的检查报告、关于十八届人大二次会议议案建议办理工作的报告；听取了县监察委员会专项工作报告、备案审查工作报告；审议通过了县人民政府关于提请调整 2023 年公共财政预算的议案、县人民政府有关人事任免议案。

【十八届人大常委会第十五次会议】 12 月 25 日，泾源县第十八届人大常委会第十五次会议召开。县人大常委会主任李白虎，副主任于雷、陈宝、马津垠、拜春霞和委员共 22 人出席了会议。政府副县长任伟、县监察委员会主任杨晓曦、人民法院院长尹鹏、人民检察院检察长孙岩及县政府办、发改局、生态环境局主要负责同志，部分区市县人大代表及人大机关干部列席会议。会议听取和审议了县人民政府关于年度环境状况和环境保护目标完成情况的报告、关于调整“十四五”规划指标的议案、关于县第十八届人大常委会第十二次会议审议意见落实情况的报告、县十八届人大常委会代表资格审查委员会关于泾源县十八届人大二次会议以来个别代表的代表资格变动和补选代表的代表资格审查报告（草案）、县十八届人民代表大会第三次会议有关事项。

【第十八届人民代表大会第三次会议】 2024 年 1 月 5—8 日，泾源县第十八届人民代表大会第三次会议在县人民会堂召开。大会共召开三次全体会议，二次、三次全体会议分别由县委书记、大会主席团常务主席王荣，县人大常委会主任李白虎主持。大会应到代表 167 名，实到 147 名。会议听取和审议泾源县人民政府工作报告、县人大常委会工作报告、县人民法院工作报告、县人民检察院工作报告；审议了县人民政府关于 2023 年国民经济和社会发展计划执行情况与 2024 年国民经济和社会发展计划草案的报告、县人民政府关于县第十八届人大二次会议议案执行和代表意见建议办理结果的报告、泾源县人民代表大会会议规则（草案）；审查和批准 2023 年国民经济和社会发展计划执行情况与 2024 年国民经济和社会发展计划、2023 年财政预算执行情况和 2024 年财政预算；选举县第十八届人大常委会委员 4 名。

综　述

【概　况】 2023年是贯彻落实党的二十大精神开局之年，也是泾源县加快推进高质量跨越式发展的重要一年。一年来，全县上下坚持以习近平新时代中国特色社会主义思想为指导，深入学习贯彻党的二十大精神和习近平总书记视察宁夏重要讲话指示批示精神，在区市党委、政府和县委的坚强领导下，在县人大、政协的监督支持下，统筹发展和安全、发展和环保、发展和民生，迎难而上、拼搏奋斗，经济社会发展迈出了坚实步伐。

【经济发展】 全面贯彻"六个更好统筹"，强化经济运行调度，系统谋划一系列促发展政策举措，统筹落实一揽子稳经济政策措施，深入开展"扩大有效投资年"和项目"五比"活动。全年开工建设重点项目46个，完成投资15.1亿元，落实招商引资项目15个28.12亿元，"双争"到位资金24亿元，累计减税降费3991户1336万元，减缓社保费2167万元，新增各类市场主体859家。全年地区生产总值增长6.3%，固定资产投资增长8.2%，地方一般公共预算收入增长2.56%，地方一般公共预算支出增长2.2%，城镇和农村居民人均可支配收入分别增长5.9%、8.4%，金融机构各项存贷款余额分别增长13.34%、10.42%。

【产业发展】 "1+3+X"特色产业体系不断壮大，"八个万级"特色产业示范基地建设成效明显。推进生态文旅特色县建设，泾源牛街旅游特色街区投入运营，王洛宾文化园、胭脂峡景区恢复营业，建设泾河北岸、百花溪谷等农文旅融合发展示范基地16处，农文旅推介活动亮相西安、福州，冰雪文化节、六盘山山花节、汽摩节成功举办，全年接待游客120.11万人次，接待游客总收入9.27亿元，绿色"底片"擦靓泾源生态旅游"名片"入选全国绿色旅游目的地创新发展典型案例，荣获全国首批"避暑旅游目的地"称号，杨岭村被评为中国美丽休闲乡村。探索建立"户繁场育"联企带农养殖机制，建设"出户入园"示范场5个、"50"家庭牧场10家，补栏育肥牛3.28万头，新开设区内外泾源黄牛肉专营店32家，第七届黄牛节成功举办，全县肉牛饲养量达到11万头。持续推行中蜂养殖"大手连骨干拉小手"机制，建成中蜂产业融合发展示范园2个、百群以上标准化蜂场10个，种植蜜源植物3.4万亩，全县蜂群达到3.5万群。推进大湾乡杂交小尾寒羊产业示范基地建设，

2023年9月20日，泾源县举行宁夏·泾源第七届黄牛节暨农特产品直播带货庆丰收活动开幕式

培育千只肉羊养殖场1个、百只养殖场10个，全县肉羊饲养量达到7.1万只。泾河源镇高标准冷凉果蔬基地、兴盛乡蔬菜绿色标准示范园、黄花乡农业科技示范园建成投用，全县冷凉果蔬种植面积达到1.5万亩。建成菌菇繁育中心和示范园区6处，示范带动农户546户，菌菇种植规模达到515万棒。推进六盘山道地中药材种植示范基地建设，种植板蓝根、柴胡、黄芪等特色中药材4.7万亩。三峡能源一期项目有序推进，中能建投绿塬共享储能电站建成并网，实现产值2200万元。发挥闽宁协作区域资源优势，扶持服装箱包企业发展壮大，产值突破1亿元。

【乡村振兴】 严格落实“四个不摘”，统筹整合各类涉农资金2.69亿元，实施产业发展、基础设施提升等项目50个。持续深化“四查四补”，强化动态监测帮扶，新纳入监测对象135户581人，落实“一户一策”，消除风险60户232人。推进移民致富提升行动，实施产业、就业、基础设施配套等项目29项。推进小额信贷帮扶，新增贷款1.83亿元，贷款覆盖率达到71.6%。深化闽宁协作和央企定点帮扶，投入资金6155万元，实施项目45个。推动消费帮扶，外销各类农特产品1.83亿元。建立村集体经济发展“3655”工作机制，96个村集体收入均达到10万元以上，庞东村经济合作社荣获自治区示范农村集体经济组织。建设乡村振兴示范村15个，集美村获评自治区乡村振兴示范村。全面落实各项增收措施，全县脱贫人口人均纯收入同比增长16.5%，稳定实现“两个高于”目标。

【生态建设】 自治区党委十三届五次全会和“1+4”系列文件精神全面落实，生态文明建设深入推进。“四尘”管控持续加强，绿色施工全面推行，城乡冬季清洁取暖工程稳步推进。严格落实河长制，加大饮用水水源地保护，香水河县城段生态缓冲带修复工程全面竣工，农村生活污水处理设施稳定运行。全县环境空气质量和地表水环境质量均居全区第一。强化农村环境卫生综合整治，生活垃圾收集转运一体化示范项目全面建成，乡镇生活垃圾卫生填埋提升改造及封场工程全面完工。建设高标准农田2万亩，回收残膜708吨，畜禽粪污回收利用11万吨。黄河流域六盘山生态功能区山水林田湖草沙一体化保护和修复工程有序推进，实施燕家山生态修复1500亩，修复治理历史遗留矿山5.59公顷，完成国土绿化5.5万亩，森林覆盖率达到37.4%。

【城乡建设】 大力实施城市更新行动，城市基础设施补短板二期、县城生态修复项目全面完成，污水处理厂提标改造二期顺利推进，保障性安居工程配套供热管网建成投用，荣华园二期商业开发项目全面完工。大力实施乡村建设行动，持续深化农村人居环境综合整治，新建卫生厕所 1310 座，建设高质量美丽宜居村庄 3 个，荣获全国村庄清洁行动先进县。强化城乡水利服务保障，更新农村供水管网 43 公里，维修高效节水灌溉管道 10 公里，提升改造自来水防冻井 1.2 万户。实施城乡建筑节能改造 5 万平方米、农村热源清洁化改造 3700 户。加快推进农村电网改造，架设 10 千伏线路 24 公里、低压线路 83 公里。实施提升农村公路质量服务乡村振兴 3 年攻坚行动项目 115 公里、生命防护和水毁抢修道路 50 公里、特色旅游公路 3.7 公里，"商贸流通+物流整合服务"被评为全国第四批农村物流服务示范品牌，荣获全区提升农村公路质量服务乡村振兴示范县。

【改革创新】 加大科技创新力度，实施科技创新项目 67 项，新认定国家高新技术企业 1 家、自治区科技型企业 10 家、固原市科技型企业 8 家，发放"宁科贷"企业贷款 800 万元。推行"管委会+公司"运营模式，成立园区投资发展公司，引进星耀药业科技、泾水源冷链物流、泾泾牛王谷生态牧业等 7 家企业入驻园区，盛飞豪有限公司培育入规，园区产值突破 2 亿元。不断深化"放管服"改革，163 政务服务模式县乡一体化深入推进，"一窗受理""跨省通办""一业一证" 改革全面开展，24 小时不打烊自助服务区落地投用。出台落实全方位优化营商环境推动民营经济高质量发展工作措施 24 条，解决困难企业纾困资金 2760 万元。深入推进"六权"改革，完成农业、工业、养殖业用水权证颁发，用水权交易纳入自治区交易平台。用能权改革有序推进。核定初始排污权管理企业 141 家，政府储备权核算工作全面完成。国土空间规划体系初步建立，村庄规划编制全面完成，"三区三线"划定成果获批使用，流转土地 8000 亩。山林地调查落界 62.7 万亩，建设闽宁协作碳汇林 1446 亩，完成全区首笔农业碳汇交易 1.97 万吨，引进社会资本参与燕家山生态保护修复试点入选全区生态产品价值典型案例。

【民生福祉】 实施居民收入提升行动，推进"就业创业促进年"活动，培育创业实体 211 个，创造新岗位 406 个，城镇新增就业 602 人，安置城乡公益性岗位 230 人，发放创业贷款 5345 万元，劳动力转移就业 29006 人，实现工资收入 7.5 亿元。实施基础教育质量提升行动，第二中学建设项目全面竣工，第五幼儿园投入使用，城关二小、平凉庄小学宿舍楼建设如期完成，打造教育数字化试点校 1 所，装备智慧教室 19间。巩固"双减"和"五项管理"成果，高考综合改革进展有序，县内中高考再创新高，荣获全国红领巾中队 6 个。实施健康水平提升行动，推进健康泾源建设，医疗健康总院全面成立，县域医共体信息化平台搭建完成，县人民医院门急诊综合业务楼主体工程完工，重症医学科、卒中和胸痛中心建成使用，泾河源镇、大湾乡卫生院服务能力通过国家标准水平认定，国家卫生县创建顺利通过评估验收。社会保障不断加强，县老年养护院全面建成，残疾人托养中心成立运营，完成困难老年人居家适老化改造 518 户，养老机构新增护理型床位 382 张。实施城乡低保"增效+扩围"、高龄津贴"提标+扩围"行动，新增城乡低保对象 2346 人、高龄老年人 832 人，累计发放各类救助资金 8580 万元。城乡居民养老保险、医疗保险参保率均达到 95%以上。文体事业全面发展，提升改造文化示范点 5 个，完成文化惠民活动 120 场次，《柳毅传书》实景演出 100 场次。大庄村、集美新村多功能运动场建成投用，陕甘宁越野滑雪挑战赛、全市第四届中学生田径运动会顺利承办，宁夏首届残特奥运动会泾源县运动员勇夺4金1银。

【社会治理】 统筹发展和安全，自治区党委十三届四次全会精神及“1+37+8”系列文件全面落实，重大事故隐患专项排查整治2023行动深入开展，城镇燃气、道路交通、九小场所、森林草原防火、消防安全治理等重点领域安全风险隐患排查整治成效显著，排查各类问题隐患1万余条，整改率100%，“5·29”跨省联合应急救援演练反响良好，全区突发地质灾害应急避险演练在泾源县举行。党建引领基层治理“1+1+3”工作机制、社区治理“1+N”工作模式、乡村治理积分卡“5223”模式深化拓展，县乡综治中心标准化、实体化建设全面完成，荣获全区乡村治理示范县，新旗村荣获全国乡村治理示范村。深化平安泾源建设，创新推出“城市快警”，反诈三年行动纵深推进，打击治理电信诈骗实现“两升两降”，刑事案件、行政案件发案数实现“双下降”，县公安局法制大队荣获全区公安工作先进集体。“4+N”乡村一体下沉化解机制创新推行，矛盾纠纷排查和积案化解取得积极成效，荣获全国信访工作示范县。国家“食品安全示范城市”创建成效明显，质量强县和知识产权保护工作取得新进展。双拥示范县创建扎实推进，军地军民共建迈上新台阶。铸牢中华民族共同体意识示范县创建工作深入推进，感恩、认同、法治、文明“四项教育”全面深化，基层宗教治理不断深入，宗教和顺的良好局面更加巩固，创建区级民族团结进步示范单位3个、区市级模范集体6个，全国民族团结进步示范县通过区级复验，县委统战部获评全区民族团结进步模范集体。

【自身建设】 坚持党的全面领导，认真学习贯彻党的二十大和习近平总书记视察宁夏重要讲话指示批示精神，政府系统拥护“两个确立”更加坚决、践行“两个维护”更加坚定。深入开展学习贯彻习近平新时代中国特色社会主义思想主题教育，深入践行“四下基层”，检视整改问题67项，为民办实事154件。不断加强政府系统党的建设，认真履行党风廉政建设“一岗双责”，严格落实中央八项规定及其实施细则精神，坚决执行自治区“八条禁令”、固原市“十项规定”，扎实推进巡视、审计、国务院大督查及环保督察反馈问题整改，深入开展乡村振兴、粮食购销等领域专项整治，驰而不息纠正“四风”。牢固树立过“紧日子”思想，“三公”经费支出持续下降，政府债务化解成效明显。深入学习贯彻习近平法治思想，政府系统会前学法制度全面落实，“八五”普法扎实开展，党政机关争议问题“2+1+3”化解模式入围第三批全区法治政府建设示范项目，新旗村荣获全国民主法治示范村，庞东村、杨岭村荣获全区民主法治示范村。坚决落实县委工作部署，主动接受人大、政协和社会各界监督，人大代表议案建议、政协委员提案办复率均达100%。支持工青妇、残联、红十字会等群团组织开展工作。邮政、气象、通讯等工作取得新成绩。

政府全体（扩大）会议

【2月1日政府全体（扩大）会议】 2月1日，县委副书记、政府县长马晓红主持召开县人民政府全体（扩大）会议，传达学习了自治区人民政府第一次全体（扩大）会议、固原市人民政府第三次全体（扩大）会议精神，安排部署了政府系统重点工作。部分乡镇和部门就做好2023年重点工作、重点项目建设作了表态发言。会议指出，2023年是全面贯彻落实党的二十大精神的开局之年，也是落实自治区第十三次党代会部

署的发力之年，做好政府工作任务艰巨、使命光荣。各乡镇、各部门要切实增强“等不起”的紧迫感、“慢不得”的危机感、“坐不住”的责任感，聚焦目标任务，扛起责任、夯实举措、鼓足干劲，真抓落实、狠抓落实、大抓落实、抓好落实，奋力谱写全面建设社会主义现代化美丽新泾源壮丽篇章。会议要求，要提高站位抓落实，自觉从政治上把大局、看问题、抓落实，提高政治判断力、政治领悟力、政治执行力，坚决贯彻党中央、国务院决策部署和区市县党委的部署安排。要理清底数抓落实，注重拓宽知识面，突出侧重点，切实做到基本底数清、政策清、规律清。要提振状态抓落实，做到提高标准，提高效能，提高能力，高质量做好各项工作。要突出重点抓落实，强化经济调度，加快项目建设，紧盯产业发展，做好城乡建管，深化改革开放，持续改善民生，守牢安全底线。要转变作风抓落实，一抓到底、深入基层、贴近群众、严守纪律，把好作风落实到具体工作中。要加强调度抓落实，强化领导调度、倒逼机制和督查问责，督促各级各部门主动认账、逐项交账，倒逼责任落实。会议强调，为政之要，贵在力行，重在履事，全县各级各部门要以起步即冲刺的精神状态和开局必争先的务实举措，确保完成全年各项工作目标，以优异的成绩向全县人民交上一份满意的答卷。

【9 月 14 日政府全体（扩大）会议】 9 月 14 日，县委副书记、政府县长马晓红主持召开县人民政府全体（扩大）会议。会议传达学习了习近平总书记关于当前经济形势和经济工作重要讲话及做好安全生产工作重要讲话重要指示批示精神，全面落实国务院第二次全体会议、自治区政府第二次全体（扩大）会议、市政府第四次全体（扩大）会议要求，并对全县统筹做好下半年工作和 2024 年重点任务谋划进行了再部署、再推进。会议指出，各乡镇、各部门要正视成绩、审视不足，保持清醒、紧盯目标，持续增强完成年度目标任务的信心和决心，凝聚起全县上下狠抓落实的强大合力，确保全年目标任务高质量完成。会议要求，各乡镇、各部门要坚持质效优先、结果导向，全面优化县域经济社会发展的抓手举措。要努力实现经济稳步增长，在稳住工业、做强农业、拉动消费上持续发力，积极推动一二三产业融合发展。要奋力推动项目投资提质升级，在加快建设进度、强化招商引资、精准谋划项目上持续发力，积极推动项目谋划建设质效提升。要全力推动生态环境持续提升，在系统推进生态修复、持续推进污染防治、扎实推进绿色转型上持续发力，切实守好生态环境生命线。要着力推动民生保障提标扩面，在稳就业、保增收、兜底线上持续发力，不断提升人民群众的获得感、幸福感、安全感。要致力推动城乡发展互促融合，在规范城市建设管理、提升乡村建设质量上持续发力，不断优化城乡人居环境。会议强调，各乡镇、各部门要切实树立抓落实的导向，提高抓落实的本领，增强抓落实的质效，严守抓落实的纪律，守正创新、勇毅前行，为奋力谱写建设先行区和社会主义现代化美丽新宁夏的泾源县新篇章作出新的更大贡献。

政府常务会议

【第 24 次常务会议】 1 月 9 日，县委副书记、政府县长马晓红主持召开十八届县人民政府第24次常务会议。传达学习习近平总书记近期重要讲话精神及国务院、区、市相关会议精神，听取了有关情况汇报，研究审定了相关方案，安排部署了有关工作。

【第 25 次常务会议】 1 月 18 日，县委副书记、政府县长马晓红主持召开十八届县人民政府第 25 次常务会议。会议传达学习习近平总书记二〇二三年新年贺词和在全国政协新年茶话会上的重要讲话及在二十届中央纪委二次全会上的重要讲话精神；传达学习自治区“两会”精神，研究审定了有关事宜，安排部署了相关工作。

【第 26 次常务会议】 2 月 22 日，县委副书记、政府县长马晓红主持召开第 26 次政府常务会议。传达学习习近平总书记近期重要讲话精神，《中共中央国务院关于做好 2023 年全面推进乡村振兴重点工作意见》等全国、区、市有关文件和会议精神，研究了贯彻意见，审定了有关方案。

【第 27 次常务会议】 3 月 15 日，受县委副书记、政府县长马晓红委托，县委常委、政府副县长任伟主持召开第 27 次常务会议。会议传达学习了习近平总书记近期重要讲话精神和中央及区市有关会议、文件精神，研究审议了 2023 年度有关重点产业、重点工作方案，安排部署了相关工作。

【第 28 次常务会议】 3 月 22 日，受县委副书记、政府县长马晓红委托，县委常委、政府副县长任伟主持召开第 28 次常务会议。会议传达学习习近平总书记近期重要讲话精神，学习贯彻全国“两会”精神及国务院、区、市有关会议、批示精神，听取了相关工作汇报，研究审议了有关方案和报告，研究了其他事宜，安排部署了相关工作。会前组织学习了《中国共产党政法工作条例》。

【第 29 次常务会议】 4 月 19 日，县委副书记、政府县长马晓红主持召开县人民政府第 29次常务会议。会议传达学习习近平总书记近期重要讲话精神，学习了党中央和国务院及自治区有关会议、文件精神，听取了相关工作汇报，研究审议了有关方案，安排部署了相关工作。会议还研究了其他事宜，会前组织学习了《中华人民共和国黄河保护法》。

【第 30 次常务会议】 5 月 11 日，县委副书记、政府县长马晓红主持召开县人民政府第 30次常务会议。会议传达学习习近平总书记近期重要讲话和贺信、回信精神，传达学习中央和自治区有关会议精神，听取政府工作报告任务落实、民生实事办理、人大议案建议、政协提案意见建议办理及招商引资情况汇报，审议了有关文件，安排部署了下一步工作。会议还研究了其他事宜。会前，邀请政府法律顾问专题解读《政府信息公开条例》，并组织学习《中华人民共和国消防法》《宁夏回族自治区消防安全责任制实施细则》。

【第 31 次常务会议】 5 月 26 日，县委副书记、政府县长马晓红主持召开县人民政府第 31次常务会议。会议传达学习习近平总书记近期重要讲话重要指示精神，传达学习党中央、国务院及自治区有关会议精神，研究贯彻落实意见，安排部署下一步工作。会议还研究了其他事宜，会前组织学习了《中华人民共和国民法典》《中华人民共和国未成年人保护法》。

【第 32 次常务会议】 6 月 13 日，县委副书记、政府县长马晓红主持召开县人民政府第 32 次常务会议。会议传达学习习近平总书记近期重要讲话、回信、贺信精神，传达学习党中央、国务院和自治区有关会议精神，听取相关工作情况汇报，研究审议有关工作方案，安排部署相关工作。会议还研究了其他事宜，会前组织学习了《中华人民共和国民法典》和

《信访工作条例》。

【第33次常务会议】 7月4日，县委副书记、政府县长马晓红主持召开县人民政府第33次常务会议。会议学习贯彻习近平总书记近期重要讲话精神，传达学习中央及区市有关会议精神，听取粮食安全责任制落实、安全生产、生态环保等重点工作情况汇报，安排部署有关工作。会议还研究了其他事宜，会前组织学习习近平法治思想和《城镇燃气管理条例》。

【第34次常务会议】 7月17日，县委副书记、政府县长马晓红主持召开县人民政府第34次常务会议。学习贯彻习近平总书记近期重要讲话精神和中央及区市有关会议精神，听取安全隐患排查整治、防汛、信访等重点工作情况汇报，安排部署有关工作。会议还研究了其他事宜，会前组织学习了《中华人民共和国土地管理法》《中华人民共和国防汛条例》。

【第35次常务会议】 7月24日，县委副书记、政府县长马晓红主持召开县人民政府第35次常务会议。会议学习习近平总书记近期重要讲话和重要指示精神，传达学习中央及区市有关会议精神，听取重点工作情况汇报，安排部署有关工作。会议还研究了其他事宜，会前学习了《中华人民共和国乡村振兴促进法》。

【第36次常务会议】 7月30日，县委副书记、政府县长马晓红主持召开县人民政府第36次常务会议。会议传达学习习近平总书记在四川省考察时的重要讲话精神，学习讨论自治区党委关于安全生产系列文件，通报全县安全隐患排查整治工作情况，安排部署有关工作。会前还组织开展了集中学法活动，专题学习了《中华人民共和国退役军人保障法》。

【第37次常务会议】 8月7日，县委副书记、政府县长马晓红主持召开县人民政府第37次常务会议。会议传达学习习近平总书记近期重要讲话指示精神，再次传达学习自治区党委十三届四次全会精神及“1+37+8”系列文件要求，研究部署全县安全生产有关工作。会前还集中学习了《中华人民共和国安全生产法》。

【第38次常务会议】 8月16日，县委副书记、政府县长马晓红主持召开县人民政府第38次常务会议。会议传达学习习近平总书记近期重要讲话和重要指示批示精神，学习自治区党委十三届四次全会精神和固原市委五届八次全会精神，听取统计、发改、财政等重点领域工作情况汇报，研究部署相关工作。会议还研究了其他事宜，会前集中学习了《中华人民共和国统计法》。

【第39次常务会议】 9月5日，县委副书记、政府县长马晓红主持召开县人民政府第39次常务会议。会议传达学习习近平总书记重要讲话和重要指示批示精神，国务院和区、市有关会议文件精神，安排部署政府系统贯彻落实工作，研究审议有关事宜。会前集中学习了《中华人民共和国安全生产法》《宁夏回族自治区安全生产条例》《宁夏回族自治区燃气管理条例》。

【第40次常务会议】 9月24日，县委副书记、政府县长马晓红主持召开县人民政府第40次常务会议。会议传达学习近期党中央、国务院和区、市有关会议精神，研究贯彻落实意见，听取了法治政府建设、经济运行、项目谋划等工作情况汇报，研究审议有关事宜。

【第41次常务会议】 10月12日，县委副书记、政府县长马晓红主持召开县人民政府第41次常务会议。会议传达学习习近平总书记近期重要讲话精神、中央及自治区有关会议精神，研究政府系统贯彻落实意见，听取乡村振兴、信访工作、“12345”政务服务便民热线运行及办理等情况汇报，研究审议有关工作方案。会议还研究了其他事宜，会前学习了《中华人民共和国环境保护法》《固原市行政机关败诉案件过错责任追究办法（试行）》。

【第42次常务会议】 10月25日，县人民政府召开第42次常务会议。会议传达学习近期习近平总书记重要讲话精神、中央及自治区有关会议精神，传达固原市委五届九次全会精神，听取相关工作汇报，安排部署有关工作。会议还研究了其他事项，会前学习了《中国共产党宣传工作条例》《优化营商环境条例》。

【第43次常务会议】 11月22日，县委副书记、政府县长马晓红主持召开县人民政府第43次常务会议。会议传达学习习近平总书记近期重要讲话精神和中央、自治区有关会议精神，研究审议有关重点工作方案和事项，听取重点工作汇报，安排部署相关工作。会议还研究了其他事宜，会前组织学习了《社会保险经办条例》《医疗保障基金使用监督管理条例》。

【第44次常务会议】 12月19日，县委副书记、政府县长马晓红主持召开县人民政府第44次常务会议。传达学习习近平总书记对低温雨雪冰冻灾害防范应对工作、对甘肃临夏州积石山县6.2级地震作出的重要指示精神及近期重要讲话精神，传达学习中央经济工作会议精神，研究贯彻落实意见，通报全县1—11月经济运行情况，安排部署相关工作。会议还研究了其他有关事项，会前学习了《习近平法治思想学习纲要》和《宪法概述》。

【第45次常务会议】 12月24日，县委副书记、政府县长马晓红主持召开县人民政府第45次常务会议。学习贯彻中央农村工作会议精神、习近平总书记对“三农”工作作出的重要指示及近期重要讲话精神，传达学习全国、全区有关会议和文件精神，研究贯彻意见，听取相关工作汇报，安排部署近期工作。会议还研究了其他有关事项，会前学习了《防范和处置非法集资条例》。

政府专题会议

【全县安全生产暨森林草原防灭火会议】 2023年1月30日，县委副书记、政府县长马晓红主持召开全县安全生产暨森林草原防灭火会议。会议传达学习了近期区市领导批示指示精神和全市安全生产暨森林草原防灭火紧急会议精神，对全县近期安全生产和森林草原防灭火等工作进行了全面安排部署。张怀彪、李静出席会议，各乡（镇）人民政府、县安委会各成员单位主要负责同志参加会议。会议指出，安全生产事关发展大局、事业全局，是重大政治任务、重要民生工程。近期我们所面临的安全风险挑战不断增多，森林草原防灭火任务十分严峻，尤其是“1·26”六盘山镇蒿店荒山火情再次为我们敲响了警钟，各乡镇、各部门要进一步绷紧安全之弦，认真吸取火情教训，压实安全发展的“责任链”，聚焦重点领域、重点行业、重要时段，抓紧抓实抓细安全生产和森林草原防灭火各项工作，确保人民安居乐业、社会安定有序。会议强调，做好安全生产、森林草原防火、应急管理和道路交通等安全工作是当前我们各项工作的前提和保障，要做到万无一失，宁可百日紧，不可一日松，必须常抓不懈。各乡镇、各部门要进一步绷紧安全生产之弦，压实安全生产之责，抓在日常、严在平常、做到经常，做到守土有责、守土负责、守土尽责，以更大的决心，更有力的措施，更扎实的工作，坚决落实维护安全稳定的各项工作责任，为维护社会和谐稳定大局、服务经济社会发展做出应有的贡献。

【2023年安全生产暨消防安全工作专题会议】 2023年2月27日，县委副书记、政府县长马晓红主持召开2023年安全生产暨消防安全工作专题会议。会议传达学习了习近平总书记重要指示批示精神及全国安全防范工作视频会议、全区安全生产视频调度会议精神，对全国两会期间及近期全县安全生产各项工作进行了全面安排部署。政府副县长任伟、陈晓忞、杨璞、张怀彪、李静出席了会议，各乡（镇）人民政府、县安委会各成员单位主要负责同志参加了会议。会议指出，年初以来，在稳增长、调结构压力不断增大的大背景下，各乡镇、各部门认真贯彻落实区、市、县党委和政府的安排部署，坚持一手抓发展、一手抓安全，全面加强安全生产隐患排查整改，深入开展道路交通、危险化学品等各类专项整治，有效保证了全县安全生产形势稳定。但红寺堡“1·9”较大交通事故、六盘山镇火情发生等，又给我们敲响了安全生产的警钟。随着全县重大项目开工建设，特别是全国两会临近，我们决不能再叠加任何不稳定因素。各乡镇、各部门要进一步增强忧患意识、危机意识和责任意识，全面落实中央和区市部署，坚决克服厌战情绪，细之又细、严之又严地做好各项安全生产工作，为泾源新一轮高质量跨越式发展提供强有力的安全保障。会议要求，各乡镇、各部门要深刻认识做好安全生产工作的极端重要性，坚持底线思维，增强忧患意识，在落实“党政同责、一岗双责、齐抓共管、失责必追”和“三个必须”的基础上，对号入座，各负其责、共同发力，切实做到有责、知责、明责、负责，全面提升安全生产治理水平，坚决筑牢安全生产防线。会议强调，做好安全生产工作，事关全局、责任重大。各乡镇、各部门要认真落实国家和区市有关要求，深刻吸取阿拉善左旗矿山事故教训，以“时时放心不下”的责任感、“眼睛瞪得大大”的敏锐性和“事事落实到位”的执行力，坚决按照县委和政府关于安全生产决策部署要求，高度警惕，居安思危，未雨绸缪，切实强化风险研判，守住安全底线、以更高标准、更实举措、更严要求抓好安全防范，为确保全县安全生产形势持续稳定做出自身积极贡献。

【2023年第二批次集体农用地转为集体建设用地专题会议】 2023年4月6日，县委常委、政府副县长任伟主持召开2023年第二批次集体农用地转为集体建设用地专题会议，研究了泾源县2023年第二批次集体农用地转为集体建设用地事宜。县纪委监委、政府办、发改局、财政局、自然资源局、文旅局、审计局、审批局、六盘山镇、黄花乡、兴盛乡、香水镇、大湾乡、新民乡及泾河源镇负责人参加了会议。会议决定，原则同意县自然资源局提交的《关于泾源县2023年第二批次集体农用地转为集体建设用地的请示》（泾自然资发〔2023〕64号），对土地产权明晰、界址清楚、没有争议的集体农用地10.7844公顷（耕地10.6438公顷）转用为集体所有建设用地并办理相关手续。由县自然资源局按照土地管理有关程序，报自治区审批。

【全县巩固拓展脱贫攻坚成果同乡村振兴有效衔接工作推进会议】 2023年5月8日，县委副书记、政府县长马晓红主持召开全县巩固拓展脱贫攻坚成果同乡村振兴有效衔接工作推进会议。会议传达学习国家和自治区关于实施乡村振兴战略有关法律法规和文件精神，听取各相关单位工作开展情况汇报，通报了巩固拓展脱贫攻坚成果同乡村振兴有效衔接近期工作开展情况，安排部署了下一步工作。会议指出，2023年以来，全县广大干部群众接续奋斗、齐心协力，防返贫监测帮扶工作扎实开展，脱贫群众收入稳定增长，项目建设有序推进，巩固拓展脱贫成果和全面推进乡村振兴战略实施，取得了良好成效。但对标国家和自治区巩固拓展脱贫攻坚成果成效考核，工作中仍然存在一些问题。各乡镇、各有关部门要高度重视，站在讲政治的高度，认真学习领会上级文件和重要会议精神，切实增强巩固拓展脱贫攻坚成果、全面推进乡村振兴的思想自觉、行动自觉，坚持问题导向、目标导向、效果导向，扛起政治担当，不折不扣抓好党中央、国务院和区市县党委、政府决策部署的贯彻落实，扎实推动巩固拓展脱贫攻坚成果同乡村振兴有效衔接取得新进展、新成效。

【全县安全生产工作专题会议】 2023年6月24日，县委副书记、政府县长马晓红主持召开全县安全生产工作专题会议。会议传达学习了习近平总书记对宁夏银川市兴庆区富洋烧烤店燃气爆炸事故作出的重要指示精神和自治区党委常委会会议、自治区党委常委会专题会议、自治区人民政府关于银川市兴庆区燃气爆炸事故分析研判会议精神，听取了县安委会各副主任、政府党组成员近期带队督导检查安全生产工作情况汇报，安排部署了全县安全生产工作。县人民政府各副县长、政府各组成部门及各乡镇人民政府主要负责人参加了会议。会议指出，习近平总书记对宁夏银川市兴庆区富洋烧烤店燃气爆炸事故作出的重要指示精神，充分体现了人民至上、生命至上的执政理念和为民情怀。各乡镇、各部门要深入学习贯彻习近平总书记关于安全生产的重要论述，认真落实习近平总书记对宁夏银川市兴庆区富洋烧烤店燃气爆炸事故作出的重要指示精神，坚定不移贯彻总体国家安全观，坚持人民至上、生命至上，按照区市党委、政府和县委的安排部署和工作要求，始终保持高度警醒，全面加强安全防范，以“时时放心不下”的责任感，全力做好防风险、除隐患、保安全、护稳定等各项工作。会议强调，各乡镇、各部门要坚持举一反三，聚焦重点领域、重点行业严格开展排查整治，切实提升排查整治质量，做到措施不到位不放过、问题不解决不放过、责任不落实不放过。

信访工作

【概　况】 2023年，信访局深入学习贯彻落实党的二十大精神和习近平总书记关于加强和改进人民信访工作的重要思想，坚持人民至上、稳字当头，牢记为民解难、为党分忧的政治责任，紧紧围绕县委和政府中心工作，坚持和发展新时代“枫桥经验”“浦江经验”。全年共接待群众来信来访117批，同比下降8.6%，及时受理率100%，按期答复率98.62%，信访部门满意率98.32%，责任单位满意率95.76%。

【责任落实】 坚持把信访工作作为夯实党的执政基础和维护社会和谐稳定的重要抓手，县委主要领导主持召开信访专题会议3次，政府常务会议听取信访工作3次，分管领导主持召开信访联席会议4次，传达中央和区市会议精神，研究信访重大问题、推进信访积案化解。县委和政府主要领导坚持以上率下压责任，亲自包案、亲自协调、亲自推动重大信访事项化解，批阅群众来信、每周访情39次。

【信访问题治理化解】 制定印发《泾源县信访问题源头治理三年攻坚行动实施方案》《关于常态化治理重复信访化解信访积案的实施方案》，突出落实“一重点两重复双交办”机制，全面梳理排查信访积案，建立和完善控增量、减存量、防变量“三张清单”，重新调整县级领导包案化解，县四套班子“一把手”主动认领群体性疑难案件化解，全面开展接访、约访、下访，逐件攻坚、逐案推进、逐项化解。坚持信访联席会议机制与“4+N”乡村一体下沉机制深度融合，联合主责部门集中“会诊”、带案“下诊”，组织召开协调会、见面会、谈心会25次，化解重点信访问题11件，有效推动了全县信访形势总体平稳。

【学习宣传】 制定印发《泾源县学习贯彻〈信访工作条例〉落实年活动的通知》，各级组织高度重视《信访工作条例》学习宣传贯彻落实，将《信访工作条例》纳入党委(组)会、理论学习中心组学习内容，纳入“八五”普法和干部教育培训年度计划、干部职工年度学法计划。联合相关部门举办2期《信访工作条例》业务培训班，参训265人次。加大宣传力度，为各乡镇统一制作宣传展板28块，印制宣传彩页，定制围裙、纸杯若干，在人员密集场所开展集中宣传3次，各乡镇、行政村通过举办专题讲座、制作展板、悬挂横幅、印制彩页、实物宣传、“两微一端”等多方式，“板凳会”“小院讲堂”等“村言村语”，实现了《信访工作条例》宣传全覆盖、无盲区。

2023年4月14日，泾源县信访局开展《信访工作条例》法治宣传

机关事务管理

【概　况】 2023年，机关事务服务中心在县委和政府的正确领导下，在区、市机管局的大力指导下，坚持以习近平新时代中国特色社会主义思想为指导，深入贯彻落实党的二十大和自治区第十三次党代会精神，坚决贯彻落实区、市县决策部署。坚持围绕中心、服务大局，以构建“大服务、大保障、大后勤”新型服务体系为目标，按照“管理规范、保障有力、服务到位”的要求，不断提升机关事务管理水平和服务质量，为全县经济社会发展提供了有力保障。

【理论武装】 坚持“二五”学习制度，采取集中学习讨论、开展研讨交流等不同形式，持续深入学习贯彻习近平新时代中国特色社会主义思想和党的二十大精神，做到深学真悟笃行，不断夯实思想基础。结合开展学习贯彻习近平新时代中国特色社会主义思想主题教育，及时组织学习党的二十大和自治区第十三次党代会精神，增强“四个意识”、坚定“四个自信”、做到“两个维护”，坚持以人民为中心，开展大学习大讨论活动，不断深化思想认识，加强学习成果转化。利用领导班子集中学习和个人自学等方式，通过组织党员干部开展学习，保证党员干部学习不“断档”，思想不“滑坡”。加强党风廉政建设，严格落实党风廉政建设责任制，加强对干部职工的廉政教育，坚决防止和纠正“四风”问题，营造风清气正的工作环境。

【公务接待】 深入贯彻落实中央八项规定精神、自治区“八条禁令”精神及市、县关于公务接待相关规定，严格标准、严格要求、严格审批手续，坚决贯彻落实对口接待规定，没有出现违规、超范围、超标准接待，公务接待符合规定。

【公车改革】 将公车平台公务用车车辆资产及编制统一划转至泾源县机关事务服务中心，成立泾源县公务用车服务平台，集中纳入统一管理、统一调配。车改后其他各单位保留的公务用车编制在原单位，由原单位自行使用、管理。加强集中管理车辆保障，严格落实责任，规范汽车使用行为，科学组织汽车保养、年检以及更新，更好地为用车单位做好保障工作。加强对租赁公司的培训和引导，强化其职业道德、优质服务等行业行为规范，加大监管力度，着力提升汽车租赁公司服务保障水平。

【公共机构节能】 实施示范创建工程，创建完成了第二批1家、第三批2家、第四批1家国家级节约型公共机构示范单位。全县党政机关、事业单位节水型公共机构创建分别达到52个和134个，节水型公共机构覆盖率分别达到100%和90.3%，完成了90%的目标值。根据（宁机管发〔2020〕31号）文件要求，创建自治区节约型机关45家，占比91.8%，超过了创建70%的目标值。

【办公用房管理】 深入贯彻落实《宁夏回族自治区党政机关办公用房管理办法》，党政机关办公用房管理信息化、标准化、规范化进一步提升。全县各单位办公用房使用管理符合规定，办公用房资源合理配置和节约集约使用。

【服务管理】 加强对物业公司管理，严格进行考核，做好安全保卫、消防安全管理、会务服务、保洁等工作，后勤服务工作质量得到进一步提高。加强对机关食堂的管理，提高饭菜质量和服务水平，为干部职工提供良好的就餐环境。

综　述

【概　况】 2023年是全面贯彻中共二十大精神的开局之年，是落实自治区第十三次党代会安排部署的发力之年，也是县政协十四届委员会履职抓深化求拓展的关键之年。一年来，在县委坚强领导和区市政协精心指导下，县政协常委会坚持以习近平新时代中国特色社会主义思想为指导，全面贯彻落实党中央决策部署和区市县党委工作要求，把加强思想政治引领、广泛凝聚共识作为中心环节，充分发挥协商民主重要渠道和专门协商机构作用，围绕中心谏良言、紧扣大局谋实策、团结各界聚合力，为助力全县经济社会高质量发展做出积极贡献。

【组织领导】 县委高度重视政协工作，全方位支持政协高质量履职，把政协工作纳入县委工作总体布局，与全县工作一体谋划、一体推进。县政协坚持“党委有部署、政协有落实”，始终做到政协的一切工作在县委领导下开展，一切重要活动围绕全县中心任务进行，一切重要安排报县委审批后实施，坚决把县委的各项决策部署贯彻落实到政协履职的全过程、各方面，确保政协事业始终沿着正确的政治方向前进。全年向县委请示重大事项、重要会议、重点工作17次，提交专题报告11份，邀请县委和政府领导出席政协活动26次，确保各项工作有序推进，成效显著。

【主题教育】 按照统一部署，突出政协特色，推动主题教育与政协履职互融互促、走深走实。认真落实“第一议题”制度，深学细悟习近平新时代中国特色社会主义思想，跟进学习“最新篇”，认真学习“宁夏篇”，贯通学习“政协篇”，县政协党组理论学习中心组、主席会议专题学习38次、常委会集体学习5次，开展“树立正确政绩观”等专题研讨16人次，主席会议成员带头“四下基层”，开展调研23次，形成调研报告4篇，梳理发现问题7个，提出意见建议15条，建章立制8项，以“铸牢中华民族共同体意识”“特色产业发展”等为主题，举办“委员大讲堂”19场次，开展“沿着总书记足迹·感悟思想伟力”等实践活动5项，教育引导全体委员和机关干部奋进新征程，建功新时代，更加坚定自觉地捍卫“两个确立”，做到“两个维护”，凝聚起了党员干部学深悟透、感恩奋进的高度自觉，发挥了政协调查研究、建言资政的独特优势，持续展现了政协系统围绕中心、服务大局、干事创业的履职作为，主题教育取得阶段性成效。

【全面从严治党】 贯彻落实党中央和区市县党委关于加强新时代人民政协党的建设工作要求,发挥政协党组在把方向、管大局、保落实上的重要作用。将60名中共党员委员按界别纳入4个专委会功能型党支部,实行双重管理,做深做实“党组成员联系政协常委”“政协常委联系党员委员”“党员委员联系党外委员”等工作,促进党建链引领委员链、委员链带动履职链。履行全面从严治党主体责任和党组成员“一岗双责”职责,党组会议研究部署意识形态、党风廉政建设7次,开展廉政教育活动5次,谈心谈话36人次,党组领导力号召力、机关执行力战斗力、委员凝聚力向心力明显提升。

【提案办理】 坚持精益求精,做好提案征集、审查、交办工作,着力在加强提案督办、深化办理协商、增强办理实效上下功夫,政协十四届二次会议提案立案88件,立案率92.6%,召开提案交办督办会4场次,开展提案督办活动2次,10件提案由县委、政府和政协领导领衔督办,16项协商成果交由县委和政府督查室跟踪督办,提案办复率100%,实效率91%,有效推动了提案办理从“答复满意”向“结果满意”转变,一批事关全县高质量发展和群众切身利益的实际问题得到妥善解决,提案办理成为推动县委和政府决策落实的有力举措。借助全国和区市政协平台呼吁解决影响泾源县发展的突出问题,驻宁全国政协委员蒋齐深入泾源县调研,向全国政协会议提交的《关于支持建立六盘山区省域生态补偿机制的提案》被立案办理。驻泾委员在区市政协全会上提交的关于支持中蜂产业发展、加快建设新能源充电桩、提高职业教育办学水平、加强道路沿线旅游观光点建设、帮助联通天然气等提案12件,均得到有效办理。

2023年9月11日,县政协主席李刚(右二)带领部分委员督办重点提案办理情况

【民主监督】 贯彻落实中共中央办公厅《关于加强和改进人民政协民主监督工作的意见》和区市县党委具体要求,探索监督成果转化的规律特点。出台《民主监督员选派办法》,推进特邀监督员工作程序化、规范化建设,全力支持委员履职尽责。开展防返贫动态监测帮扶、农村小微权力运行视察活动2次,专题听取国民经济和社会发展计划、安全隐患排查整治等工作5次,参与全县水价听证、煤炭询价等决策活动7次,列席县委和政府重要会议40余场次,持续拓展民主监督和知情明政渠道。深入贯彻自治区党委十三届四次、五次全会精神,认真落实区市政协和县委有关要求,组织消防安全和生态环保政策宣讲活动5场次,深入相关领域督导检查31次,协调推动化解安全风险和苗头隐患,督促问题及时整改。通过制度运行、民主程序和

有效工作，展现政协在助推部署落实中的担当作为。

【协商调研】 坚持“党政所需、群众所盼、政协所能”原则，紧扣事关全县高质量发展大局和民生福祉改善的大事要事难事，精选协商议题，积极协商议政。会同县委和政府精心制定年度协商计划11项，围绕耕地保护、粮食安全、县属国有企业改革、“1+3+X”产业发展等方面，吸纳界别委员深入调研，实事求是、客观公正反映了工作中存在的困难和问题，提出了中肯的意见建议，形成有“含金量”的调研视察报告10篇。协同区市政协完成“三山”保护、肉牛产业、民宿经济发展、碳汇林建设等专项调研7次。围绕优化营商环境、教育质量提升、移风易俗等主题开展专题协商5次、对口协商6次、“有事好商量”议事活动5次，开展生态经济、服装箱包产业等专班工作调研7次，形成了一批高质量议政成果，呈送的“关于推进肉牛全产业链发展，实现肉牛产业提质增效”等9份调研视察报告得到县委和政府主要领导批示，相关建议被职能部门采纳，为县委及政府科学民主决策和精准施策提供了重要参考。

【社情民意】 坚持把社情民意信息作为传递民情、了解民意的重要途径，注重在调研视察中深入了解诉求、在座谈交流中广泛征集建议、在跟踪督办中有效推动落实，健全社情民意收集、落实、跟踪、反馈工作机制。先后报送社情民意信息45期，提出意见建议67条，其中，“关于有效清理中小企业欠款的建议”等27件社情民意信息得到县委和政府主要领导批示办理。组织委员和相关部门开展“微协商”4场次，找准问题症结，商议解决办法，促成沿街餐饮店治理、城区停车场不足等问题解决，推动开设职工餐厅、农特产品进商超等建议办理落实。一批事关县域经济发展和惠及民生的社情民意，得到了相关部门采纳和有效办理，受到广大群众好评，实现“有事好商量、问题好解决”，社情民意信息收集办理落实成为2023年政协工作的“点睛之笔”。

2023年8月17日，县政协在县工业园区协商议事堂开展有事好商量活动

【协商建言】 政协委员紧扣民生改善的实事、社会治理的难事，开展“深入群众、联系界别、服务基层”活动，广泛听取民意，主动为民建言。面对企业发展的痛点堵点，开展“优化营商环境，助推企业发展”协商议事会，召集市场监管、审批服务等部门直面问题、沟通协商，帮助企业现场解决实际困难8件。面对群众关切的居民小区道路硬化和矛盾纠纷化解等问题，深入社区协商议事，向公安、住建等部门现场交办问题4条并跟踪督办。同时，及时反映农村污水处理、小区物业管理、校园周边食品安全等涉及民生领域意见建议19条，得到相关部门高度重视和及时办理。

【公益事业】 倡导政协委员及社会各界积极参与公益活动，牵头成立爱心济困协会，监督指导募捐资金，广泛开展扶危济困、慈善救助活动。资助困难大学新生54名，救助农村低收入家庭8户，走访慰问老党员、困难群众6户。支持鼓励政协委员发挥自身优势，深入群众开展健康义诊、送戏下乡等"为民办实事"实践活动17场次。

【交流联谊】 主动加强与上级政协和兄弟县区政协交流合作，自治区政协主席陈雍等区市领导多次深入泾源调研指导工作，报送的《关于赴福建古田、云南永胜等地考察菌菇产业情况》《关于泾源县民宿经济发展的思考》等调研报告，得到陈雍主席批示转办。先后接待海南省政协，鄂尔多斯市政协以及陕西陇县、甘肃镇原县及区内兄弟县区政协来泾考察交流活动12批次，建立的《县党政部门向县政协通报重要情况制度》被四川古蔺县学习借鉴，展示了良好对外形象。围绕产业发展、社会治理、自身建设等工作，组织委员前往陕西西安和区内银川西夏区、石嘴山平罗县、吴忠利通区、中卫中宁县等地考察学习，借鉴先进经验，推动工作提质。结合燕归巢行动，开展对外联络交流，大力宣传推介泾源，支持引导企业家回乡创业。

【文史宣传】 深化"书香政协"建设，在县图书馆设立"政协书屋"，常态化开展委员读书交流分享活动，努力让书香成为政协的鲜明气质。收集整理闽宁协作和泾源籍在外人士事迹，组织编撰《山海的交响》《走南闯北泾源人》等图书，与区内外政协系统互赠文史图书500余册，充分发挥文史资料存史资政、团结育人作用。利用政协履职通App、泾源政协微信公众号等载体，发布政协工作和履职动态160余篇，《华兴时报》《固原日报》等媒体报道泾源经验做法和委员事迹23篇，全方位多渠道发出人民政协好声音。

2023年6月20日，固原市政协系统观摩团到泾源县观摩

【专门协商机构建设】 以新修订的政协章程为遵循，修订完善常委会通则、协商工作规则、协商成果反馈办理办法等制度31项，推动政协工作制度化、规范化、高效化。坚持一体多用，着力打造委员履职综合体，设立7个乡镇委员联络小组和社区"民生议事堂"、轻工产业园区"有事好商量"等协商议事平台，新建10个界别委员工作室、委员会客厅，推进政协协商向基层、向各领域、各行业和产业链拓展延伸，在全市政协系统"两项建设"现场观摩会中得到一致好评。探索搭建协商阵地、委员履职和服务群众平台，推动政协工作创新发展的"335"工作机制，被《宁夏政协简讯》刊发交流，充分展示推进全过程人民民主的泾源生动实践。完善班子成员和专委会联系界别、联系党政对口部门、联系乡镇委员联络小组的"三联"

机制，定期走访界别委员，帮助协调解决委员和委员企业的困难和问题。制定《委员管理办法》《委员考核办法》，明确委员履职“五个一”活动，对“履职作业”进行量化考核，严格委员履职综合评价，表彰履职优秀委员 15 名，推行委员动态化管理，依章依规督促 23 人退出委员队伍，增补委员 21 名，举办委员履职能力提升培训班、冰雪运动体验、委员书画摄影作品展等活动，多角度展示委员专业特长，进一步激发新时代政协委员新活力。开展“转作风、勇担当、勤履职、提效能”行动，持续推进“五型模范机关”创建，制定年度工作要点、重点任务清单，按照“活动有方案计划、每月有协调推进，半年有梳理剖析”的要求，项目化、时序化推进重点工作，主席会议每月听取专委会工作进展，适时下发工作提示，督促任务落实落细。制定出台《委员履职经费保障办法》，用心用情做好委员履职服务保障，努力将政协机关建成政协委员的温馨之家。

重要会议

【十四届常务委员会第 9 次会议】 2023 年 4 月 7 日在县行政中心 423 会议室举行。应到常委会组成人员 27 人，实到21人。组织部、统战部、财政局及政协各参加单位负责人、5 名政协委员列席了会议。李刚主持会议。会议学习了《中国人民政治协商会议章程》；传达学习了全国两会精神、自治区纪委十三届二次全会精神、市纪委五届三次全会精神、县纪委十五届三次全会精神等；审议通过了《政协泾源县委员会 2023 年工作要点》《2023 年重点工作责任分工方案》《泾源县政协委员履职经费保障管理使用暂行办法》；通过了有关人事任免和委员增补事宜。

【十四届常务委员会第 10 次会议】 2023 年 7 月 17 日在县图书馆 4 楼多功能厅举行。应到常委会组成人员 27 人，实到 19 人。发改局、农业农村局、公安局、市场监管局、住建局、应急管理局、乡村振兴局、消防大队和政协各参加单位负责人、部分政协委员列席了会议。会议传达学习了习近平总书记对银川市兴庆区富洋烧烤店燃气爆炸事故的重要指示精神，梁言顺书记听取自治区政协“困难群体救助帮扶”调研汇报时的讲话精神，梁言顺、陈雍、滑志敏在自治区政协工作专报上的批示精神，自治区政府主席张雨浦来固原调研精神，自治区政协主席陈雍、固原市委书记滑志敏调研固原政协工作时的讲话精神，《自治区领导同志督查暗访通报》（第 22 期）、《自治区党委办公厅关于对自治区党委部署不力防范安全隐患失职失责人员进行追责问责和组织处理情况的通报》、自治区政协办公厅《关于三级政协委员和政协系统干部职工积极做好安全隐患排查工作的通知》、市政协办公室《关于印发〈充分发挥全市政协系统在安全生产工作中作用的“十条措施”〉的通知》和县政协办公室《关于泾源县政协委员和政协机关干部职工积极做好安全隐患排查工作的通知》要求，市政协五届十次、十一次常委会会议精神；听取了县安委办关于全县安全隐患大排查大整治工作情况通报；审议通过了《关于对我县落实防返贫动态监测帮扶机制，巩固拓展脱贫攻坚成果同乡村振兴有效衔接工作视察报告》；审议通过调整部分政协委员界别的建议名单、县政协各界别召集人建议名单、《关于乡镇政协委员联络小组、委员会客室等协商平台规范运行的工作方案》；县政协党组书记、主席李刚作总结讲话。

【十四届常务委员会第 11 次会议】 2023 年 10 月 13 日在县图书馆 4 楼多功能厅举行。应到常委会组成人员27人，实到20人。纪委监委、县委组织部、县委统战部、自然资源局、农业农村局、乡村振兴局、香水镇、六盘山镇、泾河源镇、大湾乡、黄花乡、兴盛乡、新民乡和政协各参加单位负责人、部分政协委员列席了会议。县政协副主席于清海主持会议。会议传达学习了习近平总书记在浙江考察时重要讲话精神，对新时代办公厅工作、就推进新型工业化作出的重要指示精神，致2023北京文化论坛、第六届海峡两岸青年发展论坛的重要贺信精神，给东北大学全体师生重要回信精神，向全国广大农民和工作在“三农”战线上的同志们致以节日祝贺和诚挚问候精神，在9月27日中共中央政治局会议、中共中央政治局第八次集体学习、庆祝中华人民共和国成立74周年招待会上的重要讲话精神，对妇女儿童工作、就深入推进自由贸易试验区建设作出的重要指示精神，向全球可持续交通高峰论坛致贺信精神，勉励中国人民公安大学在读英烈子女重要回信精神，对宣传思想文化工作作出的重要指示精神；在学习贯彻习近平新时代中国特色社会主义思想主题教育工作会议上的重要讲话精神和中央学习贯彻习近平新时代中国特色社会主义思想主题教育第一批总结暨第二批部署会议精神、全区学习贯彻习近平新时代中国特色社会主义思想主题教育第一批总结暨第二批部署会议精神、全市学习贯彻习近平新时代中国特色社会主义思想主题教育工作会议精神、全县学习贯彻习近平新时代中国特色社会主义思想主题教育工作会议精神；传达学习了梁言顺同志在自治区党委十三届五次全会上的讲话精神、自治区党委十三届五次全会公报、雷东生同志总体说明及《关于深入学习贯彻习近平总书记重要讲话精神　全面推进新征程生态文明建设　加快建设美丽宁夏的意见》精神，自治区政协十二届常委会第四次会议精神、全区反映社情民意信息工作座谈会议精神、市政协五届十二次常委会会议精神；审议通过了《中国人民政治协商会议泾源县委员会常务委员会工作规则》《关于泾源县“严格耕地资源保护　夯实粮食安全根基”工作的视察报告》《关于我县推进肉牛全产业链发展实现肉牛产业提质增效工作的视察报告》《关于对我县铸牢中华民族共同体意识示范县创建工作情况的视察报告》《关于对我县乡村振兴中农村基层“小微权力”规范运行情况视察报告》；研究通过委员增补事宜；县政协党组书记、主席李刚作总结讲话。

【十四届常务委员会第12次会议】 2023年12月28日在县行政中心423会议室举行。应到常委会组成人员26人，实到23人。县政协副主席于清海主持会议。会议传达学习了习近平总书记在中共中央政治局专题民主生活会上的重要讲话精神、在中央农村工作会议对“三农”工作作出的重要指示精神、对甘肃临夏州积石山县6.2级地震作出重要指示精神、在广西考察时的重要讲话精神、对低温雨雪冰冻灾害防范应对工作作出重要指示精神，中央经济工作会议精神，自治区党委十三届六次全会精神；听取了一府两院工作情况通报；研究通过了委员增补事宜；协商通过了召开县政协十四届三次会议有关事项；协商讨论了十四届三次会议常委会工作报告和提案工作情况的报告；协商通过了政协泾源县委员会2024年度协商工作计划和《关于对我县整合优势资源　做大做强县属国有企业工作情况的视察报告》《关于对我县围绕“1+3+X”产业体系，加大招商引资工作力度，助力县域经济高质量发展工作情况的视察报告》；协商通过了《政协泾源县委员会协商工作规则》《政协泾源县委员会关于加强和促进凝聚共识工作的实施意见(试行)》《政协泾源县委员会关于进一步健全完善制度机制加强委员联系界别群众工作的实施意见(试行)》;政协十四届委员会常务委员进行了述职。

【政协泾源县第十四届委员会第三次会议】 2024年1月5—7日,中国人民政治协商会议泾源县第十四届委员会第三次会议在县人民会堂召开,会议应到委员146人,实到134人。县委书记王荣,县委副书记、政府县长马晓红,县人大常委会主任李白虎,县政协主席李刚,县委副书记、政法委书记张明,县委副书记、政府副县长吕子明,县政协副主席孙阿娜、于清海和秘书长咸永升等出席开幕和闭幕会。县委书记王荣在开幕会上作了讲话,大会执行主席孙阿娜主持开幕大会,李刚代表政协泾源县第十四届委员会常务委员会作工作报告,于清海向大会报告十四届二次会议以来提案办理工作情况。于清海主持闭幕会,李刚在闭幕会上作了讲话。会议审议通过了《政协泾源县委员会2024年度协商工作计划》《中国人民政治协商会议泾源县第十四届委员会第三次会议提案审查情况的报告》和《中国人民政治协商会议泾源县第十四届委员会第三次会议政治决议》。

专门委员会

【提案和委员联络委员会】 对县政协十四届二次会议期间收到的委员提案及时转交县委办、政府办,并加强联系沟通将提案全部分解到承办单位,同时筛选了10件重点提案,由县委和政府、政协主要领导和分管领导领衔督办,使委员提案得到很好的办理和落实。对政协参加单位和政协委员履职考核,每个常委向十四届常委会提交了述职报告,所有委员填写了《泾源县政协委员履职量化考核评分表》,由各专委会对委员职责情况进行评分,对表现突出的委员进行了表彰,调动了政协委员履职尽责、建言献策、民主协商的积极性和主动性。全力实施政协十四届三次会议的准备工作。

【经济委员会】 坚持政治理论学习不放松,采取自学、参加政协党组学习、功能型党支部学习等形式,学习习近平总书记重要讲话指示批示精神,通过学习,提高了政治素养,深刻领会了“两个确立”的决定性意义,增强“四个意识”、坚定“四个自信”、做到“两个维护”,准确把握人民政协性质定位,为做好新时代人民政协工作奠定了坚实的政治理论基础。加强专门委员会建设,拓展委员联系群众渠道,依托委员工作室,面向界别群众收集社情民意,反映界别群众的意见诉求,开展委员学习和履职活动。发挥“委员大讲堂”平台作用,及时向界别群众宣传自治区十三届四次、五次全会精神,影响带动界别群众统一思想、凝聚共识。加强功能型党支部建设,发挥党员委员思想政治引领作用,组织支部党员认真学习习近平总书记重要讲话指示批示精神,及时把中共中央和自治区党委重要会议、重要文件精神传达给广大委员。全年功能型党支部开展活动4次,党员委员撰写学习体会文章13篇。按照县政协2023年度协商计划和重点工作安排,开展调研视察活动,完成泾源县落实防返贫动态监测机制,“严格耕地资源保护,夯实粮食安全根基”“推进肉牛全产业链发展,实现肉牛产业提质增效”“围绕整合优势资源,做大做强县属国有企业”、围绕构建“1+3+X”产业体系,加大招商引资工作力度,助力县域经济高质量发展等五次调研视察活动,并形成五份高质量的调研视察报告。配合区市先后开展了推进肉牛全产业链发展、民宿经济发展情况、国家林业碳汇试点市建设等调研活动，对固原市政协开展的严格耕地资源保护，夯实粮食安全根基、关于创新新型农业经营主体培育体制机制、提升优化营商环境政策落实质效等调研活动收集提供调研资料。

【教科文卫体委员会】 2023年，泾源县教科文卫体委员会认真学习党的二十大精神，自治区党委十三届四次、五次、六次全会精神和市县党委会议精神；参加学习贯彻习近平新时代中国特色社会主义思想主题教育，学习《习近平著作选读》（第一卷、第二卷）、《习近平新时代中国特色社会主义思想专题摘编》《习近平新时代中国特色社会主义思想的世界观和方法论专题摘编》《习近平关于调查研究论述摘编》《高举中国特色社会主义伟大旗帜为全面建设社会主义现代化国家而团结奋斗》等篇目，用蕴含在习近平新时代中国特色社会主义思想中的立场、观点和方法想问题、搞调研、写报告，联系委员、协商议事、参政议政，用习近平新时代中国特色社会主义思想武装头脑。参加政协举办的委员能力提升培训班、全县党员进党校培训班，政协党组、主席会议和单位支部的各种会议，铸牢中华民族共同体意识，并将其付诸实践，提高政治“三力”，深刻领会“两个确立”的伟大现实意义和深远历史意义，做到“两个维护”，同党中央保持高度一致。组织相关委员视察前培训，认真视察，发现问题，鼓励委员知无不言、言无不尽。以习近平新时代中国特色社会主义思想为指导撰写视察调研报告，《关于实施教育质量提升计划，巩固义务教育均衡发展成果的视察报告》和《关于对我县“提升居民文明素养　推进移风易俗创建文明城市”情况的视察报告》得到县委书记批示转办。按照领导安排，做好“书香政协”建设，举办“芳菲四月天，书香共花香”政协委员读书会和《我们的好日子》政协委员读书分享交流会。建设“教育文艺界委员会客厅”，迎接市政协组织的全市政协系统现场观摩会，为区内外政协来泾考察学习提供观摩学习交流点。收集整理资料，撰写了《走南闯北泾源人》文史资料，鼓励引导在外创业的泾源籍人士回乡创业发展。联系教科文卫体界别委员，提醒、督促书写贴近民生的高质量社情民意、意见建议和政协提案。六七月份，教科文卫体专委会主任任全县安全生产督促检查领导小组第四组副组长，带领相关部门同志，检查全县安全生产，查漏补缺。

【社会治理委员会】 通过专委会会议、功能型党支部学习等形式，学习党的二十大精神、习近平总书记重要讲话精神和区市县相关会议精神。按照县政协2023年度协商计划和重点工作安排，组织政协委员就巩固提升民族团结进步创建成果，推进铸牢中华民族共同体意识示范县创建和乡村振兴中农村基层“小微权力”规范运行情况进行调研视察，并形成了调研视察报告。通过委员会客室、委员联络室等议政平台，组织委员开展界别活动。配合区市政协在泾源县开展各项调研视察。积极走访委员，了解基层情况，收集社情民意信息。

重要活动

【考察调研】 3月16日，盐池县政协党组书记、主席马晨带领考察组到泾源县就委员履职能力创新及社情民意办理工作进行考察。4月18日，甘肃镇原县政协党组成员、副主席李荣喜带领考察组到泾源县就农业产业化方面工作进行考察。5月5日，红寺堡区政协副主席浦彦卿带领考察组到泾源县就特色产业和政协工作进行考察。5月16日，自治区政协党组成员、副主席郑震带领调研组到泾源县就肉牛产业发展和政协工作情况进行调研。5月18日，自治区政协党组成员、副主席刘可为带领调研组到泾源县就六盘山生态保护与修复的现状、深层的问题及如何进一步做好相关工作开展调研。5月23日，自治区政协农业和农村委员会主任马波一行到泾源县调研民宿产业发展。5月25日，西吉县政协党组书记、主席马保师带领考察组到泾源县考察关于全面实施历史文化保护和创建宁夏全域旅游示范区工作。5月27日，县政协副主席于清海带领考察组赴原州区考察学习政协"两项建设"工作。6月8日，青铜峡市政协党组书记、主席宋丽带领考察组到泾源县就加快推进巩固拓展脱贫攻坚成果同乡村振兴有效衔接工作进行考察。6月20日，市政协党组书记、主席余剑雄带领全市政协系统观摩团到泾源县就政协组织体系和体制机制建设情况进行现场观摩，并就自治区党委《关于新时代加强和改进市县政协工作的实施意见》以及市委工作方案及任务清单贯彻落实情况进行调研。7月6日，市政协副主席虎久强带领调研组到泾源县就国家林业碳汇试点市建设情况进行调研。8月2—3日，内蒙古鄂托克旗政协副主席王海涛带领考察组到泾源县就农牧业文旅融合发展助推乡村振兴方面进行考察。8月11日，自治区政协副主席陆军带领调研组到泾源县调研经济社会发展、民族宗教、安全生产等方面工作，并在政协机关召开座谈会，听取了上半年政协工作开展情况。8月16日，自治区政协农业和农村委员会副主任沈自力带领区市政协联合调研组到泾源县就食用菌产业发展情况进行调研。8月19—20日，陕西陇县政协党组书记、主席梁治军带领考察组到泾源县考察文化工作。9月7日，福建马尾区政协党组书记、主席马林和原州区政协党组书记、主席马仲尧联合考察组到泾源县泾水源伊辉食品有限公司、中华龙文化博览园等就闽宁协作工作进行考察，并开展文化交流活动。10月25日，内蒙古鄂尔多斯市政协副主席马嘎尔迪带领考察组到泾源县就坚持全县从严治教提高宗教工作法治化水平和提升农村医疗服务水平助力现代化发展进行考察。

【视察学习】 3月29日，政协组织部分政协委员深入兴盛乡、泾河源镇、香水镇、工业园区、六盘山镇等地对落实防返贫动态监测帮扶机制，巩固拓展脱贫攻坚成果同乡村振兴有效衔接工作进行视察，召开了座谈会，形成了视察报告。7月11日，县政协组织全体委员参加固原市政协举办的市县两级政协委员"推进政协提案工作高质量发展专题培训班"。7月19日，县政协组织部分委员就泾源县铸牢中华民族共同体意识示范县创建工作进行视察，召开了座谈会，形成了视察报告。7月20日，县政协组织部分委员就泾源县乡村振兴中农村基层"小微权力"规范运行工作进行视察，并召开了座谈会，形成了视察报告。7月26日，县政协组织部分委员就泾源县推进肉牛全产业链发展和实现肉牛产业提质增效工作进行视察，并召开了座谈会，形成了视察报告。7月26日，县政协组织部分委员就全县严格耕地资源保护，夯实粮食安全根基工作进行视察，召开了座谈会，形成了视察报告。10月23日，县政协组织部分政协委员就全县实施教育质量提升计划巩固义务教育均衡发展成果进行视察，形成了视察报告。11月1—3日，县政协在县党校（行政学院）举办委员履职能力提升培训班，县政协班子成员、政协各参加单位、政协机关干部职工、全体政协委员参加了培训班。11月7日,县政协组织部分委员围绕“1+3+X”产业体系,加大招商引资工作力度,助力县域经济高质量发展工作进行视察,形成了视察报告。11月7日,县政协组织部分委员就泾源县整合优势资源,做大做强县属国有企业工作进行了视察,形成了视察报告。12月6日,县政协组织部分委员就泾源县提升居民文明素养,推进移风易俗,创建文明城市工作进行视察,召开了座谈会,形成了视察报告。

纪委监委

综　述

【概　况】 2023年，纪委监委在党中央和区市党委坚强领导下，坚持以习近平新时代中国特色社会主义思想为指导，坚决落实习近平总书记重要讲话指示批示精神和党中央重大决策，坚定不移全面从严治党，夯基固本强堡垒，优化作风提效能，全县政治生态更加清明清朗。全县各级纪检监察机关以开展主题教育和教育整顿为主线，做深做实政治监督，纵深推进正风肃纪反腐，从严从实加强自身建设，有力有效保障全县经济社会高质量发展。

【思想引领】 坚持把政治建设摆在突出位置，开展学习贯彻习近平新时代中国特色社会主义思想主题教育和“大学习、大讨论、大宣传、大实践”活动，坚持不懈用党的创新理论武装头脑、指导实践，坚决筑牢“党中央有部署、纪检监察机关就行动”的政治自觉。发挥纪委常委会和理论学习中心组示范引领作用，落实“第一议题”制度和“双随机”学习交流机制，分层分类抓实学习教育，班子成员带头讲专题党课、领题调研、检视整改，示范带动纪检监察干部以学铸魂、以学增智、以学正风、以学促干。加强县纪委常委会建设，严格执行请示报告制度、履行各项报批程序，规范权力运行，严防“灯下黑”，纪检监察干部忠诚核心、紧跟核心、维护核心的政治自觉和真抓实干、狠抓落实、堪当大任的责任使命更加坚定。

【政治监督】 聚焦党的二十大精神、党中央重大决策和区市县党委部署安排，研究制定政治监督清单，细化督查督办工作方案，开展政治督查和安全

县委常委、纪委书记、监委主任杨晓曦（左二）在公共场所检查安全生产工作

生产领域专项督查45轮次，下发督办函17份，问责处理31人，推动整改问题300余条。聚焦“关键少数”，督促推动“一把手”认真开展述责述廉，各级“一把手”共开展党内谈心谈话296次987人，对全县61名“一把手”和85名新提拔干部开展廉政谈话和知识测试，处置“一把手”和领导班子问题线索27件，给予党纪政务处分和组织措施共51人。聚焦中央环保督察、巡视、审计等各类反馈问题，督促推动整改问题21条，给予党纪政务处分和组织措施共36人。牵头抓好全县主题教育整改整治，全面梳理整改问题67条，以实实在在的整改成效推动主题教育走深走实。加强对全县政治生态分析研判，精准发现问题并推动整改，持续净化政治生态。

【正风肃纪反腐】 强化党对反腐败工作的集中统一领导，召开领导小组会，明确目标任务，健全协调机制，推动“两个责任”贯通协同、一体落实。始终保持零容忍震慑不变、高压惩治力量常在，全面部署开展乡村振兴、国有企业和教育领域专项治理，以及重复举报和业务范围外信访事项化解专项活动，持续推进农村集体“三资”和粮食购销领域腐败问题专项整治，配合开展医药、统计、农村乱占耕地建房等领域专项治理，精准有力惩治腐败，共受理信访举报75件次，处置各类问题线索124件，立案43件，处分33人，组织措施26人，留置2人，移送司法机关3人，收缴违纪资金109万余元。深化应用基层小微权力“监督一点通”平台，受理群众投诉131件，办结率100%。聚焦监督执纪、审查调查、巡视巡察暴露出的深层次问题，下发纪检监察建议22份，推动整改突出问题445条，健全防治腐败滋生蔓延机制110项。坚持惩治威慑、监督约束和教育引导相结合，开展旁听职务犯罪案件庭审活动2场次，分级分类开展警示教育132场次，不断夯实拒腐防变思想堤坝。

【“四风”纠治】 把中央八项规定精神作为长期有效的铁规矩，持续从严、一抓到底，紧盯重点、靶向施治，重申党员干部操办婚丧喜庆事宜纪律要求，严查违反规定借机敛财问题4人，收缴违规礼金4.38万元。紧盯关键节点，采取“节前提醒+节中督查+节后反馈”方式，发送廉政短信87856条，通报典型案例9期，推动整改问题86条。开展党员干部和公职人员酒驾醉驾、赌博问题专项整治，处置相关问题线索16件，处分13人，其中开除公职1人，不断巩固拓展作风建设成效。重点纠治形式主义、官僚主义，处置问题线索13件，立案3件，组织措施14人，下发监察建议2份。开展党员干部“转作风、勇担当、勤履职、提效能”专项行动，下发通报5期，推动整改问题168条，约谈31人，进一步树立求真务实、真抓实干的鲜明导向。加强新时代廉洁文化建设，开展廉洁书画摄影作品展和家风助廉活动，拍摄廉洁题材微电影，立体式打造廉洁文化阵地21处，全方位构建“泾水清源”廉洁文化矩阵，涵养风清气正良好氛围。

【纪律教育】 持续加强经常性纪律教育，督促各级党组织把党章党规党纪教育作为必修课，做实做细党员干部特别是年轻干部全方位管理和经常性监督，做到利剑高悬、警钟长鸣。严把选人用人廉洁关，回复党风廉政意见998人次，提出暂缓或否定性意见7人次。落实“三会两书两报告”制度，督促案发单位召开以案促改专题民主生活会、组织生活会15场次，推动遵规守纪成为行动自觉。运用县乡村“三级联动”机制，对2021年和2022年已办结的95名受处分人员处分决定执行情况开展“回头看”，收缴违规发放奖金 1.43 万元。坚持惩前毖后、治病救人，对 62 名受处理处分党员干部开展回访教育。充分运用监督执纪“四种形态”，批评教育帮助和处理党员干部 96 人次，第一至第四种形态分别占 65.6%、19.8%、3.1%、11.5%，实现由惩治极少数向管住大多数有效拓展。

县纪委班子成员调研村监会运行和基层监督情况

【政治巡察】 坚守政治巡察定位，围绕“四个聚焦”监督重点开展对 16 个单位常规巡察，在全区率先开展对纪委监委机关和组织部巡察试点工作，先后提交报告 64 份，反馈各类问题 431 条，完成十五届县委巡察全覆盖任务的 43%。做实巡乡带村工作，延伸巡察村级党组织 12 个。修订县委巡察工作五年规划，制定《泾源县巡视巡察整改督查督办工作实施办法》，健全制度机制 6 项。落实巡察前情况通报制度，及时调整巡察人才库，开展对应急管理系统的交叉巡察。围绕十五届县委前五轮巡察反馈问题，开展监督检查 7 轮次，下发通报 5 期，县委前四轮巡察反馈问题整改率达 94%以上，巡察整改“后半篇文章”成效不断显现。

【体制改革】 深入贯彻制度治党、依规治党要求，推动完善党的自我革命制度规范体系。发挥“组组”协同监督、“室组”联动监督和“室组地”联合办案优势，调整派驻监督范围，规范工作流程，优化队伍结构，完善派驻机构工作措施和协作方案等制度 11 项，各派驻机构开展督导检查 80 余次，“派”的权威和“驻”的优势显著增强。建立“纪巡审”联动监督机制，制定《泾源县纪检监察监督、巡察监督与审计监督协作工作办法和联席会议制度》，推动“纪巡审”三类监督同向发力。制定《泾源县村务监督委员会管理实施办法和考核办法》，推动村监会“前哨”作用更好发挥。深化《中华人民共和国监察官法》实施，完成县乡两级 45 名监察官等级首次确定工作。

【自身建设】 坚持把学习教育贯穿纪检监察干部队伍教育整顿全过程，以更高标准、更严要求纯洁思想、纯洁组织。充分运用常委会示范引领学、中心组及时跟进学、党支部牵头全员学、室组地灵活自主学“四学联动”机制开展学习教育 70 余次、交流研讨 22 次、正反结合警示教育 15 次，作廉政教育报告 8 场次。纪检监察干部全方位检视整改各类问题 1028 条。全面清仓起底党的十八大以来纪检监察干部问题线索 26 件 31 人，受理处置 5 件，立案 2人，处分 2 人，组织措施 3 人。开展“纪检监察工作规范化、法治化、正规化建设年”活动，统筹推进“7+5+7”专项行动和专项整治，分级分类开展培训 156 人次。主动接受县委第一巡察组对纪委监委机关常规巡察，整改巡察反馈问题，整改率

100%。强化党建示范引领，深入推进“五型”模范机关创建，着力打造“党旗飘飘扬正气”党建品牌，修订完善内控机制20余项，推动严管严治常态长效。

重要会议

【泾源县党风廉政建设和反腐败工作领导小组会议】 2023年11月1日，县委书记王荣主持召开全县党风廉政建设和反腐败工作领导小组会议。会议传达学习习近平总书记关于全面从严治党、党风廉政建设和反腐败斗争的重要论述和相关文章精神，听取县委和政府班子成员“一岗双责”情况汇报和部分单位党风廉政建设工作汇报，签订了廉政承诺书，安排部署了全县党风廉政建设和反腐败工作。会议指出，深化反腐败斗争是党的自我革命的内在要求，是关系人心向背的现实需要。要深刻认识反腐败斗争的长期性、艰巨性、复杂性，精准把握精髓要义，学深悟透精神实质，保持永远在路上的清醒，不断深化推进反腐败斗争。坚持把整治群众身边腐败和不正之风摆到更加突出位置，促进社会公平正义，保障群众合法权益，不断增强群众获得感。从全县政治生态的全局谋划考虑，不断提升反腐败工作的政治效果、纪法效果、社会效果，促进党中央和区市县委各项决策部署落到实处，推动全县各项重点工作顺利开展。会议强调，反腐败工作领导小组的工作重点在于反腐，必须强化责任担当，持续深入推进。全县各级党组织要时刻保持清醒头脑，以永远在路上的恒心和韧劲不断推动全面从严治党向纵深推进；要加大对党员干部日常教育管理监督，持续加强“两个责任”落实，确保各项任务落到实处；要时刻保持危机感和紧迫感，把保障发展作为首要任务，以反腐倡廉来巩固发展、保障发展；要牢固树立“群众利益无小事”的理念，解决好群众的急难愁盼问题，以解民忧、纾民怨、暖民心的实际行动，让人民群众感受到全面从严治党就在身边。会议要求，各成员单位要强化协作配合，凝聚工作合力，站在讲政治的高度，切实增强做好党风廉政建设和反腐败工作的政治自觉、思想自觉和行动自觉，强化责任落实、强化纪法贯通、强化资源整合，认真履行职责、加强协同配合，强化责任担当、形成工作合力，坚定不移贯彻落实党中央和区市县党委各项决策部署，确保全县党风廉政建设和反腐败工作顺利推进。

【泾源县第十五届纪委第四次全体会议】 2024年2月2日，中国共产党泾源县第十五届纪律检查委员会第四次全体会议在县人民会堂召开。出席全会的县纪委委员11人，列席162人。县委书记王荣同志出席全会并讲话。县委、人大、政府、政协领导班子成员，县人民法院院长，县人民检察院检察长，轻工产业园区管委会主任出席会议。全会由泾源县纪律检查委员会常务委员会主持。全会坚持以习近平新时代中国特色社会主义思想为指导，深入学习贯彻党的二十大和二十届二中全会、二十届中央纪委三次全会精神，全面贯彻落实自治区纪委十三届三次、市纪委五届四次和县委十五届四次五次六次全会部署，总结2023年全县纪检监察工作，部署2024年工作任务，审议通过了杨晓曦同志代表泾源县纪委常委会所作的《以彻底的自我革命精神，奋力谱写纪检监察工作高质量发展新篇章》工作报告。全会认为，习近平总书记在二十届中央纪委三次全会上的重要讲话，从统筹中华民族伟大复兴战略全局和世界百年未有之大变局的高度，深刻阐述党的自我革命的重要思想，科学回答我们党为什么要自我革命、为什么能自我革命、怎样推进自我革命等重大问题，明确提出推进自我革命“九个以”的实践要求，对持续发力、纵深推进反腐败斗争作出战略部署，为新时代新征程深入推进全面从严治党、党风廉政建设和反腐败斗争提供了根本遵循。李希同志的工作报告，将习近平总书记关于党的自我革命的重要思想和全面从严治党战略方针贯穿全篇，是纵深推进新征程纪检监察工作高质量发展的“路线图”和“任务书”。区市纪委全会对2023年党风廉政建设和反腐败工作作出全面部署，为纪检监察机关更好履行职责明确了方向路径。全县各级纪检监察机关要深入学习贯彻习近平总书记关于党的自我革命的重要思想和中央、区市纪委全会精神，始终保持解决大党独有难题的清醒和坚定，在维护党的领导、督促落实党的路线方针政策、捍卫党的先进性纯洁性上忠诚履职、担当尽责，以高质量纪检监察工作监督保障经济社会高质量发展。全会指出，2023年是全面贯彻落实党的二十大精神的开局之年。在党中央和区市党委坚强领导下，县委以习近平新时代中国特色社会主义思想为指导，坚决落实习近平总书记重要讲话指示批示精神和党中央重大决策，坚定不移全面从严治党，夯基固本强堡垒，优化作风提效能，全县政治生态更加清明清朗。全县各级纪检监察机关以开展主题教育和教育整顿为主线，做深做实政治监督，纵深推进正风肃纪反腐，从严从实加强自身建设，有力有效保障全县经济社会高质量发展。在肯定成绩的同时，实事求是分析了泾源县全面从严治党形势和纪检监察工作、干部队伍建设存在的问题，要求高度重视、切实加以解决。全会强调，2024年纪检监察工作要坚持以习近平新时代中国特色社会主义思想为指导，全面贯彻党的二十大和二十届二中全会精神，认真落实二十届中央纪委三次全会精神，深入学习贯彻习近平总书记关于党的自我革命的重要思想，坚决落实全面从严治党战略方针，深刻领悟“两个确立”的决定性意义，自觉增强“四个意识”、坚定“四个自信”、做到“两个维护”，围绕自治区纪委十三届三次、市纪委五届四次全会、县委十五届历次全会部署要求，坚持稳中求进工作总基调，以铸牢中华民族共同体意识为主线，以推动健全全面从严治党体系为着力重点，以纵深推进正风肃纪反腐为主攻方向，聚焦县委“15375”总体部署，深入开展“政治监督深化年”“治理效能提升年”“铁军队伍锻造年”活动，忠诚履行党章和宪法赋予的职责，奋力推进新征程纪检监察工作高质量发展，为谱写全面建设社会主义现代化美丽新宁夏泾源新篇章提供坚强保障。全会号召，要更加紧密地团结在以习近平同志为核心的党中央周围，忠诚履职、勇于担当，务实苦干、团结奋斗，以彻底的自我革命精神奋力开创全面从严治党、党风廉政建设和反腐败斗争新局面，为谱写全面建设社会主义现代化美丽新宁夏泾源新篇章提供坚强保障。

“全县领导干部廉政警示教育月”活动

【概　况】 2023年3月22日，泾源县启动“全县领导干部廉政警示教育月”活动，活动以“5+8”廉政教育活动为载体，分级分类开展廉政警示教育系列活动，坚持各级党委（党组）统筹抓总、纪检监察机关协助推进、全县上下联动、各级党组织同步跟进开展，推动活动各项部署落到实处。活动为期1个月（2023年3月20日—4月20日）。

【集中组织观看警示教育片《为官之箴》】 3月22日，在县行政中心325视频会议室以视频方式召开集中观看警示教育片《为官之箴》。会议由自治区统一安排，泾源县设分会场。县委、人大、政府、政协领导班子成员，县人民法院院长，县人民检察院检察长，各乡（镇）、部门（单位）主要负责同志参加会议。

【全区领导干部廉政警示教育大会】 3月22日下午，在县行政中心325视频会议室以视频方式召开全区领导干部廉政警示教育大会。会议由自治区统一安排，泾源县设分会场。县委、人大、政府、政协领导班子成员，县人民法院院长，县人民检察院检察长，各乡（镇）、部门（单位）主要负责同志参加会议。

【全县领导干部廉政警示教育月启动大会】 2023年3月23日上午，在县行政中心225会议室召开全县领导干部廉政警示教育月启动大会。会议书面传达学习习近平总书记在二十届中央纪委二次全会上的重要讲话，中央、区市县纪委全会精神；观看《权殇欲孽》警示教育片，通报近年来全县纪检监察机关查处的党员干部违纪违法情况，县委书记王荣同志讲廉政教育党课暨集体提醒谈话。县委、人大、政府、政协领导班子成员，县人民法院院长，县人民检察院检察长，各乡（镇）、各部门（单位）班子成员，村（社区）“两委”班子成员和监委会主任，轻工产业园区纪工委，各派驻纪检监察组主要负责同志，县纪委监委、巡察办全体干部参加会议。

【县委理论学习中心组（扩大）学习会议】 2023年3月24日下午，在县行政中心423会议室举办县委理论学习中心组（扩大）学习会议。会议学习习近平总书记关于全面从严治党、推进自我革命的重要论述，邀请区市纪委监委有关负责同志围绕全面从严治党作专题辅导报告，切实增强全县领导干部廉洁从政、廉洁用权、廉洁修身、廉洁齐家的思想自觉。在家县级领导，各乡（镇）、各部门（单位）主要负责人参加会议。

【红色主题教育和纪律警示教育活动】 2023年3月23日下午，到西吉县廉政警示教育馆、将台堡红军长征纪念园开展红色主题教育和纪律警示教育活动。全体县级领导，各乡（镇）党委和人民政府、县直各部门（单位）党政主要负责同志参加活动。

【各级党组织廉政警示教育大会】 各乡（镇）、各部门（单位）结合实际，召开廉政警示教育大会，深入剖析党的十九大以来特别是2022年度泾源县查处的违纪违法典型案例，不断健全落实“三会两书两报告”制度，用“身边事”教育“身边人”，让广大党员干部和公职人员知敬畏、存戒惧、守底线。结合泾源县2023年干部“转作风、勇担当、勤履职、提效能”专项行动，常态化、规范化、高效化开展党性教育、纪律教育、警示教育，确保廉政警示教育与日常工作推进“两不误、两促进”，不断增强自我净化、自我完善、自我革新、自我提高的能力。

【警示教育暨党风廉政教育主题党日活动】 各乡（镇）、各部门（单位）适时组织党员干部到红色教育基地开展党风廉政教育主题党日活动，教育引导党员干部和公职人员形成思想共鸣、心灵共振、情感共融，筑牢对党忠诚的政治根基。组织就近参观廉政警示教育基地、旁听人民法院职务犯罪庭审、听取监管场所职务犯罪服刑人员现身说法等活动，灵活开展警示教育，增强党员干部和公职人员廉洁自律意识，筑牢拒腐防变思想防线。

【廉政警示教育专题学习】 各乡（镇）、各部门（单位）组织深入学习习近平总书记在二十届中央纪委二次全会上的重要讲话精神，梁言顺同志在自治区纪委十三届二次全会上的讲话精神，冼国义同志在市纪委五届三次全会上的讲话精神和王荣同志在县纪委十五届三次全会上的讲话精神，学习领会区市县纪委全会精神。观看中央纪委国家监委拍摄的《蚁贪之害——基层干部违纪违法案件警示录》《远离家庭腐败》《激浊扬清——破坏政治生态典型案件警示录》，自治区纪委监委拍摄的《为官之箴》、固原市纪委监委拍摄的《权殇欲孽》等警示教育片，传阅警示教育教材《忏悔警示录（2022 年版）》，围绕上述内容进行交流研讨、撰写心得体会，教育引导广大党员干部和公职人员永葆自我革命精神，增强全面从严治党永远在路上的政治自觉。

【党员、干部廉政谈心谈话】 各乡（镇）、各部门（单位）采取集体谈话和个别谈话相结合的方式层层开展廉政谈话，“一把手”与班子成员之间、班子成员与分管部门负责人之间、支部书记与支部全体党员干部之间逐级开展廉政谈心谈话，促进党员干部廉洁从政、廉洁用权，做到抓早抓小，防微杜渐。

【廉政风险排查】 各乡（镇）、各部门（单位）围绕重点人、重点事、关键岗位、重要环节、重大资金，紧盯腐败易发多发领域和部位，排查岗位职责、业务流程、制度机制等方面存在的廉政风险，针对查找的问题，列明风险清单，研究有效监督防控措施，建立整改台账，施行销号整改，对存在的苗头性、倾向性问题及时纠正，并注重从制度机制方面着手，制定有针对性的防控措施，从源头上预防腐败。

【家风助廉活动】 各乡（镇）、各部门（单位）在廉政警示教育月活动期间，通过邀请党员干部家属参观工作环境、熟悉工作流程、召开家庭助廉座谈会、发送家庭助廉倡议书、签订家属助廉承诺书及写廉洁家信等形式，有效发挥家庭在增强党员干部廉洁从政方面的监督和激励作用，引导广大党员干部注重家庭家风家教建设，将反腐“关口”前移，以良好的家风助推廉政教育。

【主题活动】 常态化开展专题学习，重点学习习近平总书记系列重要讲话精神，《习近平关于党风廉政建设和反腐败斗争论述摘编》《习近平关于严明党的纪律和规矩论述摘编》，深入学习《中国共产党章程（修正案）》《中国共产党纪律处分条例》《中国共产党问责条例》《公职人员政务处分法》《事业单位人员处分暂行规定》《党委（党组）落实全面从严治党主体责任规定》、中央八项规定及其实施细则精神、自治区“八条禁令”和市委“十项规定”等党规党纪。围绕学习内容，开展应知应会知识测试、党规党纪知识竞赛、主题演讲比赛、专题授课、理论征文等活动，确保党纪法规教育学深悟透、入脑入心。

【廉洁文化建设】 各乡（镇）、各部门（单位）以廉政警示教育月活动为引领，普及廉洁文化，加强廉洁文化阵地建设，打造廉洁文化长廊（墙）和廉洁示范点，丰富廉洁文化展陈，更好发挥教化功能，融合推进规范权力运行和文化强魂润心育人。

群众团体

泾源县总工会

【概　况】 2023年，泾源县总工会以学习贯彻习近平新时代中国特色社会主义思想主题教育为统领，坚持不懈用习近平新时代中国特色社会主义思想凝心铸魂，持续推动理论武装走深走实。以“县级工会加强年”专项行动为契机，围绕“政治引领强、组织功能强、服务阵地强、制度机制强、作用发挥强”五大目标，做好职工思想政治工作，教育引导广大职工坚定不移听党话、跟党走。夯实基层基础，不断增强基层工会的引领力、组织力、服务力。加强阵地建设，努力为职工提供精准、贴心服务。开展各种形式的劳动和技能竞赛，激发广大职工的劳动热情、创造潜能。弘扬劳模精神、劳动精神、工匠精神，激励广大职工辛勤劳动、诚实劳动、创造性劳动。履行维权职责，着力解决关系职工群众切身利益的实际问题，维护新就业形态劳动者的合法权益。加强企业民主管理，建立健全企业工资共商共决机制，开展工资集体协商。畅通职工诉求表达渠道，引导职工依法维护自身权益，推动构建和谐稳定劳动关系。推进产业工人队伍建设改革，维护劳动领域政治安全。

【思想政治引领】 开展学习贯彻习近平新时代中国特色社会主义思想主题教育，引导职工群众提高对“两个确立”决定性意义的认识，牢固树立增强“四个意识”、坚定“四个自信”、做到“两个维护”。把学习习近平新时代中国特色社会主义思想、党的二十大精神、习近平总书记视察宁夏重要讲话指示批示精神、《关于工人阶级和工会工作重要论述（摘编）》、自治区

2023年9月25日，在县旅游宾馆举办泾源县基层工会干部培训班

第十三次党代会及十三届四次、五次全会精神作为工会理论学习的重中之重，纳入干部职工培训学习的重要内容，采取个人自学、集中学习、讨论交流、专家授课、网络学习等方式深入学习。组织干部职工集中学习40余次，开展思想引领活动6场次，进企业宣讲劳动法律政策9场次。

【干部职工培训】 举办民主管理工作、工会财务经审工作、法律法规、全县基层干部培训等各类培训班4期，各乡(镇)，县直机关、事业单位，各人民团体工会主席，县属各企业负责人、工会主席共计100余人参加了培训，促进了广大职工素质提升。

【劳模服务管理】 大力弘扬劳模精神、劳动精神、工匠精神，推荐评选自治区“五一”劳动奖章1名，创建劳模创新工作室2个，吸收科技、教育创新人才8名。配合区总为3户高龄劳模家庭进行了“适老化”项目改造。

【服务阵地建设】 建设“职工之家”13个，户外劳动者服务(法律援助)站9个，爱心妈咪小屋3个。筹集资金10万元建成泾源县职业技术学校户外劳动者服务综合站1个，建设香水镇城关村、沙南村，泾河源镇余家村“小三级”工会4个。助推泾源县汽车站、轻工业园区、荣盛建筑有限公司3个职工之家进一步提升。

【职工文化建设】 联合宁夏理工学院举办了“中国梦　劳动美”——大力弘扬劳模精神、劳动精神、工匠精神广场文化演出。联合县第一中学、县职业技术学校开展了“立德树人守初心　培根铸魂担使命”主题演讲比赛，全面展现了泾源县教师高尚师德和责任担当。组织县消防救援人员、交通局执法大队职工、公安交巡警、环卫工、新业态从业者，开展了“粽情端午　与爱同行”庆端午主题活动。

【第七次工代会】 2023年8月16—17日，召开了县工会第七次代表大会，选举产生了县总工会新一届领导班子。

【基层工会建设】 县总工会指导93家村级工会完成了换届，选强配齐了领导班子。指导新建基层工会13家，发展会员768人。

【工资集体协商】 2023年发出要约书16份，下发提示函18份。举办协商培训班1期，培训50多人。开展集中宣传3场次，发放宣传资料500余份，进企业宣传5次，开展工资集体协商专项合同执行情况监督检查4次。新签、续签集体合同、工资专项集体合同16份，覆盖企业17家，覆盖职工859名。小微企业就近全部纳入乡(镇)社区、村组工会，按照政府发布的工资指导线，结合物价指数、同类企业工资对比情况签订合同。

【帮扶慰问关爱行动】 2023年“两节”期间筹措资金26.7万元，对12家困难企业，303名困难职工，5名劳模，13名患大病职工，30名快递外卖员进行集中慰问。为21名困难职工建档立卡精准帮扶，发放救助金23.79万元。“记者节”对融媒体中心干部职工及全县记者进行慰问，使职工感受到工会组织的温暖。坚持“保健康”，为122名女职工免费进行“两癌”筛查，为136名新业态人员(其中：外卖员24人，快递员27人，网约车司机8人，货车司机75人)进行体检。在县高级中学开设工会班3个，资助困难家庭学生75名，发放资助金19.5万元。开展职工医疗互助活动，2023年参加医疗互助的干部职工2500人，募集互助资金15万元，为50名患病职工报销医药费

13.14 万元。深化“四季送”活动，为新就业形态劳动者、公安干警、环卫工人、建筑工人等户外劳动者送去“清凉”爱心大礼包 150 余份。

【产业工人队伍建设改革】 根据市总《关于开展产业工人队伍建设改革试点工作的通知》（固产改办发〔2023〕2 号）要求，在全县范围内选取宁夏泾源县六盘山牧业有限责任公司和宁夏泉祥户外纺织品有限公司 2 个企业（行业）开展试点。分别以思想引领为先导，着力建设“学习之家”，以文化建设为抓手，丰富职工业余文化生活，增强企业凝聚力、向心力，加强企业民主管理，构建劳动关系和谐企业为重点内容，并扎实推进。制定出台《泾源县 2023 年产改工作要点》及任务清单，分类细化六大版块二十八项具体改革任务，明确路线图、责任人，精准施策。

【单位经费划拨】 向 60 家行政事业单位工会下拨经费 134 万元，为基层解决活动资金 30多万元，确保基层工会有钱办事。

共青团泾源县委员会

【概　况】 2023 年，共青团泾源县委坚持以习近平新时代中国特色社会主义思想为指导，深入学习贯彻党的二十大精神和自治区第十三次党代会精神，全面贯彻落实区市团代会决策部署，聚焦共青团的根本任务、政治责任、工作主线，敢于担当、善于作为，荣获“优秀西部计划志愿者”“宁夏希望工程先进单位”荣誉称号。

【思想政治引领】 举办“学习二十大　永远跟党走　奋进新征程”主题团（队）日活动 800 余场，开展“青马工程”专题培训 4 场次 200 余人次，“青年大学习”“红领巾爱学习”参学率稳步提升。开展团员和青年主题教育，全县各基层团组织开展集中学习 1480 余次、交流研讨 1260 余次，“智慧团建”4 个专题学习录入均达到 100%。依托六盘山、杨岭等红色资源，结合开展“沿着总书记足迹感悟思想伟力”主题实践活动，联合团市委开展实践研学 1 场，组织“沿着总书记足迹看变化　铸牢中华民族共同体意识”实践活动、研学活动 15 场 600 余人次。坚持用社会主义核心价值观塑造青年，组织全县团（队）开展丰富多彩的“学雷锋志愿服务月”“敬老月”系列活动，深入社区、敬老院开展防范电信诈骗、卫生清扫、健康义诊、亲情陪护等志愿服务 200 余场次。坚持用中华民族共同体意识凝聚青年，开展“夯基育苗”工程，举办铸牢中华民族共同体意识主题宣讲会、读书分享会、“圆梦微心愿”、联谊活动和研学活动 10 余场次，向全县 314 名乡村学生赠送圆梦礼物超过 3.6 万元，树立青少年铸牢中华民族共同体意识。坚决维护意识形态安全，定期排查意识形态领域风险隐患，审核发布原创微信 130 余期、抖音 5 期、微博 12 期，被各级媒体转载报道 23 期。

【青春建功行动】 组织 7 支乡村振兴志愿服务队 360 余名志愿者开展理论政策宣传、安全生产隐患排查整治、生态环保、防灾减灾、无偿献血等主题志愿服务活动 200 余次，累计服务群众 8000 余人次；培育乡村振兴青年人才、培训青年医务工作者 80 余名，招募“返家乡”大学生 109 名，选树农村青年致富带头人 200 余名，提供就业创业政策咨询等服务 160 余人次，发放宣传资料 800 余份；服务乡风文明建设，举办村规民约诵读大赛、演讲比赛、新时代文明实践志愿服务项目大赛和青年联谊交友活动，开展志愿服务宣讲等活动 50 余场次；对接团市委和厦门市团委争取企业资源，为全县99个行政村（社区）免费安装空调、空气净化器共188台，慰问帮扶村困难党员和群众200余人共1.4万元。

【服务青年】 成立县级青联，制定印发《泾源县落实宁夏中长期青年发展规划2023年度重点工作清单》共75项、《2023年度泾源县落实宁夏中长期青年发展规划实施工作联席会议成员单位"为青年办实事"项目清单》共21项，组织召开青年发展规划联席会议，各成员单位认领工作清单和项目清单，推进"我为青年办实事"走深走实；实施"希望工程""善学"等助学项目7个，资助困难学生440名共59.7万元，慰问困难青少年27名共计1.35万元；实施视力健康工程，发放奖学金5000元，向2200名困难学子、优秀团员、少先队员和教师捐赠眼镜价值86.2万元；加强青少年权益维护，成立固原市首家未成年人保护站，组织1200余名学生集中观看禁毒宣传片，开展预防未成年人犯罪、"青春自护"等宣传讲座30余次；举办"共青团与人大代表、政协委员面对面"活动，现场听取并解决青年"急难愁盼"；推进青少年交往交流，组织30名原建档立卡户优秀少先队员和共青团员赴厦门开展暑期夏令营研学活动，组织10所小学295名少先队员与宁夏银川市永宁县、青海玉树称多县开展书信交流活动，为促进民族团结和东西部协作贡献青春力量。

【组织建设】 召开县团代会，修订了《泾源县团委三重一大事项集体决策制度实施细则》，与县委组织部联合下发《泾源县"推优入党"工作实施方案》，发展28岁以下青年党员8人，健全党团队衔接育人机制，培训团干部和少先队辅导员2次350余人次；分类推进团的基层建设，新发展团员316人，新建非公和"两新"团组织15个，联系服务青年社会组织3家，成立县级青联，配备基层团支部书记、第一书记、兼挂职书记共计335名，新旗村团支部团员积分制入选"全国共青团基层组织改革典型案例"；完善全团抓学校机制，制定印发《泾源县关于全面加强新时代少先队工作的实施方案》，表扬通报区市县级优秀少先队辅导员44个，少先队集体

2023年9月1日，泾源县团委组织开展"青春相约在金秋　团结进步共繁荣"青年联谊活动

30个，为200名优秀少先队员、50个优秀集体颁发红领巾奖章，举办集中入团(队)示范活动10余次。

泾源县妇女联合会

【概　况】 2023年，泾源县妇联坚持以习近平新时代中国特色社会主义思想为指导，深入学习宣传贯彻党的二十大精神，全面落实区市县党委决策部署，制定印发《泾源县加强新时代妇女工作的实施方案》和《泾源县妇联2023年工作要点》，紧扣自治区妇联“六大”特色品牌和“四项”重点工作，凝心聚力推动各项重点任务落实。

【政治思想引领】 开展“巾帼心向党·奋进新征程”群众性主题宣传教育活动，举办学习贯彻党的二十大精神专题培训班1期，开展“巾帼心向党”学习宣传贯彻党的二十大精神宣讲活动23场次，学习宣传习近平总书记同新一届全国妇联领导班子成员集体谈话时重要讲话和中国妇女第十三次全国代表大会精神1场次，用党的创新理论教育引导妇女坚持走中国特色社会主义妇女发展道路不动摇，牢牢把握妇联工作的正确政治方向；围绕普法教育、巾帼健康、未成年人保护等开展形式多样的主题宣传28场次，推动男女平等基本国策和社会主义核心价值观等落地生根，团结带领全县广大妇女在经济社会高质量发展中展现巾帼作为；培育树立妇女先进典型，宣传新时代巾帼风采5人、“五好家庭”18户，在广大妇女群众中营造学习先进、争当先进的浓厚氛围；各级妇联组织持续提升“兰花芬芳巾帼红”志愿服务品牌影响力，充实壮大巾帼志愿服务队伍，围绕理论宣讲、爱心帮扶、维权关爱、家庭教育等方面开展志愿服务416场次，覆盖5600余人，用“巾帼红”传递温暖、用“她力量”服务社会，“兰花芬芳巾帼红”志愿服务项目在泾源县第二届新时代文明实践志愿服务大赛中获二等奖；自觉履行政治职责，强化正面宣传，利用“泾源女儿”微信公众号和泾源县县乡村妇联工作群发布推送党的理论及相关政策，筑牢妇女听党话跟党走的思想根基，压紧压实意识形态工作责任制，做好网络意识形态阵地管理，做好“巾帼好网民”建设，教育引导全县广大女网民自觉弘扬网络正能量，坚决守好网络安全底线。

【妇女发展服务】 坚持把农村妇女创业担保贷款作为助力全面推进乡村振兴工作的重要组成部分，开展贷款政策宣传42场次，联合泾源农商行开展“巾帼心向党　奋进新征程”全县女企业家座谈联谊活动，介绍创业贷款政策，激励广大女性绽放巾帼芳华，举办“马兰花”妇女创业支持行动暨农村妇女创业担保贷款培训班，明确乡村两级妇联组织的职责，规范经办流程，依法依规履行审贷责任，提高工作效率。2023年

2023年4月10日，固原市“马兰花”支持妇女创业就业行动泾源县手工技能培训班在泾源县香水镇百泉社区开班

发放农村妇女创业担保贷款3615万元扶持230名农村妇女创业，发放量和扶持人数较上年明显增长，涵盖了畜牧、农业、林业、批发、零售、餐饮等行业，提高了农村妇女参与乡村产业发展的积极性和主动性，为推动全县产业多元化发展作出了积极贡献；举办“马兰花”妇女创业就业行动手工制作技能培训班1期50人，为妇女搭建能力素质提升平台，让妇女掌握致富实用技能，帮助妇女拓宽增收致富渠道，动员有培训意愿的妇女参与中式烹饪、家政服务、小吃制作等职业技能培训；搭建就业服务平台促进就业，线上线下开展就业招聘活动，通过“公众号+微信群”发布妇女就业招聘相关信息，推荐就业岗位，搭建就业服务平台，引导妇女积极求职，促进妇女转移就业增加收入；摸清女致富带头人底数并建库立档，各乡（镇）摸清女致富带头人基本情况，已建立全县农村女致富带头人基础信息库共计200人，其中：返乡下乡创业群体1人，村妇联主席、执委82人，“妇”字号企业或基地负责人2人，致富女能手115人；发放“巾帼创业贷”24户485万元扶持妇女发展旅游等产业，引导农村女致富带头人参与各类优质农副产品推介会、入驻泾源牛街特色旅游街区发展夜经济，激发广大妇女干事创业、建功立业的精气神，鼓励创业妇女打造“巾帼直播间”并直播带货，马建霞创办的泾六盘蜂业被全国妇联评为“巾帼文明岗”，泾六盘直播间获闽宁扶持资金2万元。

【美丽庭院建设】 建设“美丽庭院”20176户，完成目标任务20176户的100%，其中整村推进的有16个村，推进“美丽庭院”建设助力乡村振兴。常态化开展“最美家庭”寻找、宣传展示活动和健康家庭等创建活动，擦亮“最美”家庭品牌，创建命名“五好家庭”18户、健康家庭15户、节水家庭10户，其中3户家庭被评为区级节水家庭、9户家庭被评为区级健康家庭。开展“激扬家国情·奋斗新征程”家风家教宣讲活动5场次，推动社会重视家庭文明建设、弘扬家庭美德、树立优良家风。

【家庭教育指导】 制定印发了《泾源县家庭教育指导工作实施方案》《泾源县关于进一步加强中小学（幼儿园）家庭教育指导服务工作实施方案》和《泾源县2023年家庭教育指导工作任务清单》，建立家庭教育联席会议制度，在3个社区和96个行政村成立了家庭教育指导服务站，构建起覆盖城乡的家校社协同育人家庭教育指导服务体系。召开泾源县2023年家庭教育工作第1次联席会议，安排部署全县2023年家庭教育工作，促进全县家庭教育工作高质量发展。开展“家教伴成长·协同育新人”家庭教育宣讲、“家和万事兴”“书香飘万家”亲子阅读和庆“六一”等主题实践活动31场次，覆盖家长儿童3800人次，加大对《家庭教育促进法》的宣传普及，引导家长主动承担家庭教育主体责任，科学教育、依法带娃。

【“树清廉家风·建美好家庭”家风助廉活动】 以开展“全县领导干部廉政警示教育月”活动为契机，结合开展“忠诚立家风”主题宣传教育活动，组织举办泾源县“树清廉家风·建美好家庭”家风助廉活动，学习研读了《习近平走进百姓家》，诵读分享了家风故事，宣读了《家庭助廉倡议书》，签订了《家庭助廉承诺书》，观看了《权殇欲孽》廉政警示教育片。广泛征集“好家风好家训”暨廉洁文化作品，2人书法作品获自治区二等奖、1人视频作品获自治区三等奖，1人视频作品和1人家风故事获固原市二等奖、1个村家风故事获固原市三等奖，引导党员干部及家属把好家庭廉洁关、以纯正家风涵养清朗党风政风社风。

【推进“两规划”实施】 发挥妇女儿童工委办“指挥棒”作用，贯彻落实党的二十大关于“贯彻落实男女平等基本国策，保障妇女儿童合法权益”的决策部署，多渠道宣传解读新“两规划”，召开2023年妇女儿童工作委员会第1次会议，加强与成员单位的沟通协调，对“两规划”颁布一年多来的实施情况进行了督查评估。及时转发《关于进一步加强未成年人防性侵宣传教育工作实施意见》，加大宣传《未成年人保护法》，强化家庭教育和学校教育，开展性知识普及和预防性侵害教育，增强未成年人自我保护意识和防范能力，预防未成年人被侵害。

【维权服务】 开展婚姻家庭纠纷预防化解工作，开展“打造幸福家庭·促进和谐社会”婚姻家庭矛盾纠纷调解工作培训，提升基层妇联干部婚姻家庭矛盾纠纷调解工作水平，充分调动村(社区)干部、网格员、妇联执委、司法专干等作用，走访妇女群众和家庭，及时发现婚姻家庭矛盾纠纷等问题线索，做到分级分类处置，县妇联信访接待15人次并全部化解，其中婚姻家庭纠纷接待7人次。紧扣全面依法治县和平安泾源建设，深入基层开展“巾帼心向党”普法宣讲16场次，发挥12338热线、“妇联在你身边”维权小程序作用，为广大妇女提供法治宣传、信访接待、婚姻调解、法律援助、心理疏导等多样化维权服务，向检察院反映两名妇女儿童有关权益得不到保障情况后为其争取国家司法救助金2.24万元。联合相关部门严厉打击家暴、性侵、拐卖等侵害妇女儿童权益的违法犯罪行为，有效防范涉妇女儿童网络舆情风险。

【妇女儿童关爱帮扶】 组织“康乃馨”困境妇女关爱帮扶工作培训，建立困境妇女台账，实施动态管理，通过日常走访、电话问候、微信沟通等方式进行定期联系，打造“康乃馨”困境妇女关爱活动品牌，把关爱帮扶做在平常、抓在经常、落到基层。实施以“送温暖、送陪伴、送爱心、送培训、送项目、送维权”等“六送”关爱服务活动62场次，受益妇女1460余人，发放“两癌”救助金12人12万元，召开“康乃馨　爱心一元捐”关爱困境妇女暨“爱妮保”工作推进会，宣传动员妇女购买“爱妮保”，动员社会各界参与妇女儿童公益募捐13401元，发放《中华人民共和国妇女权益保障法》和宣传海报等资料8000余份，开展“巾帼健康行动”宣讲12场次2000余人。在2023年基层妇联干部培训班上对“小树苗”困境儿童关爱工作进行了安排，详细解读了“小树苗”困境儿童关爱月度活动清单，招募“爱心妈妈”“爱心姐姐”417人结成“一对一”帮扶。争取资源物资，组织妇联执委、巾帼志愿者、儿童主任、爱心妈妈、大学生志愿者、公安民警、医护人员等各方面志愿者组织开展“把爱带回家——暖童心护成长”寒假儿童关爱服务和“少年儿童心向党　关爱守护伴成长”暑假儿童关爱服务等活动54场次，慰问儿童883人次，结对帮扶留守、困境儿童430人，受益家长儿童3886人次，各方面志愿者255人参与关爱服务活动。为困境儿童举办集体生日2场次、帮助38名困境儿童实现“微心愿”、发放乔丹爱心服饰和“雷锋饺子”爱心大礼包等，为14名困境女学生发放“春蕾阳光助学”和“武警春蕾计划奖学金”项目助学款共计3.8万元，组织5名女童赴银川、厦门参加夏令营活动，发挥妇联作为儿童成长的引路人、儿童权益的守护人、儿童未来的筑梦人的积极作用。

【组织建设】 认真贯彻落实中央和区、市群团改革精神，加强妇女组织在非公经济组织、社会组织和新业态领域中的组织覆盖和工作覆盖，延伸和拓展妇联工作抓手，制定印发了《关于在全县非公有制经济组织和社会组织中全面推进妇女组织建设的实施方案》，已在轻工产业园区、世纪购物中心、民办幼儿园、民营医院、物流外卖等组织中成立妇女组织22个，选举产生了主席、副主席和执委，并发放了妇联执委证书，动员引领广大妇女立足岗位建功立业；举办2023年基层妇联干部培训班和妇女干部素质提升专题培训，提升基层妇联干部履职能力和服务水平，助推基层妇联干部当好"领头雁"，推动全县妇女儿童工作高质量发展；争取并实施"双培双带"项目10万元，培育2名村妇联主席成为基层妇女工作带头人和妇女发展带头人；开展寻找"最美妇联执委"活动，激发执委为民服务、履职尽责的使命感和责任感，在思想引领、创业就业、家庭建设、维权关爱和联系服务等方面发挥作用，并向区市推送"最美妇联执委"5名，扩大妇联工作的覆盖面和影响力；根据《中华全国妇女联合会章程》和《妇女联合会选举工作条例》有关规定，制定《关于召开泾源县妇女第十次代表大会工作方案》，按程序做好代表、执委人选推荐提名、组织考察、确定人选等工作，6月6日召开了泾源县妇女第十次代表大会，选举产生了泾源县妇联第十届执行委员会和新一届县妇联领导班子及出席固原市妇女第四次代表大会代表。

泾源县科学技术协会

【概　况】 2023年，在县委和政府的坚强领导下，在区市科协的正确指导下，高举中国特色社会主义伟大旗帜，深入学习宣传贯彻党的二十大精神，结合学习贯彻习近平新时代中国特色社会主义思想主题教育，认真学习宣传贯彻习近平总书记关于科技创新、科普工作和群团工作的重要论述及视察宁夏重要讲话指示批示精神，切实履行"四服务"职责，全面提高公民科学素质，推动科协工作提质增效。

【思想政治建设】 始终把学习宣传贯彻习近平新时代中国特色社会主义思想和党的二十大精神作为首要政治任务，坚持把政治建设摆在首位，旗帜鲜明讲政治，坚定正确的政治方向，牢固树立增强"四个意识"、坚定"四个自信"、做到"两个维护"，始终坚持党对科协工作的全面领导，始终在思想上政治上行动上同党中央保持高度一致，带领党员干部深刻领会习近平总书记关于深化群团组织建设的系列论述，准确把握精神实质，吃透丰富内涵，认真贯彻落实。通过线上线下培训的形式坚定不移地引导广大科技工作者自觉把思想和行动统一到党中央及区市县党委和政府的决策部署上来，确保党的领导贯穿于科协工作的全过程各环节，贯彻落实自治区第十三次党代会决策部署和自治区科协第九次代表大会精神，认真学习领会自治区党委第十三届四次五次、市委五届八次全会精神，确保县科协各项工作方向不偏、立场不移。开展"学习贯彻习近平新时代中国特色社会主义思想主题教育"，结合科协工作实际，制定了《中共泾源县科学技术协会支部深入开展学习贯彻习近平新时代中国特色社会主义思想主题教育的工作计划》和《科协党支部深入开展学习贯彻习近平新时代中国特色社会主义思想主题教育重点任务实施清单》，通过党组中心组、职工例会、支部"三会一课"和主题党日等载体加强学习的同时，利用"学习强国App""共产党员网"、宁夏干部教育培训网络学院等网络学习平台强化理论学习。县科协党支部书记参加轮训2次，开展专题讲党课2次,集中学习23次,交流研讨10次,开展服务群众活动3次。

【科普行动】 为确保自治区《全民科学素质行动规划纲要(2021年—2035年)》目标如期实现,2023年3月27日印发《关于做好2023年科普工作的通知》,明确了工作任务和责任,确定了完成时限任务;起草《泾源县贯彻落实自治区新时代全面加强科学技术普及工作的实施意见任务分工清单》及《推进“科创中国”泾源行动(2023—2025年)计划任务分工清单》;2023年5月9日与县委宣传部、科技局共同印发《关于举办2023年泾源科技活动周的通知》,开展科技活动周活动,加强区域科普能力建设,实施全民科学素质行动;2023年9月12日与宣传部、网信办、科技局、卫健局联合印发《关于建立健全全媒体健康科普知识发布和传播机制的指导意见》,推动全媒体健康科普知识发布和传播水平迈上新台阶;2023年9月4日县科协联合县委宣传部、网信办、教育体育局等16家单位印发了《关于举办2023年泾源县全国科普日活动的通知》,明确了工作任务和责任,并于2023年9月17日全国科普日当天联合县委宣传部、网信办、教育体育局、消防救援支队、红十字会、妇联、总工会等20家单位,共同在人民广场开展“提升全民科学素质　助力科技自立自强”全国科普日宣传活动,协调推动组织部、宣传部、党校、教育、农业农村、卫健等科普工作各成员单位发挥各自职能作用,强化责任担当,加大科普培训及宣传力度,因地制宜,开展科普培训进校园、乡村、机关等活动,公民科学素质全面提升;围绕科技科普工作和“八个万级”产业发展,组织班子成员及工作人员先后在七个乡镇、宁夏闽宁鑫鼎科技有限公司、泾源县中蜂产业协会,围绕菌草种植、中华蜂养殖、肉牛养殖等产业发展及产学研科普工作进行调研,形成《基层科普工作助推乡村振兴发展情况的调研报告》,为党委、政府科学决策提供智力支撑。

【科普信息化】 推动科普信息员注册工作,泾源县科普信息员注册8028人,占常住人口85023人的9.44%,在全区22个县区中排名第五;建立了泾源县科普宣传员微信群,发挥微信传播速度快、使用率高的优势,搭建起科普服务的桥梁;持续推进“科普中国”落地应用,印发《关于推进安装使用科普中国App的通知》,转发分享科普文章超过7.7万篇,为基层群众提供形式多样、内容丰富的科技类公共服务产品,展现了新时代科协新气象新作为;向“全国科普日重点活动管理平台”上传活动123场次;加强网上科协建设,融入“智慧科协2.0”建设,在智慧科协2.0平台上全面准确填报各类应用数据;开展2023年全国科技工作者日全区基层优秀“三长”专题宣传活动并被自治区科协评为优秀组织单位、泾源县“三长”人员王必强被评为自治区优秀“三长”和“典赞·2023科普中国”科普人物;开展“最美科技工作者”典型事迹宣传,2023年7月26日,《光明日报》05版报道了泾源县科协兼职副主席王必强《产业越来越有“科技范儿”》,2023年4月18日,宁夏新闻网报道了王必强《我成了“全科兽医”》;开展科普中国e站整改工作,目前全县香水社区科普e站摘牌工作已经全部完成。

【科技服务】 围绕泾源县中华蜂养殖和菌草种植产业向区科协申报了2023年“院士专家宁夏行”学术交流技术创新需求,邀请福建省农业科学院食用菌研究所副研究员、菌菇专家应正河来泾源县实地指导菌草种植产业，促进了菌草种植的规范化、科学化；以项目带动产业发展，争取到自治区科协泾源县中蜂产业协会科普项目资金10万元，项目依托泾源县中蜂产业协会及主要成员在现有基础设施上实施，已完成建设教育实践基地1个，配套建设智能养蜂展示区，中华蜜蜂繁育展示区，蜜蜂+产学研示范园区，蜜蜂授粉增量示范区等多个功能区，制作科普知识展板，组织开展农业技术科普培训1场52人次；聘请菌草种植专家围绕菌草种植技术先后在泾河源镇、新民乡、香水镇、黄花乡举办“菌菇产业技术培训班”，来自全县4个乡镇的食用菌种植基地负责人、技术员、种植大户等450人参加了培训；培育科普教育基地，对全县16处“科普长廊”科普宣传栏内容进行了全面更新，在泾源县鼎鑫菌草种植公司新制作科普宣传栏2个，向宁夏科技馆给泾源县气象局气象科普馆申请气象科普展品；发挥“三长”示范带动引领作用，在七个乡镇围绕肉牛良种繁育、饲料配制、饲养管理、疫病防控实用技术知识开展科普培训，参与聆听1600余人；聚焦“六新六特六优”产业需求，10月17日会同泾源县中蜂产业协会，邀请县农业农村局、泾源县中华蜂产业服务发展中心，在工业园区会同泾源县中蜂养殖专业合作社、养殖大户成功举办了“泾源好蜜”第一届感官品质大赛，召开泾源县中蜂产业发展论坛大会，促进了中蜂产业发展；在泾源县人民医院开展自治区青年科技人才托举工程培养入选党性教育暨基层服务行义诊活动专家4人共2场次；持续做好科技人才举荐培养工作，开展优秀科技人才推荐、评选工作，推荐泾源县优秀科技志愿者参与中国科协办公厅印发《关于开展2023年度科技志愿服务先进典型推选宣传活动的通知》的评选，推选泾源县青年科技人才参加“中国科协2023年‘领航计划’青年科技人才国情研修活动”，推送泾源县优秀“三长”参加2023年9月5日至8日中国科协组织人事部举办的全国“三长”示范培训交流活动，开展科学技术交流。

【科普宣传】 以宣传党的二十大精神为主题，开展科技志愿服务“智慧行动”科普宣传活动累计175场次。2月，先后在县城百泉社区、香水社区、泾河社区开展点对点科普宣传活动，发放科普宣传资料810余份。3月，在六盘山镇及刘沟村开展泾源县科协“雷锋精神伴我行志愿服务见真情”科技志愿服务进乡村科普活动，发放种养殖宣传资料150余份。4月，在人民广场先后两次开展卫生健康科普宣传，讲解发放老年病预防宣传资料370余份。5月，在新民乡文化广场开展各行业科普宣传活动，发放科普宣传资料300余份。围绕“防范灾害风险　护航高质量发展”宣传主题，在人民广场开展了防灾减灾科普宣传活动。在人民广场开展“‘美好生活·民法典相伴’暨‘防范灾害风险　护航高质量发展’”主题宣传活动。在人民广场开展以“热爱科学崇尚科学”为主题的2023年“全国科技活动周”宣传活动，同时开展科学家精神巡展，弘扬科学家精神。开展“全国科技工作者日”系列活动，增强科技工作者荣誉感和归属感。6月，在人民广场开展2023年“6·5”环境日环保宣传活动。7月，针对突发事件印制危险化学品科普知识宣传彩页5000份，并在全县开展应急和安全知识科普宣传活动。8月，在7个乡镇全面开展科普大篷车助力乡村振兴科普宣传活动17场次。集中开展了以“齐心协力反邪教　携手奋进新征程”为主题的反邪教集中宣传月活动，覆盖全县7个乡镇14个村庄。9—11月，在全县7个乡镇开展36场次“千人万场”家庭安全素养提升教育培训科普宣传活动,覆盖99个新时代文明实践站。11月,在兴盛乡、六盘山镇、大湾乡开展19场次泾源县农业技术服务活动,覆盖38个村。

【科技创新】 组织全县学生和老师参加区市青少年科技创新大赛,共获自治区级奖5项,其中二等奖1项,三等奖4项,获市级奖17项,其中一等奖2项,二等奖6项,三等奖9项,十佳优秀科技辅导员2人,泾源县高级中学、泾源县第四小学被固原市科协评为十佳科技教育创新学校。泾源县科学技术协会被固原市科协评为优秀组织单位,泾源县科学技术协会副主席白三泉被评为优秀组织工作者;2023年3月15—17日组织中小学教师到宁夏科技馆参加宁夏青少年科普剧辅导教师培训,其中现场培训2人,通过网络培训20人;2023年3月23—24日组织中小学老师到银川参加第六届宁夏青少年创意编程与智能设计大赛骨干教师培训,其中现场培训2人,通过网络培训30人;在泾源县大湾中学、泾源县第四小学开展“大手拉小手科普报告会”暨宁夏“蒲公英”科教育苗提质行动科普专家报告团巡讲活动,参加师生340多人;开展“科创筑梦”助力“双减”暨宁夏科技馆“蒲公英”科普研学活动,争取自治区科技馆资金17万元,利用4天时间,组织泾源县100名优秀和贫困中小学生走进宁夏科技馆及银川周边科普场馆、科普教育基地、研学基地、科技企业等地,通过互动交流、动手实践体验等激励式、启发式、问题式、探究式等多种形式科普服务开展研学活动;开展2023年宁夏“科技教育乡村行”活动,在泾河源镇中心小学由中科天盛卫星技术服务有限公司为学生们带来“北斗助力乡村科教行”实践活动,在泾源四小开展了“天枢编程教育进农村中小学校”实践活动,在泾源县高级中学,由科普专家以《点燃航天科学梦》为主题,为孩子们带来了一场生动有趣的科普课,在泾源一中由国家二级心理咨询师为学生们带来“关爱女童,培养学生自信心”心理讲座,来自全县4个学校的500余位老师和学生参加了此次活动;落实《关于推进“科创中国”宁夏行动的实施方案(2023—2025年)》,在“科创中国·宁夏中心”上传科技资源29条,组建泾源县产业技术研究院;投入11.2万元利用泾源县中蜂产业协会,在泾源县黄花乡及工业园区建立了集产学研为一体的中华蜂基地,推进了中蜂产业发展,泾源县产业技术研究院、天津科技大学生物工程学院、宁夏天沐中蜂产业发展有限公司共同研发中草药蜂产品加工技术研究与应用,2023年10月31日得到宁夏回族自治区科学技术厅科技成果认证。

【组织建设】 强化企业科协建设,2023年组织筹建了宁夏天沐中蜂产业发展有限公司科学

2023年4月26日,2023年固原市青少年科技创新大赛开幕式

技术协会，于2023年9月5日予以批复，2023年11月9日上午9点召开宁夏天沐中蜂产业发展有限公司第一届企业科协委员代表大会，宁夏天沐中蜂产业发展有限公司科学技术协会正式成立；开展“三会”组织建设，建立规范管理机制，2023年9月20日泾源县农业技术学会暨第一次会员大会召开，2023年11月16日泾源县医疗健康学会成立大会召开，2023年11月17日泾源县科技教育学会成立大会暨第一次全体会员大会召开，泾源县“三会”组织建设实现全覆盖；加强县科协自身建设，推进科协系统深化改革工作，落实《宁夏科协“十四五”时期推进科协系统深化改革重点任务分工方案》规定任务，争取县党委和政府对科协工作的支持，人均科普经费达到1元以上，2023年4月14日召开泾源县2023年全民科学素质暨全域科普工作会议，专题听取科协工作汇报，并将科协工作纳入县党委、政府的效能目标考核。

泾源县残疾人联合会

【概　况】 2023年，在县委和政府的坚强领导下，在区、市残联的支持和指导下，县残联坚持以习近平新时代中国特色社会主义思想为指导，推进残疾群众民生保障、残疾人事业全面发展和残联系统自身建设，完成了年度各项残疾人重点工作，让残疾群众感受到了党和政府对残疾群体的关心和关爱，坚定了广大残疾人群众听党话、感党恩、跟党走的信心与决心。年末全县现有持证残疾人4001人（一级残疾人749人，二级残疾人1483人，三级残疾人804、四级残疾人965人），其中：视力残疾472人，听力残疾511人，言语残疾59人，肢体残疾1838人，智力残疾290人，精神残疾296人，多重残疾535人（同时两类或两类以上的残疾）。

【思想政治引领】 开展学习贯彻习近平新时代中国特色社会主义思想主题教育。全面抓好党的创新理论学习，原原本本学习“必读篇”“宁夏篇”“行业篇”，及时跟进学习“最新篇”，紧扣主题教育总体要求和目标任务，边学边查边改，把残疾人的急难愁盼问题作为努力的方向，在攻重点、破难题、转作风、办实事、作贡献上下功夫，抓好整改检视，做好建章立制，推动残疾人事业全面发展。

【易返贫致贫残疾人监测】 把重度残疾人作为防止返贫重点群体，每月筛查新增重度残疾鉴定和残疾人办证信息，将相关情况及时反馈至乡村振兴局、医保局、民政局和相关乡镇进行预警核实，为早发现、早干预、早帮扶打好基础。

【残疾人精准就业】 实施残疾人精准就业提升行动，鼓励和扶持残疾人就业创业，扶持宁夏巨华户外用品公司为乡村振兴扶贫车间，创建宁夏盛飞豪串肉有限公司为辅助性就业基地，安置20余名残疾人就地就近就业。为80名残疾人发放就业创业补助资金18.6万元。加大培训力度，对就业年龄段内有就业意愿的200名贫困残疾人开展职业技能培训和实用技术培训，促进残疾人就业，增加收入。如特色小吃、手工编织、种养加等内容培训。开展2023年高校残疾人毕业生就业服务工作，资助高考大中专残疾学生。主动对接人社部门落实不少于10%的公益性岗位安排残疾人就业政策，行政事业单位公益性岗位安置残疾人18名。率先在全市完成了残疾人就业保障金的足额征缴，共征收行政事业单位残保金429万元。

【阳光助残小康计划】 实施“阳光助残小康计划”，扶持70

户困难残疾人家庭发展养殖业持续增收，发放补助资金28万元。培育众天蜂业为扶持残疾人发展特色产业龙头企业，建立企农利益联结机制，带动56户残疾人家庭养殖中蜂，实现户均增收4800元以上。

【圆梦护航保】 实施“圆梦护航保”，为全县1118名就业年龄段残疾人购买意外伤害保险5.59万元。

【两项补贴】 落实残疾人两项补贴兜底政策，加强残疾人证管理。加强与民政局和各乡镇配合，开展了残疾人“两项补贴”政策落实大宣传大排查大调研活动，逐村逐户进行排查，确保符合条件的残疾人应享尽享，精准救助，不落1人。年末享受困难残疾人生活补贴2497人，重度残疾人护理补贴的1958人。“两项补贴”实行每月一更新，对不符合条件的残疾人及时进行清退。开展了公职人员持有残疾人证专项整治活动，泾源县涉及66名持证公职人员，按相关规定和本人申请注销残疾人证22人，现有持证的44名公职人员均到医疗机构重新进行了评定。

【民生实事】 落实残疾儿童康复救助制度，不断提升救助质量，按照“应救尽救”原则，通过政府购买服务方式，年初招标委托第三方专业机构对泾源县残疾人康复中心进行托管，对全县符合条件的0~6岁32名、7~14岁48名残疾儿童开展康复训练；完成全县85户重度困难残疾人家庭无障碍改造，帮助其改善居家环境，提升生活品质；实施好“阳光家园计划”项目，为100名就业年龄段智力、精神和重度肢体残疾人提供居家托养照护服务，为17名就业年龄段智力、精神和重度肢体残疾人提供机构内集中托养服务；加强辅具管理，满足各类残疾人需求，为172名残疾人适配轮椅、护理床、坐便椅、纸尿裤、洗浴椅、耳背式助听器等各类辅具238件；开展残疾人调查试点工作，上门评残纾困送暖，选取香水镇作为试点乡镇，开展了为期2个月的残疾人基本状况调查试点工作，共入户调查了3.679万人，摸排出未持证功能障碍人群189人，特殊困难残疾人102人，为解决因瘫痪卧床、疾病导致行动不便等无法出门评残的难题，协调固原市人民医院、固原市精神康复医院、泾源县人民医院对香水镇辖区内残疾群众开展“送鉴定上门”服务，“零距离”服务残疾人，针对现场无法鉴定、需借助相关仪器设备鉴定的困难残疾人，安排专车接送至固原市人民医院、泾源县人民医院进行残疾等级鉴定，上门评残鉴定145人，鉴定成功104人，使残疾人都能应享尽享党和政府的惠残政策；推动残健融合，丰富残疾人文化体育生活，组织开展第33次全国助残日、第24次全国爱耳日、第30次国际残疾人日等活动，组织104名重度残疾人及其家属开展文化进残疾人家庭“五个一”活动，使残疾人走出家门进一步融入社会、感受社会的发展变化，提升对生活的信心。

泾源县文学艺术界联合会

【概　况】 2023年，泾源县文联工作在县委和政府的正确领导下，在区、市文联和县委宣传部的精心指导下，按照年初确定的文化文艺工作既定任务，县文联凝聚新一届文艺工作力量和干劲，提振信心，积极作为，文艺工作取得了新进展。

【文艺创新】 厚植廉洁文化基因，联合举办了泾源县“翰墨绘清廉·丹青扬正气”廉洁文化暨“忠诚立家风　美赞新泾源”主题书画摄影作品展览活动；做好“山海情”的“下半篇”文章，整理采访26年来12批21名援宁干部在泾挂职的事迹并编印了30万余字的《山海的交响——闽宁协作访谈录(泾源篇)》;讲好泾源故事,挖掘传承龙文化,编印了《泾源旅游小故事》图书。

【文艺创作】 在宁夏大学文学院"宁夏文艺评论创研基地"为泾源籍作家杨友桐长篇小说《七月》举办了座谈研讨会;泾源作家雪舟的诗歌《西峡山中》获《民族文学》2021年度奖诗歌奖;泾源籍农民女作家马慧娟长篇自传体小说《出路》入选由中国图书评论学会组织评选的2022年度"中国好书"榜单;县文联、县作协负责人在陕西省汉中市举行的首届"天汉杯"双年度大家文学奖暨2023年第七届华语诗歌春晚汉中分会场文艺活动中分获"天汉奖""组织奖";泾源县纯文学季刊《老龙潭》2023年已编发4期。

【文艺惠民】 联合举办了泾源县第五届秦腔大赛;组织文艺工作者在第十九届六盘山山花节暨首届六盘山花儿艺术节开展书画美术音乐展示活动;组织县舞协编排的少儿舞蹈节目《我的祖国是花园》作为学生表演节目参加了全区学生舞蹈展演暨第十四届全区少儿"希望杯"舞蹈展演并获展演类优秀奖;组织泾源县11名摄影爱好者参加了北京摄影函授学院第七期市县级摄影人才线上培训班;泾源县文艺骨干白莹在银川市文艺界"弘扬伟大建党精神　在黄河流域生态保护和高质量发展先行区示范市建设上继续走在前作表率"主题党日系列活动中应邀作了《我与六盘山》的生态文学讲座;文艺界应邀对全县"抵制毒品　参与禁毒"主题征文活动开展了评选评审活动;邀请区、市、县级书画摄影艺术家和兄弟县(区)摄影师集中赴杨岭村开展了"看杨岭巨变·颂乡村振兴"书画摄影写生创作活动并举办"杨岭摄影展"。

2023年3月13—15日,县委宣传部,县文旅局、文联在六盘山镇什字村举办泾源县第五届秦腔大赛

【文艺交流】 邀请中国著名书画家阎正一行来泾源采风创作;应邀组织泾源县文艺界代表参加了"中国·泾川李商隐诗歌研讨暨第七届蟠桃诗会"系列活动;参加了由自治区党委宣传部(国教办)在辽宁省抚顺市举办的"弘扬雷锋精神　增强使命担当"——全区国防教育系统工作人员培训班、由宁夏文联在福建省福州市举办的"深入学习党的二十大精神培训班暨第4期基层文联负责人培训班";会同原州区文联、平凉市崆峒区文联组织30名文艺工作者联合开展了"两地三县区"文艺界文化艺术交流采风活动,推动以文彰旅、以文活旅;参加了中国作协党组书记、副主席张宏森一行在西吉县召开的"中国作家协会调研组来西吉调研座谈会"并汇报了泾源县文艺工作及文学创作情况;参加了自治区文联在固原举办的原创歌曲调研座谈会并做专题汇报;陪同宁夏民间文艺家协会调研组一行调研了泾源县民间文艺工作;陪同自治区曲艺杂技家协会调研组一行调研了泾源县戏曲传承发展工作。

泾源县红十字会

【概　况】 2023年，泾源县红十字会工作在县委和政府的坚强领导下，在上级红十字会的关心指导下，紧紧围绕县委和政府的决策部署，贯彻落实区、市红十字会各项工作要求，弘扬“人道、博爱、奉献”的红十字精神，开展宣传动员工作，推进红十字各项事业不断深入，持续开展应急救护培训、帮困和送温暖等活动。

【思想政治建设】 坚持以习近平新时代中国特色社会主义思想为指导，深入学习党的二十大精神和习近平总书记视察宁夏重要讲话指示批示精神、习近平总书记关于群团工作重要论述和红十字事业重要指示精神，深刻领悟“两个确立”的决定性意义，增强“四个意识”、坚定“四个自信”、做到“两个维护”，紧紧围绕县委和政府工作部署要求，全面落实自治区第十三次党代会，自治区党委十三届二次、三次、四次、五次全会精神和区、市红十字会相关会议精神。学习《中华人民共和国红十字会法》《中国红十字会章程》及“三救三献”等相关业务知识，增强政治性、先进性、群众性。按照县委的部署要求，开展学习贯彻习近平新时代中国特色社会主义思想主题教育，把主题教育作为当前最重要的一项政治任务来抓，结合红十字会核心工作，精心组织和谋划、突出特色、注重实效，高标准、严要求开展主题教育，确保主题教育取得成效。

【物资筹集】 争取自治区红十字会博爱送万家物资价值11.2万元；厦门市同安区红十字会捐赠拖鞋24522双，价值63万元；厦门悠来斯体育用品有限公司捐赠篮球420个，价值6.88万元。

【博爱送万家活动】 慰问7个乡镇19个行政村（社区）460户困难党员群众；联合县闽宁办慰问沙塘林场、大雪山林场、蒿店林场一线困难职工450人；联合闽宁办慰问造血干细胞血样采集志愿者98人；向泾源县卫生健康局捐赠20万元用于泾源县医院重症医学科建设。

【应急救护培训】 制定了《泾源县红十字会救护师资管理制度》《泾源县救护员培训制度》《泾源县红十字会应急救护培训管理制度》，选派7人参加了自治区红十字会举办的应急救护师资培训班；开展普及性应急救护培训2期310人次，救护员培训共15期603人，其中4学时CPR+AED培训共12期504人，16学时救护员培训3期99人；联合县委宣传部，县公安局、科协、消防等部门开展“千人万场”家庭安全素养提升教育培训，培训35场次1069人。

【无偿献血活动】 推进无偿献血知识“进学校、进农村、进社区、进企业”，提高无偿献血普及率，共组织无偿献血3场次，无偿献血180人，献血

2023年8月15日，泾源县红十字会举办2023年暑期大学生救护员培训班

65000毫升。

【红十字宣传】 以“红十字博爱周”为载体，开展国际人道法传播，做好《红十字会法》普法宣传，发放宣传资料3000余份、义诊群众600人次。

【基层组织建设】 全县7个乡(镇)实现成立基层组织全覆盖，21个行政村(社区)成立基层红十字会，3所学校成立学校红十字会、红十字博爱家园3个，根据《自治区红十字会救护站实施方案》精神，在大湾乡杨岭村、泾河源镇冶家村建成2个旅游示范村救护站，红十字会救护站3个，实现了红十字会基层组织有效覆盖，为基层社会治理提供了红十字会力量。

【志愿者服务队】 成立泾源县红十字“三献”志愿服务队，累计发展登记志愿者362名，发展红十字个人会员48名。

泾源县工商联合会

【概　况】 泾源县工商联是县委领导下的以统战性为主，兼有经济性、民间性的人民团体，为正科级单位，归口县委统战部指导。主要职能：加强和改进非公有制经济人士思想政治工作；参与政治协商，发挥民主监督作用，积极参政议政；协助政府管理和服务非公有制经济；促进行业协会商会改革发展；参与协调劳动关系，协同社会治理，促进社会和谐稳定；引导非公有制企业和非公有制经济人士依法诚信经营，了解反映非公有制企业和非公有制经济人士诉求，帮助其依法维护合法权益，推动各种所有制经济依法平等使用生产要素、公开公平公正参与市场竞争、同等受到法律保护，促进权利平等、机会平等、规则平等，参与经济纠纷的调解、仲裁。2023年，县工商联在县委和政府的坚强领导下，在区、市工商联和县委统战部的精心指导下，坚持以习近平新时代中国特色社会主义思想为指导，深入学习宣传贯彻党的二十大精神和习近平总书记视察宁夏重要讲话指示批示精神，紧紧围绕党委、政府中心工作，以服务“两个健康”为主题，始终坚持“团结、服务、引导、教育”工作思路，充分发挥工商联“五大职能”，开拓创新，扎实工作，各项工作平稳有序推进，取得了一定成效。

【思想政治引领】 推进民营经济人士政治引领和思想引导，加大思想政治教育工作，团结教育广大民营经济人士听党话、跟党走，为民营经济人士健康成长和民营经济健康发展筑牢了坚实的政治保障。以习近平新时代中国特色社会主义思想为主线，组织非公有制企业深入学习党的二十大精神、习近平总书记视察宁夏重要讲话指示批示精神、习近平总书记在民营企业座谈会上的重要讲话精神；学习了全国经济工作会议、自治区第十三次党代会、固原市委五届五次、六次、七次全会精神和县委十五届三次四次全会精神，坚定了民营企业家听党话、感党恩、跟党走的决心和对中国特色社会主义的信念，增强了民营企业家对党和政府的信任，增强了克服困难、提振高质量发展的信心。

【强化教育培训】 采取网络培训与专题培训、自我提升相结合的模式，实施民营经济人士素质提升工程，推动理想信念教育主题实践活动常态化、制度化，民营经济人士的综合素质得到显著提升。组织全县40名非公经济人士赴厦门参加泾源县非公经济人士健康成长暨闽宁协作培训班1次，参加自治区工商联组织的民营企业高质量发展网络培训班4期，全国工商联和教育培训合作院校网络培训3期，参加宁夏工商联系统干部综合能力素质提升专题培训1次，联合县国税局开展“送政策·进企业”活动2场(次),做到政策服务“零距离”。

【引导履行社会责任】 倡导义利兼顾、以义为先的理念,引导和支持民营经济人士量力而行参与捐资助学、扶贫济困等慈善事业。“六一”期间,泾源县工商联携16家爱心企业以“圆梦微心愿,传递大温暖”为主题开展“庆六一·献爱心”助学捐赠活动,为全县13所小学的学生共捐赠书包2010个,校服36套,遮阳伞171把及其他学习、生活用品,总价值37万元,彰显新时代民营企业投身“光彩事业”积极性,弘扬了民营企业家以实际行动回报社会,奉献爱心社会主义道德风尚。

【调查研究】 坚持把调查研究工作作为服务“两个健康”和参政议政、当好参谋助手的一项基础性工作来抓,紧紧围绕县委和政府中心工作,聚焦民营经济发展中的融资难、创新难、维权难、用工难、信息难等问题,从解决民营企业反映强烈的操心事、揪心事、烦心事入手,深入基层和民营企业开展了集中专题调研,摸底数、查实情、理思路,引导民营企业依法维权,增强发展信心。

【调研协商解难题】 配合全国和自治区工商联完成了基层工商联建设、民营企业复工复产、融资难等专项调研任务,为各级党委、政府和工商联科学决策,推动民营经济健康持续发展提供了可靠数据和参考依据。2023年,向自治区工商联提交政协提案4份,向县政协提交提案10件,撰写调研报告1篇,填写调查问卷360份。为更好地联系服务会员企业,县工商联开展了为期一周的走访调研活动,先后深入宁夏双益房地产开发有限公司、宁夏泾水源食品有限公司、宁夏延岭生态农业开发有限公司、宁夏喜悦食品有限公司等14家企业走访调研,听取企业在发展过程中的意见建议,了解企业生产经营情况及存在的困难和问题,及时掌握企业、行业及产业发展的现状。为进一步服务会员发展,帮助企业拓展发展空间,谋求发展机遇奠定了基础。为了解民营企业劳动关系状况,收集反映民营企业意见诉求,提高工商联在协调劳动关系中的话语权,促进民营经济健康、稳定、可持续发展,组织50家民营企业填报自治区发布的各项调查问卷,填报率达100%。推进全县高校毕业生、退役军人、农民工等群体高质量充分就业,11月9日,泾源县工商联联合县人力资源社会保障局、民政局、退役军人事务局、总工会等单位在泾河源镇举办了以“‘就’在金秋,‘职’面未来”为主题的金秋招聘月暨闽宁劳务协作专场招聘会,“金秋招聘月”活动为用人单位和求职者搭建了面对面、零距离的对接平台,发放各类宣传资料3000余份,签订就业(意向)协议31份。

【乡村振兴建设】 开展“万企兴万村”活动,“万企兴万村”行动是党中央立足我国农业农村发展实际、着眼民营企业特色优势作出的重要决策,是践行习近平总书记重要讲话精神和参与国家乡村振兴战略部署的具体举措,泾源县工商联把“万企兴万村”行动作为当前重大工作任务,重点谋划,精准发力,制定印发了《泾源县2023年开展“万企兴万村”行动实施方案》,成立了“万企兴万村”行动领导小组,明确目标,压实责任,建立结对帮扶机制。组织25家企业与28个结对帮扶村签订“万企兴万村”行动协议28份,提供就业岗位300余个,方便村民就近就业,增加村民收入,为困难群众发放米、面、油、棉衣等生活用品,发挥非公企业带动作用,促进企业与农业农村优势互补,互利双赢、共同发展,助力乡村全面振兴。发出《关于企业助力泾源县乡村振兴的倡议书》,动员企业扶贫济困,献爱心、聚人心,共筹集捐款153.74万元,支持乡村振兴事业发展。创建先进典型,做好"万企兴万村"典型示范点创建工作,及时总结工作经验,培树一批典型企业、典型事例,逐级审核申报,向区市上报"万企兴万村"典型企业案例2例,其中宁夏喜悦食品有限公司被自治区"万企兴万村"行动领导小组评为自治区"万企兴万村"行动典型项目(企业)。

【招商引资"燕归巢"行动】 抢抓本土在外创业企业家返乡的有利时机,组织召开了泾源县"燕归巢"行动座谈会,邀请泾源籍在外创业企业家代表62人共叙乡情、共话合作,共谋发展,座谈会上12家企业代表作了交流发言,13家企业与乡镇签约15个项目,意向投资总额1.69亿元。收集编撰《泾水英才》,开展"迎老乡、回故乡、建家乡、同发展、共致富"活动,为泾源县经济社会高质量发展建言献策、贡献力量。

【搭建共商合作平台】 自治区工商联主席带领商会会长、知名企业家34人齐聚泾源开展商会会长、知名企业"泾源行"活动,与泾源县30名民营企业家共叙友谊、共谋发展、共商合作,共畅未来。活动当天,现场销售农特产品3万余元,签订267万元意向订单。

经济管理

宏观经济管理

【经济概况】 2023年全年地区生产总值完成25.42亿元，增长6.3%；全社会固定资产投资增长8.2%；社会消费品零售总额完成7.82亿元，比上年下降4.6%；地方财政一般公共预算收入完成8977万元，增长2.56%；地方财政一般公共预算支出完成24.01亿元，增长2.2%；城镇居民人均可支配收入完成32888元，同比增长5.9%；农村居民人均可支配收入完成13893.1元，同比增长8.4%。

【项目建设】 全年计划实施重点项目56个，计划总投资36.69亿元，当年计划投资31.65亿元。截至2023年年底开复工46个，占重点项目总数的82%，完成投资15.1亿元。截至年底，全县"双争"到位资金24亿元。组织外出招商26次，在谈项目18个，签约项目20个。召开"燕归巢"行动座谈会，会上13家企业共签约15个项目。实施招商引资项目16个，总投资43.2413亿元，实际到位资金28.5790亿元，完成全年目标任务的102.07%。

【电子商务】 引进电子商务公司2家，开发文旅商品200余种，签订并完成了首批海外订单(墨西哥客商定制剪纸)。创扶农公司开通"共创扶农"App购物平台，已签约46家商户入驻。组织培训电商致富带头人150多人。通过邀请知名电商达人组织线上直播、线上专场秒杀抢购、发放消费代金券等多种方式开展促消费活动，累计开展直播活动300多场次，带动线上销售1500多万元。

【服装箱包营销】 全县现有服装箱包企业8家，全年完成产量1210万件（套），实现产值1.1亿元，同比增长15%，带动就业千余人。

【清洁能源项目】 共实施清洁能源项目3个，其中：储能项目2个，中能建投绿塬变100MW/200MWh共享储能电站示范项目，投资46500万元，目前已并网运营；泾源县共享储能电站(二期)项目，总投资45000万元，已进行基础开挖；2023年度泾源县城乡清洁取暖项目总投资5754万元，计划完成3700户农户的清洁取暖改造。泾源县中能建投40MW风力发电和国电投泾源县30MW分散式风电项目，总投资分别为2.2亿元和1.8亿元，已经通过自治区发改委用地、电网接入条件核查。

【优化营商环境】 兑付限上企

业补助资金60万元，商业体系建设项目补助资金34.48万元。组织县内大型商贸企业利用节假日等消费旺季举办多次主题消费惠民活动，全年发放惠民消费券190万元。为13家运营融资困难企业解决纾困资金2760万元。筹措资金，清理拖欠民营企业账款6877.12万元。通过信用宁夏“双公示”平台报送行政许可信息55条，校验合格率达到100%。

【价格监测管理】 按照自治区价格日监测、日报告制度，上报各类价格信息360余期，确保居民生活消费市场价格保持平稳运行态势。于2023年秋季招生时执行泾源县公办幼儿园及普惠性民办幼儿园保育教育费调整后收费标准，有序推进价格改革。受理价格认定业务10件，认定金额6.5万元，办结率100%。

【安全生产检查】 深入学习贯彻自治区十三届四次全会精神，统筹发展和安全，常态化开展安全生产排查整治，共排查经营主体(单位)88家，安全风险隐患178条，已全部完成整改。

【粮食工作】 完成自治区下达泾源县关于开展粮食储存环节损失损耗调查工作任务，共抽取泾源县7个乡镇29个村，粮食种植大户141户。制定《泾源县粮食节约行动实施方案》，抓好粮食储存、运输、加工环节，餐饮消费环节节约减损。

【国防动员教育】 加强国防动员教育。在“5·12”全国防灾减灾日制作防灾知识展板，发放宣传彩页，向群众普及防空防灾知识。以“9·15”宁夏全民国防教育日为契机，在县城区内统一鸣放防空警报，同县教体局联合组织全县各类18所学校开展防空疏散演练活动，累计1万余名师生参演。组织开展国防动员潜力调查，摸清县域国防潜力数据。

泾源县市场监督管理局执法人员在药店检查药品价格

市场监督管理

【优化营商环境】 指导帮助82户市场主体完成信用修复工作，配合各单位查询企业及人员信用信息600余条。加强企业信用监管，开展“双随机、一公开”监管，下发抽查任务60项，抽取市场主体604户。开展公平竞争审查和反不正当竞争“守护”行动，开展购车补贴、消费券发放等促消费政策措施公平竞争审查。截至10月31日，泾源县共登记注册市场主体6192户，其中企业1691户，农民专业合作社287户，个体工商户4214户。2023年年末存续各类市场主体789户，全年新增登记各类市场主体859户。其中，年末存续私营企业271户，全年新登记私营企业284户；年末存续个体工商户518户，全年新登记个体经营户575户。2022年度企业年报公示率99.13%，农民专业合作社年报公示率100%。

【执法监督】 加强执法监督，规范执法行为。召开案审会3次，审查案件7起；加强计量认证检验检测管理，组织5家眼镜店、3家医疗卫生、12家药店免费为市民开展验光、血压、血糖测量活动，与4家眼镜店、23家医疗机构、12家加油加气站、260家商超签订承诺书，检查经营主体97户次，抽查计量设备41台。

【综合治理】 强化综合治理，市场竞争秩序持续规范。对15家校外培训机构和住建局、城市综合执法大队、泾河水务投资有限公司、学校收费情况进行检查，限期整改1家。严肃查处各类虚假违法广告，当场给予警告处罚2户，开展户外广告和门头牌匾整治，责令整改64户。加大无照经营查处取缔力度，督促补办营业执照14户，督促整改42户，依法取缔1户。对24家网站、86家网店及10家直播带货店铺进行监测。开展"双打"、2023民生领域案件查办"铁拳"、医疗美容行业突出问题等整治，检查经营主体1500余户次，没收侵权品牌鞋14双、电线电缆18卷、燃气软管40米、服装3套、瓶装液化石油气调压器18个。2023年以来，共查办案件163起，其中一般程序案件72起，结案59起，罚没款23.72万元，简易程序案件91起，罚款0.29万元。销毁侵权假冒伪劣商品1500余件，价值3万余元。受理办结投诉举报275件，挽回经济损失30余万元。

【食品药品安全监管】 加强食品药品安全监管，对食品生产企业进行风险分级评定，A级2家、B级14家、C级1家。加强小作坊规范治理，开展肉制品质量提升行动。开展农村、校园周边、景区、农村集体聚餐食品安全整治。28家餐饮单位成功打造"清洁厨房"，62家学校食堂实行"互联网+明厨亮灶"智慧监管。验收通过"阳光药店"35家，推动全县个体诊所、村卫生室、校医室等100%建成"规范药房"。全年共开展食药安全专项整治43次，排查经营户5000余户次，排查各类风险隐患171个，已全部完成整改。完成食品及食用农产品、"你点我检"、校园食品抽检256批次，食品快检200批次，药品抽样26批次。不合格4批次，核查处置率、公示率均100%。

【特种设备监管】 加强特种设备和瓶装液化石油气安全监管，重点对电梯、厂（场）内机动车及加气站进行检查，50家特种设备使用单位配备安全总监50人、安全员55人。累计召回旧标"双阀"液化石油气钢瓶2只，召回液化石油气钢瓶1348只。检查特种设备使用单位147家次，抽查特种设备232台套，排查安全隐患80处，完成隐患整改75处，5处正在整改。

【工业产品安全整治】 开展重点工业产品安全整治，检查经营主体200余户次，签订燃气灶具经营承诺书13份，下架灶

泾源县市场监督管理局执法人员在超市检查食品安全

具5台。抽检重点产品75批次，抽查口罩5个品种30余只。共开展宣传活动20余场次，发放宣传资料12万余份，举办食品药品、特种设备、产品质量、气瓶等安全知识培训20次。

【知识产权保护】 开展2023年知识产权宣传周活动，召开2023年知识产权应收账款质押融资政银企对接会暨知识产权业务培训会。接受商标注册、使用、保护咨询服务50余人次。截至10月31日，全县共有有效注册商标总量689件(2023年新申请114件)，其中地理标志证明商标2件，驰名商标1件。2023年获得专利授权44件，其中发明1件，实用新型43件。有效发明2个，每万人口有效发明量为0.23件。

财　政

【一般公共预算执行情况】 2023年，预计全县地方一般公共预算收入完成9278万元，增长6%，其中：税收收入5036万元，增长24%；非税收入4242万元，下降10%。一般公共预算支出预计完成24.2亿元，增长3%。财政收支平衡情况：地方一般公共预算收入9278万元、自治区各项补助收入212790万元、债务转贷收入41140万元，上年结转59993万元，收入总计323201万元。一般公共预算支出242000万元，债务还本支出27070万元，专项上解支出38万元，结转下年52578万元，调出资金1515万元，支出总计323201万元，收支平衡。

【政府基金预算执行情况】 2023年，预计全县政府性基金预算收入完成1603万元、自治区基金补助收入971万元，调入资金1515万元，债务转贷收入7400万元，上年结转3024万元，收入总计14513万元；政府性基金预算支出预计完成7200万元，地方政府专项债务还本支出1667万元，结转下年5646万元，收支平衡。

【社会保险基金预算执行情况】 2023年，预计社会保险基金预算收入完成17532万元，为年度预算的100%，上年结余16252万元，收入总计33784万元；社会保险基金预算支出预计完成15671万元，上解支出2434万元，年末基金滚存结余15679万元，收支平衡。

【政府债务管理情况】 2023年年底，预计泾源县政府债务余额为241639万元，其中：一般债务余额192982万元、专项债务余额48657万元，年末债务余额未超过自治区下达的债务限额。2023年，自治区转贷泾源县新增债务48540万元，其中，新增一般债务15140万元，新增再融资一般债务26000万元，新增专项债务7400万元。2023年偿还一般债务本金1070万元，支付地方政府债务利息7252万元。

【财源建设工程】 实施财源建设工程，制定印发《关于实施财源建设工程推进经济高质量发展的实施方案》，通过建立重点财源动态监测机制、围绕重点产业精准施策、多措并举夯实增收基础及持续完善财源建设体制机制等方面，构建地方财政“源头活水”。加强财税协调配合，密切关注重点税源、潜在税源运行状况，强化欠税企业清缴，做到严征细管、挖潜堵漏。深入挖掘非税潜能，严格非税收入预算管理，严格收缴分离和收支两条线，确保非税收入应收尽收。落实减税降费政策，支持符合条件的市场主体和个人应享尽享减税降费政策红利，累计完成退税减税缓税降费3991户1336万元，减缓社保费2167万元。支持企业纾困转贷，坚持“放水养鱼”，设立中小微企业转贷基金，累计为县域内13家中小微企业纾困转贷 2760 万元。

【项目资金争取】 加大资金争取力度，把争项目争资金作为全面落实中央和区市县党委各项决策部署、兜牢兜实“三保”底线的重要抓手，准确把握政策导向和支持重点，主动向上沟通对接、反映困难，争取到位各类资金 24 亿元，其中一般性转移支付资金 18.14 亿元，专项转移支付资金 2.79 亿元，税收返还资金 0.35 万元。

【资金统筹】 强化资金统筹调度，当好“铁公鸡”、打好“铁算盘”，加大非重点、非刚性支出压减力度，把有限的资金用在民生保障和县域经济发展亟需的支出上，以政府的“紧日子”换取群众的“好日子”，全年民生领域支出 19.11 亿元，占一般公共预算支出的 81%。

【助推乡村振兴】 合理统筹整合财政涉农资金，着力农村产业融合发展，推进城乡共同富裕，绘制农业高质高效、乡村宜居宜业、农民富裕富足的乡村振兴宏伟蓝图。统筹整合使用财政涉农资金 26895.1 万元，其中，安排资金 13165.67 万元，用于支持肉牛、菌菇、中蜂等特色产业发展及优质高效玉米种植、造林工程、高效节水灌溉、基础母牛饲草料补贴、基础母牛引进、中蜂养殖、“出户入园”示范点建设等 23 个农业生产发展项目；安排资金 11380 万元，用于农村人居环境整治、村级道路建设、农村饮水管网提升改造、农村地质灾害隐患除险治理、农村水毁道路抢险工程等 21 个基础设施建设项目；安排资金 2015.1 万元，用于脱贫小额贷款贴息、雨露计划、乡村公益性岗位、“健康饮茶”工程、村庄规划等 6 个其他建设项目。

【支农资金】 创新财政支农机制，安排资金 21456 万元，实施高标准农田建设、现代高效节水农业建设、粮改饲、农技推广、农业社会化服务、厕所革命、农业面源污染治理、高素质农民培训、农业防灾救灾及支持肉牛、冷凉蔬菜、中药材发展等项目，推动农业增效农民增收农村发展。

【城乡建设资金】 加快城乡融合发展，安排资金 19132 万元，实施城市排水及雨污分流、老旧小区改造、保障性住房等项目，聚焦农村人居环境整治，实施美丽小城镇及美丽宜居村庄建设，城乡品质不断提升。支持水利事业发展，安排资金 7070 万元，实施流域治理、农村供水补短板工程、农村饮水管网提升、高效节水灌溉等项目。

【生态建设资金】 推进生态文明建设，牢固树立绿水青山就是金山银山理念，安排各类资金 4.1 亿元，实施蓝天、碧水、净土保卫战，支持天然林、草原、湿地保护修复治理、北方冬季清洁取暖、山水林田湖草沙一体化保护和修复、耕地保护和生态修复、森林草原火灾预防与扑救及野生动物保护等项目。提升交通网络建设，安排资金 8172 万元，推动农村公路示范县建设，实施乡村公路、旅游道路、产业道路建设，道路水毁维修及农村公路养护工程等。

【社会发展资金】 为确保教育优先发展，安排资金 37266 万元，支持幼儿园及中小学基础设施等建设，依托“互联网+教育”，提高教育教学质量，扩大优质教育资源覆盖面，支持城乡义务教育均衡发展；推进健康泾源行动，安排资金 19043 万元，实施医疗卫生服务保障能力提升项目、公立医院综合改革、重大传染病防控、妇幼健康服务体系建设等项目，加快优质医疗资源扩容和区域均衡布局，完善公共卫生应急管理体系，加快补齐公共医疗卫生服务短板；推动文旅融合发展，安排资金3456万元，支持文化馆、图书馆及文化惠民工程建设；保障开展广场文化活动、提升乡村文化、旅游基础设施，推进全域旅游示范区建设。

【社会保障资金】 安排资金30341万元，落实高校毕业生、“三支一扶”和机关事业单位培训实习等就业政策，保障各项工资待遇落实到位；加大对农民工、退役军人等重点群体创业支持力度；做好社会救助、社会福利等工作，确保农村留守老人、妇女儿童、残疾人等补助资金及时发放到位。加大科技创新投入，安排资金1927万元，加大科技成果转化及科技研发项目资金投入，提升科技创新支撑能力。完善农业风险保障体系，安排资金976万元，将肉羊、玉米、蔬菜、中药材、公益林、日光温室、拱棚等纳入政策性农业保险财政补贴范围，受灾理赔535万元，有效提升农户抵御灾害风险能力。

【乡村治理资金】 推动乡村治理体系建设，将村级组织运转经费纳入“三保”范围足额保障，安排村干部报酬3597万元，村级组织办公经费579万元，乡村治理专项经费773万元。健全安全生产投入保障机制，投入资金6575万元，支持重点领域安全风险隐患整治及安全生产能力建设。落实各项支农惠农政策，通过“一卡通”兑付退耕还林、地力保护、农机购置、种粮农民补贴等各类惠农直补资金1616万元。

【“三保”资金】 坚持兜实兜牢“三保”底线不动摇，统筹资金优先保障“三保”支出需求，保障人民群众特别是困难群众基本生活，保障财政供养人员工资及时足额发放，基层有序运转，地方财政平稳运行，年内安排“三保”支出116924万元，其中，保基本民生30378万元，工资支出60259万元，保运转支出7307万元，其他刚性支出18980万元。

【政府采购】 规范政府采购行为，全年完成政府采购项目57个，预算采购金额9743.42万元，实际采购金额8225.38万元，节约率达到15.6%，其中，面向中小微企业预留26个，采购金额4786.98万元，占总采购金额49%。推进“832”平台政府采购脱贫地区农副产品工作，完成采购金额127.33万元，入驻本地供应商24家，上传农副商品294款，销售金额1716万元。严格控制价审核，全年审核各类政府投资建设工程项目5.56亿元，核减803万元，核减率1.42%。

【财会监督】 加大财会监督力度，开展乡村振兴、教育、医疗、民生等领域专项整治，着力解决财经领域存在的突出问题，抓住财政管理中的薄弱环节，对各预算单位“三公经费”使用、财经纪律执行、公务卡制度执行及国有资产管理等开展了专项监督检查。强化财会人员业务素质提升，举办全县行政事业单位及乡村财会人员培训班4期600余人次。

【国有资产管理】 健全资产盘活工作机制，制定闲置资产盘活方案和处置管理办法，打通部门间资产盘活通道，对闲置低效房屋、车辆、办公设备、大型设备等国有资产进行统筹盘活，将28所闲置校舍调拨至各乡镇统一管理使用，将原卫生培训中心、文化中心办公楼划转至县国投集团统一管理运营，将达到报废标准的29辆公务车辆进行公开拍卖盘活处置。

税　务

【税费收入】 坚持组织收入原则，守牢不收“过头税费”底线，确保税费收入与县域经济发展相适应。全年共组织各项收入3.91亿元，同比增长3.86%；其中税收收入1.25亿元，同比增长7.97%，社保费入库1.94亿元，同比增长2.8%。税收收入中，地方级收入0.69亿元，同比增长7.5%；县级收入0.49亿元，同比增长7.06%。

【税费优惠】 坚决扛牢税费优惠政策落实的政治责任，打好“退减免缓”组合拳，建立“领导小组统筹、退税减税办协调、职能组各司其职、纪检跟进监督”工作机制，“全流程”跟踪问效政策落实。开展“六盘税桥”云课堂等线上宣传辅导4期，“税费政策点对点”精准推送短信20000余条，送出“政策大礼包”上万份，实现了从“人找政策”到“政策找人”的转变。截至11月底，累计新增减税降费3981户次1400万元。

【纳税服务】 深化拓展新时代“枫桥经验”在泾源税务的实践运用，做好“枫桥式”税务分局建设，建成税费争议调解阵地，探索建立了甘宁五地跨区域税费争议协同处理工作机制。“家门口的税务局”税费服务咨询点实现96个行政村全覆盖。连续第10年开展便民办税春风行动，3批75条便民办税缴费措施有序落实。年内开展纳税人“问需解难”活动2轮，实地、电话问需走访纳税人4200余户次，解决急难愁盼问题43个。

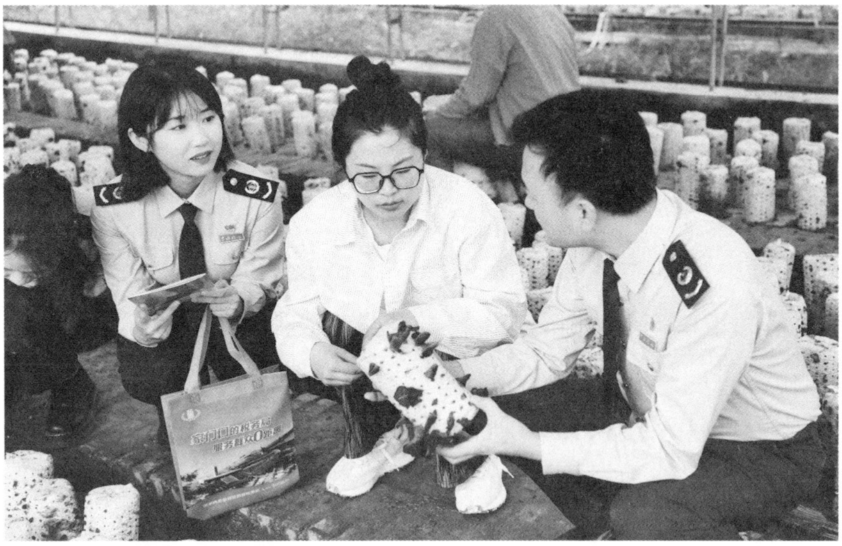

国家税务总局泾源县税务局工作人员开展家门口税务服务

【税收执法】 把监督抓在日常、落在细处，推出税收执法“微监督”，筑牢了税收执法的“防火墙”。落实行政执法“三项制度”，审核重大执法决定18户次，公示执法信息401条，行政处罚裁量基准执行率、行政许可办结率均达100%。

【税收征管】 紧盯4个方面14项工作任务，完成《意见》中期评估和任务落实情况“回头看”工作。以征管5C监控评价体系为抓手，强化监控及疑点整改，网上申报率、欠税管理等征管质效明显提升。做好“数电票”上线推广工作，完成“预先服”“随票服”推广1042户次，进度达56%。完成11批34户次风险应对任务，任务如期完成率100%。联合财政、住建、自然资源等部门合力攻坚，设置不动产“办证难”专窗、业务办理指引标识，历史遗留的“办证难”问题化解率达100%。企业所得税汇算率、个人所得税汇算进度均达100%。

审　计

【政治理论学习】 坚持“二五干部例会”学习制度，坚持集中学习与个人自学相结合，组织干部及时跟进学习习近平总书记重要讲话精神和重要指示批示精神，尤其是将党的二十大精神和习近平总书记关于审计工作的重要讲话指示批示精神作为学习重点内容，以学用结合为抓手，不断夯实思想基础。

【业务知识学习】 审计能力是审计质量的重要保障，按照新形势下审计工作新任务，坚持“政治过硬、能力过硬、业务过硬”的原则，通过个人线上线下学习、参加上级组织的培训等途径，不断提升审计干部综合素质，着力培养“能查能说能写”的能力，始终做到说真话、报实情。截至2023年10月31日，组织干部集中学习32次，参与上级部门培训会议8次，撰写心得体会20篇。

【专题学习】 组织“廉政警示月”“安全教育周”“民法典宣传月”等专题学习，开展“转作风 勇担当 勤履职 提效能”活动、“形式主义官僚主义专项整治”等载体活动，按照县委主题教育领导小组安排，以党员干部为重点开展学习贯彻习近平新时代中国特色社会主义思想主题教育，深入学习必读书目，坚决落实“学思想、强党性、重实践、建新功”要求，将理论与实践紧密结合，不断提升干部政治理论水平和业务能力素质。截至2023年10月31日，参加县委主题教育学习班3人次，组织党员干部7人集中学习5次，交流研讨3人次，党组书记讲专题党课1次，宣讲覆盖25人次。

【党建及廉政建设】 学习贯彻习近平总书记关于全面从严治党工作的重要论述，履行基层党组织建设责任，严格落实“双报到 双报告”工作要求，不断强化党建引领作用。结合实际制定了《审计局2023年党风廉政和反腐败工作方案》，明确责任分工、具体内容、责任领导，党支部书记积极履行党风廉政建设第一责任人职责，班子成员切实履行“一岗双责”责任，强化主体责任意识，进一步完善责任机制。严格落实“三会一课”制度，组织了“依法审计依宪同行”“坚守廉洁底线，弘扬清风正气”等主题党日活动，召开年度民主生活会及组织生活会，将党员管理教育抓在经常抓在日常，教育引导党员，向优秀党员看齐，履行岗位职责。加强与香水社区及帮扶村联系，以党建引领各项工作，参与社区组织开展的活动，深入帮扶村宣讲党的二十大精神及重要的惠农利民政策，落实好帮扶共建责任，推动乡村振兴各项决策部署落地落实。截至2023年10月31日，党组中心组学习11次，召开支部委员会10次，开展主题党日活动10次。

【审计项目】 按照上级审计机关统一组织项目和县委组织部门委托，结合县情实际，起草了《泾源县2023年审计项目计划》，经县委审计委员会第9次会议审议通过，审定项目计划共19个，其中：署定项目1个，区定项目1个，自定项目17个。

泾源县审计局对就业补助资金和失业保险基金进行审计

截至2023年10月31日，已开展计划内审计项目17个，投资审计2个项目，因建设单位未完工、未验收暂未开展；按照审计署审计厅项目安排，就业补助资金和失业保险基金审计、山林权改革审计、“9·20疫情”专项审计正在现场实施阶段。

【政治监督】 按照县委年度督查检查计划，2022年12月中旬—2023年1月中旬，由县委审计委员会办公室牵头，联合纪委监委、组织部、财政局、发改局、住建局等单位对2018—2022年度各级审计查出问题整改落实情况开展实地督察，并形成专题汇报，列为县委审计委员会重要议题，向审委会主要领导汇报，对履行整改落实责任不力的单位开展集体约谈；会后根据会议安排，联合纪委监委对问题整改不到位的单位主要负责人进行了约谈；按照2023年督查检查计划，将于第四季度对各级审计查出问题整改落实情况开展现场检查，督促被审计单位整改责任落实，推动问题真改实改。

统　计

【常规统计工作】 严格按照国家、自治区统计局数据填报要求，做好农业、工业、投资、能源、商贸、劳动工资、服务业等数据填报，完成2022年年报和2023年季报和月报数据的收集、审核、汇总和上报工作。

【业务培训】 为了全力提升统计业务人员业务水平，为源头数据质量提升打好基础，各专业分批次对农业、工业、商贸、固定资产投资、建筑业和非营利性工资统计工作人员就统计法律法规和统计业务知识进行培训，共举办业务培训11次，培训近230人次，举办“统计业务大讲堂”8期。

【基层基础建设】 围绕“依法统计、注重规范、狠抓基层、夯实基础”工作思路，制定下发了《进一步加强和规范统计工作严肃统计工作纪律的通知》，协调乡（镇）加强统计机构设置和人员配备，建立乡镇统计工作规范。推进基层统计工作标准化、规范化建设，指导行政机关、企事业单位依法完善原始记录、统计台账和档案资料。推进电子台账试点工作，全县3家试点企业均已完成测试。

【统计服务】 依据县委和政府经济分析会的要求，加强主要经济指标分析，认真研判经济运行中的新情况、新变化和苗头性问题，对经济走势提供精准的数据分析和预测预警，第一时间形成统计分析上报县委和政府，为统筹推进经济社会发展提供有用信息。

【统计监测】 为满足社会各界对统计数据的需求，统计局及时发布编印了《泾源县2022年国民经济和社会发展统计公报》《泾源县经济发展月报》等产品，在泾源县人民政府网公开发布分析，通过信息服务平台及时发送主要经济指标数据，提高数据发布的时效性，突出数据的客观性。

【调查对象业务指导】 对联网直报数据实时跟踪，对填报数据过程中有疑问的单位企业通过电话沟通、实地指导的方式及时答疑解惑、排除问题。针对部分单位企业更换统计人员的情况，由专业人员实地指导服务，帮助安装所需软件、演示操作流程，对最新的报表制度和专业指标进行培训，保证上报数据质量。

【经济普查】 成立由县委常委、政府副县长任伟为组长，22个部门（单位）、乡镇（街道）为成员的泾源县第五次全国经济普查领导小组，制发《泾源县第五次经济普查宣传方案》。按照普查的工作要求，卡准时间节

2023 年 8 月 14 日，泾源县统计局举办第五次全国经济普查单位清查业务培训班

点高效推进“五经普”工作，7月底前，共划分普查小区 119 个，标绘建筑物 1382 个，8 月选聘“普查两员”133 名；8 月 14 日对 133 名“普查两员”就统计法律法规、普查业务知识进行了培训，取得了预期效果；已完成普查底册清零工作，共核实企业（单位）3120 家，上报个体经营户 2787 家，现阶段依据自治区经普办的统一安排部署，正在进行查疑补漏工作，11 月 3 日前完成全部单位清查工作审核、验收和评估工作。在全县各机关单位、乡镇、企业等发放普查告知书 1800 份，宣传折页 2000 余份，在显眼处张贴普查公告 400 余份，单位内部职工微信转载 100 余次，7 个乡镇拉横幅宣传 97 条，部门及企业通过电子屏宣传 13 条，制发“泾源统计”蓝马甲 200 件，提高全民对“第五次全国经济普查”的知晓度。

【人口变动抽样调查】 9 月 15—25 日完成 32 个村级样本和 176 个小区样本核实上报，10 月 12 日对选聘的 60 名调查指导员和普查员进行了业务培训，10 月 25 日前将完成 25802 个住房单元核实，为 11 月 1—15 日正式开展人口变动情况抽样调查确定最终样本打下了坚实基础。

【统计造假专项治理】 成立由县委常委、政府副县长任伟任组长的统计造假屡禁难绝专项治理行动工作领导小组，制定《统计造假屡禁难绝专项治理行动自查自纠工作方案》。自查自纠阶段，泾源县完成国家局核查任务 9 家（工业企业 3 家、建筑业 6 家），区局 10 家（其中工业 3 家、建筑业 7 家），市局 15 家（其中固投 7 家、建筑业 1 家、房地产 1 家、服务业 2 家、劳动工资 4 家），县局 29 家（建筑业 1 家、固投 9 家、贸易 5 家、服务业 4 家、劳动工资 10 家），均不存在统计造假弄虚作假情况。11 月进入数据质量核查阶段。

【统计执法检查】 根据自治区统计局关于开展 2023 年统计执法检查有关要求，邀请固原市统计局对 3 家企业、项目进行统计执法检查，对发现的问题现场要求整改，规范了统计行为，强化了统计监督职能，增强了不敢违、不能违的法治意识。

审批服务

【“一窗受理　集成服务”】 深化“一网通办”，巩固拓展“163”审批服务模式，形成“前台综合受理、后台分类审批、综合窗口出件”的“一窗受理、集成服务”新格局，以自治区“政务云”平台为基础，结合固原市“163”审批模式，联系自治区政务服务定点网络技术开发公司通过新建内容、资源对接、资源链接三大方式开发建设“163”综合受理平台和审管信息联动系统，完成系统软硬件的安装和部署，进一步梳理流程，优化环节，压缩时限；将市场监管、不动产、投资项目在线审批平台等行业审批系统与泾源县“163”

审批平台进行深度融合和信息共享，推行进驻事项“一网、一平台”通办。企业和群众在办事过程中，分别压减办理环节137个，压减申报材料142份，压减办理时限1207个工作日，压减率分别为：减环节23.87%、减资料21.68%，减时限25.81%。办事群众满意度保持在99.3%。

【三级服务体系建设】 以“标准化+信息化”为方向，不断完善县乡（镇）村三级服务体系。全面推行“一窗受理”。总结市政务服务中心省级“一窗受理”试点经验，在县乡两级全面推广“一窗受理”模式，全面应用“一窗受理”系统，普遍实行“前台综合受理、后台分类审批、统一窗口出件”。强化企业群众评价，在全县推广事项、渠道、部门全覆盖的政务服务“好差评”制度，倒逼服务提升；打造自助服务区，全面建设24小时不打烊自助服务区，对县级自助服务区进行升级改造，在所有乡镇、街道均设立自助服务区或设置自助服务设备，在具备条件的社区和村配备自助服务设备，提供预约、查询、填表、提交、评价、证照打印等自助服务；提升基层就近办能力。加强和规范县乡（镇）村三级便民服务中心（站）规范化、标准化、信息化、智能化建设。鼓励通过依托基层公共服务设施，或与邮政、金融、通信等网点合作等模式，推动基于互联网、自助终端、移动终端的政务服务入口向基层延伸，推动企业群众“就近办”。

【政务服务】 对企业和群众办理的高频事项、就医、就业、上学等为主题的“一件事”，共梳理27项“一件事一次办”清单，按照提交材料最少、环节最简、流程最优、掌上可办的标准进行全面梳理，重塑权责关系，再造业务流程，实现一次告知、一表申请、一次办好，线上一次登录、一网通办，线下最多只递交一次材料、最多跑一次。整合涉及多部门事项的共性材料，推广多业务申请表信息复用；在推进“一业一证”改革过程中，涉及部门多、资料多，通过事项整合、合并申请材料，优化审批流程、压缩办理时限。围绕“一业一证”改革涉及的审批事项，制定了“一业一证”实施方案、配套告知书、流程图。“一业一证”改革主要集中在食品经营许可证的办理中，通过对食品经营许可证、食品生产经营登记证等涉及事项进行合并办理；通过宁夏政务服务网、“我的宁夏”政务App、线下实体大厅、自助终端等渠道，做好线下咨询、异地收件、问题处理、监督管理等工作。依托宁夏政务服务平台，梳理“跨省通办”事项75项，为“跨省通办”事项提供咨询、帮办、代办服务。

【工程建设项目审批制度改革】 清理规范工程建设项目审批事项和申报材料，对各类别工程建设项目审批事项、材料、流程、环节、时限进一步优化，推进工程建设项目审批标准化、规范化、便利化。实现更加精准规范的“主题式”审批，探索在新基建等更多领域开展工程建设类项目定制审批；完成“互联网+工程审批”审批体系。压缩审批时限，全面推行“互联网+工程审批”，推行联合验收、联合审图、区域评估、告知承诺等制度，在实现政府投资工程建设项目审批时限60个工作日基础上，进一步优化流程、减少环节，一般社会投资工程建设项目审批时限已压缩至50个工作日，建立完善“全流程、全覆盖、时限短、流程优、成本低”的工程建设项目审批管理体系；推行“清单制+告知承诺制”。全面落实政府投资既有建筑改造工程审批时限压缩至25个工作日，一般工业厂房建设项目审批时限压缩至50个工作日，带方案出让用地项目审批时限压缩至30个工作日。年内共批复政府投资项目126个，社会投资项目备案47个。办理施工许可证78件，乡村规划许可证12件，用地规划许可证6件，燃气经营许可证10件，工程规划许可证15件，用地及选址意见书5件。

【12345统一热线服务】 推进全区一体联动、分级负责的12345服务热线，以12345一号服务模式整合各类非紧急政务服务热线，集咨询、建议、投诉、反馈、评价、便民服务、“互联网+督查”等功能于一体，承接泾源县12345工单接收、分配、跟进反馈，畅通政民互动渠道。年内共接收工单4654件，按时办结3099件，按时办结率为75.46%，逾期办结1008件，逾期办结率为21%，市民满意率为90.34%。

【企业审批】 推行企业开办全程网办，开办时限压缩至0.5个工作日；实行企业开办“零费用”为新开办企业首次刻制印章提供免费服务；推行企业经营范围全类登记，实行经营场所分离登记制度，放宽经营场所登记条件，推行“一址多照”“一照多址”“集群注册”。年内共办理各类市场主体登记业务4355户，办结率100%；共登记各类在册个体户4096户，企业1567户，农民专业合作社308户，接待办事和咨询的群众0.8万多人次，办结许可事项610余件。

社会经济调查

【内部控制建设】 严格执行国家及自治区有关财经法规，加强和规范单位内部控制工作，正确、及时、完整地记录和反映单位经济活动和财务收支状况，单位资金管理水平和风险防范能力不断提高。加强财务人员对会计、审计、税收等知识的学习和掌握，开展队内内控知识培训，组织学习《中华人民共和国政府采购法》《宁夏回族自治区本级行政单位通用办公设备家具配置标准》《宁夏回族自治区行政事业单位国有资产使用管理暂行办法》《宁夏回族自治区行政事业单位国有资产处置管理暂行办法》等财会制度，确保内控制度落实到位，固定资产管理和政府采购合规合法、公平公正；从提高项目绩效预算入手，将绩效目标作为预算安排的重要依据，提高预算编制的科学性和准确性。本着厉行节约原则，坚持做到多请示汇报，既充分利用现有财力资源，保证常规和重点支出，又体现实际工作需要，规范资金流向、标准和用途，不断提高资金使用效益。有保有压，确保重点，统筹安排，合理支出。

【统计能力建设】 坚持以制度建设、学习培训、宣传引导为重点，加强统计基层基础建设，提升统计调查工作规范化、标准化水平。建立《优质服务考评办法》，修订完善《保密工作制度》《调查员管理考核细则》《各专业调查补贴、慰问品及宣传品发放办法》等制度，推动单位各项制度适应新形势新变化，严格执行“三重一大”和内控制度，探索形成“五会一督查”管理机制，提高单位规范化管理水平；坚持“走出去”与“请进来”相结合，分专业、分对象、分领域精准培训，2023年以来围绕统计法治、制度方案、调查业务等内容开展各类培训14期，参训人员400余人次。建立各专业“互观互检互评”机制，畅通多元化学习交流渠道，举办五期“业务大讲堂”，促进业务间融合发展，建立“考学”制度，提升学习成效，增强基层统计人员业务能力和专业化水平。

【统计宣传】 采用“线上+线下”相结合的宣传方式，通过推送短信、县级官媒推文、印发宣传册、张贴横幅等方式，多渠道多途径传播统计文化、发出权威统计声音、展现创新优质的统计形象。深入基层一线开展调查研究，抢抓培训时机开展普法宣传，提高统计工作的知晓度和社会影响力。

【数据质量核查】 坚持平台审核和现场指导并重，定期检查和随机抽查结合，落实百万移民收入统计监测“月度数据核查”、住户“日审周清月结”、劳动力“每月入户陪访”、农业调查“现场核查”及主要畜禽“季度核查”制度，开展主要畜禽样本轮换摸底数据核查，将摸底数据错误率降低至10%以下，年中各专业开展基础工作自查，通过严督实导真查，规范了统计调查工作程序，提高了调查数据质量。

【统计法治化建设】 制定学规学法清单和年度普法计划，将《统计法》及中央《意见》《办法》《规定》《监督意见》等内容作为全队统计人员必修课纳入学习，定期开展一次法治专题学习和统计法律法规宣传解读，教育引导基层统计人员和统计对象逐步完成从“知法”到“懂法用法”的转变，紧盯“12·4”宪法日、“12·8”统计法颁布纪念日等关键节点开展普法活动，提高全社会统计法治意识。

【统计专项纠治】 按照自治区统计局统一安排部署，开展统计造假屡禁难绝突出问题专项整治和统计造假不收敛不收手问题专项纠治工作，畅通统计造假问题违法线索举报渠道，如实登记领导干部违规干预统计工作台账，开展统计从业人员信用档案管理，统筹抓好“当下改”和“长久立”，推动专项治理工作成果常态长效。年内共开展统计违纪违法案例警示教育4次，开展数据质量核查40余次。

【统计监测预警】 主动靠前服务经济发展大局，做优做强统计分析监测预警预判。针对重大部署重要政策重点工作，开展调查研究，对县域经济发展状况开展“月度小分析，季度大分析，年度总分析”，联动乡镇和农业农村、统计部门，做好经济运行联合调研、信息共享、会商分析，完善常态化经济监测预警工作体系。全年提供经济形势分析报告15篇，为经济平稳运行提供统计服务。

【专题调研】 围绕肉牛产业发展、乡村旅游业发展、餐饮企业经营情况、灵活就业人口就业问题等开展专题调研19次。全年共撰写政务信息218篇、调查信息49篇、调研分析35篇；其中被区局、总队、区队采用203篇，采用率达67.2%，被国家局内网采用1篇，获县委书记批示7篇，其他县领导批示10篇，报送的调研分析2次获县政府通报表扬，为泾源县委和政府提供了决策参考。

投资促进服务

【招商引资项目】 按照招大引强、招强引优，全面提升招商引资成效。在谈项目18个，签约项目20个，新建项目15个，总投资42.7813亿元。2023年计划投资28.8183亿元，年内招商引资项目共落实到位资金28.1185亿元，同比增长8%，完成自治区、固原市下达泾源县招商引资28亿元目标任务的100.42%。2023年1—11月全县完成固定资产投资14.6021亿元，招商引资项目占固定资产投资的53.4%。其中引进投资额5亿元以上的重点招商引资项目共3个，总投资28.2亿元，占项目总投资额的65.92%。分别为：中国工商银行股份有限公司固原支行总投资6.2亿元，实际到位资金6.2004亿元。泾源县双储林建设项目总投资13亿元，计划投资8亿元，实际到位资金7.9583亿元。共享储能二期项目总投资9亿元，计划投资5亿元，实际到位资金4.296亿元；引进投资额

2023 年 6 月 21 日，王荣书记在福建省福州市参加固原市 2023 年农文旅推介招商大会

1 亿元以上 5 亿元以下的重点项目共 5 个，总投资 12.5093亿元，占项目总投资额的 29.24%。分别为：麒麟西瓜种植项目总投资 1.8 亿元，实际到位资金 1.8154 亿元。农村产业融合发展示范园建设项目总投资 1.6793 亿元，计划投资 0.9063 亿元，实际到位资金 0.9071 亿元。中药材种植加工项目总投资 3.6 亿元，计划投资 1.65 亿元，实际到位资金 1.653 亿元。泾源县中能建投 40MW 风力发电项目总投资 2.87 亿元，计划投资 1.87 亿元，实际到位资金 1.8825 亿元。泾源县国家电投 30MW 分散式风电项目总投资 2.56 亿元，计划投资 1.56 亿元，实际到位资金 1.5712 亿元。

【"一把手"工程】 坚持把招商引资作为"一把手"工程，县委和政府主要负责同志重要客商亲自会见、重要考察团亲自接待、重大问题亲自协调、重大项目亲自洽谈，乡镇、部门同心协力想办法、找路子。年内累计外出招商 26 次，其中县委主要领导 7 次，政府主要领导 4 次，小分队 15 次，先后赴浙江、上海、江苏、深圳、广州、黑龙江等地开展招商活动，"请进来"90 批次，洽谈对接双储林建设、共享储能二期、山泉水生产销售等 80 个项目，落地项目 15 个。

【"人才"工程】 深入挖掘在外人才资源，通过建"资源库"、搭"连心桥"、植"家乡情"，加强与泾源籍在外创业人员的沟通和联系，激发他们荣归故里、报答桑梓的热情，实现"人才回乡、项目回归、资金回流、开办公司"，推动经济社会创新发展、绿色发展、高质量发展，为建设泾源增砖添瓦。召开"燕归巢"行动座谈会，邀请泾源籍在外创业企业家代表 68 人，13 家企业与各乡镇签约 15 个项目。

【招商机制建设】 深化"三个一"机制（一个产业制定一个招商方案、编制一份项目清单、制作一套宣传资料和投资指南），建立中介招商、叩门招商、以商招商新模式，为企业提供"专班招、专班跟、专班落"保姆式服务机制，为高质量招商奠定坚实基础。推进项目建设，建立会商督办机制，"月调度、季盘点""月统计、季通报、年终考核"，以责任落实倒逼工作落实。

【招商服务】 优化营商环境，制定持续优化营商环境和行政许可事项"两个清单"，精简建设项目审批流程，政务服务"三减一提升"率均大幅提升。定期召开"政银企"座谈会，开通服务企业"直通车"平台，及时研究解决企业诉求。落实区市"稳保促"政策措施，引导商业银行简化中小企业续贷流程，降低企业运行成本。完善企业诉讼服务机制，开辟企业法律援助绿色通道，提升招商引资"软实力"。

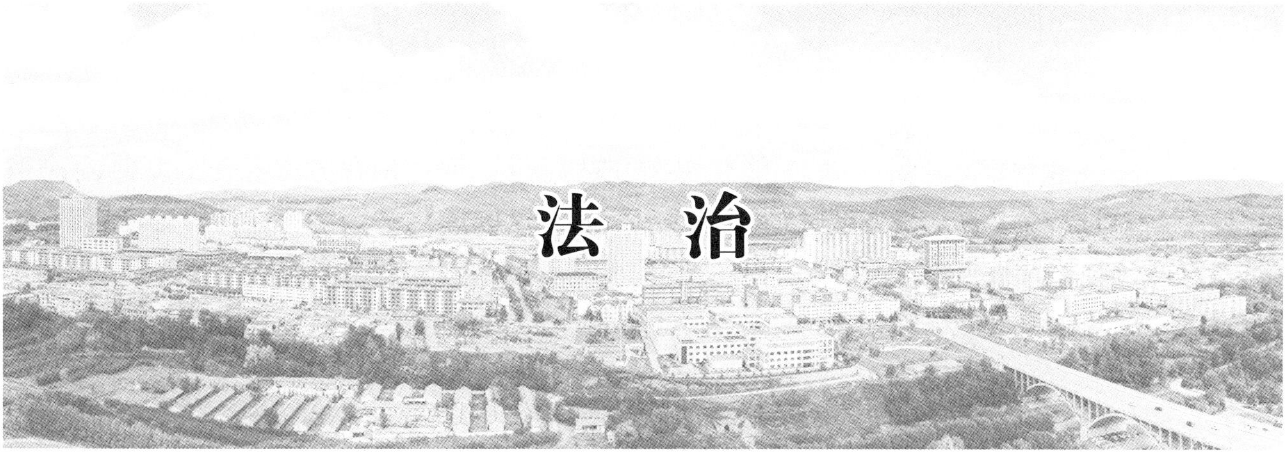

法　治

法治政府建设

【政治引领】 把习近平法治思想作为理论学习中心组学习、干部培训和党校重点学习内容，并纳入领导干部应知应会法律法规清单。以主题教育为牵引，举办全县领导干部学习贯彻习近平法治思想专题研讨班7期，开展习近平法治思想进校园、进农村等宣传活动1200余场次。将法治政府作为依法治县的重点任务和主体工程，严格履行《党政主要负责人履行推进法治建设第一责任人职责规定》，将法治建设纳入地区发展总体规划和年度工作计划，与经济社会发展同部署、同推进。先后召开县委依法治县委员会会议1次，办公室会议2次，法治政府推进会3次，执法、司法、普法守法专题会议13次，研究审议问题12个，审定规范性文件9个，县委和政府主要领导多次对法治政府建设作出批示，推进法治政府建设任务落实落细，“2+1+3地方政府性债务问题化解机制”获评自治区法治政府建设示范项目。将法治政府建设纳入年度效能考核、领导班子实绩考核，常态化开展法治督查和领导干部述法工作。开展区市县三级法治督查检查4次，督查检查问题179条，通过高位推动、一线问效，已全部整改落实并建立长效机制。开展现场述法1场8人次，书面述法40人次，通过专题述法，综合点评、全面评议、民主测评“三评”方式强化责任履行，督促任务落实。

【政府依法履职能力】 出台优化营商环境“24条”措施，开展“三减一提升”活动，实现“一件事、一次办”改革服务，梳理“一件事一次办”事项22项。推行证明事项告知承诺制，全县1420项政务服务事项实行一次性告知制度。推行“一网通办”“一件事一次办”“一窗受理、集成服务”，全县95%以上事项进驻网上大厅。秉持“法治是最好的营商环境”理念，推进营商环境规范化、法治化。推行企业开办全程网办，开办时限压缩至0.5个工作日。实行企业开办“零费用”为新开办企业首次刻制印章提供免费服务，推行企业经营范围登记，实行经营场所分离登记制度，放宽经营场所登记条件，推行“一址多照”“一照多址”“集群注册”。接待办事和咨询的中小企业3000余人次，办结行政许可事项200余件。制定印发2023年度市场监管领域部门联合随机抽查工作计划，开展“双随机”抽查市场主体679户。召开2023年质量强县、知识产权保护、公平竞争审查、“双随机、一公开”监管、“双打”工作推进会，明确阶段任务目标和工作措施，强化“双随机、一公开”工作监管。

【完善依法行政制度机制】 严格执行《国务院重大行政决策程序暂行条例》《宁夏回族自治区重大行政决策规定》，制定重大行政决策事项目录编制指引，强化依法决策意识。落实政府法律顾问制度，县乡政府及县政府工作部门普遍设立法律顾问，发挥法律顾问在重大行政决策、经济合同论证、行政复议和行政应诉等方面的参谋助手作用。县乡政府及县政府部门法律顾问审查合同253件，提供法律咨询服务300余次。严格履行法定程序，牢牢把好法律审核关，梳理重大决策事项15项，确定6项目录公示。县政府常务会议审议事项、重大决策事项合法性审查率100%。严格遵循规范性文件制定、备案程序，全年审查行政规范性文件9件，正式发文6件，备案6件，审查一般性文件41件，重大合同公告207份，合法性审查100%。

【公正执法】 对全县各行政执法单位持证人员进行全面核查，保障执法人员亮证执法、规范执法。组织119人参加全区行政执法证件统一考试，为55名成绩合格的人申办发放行政执法证件。督促各执法单位积极公布行政执法数据，各行政执法单位共办理行政许可11327件，实施行政处罚34604件，行政强制181件，开展行政检查8357次，进行行政确认647次，已全部公开。规范权责清单管理，对政府部门的权责清单进行更新，梳理权责事项3158项，形成权责清单事项目录，通过政府门户网站向社会公开。开展行政执法案卷评查，完成对生态环境、交通运输、市场监管等6个领域48个案卷集中评查，督促整改问题104个。编制行政执法《事项清单》《目录清单》，对全县245名执法人员进行培训。开展道路交通安全和运输执法领域突出问题专项整治，受理投诉举报6个，核查处理问题线索49个。严格落实《泾源县乡镇综合行政执法改革实施意见》，加强对下放乡镇66项行政执法事项的指导和监督。推动乡镇综合执法办公室有效运行，实行重大行政执法决定法制审核制度，实行执法评议考核、案卷评查和执法过错责任追究制度。

【社会矛盾纠纷化解】 坚持和发展新时代“枫桥经验”，落实党建引领基层治理“1+1+3”工作机制，深化矛盾纠纷排查化解、预警研判、多元化解等机制，设立各级调解组织122个，建立“一站式”调解中心29个，调解各类矛盾纠纷611件，调解成功率达到95%，3篇典型调解案例被司法部录入全国人民调解案例库，编撰全国印发。构建组织全覆盖、服务全时空的调解框架，健全完善县乡村三级人民调解组织和队伍建设，培育专兼职调解员497人，开展集中培训61次，培训3400人次。印发《关于进一步加强和改进行政应诉工作的通知》，进一步规范行政应诉工作，2023年全县行政机关负责人出庭应诉率100%，较去年提升11个百分点，一审、二审行政争议案件37件，败诉4件，败诉率为10.8%，较去年下降16.2%。收到行政争议协调化解13件，成功3件。规范行政复议行为，突出复议调解，印发《关于印发〈新修订的行政复议法学习宣传方案〉的通知》，成立县政府行政复议咨询委员会，开展行政复议专题培训2场，争取专项资金50余万元，建成规范化行政复议中心，并在全县7个司法所设置行政复议代办点，实现复议联系受理便捷高效城乡全覆盖，收到行政复议申请12件，受理10件，同比增长150%，依法受理率100%，复议后提起诉讼1件，败诉0件。

7个乡镇均建成公共法律服务工作站，99个村(居)均设立公共法律服务工作室，构建“普惠均等、便捷高效、智能精准”的现代公共法律服务体系。做好低收入群体、残疾人等特殊群体权益保护，共接待法律咨询1350余人次，受理法律援助案件220件，挽回经济损失406.5万元，指派值班律师参与县人民检察院签署认罪认罚具结书20次。

【普法宣传】 制定印发《泾源县2023年度学法计划》《泾源县关于开展领导干部带头讲法工作的实施方案》，召开县委依法治县委员会守法普法协调小组专题会议2次，统筹推进年度重点普法任务落实。举办“八五”普法大型文艺演出4场，依托“泾源县融媒体中心”“泾源发布”“泾源司法”等新媒体平台，拍摄发布普法短视频103条。紧扣“4·15”“6·26”“12·4”等重大节点，开展习近平法治思想、宪法、民法典和安全生产普法宣传专项活动，并承办固原市“12·4”国家宪法日活动。针对校园欺凌、未成年人权益保护，开展“开学第一课”和“送法进校园”普法活动37场次。泾河源镇庞东村和大湾乡杨岭村被命名为“全区民主法治示范村”，兴盛乡新旗村获评“全国民主法治示范村”。大湾乡杨岭村获批建成习近平法治思想宣传教育阵地，获批全区首批法治社会实践站。举办全区法治政府建设人才培养培训班，集中培训300名人才，举办全区“法律明白人”精准示范培训班，精准培养“法律明白人”200名，培育农村学法用法示范户150户。

2023年12月4日，固原市委宣传部、政法委等部门联合在泾源县大湾乡举办宪法宣传日活动

政　法

【扫黑除恶斗争】 持续释放扫黑除恶斗争永远在路上的强烈信号，推动重点工作攻坚提升，召开领导小组会议2次，持续深化教育、金融、市场监管三大行业领域专项整治。开展《反有组织犯罪法》集中宣传4次、专题培训2次，做到学懂弄通、指导实践、灵活应用。

【平安泾源建设】 全面贯彻区市县关于平安建设的安排部署，坚决捍卫政治安全，重点落实“五项”工作，防范化解“五大”风险，加强社会治安整体防控，掌握各类重点群体现实情况，维护全县社会安全稳定。坚持和发展新时代“枫桥经验”，落实党建引领基层治理“1+1+3”工作机制，完善社区治理“1+N”联动共治机制，探索建立“4+N”乡村一体下沉机制，推进县乡村三级综治中心规范化建设、实体化运行，常态化开展平安泾源建设宣传活动，打通基层社会治理末梢神经，争创区级平安单位1个，市级平安单位4个。开展矛盾风险排查化解专项行动、百警进万家活动等，累计排查录入矛盾纠纷854起，化解率98.7%。

运用“4+N”乡村一体下沉机制化解涉法涉诉案

【政法领域改革】 全力推进司法责任制改革，推进以审判为中心的刑事诉讼制度改革，强化与侦查机关、公诉机关的协作配合，发挥庭审在查明事实、认定证据、保护诉权、公正裁判中的决定性作用，完善专业法官联席会议、审判委员会工作制度，维护司法公正。强化刑事执行监督，办理刑事执行案件24件，发出《纠正违法通知书》12份，《检察建议书》9份，推动县委政法委执法监督与检察机关法律监督有机衔接。延伸警力触角，建立“快警驿站”5个，建成智慧小区27个，落实公安政务服务“365天×24小时”受理办理制度，交警“智慧哨兵”24小时守护群众出行安全，城区出警速度同比提升17.6%，可防性案件下降37%。创新环境保护检察监督机制，探索建设的泾源黄牛肉保护监督模型，获得全区大数据法律监督模型竞赛二等奖、全国大数据法律监督模型竞赛三等奖。

【政法队伍建设】 紧盯《关于常态化加强新时代政法干警素质能力训练任务落实清单》，完善实战技能训练机制，聚焦理论、业务素养、实战、应急处突等，开展政法干部政治轮训80余场次，轮训干警1745人次。深入实施“3331工程”，助推政法干警成长成才，配合组织部门考察提拔调整政法系统干部9人，2名90后成为政法单位班子成员。

公　安

【概　况】 在县委和政府及上级公安机关的坚强领导下，全面贯彻落实党的二十大精神，开展习近平新时代中国特色社会主义思想主题教育，推进防风险、保安全、护稳定、促发展、惠民生各项工作，推动“市县主战、派出所主防”警务改革，创新推出“城市快警”。全县共接各类报警6939起，刑事案件同比下降11.1%，行政案件同比下降5.7%，连续三年未发生命案，全县社会治安形势持续平稳。

【理论学习】 把学习贯彻党的二十大精神作为首要政治任务，组织开展45次“二五”政治理论学习，21次晨读夜校、10次理论测试等集中学习活动。发挥领导干部示范引领作用，通过10次党委理论学习中心组学习、12次主题党课，领导干部带头学习、带头思考、带头落实，为广大党员干部作出了表率。严格落实“三会一课”、主题党日等组织生活制度，民辅警交流研讨，畅谈心得体会。以学习贯彻习近平新时代中国特色社会主义思想主题教育为抓手，制定印发《泾源县公安局党委理论学习中心组2023年专题学习计划》和《泾源县公安局2023年教育训练工作计划》，组织召开党委会议14次，党委中心组理论学习会议12次，“二五”政治理论学习38次，举办政治轮训4期600余人次。

【社会稳定】 以“百万警进千万

家”为依托，开展矛盾纠纷大排查活动，按照“一问题一档”，确定工作专班，建立工作档案。排查矛盾纠纷1224起，化解率95%。严厉打击“民生小案”侵财犯罪，以“多破案、多抓获、少发案”为目标，聚焦群众反映强烈的传统盗抢犯罪，以打开路、多措并举，先后侦破盗窃案件24起，诈骗案件25起(电信诈骗16起)，抢劫案件1起，强制猥亵案1起，故意伤害案件7起，掩饰隐瞒犯罪所得案件2起，共抓获犯罪嫌疑人159人，为群众挽回财产损失80余万元；集中开展打击整治赌博专项行动，办理赌博刑事案件1起、赌博治安案件4起，处理违法人员83人，收缴赌资5.37万元，罚款8.3万元，依法执行逮捕5人，执行拘留70余人，抓获逃犯50人；开展“云剑”“断卡”“断流”“拔钉”专项行动，受理电信诈骗案件33起，同比下降35.29%，造成财产损失210.4万元，同比下降12.46%，破获电信诈骗案件16起，破案率为48.48%，同比上升45.45%，抓获犯罪嫌疑人26人，挽回群众损失44.45余万元，打击治理电信诈骗实现“两升两降”既定目标。推进“护校安园”“扫黄打非”等专项行动，开展校园检查11次、法制讲座22场次，举办主题班会8场次、发放宣传资料4万余张，对全县74所中小学幼儿园建立“护学岗”，形成互联互防、互动互助的护校新格局。制定巡逻计划，加强对车站、学校、集市等人员密集场所、治安复杂区域的巡逻防范，发动警务专干100人、村干部50人次、志愿者80人次在农村地区广泛动员群防群治力量参与巡防值守。

【公共安全】　吸取“5·21”交通事故和银川“6·21”安全生产事故惨痛教训，针对辖区国省干道、县乡及农村公路三大领域道路交通安全隐患全面开展排查治理工作，共排摸道路交通安全隐患405处，治理405处。开展各类交通违法行为专项整治173次，查处各类交通违法行为28499起，其中查处饮酒驾驶39起、醉酒驾驶28起，超载30%以上102起。举办电动车驾驶人安全教育培训班6期，累计受教人数达1100余人，在醒目位置悬挂安全文明出行横幅标语300余条、海报500余份。组织警力完成全县危险化学品使用单位摸底、新建金融机构施工监管检查及旅馆特行年审工作。

【网络安全】　检查全县用网单位22家，下发整改通知书17份，办理行政案件18起，处罚单位17家、行政处罚人员5人、批评教育31人。

【警务模式】　针对辖区治安、交通、人流、车流分布和警情发案情况，在重点部位规划布建“快警驿站”5个，选拔25名优质警力组建快警处置力量，肩负巡逻防控、警情处置、打击犯罪、疏导交通、查违纠违、重大安保、服务群众等立体化、多样化的社会治安防控任务，形成平战结合、有力震慑、服务高效、昼夜衔接的大巡防布局和重点核心区1分钟、人员密集场所3分钟、一般区域5分钟的快速出警“防护圈”。快警驿站共参与接处警1377起，化解矛盾纠纷187件，处置公民求助警情490起，帮助找回走失儿童33人，找回遗失物品17件。辖区可防性盗窃和电诈案件发案同比下降了22.5%。推进市县公安机关大部门大警种改革，完善香水派出所“两队一室”改革。整合辖区行业场所、要害部位、公交车等26家150个社会监控点位、290个治安监控点位、2个大型居民小区、27个老旧无物业小区和1个园区视频系统，采集肇事肇祸精神障碍患者信息39条、刑满释放管控人员信息187条、涉毒人员信息240条，信息采集率达到90%以上。建立一级警务室3个、二级警务室24个、三级警务室72个，按照人口聚居分布划分8个必巡圈和31个必巡点位，在旅游旺季等高峰时段启动武警、治安警两警武装联巡和“义务巡逻”群防群治力量错峰巡逻。共出动巡逻警力1500人次、群防群治力量1800人次，联合处置突发警情6起、协作开展交通救援23次。

2023年10月13日，公安局民辅警向群众普及法律法规

【执法工作】 对警情处置、案件办理、涉案财物管理、出警音视频等内容进行监督，严格落实“日巡查、周通报、月考评”的模式，对考评的问题及时反馈，督促落实整改。共巡查全局接报警7017条、审核考评行政案件444起、刑事案件223起，发现各类执法问题2800余个且全部整改，发布网上日巡查晾晒单299期。

【民生实事】 深化“放管服”改革，出台《泾源县公安局政务服务“一窗通办”改革工作方案》，增设“一窗通办”窗口，共办理业务27800余件，其中周末及节假日办理业务9200余件，网上办件54件，答复群众咨询2110次。制定“一企一警”工作方案，确定包抓重点企业20家，邀请24家驻泾企业代表召开警企座谈会，走访企业80余次，为企业开展法律宣讲11次，调解涉及企业矛盾纠纷27起。对全县698辆国标两轮电动自行车免费挂牌，对400辆非国标两轮电动自行车安装过渡牌，定期对服务窗口的民警、辅警开展“放管服”改革政策和业务知识培训，共答复群众咨询9485人次。

【法治宣传】 制定年度法治宣传工作计划，明确工作重点，细化各警种、各部门普法职责，查找普法工作短板，强化社会群体普法，督导检查各派出所开展“八五”法治宣传教育工作15次，发放普法宣传页10000余份。

【执法培训】 利用智考平台组织民警开展线上法律知识学习，每月组织1次执法考试，购买公安工作相关的法律、法规书籍，组织全局民警积极报考执法资格等级考试，要求民警做到应考尽考，通过考试进一步提升全体民警的法律素养和法律水平，共开展各类规范执法培训15次，庭审旁听活动5次，开展法律知识测试活动10次。

【正风肃纪】 全面深化从严管党治警，制定印发《2023年泾源县公安局全面从严治党、党风廉政建设和反腐败工作主要任务分工方案》和《泾源县公安局党委2023年全面从严治党“三个清单”》，组织全警填报廉政档案，举办了2023年“廉政警示教育周”系列活动，组织警示教育活动9次，开展警示教育集体谈话3次。开展纠治形式主义官僚主义专项整治和干部

"转作风、勇担当、勤履职、提效能"专项行动,不间断对"十个严禁"、《六项规定》等警规警纪和安保维稳工作贯彻落实情况开展明察暗访25次。发挥督导巡查工作机制,开展治理"节日病"专项检查,受理12389投诉举报件16起,12345投诉举报15起。

【从优待警暖警体系】 常态化开展民辅警健康体检工作和人身意外险购买工作,每逢重要时间节点,依托工会组织慰问因公牺牲民警家属、因公伤残民辅警、生活困难民辅警、结婚生育住院民辅警以及退休党员66人,在中、高考前夕慰问中、高考民辅警子女16名,收集民辅警家庭、工作等方面困难需求2条,结合实际为2人解决实际困难,加强民警执法权益维护,对年内执法中受侵害致身体不同程度损伤的1人开展抚慰工作,对因公负伤的2人开展工伤认定申报工作,让"有困难找组织"成为民警第一选择。

【宣传思想文化】 以学习习近平新时代中国特色社会主义思想和党的二十大精神为主,突出抓好案件侦破、派出所改革、交通安全、专项整治、创城进行时、我为群众办实事、公共安全、先进典型等主题宣传,共发布稿件669篇,编发原创稿件355篇,被中央媒体采用稿件16篇,被区级媒体采用114篇,被市级媒体采用33篇;共发布视频107条,被宁夏广电、宁夏新消息、学习强国等平台采用转发29条。

检 察

【政治引领】 坚持以习近平新时代中国特色社会主义思想为指导,深刻领悟"两个确立"的决定性意义,增强"四个意识"、坚定"四个自信"、做到"两个维护"。严格落实"第一议题制度",严格执行《中国共产党政法工作条例》和重大事项请示报告制度,主动向县委、政法委和上级院党组请示报告工作16次,把党的绝对领导贯穿于检察工作全过程、各方面,确保检察工作始终沿着正确的方向前进。

【政治建设】 坚持一切从"政治上看",以"党建红"统领"检察蓝",创建"绿色泾源 生态检察"党建品牌,开展各类党建活动30余次,以更强党建引领检察工作高质量发展。全年在"两微一端"发布和转发新媒体稿件1184篇,其中原创稿件186篇,上级院转发采用80篇,在新闻媒体上发表检察宣传稿件77篇。

【主题教育】 扎实开展主题教育,组织党组专题学习、党组理论学习中心组学习21次,集中学习研讨7次60人,主题党日活动和集体学习44次,完成调研报告1篇,撰写各类学习心得100余篇。落实"四下基层"制度,立足县域发展新需求,确定以检察能动履职助力法治泾源建设调研,综合运用走访、召开座谈会等方式,开展现场调研活动5次,发现问题5个,提出对策5条。注重实绩实效,坚持办民事解民忧,为民办实事13件,推动学习成果转化为高质量发展成效。

【平安泾源建设】 批准逮捕各类刑事案件犯罪嫌疑人29人、提起公诉46件93人。开展扫黑除恶斗争,巩固和深化专项斗争成果,营造安全稳定的社会环境。从严惩治抢劫、故意杀人、故意伤害等犯罪和涉枪犯罪,批准逮捕4件10人,审查起诉8件14人。

【打造法治营商环境】 围绕乡村振兴、护航民企、法治建设、安保维稳、文明城市创建等中心工作,制定《泾源县人民检察院关于充分发挥检察职能服务保障泾源"五个示范县"建设的意见》,主动走访重点民企5次,帮助化解企业发展中的法律风险。坚持严惩破坏市场竞争秩序、侵害市场主体合法权益犯罪，保护企业合法权益。开展企业合规改革，促进涉企案件“去腐生肌”，步入健康发展轨道。

【社会治理能力】 坚持治罪与治理并重，抓好最高检“一号到八号检察建议”，紧盯老百姓身边的安全、多发频发典型案件、深入分析司法办案数据，向有关部门发出社会治理类检察建议17份。贯彻落实认罪认罚从宽制度，最大限度减少社会对抗，修复社会关系。依法不批准逮捕5人、不起诉38人，认罪认罚适用率86.92%。贯彻落实党建引领基层治理“1+1+3”工作机制，“4+N”乡村一体“下沉”机制，参与化解矛盾纠纷16件。紧扣自治区“1+37+8”系列文件要求，聚焦交通安全、公共安全开展专项监督，办理安全生产领域案件6件，督促维修河道水域防护栏2处、更换设置警示标牌75处，消除整改各类安全隐患180余条。

【生态环境司法保护】 全面落实“河长+检察长+警长”“林长+检察长”等制度机制，突出“一山”“一河”生态保护。联合各相关部门巡河、巡林18次。依法严厉打击生态环境及野生动物资源犯罪，办理审查逮捕案件13件17人，审查起诉案件13件66人，办理生态环境刑事附带民事公益诉讼案件5件26人，开展破坏生态环境资源犯罪立案监督14件，起诉污染环境、非法狩猎等犯罪7件45人，同比增加650%。深化区域检察协作，促进“联动治理”公益诉讼检察模式，督促涉案当事人补植4万棵林木，增殖放流蟾蜍5万余只。

【守护人民群众美好生活】 开展各类专项监督活动，针对人民群众的“看病钱”“邮包里的安全”“用药安全”“个人信息保护”等九大领域问题进行专项整治，走访寄递企业8家，对全县100余家酒店、宾馆、民宿等场所开展个人信息保护专项检查。依法严厉打击电信网络、养老诈骗、危害群众人身安全等特殊领域犯罪，办理案件3件4人，开展反电诈宣传25次。落实乡村振兴战略，围绕乡村水源污染、农村人居环境整治、农业面源污染等，办理涉农公益诉讼案件38件，督促相关部门进行全面整改。

【纾解人民群众急难愁盼】 办理群众来信来访48人次，严格落实院领导包案办理首次信访，院领导接访19人次，全部做到7日内程序性回复、3个月内办理过程或者结果性答复的信访工作要求，确保全年无涉检信访事件发生。在办理王某某持续信访案件中，践行新时代“枫桥经验”，联合多个部门，综合运用领导包案化解、教育疏导、检律协作等方式成功化解20年的信访案件，依法促成王某某息诉罢访。

【呵护未成年人健康成长】 打

泾源县检察院在县人民广场开展未成年人检察工作宣传

造“向日葵”未检观护帮教品牌，与团县委会签《关于进一步加强未成年人关爱帮教工作的实施意见》，以“检察+团委+社区”帮教模式精准合力帮教涉罪未成年人5人。办理涉未成年人案件22件，督促发放临时救助3000元，3名未成年人被予以司法救助，发出《督促监护令》3份。与团县委联合开展“开学第一课”法治教育活动，团委志愿者、少先队员、社会人士等800余人次先后参观了青少年法治教育基地。深入辖区学校、小区、乡村开展“一号检察建议”、家庭教育指导、强制报告制度等法治宣传教育活动50余次。

【特殊群体利益保护】 开展国家司法救助，办理司法救助案件4件5人，为因案致贫的困难家庭发放司法救助金11.5万余元。坚持将“支持”贯穿于起诉至纠纷解决全过程，办理李某某等20余人与北京某公司因劳务合同纠纷申请支持起诉案，通过与县人社局、双方当事人沟通对接，并对案件执行情况全程跟踪监督，最终为20余名农民工挽回经济损失32万余元。

【刑事检察】 办理审查逮捕案件24件34人，审查起诉案件91件145人，纠正漏捕2人，漏诉3人。与监委协作配合，形成反腐合力，办理职务犯罪案件4件4人。强化刑事诉讼监督，发挥侦查监督与协作配合办公室效能，对侦查活动进行全面监督，监督立案4件4人，监督撤案28件28人。强化侦查和审判监督，向侦查机关发出《纠正违法通知书》和《侦查活动监督通知书》27份，建议行政机关移送涉嫌犯罪案件线索1件1人，发出《纠正违法通知书》和纠正违法类检察建议9份，提请固原市人民检察院抗诉3件。强化刑事执行监督，办理刑事执行案件34件，发出《纠正违法通知书》20份，《检察建议书》10份。

【民事检察】 深化民事诉讼精准监督，办理各类案件58件。其中，办理民事审判程序违法监督案件18件，提出检察建议18件，采纳率100%；办理民事执行活动监督17件，提出检察建议17件，采纳率100%；办理民事支持起诉案件20件，法院支持起诉20件，采纳率100%；办理生效裁判监督案件1件，提请固原市人民检察院抗诉1件，固原市人民检察院提出抗诉1件。建立金融借贷数字检察监督模型，开展民间借贷专项监督，制发检察建议3份。

【行政检察】 推进法治政府、法治泾源建设，行政检察“一手托两家”作用，办理行政非诉执行案件3件，提出检察建议1件，法院采纳1件，向行政机关提出检察建议2件，采纳2件，采纳率100%。针对行政案件存在“案虽结、事难了”问题，牵头与有关部门建立“检察+法院+行政机关”协作机制，通过监督纠正、促成和解、司法救助等方式，实质性化解行政争议案件。

【公益诉讼】 紧紧围绕“生态泾源、绿色发展”定位，精耕公益诉讼“4+9”法定领域，办理行政公益诉讼案件60件，涉及水体、固废污染等生态环境领域案件38件，食品安全领域案件1件，知识产权领域案件1件，国有财产领域案件10件，野生动物资源保护领域案件8件，安全生产领域案件2件。共督促相关行政单位恢复治理被污染的河道10公里、补植补造河堤树木1万余棵，清除处理违法堆放的各类生活垃圾15吨，清理固体废物40余吨，收回国有土地87亩。

【纪律治检】 开展党规党纪和廉政教育10余次，警示教育6次，谈心谈话35人次。持之以恒纠正“四风”，持续深化纠治形式主义、官僚主义专项整治，查找问题132条，全部整改。深入开展“转作风、勇担当、勤履职、提效能”专项行动，开展检务督察7次，持之以恒正风肃纪。严格执行新时代政法干警“十个严禁”和防止干预司法“三个规定”，签订承诺书43份，全面落实“逢问必录”，共填报64件。常态化自觉接受纪检监察机关监督，完善与派驻纪检监察组会商制度，全覆盖参与并监督“三重一大”事项。

【素能强检】 坚持政治学习和业务素能提升相结合，常态化开展教育培训、岗位练兵和业务竞赛。发挥院领导带头办案作用，全年共办理各类案件165件。强化检察理论与实务研究和典型案例培育，申报国家级、自治区级各类理论文章56篇，最高检《检察业务管理指导与参考》“地方专栏”推荐1篇，1篇案例入选陕甘宁三市检察机关服务“一带一路”助力黄河（泾河流域）高质量发展联席会议典型案例。1篇论文获“黄河论坛”主题检察理论研讨会三等奖，2篇入选论文集，在《宁夏检察》等内部刊物发表论文3篇。

【数字赋能兴检】 贯彻“数字检察”战略部署，引导检察人员深刻认识“数字检察”工作是检察工作现代化的关键变量。创建泾源黄牛肉保护、危险驾驶类案监督、金融借贷、未成年人关护帮教等9个法律监督模型，整合内外部各类数据6万余条，发现监督线索336条，办理办结案件151件。建立数据信息化共享机制9个，推动相关部门建立社会治理规则4个。1个模型被最高人民检察院备案，3个模型被全市推广应用。

【公开透明】 自觉接受人大监督，认真落实县人大及其常务委员会各项决议，配合市县人大开展专题调研和检查工作。向人大及其常务委员会报告检察工作开展情况5次。自觉接受民主监督，邀请人大代表、政协委员参加检察开放日、座谈会等活动15人次，广泛听取意见建议，融入检察日常工作认真加以落实。广泛接受社会监督，加强外部监督联络工作，公开聘请听证员8名，招募“益心为公”志愿者21名，邀请人民监督员参与案件评查87件，参与检察公开听证22件次。深化检务公开，依法公开程序性信息162条，接待律师阅卷50人次。

【泾源县黄牛肉保护监督模型案件线索发现情况】 2022年3月，泾源县人民检察院在办理督促泾源县市场监督管理局履行对农村小作坊监管职责行政公益诉讼案中发现，涉案的小作坊加工的牛杂无检疫证明，部分牛杂无法查清来源，说明泾源县存在私屠滥宰情形。2022年6月，泾源县检察院在办理督促泾源县农业农村局、住房和建设局、泾河源镇人民政府履行农村人居环境监管职责系列行政公益诉讼案件中发现，泾源县部分黄牛养殖场无配套的牛粪无害化处理设备，导致牛粪乱堆乱放情况严重，污染人居环境。经进一步调查，发现泾源黄牛肉产业发展中，相关行政机关未建立有效的协作机制，监管漏洞较多，延伸出的侵害国家利益和社会公共利益的问题较多。

【泾源县黄牛肉保护监督模型公益诉讼监督情况】 通过类案监督督促农业农村部门履行黄牛肉养殖监管职责，推动建设配套牛粪无害化处理设施，推进黄牛肉产业健康发展。以农业面源污染类案监督，督促农业农村部门和乡镇人民政府依法履行职责，督促农业农村部门对行政区域内肉牛养殖情况系统检查摸排，对兽药使用情况、牛肉质量安全进行全面检查。经对泾源县2023年1—6月数据比对分析，提取未经定点屠宰、检验检疫流入市场的肉牛 34 头，与市场监管部门联合检查发现销售无检验检疫证明的牛肉店铺 8 家，督促市场监督管理局回收问题牛肉 698 公斤，督促市场监管局作出行政处罚；根据非正常渠道流入市场的牛肉摸排出加工不符合质量标准牛杂的小作坊 5 家，以检察建议督促市场监管局依法没收无来源牛杂 562 公斤，查封不符合卫生标准小作坊 4 家，责令停业整顿 1 家，推动泾源县县域内农村小作坊规范化大治理。模型在固原市推广后，发现农业面源污染类案监督线索 132 件，发现私屠滥宰类案监督线索 97 件，发现销售来源不明、无检疫证明牛肉案件线索 67 件，立案调查 39 件，提出书面督促整改函 103 份，开展联合专项检查 29 次。

【泾源县黄牛肉保护监督模型社会综合治理情况】 建立的泾源黄牛肉保护监督模型，先后从县农业农村局等相关行政机关调取有效数据信息 5 万余条，对数据进行碰撞分析，发现私屠滥宰、牛肉品质等异常数据 150 余条。结合异常数据，从集肉牛养殖环境、屠宰加工、销售安全于一体的泾源黄牛肉产业链条全方位调查取证，并立案审查，办理类案监督案件 14 件，督促县农业农村局组织成立整改专班，对 37 个养殖场存在的养殖环境污染、养殖安全进行全面整改，共督促清理牛粪 30 余吨，督促 20 余家养殖场配备兽药、医疗废弃物存放间，督促 4 家养殖场更换雨污分流设施，县农业农村局对养殖人员规范使用兽药和兽用医疗废弃物的处置进行了集中培训。以案件办理为契机，与泾源县农业农村局、泾源县市场监督管理局建立数据共享协作机制，推动检察数据与农业农村、市场监管综合行政执法数据共享和互联互通，聚合行政监管力度，推动泾源黄牛肉地理标志知识产权保护、优化肉牛养殖环境、推进泾源县肉牛养殖加工产业链健康发展。梳理各部门在数据共享机制和协作机制中的壁垒问题，向农业农村部门发出社会治理类检察建议，推动"数字农业"建设中数据共享机制建立，推动肉牛养殖统一监管平台的建立。

法　院

【概　况】 紧扣"公正与效率"主题，围绕"努力让人民群众在每一个司法案件中感受到公平正义"目标任务，按照"11641"工作思路，忠实履行宪法和法律赋予的职责，坚决筑牢政治忠诚，坚定维护安全稳定，依法服务发展大局，切实保障民生权益，深化司法体制改革，着力加强队伍建设。全年共受理各类案件 3994 件，审（执）结 3807 件，结案率 95.32%。

【政治建设】 坚持不懈用习近平新时代中国特色社会主义思想武装头脑，推动习近平法治思想、党的二十大精神学习培训全员覆盖，深入贯彻落实《中国共产党政法工作条例》及自治区党委《实施细则》、自治区十三届四次五次六次全会、市委五届八次九次十次全会和县委十五届四次五次六次全会精神，坚定理想信念，拧紧思想的"总开关"，严格落实重大事项请示报告制度及党管意识形态工作责任制，把讲政治的要求贯穿于审判执行工作始终，深刻领悟"两个确立"的决定性意义，不断提升增强"四个意识"、坚定"四个自信"、做到"两个维护"的政治自觉和行动自觉，夯实高质量发展忠诚根基。

【主题教育】 开展学习贯彻习近平新时代中国特色社会主义思想主题教育，落实"第一议题"制度和"双随机"学习交流机制，通过党组理论学习中心组学习、"三会一课"、个人自学等方式，依托"学习强国""宁夏干部教育培训网络学院”等平台，做到以学铸魂、以学增智、以学正风、以学促干；把深入学习和交流研讨结合起来，以研讨强认识，以认识促行动，以行动提质效，开展讲党课10次，交流研讨33人次，解决群众关切问题8个，立足岗位做贡献15项，凸显正面激励作用，引导干警学有榜样、干有目标、行有方向；落实问题检视、整改提升、建章立制等重点工作，以主题教育成果推进法院工作实现新提升。

【服务保障中心工作】 探索建立“建机制、搭平台、精审判、重修复、强宣传、拓服务”工作模式，审理环境资源类案件8件48人。贯彻恢复性司法理念，针对徐某随手扔烟头引发大火失火罪一案，在判处刑罚的基础上责令被告人通过修剪烧伤枯枝、补种林木、巡山护林等方式承担环境修复责任；针对徐某某等人抓捕、收购“癞蛤蟆”非法狩猎罪一案，在判处刑罚的同时责令被告人通过新闻媒体公开赔礼道歉，并以增殖放流等方式赔偿损失，探索刑事责任方式从单一“金钱罚”向“行为罚”等多元处罚方式转变，使被告人从生态环境的“破坏者”转变为“修复者”。立足全域旅游示范县建设，在森林公园、滑雪场、冶家村等景区及重点村设立“旅游速裁工作室”，推进“法治+旅游”融合发展，化解涉旅游纠纷17件。

【基层社会治理】 坚持和发展新时代“枫桥经验”，贯彻落实市、县党委党建引领基层社会治理“1+1+3”工作机制和“4+N”乡村一体下沉机制，围绕“抓前端、治未病”工作理念，以推动形成矛盾纠纷源头治理为重点，发挥前端解纷功能，推进“无讼村居”创建工作，首批命名的6个“无讼村居”实现了矛盾纠纷“预防在前、调解优先、运用法治、就地解决”，打通基层社会治理的“神经末梢”。完善提升“1223+微法庭”工作模式，搭建以诉调对接中心为主干、基层人民法庭和“法官工作室”为支撑、特邀调解员为纽带的“四位一体”诉调对接平台，形成法庭与乡村调解组织双向互动、司法确认终局的解纷新格局。针对案件办理中发现的管理不规范问题，发出司法建议16份并跟踪落实。

【普法宣传】 推进“零距离、面对面”送法，以“校园欺凌、电信诈骗”等现象为切入点，前往县一中等学校开展“送法进校园”活动，组织县高级中学130余名学生旁听涉未成年人案件庭审；会同县纪委监委、司法局等部门，组织干部职工200余人次旁听马某等6人开设赌场、马某某贪污罪等案件庭审。坚持“贴民心、接地气”普法，开展防范电信网络诈骗和整治养老诈骗专项行动，开展《中华人民共和国民法典》、“4·15”国家安全教育日、“6·5”世界环境日、“12·4”国家宪法日等法律宣传与咨询，服务法治泾源建设。

【刑事审判】 全面贯彻总体国家安全观，开展扫黑除恶斗争，依法惩治刑事犯罪，坚决维护社会安全稳定。受理刑事案件73件，审结68件，判处罪犯77人，其中，三年以上五年以下有期徒刑8件10人，三年以下有期徒刑、拘役45件67人。严厉打击危害公共安全犯罪，审结危险驾驶、交通肇事、危险作业等犯罪31件31人。依法严惩故意伤害、虐待等严重刑事犯罪10件12人。坚决惩治诈骗、赌博、网络犯罪等侵犯公民财产权利犯罪，审结4件10人，其中卢某等2人因利用银行卡帮助他人非法“跑分”结算百万余元，触犯帮助信息网络犯罪活动罪受到法律惩处。加大职务犯罪案件惩处力度，审结贪污、滥用职权案件3件3人。全面落实宽严相济和认罪认罚从宽制度的刑事政策，判处宣告缓刑 25 件 35 人，免予刑事处罚 1 件 1 人。

【民商事审判】　受理民商事案件 2225 件，审结 2151 件，调解、撤诉处理 1205 件，调撤率为 56.23%。平等对待各类市场主体，促进社会诚信体系建设，持续优化营商环境，审理合同类案件 1682 件。受理雅豪滑雪场破产清算一案，建立府院联动机制，监督、指导破产清算工作依法有序开展。妥善审结涉教育、医疗、住房、社会保障等民生案件 107 件，依法保障民生权益。审理金融借款、信用卡纠纷案件 256 件，化解金融风险，维护了金融秩序。着力维护务工人员等弱势群体利益，审结涉劳务报酬案件 174 件，讨回“血汗钱”183.6 万元。改革完善家事审判机制，通过圆桌审判、亲情调解、心理疏导等，最大限度弥合情感创伤、修复家庭关系，审结婚姻家庭、赡养等案件 325 件。推进行政争议实质性化解，审查行政非诉案件 17 件，依法保障行政相对人合法权益，促进行政机关依法行政。开展司法救助 17 件 17 人次，发放救助金 15 万元，减缓免交诉讼费22 件 2.7 万元。

【执行工作】　始终把党委领导作为攻坚执行难的根本保证，落实党中央、区市县《关于加强综合治理从源头切实解决执行难问题的意见》，完善“党委领导、政法委协调、人大监督、政府支持、法院主办、部门联动、社会参与”的综合治理执行难工作大格局。全年受理执行案件 1653 件，执结 1546 件，执行到位标的 1.3 亿元，“3+1”核心指标稳中向好。强化执行联动，加强联合惩戒，依法用足用好失信惩戒措施，发布失信人员名单 6 期 123 人次，限制高消费 335 人次，拘留 158 人次。健全执行工作长效机制，加强执行指挥中心实体化运行，坚持“总对总”网络查控和传统线下查控并举，全方位查控被执行人财产。坚持府院联动，探索执源治理，妥善化解涉党政机关案件 98 件。集中开展“百日执行攻坚”专项行动，以涉民生、涉民营企业、涉金融案件为重点，加大执行力度，提升执行质效，执结各类案件 412 件，到位标的 4386 万元。拓宽财产处置渠道，依托网络司法拍卖处置涉案房产车辆等财产 50 件，成交额达 5575 万元。严格落实“一案一账户”规定，执行案款规范化管理成效明显。

【“一站式”诉讼服务】　深化一站式多元解纷和诉讼服务体系建设，以人民法院调解平台为载体，以“进乡村、进社区、进网格”工作为契机，开展专题培训 3 场 160 人次，通过调解平台向基层调解组织委派各类纠纷 1489 件，调解成功率为 63.1%。全面应用人民法院在线服务等九大信息平台，推进诉讼服务在线办理，受理

2023 年 3 月 15 日，县人大检查法院执行工作

网上立案285件、网上缴费2239件、电子集中送达2208件9519人次，通过“在线调解”“云上法庭”办理案件721件。优化提升“12368”诉讼服务平台，畅通当事人诉求表达渠道，打造即时接听、分类答疑、及时转办、定时回访等诉讼服务全流程闭环工作模式，搭建服务群众“连心线”。

【司法体制改革】 全面落实司法责任制，规范司法权力运行。深入推进以审判为中心的刑事诉讼制度改革，强化与侦查机关、公诉机关的协作配合，充分发挥庭审在查明事实、认定证据、保护诉权、公正裁判中的决定性作用，切实维护司法公正。完善专业法官联席会议、审判委员会工作制度，促进裁判尺度统一和审判质效提升。优化审判团队结构，强化审判辅助人员招录培养，审判团队运行更加顺畅，工作开展更加高效。深入贯彻落实《中华人民共和国人民陪审员法》，人民陪审员参与陪审率73.2%，保障人民群众广泛、有序参与司法。

【审判监督管理机制】 完善案件质效评估体系，结合审判执行工作确立科学合理的考评指标。坚持放权与监督并重，压紧压实院庭长监督管理职责，构建与新型审判权力运行机制相适应的制约监督体系，确保公正司法。严格落实院庭长办案责任制，发挥示范引领作用，院庭长办理案件2701件，占办理案件总数的70.95%。强化员额法官业绩考评，严格落实进入和退出机制，激发法官队伍奋发进取的活力，提升审判执行质效。严格落实防止干预司法“三个规定”，落实“有问必录、应报尽报”要求，累计填报152条，确保依法公正办理案件。

【基层党建】 优化“党建+审判(执行)”模式，结合业务特点整合设立6个特色党小组，推动形成党员干警全员参与的党建工作格局。丰富党建形式，先后与县检察院、消防队等联合开展主题党日，与固原中院、西吉法院、隆德法院在六盘山法庭、杨岭村联合开展“沿着总书记足迹，感悟思想伟力”主题党日活动，弘扬革命精神，提振信心士气，凸显党建引领成效。

【队伍建设】 构建教育培训长效机制，开展司法能力提升培训，组织各类业务学习、专题培训46期375人次，创新开展“七点半课堂”，组织“法官讲法”，营造比学赶超、创先争优的浓厚氛围。注重学用结合，开展庭审观摩、技能比武、实战化训练；深化“青蓝工程”，发挥老带新、强帮弱的“传帮带”作用，干警政治素质、业务素质、职业道德素质全面提升。贯彻落实“四下基层”工作要求，强化“全员调研”意识，提升干警解决实际问题的能力水平，加强调研成果转化运用，促进审判执行质效有效提升。

【警示教育】 加强党风廉政建设和反腐败斗争，开展廉政警示教育，以钉钉子精神贯彻落实中央八项规定精神及实施细则、新时代政法干警“十个严禁”、自治区“八条禁令”和市委“十项规定”，开展“转作风、勇担当、勤履职、提效能”专项行动，推进纠治形式主义官僚主义专项整治工作，开展家庭助廉“三个一”活动，树立新风正气，筑牢廉洁司法底线。

【文化育人树新风】 以社会主义核心价值观为引领，发挥文化建设的潜移默化和示范引领作用，弘扬以忠诚为民、崇法尚德、公正廉洁、刚正不阿为主要内容的新时代人民法院文化。完善提升体能训练室和图书阅览室功能，丰富干警文化生活，开展“传承雷锋精神　弘扬时代新风"志愿服务、"六盘峰"青年读书会、退休干警荣退仪式等活动,激励斗志干劲,激发队伍活力,为实现"内涵式发展"提供有力精神支撑。推进健康水平提升行动,促进健康机关创建融入到审判执行工作中,被评为"2023 年自治区健康机关示范点"。

【阳光司法】 自觉接受人大监督,配合各项专项调研和执法检查,主动向县人大常委会报告专项工作,狠抓审议意见的落实。主动接受县政协民主监督,配合开展调研、协商等活动,通报工作情况、征询意见建议;邀请代表、委员旁听重大案件庭审、现场监督执行等活动。依法接受检察机关法律监督,落实检察长列席审判委员会制度,认真办理检察建议。接受社会监督,通过"法院开放日",邀请代表委员及人民群众实地观摩法院工作,征集意见建议,让社会各界更好地理解、支持法院工作。综合运用门户网站、微信公众号等平台,及时发布司法动态、典型案例等 246 期,市级以上媒体采用 168 条。

司法行政

【政治建设】 始终坚持强化理论武装不放松,强化政治历练不松懈,不断提高政治敏锐性和政治鉴别力。全局共召开党组会议 12 次,同步开展党组学习 12 次、党组理论学习中心组 12 次,开展"一五"学习 51 次,主题党日活动 12 次,各类研讨交流发言 60 余人次,组织党员干部撰写学习心得体会 60 余篇。

【全面从严治党】 召开党组会专题部署全面从严治党工作 4 次,研究部署重要工作 23 项。落实重大事项报告制度,履行民主集中制,坚持"三重一大"集体研究制度,召开党组会议 12 次,研究事项 65 个。严肃党内政治生活,认真落实"三会一课"、民主生活会、组织生活会等基本制度。

【依法治县】 始终把习近平法治思想作为法治建设的根本遵循和行动指南。提请县委常委会会议、政府常务会议专题研究部署法治建设工作,组织召开全面依法治县委员会等会议推动法治建设工作走深走实。通过领导点评、单位互评、民主评议"三评"方式组织召开党政主要负责人现场述法会议,完成党政主要负责人年终现场述法 1 场 6 人次,书面述法 29 人。紧紧围绕法治泾源、法治政府、法治社会一体建设目标任务,重点围绕法治政府建设 9 大类 100 项和"八五"普法 8 大类 23 项考核指标体系,开展专项督察检查 3 次,共计检查发现和反馈问题 9 类 180 项。各问题单位高度重视,对照问题举一反三落实整改,已完成问题整改 179 项,正在整改 1 项。举办全县领导干部"习近平法治思想"专题培训班 7 场 530 人次。

【合法性审查】 落实《国务院重大行政决策程序暂行条例》《宁夏回族自治区重大行政决策规定》,严格执行公众参与、专家论证、风险评估、合法性审查、集体讨论决定等重大行政决策程序。梳理重大事项决策事项 15 项,确定目录公示 6 项,规范和提高政府重大事项科学、民主、依法决策水平。落实《自治区行政规范性文件合法性审核办法》,全面做到规范性文件统一登记、统一编号、统一公布。注重源头把关,将行政规范性文件全部纳入合法性审核范围,制定和审核规范性文件 9 件,审查一般性文件 41 件,重大合同公告 200 份,合法性审查 100%。

【行政执法监督】 制发行政执法《事项清单》《目录清单》,组织全县 245 名执法人员参加宁夏行政执法监督平台培训 1 次，举办行政执法人员综合法律知识考试 1 场次，119 名新申领执法证的行政执法人员参加全区行政执法证件考试，通过率 100%。全县 31 家行政执法单位完成 2023 年度行政执法统计年报，完成对生态环境、交通运输、文化旅游等 6 个领域 48 卷案卷集中评查，督促整改问题 104 个。推进道路交通安全和运输执法领域突出问题专项整治，全县征集问题线索 30 个，已整改 30 个；自查出相关问题 48 个，已核查处理 48 个，制定整改措施 21 条。

【行政争议化解】 全年受理行政复议案件 12 件，受理 10 件，同比增长 150%，行政争议协调化解 13 件，成功 3 件。行政诉讼案件 11 件，判决 5 件，其中，驳回原告诉讼请求 4 件，败诉 1 件，出庭应诉案件 9 件，出庭率 100%。探索建立"2+1+3"工作机制被自治区评选列为法治政府建设示范创建项目，清理化解行政争议和政府性债务纠纷 196 件，化解成功 134 件，通过多元化解，当事人主动撤回诉讼案件 11 件，放弃利息共计 560 余万元，政府清偿债务 5 批次 9600 余万元，减少诉讼费、执行费等其他费用 920 余万元。建成标准化行政复议中心，在 7 个乡镇设立了行政复议代办点，实现争议化解从终端裁决向源头预防延伸。

【法治宣传】 组织召开守法普法协调小组会议 2 次，研究制发《2023 年全县普法依法治理工作要点》《泾源县青少年法治宣传教育专项活动工作方案》《泾源县法治宣传教育阵地建设工作指引（试行）》等相关文件，推动"谁执法谁普法"普法责任制落地落实；组建全县普法讲师团，确定普法联络员 67 名、招募普法志愿者 170 名，建成县乡村三级普法队伍体系，夯实基层普法力量；围绕"八五"普法中期督察，对各部门、各乡镇"八五"普法中期实施情况开展了 3 轮督查，发现共性问题 11 个，个性问题 5 个，并逐项逐条推动问题整改，现已整改问题 13 个。制发《泾源县 2023 年度学法计划》《泾源县领导干部带头讲法实施方案》和《进一步加强国家工作人员学法用法考法工作实施方案》，县委常委会、政府常务会议共开展学习习近平法治思想 15 次，会前学法 70 场次，专题会议学习安全生产法律法规 6 次，乡镇部门开展学法 380 余次，主要负责人带头讲法 280 人次，组织领导干部参加法律法规应知应会知识考试 4 场次，1100 人参考，合格率达90%以上。落实《青少年法治教育大纲》，打造青少年法治教育基地，常态化开展"宪法晨读""开学第一课"和"送法进校园"专题普法活动，构建政府、司法机关、学校、社会、家庭共同参与的青少年法治教育新格局。举办全区"法律明白人"精准示范培训班和全县法治乡村培训班，精准培养"法律明白人"200 名，培育农村学法用法示范户 150 户。承办固原市宪法宣传周启动仪式，开展宪法进校园、进机关等活动。共开展法治宣传教育 320 场次，开展习近平法治思想、民法典、安全生产等专题法治讲座 47 场次，1800 人参培。举办民法典、禁毒、平安泾源等法治专题文艺演出 2 场次，2 万余人观看。贯彻落实自治区党委十三届四次全会精神，开展安全生产普法宣传专项活动，组织责任部门执法人员 36 人，出动宣传车辆 68 辆次，深入宣传"1+37+8"系列文件精神和"一法两条例"相关内容。开展"民主法治示范村（社区）"创建活动，大湾乡杨岭村获批宁夏法治宣传教育阵地和自治区首批法治社会实践站，泾河源镇庞东村、大湾乡杨岭村获评全区民主法治示范村。

【社会治理】 开展多元化调解

组织体系建设，确保基层调解组织全覆盖。累计设立人民调解组织122个，其中，乡镇调委会7个，村（社区）调委会99个，行业性专业性、企事业单位调委会（室）16个，设立个人调解室1个，驻派出所调解室7个，信访事项接待岗7个，婚姻家庭纠纷接待岗7个，建成"一站式"矛盾纠纷调解中心29个，其中，县级1个，乡镇7个，村级21个，基本形成了"横向到边，纵向到底，上下对应，内外衔接"的调解组织体系。建立县级人民调解专家库1个，全县配备专（兼）职人民调解员497人，开展县级人民调解员培训2次，乡镇级培训59场次，培训3400余人次，精准培养了党政机关行政争议类和债务纠纷类专职人民调解员11名。组织各级（类）调解组织排查矛盾纠纷，坚持"定期排查"和"滚动排查"相结合，关口前移，把"调"再向前延伸，让"解"更深入民心。全县各级调委会共开展矛盾纠纷排查364次，排查调处各类矛盾纠纷611件，调解成功579件，案件数量较2022年上升20%，调解成功率95%，主动参与安全事故和信访案件调解化解16次，化解成功10件。3篇典型调解案例被司法部录入全国典型调解案例库，全国印发学习。贯彻落实《中华人民共和国社区矫正法》，开展社区矫正"质量提升年"活动。全面掌握矫正对象的思想、行为和生活状况，有针对性地进行矫正。协调教育、民政、人社等相关部门参与社区矫正工作，落实最低生活保障1人，落实生活性临时救助3人，落实公益性岗位6人，指导就业就学4人次。共开展调查评估23例，累计接收社区矫正对象36人，解除社区矫正21人，变更执行地3人，因受到治安处罚撤销缓刑1人，现在册社区矫正对象35人，其中重点社区矫正对象3人。落实重点刑满释放人员"必接必送"制度，规范"四对接"衔接程序，共同落实监督管理措施。加强安置帮教对象信息管理，开展摸底排查工作，及时掌握刑满释放人员动态，做好重点对象的排查清理和衔接管控工作。开展2次大走访、大排查活动，排查122人次，排查出重点安置帮教人员6人，均进行了个别谈话。建立完善安置帮教人员工作台账，把思想教育工作放在首位，经常联系各村（社区）帮教负责人，对思想波动人员做到早发现、早处理，使不良思想终止于萌芽期。

【公共法律服务】 严格落实"一村（居）一法律顾问"，实现村（居）法律顾问全覆盖，建立村（居）法律顾问"微信群"99个。提升公共法律服务中心大厅接待服务质效，畅通绿色通道，实现应援尽援，受理各类法律援助案件220件，完成全年目标任务92%，已办结案件197件，结案率为90%，平台接听法律咨询电话360次，满意率达98%。为受援人挽回经济损失406.5万元，代群众起草法律文书55份，人民群众共享公共法律服务的成果基本实现。共办理各类公证77件，其中继承权公证51件，声明书公证11件，委托书公证6件，赠予公证2件，房屋买卖公证5件，其他民事协议3件。

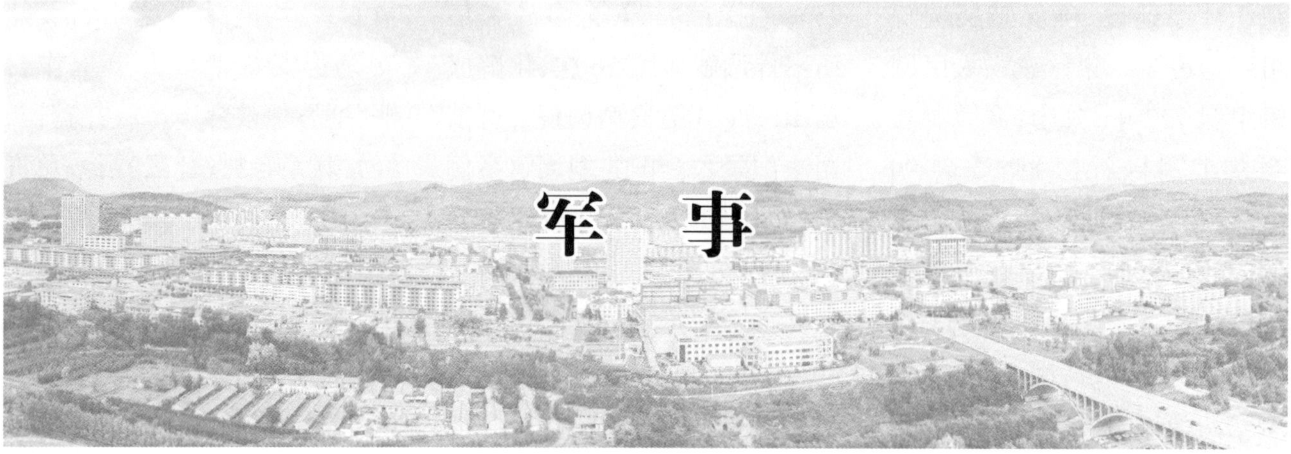

军 事

泾源县人民武装部

【概　况】 2023年是贯彻落实党的二十大精神的开局之年，是建军一百年奋斗目标高质量发展的攻坚之年，是国防动员新体制推进转型重塑的关键之年。泾源县人武部按照宁夏军区、固原军分区党委扩大会议精神，坚持稳中求进的工作总基调，围绕全面建设打仗型国防动员，深入贯彻习近平强军思想，贯彻党的二十大精神落地扎根，聚焦职责使命和中心主业，以更加严实的作风真抓实干，以更加奋进的斗志勇毅前行，有序推进了年度工作落实。

2023年10月8日，泾源县人民武装部召开宣布命令大会

【宣布命令大会】 10月8日，泾源县人民武装部宣布命令大会在人武部4楼会议室召开。固原市委常委、军分区大校政治委员蒋刚彪出席大会并讲话，固原军分区政治工作处上校主任蔚精卫宣布了中央军委国防动员部、宁夏军区命令和固原军分区党委通知，泾源县委书记、人武部党委第一书记王荣出席并讲话，会议由泾源县人武部上校部长陈志东主持。新任命的泾源县人武部上校政治委员申国涛、人武部中校副部长丁小卯分别作了表态发言。

【党管武装工作会议】 2月20日，泾源县召开2023年度党管武装工作会议。县委书记、人武部党委第一书记王荣出席会议并讲话。县委副书记、政府县长马晓红出席会议，各乡(镇)党委书记及相关部门负责人参加会议，会议由人武部上校部长陈志东主持。会议传达学习了梁言顺同志在宁夏军区党委扩大会议上的讲话和冼国义同志在固原市党管武装述职会议上的讲话，各乡(镇)党委书记进行了党管武装述职。总结了

2022年党管武装工作，对2023年工作任务进行了安排部署。

【县委议军会】　5月23日，泾源县召开2023年县委议军会，县委书记、人武部党委第一书记王荣主持会议并讲话，泾源县人武部上校部长陈志东和相关单位负责人参加了会议。会议传达学习了习近平总书记出席十四届全国人大一次会议解放军和武警部队代表团全体会议时的重要讲话精神，传达学习了宁夏军区党委十二届十二次全体（扩大）会议精神，研究审议了《泾源县人武系统基层治理规范化建设示范县创建实施方案》。

【基层治理规范化建设】　泾源县人武部坚持党委统领、军地同步、主官主抓，推进基层治理规范化建设示范县创建。坚持军队与地方同频共振，一起使劲；坚持本级与基层上下联动，同步展开；坚持软件与硬件同步整治，一体推进。县委2次召开县委常委会专题研究，给予专项资金支持建设，主要用于开展民兵教室、会议室升级改造，办公楼墙面修补、暖气整治，营院道路平整绿化改造，训练场硬化、篮球场铺塑胶、厨房设施升级，室内文体训练场、书香军营和简易洗车间建设。

【民兵整组点验】　为全面落实基干民兵整组工作，检验基干民兵队伍建设情况，进一步增强基干民兵集结力、执行力、战斗力。4月7日，泾源县人武部召开2023年基干民兵集合点验大会。固原军分区战备建设处上校处长赵敬，中校参谋眭世友，泾源县委常委、政府副县长杨璞出席会议。县人武部上校部长陈志东主持会议。点验大会在嘹亮雄壮的《中国人民解放军军歌》声中拉开序幕，大会宣读了民兵干部任职命令和预建党组织，宣布了出入队人员名单并组织点名，全体民兵进行了宣誓，新入队基干民兵代表作了表态发言，县委常委、政府副县长杨璞提了要求，军分区战备建设处上校处长赵敬做了指示。点验大会在奏唱《中国民兵之歌》中圆满结束。

【民兵基地化轮训】　为进一步提升民兵应急救援能力和军事训练质效，7月16—27日，泾源县人武部组织香水镇、泾河源镇、黄花乡民兵应急排开展2023年度民兵基地化轮训。通过训练，增强了民兵履行任务的使命感、责任感，提升了民兵队伍应急应战能力。

【抗洪抢险救灾演练】　5月14日，泾源县军地防汛救灾应急演练在黄花乡羊槽村开展。演练模拟六盘山地区普降暴雨，羊槽河水位进一步上涨，可能发生洪水险情，危及羊槽村群众，指挥部立即启动山洪灾害防御Ⅱ应急响应。预警员和羊槽村负责人快速敲击铜锣发布立即转移信号。由黄花乡人民政府、水务局、人民武装部成立的应急抢险分队立即疏散下游群众，带领群众转移到应急避难场所，发改局迅速组织工作人员搭建救灾帐篷，调配救灾物资。此次演练，各成员单位按照职责分工迅速投入到抗洪抢险应急处置工作中，有序开展救援实战演练，在参演部门的密切配合下，本次演练顺利完成全部科目，达到了“以演筑练、以练筑防”的效果。

【兵员征集】　2023年，泾源县征兵工作以输送高学历高质量兵员为目的，严把强军兴军源头工程。县委书记王荣亲自主持召开了征兵工作推进会，进一步提出要求、压实责任，督促各乡镇做好征兵工作。采取电视、微信、抖音和大喇叭等进行征兵宣传，做到了全县家喻户晓；依据大学生毕业生潜力，开展“百人进村征兵宣传”活动，逐一摸排、筛选，圈定可动员对象，由乡（镇）干部、村干部两级一对一进村入户面对面宣传发

2023 年 9 月 15 日，泾源县人民政府征兵办召开 2023 年下半年新兵欢送会

动。严密组织参加军委国动部和区市县三级征兵业务培训和廉洁征兵教育；严密组织预征对象体格检查、政治考核、役前教育训练；坚持集体定兵，及时组织公示，确保征兵过程阳光透明。

【双拥共建】 坚持传承弘扬双拥光荣传统，丰富拓展“宁夏经验”，落实“双清单、三助力”机制，巩固发展新时代军民关系。元旦、春节期间，走访慰问 50 户军烈属、退役老兵和生活困难群众。深入李庄村调研产业帮扶项目，持续打造养牛养羊养蜂产业发展，扶持中草药种植；邀请 2 名帮扶村村干部到军区参观见学，参加了为期 1 周的网络直播带货人才培训，助力乡村人才振兴。接续助力“上秦小学·育苗行动”，捐赠了会议桌、书柜、办公电脑和教学器材等，对教学楼进行了粉饰，为学生捐赠了棉校服。对接县委宣传部、教体局、退役军人事务局等相关部门，在县第四小学打造了“泾河马连江少年军校”，协调建设了国防教育长廊和训练场，进一步拓宽了国防教育阵地。

武警泾源中队

【军事训练】 武警泾源中队坚持以习近平主席训令为引领，始终聚焦实战化练兵备战，坚持一切工作向能打仗、打胜仗聚焦，坚持稳中求进总基调，一锤一锤稳中求进，上下同频奋力争先，凝神聚气精武强能，在求精创新上务实，在提升能力上突破，常抓干部警士训练，提高干部警士组织指挥和教学能力，以干部警士训练带动中队整体训练水平。同时严格奖惩制度，坚持从难、从严训练，充分利用“五小练兵”“军事竞赛”等活动，强化官兵基础体能训练，营造“比学赶帮超”的训练氛围，激发官兵训练热情，提升官兵遂行多样化军事任务的能力。

【驻地维稳】 把执勤战备工作作为中心工作来抓，树立端好“执勤饭碗”思想，坚持开展专哨专勤训练、情况联动处置等执勤技能训练，结合泾源县不良天候开展战备拉动演练，提高部队处置突发情况能力，把责任落实到每名执勤官兵头上。2023 年以来，中队圆满完成各类勤务，其中担负泾源县联勤武装巡逻 94 天，里程8460 公里。

【双拥共建】 投身地方建设，开展为民服务活动，为驻地群众排忧解难、支援建设，不断加强与人民群众的血肉联系。利用驻地丰厚的红色资源，组织官兵深入三关口战斗遗址、老龙潭烈士陵园等红色景点开展“讲红军故事、唱红军歌曲、做红军传人”活动，引导官兵忆先烈事迹、学光荣传统，增进官兵对驻地政府和群众的感情。

农业 自然资源 水务

种植业

【种植业概况】 根据泾源县统计局数据，2023年全县完成农作物播种面积15.07万亩，其中：冬小麦面积0.2万亩，占作物总播种面积的1.33%；马铃薯0.6万亩，占作物总播种面积的3.98%；玉米10.5万亩，占作物总播种的69.68%（其中籽粒玉米1.9万亩、青贮玉米8.6万亩）；瓜果蔬菜及食用菌1.5万亩，占作物总播种面积的9.95%；夏秋杂0.1万亩，占作物总播种面积的0.66%；油料作物0.1万亩，占作物总播种面积的0.66%；中药材0.91万亩，占作物总播种面积的6%；其他农作物1.17万亩，占作物总播种面积的7.76%。粮食作物面积2.8万亩，总产粮食15956.92吨，实现产值3596.23万元。青贮玉米8.6万亩，总产鲜草48.5万吨，实现总产值15521.28万元。瓜果蔬菜及食用菌1.5万亩，实现总产值6660万元。全县玉米、马铃薯、小麦等作物新技术应用达到100%。

优质高产高效玉米：共投入资金1255.97万元（其中农户自筹资金30%），经公开招标，采购地膜664.54吨、种子174.07吨，全部发放到户。全县种植优质高产高效玉米10.5万亩，10720户47096人从中受益。

（1）籽粒玉米：种植籽粒玉米1.9万亩，经测产调查，亩株数4816株，亩平均收获穗（棒）4893穗，比上年增37.0穗；穗粒数为460.5粒，比上年增加8.7粒；预计百粒重26.3g，比上年增加1.0g。预计理论亩产为592.6kg，预测实产503.7kg，比上年亩增产31.9kg，亩增产6.8%，全县籽粒玉米总产9570.3吨。以市场价3元/公斤计算，亩收入达1511.1元，亩纯收入1031.1元，实现总产值2871.09万元。

（2）青贮玉米：种植优质高产高效青贮玉米8.6万亩，亩收获株数5476株，比上年增加250株，单株鲜重1.03kg，比上年增加0.2kg，亩产鲜草5640kg，亩增产330.0kg，增产率6.2%，全县总产鲜草48.5万吨以上。以全县饲料玉米收购价320元/吨计算，农户出售饲料玉米，亩收入达1804.8元，亩纯收入1004.8元，实现总产值15521.28万元。

马铃薯：种植马铃薯0.6万亩，理论亩产为1210公斤，按80%折合亩实产968kg，全县马铃薯总产7260吨（折主粮5808吨）。亩收入达968元，亩纯收入528元，实现总产值580.8万元。

冬小麦：种植冬小麦0.2万亩，理论亩产260.6公斤，按

85%折合亩实产 221.51kg，全县冬小麦总产 443.02 吨。亩收入达 518.3 元，亩纯收入 433 元，实现总产值 103.67 万元。

夏秋杂：种植其他作物 0.1 万亩，平均亩产 135.6 公斤，总产 135.6 吨。亩收入 406.8 元，亩纯收入 146.8 元，实现总产值 40.68 万元。

瓜果蔬菜及食用菌：种植瓜果蔬菜及食用菌 1.5 万亩，平均亩产 3700 公斤，总产 5.55 万吨。亩收入 4440 元，亩纯收入 2340 元，实现总产值 6660 万元。

【覆膜保墒增粮】 在大湾乡、六盘山镇实施早春顶凌覆膜种植玉米 2.85 万亩（其中籽粒玉米 1.9 万亩），地膜使用量 256.5 吨，化肥施用量减少 34.2 吨，品种以宁单 40 为主，良种覆盖率 100%。通过取样调查，较未覆膜田块亩增产 6.8%。经监测调查亩均化肥施用量减少 1.5 公斤，水分利用率提高 5%以上。

【种　业】 承担籽粒玉米、青贮玉米、冬小麦区域试验 6 组，生产试验 5 组；建设农作物新品种展示示范园区 1 个；开展种子质量、市场检查，处理纠纷，查处违法案件，培训业务。

农作物区域试验完成情况：完成籽粒玉米、青贮玉米、冬小麦区域试验 6 组，生产试验 5 组，其中，宁夏南部山区早熟玉米品种区域试验 3 组，涉及玉米品种 24 个；宁夏南部山区早熟玉米品种生产试验 3 组，涉及品种 9 个。宁夏山区青贮玉米品种区域试验 2 组，涉及玉米品种 17 个；宁夏山区青贮玉米品种生产试验 1 组，涉及玉米品种 4 个。2023—2024 年度宁南山区冬小麦品种区域试验 1 组，涉及品种 11 个；生产试验 1 组，涉及品种 4 个。

农作物品种展示示范园区建设：建设完成泾源县青贮饲草新品种展示示范园区 1 个，面积 100 亩，展示青贮玉米品种 30 个，饲草高粱品种 2 个；完成 6 个主栽品种示范；主推旱作雨养区玉米全膜双垄沟侧旱播技术 1 项。

培训及观摩：举办现场培训班 3 期，培训人数 160 人次；组织现场观摩 4 次，观摩人数 310 人次。

【农作物病虫草害防控】 完成泾源县大豆玉米带状复合种植杂草封闭除草面积 5000 亩。坚持“播前土壤封闭处理为主、苗后茎叶喷施为辅、化学除草为主，地膜覆盖、机械防治等农艺措施为辅”的策略。播前采取全田喷施封闭，购置 96%精异丙甲草胺乳油和 80%唑嘧磺草胺水分散粒剂开展杂草播前封闭除草，完成统防统治封闭除草面积 5000 亩、防治效果较好。在泾源县新民乡、泾河源镇、兴盛乡开展玉米重大病虫害疫情防控工作，重点防治玉米双斑萤叶甲、玉米蚜虫和喷施叶面肥等技术措施，全县 3 个乡镇玉米集中种植区，防治

2023 年 8 月 27 日，泾源县农技中心工作人员在大湾乡开展玉米病虫害防治

面积1.2万亩。其中新民乡5420亩，涉及马河滩村、高家沟村和南庄村玉米套种大豆田块，分别于7月25日防治第一次，防治面积2710亩，于8月9日防治第二次，防治面积2710亩；泾河源镇8月13日完成580亩，其中白吉村400亩，河北村80亩，新旗村100亩；兴盛乡于8月29日飞防完成6000亩，其中上黄村850亩，下黄村900亩，兴盛村2300亩，红旗村1950亩。经取样测产和未防治区比较，亩增产粮食60公斤，增产率为9.8%，完成防治面积12000亩；在泾源县新民乡玉米集中种植区开展玉米、大豆等秋粮作物"一喷多促"工作，重点防治玉米双斑萤叶甲、玉米蚜虫、玉米大小斑病和叶面肥喷施。经单位会议研究，采用询价方式选用最低价公司开展统防统治工作。共完成飞防面积11150亩，其中石咀村620亩、先进村1060亩、王家沟村630亩、高家沟村1280、张台村470亩、马河滩村2810亩、照明村360亩、西贤村390亩、南庄村1480亩、杨堡村1570亩、先锋村480亩。项目实施后，泾源县农业农村局组织相关技术人员，会同乡镇进行联合测产验收和效益评价，经验收完成飞防面积11150亩，取样测产和未防治区比较，亩增产粮食54公斤，增产率为8.3%。

【土壤墒情监测】 在全县不同生态类型区，及时发布不同区域农田土壤墒情与旱情信息，全面服务泾源县农业生产，完成土壤墒情监测次数20次，发布《泾源县土壤墒情简报》20期，提出农业生产建议35条。充分发挥全县土壤墒情自动监测点作用，强化墒情远程物联网系统运营维护和服务，确保墒情监测系统在关键农时和作物关键节点正常运转，实现墒情监测数据适时传输与获取；开展不同土壤类型墒情与旱情评价指标体系研究，建立物联网墒情自动监测站点数据采集与读取校正模型，提高物联网监测站点数据采集精度；加快不同类型土壤容重、田间持水量等相关参数的获取，建立适合生产实际的不同生态类型区墒情与旱情评价指标体系。

【中药材产业项目】 建设完成中药材标准化示范基地1个，示范建设面积549亩。其中：种子种苗繁育88亩（独活27亩、赤芍7亩、白鲜皮8亩、唐古特大黄20亩、款冬花26亩）；生态种植175亩（板蓝根83亩、红花59亩、白芍18亩、唐古特大黄15亩）；林下仿野生种植286亩（柴胡215亩、秦艽71亩）。示范带动六盘山镇种植中药材3360.5亩。主要种植红花、板蓝根、柴胡、秦艽、款冬花、牛蒡子、白芍、蒲公英等中药材。集成示范原生态种植286亩、育苗移栽125亩、配方施肥50亩、病虫害防控40亩、农机农艺融合种植48亩。

经济效益：2023年泾源县中药材示范基地建设项目共投入资金30万元，建设标准化示范基地1个549亩，共生产种苗160多万株，生产各类中药材46100多公斤，实现产值238.6万余元。其中：基地育苗88亩，生产种苗160万株，亩产值4000元，产值32万元；生态种植175亩，产出各类中药材17500公斤，亩产值2000元，产值35万元；林下仿野生种植286亩，产出各类中药材28600公斤，亩产值6000元，产值171.6万元。

社会效益：通过中药材示范基地建设项目，共带动周边农户种植中药材3360.5亩，其中：示范带动周沟村33户农户种植中药材470.5亩，带动六盘山镇15个村集体种植中药材2890亩。年投入人工1500多人次，年用工量1200个工日，带动周边农户参与务工收入12万元。

生态效益：中药材种植不仅改良了当地土壤，减少了水土流失，涵养了水源，而且林下中药材种植的大面积推广，对当地生态环境的改善起到了很大的推动作用。

【耕地轮作休耕项目】 全年全县耕地轮作休耕任务总面积0.5万亩，全部发展大豆玉米带状复合种植，采用“4+2”种植模式，(4行大豆+2行玉米)，玉米种植2行，宽窄行种植，亩种植密度4500株左右；大豆种植4行，亩种植密度7000株左右。实际完成玉米大豆带状复合种植5260亩(泾河源镇1460亩，新民乡1300亩，香水镇500亩，兴盛乡500亩，黄花乡500亩，六盘山镇500亩，大湾乡500亩)。引进推广种植科河699、宁单40等玉米品种和东生2号大豆品种。农技中心取样测产调查，籽粒玉米亩株数4500株左右，亩平均收获穗(棒)4642穗，穗粒数为472.0粒，百粒重23.8g，理论亩产为521.5kg，实产443.3kg/亩，比大田减产60.4kg/亩，减产率为12.0%；大豆东生2号平均亩株数7000株，平均株高0.72m、主茎节数10.3节、单株有效夹数12.3夹、单株粒数30.8粒，百粒重18.2g，平均亩产量为39.2kg。

经济效益：籽粒玉米亩株数4500株，实产443.3kg/亩，比大田减产60.4kg/亩，减产率为12.0%。大豆东生2号平均亩株数7000株，平均株高0.72m、主茎节数10.3节、单株有效夹数12.3夹、单株粒数30.8粒，百粒重18.2g，平均亩产量为39.2kg。大豆玉米带状复合种植纯收益为553.4元/亩；玉米净作种植纯收益为586.6元/亩。净作比套作多收入33.2元/亩。

生态效益：大豆玉米带状复合种植示范区建设促进了种植业结构调整步伐。一是因地制宜选用引进高产抗旱品种，推广高效立体复合栽培模式，提高光热资源利用率。二是有效地优化种植业结构，推动地膜玉米迅速发展，提高当地油料产能，促进了泾源县粮食和油料产业快速稳步发展。

社会效益：项目实施，使广大干部群众认识到科技在农业生产中的重要作用，认识到了发展现代农业是农业生产的必然选择。认识到高产优质品种是获得高产稳产的首要条件，通过带状复合种植在玉米产量基本不减情况下，增加大豆产能，改变种植业结构单一化，使泾源县种植业结构不断趋于合理，达到增产增收增效的目的。

【蔬菜绿色标准园创建项目】 建设冷凉蔬菜绿色标准示范园1个，规模300亩，集中展示蔬菜优良品种、优新技术、高效栽培模式，重点示范生物蚯蚓套种套养技术、生物秸秆反应堆技术、“三零”绿色种植、防虫网覆盖栽培、生物菌剂技术，水肥一体化、保健性病虫害绿色防控等技术，物理生物防控措施。建立以甘蓝(蔓戈特、YGL3160、YGL3158、YGL3159、山美)、西蓝花(优乐美)、香菜(高产尖叶)、胡萝卜(巨红二号)、莴苣(帝国紫叶、凤蝶)、辣椒(金鼎长冠、螺丝椒DYYJ、1068、娇龙12号、娇美2号、巨峰一号)、朝天椒(天箭F1)、番茄(改良粉贝5号)、小番茄(黄圣女、红圣女)、黄瓜(津春4号)、苦瓜(翠绿)、红笋七类24个品种示范展示区；温室示范种植改良毛粉和丰收128两个番茄品种，推广蚯蚓生物套种套养应用技术；引进草莓新品种红颜分别进行蚯蚓生物套种套养技术和生物秸秆反应堆技术应用示范；实施“三零”蔬菜种植技术示范。示范品种为甘蓝山美。施用中熟堆肥、氨基酸肥料、矿物质和微量元素肥料及有益微生物菌剂等，改良土壤，提升作物抗病性和抗逆能力，化肥、农药施用量大幅减少，实现优质、高产、高效绿色生产；

示范芹菜生物菌剂应用技术喷施光合细菌菌剂、五丰微生物菌肥、生物纳米有机硒、庞博谷生物菌剂、木醋酵素液。栽植2个品种,中芹是皇后,大芹是文图拉。

【蚯蚓种养生物循环技术示范项目】 在泾源县兴盛乡兴盛村、香水镇园子村、黄花乡羊槽村日光温室及拱棚内推广蚯蚓生物种养循环技术示范面积40亩。其中:设施日光温室2栋4亩、大中型拱棚2栋6亩、露地推广实施30亩。

【秸秆生物反应堆技术示范项目】 在泾源县兴盛乡兴盛村、泾河源镇冶家村设施温室、拱棚开展秸秆生物反应堆技术示范推广面积40亩。通过项目实施,增加温室内二氧化碳浓度,提高土壤温度,增加土壤有机质。对泾源县设施农业园区农民降低生产成本、抵御冬季严寒、提高农产品品质有重要意义,同时还可培肥地力,减少过多施肥用药对地下水的污染,能有效防治蔬菜作物根结线虫病发生,提高当地设施农业单位面积产量和产值,促进发展资源节约型、生态循环型现代农业,实现农业资源综合高效利用。

【种粮和耕地补贴】 种粮农民一次性补贴:2023年自治区下达泾源县实际种粮农民一次性补贴资金11万元,补贴面积2万亩。经各乡(镇)核实上报面积106100亩,根据农业农村厅有关文件并结合县域实际情况,经农业农村局党组研究决定2023年实际种粮农民补贴每亩补贴标准为1.04元,实际发放种粮农民一次性补贴资金110344元,确定兑付户数13829户。耕地地力保护补贴:2023年自治区下达泾源县耕地地力保护补贴资金共3947604元,每亩补贴标准为34元,面积116106亩。经审核汇总各乡(镇)上报花名册信息,确定兑付户数15879户,资金3947604元,面积116106亩。

【土肥水基础工作】 推进测土配方施肥,优化施肥方式、调整施肥结构、实施多元替代,加强肥料新产品新技术新装备集成创新和推广应用,促进施肥精准化、智能化、绿色化、专业化,提高化肥利用率,稳定农用化肥施用总量。在新民乡南庄村、香水镇上桥村、大湾乡绿源村建立化肥减量增效"三新"技术配套示范区3个,面积4000亩,集成推广土壤深耕翻+增施有机肥+测土配方施肥+土壤深耕翻+一次性高效缓释肥技术模式;在泾源县新民乡马河滩村、兴盛乡兴盛村建立有机肥替代化肥示范区2个,面积1000亩,全县推广有机肥替代化肥示范面积9200亩,集成推广使用堆肥技术。全县各类作物测土配方施肥推广面积11.5万亩次,测土配方施肥技术覆盖率95%,据测算全县化肥利用率达到41.52%;按照"统筹规划、区域设点、综合试验"的要求,开展完成化肥利用率试验1个,有机肥替代化肥田间试验1个;完成土壤样品采集化验27个,植株样品采集化验12个;完成全县农户施肥水平监测调查45户;举办化肥减量增效技术培训班2场次,现场观摩会1场次,培训技术人员30人次,培训农户180人次;举办有机肥替代化肥技术培训班2场次,培训农户105人次;发放各类技术资料4000余份。

【农业面源污染治理】 残膜回收:泾源县农用残膜应回收面积7.9万亩,应回收残膜726.7吨,应加工生产塑料颗粒约160吨,农用残膜回收率达到88%以上;经全面核实验收,全县2个残膜加工厂6个残膜回收点共回收残膜708吨,加工生产塑料颗粒140吨,农用残膜实际回收率达到97.4%以上。农药减量:按照"双随机、一公开”的要求，开展农药质量抽检，重点检测生物农药添加化学农药、低毒农药添加高毒高风险农药、违规添加农药隐性成分问题；对全县5家农药经营企业进行全程监管，建立农药进货销售台账、农药包装废弃物回收台账，为农药科学使用、安全使用、减量使用提供支撑；强化市场监督检查。引导经营者自觉遵守国家法律法规，严格按照标准规范诚信经营、规范经营农药，建立企业诚信档案。重点规范进货渠道，严禁随意混配、加量、捆绑销售农药；加强宣传培训和技术指导。利用广播、电视、网络等媒体广泛宣传科学用药知识、指导农民严格按照标签标注的适用范围、剂量、方法施用农药，严格按照安全间隔期用药，着力解决过量使用、违规使用等问题。全县农药使用量2.15吨，共回收废弃物168公斤。

2023年11月27日，泾源县大湾乡大湾村弘伟肉牛养殖专业合作社进行饲草生产

【政策性农业保险】 全县玉米投保总面积51166亩，蔬菜投保总面积588亩。玉米及蔬菜保费总额1052720元。其中：中国人民财产保险股份有限公司泾源支公司承保玉米面积31733亩，蔬菜588亩，保费664060元（玉米634660元、蔬菜29400元）；中国人寿财产保险股份有限公司泾源支公司承保玉米面积14856.5亩，保费297130元；大家财产保险有限责任公司泾源支公司承保玉米面积4576.5亩，保费91530元。

畜牧业

【畜牧业概况】 2023年年末牛存栏52940头，下降0.2%，全年牛出栏31088头，增长5.8%。年末羊存栏14140只，增长14.3%，全年羊出栏9239只，增长28.6%。年末家禽存栏73100只，增长43.1%，全年家禽出栏100400只，增长40.3%。年末生猪存栏667头，下降25.5%，全年生猪出栏683头，下降24.9%。全年猪肉产量62吨，比上年下降22.6%；牛肉产量4925吨，增长5.9%；羊肉产量170吨，增长27.6%；禽肉产量208吨，增长42.5%；禽蛋产量382吨，增长3.1%。

【饲草料生产】 采取集中种植和分散种植相结合的方式，完成优质高产高效玉米种植10.5万亩，其中青贮玉米8.5万亩。利用苗木腾退地块、倒茬地块和林草兼做区，集中种植优质紫花苜蓿0.1万亩、改良牧草0.2万亩，种植一年生禾草1.2万亩，加工调制全株玉米青贮20万吨。

【饲草配送加工中心建设】 探索“企业+村集体+农户”饲草料供应机制，鼓励县内饲草配送企业和养殖场（户）在区内外培育稳定的饲草供应基地，组建饲草料配送社会化服务组织1个，已完成各乡镇饲草配送加工中心（配送点）建设，共建设饲草配送加工中心（配送点）7个。

【"出户入园(场)"建设】 "出户入园(场)"建设工作。按照"新建一批、扩建一批、盘活一批、改造一批"即"四个一批"建设方式,全县建设"出户入园"示范点5个(其中存栏1000头示范场2个、存栏500头示范场3个)。香水镇园子村已完成3座牛棚、青贮池、饲草料棚、业务用房、牛棚房封顶等建设工作,正在开展围栏等收尾工作;兴盛乡红旗村已全部完成建设工作,入园肉牛774头;泾河源镇余家村已全部完成建设任务;泾河源镇河北村已全部完成建设工作;新民乡先锋村已完成5座牛棚、青贮池及饲草料棚、附属道路、排水渠、集污池建设工作。

【育肥牛和基础母牛引进】 育肥牛引进:全年计划完成育肥牛引进任务15000头,年内全县共引进育肥牛19132头(9318头有检疫票,9814头无检疫票),其中大湾乡引进育肥牛2850头;六盘山镇引进育肥牛1986头(无检疫票);黄花乡引进育肥牛2035头(有检疫票813头,无检疫票1222头);香水镇引进育肥牛2720头;兴盛乡引进育肥牛2931头(无检疫票);泾河源镇引进育肥牛3675头(无检疫票);新民乡引进育肥牛2935头。基础母牛引进:全年计划完成基础母牛引进任务2000头,年内全县共引进基础母牛4332头(4220头有检疫票,112头无检疫票)其中大湾乡引进基础母牛472头、育肥牛2850头;六盘山镇引进基础母牛210头;黄花乡引进基础母牛169头;香水镇引进基础母牛460头;兴盛乡引进基础母牛2306头;泾河源镇引进基础母牛282头;新民乡引进基础母牛433头。

2023年9月14日,六盘山镇半个山村肉牛养殖场

【牛棚改造扩建(新建)】 肉牛养殖示范村牛棚改造扩建(新建)提升项目。对全县7个乡镇存栏肉牛1500头以上的示范村内,存栏20头以上的养殖户对原有牛棚进行改造扩建(新建),配备青贮池,完善环保、动物防疫相关设施,符合验收标准后进行补贴,通过县乡村三级验收,共验收示范村内改造牛棚养殖户34户。

【良种繁育工作】 全年采购阿根廷进口纯种安格斯肉牛冻精1万支、推广良种肉牛冻精6万支、购置液氮2.5万立方分米、采购液氮罐40个、冷配改良肉牛3万头,冻精、液氮罐已全部采购到位; 完成冷配改良肉牛3.2万头,免费向36个肉牛冷配改良点提供冻精39000余支,提供液氮10000立方分米左右。

【母牛补贴项目】 "见犊补母"项目:全年完成"见犊补母"项目验收3万头,该项目已全部实施结束,项目补贴涉及5100余户,22490头母牛。基础母牛饲草料补贴项目:成立基础母牛饲草料补贴项目验收小组,通过召开基础母牛验收会议，联合各乡镇进行联合验收，该项目已全部完成实施，项目补贴涉及 3469 户，14894 头母牛。

【安格斯母牛核心群规模建设工程】 全年培育安格斯肉牛核心群繁育场 3 个，对现有安格斯母牛群进行纯繁，建立系谱档案，开展生产性能测定，将纯繁母犊牛作为后备母牛集中饲养，逐渐扩大良种母牛核心群规模，目前，宏达肉牛养殖专业合作社共选育基础母牛群 120 头，测定犊牛 34 头，六盘牧业已经完成基础母牛组建，共测定犊牛 151 头。

【"50"家庭牧场培育项目】 全年培育"50"家庭牧场 10 家，共上报申请 38 家，通过对上报的 38 家"50"家庭牧场再次审核及筛选，本年度"50"家庭牧场共通过验收 10 家。

【"泾源黄牛肉"品牌营销体系】 全年计划支持经营主体在区外大中城市建设"泾源黄牛肉"品牌营销店 2 个，营销店要求面积 50 平方米以上，布局产品储存区、营销区，配套冷链贮存等设施设备，投产后年销售牛肉 20 吨以上，以此加大区域公用品牌、特色产品品牌宣传推介，推进牛肉产销对接，增强产业经营活力，通过发布《2023 年"泾源黄牛肉"品牌营销店补贴公告》，完成建设并通过验收 2 家。

【牛肉分割加工中心建设项目】 支持泾源县养殖、加工主体建设牛肉精深分割加工中心 1 个，完善精深加工、冷链配送体系，建立完善利益联结机制，发展订单销售，促进小农户与产业发展有机衔接。分割加工中心要求功能布局合理，主要包括胴体储存区、分割加工区、包装区、成品储存区等；配套分割包装、分级加工、冷藏与冷链运输等设施设备，投产后年分割加工牛肉 100 吨以上，通过发布《泾源县 2023 年牛肉分割加工中心建设项目征集公告》，审核筛选建设企业，已完成泾水源食品有限公司精深分割加工中心建设。

【家禽养殖联农带农项目】 全年对已脱贫户共投放 5 万羽土鸡苗，开展家禽养殖，通过项目实施，促进泾源县多元化产业发展，助力村民增收致富，为巩固脱贫攻坚成果同乡村产业振兴探索新路子，通过政府招标、签署合同等环节，该项目所需鸡苗已经全部配送到位，共计配送鸡苗 5 万羽。

【闽宁发展扶持项目】 肉牛产业发展扶持项目：以打造高起点、高标准的现代农业养殖示范园为目标，投入资金 110 万元，通过对全县 2023 年之前建成的设计规模 300 头以上、入园率达到 85%以上，起到联农带农的肉牛养殖"出户入园"养殖场进行筛选扶持，助推肉牛养殖"出户入园"，扩大养殖规模，共验收符合补贴要求"出户入园"的养殖场 6 个。肉羊产业

2023 年 8 月 13 日，泾源县源牛（宁夏）农牧科技有限公司工作人员进行牛肉精深分割加工

发展扶持项目:以支持泾源县产业发展走多元化路径,扶持壮大肉羊产业为目标,投入 90 万元,对全县发展肉羊产业的村集体,存栏达到一定规模,起到联农带农的村集体肉羊养殖场进行递增式奖补。通过对全县肉羊养殖场进行筛选审核,最终验收村集体肉羊场 7 家。家禽产业发展扶持项目:投入 41 万元,通过对全县发展家禽产业的村集体和家禽养殖企业(合作社),饲养量达到一定规模,起到联农带农的发展家禽村集体和家禽养殖企业(合作社)进行递增式奖补,鼓励村集体、养殖合作社、养殖大户和群众发展养鸡等"短平快"项目,培育新的增收致富产业,不断推动家禽养殖的规模化、标准化发展,壮大村集体经济,提高群众收入,共验收符合补贴要求养鸡场 6 家。

【泾源县第七届黄牛节】 为全面推动肉牛产业全链条高质量发展,通过前期精心筹备,成功举办了宁夏·泾源第七届黄牛节暨农特产品直播带货庆丰收活动,邀请区市领导专家评选"牛王""牛后"各 1 个、金奖 8 个、银奖 12 个、铜奖 18 个,对获奖的牛主分别给予 2 万、1 万、8 千、5 千元奖励,通过聘任肉牛专家 10 名、表彰泾源县肉牛产业发展先进集体 10 家、个人 10 名的方式,推动县域肉牛产业高质量发展。

中蜂产业

【概　况】 完成种植蜜粉源植物 3.4 万余亩,指导养蜂户分蜂扩群 1.4 万余箱,新建百群以上标准化蜂场 10 个、中蜂"互联网+"科普示范基地、蜂蜜综合展示中心、直播平台各 1 处,全县蜂群存量稳定在 4 万群,蜂蜜产量 18 万公斤,产值达到 5500 万元。

【标准化蜂场建设】 通过闽宁项目支持,在张台村、石咀村、底沟村、蒿店村、太阳洼村建成标准化蜂场 5 个,各蜂场蜂群养殖规模均达到 120 群以上,为周边养蜂户开展标准化、规模化、科学化养殖起到了示范引领作用。每个标准化蜂场带动 5 户脱贫户发展中蜂养殖,蜂场承建人通过代养分红、免费提供基础蜂群等不同方式,共带动 25 户脱贫户养殖中蜂,户均增收 2000 元,项目受益脱贫人口 277 人。

【中蜂扩群养殖】 开展越冬后蜂群摸底登记,全县 7 个乡镇实名登记上报蜂群 12238 箱,涉及 90 个行政村 869 户养蜂户,其中脱贫户 412 户,蜂群 4335 箱,一般户 457 户,蜂群 7903 箱。按照技术人员分片包乡,联系包抓区域的大手及骨干指导养蜂户做好春繁及分蜂扩群技术指导服务,鼓励养蜂户分蜂扩繁,每扩繁强群 1 箱补贴资金 100 元,保障蜂群养殖规模。全年分蜂扩群 13580 余箱,完成分蜂扩群计划任务 1.4 万箱的 97%。经县乡村三级验收公示,享受分蜂扩群补贴项目的蜂群共 8118 箱,涉及 90 个行政村 628 户养蜂户,其中脱贫户 265 户 2803 箱,补贴到户资金 28.03 万元,已通过社保卡全部支付到户;一般户 363 户 5315 箱,补贴到户资金 53.15 万元,申请涉农项目资金支付,因资金未到位,暂未支付。支持宁夏众天蜂业生物科技有限公司的良种繁育基地开展中蜂良种繁育工作。通过持续开展人工育王技术服务指导,补齐养蜂户人工育王技术短板,确保中蜂养殖健康高效发展。全年培育优质蜂王(王台)1.4 万余只,被 125 户养蜂户免费领取,有效节约养蜂户育王成本 70 万元以上。

【蜂蜜销售】 支持宁夏众天蜂业生物科技有限公司通过闽宁协作"互联网+"项目建成泾源蜂蜜云仓物流中心 200 平方

米，联通了与西安众天总公司销售数据网络，实现了销售数据共享互通。带动26户中蜂养殖户通过云仓销售蜂蜜，户均销售收入达到3700元，其中脱贫户21户，销售蜂蜜1430公斤，受益人口达到95人。

【中蜂养殖技术服务】 规范运行“大手连骨干拉小手”养殖机制，确保养蜂户技术服务全覆盖。在各乡镇推荐的基础上，优选确定了23名大手，签订了服务协议，带动筛选合格的技术骨干人选43人，按照属地管理原则，辐射帮带一般养蜂户，开展四季管理技术指导服务。制定了《泾源县2023年中蜂养殖“大手连骨干拉小手”网格化服务协议》，明确了大手的职责和服务要求。与乡镇联合对确定的大手和骨干指导服务情况进行综合考评，考核出优秀大手8人，良好7人，合格8人；优秀骨干13人，良好17人，合格13人。考评结果在县人民政府网公示无异议后，分别按照优秀大手2500元/人、良好2000元/人、合格1500元/人，优秀骨干1500元/人、良好1000元/人、合格800元/人标准发放了技术服务费；邀请福建农林大学教授三名，实地调研考察部分标准化蜂场和蜂产品加工企业实际情况，并对泾源县中蜂产业发展提出了宝贵的意见和建议。举办“泾源县2023年闽宁协作中蜂养殖致富带头人能力提升培训”班2期，以“理论学习+观摩实操”相结合的方式，共培训中蜂养殖人员200人，其中产业致富带头人80人，养蜂户120人。

2023年9月13日，泾源县六盘山镇什字村史老头土蜂养殖专业合作社史提高进行中蜂养殖技术指导

【疫病防控和资源区保护】 中蜂疫病防控：坚持预防为主，综合防治的原则，利用入户开展技术指导服务和项目检查验收的时机，宣传指导养蜂户落实常年饲养蜂群和定期消毒、疫病防治等关键技术措施，联系中国农业科学院蜜蜂研究所落实100份蜜蜂巢虫诱杀盒和100份囊状幼虫病快速检测试剂盒，组织技术干部在标准化蜂场开展中蜂巢虫诱杀和囊状幼虫病的监测，确保中蜂产业健康发展。资源区保护：就县域内禁止饲养意蜂等其他蜂种，加强宣传和监督检查，特别是对历年有饲养意蜂行为的个别养蜂户开展了专项教育，驱离外地转场意蜂两次200余群；在中蜂养殖区域加强禁止使用农药行为的宣传，为中蜂养殖提供安全保障。

农村工作

【农村综合改革】 农村承包土地第二轮到期后再延长30年试点有序推进。制定了《泾源县第二轮土地承包到期后再延长30年试点工作方案》，完成中庄和何堡2个试点村二轮土地承包人口和土地信息调查摸排，形成二轮延包地籍图，378户家庭经营户、672人签订4211亩农村土地承包合同；新型村集体经济迅速壮大，制定了《泾源县扶持壮大村级集体经济项目管理办法(试行)》《泾源县农村集体经济组织财务管理办法(试行)》和《关于进一步发展壮大新型村集体经济的实施意见》，组织226名党员干部代表外出学习取经，引进30余名创业人才带头发展村集体经济，7个乡镇96个村共清核村集体资产111819.36万元，盘活资金4568.68万元，村均实现收入10万元以上，培育自治区示范性农村集体经济组织2个、固原市示范性农村集体经济组织3个；多元化新型农业经营主体蓬勃发展，规范提升新型农业经营主体20家，新增农民专业合作社6家、家庭农场51家，培育县级农民专业合作社示范社3家、示范家庭农场4家、市级合作社示范社1家、示范家庭农场1家，全县农民专业合作社达到293家、家庭农场185家，完成自治区农业产业化龙头企业监测认定8家(其中：原有企业监测3家、市级晋级3家、新申报2家)，评审认定自治区级星级休闲农庄5家(其中：自治区四星级休闲农庄3家、三星级2家)。

2023年5月24日，泾源县兴盛乡新旗村美丽乡村建设

【乡村治理】 投资1204.29万元，完成15个乡村振兴示范村人居环境整治项目，新建成农村户厕1102座，累计改厕13908座，农村常住户卫生厕所普及率达到71.7%，排查发现问题厕所4612座，已整改1774座，整改率38.5%。建成7个厕所运维服务中心和27个乡镇服务站，指导第三方运维公司清掏粪污6558户、维修服务203户；深化农村人居环境综合整治“3635”务实管用的长效机制，坚持星期五“保洁日”制度，动员群众投入劳动力2.4万人次，投入车辆机械5660台次，清理垃圾杂草1.3万吨，收集转运畜禽粪污2.4万吨，发布“红黑榜”曝光信息4次；推行乡村文明实践积分卡“5223”制度，发挥“一约四会”作用，修订规范“村规民约”，制定了《进一步推进移风易俗助力乡村振兴的实施意见》，全县新时代文明实践中心建设实现全覆盖，培训农村学法用法示范户200人。投资7997万元实施“一村一年一事”行动，办理实事96件。

【农民收入持续增长】 多措并举提升农村居民收入。培训高素质农民250人、移民安置区农村实用人才100人、种养殖经营管理人才500余人，全县转移农村劳动力就业2.9万人，实现收入3.33亿元。深化“企社园”联农带农机制，36家联农带农企业带动农户9603户，其中建档立卡户723户，户均增收1754元。“832”消费扶贫平台企业入驻22家，认定扶贫产品32个，产品带贫人数超过918人，全年农产品销售额510.8万元。全县新增土地流转面积1.57万亩，亩均增加流转收入400元，兑付涉农惠农资金6614.2万元。

农业机械化服务

【高标准农田建设项目】 2023年自治区农业农村厅下达泾源县高标准农田建设任务2万亩,下达资金2750万元,泾源县结合任务制定了《泾源县2023年高标准农田实施方案》,并根据实际情况,通过实地勘测,落实建设任务2万亩,分两个项目实施。泾源县2023年香水镇园子等村、大湾乡六盘等村高标准农田建设项目:总投资1309.40万元,建设规模10956亩;已完成全部工程量,支付工程款924.13万元,完成固定资产投资924.13万元。泾源县2023年六盘山镇什字等村、泾河源镇底沟等村高标准农田建设项目:总投资1440.6万元,初步设计建设规模为9265亩;已完成工程量的70%,支付工程款661.76万元,完成固定资产投资661.76万元。

【高效节水农业项目】 泾源县2023年绿塬灌区高效节水农业项目总投资1887.74万元,建设规模9245亩,全部为提升改造项目。项目于2022年12月完成初步设计,2023年2月23日取得批复,3月9日招标,3月26日开工建设,已完成总工程量的53%,支付资金803.06万元,完成固定资产投资803.06万元。

【农机购置补贴】 2023年自治区下达泾源县农机购置补贴资金379万元(其中:中央补贴336万元,自治区补贴资金43万元),实施范围覆盖全县7个乡(镇)和农林牧场。按照"自主购机、定额补贴、县级结算、直补到卡"的购机补贴原则,已兑付农机购置补贴资金共计379.179万元,农机具1062台,受益农户984户,中央资金兑付率达99%。

【农机安全监理】 坚持"安全第一、预防为主、综合治理"的方针,围绕免费管理工作目标任务,开展农机安全检查及隐患排查,农机安全监理取得了显著成效。落实农机安全生产责任制,成立了农机安全生产领导小组,逐级与各乡镇、农机合作社、作业公司签订了安全生产责任书10000余份,明确农机安全生产责任。常态化进行安全检查,着重抓好春耕备耕、"五一"等农时季节和重要节日开展农机安全检查35次,通过日常检查和农机安全联组安全员报告,发现无证驾驶隐患5起,无牌行驶隐患2起,现已整改无证驾驶隐患5起,无牌行驶隐患2起;检查农机作业服务组织2家。抓好农机免费管理工作,年内共办理注册登记拖拉机51台,年度定期检验拖拉机联合收割机517台,审验驾驶证88本,培训农机手110人次,考试办理拖拉机和联合收割机驾驶证121本,为拖拉机和联合收割机粘贴反光

2023年9月8日,泾源县农机监理站工作人员在香水镇上桥村开展农机安全检查

标识568个，统计拟报废手扶拖拉机10台。加强农机安全网格建设，建立健全泾源县农机安全网格化管理，全县建立四级网格管理组织，覆盖全县所有乡镇、村及农机作业服务组织，共设立网格员110人，其中：县级2人，乡镇7人，村级99人，农机服务组织2人。

水　务

【高效节水灌溉工程】 实施了泾源县泾河源镇及新民乡高效节水灌溉补短板工程项目，项目总投资567.39万元，已完成项目建设任务的100%，维修水闸1座，配套节制闸2座。维修$200m^3$蓄水池5座，共更换溢流管600m，钢丝护栏84m，配套更换阀件及电磁流量计等机电设备。维修改造泾河源镇灌区$32m^2$管理用房1座。拆除更换管道10.66km；翻建各类建筑物共280座。

【农村饮水改造】 实施了泾源县2023年农村供水补短板项目，该项目批复总投资1143.49万元，已完成工程建设任务的100%，项目维修水源23处，共清理淤泥$10042m^3$，浆砌石挡墙$437.38m^3$，滤料换填$1873.44m^3$。更换各类管道43.662km，管道疏通11.548km，各类阀件18733个，拆除各类阀井22座，新建各类阀井117座，维修各类阀井125座，拉管2816m。本项目实施后解决了泾源县4乡3镇96个行政村10.86万人的供水保障问题。实施泾源县农村饮水防冻井建设工程，项目批复总投资1925.24万元，到位资金1350万元，项目于2023年8月正式开工，已完成工程建设任务的65%。该工程涉及农户4.6万人，改造农村供水防冻井12000座及附属设施，铺设输配水管网26公里。

【水土流失治理】 实施泾源县先进村等坡耕地水土流失综合治理项目，项目批复总投资993.05万元。该工程新增治理水土流失面积3.56平方公里，可有效提高区域水土保持能力，对改善区域生态环境，促进区域经济社会可持续发展具有积极作用。已建成水平梯田280公顷，生产路12公里，田间路19公里，道路单侧排水沟4.54公里，生产桥48座，新修农桥2座；排水沟修复150米；排洪渠浆砌石砌护77米。

【水旱灾害防御】 严格落实防汛责任制，明确各级责任人职责，落实水库、堤防、山洪灾害危险区、蓄水池“三个责任人”名单；开展水旱灾害隐患排查，组织人员先后5次对全县10座水库、9条主要河道、2段堤防、6处山洪沟道危险区、84座蓄水池进行了拉网式排查，共排查发现问题12条，已全部完成整改；修订完善各类方案预案。修编完善水库调度方案、水

2023年7月21日，泾源县水务局在县人民广场开展山洪灾害防御宣传活动

库防汛抢险应急预案、山洪灾害防御预案等；按照防大汛、抢大险的要求，组建2支专业的抢险队伍；通过山洪灾害非工程措施防治项目，对全县97套预警广播进行维护；补充铜锣、手摇报警器30个；对洪沟、红家峡水库安装视频监控，提升监测预警能力；先后3次组织开展了全县水旱灾害防御宣传活动，发放宣传手册1000份；于5月12日开展了山洪灾害应急演练，提升了防汛抢险队伍的实战水平；严格执行24小时值班和领导带班制度，密切关注雨情、水情，加强各类防汛调度，及时掌握和发布防汛信息，为防汛指挥决策提供科学依据，提前做好防灾避险准备，确保全县安全平稳度汛。

【河长制建设】 召开全县总河长会议1次，召开“泾源县2023年河长制工作联席会议”2次，会议对全县每一阶段推进全面河长制工作做出具体安排部署；压紧压实三级河湖长制责任，动态调整递补河湖长8名，更新河长制公示牌105块，补充15名公益性岗位巡河人员，全面使用“河长通”App开展打卡巡河，全年县级巡河230次，乡村两级开展常态化巡河3050余次；运用“1+N”“河长+检察长+警长”工作机制，联合公安、检察院、生态环境局、住建局等单位开展联合执法4次，强化岸线管控；常态化整治河湖“四乱”问题。清理“四乱”问题3处，落实检察建议书1个，完成水利部下发的66个河湖遥感图斑核查任务，自治区审核通过率100%，自治区水利厅下发河湖遥感图斑核查任务243个，已核查完成203个；开展护河爱河宣传教育，利用“世界水日”“中国水周”等宣传时机，采取“主会场+分会场”“现场+媒体”互动等形式开展“世界水日”“中国水周”主题宣传活动。设立宣传咨询点86个，巡河员、志愿者巡河次数1300人次，巡查河道50个，悬挂宣传横幅62条，发放宣传资料12000册，印刷发放《中华人民共和国黄河保护法》580册。

【深化用水权改革】 已完成农业、工业、养殖业用水权确权复核。确定农业灌溉确权面积8.22万亩；建立农业用水精准补贴和节水奖励机制。印发《农业用水精准补贴和节水奖励机制方案》；发挥用水权投融资机制作用。出台金融支持用水权改革实施意见，发放用水权为质押贷款30万元。建立用水权交易平台，泾源县用水权交易纳入自治区公共资源交易平台统一管理运行；深化水资源税改革。调整城市生活、工业公共供水管网等取水的计税环节，改末端征税为取水端征税。2023年征收第一、二季度水资源税共计27.6万元；加大取水许可计量设施的监管力度。专项整治清单内工业、农业、生活用水取水口计量设施安装率100%。建立用水权基准价，实行用水权有偿取得。已收缴

2023年，宁夏六盘山周沟滑雪场有限公司与宁夏艾奈斯饮品有限公司用水权交易签约仪式

工业用水权有偿使用费13.2万元。

【节水型社会建设】 落实最严格水资源管理制度，严格取水许可手续，办理取水许可证2个，审查水资源论证报告书2个；开展水行政执法工作，推进平安泾源建设、法治政府建设，强化行政许可和公共服务事项服务提升、“双随机、一公开”事中事后监管、互联网+监管，依法加大水政执法巡查力度，累计查处水事违法案件1起，严格水事违法行为监管，维护良好的水事秩序。加强节水型社会建设，围绕《固原市泾源县最严格水资源管理及节水型社会建设目标责任书》相关内容，完成了节水型社会建设各项任务。加强水法规宣传教育，努力拓展水法规宣传的广度和深度，增强节水爱水护水意识；在“世界水日”“中国水周”期间，组织宣传车辆，设立咨询站，在县城、乡（镇）聚集点重点宣传，通过散发宣传传单，解答群众疑难问题，利用电视、报纸、短信平台等传媒扩大宣传面，大力宣传《中华人民共和国水法》《中华人民共和国防洪法》《中华人民共和国黄河保护法》等法律、法规知识。通过广泛宣传，提高了广大人民群众的水法律法规意识及对节约用水、合理用水必要性的认识，进一步促进了《中华人民共和国水法》的普及。散发各种水法规宣传单（册）30000余份，利用集市设立宣传点1处，悬挂横幅18条。

【供水保障能力】 推进泾源县“互联网+城乡供水”项目，建成水厂8座，年供水量420万立方米，实现了村村通自来水，受益人口11.2万人，集中供水率100%，自来水入户率达到99.8%。保障了全县城乡居民的供水安全。开展水质提升专项行动，编制完成《泾源县城乡供水水质提升专项行动实施方案》，加强水源、水厂、末梢供水管网的水质检测，西峡水源地取水口、先进水库水源地安装现代化的实时在线监测仪24小时对水质进行监测；委托第三方检测机构每季度进行供水水质全分析，供水水质达到95%以上。落实农村饮水安全管理“三个责任人”和“三项制度”，修订完善《泾源县城乡供水管理办法》，建立农村饮水安全工程巡察管护社会化服务机制，推动农村饮水安全工程供水系统管护专业化、规范化、常态化、科学化，着力保障农村居民的饮水安全问题；加强供水热线的值班调度，按照承诺及时抢修，保证在最短的时间内排除故障，保障正常供水。安排专人及时回应供水维修相关诉求，年内在12314水利部监督平台未反映投诉涉水问题，在宁夏12345政务服务热线反映供水问题186个，接到问题办理工单后及时安排维修工队抢修，保障群众供水安全，回访群众非常满意。

【安全隐患排查整治】 按照“突出深准狠，抓好防查改督究调教强技制”工作要求，开展水务领域安全隐患排查整治工作，对4家在建水利工程、4所水厂、9座水库、9条河道、堤防、6处山洪沟道危险区安全生产、安全运行及项目部、管理房消防安全等开展安全生产问题隐患大排查大检查大整治，共发现问题55个，所有问题已全部督促整改到位，并建立台账，及时开展回头看工作，做到闭环管理。

自然资源

【不动产登记工作】 2023年1—9月受理并颁发《不动产权证书》288本，《不动产登记证明》176份，信息公开查询1969件人/次，司法机关查解封登记33件，鉴证金融抵押16215.77万元，协助征缴契税约348.09万元，免收不动产登记费6.22

万元。按照《自治区关于推进解决历史遗留城镇住宅“办证难”问题工作方案的通知》(宁)自然资发〔2023〕50号精神和全区化解历史遗留城镇住宅“办证难”问题工作推进会议要求，摸清县域历史遗留城镇住宅“办证难”涉及11个小区的486套住宅，并申请县人民政府成立泾源县推进解决历史遗留城镇住宅“办证难”问题联席会议，已化解9个小区411套。进一步优化营商环境，提高不动产登记办件服务和效率，在大厅登记窗口设置党员先锋岗。开展窗口作风问题专项整治成果“回头看”，查找问题，落实整改，布设不动产信息公示栏，在登记窗口设置“办不成事”反映窗口，接受群众意见反馈、投诉或反映“登记难”等问题，编制一次性不动产登记的办事指南，将“互联网+不动产登记”延伸到全县4家银行和15家房地产企业，方便群众就近办理登记业务。做好全县集体土地所有权的确权登记工作，已完成全县84个行政村确权登记。

【国土空间规划】 国土空间规划工作于2020年8月25日全面展开，依据自治区自然资源厅新修订的国土空间总体规划编制指南，推进国土空间规划编制工作，经实地调研、资料收集、“三区三线”成果公布实施，《泾源县国土空间总体规划(2021—2035年)(征求公众意见稿)》在县人民政府门户网站和融媒体中心微信公众号公示，采纳了35条反馈意见并修改完善，已完成了规划文本、说明书编制和规划图集制作，并通过县级审查和市级审查。2020年年底，实用性村庄规划编制工作开展以来，已完成了15个村的规划编制，且已经专家评审、县级联审和民事议事会议，修改完善后按程序报批。2023年5月25日，经公开采购招标，完成采购的内容为44个行政村的2023年第一批“多规合一”实用性村庄规划编制工作，正在编制剩余32个行政村规划编制工作(城郊融合类、搬迁撤并类共计5个行政村无需编制)，按照上级部门要求，已完成招投标，正在进行项目前期勘察工作。上半年完成规划许可9件，上报县规划委员会审查1次，全部经规划委员会审查通过。办理用地选址、预审6宗，完成规划核实5件，乡村规划许可5宗。

【耕地保护】 建立健全耕地保护制度，牢固树立耕地保护意识，认真执行《土地管理法》《基本农田保护条例》等法律法规，坚持并落实最严格的耕地保护制度和“六个严禁”要求，制定印发了《泾源县永久基本农田保护九项制度》，层层签订目标责任书，发放永久基本农田保护明白卡，压实耕地保护主体责任；制定印发了《泾源县耕地

2023年5月4日，泾源县自然资源局工作人员在兴盛乡红星村开展乱占耕地图斑核查

和永久基本农田保护“田长制”实施方案》,实行耕地保护网格化管理,形成了县、乡、村、组四级耕地保护责任体系,为落实耕地保护任务提供了有力保障。严格落实耕地“两平衡”,泾源县48.49%国土面积处于生态保护红线范围内,耕地后备资源匮乏,通过购买异地占补平衡指标方式,落实占补平衡任务;按照“占一补一、先补后占、占优补优”要求,已等质量补充耕地;合理编制耕地“进出平衡”方案,落实进出平衡面积113块41.5222公顷,耕地平均质量等别为11.49。强化耕地用途管制。依托耕地保护监测监管系统,采取天上看、地上查、网上管相结合的方式,实时监测耕地动态,完成了自治区耕保监管系统下发的29个耕地变化图斑,经研判核实,需落实整改6个,已全部整改到位。全面梳理和排查国家及自治区下发的耕地流出疑似图斑193个,总面积909.11亩,分析流出原因,按时上报排查结果;同步完成自治区2022年耕地保护督察反馈问题整改工作。加强乱占耕地建房整治力度,自治区农村乱占耕地建房专项整治(非住宅类)试点工作共下发泾源县3762个图斑,通过核对需处置图斑738个,面积1382.34亩,已全部完成了图斑整改。

【执法监察及宣传】 开展卫片执法,自然资源厅下发土地卫片数据15个,共计92个图斑,已全部核查完成,并按时上报。截至10月森林督查共下发图斑796个,根据要求及时组织人员对下发图斑逐个实地核查,部分已核查完成。截至10月共立案5起,已结案2起,罚款59934.3元;申请泾源县人民法院强制执行1件,执行罚款金额31171.2元,已执行完成。年内共巡查130次,发现违法行为20次,下发《责令停止违法行为通知书》20份,下发《责令改正违法行为通知书》19份,向各乡镇下发抄告单5份。开展执法宣传,利用整治农村乱占耕地建房宣传及日常巡查,给群众共发放宣传彩页3000余份,“八不准”宣传海报1300份,各类宣传品500份,悬挂横幅5条,张贴宣传标语30条,向干部群众发送手机短信30000余条,受教育群众20000余人。

【乱占耕地建房整治】 泾源县作为“农村乱占耕地建非住宅类房屋专项整治工作”试点县,成立了以分管县长为组长的领导小组,下设3个外业核查专班和1个处置研判分析专班,并抽调技术单位工作人员12名,自然资源局工作人员12名,对下发泾源县的3762个疑似图斑逐个进行了核查处置,已核查完成全部图斑,对需要处置的图斑已处置611个,处置率80%。

【防灭火工作】 在元旦、春节等重点节假日及防火重点期间下发文件40余份,上报相关防火材料200余份,召开会议动员部署20余次,防火演练6次,联合宣传10余次,共出动防火车辆巡查检查6000余次,下发督查通知单150余份,设置防火宣传牌6块、警示牌4块、横幅300余幅,火源留存箱20个、张贴“防火码”和《防火通告》等1000余张,发放宣传彩页20000余份,防火提醒短信5条惠及全县10余万人,在全县融媒体、微信、快手、抖音等平台宣传森林草原防灭火46次,排查隐患6处并立即整改到位,针对进入林区施工企业签订防火责任书、办理“施工许可证”等手段,严禁一切野外用火行为。对穿越林区的输电线路全面排查,向相关单位下发火灾隐患整改通知书12份,监控系统维修函件4份,向教育体育局发函2份,开展“小手拉大手”宣传活动,带动全县中小学、幼儿园家校共同守护生态资源安全。利用夜间护林员休息时间采取护林员加村干部开展“敲门行动”宣传森林草原防灭火及“小喇叭喊出大安全”等一系列宣传活动，共走访农户35780多户，发放宣传彩页、《固原市人大常委会防火决定》《泾源县公安局关于打击以私设电网等方式实施非法狩猎行为的通告》等2.7万余份，提高了广大群众的防火意识。

【地质灾害治理】 经排查，全县地质灾害隐患点共有91处，其中新增2处，核销2处，年内完成工程治理11处，安装监测设备15处。根据摸底情况，结合隐患点类型和特征，及时建立了地质灾害隐患点“一点一策”处置台账，分类施策，逐点消除。开展地质灾害防治演练，7月中旬汛期来临前泾源县将高峰村地质灾害情况上报自治区自然资源厅，区厅派专业技术人员对高峰村地质灾害隐患点进行了全面勘查，制定了《高峰村地质灾害应急预案》《高峰村地质灾害应急演练脚本》，编写了宣传口袋书。编制了《泾源县泾河源镇2023年地质灾害区移民建设项目可行性研究报告》，泾源县和自治区自然资源厅积极沟通，于8月22日在高峰村开展了1次地质灾害联合演练，此次演练人数多、规模大，演练难度较高，充分考验了泾源县面对突发灾害应急抢险能力，增强了人民群众应对突发地质灾害的防范、避险意识和自救、互救能力。

【有害生物防治及苗木检疫】 林业有害生物发生防治：上半年全县林业有害生物累计发生面积24.51万亩，均为轻度发生。全县林业有害生物防治面积达12.32万亩，防治率为100%。防治虫害及病害0.14万亩，防治鼠害12.28万亩，占自治区森防站下达任务的100%。苗木检疫：对全县精准造林、荒山造林、县内生态修复工程苗木进行了复检，其中产地778万株，外调苗木81.15万株，同时对已栽植的苗木不定期深入苗圃地进行监测、检疫，发现问题。严格贯彻执行《植物检疫条例》，及时采取措施进行防治，坚决防止危险性森林病虫害人为扩散。对出省的苗木，坚持根据《检疫要求书》到现场检测、照相，对与要求不符的一律不办理《森林植物检疫证》，收费做到公正透明。上半年共办理《森林植物检疫证》3353份，检疫调出苗木1113.04万株。

【重大项目完成情况】 宁夏南部生态保护修复与水土流失综合治理固原市泾源县二期生态保护与修复项目：共计营造林5.5万亩，实施人工造林1万亩（其中：乔木林0.9万亩、村庄绿化及庭院经济林建设0.1万

2023年8月6日，泾源县自然资源局工作人员在泾河源镇东峡村开展苗木病虫害防治工作

亩)、退化林改造 1.5 万亩、未成林抚育提升 3 万亩、林业基础设施建设 150 千米(其中防火通道总长 36 千米,临时施工便道总长 114 千米),该项目已完成 5.5 万亩栽植任务。泾源县 2023 年中幼林抚育项目:对泾源县 3000 亩(全区 7 万亩)中幼林开展抚育工作,每亩投资 200 元,已全部完成抚育任务。泾源县碳汇林建设项目:总投资 1000 万元,建设以碳汇为主的乔木林 1446 亩,建成森林旅游+森林碳汇+旅游康养新模式碳汇林,已完成全部栽植工作,进入到养护等后期工作阶段。泾源县 2023 年农村地质灾害治理项目:对泾源县农村 11 个地质灾害隐患点进行治理,总面积 35 公顷,治理包含削坡工程、修筑护坡挡墙、锚杆框架、主动防护网、截排水工程等,已完成招投标工作,正在实施。泾源县历史遗留废弃矿山生态修复项目(三期):在大湾乡杨岭村实施历史遗留废弃矿山生态修复项目,治理包含清理危岩工程、削坡工程、覆土工程、生态喷播复绿工程等,概算总投资 217.76 万元,生态修复面积 5.59 公顷,该项目已全部完成。泾源县储备林建设项目:泾源县国家储备林基地建设项目是由泾源县投资促进中心引进陕西林业集团生态科技发展有限公司开发的国家储备林建设项目,该项目投资 13 亿元,建设规模 11 万亩,一期计划建设 6 万亩,已完成项目前期工作,正在开工建设。开展低效土地整治项目:本项目(一期)总治理面积 4691.22亩,其中土地肥力提升工程暨高效节水灌溉工程 4586.14亩,翻修田间道路工程 28.36km(合计 105.08 亩)。

【燕家山生态修复】 燕家山作为“十一五”生态移民迁出区,其集体土地收归国有,实施了基础性生态恢复工程。宁夏宁苗生态园林公司投资 4031 万元,采取“生态修复+一二三产业”融合发展模式,对 3900 亩生态脆弱区域实施生态修复,适度植入新业态,发展生态经济产业,带动一二三产业融合发展。2023 年已完成生态修复 1000 亩,建设主题专类园 900 亩,种植丁香、榆叶梅等 27 万株,建设新修生产道路 6.5 公里,几年来累计完成生态修复面积 3500 亩,生态修复初见成效。构建了“政府主导、市场运作、社会参与”的国土空间生态修复机制,形成了阶段性成果经验,燕家山生态修复项目入选全区生态产品价值典型案例。

【土地权改革】 推进不动产登记,完成了全县各行政村 205839.15 亩农村承包地确权工作,颁发了 17895 宗农房《不动产权证书》,有序推进全县集体土地所有权变更调查和确权登记成果更新汇交工作。历史遗留城镇住宅“办证难”问题已化解 9 个小区 411 套房屋,化解率 85%;以租赁方式出让国有建设用地一宗,面积 35 亩;盘活存量土地105.33 亩,处置完成批而未供土地 224.09 亩,盘活闲置土地 1 宗 41.94 亩。开展土地交易,2021 年至今共出让国有建设用地 13 宗 124.02 亩,出让金 2705.56 万元。强化用地执法监管,上半年开展执法巡查 85 次,立案 3 起,结案 2 起,共处罚款 23471.1 元,同步完成了各级下发的 649 个土地、森林督查卫片执法图斑的核查上报工作;对农村乱占耕地建房需要立案处置的 33 宗涉及 83 个图斑逐宗立案查处,并处罚款 359244.16 元。

【山林权改革】 开展山林地资源调查,对全县林业资源及移民迁出区、退耕还林底数进行调查核查,已完成全县 62.71 万亩山林地调查落界工作。已完成 156 本 1.9 万亩 4600 宗林权类不动产权证的颁发,正在持续录入颁发。发展生态经济林产业,腾退报废苗木4000亩,销售各类苗木2200余万株,新建标准化蜂场7个,打造菌菇种植示范基地3个,建成蔬菜绿色示范园和农业科技示范园2个,菌菇种植规模超过500万棒,道地中药材种植面积达到4.7万亩,林下养鸡6.2万只,生态经济与全域旅游、森林康养、休闲农业等有效融合、多点开花。持续植绿增绿,完成国土绿化5.5万亩、中幼林抚育3000亩、封山育林3000亩,新增历史遗留废弃矿山生态修复治理5.59公顷,建设国家储备林一期项目6万亩,带动"生态修复+一二三产"融合发展。落实森林保险制度,筹资34.32万元对全县17.16万亩权属明晰、界限清楚的国家公益林和地方公益林实施了天然林政策性参保。探索推进碳汇林建设,与福建海沧区合作,投资1000万元在泾河源镇东山流域建设碳汇林1446亩,依托全县现有143.14万亩山林资源,进行碳汇资源开发。全面推行"林长制"工作,坚持把落实林长制工作作为"一把手"工程来抓,新聘用天保护林员19名,召开总林长会议1次,联席会议2次,督查责任落实4次,推动"林长制"向"林长治"转变。开展打击毁林毁草专项行动和"清风行动",各级林长常态化巡林392次,对8月下发的527个疑似图斑已委托第三方逐个甄别核查。严密监管保护,结合全区安全隐患排查整治,累计开展检查318次,整改林草火灾隐患风险点52处。配合开展全区林草系统第二届森林草原防灭火技能大比武,为各行政村配发防火服840(件)套,设置永久性防火宣传警示牌120个,泾源管护林区未发生森林草原火情。

六盘山林业局

【政治建设】 坚持把党的政治建设摆在首位,牢固树立"抓全面从严治党是本职、不抓全面从严治党是失职、抓不好全面从严治党是渎职"的理念;更加自觉坚持习近平新时代中国特色社会主义思想的指导地位,坚决捍卫"两个确立",不断增强"四个意识"、坚定"四个自信"、做到"两个维护"。

【思想建设为保障】 坚持把学习贯彻习近平新时代中国特色社会主义思想、习近平总书记重要讲话和重要指示批示精神作为首要政治任务,以高度的政治自觉、思想自觉和行动自觉,深入学习宣传贯彻习近平总书记视察宁夏重要讲话指示批示精神、自治区党委第十三届历次全会和市委五届历次全会精神,及时跟进学、联系实际学、笃行笃信学,自觉做习近平新时代中国特色社会主义思想的坚定信仰者和忠实践行者。

【组织建设】 聚焦增强党组织政治功能和组织功能,检查指导基层党支部"三会一课"等组织生活制度落实情况4次;以局机关党支部标准化规范化建设为试点,深化"党建+"工作模式,深入挖掘"绿色先锋　生态六盘"党建品牌内涵,推动党建工作与业务工作深度融合,着力打造"五型"模范机关。年内提拔任用正科级干部1人,副科级干部2人,新招录事业单位工作人员29人,为六盘山生态建设高质量发展提供组织保障。

【纪律作风建设】 严格履行全面从严治党"一岗双责"责任,健全完善全面从严治党"三个清单";严格落实中央八项规定及其实施细则精神、自治区党委加强作风建设"八条禁令"、市委"十项规定",严格纪律监督、深化作风建设、强化警示教育;聚焦纠治形式主义官僚主义专项整治和纪检监察干部队伍教育整顿,开展以作风建设推动六盘山生态建设高质量发展主题活动，推动纪律作风建设走深走实，推动全面从严治党向纵深发展。

【争创六盘山国家公园】 争取自治区生态环境厅生态环境项目资金 200 万元，开展六盘山生物多样性调查，项目于 2022 年 10 月启动实施。争取自治区财政林业补助资金 300 万元，拍摄制作六盘山国家公园专题片和开展六盘山生态服务价值调查。配合国家林草局规划院对固原市四县一区范围的社会经济状况开展调查。依据国家公园创建程序，自治区林业和草原局通过公开招标，委托国家林业和草原局规划院编制《六盘山国家公园创建方案》（含符合性认定报告、范围和分区论证报告、矛盾处置方案、自评估报告、天地空监测工作方案 5 个部分）。为期 5 年的六盘山华北豹专项调查已结题，将于 2024 年年初提交调查成果报告；六盘山林麝种群数量专项调查已接近尾声；10 月 10 日，固原市政府组织召开六盘山国家公园（宁夏片区）创建工作推进会，就六盘山国家公园争创工作做出了进一步安排。

【生态保护修复】 争取项目资金 1400 万元，实施六盘山森林质量精准提升项目 1.5 万亩（“灌改乔”1 万亩，新造林 0.5 万亩），已竣工并通过自治区林草局验收。争取良种项目和良种基地建设项目资金 351 万元，培育用于造林和园林绿化的六盘山特色乡土树种 192.3 亩 612.9 万株，突破漆树、黄花楤木等树种育苗技术瓶颈，建设完善良种基地基础设施，逐步实现林草产业可持续发展。发挥六盘山野生动物收容救护中心的作用，收容救护辖区内及周边地区国家一级、二级重点保护野生动物 44 只，形成了立足六盘山，面向宁南和全区，辐射周边地区的野生动物收容救护工作格局。争取国有林保护修复项目资金 1466.5 万元，完成国有林保护修复任务 120.04 万亩（其中含 85.42 万亩公益林）及森林管护人员工资发放。监测危险性森林病虫害和野生动物疫源疫病，产地检疫种苗 1209 亩，检疫调运苗木 108.5 万株，防治林业有害生物 2.8 万亩。争取保护区基础能力建设项目资金 1300 万元，完成水沟国有林场管护用房主体建设、峰台国有林场管护用房建设项目招标及野生动物收容救护中心建设，完成大雪山、张沟、庙庙台 3 个护林点改（扩）建项目，并采购部分防火物资。黄河流域六盘山生态功能区（宁夏段）山水林田湖草沙一体化保护和修复工程——六盘山自然保护区生态保护和修复项目有序推进。

2023 年 5 月 4 日，泾源县六盘山野生动物收容救护中心救护人员放生牛背鹭

工业和园区建设

综　述

以轻工产业为主导，绿色建材、生物产业、装备制造等新兴产业为培育产业的生态工业加快发展。基本形成了“清洁煤炭—集中供暖—工业废渣”“饲草—肉牛—肉制品”“中蜂—蜂蜜”“小杂粮—杂粮食品”“原料—旅游商品”“原材料、零部件等—门窗等建材制品”“原材料、零部件等—农机等设备、装备”等产业链，产业链轻工化、绿色化程度不断提升。全县工业企业28家，其中规上企业3家，规下企业25家。全年规上工业实现产值17082万元，同比增长40%，规上工业增加值增速同比增长10.2%。服装箱包生产加工企业8家，全年产量达到1200余万件(套)，产值1.1亿元，带动就业千余人。

盛飞豪供应链有限公司员工在生产牛肉串

泾源县轻工产业园区

【党建工作】 制定印发了《泾源县轻工产业园区党工委2023年党建工作计划》《泾源县轻工产业园区党工委2023年党建工作要点》，完善了《泾源县轻工产业园区党工委理论学习中心组学习制度》等党建工作责任制度；召开园区党工委会议21次，党建工作专题会议4次，园区党工委负责同志认真履行第一责任人责任，带头参加双重组织生活会1次，党工委班子成员积极履行“一岗双责”，园区党员干部严格落实“双报到、双报告”机制。

【“五型”模范机关创建】 政治型机关方面，召开园区党工委会议21次，党建工作专题会议4次。文明型机关方面，制定《泾源县轻工产业园区管理委员会无烟党政机关建设工作计划》,组织干部职工认真学习控烟相关政策法规,与全体干部职工签订个人戒烟承诺书;参与卫生城市创建工作,引导群众主动参与创卫工作;带领企业代表及干部职工参观禁毒基地,系统了解禁毒知识。廉洁型机关方面,认真履行党风廉政建设工作职责,安排部署园区党风廉政建设暨廉政警示教育、"四项教育"工作;组织召开泾源县轻工产业园区党风廉政建设和"一岗双责"工作会议。服务型机关方面,修订完善《泾源县轻工产业园区管理委员会干部联系企业工作机制》,将园区企业划分给园区干部对接服务,协调解决企业生产经营过程中存在的各类问题;以园区"一站式"服务代办点为抓手,为企业按需提供多项免费"帮代办"服务;建立园区协商议事堂,将政协协商延伸到企业;开展"政府开发日"系列活动。实干型机关方面,完善园区用水权水资源论证报告共享至园内各企业使用;组织开展"想要成功并不难,快来园区把梦圆"2023 年园区企业用工专场招聘会,初步达成就业意向 156人。

【主题教育】 园区党工委开展中心组学习 3 次、交流研讨 2 次。下属各党支部通过"三会一课"、主题党日等载体开展集中学习 17 次,开展交流研讨 32 次。开展"书记讲给书记听"带头讲党课 3 次。开展"沿着总书记足迹　感悟思想伟力"实践活动。结合"建言献策活动",共征集企业"建言献策"意见建议 8 条。开展"立足岗位作贡献"活动,梳理企业普遍关切的民生项目 8 件,已办理完成 8 件。设立党员示范岗 17 个,累计排查安全隐患问题 197 个,环境卫生整治 3 次。围绕园区高质量发展、企业急难愁盼等方面已检视出问题 13 条,其中园区党工委 3 条,机关支部 2 条,非公企业支部 1 条,中蜂产业协会支部 1 条,党员个人 6 条,完成整改 8 项。

【人才工作】 召开人才工作专题会议,及时传达学习区市县人才工作会议精神,结合园区实际,制定《泾源县轻工产业园区人才工作实施方案》,支持、配合、实施人才项目,加大人才工作投入力度。全面落实有关人才政策待遇,本着尊重人才、优待人才的原则,为各类人才提供干事创业条件,免费提供办公场所 30 间 900 平方米、公寓 30 套,并配备网络、有线电视及办公设施,建成员工餐厅、篮球场;创新载体,创优环境,集聚各类人才创新创业。以园区创业孵化基地为抓手,为群众就业、创业孵化培养提供了政策、技术、服务的平台,提供知识分享、信息交流、创意展示、项目挖掘的场所,为群众创业提供良好的工作空间、网络空间、社交空间和资源共享空间。中蜂产业研究院依托蜂蜜检测平台,与天津大学建立合作关系,指导中蜂产业健康发展;宁夏皇达生物科技股份有限公司与北方民族大学建立了长期合作关系。

【工业总产值增量与增速】 2022 年工业产值完成 9774.4 万元,2023 年园区统计工业总产值 20733.61 万元,增速达到 131.7%。

【税金增量与增速】 2022 年完成应纳税额为 652 万元,2023 年 1—11 月完成应纳税额 1813.67 万元, 减免税额 1644.375 万元,实际纳税额为 169.295 万元,同比增长 178.07%。

【技改投资】 2023 年技改投资 4173 万元。

【土地投资强度】 2022 年园区土地集约节约利用情况:园区工业用地固定资产投资强度为 4073.13 万元/公顷,亩均投资强度为 271.54 万元。

【土地产出强度】 2022年工业用地产出强度为258.28万元/公顷，亩均产出强度为17.22万元；工业用地地均税收1.64万元/公顷，亩均税收强度仅为0.11万元。

【批而未供土地处置率和闲置土地处置率情况】 2023年园区批而未供土地为0亩，闲置土地处置率为0。

【企业R&D(研究与试验发展)投入占比】 2022年园区所在县区R&D投入强度0.67，2022年R&D投入1545.5万元。

【R&D(研究与试验发展)活动规上企业占比】 2023年园区R&D活动规上企业3家，占比为30%。

【技术合同交易额】 2023年，园区企业技术合同交易额为635万元。

【高新技术企业】 园区现有宁夏六盘山泾河食品有限公司、泾源县产业技术研究院、宁夏众天蜂业生物科技有限公司为自治区科技厅2023年认定、复核的自治区科技型中小企业，新增宁夏众天蜂业科技有限公司为自治区级创新中心(待批复)。

【招商引资】 2023年，园区招商引资落地资金及主导产业落地资金情况分别为：1.573亿元、1.573亿元。

【安全生产】 委托第三方编制完成了《泾源县轻工产业园区整体性安全风险评估报告》。根据国家发改委、工信部、自然资源部、生态环境部、住房城乡建设部、国家能源局联合印发的《关于〈绿色产业指导目录(2019年版)〉》的通知要求，结合园区自身资源禀赋、产业基础，园区产业发展定位，制定并印发了《关于印发〈泾源县轻工产业园区产业发展指导目录〉的通知》。针对园区工业企业和商贸类企业开展重点从业人员安全教育培训8场次；督促企业建立健全安全生产责任制、安全风险分级管控和隐患排查治理双重预防工作机制，建立健全台账。同时加强监督检查和指导工作，对存在的隐患问题督促其按期整改落实到位，形成了从发现问题到问题整改落实到位的闭环管理过程。组织人员开展消防等重点领域安全风险隐患专项排查整治工作，对整改不及时的宁夏六盘山泾河食品有限公司、源牛(宁夏)农牧科技有限公司及宁夏宏达机动车检测中心等多家企业落实了挂牌督办、整改销号等措施。泾源县应急管理局成立2个应急管理综合执法组，与工业园区安全环保局开展联合执法，强化园区监管执法力量。园区联合应急管理、消防救援大队、公安局、市场监督管理局等执法部门依据《泾源县贯彻落实自治区党委十三届四次全会和固原市五届八次全会精神及“1+37+8”系列文件责任分工方案》及各行业监管部门职能清单中涉及园区的责任和职责建立完善了《泾源县轻工产业园区安全生产联合执法机制》，按照“管行业必须管安全，管业务必须管安全，管生产经营必须管安全”原则，对园区应急管理建设、安全生产情况开展专项监督检查，监督、指导并帮助企业落实安全生产主体责任，全面加强安全生产和应急管理工作。

【节能降耗】 2023年园区能耗情况：截至三季度总用电量为836万千瓦时，折合标准煤1027.444吨，万元工业产值能耗0.062吨标煤。单位工业增加值能耗增加37.5%。2023年园区用水情况：园区入园企业用水25万立方米，万元工业产值用水12.5立方米。

【环境保护】 园区有承担环保职责的内设机构(安全环保局)，

并配备1名正科级干部及1名工作人员，承担园区安全生产、生态环境保护和市场监督管理工作；园区污水处理厂、固废处置场满足园区需要且运行正常；园区委托第三方公司编制了园区突发环境事件预案，并建立了环保检查记录及相关台账；园区委托第三方公司根据园区的产业定位编制了《泾源县轻工产业园区总体规划（2019—2035）》，并根据园区产业发展方向制定了《环境保护专项规划》。

【开发区体制机制改革】 以园区“一站式”服务中心为抓手，加强园区审批服务力度，以全程帮代办、一站式代办等方式推动“163”政务服务模式向园区全面拓展。成立园区招商引资专班，聘任童彤、牛希臣等八名企业家作为园区“招商大使”，形成园区产业链招商合力，多样化开展招商工作。注册成立宁夏泾源县园区投资发展有限责任公司，承接了园区物业服务、食堂运营、六盘山珍特产馆运营等市场化服务工作，年内保持正常运行并收支持平。已与石嘴山高新区签订了共建共享协议，并开展为期三个月的园区干部挂职交流活动。

工业和信息化建设

【政策落实】 开展“三减一提升”活动，压减办理环节、申报材料、办理时限137个、142份、1207个工作日。建立企业救助和退出机制，加快办理涉企案件，保护投资者合法权益。全面落实减税降费政策措施，落实退税减税缓税3991户1336万元，减缓社保费2167万元，全年新增市场主体818家。通过政策性转贷，为中小微企业解决纾困资金2760万元。

【能源保供】 泾源县华通天然气有限责任公司，设有门站一座，占地22亩，城区天然气供气管道已基本覆盖整个县城，管网总长度13公里，供热总面积达到4.14万平方米，预计全年天然气供气量139.2万立方米，涉及用户2460户；有两台160立方米储罐可存LNG50吨，气化后可存天然气7.25万立方米，目前天然气储量为5.8万立方米，日供气量0.4万方，各供气设备运行良好，可满足县城21天的使用量。制定印发了《关于做好泾源县2023年农村困难群众取暖煤平价供应有关事宜的通知》，深入摸排泾源县农村283户困难群众（边缘易致贫户、脱贫不稳定户、突发严重困难户）采暖用煤供应情况，对接联系煤炭供应企业，建立直销渠道，压缩中间环节，降低终端销售价格，提供不高于450元/吨的平价煤炭；利用固原市开通的平价煤炭运输“绿色通道”，累计为283户农村困难群众每户提供不少于3吨平价煤794.6吨。

【园区承载增强】 工业企业集聚化发展，全县有工业企业13家，其中规上企业4家，大部分工业企业主要集中在泾源县轻工产业园区，园区成为县域工业的主要载体。泾源县轻工产业园区是2012年11月经自治区人民政府批准成立的自治区级生态型、科技型轻工产业园区，规划控制面积160.42公顷，已开发建设用地100.49公顷。重点发展以绿色食品加工为主导的农副产品精深加工、以服装纺织为主导的旅游类产品加工以及新材料电子装配等产业。

【生产性服务业】 泾源县加速围绕工业转发展、绿色发展、高端发展，积极培育现代物流、信息服务、科技服务、金融保险等生产性服务业，以销售端电子商务应用为主的“两化融合”提质加速。建成县电子商务公共服务中心、电商创业孵化中心和扶贫电商产业园，主要农副食品、旅游工艺品、化妆用品等实现上网销售，创新采用“短视频+直播”等营销模式。

电力供应

【概 况】 固定资产投资3592万元；售电量1.33亿千瓦时，同比增长14.66%；综合线损5.75%，同比降低0.45个百分点；台区线损率2.95%，比目标值低0.05个百分点，电费回缴率100%；连续安全生产9805天。内部对标位列27家区县公司第12名，同比提升5名次；业主项目部和监理项目部获评宁夏公司“标杆项目部”，1项农网工程获评宁夏公司“优质工程”，1项QC获全国二等奖，太阳村获评国家电网公司助力乡村振兴示范村，六盘山供电所获评国家电网公司数字化综合示范进步突出单位，泾源公司获评固原公司先进单位、通过自治区文明单位复验，多人荣获省市公司荣誉。

【安全生产】 开展安规、严重违章释义、心肺复苏等培训，组织安全日活动374场次，21人参加安全知识抽考。开展重大事故隐患专项排查整治行动，发现隐患21项，整改率100%。督查现场1471个，纠治违章23项，整治不规范问题68项，申报无违章班组2个，地市公司认定遵章现场4个。在“现场方案勘察、四措一案、两票办理”上推行“三级会审”，确保施工前期方案和两票的合理性和正确性。贯彻落实自治区“1+37+8”系列文件精神，完成六盘山镇、大湾乡、兴盛乡、泾河源镇街道低压接进户线整治，排查用电客户1.1万户，增强客户规范用电意识。

【电网基础】 高效完成31项配网工程项目，新增及更换变压器60台，架设10千伏线路24.28千米、低压线路83.54千米。推进电网投资监测治理，“四率合一”指标进入国网“百优县”。服务清洁能源发展，保障了绿塬储能电站、卡子村光伏、煤改电示范村等项目建设。

【供电服务】 牢记“人民电业为人民”企业宗旨，认真贯彻“三零”“三省”服务举措，推动129号文件延伸投资实施细则落地，受理业扩报装1591户，接电服务规范率100%。深化网格服务渠道和营配供电服务班组建设，“固电小哥”入驻253

2023年7月8日，在六盘山镇，国家电网宁夏电力红色六盘山（泾源）共产党员服务队队员开展“九小”场所安全风险隐患排查整治专项行动

个社区、村组微信群，杨岭村“村网共建”示范点建成投运。顺利上线营销2.0系统。计量箱数字化建档5.24万户，建档率100%。推动太阳村“电力爱心超市”和油料加工间运营，驻村帮扶工作取得实效。建设电力便民服务点，全渠道业务满意率97.65%。圆满完成两会、中高考、汽摩节等重大活动、重要节日保电任务40余场次。

【配网运维】 治理线路设备缺陷隐患，基本消除频繁停电现象，全年仅发生低电压1次，未出现重过载、三相不平衡等现象。全年完成线路综检8条次，利用冬季各类施工、检修停工的空闲期，逐级巡视杆塔、线路，累计发现缺陷965处，消缺率为86.67%。跨省消除511沙塘线穿越林区隐患，甘宁两省“电警林”协作防森林草原火灾典型经验在宁夏公司进行交流。开展不停电作业117次，检修带电作业比率达到56.96%。运检专业指标在宁夏公司取得第6名的好成绩。

【党的建设】 扎实开展第二批主题教育，得到国家电网督导组充分肯定。常态推进“学雷锋”“金秋助学”“雪后特巡”等“5+1”志愿服务活动，1项作品获泾源县志愿服务项目三等奖。改造“三型一化”营业厅5个，建成蔬菜温棚、光伏车棚各1座，“政企联动”推动职工宿舍楼外墙保温和家属院基础设施提升工程。成立农电工会，首次组织28名农电职工“带薪疗养”，职工幸福感和获得感提升。

商　贸

商贸流通

【概　况】 全面深入贯彻落实党中央、国务院和区、市、县关于扩大内需、促进消费决策部署，紧紧围绕扩大内需战略目标，以开展“消费促进年活动”为契机，把恢复和扩大消费摆在优先位置，奋力开创消费促进工作新局面，持续增强消费对经济发展的基础性作用。组织开展各类促销活动30多场（次），线上直播活动300多场（次），培育限上企业5家，全县社会消费品零售总额完成7.82亿元。

【促消费稳增长】 成立了以县人民政府县长任组长，分管副县长为副组长，县发改、财政、住建、农业农村、文旅等负责人为成员的泾源县促消费工作专班，对促消费工作实行“周调度、月推进、季总结、年考评”机制，推动促消费工作开展。制定出台《泾源县消费需求促进年活动实施方案》《“浪宁夏·品味道”2023泾源县美食文化节活动方案》《泾源县2023年国庆中秋节促消费活动实施方案》《泾源县古尔邦节消费券发放活动方案》《泾源县四季度暖冬大惠购促销活动实施方案》等系列政策文件。围绕促消费活动主旨，分行业、分领域谋划开展消费促进活动，组织发放惠民消费券活动3次，发放政府惠民消费券8万多张，投放资金200余万元，受益群众6万多人次，组织企业节庆期间开展各类促销活动30多场(次)，带动企业实现销售1亿多元。组织开展“网上年货节”“双品网购节”“6·18电商节”“双十一”等电商节会和直播促销活动，通过线上直播卖特产、线下逛展会及美食大集等多种方式，展销本地特色农特产品，并依托微信小程序及泾源本地直播达人在直播平台设置爆点秒杀抢购活动，设立活动专区，打造新型消费场景。全年共组织电商节会、直播活动300多(场)次，通过电子直播带货、电商平台销售泾源农特产品2500多万元。由县工会牵头，号召干部职工进商超消费，购买泾源农特产品，全县干部带动消费增加100多万元。

【抓保供保民生】 协调采购、调运、储备工作，指导督促世纪购物、华联等大型商超与外省市大型批发商加大产销对接，签订供销合同稳固采购供应链条，加大居民生活刚需性商品供应。建立市场监测周报、月报和重点时段日报告制度，对生活必需品价格及供应情况进行动态监测，在元旦、春节、五一等重点节假日期间对7家限上企业（大个体）进行日监测，密切关注居民生活必需品的供应、销售情况、市场价格走势，准确掌握生活必需品市场供求变化，对可能引起市场异常波动的苗头性、潜在性问题，做到早分析、早报告、早预警，全县年内未出现消费市场异常事件。

【抓安全保稳定】 结合实际成立以中心主任为组长，各股室负责人为成员的泾源县商贸领域安全工作领导小组，负责领导、协调泾源县商贸流通领域的安全生产各项日常工作和应急准备工作。制定印发安全生产排查整治通知及方案、燃气专项整治工作方案、寄递物流仓储场所排查整治方案等10多个文件，组织召开商贸企业安全生产工作培训部署会议5场次，与县内十多家大型商超、宾馆饭店、加油站签订年度安全生产责任书，同时通过微信工作群第一时间传达区、市、县安全生产文件精神。在春节、“五一”及县、市、区、国家两会等重大节庆活动期间，增强排查整治合力，联合县消防、安监、住建、应急、市场监督等部门对大型商超、住餐企业、成品油市场等重点领域进行排查整治。共检查企业347家次，发现问题252条，检查醇基燃料45家，查出问题45个，全部完成整改；燃气安全专项整治排查企业132家，发现隐患36个，全部督促完成整改；督促企业完成了“四防”、区市各级部门反馈问题的整改。

【兴产业求实效】 制定《泾源县2023年电子商务产业专班工作方案》，引进电商企业2家（宁夏两方土电子商务服务有限公司、宁夏共创扶农电子商务科技公司）。组织开展网上年货节、“浪泾源·赏美景·品美食·购好物”泾源县第二届双品网购节等电商节会活动5场（次），举办泾源县“泾源好礼”县域公共品牌新闻发布会，邀请抖音网红主播“牧飒”、本地网红主播小阿宁、助农华姐等开展直播活动300多场（次），通过“泾源电商新资讯”微信公众号、乡味泾源视频号等平台发布泾源农特产品、文旅、美食等创意宣传视频及文章100余篇，累计浏览量150万+。以实施县域商业体系建设项目为依托，以打通“工业品下乡，农产品进城”双向流通渠道为抓手，整合县域内物流快递企业，打造“一点多能、一网多用、深度融合”的商贸流通体系，构建县乡村三级物流配送体系。成功争取并组织实施了泾源县商贸物流体系建设项目、农产品集配中心建设项目，在全县7个乡镇96个行政村设置配送点96个，整合快递物流企业4家，布设7条主干线路、村级团点572个、快递驿站62个，24小时配送到村，快递行政村覆盖率达到100%，全年快递收发件300多万件，其中农产品上行12万多件。立足实际，研发泾源特色美食，打造现代特色餐饮品牌，举办餐饮美食大赛。成立了泾源县特色餐饮产业工作专班，制定了《泾源县特

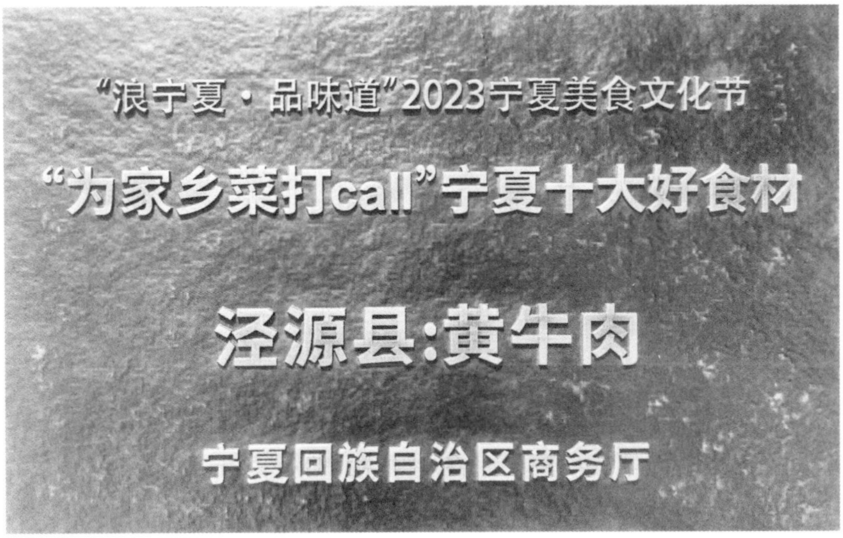

泾源县黄牛肉入选“为家乡菜打call”宁夏十大好食材

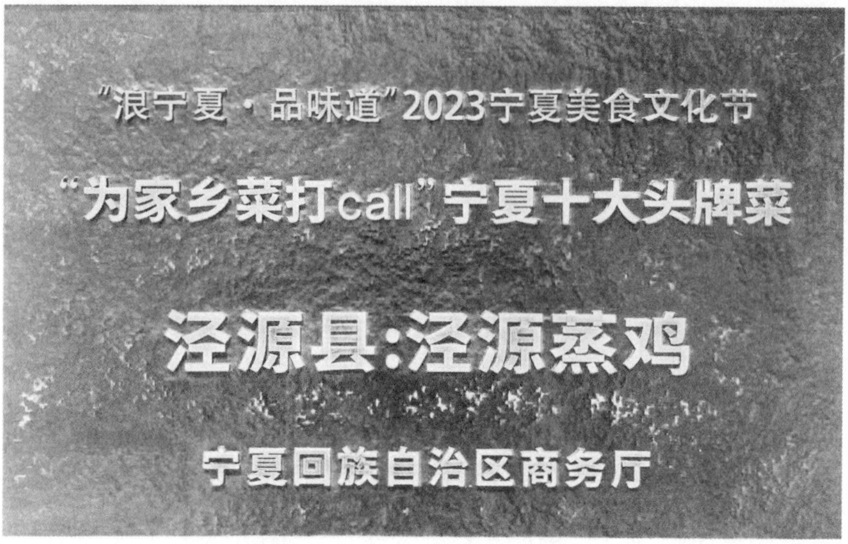

泾源蒸鸡入选"为家乡菜打 call"宁夏十大头牌菜

色餐饮产业专班工作方案》《"浪宁夏·品味道"2023 泾源县美食文化节活动方案》等推动餐饮业发展方案。建成牛街特色餐饮美食街区,培育限上餐饮企业 3 家,组织县内餐饮企业参加"浪宁夏·品味道"2023 宁夏美食文化节,泾源县黄牛肉、泾源蒸鸡、八方隆饭店分别荣获了"宁夏十大好食材""宁夏十大头牌菜"、全区 100 家宁夏味道餐饮体验店。组织 7 家企业参加"固乡情谊长·原汁原味香"2023 固原经典美食大赛,分别荣获全市"经典必吃金牌菜"一等奖、"六盘山黄牛宴"二等奖、"全羊宴" 三等奖、"精品杂粮宴"三等奖、"经典名小吃"三等奖,组织开展"浪泾源·赏美景·品味道·购好物"系列活动。餐饮业实现销售额 8486.7 万元,同比增长 8.9%。

【抓帮扶促振兴】 结合县情实际和闽宁对口协作工作情况,制定《泾源县 2023 年消费帮扶项目实施方案》,明确了对企业收购销售本地农副产品的奖补政策。支持企业在厦门对口区设立泾源农副产品展示展销平台 2 家,带动销售农特产品 1600 多万元。依托各类展会名城优势,组织县内企业参加区内外各类展会 18 场(次)。鼓励支持企业发展"农产品+电商平台+网红直播+微商" 模式,充分利用"832"、快手、抖音、"龙乡泾源""六盘老农泾源馆""幸福泾源"微信小程序等电商平台及泾源本地直播电商达人,发展实体店与网店共融的双轮驱动销售模式,以线上线下展销、促销、推介等方式提升泾源产品知名度和影响力。发挥企业的辐射带动作用,支持宁夏伊源红牧业有限公司、宁夏壹沐农业科技有限公司、宁夏泾源县世纪购物中心商贸有限公司等 9 家企业(合作社)收购脱贫户产品,共投资闽宁帮扶资金 240 万元,带动建档立卡脱贫户 1900 多人,直接带动销售农特产品 6000 多万元。全县通过政策支持、平台搭建、广泛宣传等多种方式带动泾源牛肉、蜂蜜等农副产品销售 1.832 亿元。

【谋项目补短板】 紧盯国家和自治区投资方向,紧紧围绕泾源商贸流通业发展存在的短板弱项,组织指导企业和相关单位开展商贸项目谋划申报工作,共谋划上报商贸流通领域项目 15 个,获批自治区商务厅商业体系建设项目支持 2 个(泾源县商贸物流体系建设项目、泾源县兴盛乡农产品果蔬集配中心建设项目),争取到位资金 300 万元,完成新民乡万兴超市改造项目实施验收工作,按照验收结果及时兑付补助资金 34.48 万元,指导完成了泾源县应急物资储备库项目。

供销合作

【泾源县泾河供销集团有限公司成立】 2023 年 11 月 28 日,由县供销社本级现有的 2 家全资企业——泾源县生产资料日用杂品公司、泾源县供销社综合服务公司和1家控股公司泾源县供销社电子商务公司出资，组建成立了泾源县泾河供销集团有限公司，法人鄢雪芹，注册资本1000万元，资产总额975万元。通过组建供销集团，整合系统资源，盘活资产，壮大供销力量，依法依规开展社有资产的管理与运营，参与县委和政府安排的现代农业投资项目，重点打造农产品经营服务平台、农资现代经营服务平台、再生资源回收利用平台、农村电商交易平台和现代农业重大项目投资平台。

【泾源县供销社特色农产品展销中心建设】 由泾源县世纪购物中心（成员社）投资230万元，建设泾源县供销社特色农产品展销中心一处，于2023年12月22日，举行了由县政府主办，县农业农村局、供销社承办的开业典礼仪式，县四套班子主要领导及区市社相关领导应邀出席。该中心总面积为1500平方米，内设特色农产品简介区、"一乡一品牌"农产品展示区、直播带货区3个区域，集全县优质农产品展销、"832"平台销售、物流配送、"数字供销"、电子商务、直播带货六大功能于一体，共整合展示全县7个乡镇96个行政村80种特色农产品，形成了以党建引领"基地+展销+供销+电商"联农带农发展模式。

【经济指标】 全系统商品销售总额实现11085.43万元，较上年同期增加9033.96万元，增幅440%；实现利润总额7.11万元，较上年同期增加1.84万元，增长34.9%；资产总额完成955.68万元，较上年同期增加6.61万元，增幅0.7%；所有者权益实现883.25万元，较上年同期增加6.6万元，增长0.75%。

【农资供应】 组建专班，深入农资经营企业、基层社、成员社，调研全县春耕备耕情况，全面掌握全县农资需求数量、市场价格，及时掌握最新动态，应对春耕备耕工作中出现的新情况。供销社经营服务网点通过电话微信订购、大户专车配送上门、延长营业时间及低进低出、高进高出、稳价保供等方式，确保春耕农资商品供应平稳有序进行。春耕备耕以来，全县供销系统提前组织采购，调整库存储备，减少中间环节，充分利用基层供销社、成员社、农资经营网点，广开渠道全力组织货源，扎实做好春耕备耕工作。主要负责人前往自治区供销集团农资供应企业与企业负责人进行座谈交流，针对农资供应情况进行了业务对接，详细了解化肥价格和市场供应面临的形势，提出了泾源县农资供应各项工作应对举措。2023年销售各种化肥23009.88吨（其中：尿素销售1135.7吨，二铵销售960吨，复合及有机肥销售21014.18吨），较上年同期增加22284.88吨，增幅3.3%。

【为农服务】 依托成员社、农民专业合作社，开展农业社会化服务土地6万亩次，成员社托管土地种植蔬菜500亩；成员社通过技术人员深入田间地头为农户免费开展测土配方，精准施肥等全方位的技术服务，达到化肥减量、节本增效的目的。为农户和新型农业经营主体提供农业种植、精准施肥、统防统治等全产业链服务。

【"数字供销"示范县建设】 政府出台了《泾源县建设全区"数字供销"示范县任务分工方案（2021年—2025年）》文件，各部门任务分工明确；在出台的《关于印发〈泾源县2023年乡村产业融合发展项目实施方案〉的通知》中，将"泾源供销合作社特色农产品展销中心"项目建设纳入项目计划。

【开放办社】 推进供销合作社培育壮大工程，加快"五个供销”建设，加大开放办社力度、规范开放办社行为、提高开放办社质量，扩大供销合作社社会影响力。按照相关章程和办法规定，全年经过调研摸底，共吸纳龙头企业、农民专业合作社、家庭农场、种植养殖专业合作社等10家新型经营主体加入供销社；共吸纳17家成员社，形成了经济利益共同体。定期组织召开开放办社培训班座谈会，全年累计培训3场次。

【“四争”活动】 政府出台《泾源县消费需求促进年活动实施方案》，将供销社列入“加强县乡村物流体系建设”工作配合单位；出台《泾源县2023年电子商务产业专班工作方案》，将供销社列入“整合优化村级电商服务站”工作配合单位；出台《2023年泾源县数字政府建设工作要点》，将建立完善“数字供销”市场营运体系列入“推进乡村治理数字化”工作配合单位等。在县委和政府及主管局的大力支持下，出台了《关于印发〈泾源县供销集团有限公司组建方案〉的通知》，整合系统资源组建成立泾河供销集团；争取县人社局、县编办事业编制工作人员2名；争取“数字供销”建设和“三位一体”综合合作试点办公经费5万元，争取主管局乡村产业发展融合资金50万元，用于供销社农产品电商展销中心建设；争取乡村产业发展融合资金10万元，开展“中秋国庆”促销活动。

【合作社社员代表大会】 按照区市社工作安排，7月21日，县供销社召开了第五次社员代表大会，选举产生了新一届领导班子，审议通过了《泾源县供销合作社章程》，结束了供销社33年来未召开社员代表大会的历史，“三会”制度不断加强，泾源县供销合作社的制度体系和治理体系逐步完善。

【安全生产】 严格贯彻落实自治区党委十三届四次全会精神以及县委和政府安全生产工作安排，在安全生产工作排查治理中，对泾河源供销社20世纪80年代修建的砖木和土坯房进行了拆除，消除了安全隐患；对8家成员社、5家综合服务社和3家基层社未购置灭火器或灭火器过期现象，下发了整改通知书，并限期进行了更换购置。

【畅销农产品】 紧紧围绕各重要时间节点，在丰收节、中秋、国庆、元旦、春节期间，举办由县社主办、世纪购物中心及各成员社承办的促销活动3场次，通过线上线下销售累计1785.63万元。组织泾源县农特优产品参加第二十三届中国国际投资贸易洽谈会，在上海市崇明区开展六盘山牛肉宣传推介活动，与厦门市供销社、安徽省无为市供销社等签订战略合作协议。

粮食和物资储备

【“安全生产月”活动】 6月份在全县范围内开展2023年粮食和物资储备行业“安全生产月”活动，分阶段落实并制定了具体措施，做好安全生产宣传教育工作。开展“6·16安全宣传咨询”线上线下活动；紧密结合“我为群众办实事”实践活动，组织广大党员干部深入基层，察民情、访民意、办实事、推动安全宣传“五进”；举办“安全宣传咨询日”线下活动，设安全咨询台，发放安全宣传品，集中宣传安全生产政策法规、消防安全常识、应急处置、应急避险和自救互救方法。要求承储企业悬挂宣传横幅、发放各类宣传品等，加大宣传教育力度，使企业明确了安全生产工作的基本任务及主要目标，明确了范围及工作责任，明确了安全工作的重要性和紧迫性。坚持节假日期间有人值班，并且有带班领导，确保信息畅通；加强库区易燃易爆物品管理，确保生活用电安全,增强消防意识;加强防汛防潮安全措施,确保公共财物安全。

【粮食储存环节损失损耗调查】 成立调查组2个,每组2人,分组分区域开展调查。按区粮食和物资储备局通知要求每个乡镇抽取不低于30%的行政村,7个乡镇96个村,共抽取29个村,占比为30%,符合调查统计要求。调查结果显示:2022年全县粮食总产量4180吨,抽取的29个村累计调查粮食种植大户141户,粮食总产量955.54吨,其中小麦0.8吨,玉米954.74吨。农户月均总存粮量78.28吨,其中小麦0.13吨,损失率2.4%,损失量0.00吨;玉米78.15吨,损失率13.32%,损失量10.41吨;综合损失率13.30%,综合损失量10.41吨。

【2023年世界粮食日和粮食安全宣传周活动】 10月16日至10月22日在全县开展世界粮食日和粮食安全宣传周活动,制定印发《2023年全县世界粮食日和粮食安全宣传周活动实施方案》,围绕10月16日世界粮食日活动主题"水是生命之源、水是粮食之本,不让任何人掉队"和粮食安全宣传周主题"践行大粮食观 保障粮食安全",全面深入宣传爱粮节粮举措和价值观念,宣传粮食生产、收购、储存、加工、消费全链条节约减损的有效做法,组织开展粮食节约、营养健康线上科普宣传,倡导爱粮节粮的社会风尚。筛选宣传材料,制作宣传展板、宣传彩页。线上通过"微信公众号+微信群+朋友圈"等媒体发布本次宣传主题及内容。线下通过现场讲解、摆放展板、悬挂横幅、发放宣传彩页、展示优质粮油产品等方式开展宣传。开展粮食安全教育、爱粮节粮等系列主题进校园、进企业、进家庭的宣教活动。普及营养健康知识,营造了爱粮节粮的浓厚氛围,动员全社会力量共同参与节约粮食、反对浪费工作。

【政策性粮油库存检查】 成立了以县发改局党委书记局长任组长,发改和财政局、市监局分管领导任副组长,相关人员为成员的全县政策性粮油库存检查工作领导小组,联合县财政局、市监局制定印发了《泾源县2023年政策性粮油库存检查工作方案》。企业自查符合测算要求。现场检查情况为:分别于4月18日、20日联合县财政、市监局对宁夏永强食品商贸有限公司、彭阳县粮食购销公司开展政策性粮油库存现场检查工作。检查范围主要涉及承储企业的库存粮油数量是否真实,粮油质量是否达到标准,安全生产和账务等台账情况是否健全等。经查验泾源县成品粮储备数量为:大米70吨、面粉218吨、食用油17吨,合计305吨,符合储备要求;临时原粮储备测算数量为:22-1号仓491.042吨、22-2号仓499.918吨,合计990.96吨,差率为0.904%,符合储备测算要求。区级交叉检查情况:4月27日,中卫市政策性粮油库存检

2023年4月20日,泾源县粮食和物资储备局组织开展政策性粮油库存现场检查工作

查组来到泾源县进行交叉检查工作，期间对泾源县应急成品粮和临时原粮储备情况开展粮油库存实物的数量、品种、性质、粮油库存保管台账、统计账、会计账以及执行粮油定期质量检验（查看检验报告）、出入库质量和食品安全检验制度、质量档案管理、企业质量检验人员和检化验仪器设备配置，是否存在严重虫粮、重度不宜存、霉烂变质等情况进行检查。现场查阅涉粮专项巡视巡察、粮食购销领域腐败问题专项整治、2022年政策性粮油库存检查及审计检查中发现问题整改处置情况，重点检查是否逐条开展问题整改处置；对已整改的问题相关制度措施是否及时补充完善并执行落实到位，对尚未整改完成的问题是否积极整改并实施台账管理，是否能够按照规定时限和措施完成整改等情况。通过检查，泾源县粮油库存账实相符，数量真实，质量良好；粮食购销领域腐败问题专项整治资料完善，相关整改问题完成到位。

烟草专卖

【主题教育】 始终坚持不懈用习近平新时代中国特色社会主义思想凝心铸魂，紧扣“学思想、强党性、重实践、建新功”总要求，扎实推进主题教育。把强化理论学习贯穿始终，采取“班子带头学+支部集中学+党员自觉学+创新形式学”相结合的方式，坚持全面系统、及时跟进，坚持学深悟透、知行合一，在深学细照笃行中提高理论素养、坚定理想信念，夯实了坚定拥护“两个确立”，坚决做到“两个维护”的思想根基。把解决实际困难和群众急难愁盼问题作为衡量主题教育成效的重要指标，开展“立足岗位作贡献”“为民办实事”等活动，对辖区农网固定点取货客户实施送货延伸服务，划分党员真烟外流治理责任区，开展“微认领”活动，慰问困难学生和残疾零售户、手把手教零售户开直播、送法进校园、设立爱心学习室。

【党的建设】 始终把政治建设摆在首位，深入学习宣传贯彻党的二十大精神，持续跟进学习习近平总书记系列重要讲话和指示批示精神，教育引导全体党员切实把“两个确立”转化为坚决做到“两个维护”的行动自觉，让“总书记怎么说、我们就怎么做”成为最鲜明的政治底色。始终把意识形态工作作为党的建设重要内容，筑牢防线坚守阵地，教育引导全体党员进一步提高政治站位，准确把握政策规定，严守政治纪律。将“组织生活会”“一支部一特色创建”“评先选优”“意识形态工作”等重要事项纳入党员大会集体讨论研究，基层党支部议事决策功能得到有效发挥。严格落实党支部建设考核评价标准，党支部规范化、标准化建设水平不断提升。全年召开组织生活会1场次，召开党员大会9场次，讲党课7场次，微党课2场次，开展主题党日活动12场次，读书活动1场次，志愿服务活动3场次，及时足额收缴党费。始终坚持把纪律挺在前面，坚持常态化警示教育，深入学习中央八项规定精神、典型案例以及行业各级关于党风廉政建设相关制度文件，持续释放正风肃纪强烈信号。

【营销网建】 围绕“提结构、育品牌、调状态”，“136、345”品牌培育效果较明显。有序推进终端建设，持续推广终端管理系统应用，累计建成现代零售终端117户。在“让客户更满意　我们在行动”主题营销活动中与农业银行泾源县支行开展联学联建，先后举办客户培训4场次，参训人数166人次，累计为54户资金周转不便的卷烟零售户办理“烟商贷”等金融贷款857万元。指导辖区99户客户开展了终端改造活动。

【专卖管理】 坚持把重点领域和关键环节监管融入日常，实施“罚”“教”并举，“分析+筛选+监管”齐头并进，严控真烟异常流动渠道，全年流出卷烟5.44万支，同比下降44.83%，流销比为0.04%。结合信用监管，推进网格化防控，采取制度先行、“堵”“梳”结合、联合执法等措施，打击违法运输卷烟、物流寄递假烟，开展无证户治理，全年共查获卷烟违法案件31起，查获涉案卷烟45.792万支，案值30.16万元。其中：查获真品卷烟违法案件13起，查获真品卷烟数量44.992万支；查获假烟案件18起，查获假烟数量0.8万支。依申请办理烟草专卖零售许可证事项265份，线上办理率92.45%，5日内办结率达到了100%，开展“好差评”测评265份，满意度为100%；综合运用“线上+线下”融合服务等方式，办理歇业和注销27户。

【基础管理】 成立创客团队，实施自主改善，强化过程管控，9个指标同比提升，指标提升率为81.82%，目标管理持续深化。聚焦安全发展，全面从严落实安全生产主体责任，强化工作举措，狠抓整改落实，做好安全知识宣教，常态化落实三级检查。坚持需求导向精准施教，采取“线上线下”双管齐下的方式，边干边学、以学促干，多渠道、多形式提升队伍素质，1人考取专卖管理中级技能等级证书，3人考取专卖管理初级技能等级证书，1人考取营销高级技能等级证书，1人被评为优秀共产党员，1人在市局（公司）2023年第一届Pre-QC竞赛中获得三等奖。

城乡建设与环境保护

城乡建设

【概　况】 2023年，县住房和城乡建设局立足“生态泾源、绿色发展”定位，把县城作为壮大县域经济的重要载体，树立“紧凑城市”“城乡融合”理念，坚持走以人为核心的新型城镇化之路，以实施城乡面貌提升行动为主要抓手，发挥项目带动作用，奋力开创住房城乡建设事业发展新局面。全年完成建筑业总产值3.23亿元，比上年增长42.6%；完成商品房网签备案3.0万平方米，同比增长-27%。

【重点项目实施】 2023年，实施9个重点项目，总投资约2.39亿元，其中：投资2622万元实施城市基础设施补短板二期项目，投资1113万元实施乡镇生活垃圾卫生填埋提升改造及封场工程，投资2504万元实施2022年度冬季清洁取暖项目，投资1400万元实施县城生态修复建设项目，投资5579.55万元实施2023年冬季清洁取暖项目，投资1971.3万元实施保障性安居工程配套供热管网建设项目，投资1271.29万元实施生活垃圾收集转运一体化示范项目，投资562万元实施农村污水处理设施维修改造工程，投资7000万元实施龙潭街原城区加油站片区商业开发项目。

【城市建设】 对接启动龙潭街加油站片区商业开发，推动城市扩容提质。组织实施城市基础设施补短板二期项目、保障性安居工程配套供热管网建设项目和生态修复项目，推动城市基础设施进一步完善。实施生活垃圾收集转运一体化示范项目，生活垃圾治理能力进一步提高。

【村镇建设】 实施乡镇生活垃圾卫生填埋场提升改造及封场工程、冬季清洁取暖项目，新建黄花乡胜利村、香水镇杨家村、续建兴盛乡下金村高质量美丽宜居村庄和4个国家级传统村落保护项目，改造提升农村污水处理设施，农村人居环境持续改善。紧盯住房安全有保障目标，完成危房改造13户，改善群众居住环境。

【房产开发】 完成商品房网签备案238套2.91万平方米，存量房交易122件，开发项目待售面积6.18万平方米。

【公租住房】 实物配租保障1519户，开展公共租赁住房2023—2024年度续租工作，已续租1230户，收缴租金110.13万元，新分配公共租赁住房49户。

【物业管理】 组建物业联合党支部1个，成立业委会27个、物管会2个，开展专项检查52场（次），下发整改通知49份，物业服务更加规范、标准、法治，群众居住体验进一步提升。

【质量安全监管】 结合房屋建筑和市政工程安全生产治理2023行动，开展在建工程常规执法检查6次，通报3次，下发整改通知61份、停工通知9份，约谈施工企业3家，扣除诚信分27人，建筑施工安全不断加强。结合燃气安全专项整治，出动执法人员49人次，开展监督检查189次，下发整改通知32份，排查企业整改隐患137项，督促餐饮等行业安装燃气泄漏报警装置205户（安装率100%），居民用户安装5390户（安装率98.2%）。按照“一房一档”“一房一策”要求，开展城乡危旧排查整治，共排查房屋54924栋，发现疑似危房190栋，其中：65栋C级房通过管理措施封控39栋、工程措施加固25栋、拆除1栋；125栋D级房通过管理措施封控112栋、工程措施拆除13栋。

【公用事业管护】 加强环卫保洁频次，加强日常考核机制，组织环卫工人对城区四纵九横主干道路及人行道、公园、老旧小区等公共区域卫生进行全面彻底清扫。加强日常考核巡查评比，对县城区域内的16座固定公厕的设施及时维修，更换软管73根、脚踏阀52个、水龙头45个。维修路灯186盏，线路检修3200米，检查维修雨水篦子961座，更换污水井胶圈117座、更换电缆320米，修剪人行道树木4328棵。

2023年8月29日，泾源县房管所联合消防大队对泾河印象小区消防设施设备进行检查

【城市管理】 划分县城环境卫生责任区，实行“门前五包”，签订目标管理责任书817份，压紧压实工作责任。查处乱堆乱放乱设摊点321例、占道经营792起、违规占用公共区域摆设摊点620起、店外经营583起、车辆乱停乱放248起，开展市场集中整治12次，校园周边环境整治19次，城市精细化管理水平有效提升。联合县市场监督管理局、文化旅游广电局等部门开展户外广告和门头牌匾专项整治活动，检查610户，下发责令整改64户，整治门头牌匾遮挡门窗、堵塞安全通道等安全隐患问题商户35家。

【传统村落申报】 申报并评审传统村落8个，其中：六盘山镇蒿店村、和尚铺村，大湾乡瓦亭村，香水镇园子村，泾河源镇冶家村，新民乡张台村6个村落被列入第六批中国传统村落名录（入选量居全区第一），六盘山镇东山坡村、大湾乡牛营村2个村落被列入第二批自治区传统村落名录。

环境保护

【概　况】 2023年在县委和政府的坚强领导及市局党组的

精心指导下，泾源分局深入贯彻习近平生态文明思想和习近平总书记视察宁夏重要讲话指示批示精神，聚焦“生态泾源，绿色发展”定位，紧盯自治区党委十三届四次、五次全会和固原市委五届八次、九次全会目标，统筹发展和安全，坚守生态环境不变差的底线，全力打好蓝天、碧水和净土保卫战，全县生态环境质量保护成效明显。截至 2023 年 12 月 31 日，受沙尘天气影响，全县优良天数比例为 97.3%，PM_{10} 平均浓度 35 微克/立方米，$PM_{2.5}$ 平均浓度 15 微克/立方米，环境空气质量排名全区前列。泾河弹筝峡国控断面、龙潭水库区控断面水质均达到Ⅱ类，集中式饮用水水源地水质剔除本底值后均达到或优于Ⅲ类，地表水环境质量排名全区第一。

【蓝天保卫战】 持续强化“四尘”管控，以扬尘、烟尘管控为主线，全面推行绿色施工，严格落实 6 个 100% 扬尘防控措施，强化建筑施工工地扬尘污染控制和城区道路洒水降尘管理，县城建成区每天至少进行 2 次机械化湿法清扫、4 次喷雾抑尘作业。开展非道路移动机械登记编码，已完成登记编码 95 台，完成率 118%。开展柴油货车尾气排放路查 4 次，检查 2 家汽车尾气排放检验机构 6 次。督促 11 家加油站全部完成油气回收自动监控设施安装。

【碧水保卫战】 持续强化河湖“四乱”整治，严格饮用水水源保护，开展饮用水水源保护区专项检查 4 次。围绕泾河及其 6 条二级支流开展入河排污口排查 312 处，审查通过 4 家排污单位入河排污口设置论证报告。香水河县城段生态缓冲带修复工程全面竣工。与平凉市崆峒区签订了跨界河流水污染联防联控协议并举行了两次跨界河流水污染联席会议，泾河流域水污染防治体系不断健全。

【净土保卫战】 重点对全县 7 座生活垃圾填埋场、51 家规模以上畜禽养殖场开展执法检查 58 次，对垃圾填埋不规范、粪污处理不及时等问题下发督办 48 份，督促责任单位及时整改完成风险隐患 35 处。对全县农村生活污水处理设施运行情况进行拉网式排查，针对 32 处农村生活污水问题终端，督促主责部门形成整改方案，并按照“一站一策”加快问题整改，截至 12 月 31 日已整改完成 31 项，生活污水处理设施正常运行率达 98.7%。

【固体废物和新污染物治理】 2023 年累计开展汽修和医疗卫生领域专项执法检查 55 次，督促责任单位规范设置了危废暂存间，完善医废处置台账，实现了医疗废物闭环管理，进一步巩固提升固体废物规范化管理水平。

【噪声污染防治】 完成县城 7 个功能区声环境监测点位噪声监测和 146 个道路交通和区域

环境执法队员检查生活污水处理设施

声环境监测点位噪声监测，达标率 100%。

【环保督察反馈问题整改】 2021 年第二轮中央环保督察反馈问题涉及泾源县 15 项共性问题，已完成整改销号 8 项，剩余 7 项正在按时序要求推进整改。督察期间接到群众投诉转办案件 3 件，已全部办结。自治区“四防”督查现场反馈新发现问题 4 项，已全部整改完成。

【环境执法监管】 开展生态环境违法行为专项行动，共排查发现具体问题 32 项；开展全县生态环境领域安全风险隐患排查整治，发现问题 9 个；开展建筑垃圾、生活垃圾及固体废物非法倾倒、乱堆乱放问题专项清查整治行动，共排查发现问题 8 个，截至 12 月 31 日所有问题均完成整改。及时协调处置 10 月 5 日青兰高速交通事故导致的碳酸二甲酯泄漏突发事件，将泄漏后形成的 7.39 吨废物及时规范处置，并开展应急监测，确保未发生环境污染事件。全年累计开展环境执法检查 242 次，出动执法人员 700 余人次，检查企业 102 家次，立案查处 2 件(办结 1 件，1 件正在办理)，立案处罚 23.2 万元。

【环评办理】 坚持关口前移、服务先行，建立全县重点项目环评办理清单，指导项目及时办理环评手续。截至 12 月 31 日，办理环境影响评价报告表 6 个，督促 53 家单位完成环境影响评价备案。

住房公积金管理

【概　况】 1997 年 7 月，泾源县推行了住房公积金制度，2003 年 11 月，固原市住房公积金管理中心泾源管理部完成建制并正常运行，2017 年 7 月 1 日泾源管理部改为泾源分中心。现分中心办公场所 179 平方米，共开设窗口 4 个，主办缴存、提取、贷款等业务。

【住房公积金归集】 2023 年，泾源县共有缴存单位 157 个，实缴人数 4006 人，新开户缴存住房公积金单位 16 个。全县归集额新增 10143.81 万元，较去年归集新增额 11974.47 万元同比下降了 15.29%，累计缴存总额 90938.52 万元，累计缴存余额 35561.07 万元。

【住房公积金使用】 全年全县提取住房公积金 2754 笔，住房公积金提取额新增 6973.95 万元，较去年提取额 5380.55 万元增长了 29.61%，租房提取新增 74.93 万元，较去年同比增长了 27.76%。累计提取总额 55377.45 万元。为 19 户职工家庭发放住房公积金贷款 671.20 万元，较去年 558.40 万元同比增长了 20.20%，累计放贷 1962 户，累计发放个人贷款31161.83 万元。贷款余额 6976.7 万元，全县住房公积金个贷率为 19.62%，逾期率为“0”，资金使用率 68.57%。

【宣传推广】 线下联合宣传，推动住房公积金“贷前提”“商转公”“组合贷”等政策全面落实，向非公企业、灵活就业人员宣讲公积金政策，使“贷款低息”“缴存灵活”等政策优势深入人心。线上挖掘和发挥“智慧公积金”潜能与优势，加强“手机公积金”App、网上业务大厅、“一网通办”“跨省通办”“区内通办”等网办渠道的宣传推广；利用中心网站、微信公众号等网上宣传媒介，刊发住房公积金新政策，讲好为民服务故事；通过单位网站、宁夏公积金服务微信号等多种形式，发布住房公积金相关宣传文章。

【服务效能】 线上线下同时发力，致力于解决群众办事难、办事慢、办事繁等问题。引导群众利用“宁夏住房公积金”App 平台，实行“零材料”、不见面。推行预约服务、上门服务、适老服务、二次办理免排队、延时服务、周末不打烊服务等，推广帮办、代办、集中办、上门办。完善“好差评”机制，设立“办不成事”反映窗口，专治群众办事“疑难杂症”。实现服务评价全覆盖，结合“好差评”系统、12329热线、部门信箱、网站咨询、投诉建议、职工维权等渠道反馈的问题，倾听收集职工的评价反馈和意见建议，及时进行调查核实、整改反馈，开展精准服务。改善服务大厅环境，打造“让权力在阳光下运行，让事项在满意中办结”，实现一个窗口受理、一站式服务、一次性办结，打通为民服务最后一公里，让“跑一次、办得快、就近办、服务优”落地见效。

【风险防控】 强化贷后管理，督促委托银行及时进行逾期贷款催收，确保逾期率始终保持在安全可控的范围内。加强住房公积金贷后管理和还款情况跟踪监督，定期分析、总结经验，杜绝恶意逾期现象发生，始终保持贷款“零”逾期。强化征信接入，完成存量贷款数据、单位职工信息的完善修正，配合市中心实现与人行征信信息共享畅通接入、正式上线。组织分中心人员征信报告使用业务培训，与业务人员签订承诺书，提升信贷管理和服务水平。开展相关宣传教育活动，促进广大缴存人依法依规使用住房公积金。

【队伍建设】 贯彻落实党的二十大精神，举办学习贯彻党的二十大精神专题学习班。主题教育学习与日常业务学习相结合，不断提升干部职工素养。加强礼仪培训，促进展现良好形象。每季度组织开展星级服务评比活动。加强服务窗口日常管理检查、督促和评比，以规范化推动工作效率的提升。选出服务意识强、服务效能好、群众满意度高的优秀服务人员，树立先进典型，以点带面参与星级服务岗创建活动。

【数字化建设】 强化账户清理，对长期封存的“僵尸”账户和信息不正确、不完整的个人账户开展集中清理整治，逐步扫清历史遗留问题，提升基础数据质量。强化数据治理，利用每月的电子稽查，及时认领梳理，确定风险点和风险类别，将结果细化分解给各业务岗位，进行分工配合，及时排查，反馈整改结果，加快减少疑点数量。

交通运输

【概　况】 泾源县交通运输局下设局属事业单位3个(交通综合执法大队、工程站、公路段),国有企业2家(汽车站、公交公司)。辖区有客运企业5家,全县营运车辆418辆,其中:客运82辆。全县城市公交客运40辆,旅游班线客车30辆,出租汽车123辆,中长途班线客车17辆,农村班线客车18辆(营运班线16条)。有二级汽车客运站1个,客运线路22条,开通跨省线路1条、跨地市跨县线路5条、县内线路16条,乡镇通车率达100%。有二级驾校1家,三级驾校1家,机动车综合性能检测站2家。全县公路通车里程672.13公里,其中:高速公路通车里程100.302公里。国道107.216公里,省道38.627公里,县道27.61公里,乡道254.762公里,村道243.915公里。全县专用公路28公里,等外公路78公里,公路网密度为0.84公里/平方公里。有过境段高速公路3条(S25泾华高速、G70福银高速、G22青兰高速),省道1条(S313线),国道2条(G344线和G312线),过境段中宝铁路1条,火车站两处(瓦亭、三关口),高速公路服务区2个,高速出入口3个。全县4乡3镇96个行政村全部通沥青水泥路,通畅率达100%。全县现列养等级公路里程558.3公里,其中省道38.6公里,县道15.1公里,乡道259.6公里,村道245公里,养护里程总计558.3公里,列养率达100%。

【项目建设】 全年实施交通重点项目6个,建设里程162.83公里,总投资2.24亿元,其中新建项目4个,分别为农村公路质量服务乡村振兴三年攻坚提升行动、农村公路水毁抢修、胭脂峡景区特色智慧公路、312线茺麻湾至杨庄段公路;续建项目2个,分别为瓦亭至和尚铺公路建设、新民乡马河滩和杨堡产业路。截至2023年年底,农村公路质量提升项目已全面完工,农村水毁道路建设项目、瓦亭至和尚铺公路建设项目、新民乡马河滩和杨堡产业路建设项目已建成通车;胭脂峡智慧公路建设项目已于9月底建成通车;国道312线茺麻湾至杨庄段公路建设项目已于8月份开工建设。

【服务乡村振兴】 开展提升农村公路质量服务乡村振兴三年攻坚行动。泾源县是自治区确定的提升农村公路质量服务乡村振兴示范县之一,2023年完成51条114.5公里农村公路改造提升任务,全县农村公路中等优良率达到85%;投入资金251万元，实施农村公路生命安全防护工程；增设波形护栏18756米，设置道路临时警示措施，增设彩旗、彩带18000米，治理隐患路段25.453公里，增设连续式防护装置波形护栏9956米、标志牌84块、减速丘323.92米、道口标注桩152根、路基回填土方8993立方米。

【办好民生实事】 2023年承办县十八届人大二次会议议案1件、意见建议22件，政协十四届二次会议提案5件，共计28件；主要涉及行政村、自然村道路硬化、边沟、桥涵、公路养护、公交车管理、交通安全等方面。已办理人大议案1件，办理率100%；已办理人大意见建议19件，争取办理3件，办理率86.4%；已办理政协提案3件，争取办理2件，办理率60%。共投入办理资金2239.48万元，完成沥青硬化道路47.08公里，铺设中粒式沥青罩面94242平方米，更换水泥砼断板20052平方米，修复路缘石16128延米，修建边沟5705米，桥涵84米。

【市场秩序整治】 开展全县道路交通运输市场秩序整治工作，结合泾源县实际，在春节、两会、五一、十一、学生潮等重大节假日和重要时段对客运班车、旅游包车等道路运输领域开展集中整治和专项执法行动，共出动执法人员1260人次、检查车辆1355辆次，检查企业16家次。

【交通服务】 2023年春运、五一、十一期间增发银川长途客车80辆次，开通六盘山高级中学、育才中学、银川一中的“校园直通车”，运送学生3400余人次，组织出租车420辆次、公交车32辆次开展“爱心送考”等活动。

【农村物流服务】 推动商贸流通、物流快递、电商服务等行业快速发展，形成了县有物流中转站、乡镇有客货邮商服务站、村村有电商服务点的发展格局。顺丰、圆通、申通、极兔等快递物流企业陆续进驻泾源县，缓解了物流进村难、运输成本高、运营速度慢、服务群众不满意的问题，补齐了阻碍全县经济社会发展的短板。坚持交通运输网、物流快递网、通讯网、电商网“四网合一”，统筹推进，一体建设，协同发展，实现了全域通达、安全便捷、快速高效的城乡客运一体化格局，为巩固脱贫攻坚成果、有效衔接乡村振兴、更好推动全县经济社会高质量发展发挥了助推作用。泾源县“商贸流通+物流整合服务”被交通运输部评选确定为全国第四批农村物流服务品牌。

2023年8月15日，县交通运输局开展农村道路养护工作

【公路管养】 按照《泾源县深化农村公路管理养护体制改革实施方案》文件要求，实行县、乡、村三级“路长制”管理。坚持以“立路为民，服务社会”为工作目标，在改善路容路貌，提高路况质量上下功夫。实施小修保养等日常养护工作，在确保路面养护质量的前提下，在路面、路肩、边坡、边沟、绿化等沿线设施养护上下功夫，确保路面清洁、路肩平顺、边坡整洁、排水设施完好。整修路肩和边坡 550 公里、疏通清理边沟 350 公里、清扫路面 490 公里、疏通桥涵淤塞 21 处，冬季铺撒防滑砂 120 立方米，融雪剂100吨。清理塌方泥石流 3500 立方米，修复路面 2000 平方米。

【专项行动】 加强与公安交警紧密配合，开展交通运输领域重大事故隐患排查整治和重大风险防范化解 2023 专项行动、“两客一危一货一路一面”道路交通安全专项整治等各类专项行动，共出动执法人员 1050 人次，执法车辆 350 辆次，布设稽查点 230 处，查处超限超载、破坏公路、非法营运等各类违法行为 28 起，罚款 3.9 万元，签订承诺书 325 份。开展瓶装液化石油气专项整治工作，摸底排查加气站 4 家，加油站 8 家，加油加气站 1 家。开展交通运输执法领域突出问题专项整治，及时召开动员部署会，制定《泾源县交通运输执法领域突出问题专项整治工作方案》，建立以交通运输局主要领导为组长的工作专班，明确职责分工和工作任务；下发《关于组织收集交通运输执法领域突出问题线索的通知》，做好“12345”“12328”等投诉、咨询、答复工作，共收到各类投诉、咨询 232件，均第一时间进行处理与答复。

【执法监管】 组织执法人员参加区执法监督局法制培训和教育，提高执法人员法治意识和依法行政的能力，按照自治区交通运输综合执法事项指导目录，结合泾源县实际梳理出 175 条执法事项，制定印发了《泾源县交通运输综合执法大队规范行政执法指南》，明确了执法界限，行政执法实行清单式管理。抓好行政执法“三项制度”落实，明确权责，全面推行“双随机、一公开”监管机制。

【安全生产】 制定了《2023 年度安全生产工作计划》，在重要节假日和重要时段，分管领导带队进行安全检查督查，压实运输企业主体责任、监管单位监管责任，从根本上预防和杜绝重特大道路交通事故的发生。坚持人、车、路、企全链条监管，建、管、养、运全过程整治，统筹发展与安全，综合治理；重点加强道路交通、燃气安全、维修企业、客运企业、危化品运输、场所消防等领域的隐患排查治理，坚守安全底线，保持交通安全形势持续稳定；截至年底，交通运输行业共排查各类风险隐患 433 条，已整改 433 条，整改率 100%。针对全县农村公路临水临崖、急弯陡坡、平交道口多、安全风险大的问题，共排查出安全隐患 326 处，已整治完成 326 处，整改率 100%。强化安全生产宣传培训，组织全体干部职工、交通运输系统生产经营单位负责人学习自治区党委十三届四次全会精神和“1+37+8”系列文件 4 场次，自治区交通运输厅“1+10+1”系列文件和固原市委五届八次全会精神 1 场次，举办交通运输系统生产经营单位负责人安全生产综合能力提升专题培训班 2 期，督促各运输企业开展自治区党委十三届四次全会精神学习培训 12 场次；结合“平安春运”“安全生产月”等活动，开展各项宣传活动 6 次，发放宣传资料 1200 余份，宣传安全知识和天气预警、温馨提示等信息 50 余次。贯彻习近平总书记关于燃气安全重要指示批示精神，落实县委和政府关于燃气安全隐患整改工作的安排部署，开展包抓小区居民用户燃气安全隐患排查整治工作，共入户600余人次，张贴《明白卡》192份、燃气安全隐患检查单192份，共排查燃气隐患777条，其中天然气158户759条隐患（包含软管类隐患391条、报警器类隐患186条、自闭阀或紧急切断阀类隐患154条、其他类型隐患28条）；液化气4户18条隐患（包含软管类隐患6条、报警器类隐患2条、自闭阀或紧急切断阀类隐患4条、其他类型隐患6条）；督促整改居民燃气隐患777条，整改率100%。

【党风廉政建设】 坚持不懈用习近平新时代中国特色社会主义思想武装头脑，制定工作方案和学习计划，组织开展学习贯彻习近平新时代中国特色社会主义思想主题教育，带领干部职工深入学习党的二十大精神、习近平总书记视察宁夏重要讲话指示批示精神，全年开展集中学习48次，理论学习中心组学习12次，交流研讨18次，党员干部撰写个人心得体会40余份。贯彻落实党风廉政建设主体责任，交通运输局党组坚持党风廉政建设与交通运输工作“两手抓”，严格执行年度党风廉政建设工作要点，党组书记履行党风廉政建设“第一责任人”职责，做到党风廉政建设重要工作亲自部署、重大问题亲自研究、重点环节亲自协调；领导班子带头严格纪律要求，主要负责同志严格做到“五不直接分管”，领导班子成员严格履行“一岗双责”，当好廉政表率，严格执行廉洁自律、廉洁从政制度规定，带头落实领导干部重大事项报告制度；加强对重点领域、重点部位、重要环节监管，特别是加强对财务支出、政府采购的监管；严格落实“三重一大”事项集体决策机制，凡属重大事项，按照集体领导、民主集中、个别酝酿、会议决定的原则，集体研究讨论决定。坚持以习近平新时代中国特色社会主义思想为指导，落实中央八项规定及其实施细则精神，落实廉政警示教育制度，制定印发了《交通运输系统纠治形式主义官僚主义专项整治工作方案》和《交通运输行业乡村振兴领域腐败和作风问题专项治理工作方案》，召开乡村振兴交通运输领域腐败和作风问题专项治理工作动员部署专题会，组织开展领导干部廉政警示教育周暨“四项教育”活动，讲廉政专题党课1次，签订廉政承诺书60余份。

泾源县邮政分公司

【概　况】 2023年，泾源县邮政分公司聚焦高质量发展首要任务，开展主题教育，落实区、市分公司打造“三大核心优势”、推进“十大战略任务”的重要部署，紧紧围绕区分公司“12345”工作方针，坚持稳中求进、难中求成、变中求好，因时因势调整发展策略，服务乡村振兴战略，加强三级物流体系建设，落实惠农项目，各项工作呈现“增速快、质量优、能力强”的特点。

【政治建设】 坚持党建引领，开展主题教育，推进“五强”机关作风建设，强化基层党建工作，加强干部人才队伍建设，推进党风廉政建设和反腐败工作，以高质量党建引领企业高质量发展。坚持大抓发展、抓大发展、抓高质量发展，各项业务实现快速增长，企业利润得到较大改善，寄递业务创历史最高水平。

【经营情况】 2023年，业务收入完成1085.02万元，完成预算目标1023万元的106.09%，同比增幅15.41%。全年储蓄余额规模3.4亿元，余额市场占有率9.8%，全年新增3919万元,新增市场占有率 10.3%,活期比 38%。金融业务收入完成 601.91 万元,增幅 13.1%,排名全市第 2 位;寄递业务完成 1149.02 万元,增幅 24.87%,排名全市第 1 位,件均成本压降明显,完成区分公司目标值,寄递降本增效工作得到了区分公司的肯定;邮务类业务完成 22.19 万元,增幅-11.79%。代理保险保费完成 302 万元,收入 114.31 万元,增幅 0.03%,理财收入完成 1.79 万元,增幅-1.44%。全年利润完成 92.82 万元,同比减亏 87.89 万元,人均劳产 27.92 万元,同比增加 4.48 万元。

【普遍服务】 市分公司考核的 15 项普遍服务指标全部达标,其中 10 项指标排名全市第 1 位;建制村打卡达标率 99.89%;普服网点收入增幅达到 19%;机要通信连续多年万无一失。

【三级物流】 邮快合作建制村覆盖率达到 70%,较上年年末提升 12.2 个百分点;快递进村业务量 31.2 万件;复用县、乡、村交邮站点数量 98 处,同比增加了 26 处;农村投递汽车化达到 100%。

【惠农项目】 深化“扫村行动”、特色产业协同开发、“双千示范工程”,全年累计净增融资 E贷款 478.2 万元,同比增长74.6%;打造 2 个惠农示范社区、1 个惠农示范企业;完成 2 个信用村“普遍授信、整村开发”工作,会员入会率 102%,代金开户率 97.3%,新增 AUM3481.1 万元、储蓄存款 588 万元、基金销售 40 万元。

【农村电商】 聚焦泾源黄牛肉特色优品,与天源牧场、泾河牧场两家牛肉生产企业达成合作,做精农产品上行,提升品牌形象,响应政府号召,主动联系邮乐农品公司,利用线上线下渠道,帮助销售泾源黄牛肉,助力地方特色产业发展。

中国电信股份有限公司泾源分公司

【概　况】 中国电信股份有限公司泾源分公司于 2004 年 5 月 24 日挂牌成立,位于泾源县龙潭街 242 号,下设综合中心、云网中心、市场及公众营销中心、政企营销中心(集成分部)及 3 个划小单元。公司坚持线上营销和远程与现场服务相结合,以网络质量和服务能力作为企业的核心竞争力,践行“人民邮电为人民”的服务宗旨,经过二十年的公司化运营,固定资产原值已达 8864.58 万元,净额 8397.12 万元,无负债。2023 年,公司落实“云改数转”战略、“六个一”战略和高质量发展目标,以“四融”为引领,“四云”为统领,提升服务能力与服务水平,夯实基础管理工作。围绕生产经营工作,以党建为统领,打造“业务生态圈”市场氛围,推进企业改革,实现“企业转型 3.0”战略目标。整合内外资源,学习运用互联网思维经营,拓展新兴业务发展空间,提升运营效率。

【党建工作】 落实“三会一课”制度,坚持党员集中学习和自学相结合,开展主题教育学习活动。全年召开支委会 21 次,党员大会 13 次,党课 6 次,组织党员集中学习 12 次,组织各类研讨会 5 次,撰写心得体会 18 份,开展主题党日活动 12 次。以“主题教育”活动为契机,践行办实事、开新局,开展“党员攻坚”“党建翼联”和“一部一品”创建工作,以支部为核心,发动全体党员群众参与经营发展,一年来共开展党员帮扶活动 113 人次,其中“党建翼联”活动 2 次,参与党员群众 171 人次,共发展移动号卡 858 户,融合发展 245 户,携号转网 162 户,“4 升 5”办理 124 户,现场解决客户疑难纠纷 76 起。借助主题党日,夯实城市、农村等各类攻坚行动，划分攻坚行动任务指标，党员干部主动认领，责任到人，做到事事有人管，项项有落实。

【“云改数转”工作】 2023 年，完成收入 2067.5 万元；移动累计发展达 37115 户；宽带(FTTH)计费用户达 20627 户；全屋 Wi-Fi 用户数达 3820 户，天翼看家数累计达 5879 户。

【服务工作】 开展增配工程，全年完成建设工单 44 处，完成新建小区 2 个；开通 5G 基站 57 个，总计 5G 基站达 91个，4G 基站 113 个；XGPON 新增 6 台 C600，新建端口 256，实际使用 199，占用率 77.7%。保障政企客户单位，全年共计查修政企客户障碍 238 个，巡检政企客户机房 112 次；搬迁大客户用户端机房 16 次；开通各类专线 70 条；完成 PTN、SDH 全面退网；完成县公安局视频网改造项目；对部分政企大客户双上联电路进行开通提速，完成了各类重保任务，确保电路设备故障零发生。做好线路维护工作，完成了 3G 退网 27 个 BTS，107 个 RRU；处理排查安全隐患 60 处，线路安全隐患整治 32 处，完成泾河源镇模块局、六盘山镇模块局新增空调和中心局变压器更换工作。

中国移动通信集团宁夏有限公司泾源分公司

【概　况】 中国移动通信集团宁夏有限公司泾源分公司于 2004 年 6 月正式挂牌成立，隶属于中国移动通信集团宁夏有限公司，下设综合办公室、大客户服务组、渠道中心、营业厅、网络支局等五个班组。分公司主要负责泾源县境内的移动通信业务(包括语音、数据、多媒体)、IP 电话、互联网接入服务及基于移动通信业务的各类增值业务，是为泾源县提供移动通信及重大应急通信保障的主导运营商之一。2023 年，2G、4G 网络已覆盖全县所有乡镇和行政村及交通道路，其中在县城建超级基站一处，是泾源县应对重大灾害及突发事件重要的通信保障设施之一；全县共有 5G 基站 55 个，已实现 5G 网络全县城、乡镇、重点旅游景区全面覆盖。

【党建工作】 学习贯彻落实党的二十大精神及习近平新时代中国特色社会主义思想，开展深入学习贯彻习近平新时代中国特色社会主义思想主题教育各项工作，“四风”问题整治明显，妥善解决了一些员工反映突出但一直未能得到解决的“老大难”问题，员工满意度大幅提升。

【网络建设】 全年共投资 464 万元开展“泾源 5G 网络提升”项目，分别为投资 43 万元开展光纤线路迁移改造工程；投资 205 万元在全县建设通信网络，提升全县基础通信能力；投资 66 万元在全县进行小区宽带光改工作，共完成光纤改造小区 10 个，覆盖 480 户；推动双千兆建设，实现泾源县城、重点乡镇双千兆的覆盖；争取资金 150 万元，建设泾源县胭脂峡基站，解决胭脂峡景区通信盲区覆盖问题。

【业务发展】 秉承业务服务双领先战略，2023 年实现运营收入较上年度增加 5.29%，5G 客户较上年增加 12.3%，移动光宽带较上年增加 21%，在全区 24 个县区排名中获得第四名，完成了国有资产的增值保值。2023 年获得宁夏公司授予的先进集体、先进基层党组织称号，多名员工受到区、市公司先进表彰。

【社会责任】 利用中国移动爱“心”行动贫困先心病儿童救助计划开展贫困先心病儿童救助工作；开展军民共建、应急通信保障等活动，圆满完成春

中国移动通信集团宁夏有限公司泾源分公司开展光缆隐患整改工作

节联欢晚会、泾源县滑雪节、杨岭花儿节、宪法宣传日、泾源县滑雪场越野摩托赛等重要活动通信保障任务，全年开展通信保障8次；主动承担政府电视电话会议的维保工作，全年共开展会议保障35次。参与全县信息化建设，投资280万元开展“泾源县公安局视频网链路传输及维保”建设项目，完成泾源县公安局视频图像前端智能化建设项目工作，配合县政府开展“平安乡村”推进工作。落实央企社会责任，落实反电信诈骗各项措施，推进“断卡行动”，利用技术优势配合公安部门开展反电信诈骗协助工作，全年共提供反电信诈骗线索7条。

中国联合网络通信有限公司泾源县分公司

【概　况】 2023年中国联合网络通信有限公司泾源县分公司贯彻落实集团“1+9+3”战略规划，以新融合为主线，以高质量规模发展为核心，聚焦5G化、千兆化、融合化，锁定资源到位区域，深耕社区、农村、校园、聚类市场，通过联通公众等数字化工具提升运营能力。

【经营指标】 2023年，移网用户份额达13.49%，同比增长1.02%；移网累计净增802户，同比增长44%。宽带用户份额达8.6%，同比增长4.9%；宽带累计净增868户，同比增长7.3%。累计收入完成634万，收入份额9.8%，同比增长0.31%。

【市场发展】 借助数字乡村平台，深耕农村市场，通过渠道精准补盲、平台生态运营，推进数字乡村合作化发展，抢抓农闲时间，围绕“快抓、快抢、快布、快稳”，落实五大营销举措；截至2023年，农村市场移网累计完成1631户，宽带累计发展952户，联通看家业务发展18户；通过乡村平台，成功签约泾源县冶家村“泾河夜肆”美食广场餐饮系统服务与泾源县扶贫车间项目。将社区场景营销动作标准化，通过场景搭建、产品体验、引流小礼品等营造活动氛围。开展生源地抢滩战，聚焦升学档案寄送及暑期购机，以邮政提档、社区购机两类场景为抓手，抢抓高考毕业生及家庭市场做强前置营销；开展就学地预备战，通过线上QQ群强化吸粉，做好就学地网络优化，保障校园秋开。以营业厅或合作营业厅为中心，聚焦半径1公里内商圈商户，开展“以店包圈”攻坚行动，选择有宽带资源的商圈，聚焦餐饮、商超、家电等行业，制定商客经理拜访、商户商机录入计划，将商户营销纳入日常工作范围。

【存量运营】 存量运营以“促

转融、控流失，提价值”为核心，加快5G引领千兆化、融合化规模进程，推送创新产品，利用端网业匹配提高用户体验，通过融合用户扩大规模，提升转融率、用户留存率。

【能力提升】 坚持“三会一课”，落实晨会责任，按日明确任务、传达新业务、培训数字化标准动作；开好分析总结会，通报阶段发展情况、存在问题、改善举措，不断总结经验；做好绩效沟通会奖罚工作，明确考核、激励、积分办法；加强赋能课培训，模拟销售场景，演练话术明白纸，打磨销售技巧。围绕反诈溯源不彻底、底线要求不到位、业务稽核不规范的短板问题，开展员工普法教育培训，强化员工底线思维意识，落实个人信息保护、电信网络诈骗防范治理等工作。

【稽核工作】 做好事前防范、事中阻断、事后溯源，一证多户，线上交付订单，三无极低，零流量用户，降收降套用户等风险业务开展全流程全量稽核工作。

【服务工作】 以环境整洁、设施完备、服务流程标准、仪容仪表规范为目标，梳理规范要求，固化标准动作，开展高品质服务攻坚行动；规范统一体验区搭建，突出演示功能、产品卖点、销售政策。以“数字政府”战略方针为指导，落实“三板斧”关键动作，邀请公司领导、专家开展巡讲，打开政府数字化转型思路，以高质量服务提升用户保有，夯实业务基础；完成泾源县大湾司法所基础网络改造及监控系统项目、泾源县人民政府视频会议室升级改造项目、泾源县政法委集成服务项目、泾源县电子政务外网服务项目等；在2022年全面实现市、县级电子政务外网全覆盖后，2023年成功稳定占据政务外网市场份额。

银行　保险

中国农业银行泾源县支行

【经营指标】 坚持"存款立行、高层谋划、高位推动"，统筹抓好稳存增存、增收增效各项工作，梳理提振短板指标，实现各项存款、贷款投放、中间业务、盈利水平稳步提升。全行各项存款余额138776.28万元，较年初增加12454.66万元，增速9.86%；个人日均存款余额98564.58万元，较年初增加12139.55万元，增速11.96%；个人定期存款余额38267.74万元，较年初增加8905.96万元，增速23.27%；一、二季度各项存款增量首超农商行位列同业第一，三、四季度增量占比居同业第二。信贷结构调整稳步推进，各项贷款84469.43万元，增长15157.51万元，增幅21.87%（元旦开门当日投放各项贷款5652万元，其中农户贷款3700万元，为后续贷款投放打下坚实基础，得到分行贺信表扬）；法人贷款余额12755.60万元，较年初增加4598.2万元，增幅56.37%；个人贷款80998.76万元，增长9284.93万元，增幅11.48%；政采e贷实现突破，实现前三季度各项贷款增量位列同业第一目标（四季度被农商行反超）。全年实现营业收入5302万元，同比增加610万元，计划完成率108.87%；利息净收入4993万元，同比增加568万元，计划完成率109.25%；净利润2397万元，完成计划任务的99.89%，同比增加427万元。

【"两户"经营】 紧跟分行"固优势、补短板"的战略导向，坚持双向发力、分层营销机制，开展浓情拥军、医路同行、浓情校园等活动，密切关注国库资金拨付进度及流向，紧盯发改、自然资源、民政、乡镇等行政单位施工项目，将扩户提质落到实处。成功营销自治区交通厅泾源县312线项目一、三标段农民工工资代发户，落地泾源县教育局、泾源县体育中心、泾源县民政局、泾源县工业园区四户职工社保税收专户，对公结算账户176户。强化"大堂经理+柜面经理"模式，通过"智迎客"等加强到堂客户精准营销和信息挖掘，坚持每日贵宾客户转推介，网点主任做实日终复盘和持续跟踪，促进扩户提质，12月末个人账户余额达7.72万户，折效贵宾客户净增928户。与泾源县大湾乡人民政府签订"智慧+政务"合作协议，成功上线乡镇治理场景、e推客，银政联动，上线总行版"智县"认证美丽家乡。全年新增微信、支付宝绑定账户1089户、掌银注册客户数达到39267户、月活客户规模21255户。

【"双基"管理】 树牢风险防控"第一责任人"责任意识，对重点环节重点领域贷款风险苗头做到"风险防患于未然"。落实清收责任，加大督导问责，全年清收处置不良贷款 737.79 万元，全行不良贷款余额 593.30 万元，不良占比 0.70%，不良余额控制在分行计划之内。巩固深化"合规教育年"活动成果，围绕贷款发放、消费者权益保护、员工行为等 6 大类 28 个重点问题开展专项治理，基础管理持续向好。坚持"以人民为中心"理念，处理 95599 咨询、投诉共计 36 笔，为客户提供"有温度"的服务。统筹推进普法宣教、反洗钱、保密印章、安防消防等工作，全行保持平安和谐稳定发展局面。以预防和惩治案件为着力点，按季度组织开展党建与安防检查 3 次，警示教育活动 2 次，履职谈话和廉洁谈话 20 余人次，运用"第一种形态"开展谈话 2 人次，完成泾河源支行原址重建项目及辖区三个网点升级改造工作。

【党建引领】 坚决维护党中央对金融工作的集中统一领导，严格落实"第一议题"制度，深入学习贯彻党的二十大精神、习近平总书记关于金融工作重要论述，及时跟进学习习近平总书记重要文章、重要讲话、重要指示批示精神，确保重大部署不折不扣在泾源支行落地见效，全年共组织开展中心组集中学习研讨 12 次。全面认领分行巡察反馈问题，常态长效抓好整改。扎实推进主题教育走深走实，累计发现解决问题 7 个。强化干部队伍建设，加强年轻干部培养和县域英才的培养使用，配合分行考察提拔直管干部 1 名，向分行推荐副科级干部 1 名，提拔中层干部 6 人，调整中层干部 5 人，选拔青年英才 1 人。规范组织生活，开展辖区党支部"专题组织生活会""党费缴纳""三会一课" 等工作，完成辖内党支部换届选举。开展"员工家访和送温暖"活动，地毯式开展员工家访工作，累计家访 54 人次，走访慰问困难党员 2 人次（其中包括 1 名退休老党员）、困难员工 1 人次、基层网点 3 个，慰问金额达 3.3 万元。

泾源县农村商业银行

【金融服务基本概况】 泾源县农村商业银行现有从业人员 136 人，物理营业网点 11 个，24 小时自助银行 11 个，分布全县 7 个乡镇和城区；农村区域建立乡村振兴金融服务中心 97 个，覆盖全县 96 个行政村，网点布局合理、服务功能健全，是泾源县唯一一家乡村两级金融服务全覆盖的金融机构。截至 2023 年年末，资产规模 31.94 亿元，其中各项贷款 24.63 亿元，负债总额 26.7 亿元，其中各项存款 21.63 亿元，存贷款规模分别占县域金融机构总量的 48.73%和 62.95%，稳居县域同业首位。

【重点领域金融供给】 全年投放各项贷款 41.71 亿元，同比增加 2.15 亿元，贷款规模占县域同业贷款总量的 62.95%。将金融支持地方优势产业发展作为带动农民群众增收致富和自身壮大发展的重要抓手，建立金融支持目标措施，最大化满足农村、农户及新型农业经营主体发展资金需求。全年投放涉农贷款 19.91 亿元，涉农贷款净增 1.64 亿元，增长 9.62%，涉农贷款户数达 15649 户，净增 435 户，年末涉农贷款规模 18.63 亿元，涉农贷款占比 75.64%，有效农户贷款覆盖面达 90.8%。打造金融助力乡村振兴产业发展示范村，探索推出"泾源农商行+基层党组织+村集体+农户"的金融服务模式，打造金融助力乡村振兴支持产业发展示范村 2 个、金融助力乡村振兴小微企业养牛示范基地 1 个、金融助力乡村振兴农家乐示范基地 1 个、金融助力乡村振兴产业发展示范基地1个。依托“助力贷”“创业贷”等普惠金融优势，采用“扶贫小额贷款+商业贷款”模式，满足脱贫农户有效信贷需求。全年投放脱贫人口贷款5733户、3.5亿元，其中脱贫人口小额信贷2996户、1.46亿元，发放创业担保贷款306户、0.51亿元。全年投放个人消费贷款6.63亿元，信用卡消费1.17亿元。

【整村授信】 以习近平总书记视察宁夏重要讲话指示批示精神为指导，把深入推进整村授信工程作为深化农村金融服务和助力乡村振兴的重要抓手，以农村全客户建设为主线，将传统农户、脱贫农户、新型农业经营主体、涉农龙头企业等所有涉农主体全部纳入整村授信范围，由“授信到户”转变为“授信到人”。完成96个行政村整村授信，评级授信农户16337户、17.70亿元，用信15664户、17.10亿元。

【创建“六权”改革服务机制】 围绕自治区“六权”改革重点任务，协调政府职能部门，签订了“金融助力乡村振兴全面推进‘六权’改革”合作协议，探索建立“六权”金融服务机制，制定了《泾源农村商业银行金融支持“六权”改革实施方案》，针对土地权改革，创新推出“农地贷”专属信贷产品，发放“农地贷”“土地权”抵押贷款2笔、10.1万元，发放“用水权”抵押贷款1笔、30万元，金融支持“六权”改革工作取得了实质性进展。

【存款资金利用】 发挥自身金融资源优势，做到存款资金“源于当地、用于当地”，全力满足涉农和小微领域信贷需求。截至12月末，各项存款余额21.63亿元，贷款余额24.63亿元，存贷款比例达113.87%，剔除央行再贷款(4.56亿元)后存贷款比例92.79%，存款资金全部用于支持当地农业产业和县域经济发展。

【金融政策】 结合县域民营小微企业特点，制定了《泾源农村商业银行金融支持稳经济增长工作方案》，细化明确了稳经济保增长促发展信贷支持实体经济发展措施，按照“一企一策”原则，单列普惠信贷计划，资源配置重点倾斜，无缝对接、精准施策。

【企业金融服务】 发挥小微移动平台和线上金融产品优势，简化申办流程、缩短决策链，创新“复工贷”“商e贷”“助力贷”等线上金融产品，实现50万元以下小额贷款“无纸化”办贷，实现“让数据多跑路、客户少跑腿甚至不跑腿”，有效降低小微企业综合融资成本。制定了《泾源农村商业银行金融服务小微企业敢贷愿贷能贷会贷长效机制实施细则》《泾源农村商业银行不良贷款尽职免责及责任认定追究管理办法(修订)》等管理制度，解决了信贷人员“怕贷、惜贷”的心理包袱，激发信贷人员服务小微企业的主动性和责任心。

【银政企合作机制】 与政府、保险、担保等单位合作，建立财政、担保、保险等多种组合模式的风险分担机制，解决小微企业担保难问题，已与泾源县融资担保公司等6家担保机构建立合作关系，通过合作机构担保贷款5767户、4.74亿元。年内举办银企座谈会1次，47家中小企业代表应邀参会，并现场向7家小微企业授信5600万元；与县文旅局、银川君美盛管理公司联合召开“泾源牛街”金融产品推介会，36家准入个体工商户到场参会，向商户授信贷款691万元，捐赠保洁物资3万余元，政银企合力打造“泾源牛街”特色美食街品牌。截至2023年12月末，普惠小微企业贷款2001户、5.41亿元，分别较年初增加38户和0.41亿元，小微企业贷款增速8.23%，高于各项贷款增速1.44个百分点；小微企业贷款利率平均下降0.26个百分点。

【创新信贷专属产品】 对标全域旅游、肉牛中蜂、生态经济等重点产业，以黄河e贷为载体，创新推出“草畜贷”“旅游贷”“民宿贷”“中蜂贷”“商e贷”等信贷专属产品，为全产业链各环节提供高效金融服务，最大化满足地方优特产业发展资金需求。全年投放肉牛产业贷款10.07亿元，投放旅游关联行业贷款2.08亿元，投放中蜂贷486万元。

【创新信用重建模式】 创新打造“信用重建杨岭模式”，探索建立了“超龄宽贷覆盖失信户、清零再贷覆盖清零失信户、部分还贷覆盖信用重塑户、联手续贷覆盖旧贷失信户、能人保贷覆盖部分还款户、亲人帮贷覆盖兜底失信户”的“六个覆盖”信用重建模式，并在全县范围内推广，稳步培养再生客户资源，促进形成诚实互信的农村金融新生态。通过“信用重建”释放“黑名单”农户1418户，重新获贷的有516户、7903万元。

【便民服务提档升级】 以推进普惠金融为着力点，在实现农村金融便民服务全覆盖的基础上，紧密结合地域经济状况、人口密度和服务需求特点，整合金融资源，优化服务布局和服务功能，着力推进乡村振兴金融服务点、站、中心建设，创建优势特色便民金融服务机制，最大限度地满足农村居民就地就近获得基础金融服务。完成辖区97个“乡村振兴金融服务中心”改造升级。

【数字金融全线普及】 坚持以客户为中心，加快推动金融服务向数字化、智能化转型，促进金融服务线上线下融合发展，提升客户全新体验。截至2023年12月末，手机银行累计户数44076户，统一收单商户累计1375户，微信银行累计绑卡17069户，社保卡动户60520户，工会卡动户6376户，电子社保卡签发6431户，发放信用卡9891张，厅堂类机具共53台（含ATM机27台），电子银行替代率达96.7%，线上金融业务全线推广运用，智能化数字化服务体系基本形成。

【党建引领】 将党建工作有机融入业务发展和金融服务中，发挥基层党组织战斗堡垒作用，探索实践形成了“党建+杨岭模式”“党建+村级便民金融服务站”“党建+普惠信贷”“党建+金融助力乡村振兴”等多个特色品牌，“党建促业务、发展强党建”的双融、双促、双提升工作格局基本形成。

【社会责任】 多年来，投入助学资金150万元，资助当地贫困家庭大学新生345名，其中2023年助学捐款10万元，资助当地脱贫家庭大学新生20名；疫情期间，向政府机构捐赠疫情防控资金25万元；年均无偿代收缴农村“两险”约13万人次；近三年缴纳税费3851万元，其中2023年缴纳税费728万元。

【金融稳定】 自觉维护金融消费者权益，加大金融知识宣传频率和广度，开展“金融知识进万家”“普及金融知识万里行”“反假币、反洗钱、防范非法集资和电信诈骗”宣传活动，引导金融消费者规避信用风险，防范电信诈骗，杜绝非法金融，稳定和净化金融生态环境，全年开展各类金融宣传活动71场次。

中国邮政储蓄银行泾源县支行

【基本情况】 现有员工17人，平均年龄30岁，党员6人，包括支行长1名,副行长1名,分设3个职能部门,综合管理部3人,“三农”营业部5人,营业部7人(营业主管1名,理财经理1名,个人柜员2名,公司柜员1名)。现有自营网点1家、邮政代理网点2家。现有员工17人均考取相关岗位资格证书持证上岗,持有银行从业资格证书12人,基金从业资格证书8人,反洗钱证书4人。2023年共计开展员工排查6次,安排轮岗6人次,员工培训24人次,各岗位均在期限内完成轮岗,员工家访12人次。安全、反洗钱、征信管理、工会等工作质量大幅提高,暂未发现被媒体曝光等重大负面服务投诉事件,无案件发生。

【经营情况】 收入利润稳中有增,发展态势良好。完成收入2218万元,同比增幅10.26%,固原市行内排名第五;实现利润1181万元,固原市行内排名第四。以存款为核心的各项经营指标有所下滑,个人总资产18483万元,本年净增-443万元,营销政府一次性代发项目2个,代发546万元。支行公司存款2155万元,年净增-715万元。支行信用卡本年新增发卡476张,首刷激活率92.6%。理财保有量3105元,增长-103万元。销售保险期交93.8万元,非货币基金81万元,资管信托100万元。资产业务发展稳中有为,泾源支行累计发放贷款49189万元,贷款结余39554万元,其中个人经营性贷款净增1077万元,涉农贷款增速3.25%,非住房消费贷款净增-421万元,消费贷款增速-7.29%,两个致富带头人项目贷款净增384万元。加大不良贷款清收力度,通过各种手段共处置不良资产794万元,清收不良贷款427万元,核销222万元,资产证券化144万元;不良贷款554.9万元,不良率1.4%。

宁夏银行泾源支行

【概　况】 宁夏银行泾源支行目前在泾源县内设有网点1个,支行成立于2019年10月16日,是宁夏银行在县域设立的最后一个金融机构,支行现有员工14人,其中领导班子2人,员工平均年龄30岁,均为大学本科学历。支行现有正式党员5人,预备党员1人,发展对象1人,入党积极分子1人,共青团员5人。截至2023年年底,支行取得银行从业中级资格3人,银行从业初级资格7人,取得基金从业资格4人,取得初级会计职称3人,取得助理经济师资格2人,经济师资格1人,取得保险销售资格14人,所有人员均取得会计及信贷行内资格考试证书。

【主要经营指标】 截至2023年年底,支行各项存款时点余额32810万元,列泾源县辖内金融机构第四名,较年初新增7506万元,增速29.66%,增量排名第三名;各项日均存款余额31038万元,较年初新增6520万元。各项贷款余额23703万元,其中线上唰唰贷及宁商e贷贷款余额4653万元,线下贷款余额19050万元,余额列金融机构第四名,较年初新增3256万元,增速20.62%,增量排名第三名。其中普惠小微企业贷款余额9918万元,占全部贷款余额的52%;金额新增2931万元,户数新增92户,超额完成“两增两控”任务指标;民营贷款余额18430万元,占全部贷款比重的96.7%,较年初新增3928万元;“三农”贷款余额11426万元,占全部贷款比重的60%,较年初新增3222万元。支行表内不良贷款1.67万元。除了传统线下贷款品种外,近年来,根据市场情况及客户反馈,创新性地推出了一批线上贷款品种,广受客户的喜爱。线上主流产品主要包括:针对公职人员及新市民的唰唰贷,针对养殖及经营客户的宁商e贷，针对缴存公积金人群的幸福贷、工薪贷，针对纳税客户的宁税贷，针对科技型企业的宁科贷，针对农资客户的农资贷及农机贷等等。

【普惠金融进乡村】 在全县累计设立普惠金融服务站26个，使老百姓能在家门口享受小额取款转账、金融知识普及宣传、贷款政策咨询等普惠金融服务，打通普惠金融进乡村最后一公里，践行了金融机构的社会责任。宁夏银行乡村振兴卡，终身免工本费、年费、跨行ATM取款手续费，打破了宁夏银行服务泾源老百姓的空间限制，累计发放宁夏银行乡村振兴卡6834张。联合乡村服务站所在村委会开展“党建引领·金融惠宁”活动，对所在村致富带头人、党员冒尖户等信用状况好、有一定经济基础的农户，实行“零担保”信用授信，带动乡村产业发展，助力美丽乡村建设。支行业务范围已经覆盖55个村，占泾源县全部行政村的57%，签订党建共建协议11份，2023年以来累计开展各类金融宣传活动12次。针对30万元以下的小额农户贷款已经实现了平板无纸化作业，收集资料、系统录入、审批发放可以在2个工作日办结，减轻了客户负担；同时为顺应线上化、智能化、数字化经营发展趋势，特推出更多数字化金融产品，实现支农支小批量获客、精准画像、自动审批、场景丰富，让“数据多跑路，客户少跑腿”，线上纯信用产品宁商e贷授信客户478户，贷款余额2514万元。

【信贷支持】 紧扣泾源县文化旅游产业发展工作方案要求，支持文化旅游与生态建设、乡村振兴、休闲康养、智慧旅游等重点项目，在泾源县建设全域旅游示范县的契机上，加大对县内宾馆、民宿的支持力度，联合县妇联为冶家村农家乐经营户发放“巾帼贷”33户，授信金额540万元。对特色旅游民宿贷完成授信55户，授信金额862万元，累计授信130户，金额1850万元；按照县政府关于肉牛产业“夯基建标　扩量增质　扩链增效　扩市增收”的思路，对接农业农村局，为“万头肉牛乡镇”“千头肉牛示范村”“出户入园”等重点项目建设资金保驾护航。支持饲草料加工贩运及牛肉销售等环节，探索发展产业链金融，新增发放肉牛产业贷款297户，贷款余额6199万元。

中国人民财产保险股份有限公司泾源支公司

【整体经营情况】 全险种实现保费3851.06万元，增速19.76%，市场份额68.2%，同比上升1.5%，赔付率60.94%，综合成本率84.63%，表结利润485.95万元，应收保费余额515.26万元。其中车险保费收入2049.84万元，增速7.35%，占整体业务比重53.23%，赔付率66.36%；个非保费收入226.4万元，增速6.64%，占整体业务比重5.88%，赔付率42.11%；团体非车险保费收入376.25万元，增速15.1%，占整体业务比重9.77%，赔付率54.14%；农险保费收入1198.49万元，增速56.26%，占整体业务比重31.12%，赔付率56.06%。机动车辆保险赔款支出1167万元，同比增长25.4%；非车险赔款支出144万元，增长1.6%；农业保险赔款支出607万元，增长23.8%。

【党的政治建设】 坚决维护习近平总书记党中央的核心、全党的核心地位，坚决维护党中央权威和集中统一领导。全面贯彻党的二十大精神，增强“四个意识”、坚定“四个自信”、做到“两个维护”，严格遵守党的纪律，政治明确，思想统一，在思想上行动上与中央保持高度一致，做到党要求的跟随，党禁止的不做，党决策的响应。

中国人民人寿保险股份有限公司泾源支公司

【人员结构】 中国人民人寿保险股份有限公司泾源支公司有正式员工 8 人，其中经理室 2 人，一般员工 6 人(一人在海原县桥畔村扶贫)，在册销售人员 35 人。共设经理室、客户服务部、综合部、个险销售部、机构业务部五个部门。

【业务发展】 全年寿险业务原保险保费收入 1643 万元，比上年下降 13.6%。健康险和意外伤害险业务原保险保费收入 280 万元，下降 23.1%；寿险业务给付 406.47 万元，增长 122.39%。健康险和意外伤害险业务赔款及给付 220.73 万元，增长 146.62%。意外险赔付率 57.7%，健康险赔付率 82.2%，赔付率合计 68.3%，同比上升 32.1%。

中国人民财产保险股份有限公司泾源支公司 2023 年经营情况分析表

核心指标	保费	增速	市场份额	份额同比	占比	赔付率	综合成本率	利润	应收保费余额
	（万元）	（%）	（%）	（%）	（%）	（%）	（%）	（万元）	（万元）
全险种	3851.06	19.76%	68.20%	1.50%	100.00%	60.94%	84.63%	485.95	515.26
车险	2049.84	7.35%	65.30%	1.50%	53.23%	66.36%	94.39%	94.64	0
个非	226.4	6.64%	72.60%	-7.20%	5.88%	42.11%	80.67%	40.59	0
法人	376.25	15.10%			9.77%	54.14%	74.94%	79.36	64.76
农险	1198.49	56.26%	72.60%	0.60%	31.12%	56.06%	67.21%	271.36	450.5

科学技术

科技普及与创新

【概　况】 2023年，泾源县科学技术局围绕创新驱动发展战略，优化科技创新环境，聚焦创新主体培育，优化创新要素配置，加大研发投入，推进创新平台建设，加强产学研合作，加大科技帮扶惠民力度，认真完成全县中心工作，加强自身建设，注重宣传工作，为县域经济社会高质量发展提供科技支撑。

【项目建设】 争取自治区重大科技成果转化项目3项、县域科技成果引进项目6项，实施县级科技研发计划项目35项。实施研发后补助项目4项、自治区风险补偿贷款（宁科贷）项目3项、科技金融补助项目4项。

【研发投入】 2023年度全县全社会研究与试验发展（R&D）经费投入总量达到1545.5万元、较上年增加97.1%，位居全区第四名，投入强度达到0.67%、比上年提高0.32个百分点。2023年县级财政投入550万元，比上年增长10%。

【技术创新】 通过申报，认定国家高新技术企业1家、自治区科技型企业11家、固原市科技型中小企业8家、技术创新中心2家。宁苗生态（泾源县）科技发展有限公司油松造型及高效栽培技术研究项目获得创新创业大赛初创组二等奖。

【科技惠民】 按照“双向选择”的原则，对原有的199名科技特派员开展年度考核后进行了动态调整，选派125名带动示范能力强的专业技术人员到科技特派员队伍中进村入户开展农业科技服务，实施自治区科技特派员创业服务项目12项、“三区”科技人才项目12项。依托宁夏中医医院暨中医研究院备案了针灸中心泾源县诊疗技术实践基地，推进全民健康水平提升，促进优质医学资源下沉。

【科学普及】 通过开展科技三下乡活动、科普统计、全国科普日，举办2023年科技活动周，组织科技特派员开展科技帮扶、科技下乡、科普进社区等系列活动，深入田间地头、企业、社区、农村开展形式多样的为民科普服务活动41期，服务432人次，4家单位获批县级科普基地。

【人才引育】 柔性引进高校院所专技人员、携带具有自主知识产权科技成果的高层次科技人才团队来泾创新创业，2023年申报自治区创新团队建设1个，推荐固原市2023年人才项目3个。

【完善技术转移服务体系】 引进培育技术转移服务机构和专业技术转移服务人才，新增科技中介服务机构2家；组织7家企业参加宁夏科技成果转化暨人才交流合作大会；登记自治区科技成果5项（其中发明专利登记科技成果1项）、固原市科技成果2项；完成技术合同登记42项645万元。

【科技合作】 与福建亚热带植物研究所、福建农林大学、西北农林科技大学、宁夏大学等院校对接合作，签订合作协议6项，探索建立院地合作新模式。与国家菌草工程技术研究中心签订菌菇示范基地种植技术支持协议。开展了宁夏产淫羊藿的代谢物含量和功能分析、宁夏重楼种子休眠解除的关键技术研究、六盘山野生菌菇种质资源普查等科技项目合作。

【助推产业发展】 中药材产业争取闽宁资金614万元，新发展中药材3万余亩，其中良种繁育基地200亩，大田种植8214.97亩，林下种植21802.68亩，重点分布在六盘山、泾河源等乡镇的7个流域，主要品种有板蓝根、柴胡、黄芪、芍药等，带动7个乡镇47个行政村250户种植中药材，户均增收2500元以上，全县中药材产业实现了量和质的突破。菌菇产业争取闽宁资金454万元，建成了鑫鼎、皇达、水舟缘公司3个示范园和以羊槽、沙南、马河滩村为主的3个片区，菌菇种植规模515万棒，示范带动农户546户，户均增收3000元以上；挖掘林下资源，在无设施状态下试种林下木耳、香菇、扇贝菇、猴头菇、灵芝、茯苓、灰树花等400余亩；聘请食用菌专家来泾举办食用菌培训班4期，走出去培训1期，累计培训种植户600人次。

防震减灾

【概　况】 2023年，泾源县地震局牢固树立“震情第一”的观念，坚持“预防为主、防御与救助相结合”的方针，开展了地震日常监测预报、“三网一员”队伍管理、抗震设防监督管理、防震减灾知识宣传、应急演练等工作。

【地震监测预警】 制定联络员会议、信息通报等制度，完善宏观观测员岗位职责，建立工作微信群，举办培训，定期开展实地检查，随时了解掌握宏观观测工作。安排观测员每天在规定时间段内开展取样和水氡观测，确定了1名备用观测员，实行AB岗，确保园子泉水氡观测一年365天不间断。不定期开展地震监测点环境巡查和保护工作，走访监测点周边群众，确保观测点网络设备正常运转；及时核实地震观测异常，对把握不准的异常情况及时邀请畜牧中心工作人员及养牛大户会商，给出判定结果。启用了黄花乡向阳温泉观测点。

【地震灾害风险防治】 2023年5月12日是全国第15个防灾减灾日，当天，由县抗震救灾指挥部统一指挥，在泾源县第一中学开展了防震减灾演练活动，活动以全县防空警报为信号，县应急、地震、卫健、消防等多部门按照演练方案，开展了应急避险、应急疏散、应急救援、伤员救治、病毒消杀、应急灭火等实战演练活动，泾源一中3400多名师生及演练人员以真实受灾场景参演，导播对每个演练环节步骤及注意事项进行了详细的解读，对每个演练环节进行了相关知识普及；同一时刻，全县各学校、各大商场等人员密集场所也进行了地震应急演练，各（企）事业单位按照方案要求，自行开展了地震应急演练。5月29日，泾源县防震减灾领导小组联合固原市消防大队、平凉市消防大队、隆德县消防大队、彭阳县消防大队等10多个单位，在泾源县卧龙山开展了"砺剑六盘·2023"跨区域地震应急救援联合演练，设置了8个演练科目、30个场景，出动消防车、救护车、大型救援设备30多台，参演人员300多人。10月13日是第34个国际减灾日，在县抗震救灾指挥部的统一组织下，泾源县第一中学主会场进行了3400多名师生参加的地震应急疏散和救援演练；全县其余72所中小学校，也开展了地震应急救援演练活动。年内开展了全县地震应急救援力量调查摸底工作，对应急救援队伍、应急救援车辆、应急救援联动人员、地震救援物资、地震救援装备设备、救援车辆及大型机械进行了详细摸底，并建立了数据库。

【防震减灾宣传】 "5·12"防灾减灾日，按照"防范灾害风险 护航高质量发展"的防灾减灾主题要求，防震减灾各成员单位在县人民广场开展了丰富多彩的防震减灾知识宣传活动，采用悬挂横幅，展示宣传展板，发放《防震避震知识手册》《中小学生地震安全知识》、手提袋、笔袋、纸杯、围裙、雨伞等宣传册和宣传品，设立防震减灾知识咨询台等多种方式进行了宣传讲解；活动中共展示宣传展板80余块、发放宣传资料4万余份、悬挂横幅30余条；同时在县电视台播放地震公益广告和校园应急避险常识及自救互救常识，向全县手机用户发送宣传短信6万余条；当天下午，防震减灾领导小组办公室组织人员在县各幼儿园门口，给家长发放围裙、纸杯、《地震安全知识》彩页，给小朋友发放宣传气球、猫头笔并一起讲解，受到家长和孩子的欢迎；同时在全县各中小学校开展防震减灾知识安全课堂，讲解防震减灾知识，在部分班级开展"小手拉大手"活动，利用安全课堂，邀请家长和学生一起学习、一起受益。第34个国际减灾日之际，按照防灾减灾主题"共同打造有韧性的未来"的要求，县应急、教体、科协、地震等16个部门在县人民广场进行了防灾减灾知识集中宣传；活动中地震局共悬挂横幅2条，展示宣传展板10块，发放了《防震避震知识手册》《中小学生地震安全知识》、手提袋、笔袋、纸杯、围裙等宣传册和宣传品，设立了防震减灾知识咨询台；此次活动的受教育群众达2万余人。

2023年5月12日，县地震局在县人民广场开展全国第15个防灾减灾日防震减灾知识宣传活动

【防震减灾科普比赛】 3月30日，由固原市地震局主办，县应急管理局、地震局承办的"地震科普　携手同行"固原市2023年防震减灾科普讲解比赛在泾源县第一中学多功能厅成功举办。固原市直各机关、"四县一区"代表队、泾源一中师生代表共700余人参加了活动。活动中，经过全市各单位、各县区层层选拔的16位选手，以"地震科普　携手同行"为主题，以防震减灾相关知识、防震减灾自

救互救、防震减灾预报预警、防震减灾减隔震技术等为内容，采用通俗易懂、声图并茂、科学准确的PPT及道具等方式进行科普讲解。此次防震减灾科普讲解大赛是推进全民意义的防灾减灾救灾宣传教育的有效举措。

【培训工作】 分别于春季和秋季召集全县及固原市地震局驻泾源县地震局宏观观测员举办了地震宏观观测员培训班2次，培训了动植物异常识别方法及地震应急救援、自救互救等相关业务知识，提高了观测员的观测方法以及观测预报水平。根据自治区地震局、教育厅、民委和科协联合印发的《关于开展“地震科普 携手同行”主题活动的通知》要求，县地震局和教体局对接，组织了防震减灾科学传播师培训工作，以防震减灾应急避险知识、自救互救知识为主，对县域58名中小学校、幼儿园老师进行了线上培训，培训共计7天，同时建立了泾源县防震减灾科学传播师数据库。

【震害预防】 实施地震灾害风险调查和重点隐患排查工作，排查了地质灾害隐患点106处，明确了任务及责任人，随时监测。协调开展地震易发区房屋设施加固工程普查。开展建设工程地震安全监管工作，进行管理监督执法检查。开展房屋设施抗震设防信息采集工作，召开协调会，举办培训班，及时采集，及时审核，及时督促加固。组织人员排查地震断裂带标识牌情况，确保断裂带标识牌完好无损，对标识牌周边避让范围内居住的人口、房屋进行了统计，向所在乡镇及相关单位发了通知。

气　象

【概　况】 2023年泾源县年平均气温为7.4℃，较历年偏高0.8℃，年极端最高气温为30.8℃，出现在7月9日，年极端最低气温为-22.2℃，出现在1月24日。年总降水量为647.2毫米，较历年偏少13.2毫米。年日照时数为1982.3小时，较历年偏少302.8小时。年平均风速为2.8米/秒，较历年平均值(2.3米/秒)偏高0.5米/秒；北风向出现频率最高，为13.7%。年平均相对湿度为63.0%。2023年上半年冷空气活动频繁，1—5月出现了6次强降温过程，尤其春季发生了4次强降温，直至5月20日仍有降雪出现；降温之后回暖快，突升骤降变化明显。汛期强对流频发，6—9月出现多次强降水天气，累计降水量达376.9毫米，其中15次过程达到暴雨预警标准，最大日降水量为76.7毫米，9月19日出现在新民乡。9—10月阴雨寡照天气较多，累计降雨量达153.0毫米，较历史同期值(148.1毫米)偏高4.9毫米，10月5日日降雨量达36毫米，达到暴雨蓝色预警标准。入冬以来，气温异常偏高，降水持续偏少，11—12月平均气温为-0.1℃，较历史同期值(-1.8℃)偏高1.7℃，累计降水量仅为1.7毫米，较历年同期平均(16.5毫米)偏少14.8毫米，且各月降水量均少于历年同期平均。

【政治建设】 泾源县气象局党组坚决贯彻党中央部署，落实固原市气象局党组、泾源县委和政府的要求，开展学习贯彻习近平新时代中国特色社会主义思想主题教育，制定了《泾源县气象局学习贯彻习近平新时代中国特色社会主义思想主题教育理论学习计划》《泾源县气象局党支部深入开展学习贯彻习近平新时代中国特色社会主义思想主题教育重点任务实施清单》《泾源县气象局学习贯彻习近平新时代中国特色社会主义思想主题教育实施方案》，成立主题教育领导小组，以党组理论学习中心组学习为龙头，学习《中国共产党章程》《习近平新时代中国特色社会主义思想专题摘编》和习近平视察宁夏重要讲话指示批示精神及对气象工作重要指示精神。落实中心组学习制度，制定年度中心组学习计划，组织党组理论学习中心组学习12次，集体学习15次，开展专题研讨6次，班子成员讲党课3次，撰写学习心得3篇。抓好党建各项任务落实，年内召开党组会议，制定了《泾源县气象局关于落实"三联促三动和党建业务融合工作措施》《泾源县气象局党组2023年党建工作要点》，党组班子向县纪委监委汇报沟通工作1次，向县直机关工委汇报党建工作5次；邀请县直机关工委调研工作1次，组织党员到隆德县党风廉政教育基地参观1次。开展"两个至上"和"质量提升年"活动，开展"五型"模范机关创建工作。年内谈心谈话10人次，撰写职工思想动态分析报告1篇。

【重大决策部署】 3月2日，泾源县人民政府办公室印发了《泾源县贯彻落实气象高质量发展纲要（2022—2035年）实施方案》（以下简称《方案》）。年内泾源县人民政府办公室先后印发了《泾源县2023年度气象高质量发展工作清单》《泾源县创建"中国气候宜居城市"实施方案》，推进了泾源县以"中国气候宜居城市"创建为重点的气象高质量发展等各项工作。泾源县成功申报全国首批"中国气候宜居城市"，已通过中国气象局国家气候中心初审；成功申报自治区旅游气象服务泾源县技术创新中心，旅游气象服务人才平台得以搭建，旅游专题气象服务技术创新、社会化服务水平得到提升。

【气象灾害】 2023年5月19日16时51分—17时11分出现冰雹，持续时间20分钟，直径为18毫米；6月24日12时10分—20分出现冰雹，持续时间10分钟，直径为2毫米，根据泾源县应急管理局调查情况，两次冰雹均未造成灾情。

【防灾减灾】 坚持"两个至上"，以泾源县气象灾害防御与人工影响天气指挥部作用发挥为切入点，严格按照《重要天气过程"531-63"递进式预报预警服务业务规程》，针对夏季发生的干旱和入秋后连发频发暴雨等灾害性天气做好应急防范工作，发挥气象防灾减灾"第一道防线作用"。3月24日，县气象局联合教体局印发了《关于做好2023年全县学校雷电灾害安全防御工作的通知》和《关于在暴雨、暴雪、沙尘暴红色预警信号条件下实行停课措施的通知》。年内泾源县气象灾害防御与人工影响天气指挥部共发文23次，全年共发布各类灾害性天气预警信号169次，联合县自然资源局发布地质灾害气象风险预警3次，联合县水务局发布山洪灾害风险预警3次，联合县农业农村局发布农业气象风险预警4次，发布雨情信息201条。

【服务保障】 强化党的建设、行政、财务和社会管理等工作，突出服务功能，强化气象数据应用、资源整合，完成流程再造，推进县级业务服务系统一体化应用，实现县级业务服务重点向气象防灾减灾救灾、生态气象服务和特色气象服务转型发展，加快县级业务、功能升级，厘清管理和业务界限。泾源县气象局落户一个"科技中心"，创新开展特色气象服务，即布局自治区旅游气象服务泾源县技术创新中心作用发挥，根据泾源产业发展实际，围绕泾源县"1+3+X"产业中与气象相关的课题研究，提高气象服务泾源特色产业发展的科技支撑，做好旅游等泾源县特色产业的气象服务保障工作。针对县情，开展了秋收、旅游、冬春森林草原防灭火和能源保供等方面的递进式、直通式气象保障服务；

做好决策气象服务，为县委和政府决策防灾减灾提供科学依据。全年累计编发各类气象信息专报86期，获得县政府领导批示8次；编发“一周天气预报”47条、“重要天气预报”17条、“节假日预报”5条、“周末预报”44条、“临近预报”1条、“活动天气预报”4条。

【气象科普】 提升气象科普能力，建设完成泾源县气象科普馆，组织开展“3·23”世界气象日等气象防灾减灾科普宣传6次，发放气象科普宣传材料近1万份；年内中国气象报、CMA网站总采稿5篇。

【现代化建设】 年内加强了区级专业气象预报预警服务产品本地化业务应用，增加了人体舒适度及负氧离子预报产品；完成辖区所有2要素及多要素区域站、土壤水分站、交通站2G升4G工作，例如11月21日开展了辖区内六盘山镇和沿川子交通气象站4G通讯模块的升级工作，保障人员现场为交通站更换了4G的通信模块，更换了电池，清洁了设备，使交通气象站在传输及时性和运行稳定性等方面得到了提高，能够更加及时有效监测雨、雪、雾等恶劣天气对交通运行带来的不利影响，为道路交通安全气象预报预警工作提供了有力支撑。完成了气象灾害风险普查工作。选派业务骨干参加六盘山地形云野外观测试验、观测仪器日常维护及数据收集工作，完成了气象现代化任务。

【社会管理】 履行社会监管责任，对辖区易燃易爆和人口密集场所开展防雷防静电安全行政检查38次，联合县文旅局检查2次，联合县应急管理局检查5次；年内升放氢气球巡察15次；对人影作业点业务规范等进行安全检查15次。组织各类应急演练，参加地质灾害、森林草原防火等各类应急演练5次。配合完成各项验收工作，顺利通过自治区级2023年度精神文明单位和区级健康机关和无烟单位验收工作，被自治区爱卫办评为2023年自治区健康机关（事业单位）示范点，职工工作生活环境进一步提升。

【安全生产】 强化单位内部安全生产管理，建立安全隐患排查台账，规范观测设备、备件等安全生产监管机制，制定《泾源县气象局安全生产责任清单》，开展全面自查，完成整改工作。

【春运工作】 春运期间（1月7日—2月15日），泾源县共出现3次降雪天气，分别是1月13—15日，2月7—8日（暴雪），2月11—13日，大雾天气2次，大风天气4次，道路结冰10天，其中2月7—8日积雪深度为21厘米，是泾源县气象观测站创建站以来冬季日降水量极值（16.5毫米），各乡镇累计降雪量为9.8~16.5毫米。春运期间共制作发布春运气象专题决策服务材料7期；联合发文4次；2月8日08时45分升级重大气象灾害（暴雪）Ⅳ级应急响应为Ⅲ级应急响应1次；发布手机短信29条，发布预警信号16条，共计34425人次；并通过电视天气预报、广播、微信、微博将最新、最准确的天气信息及时传送给各级领导和广大人民群众。成立泾源县2023春运工作群，每天向群内制作发布泾源县未来72小时天气预报及预警信息。接受央视新闻媒体的采访报道1次，地方融媒体采访1次，开展烟炉作业3点次，燃烧53根烟条。降雪天气过程降低了森林草原火险气象等级，增加了土壤墒情、水库蓄水量，提高了空气质量，但同时也导致高速封闭、班车停运，给春运、设施农业等方面造成了影响。

教育　体育

教　育

【概　况】 2023年，全县共有各级各类学校73所，其中完全中学1所、职业高中1所、初级中学2所、小学37所、教学点5所、幼儿园27所（公办幼儿园26所、民办幼儿园1所）。共有在校学生17206人，其中，学前教育2775人（含民办幼儿园586人），普通小学7768人，普通初中3902人，普通高中2454人，职业中学307人。全县学前教育毛入园率为92.25%，小学适龄儿童、初中适龄少年入学率均为100%，小学六年巩固率、初中三年巩固率均为100%；义务教育6~15周岁残疾儿童少年入学率为100%；高中阶段毛入学率为95.13%。年内制定印发《泾源县教育质量提升行动实施方案》《泾源县2023年教育质量提升行动任务清单》《泾源县“十四五”特殊教育发展提升行动实施方案》《泾源县“十四五”学前教育发展提升行动实施方案》，推进基础教育质量提档升级，实施“立德树人、资源增量达标、规范化管理、新时代强师、改革创新”五大工程。

【政治建设】 坚定不移用习近平新时代中国特色社会主义思想铸魂育人。开展学习贯彻习近平新时代中国特色社会主义思想主题教育，贯彻落实党的二十大精神、自治区第十三次党代会精神、固原市第五次党代会精神和泾源县第十五次党代会精神，教育引导广大师生不断增强对习近平新时代中国特色社会主义思想的政治认同、思想认同、情感认同，推动学习教育常态化、长效化、制度化。开展“两治理一整治”活动，制定印发《泾源县教育领域侵害群众利益不正之风专项治理实施方案》《泾源县教育体育系统乡村振兴领域腐败和作风问题专项治理实施方案》《关于在全县教育体育系统开展纠治形式主义官僚主义专项整治工作方案》，召开全县教育体育系统党员干部廉政警示教育大会。

【立德树人工程】 推进党的创新理论教育常态化、制度化，推进习近平新时代中国特色社会主义思想进教材、进课堂、进师生头脑，组织开展演讲比赛、主题班会、社会实践、家校共建等活动，教育引导学生坚定理想信念，厚植爱国主义情怀，听党话、跟党走。全面推进“五育并举”，开齐开足音乐、体育、美术、劳动教育课程，落实学生每天锻炼1小时制度，举办泾源县第五届“体教融合杯”中小学生田径运动会、泾源县教育体育系统“学习二十大、永远跟党走、奋进新征程”庆祝“六一”国际儿童节广场文艺展演活动，提升体育、美育、劳动教育水平。

【资源增量达标工程】 统筹实施义务教育薄弱环节与能力提升改造项目，香水镇城关二小迁建项目完工并于2023年9月份投入使用；泾源县第二中学建设项目主体已竣工；改善农村学校办学条件，完成香水镇城关二小宿舍楼、黄花乡平凉庄小学宿舍楼建设项目；优化教育资源，投入资金600万元，实施2023年“互联网+教育”智慧教学设施提升项目，打造教育数字化试点校1所，装备各类智慧教室19间。

【规范化管理工程】 推进课堂教学改革，落实自治区印发的《小学各学科课堂教学基本要求》和《宁夏中小学各学科优质课堂教学评价指标》。落实国家“双减”政策和“五项管理”措施，组织教研员开展全学段、全学科课堂教学视导教研，视导诊断学校常态课，通过对课堂教学把诊问脉、对作业检查指导、对信息技术与课堂教学融合情况进行观测，指导教师改进教学方式，提高课堂质量。推进义务教育优质均衡发展，邀请自治区人民政府教育督导委员会办公室组织专家12人对全县所有义务教育阶段学校进行了为期6天的全覆盖督导调研，通过诊断把脉、查找问题，检视存在的问题和短板，督查整改落实，确保泾源县义务教育优质均衡发展达标县通过自治区评估验收。

2023年10月31—11月2日，泾源县教育体育局组织开展教育质量提升行动暨义务教育优质均衡发展和学前教育普及普惠发展“互观互学”观摩交流活动

【新时代强师工程】 持续深化泾源县中小学教师“县管校聘”改革，成功举办泾源县教育系统“立德树人守初心、培根铸魂担使命”师德师风演讲比赛。2023年招聘事业编教师17名、支教教师10人、基层服务计划40人，签约公费师范生1名，弥补了教师结构性短缺问题。建立教师关爱机制，落实农村教师生活补贴制度，推动评优评先、职称评定向农村一线教师倾斜。

【改革创新工程】 深化部属高校县中托管帮扶机制，2023年5月9日邀请南京大学及附属姜堰中学一行到泾源县高级中学就进一步推进部属高校县中托管帮扶工作进行调研，双方围绕“提高学校管理水平、教育教学水平、教师队伍建设、课程建设、学生培养”等重点帮扶工作达成2023年度合作事项。深化闽宁教育对口帮扶工作，邀请厦门市同安区教育局28名校长和教师、海沧区14名校长和教师到泾源县开展闽宁教育对口帮扶工作，建立覆盖学前教育、小学教育、初中教育、高中教育7对校际对口帮扶协作体。提升校园治理能力，加强校园人防物防技防，完成了中小学（幼儿园）封闭化管理、专职保安配备、一键式报警器及视频监控系统与公安联网、校园护学岗“四个100%”建设任务。

【控辍保学】 压实“双线双控责任制”,按照“四查四补”工作要求,对家庭经济困难学生、进城务工人员子女和残疾适龄少年儿童入学情况进行摸排起底,通过实施控辍保学“销号清零”“千名教师进万家”大走访和“复学学生温馨关爱”三大行动,确保适龄少年儿童一个不少完成义务教育。

【学生资助】 实施学前幼儿“一免一补”资助政策,资助人数2466人次,落实资助金额295.92万元。实施义务教育阶段“六类”家庭经济困难学生生活补助资助政策,资助人数10540人次,落实资助金377.06万元。实施普通高中各类资助政策,资助人数9203人次,落实资助金597.7万元。实施中等职业教育各项资助政策,资助人数891人次,落实资助金66.83万元。资助贫困大学生258人次,落实资助金50.8万元。办理大学生生源地助学贷款2662人,发放助学贷款2327.95万元。

【校园安全】 推进校园安全专项整治三年行动,开展校园消防安全工作,升级改造学校消防管网,更换过期灭火器,消除校园消防安全隐患。开展校园周边交通安全整治,联合县公安局制定印发《2023年泾源县中小学幼儿园“护校安园”专项工作方案》,建立以公安民警为主导,辅警、学校保卫干部、保安员、教职员工、家长志愿者共同参与的常态化“护学岗”,及时发现、依法处置校园周边可能危害师生安全的苗头问题。加强安全管理基础建设,建立和完善集人防、物防、技防于一体的校园“三防”防控体系,学校封闭化管理达100%,百人以上学校幼儿园配备安保人员达100%,一键式报警装置安装并与公安系统联网达到100%。加强食堂食品安全管理,定期开展学校食品安全专项检查,规范食品采购、运输、储存、加工等环节,查清安全风险隐患;落实食堂管理、大宗食品公开招标、集中定点采购等制度,规范学校食堂管理;推进“明厨亮灶”建设,实施“互联网+明厨亮灶”工程,共建成“互联网+明厨亮灶”学校(园)70个,实现了网上实时监管;开展“食品安全周、安全月”宣传教育活动,引导学生远离街头小摊食品,养成良好的饮食习惯,提高师生的自我保护意识和防控能力。

体　育

【概　况】 坚持以习近平新时代中国特色社会主义思想为指导,贯彻落实党的二十大精神,围绕自治区第十三次党代会及历次全会精神确定的各项目标任务,以推进基本公共体育服务设施提升为抓手,实施全民健康提升行动,提升体育产业为社会经济发展的服务能力。争取上级业务主管部门的支持,成立各项工作领导小组,负责年度内重点工作的组织、落实及实施;根据县委和政府目标责任书及各项具体业务工作,实行目标管理责任制,明确职责,确保各项工作有序推进。

【群众体育活动】 利用农闲季节开展“百乡千村”农民体育活动月活动,赛事活动涉及全县七个乡镇,近20000名健身爱好者参与了篮球、方棋、象棋、跳绳、拔河等项目比赛。根据自治区文件精神,开展了全县第五届农民篮球争霸赛活动,来自全县七个乡镇9支代表队108人参加了此次比赛活动。成功举办了泾源县2023年“全民健身日”主题示范活动暨第六届六盘山登山节系列活动“筑梦新时代·奋进新征程”干部职工健步走活动,600余人参与了此次活动。

【青少年体育活动】　2023年5月9日，开展了“奔跑吧·少年”泾源县中小学生田径运动会，来自全县50余所中小学校600余名运动员参加比赛，借此机会为参加区、市运动会选拔了一批优秀运动员。2023年7月8日至11日，成功举办了“奔跑吧·少年”儿童青少年主题健身活动暨固原市教育体育系统第四届中学生田径运动会，来自全市四县一区420余名运动员参加了比赛，此次活动展现了泾源县体育运动健儿的竞技水平，彰显了泾源县承办大型赛事活动的能力，泾源县教育体育局荣获“特殊贡献奖”“优秀组织奖”“体育道德风尚奖”。

2023年7月9日，“奔跑吧·少年”儿童青少年主题健身活动暨固原市教育体育系统第四届中学生田径运动会在泾源县举办

【基础设施项目建设】　完成泾源县大庄新村社区多功能运动场建设项目、六盘山镇集美新村社区多功能运动场项目，完成大庄社区康乐角改造提升项目，完成泾源县体育公园建设路径标示标牌安装工作。争取县委和政府资金支持，完成泾源县荷花新城社区全民健身中心建设大厅木地板铺设工作，2023年9月健身场馆正式对外免费开放。

【宣传培训】　利用微信公众号、快手、抖音等多媒体手段，宣传展示各体育产业、体育活动的成果。加强体育科学健身推广能力建设，改善全民健身活动手段，利用多种途径、多种方式加快社会体育指导员健身知识更新，完成泾源县2023年社会体育指导员培训工作，培训人员58名，其中三级社会体育指导员50名，二级社会体育指导员5名，一级社会体育指导员3名，国家级社会体育指导员2名。

【监督检查】　对各项业务工作的实施情况定期开展检查，完成泾源县健身场馆体育健身服务公共场所安全检查排查督查工作，检修检查存在的安全隐患，建立安全消防工作台账，确保场馆安全运营。开展对体育监管行业（桌球室）消防、用电、用水等方面的安全检查工作，确保监管企业正常开展使用。加强校外培训机构的监督检查力度，确保校外培训机构严格按照相关规定遵照执行。

文化　旅游　广电

文　化

【概　况】 泾源县文化旅游广电局由原旅游局、原教育体育和文化广电局合并重组，于2019年1月30日正式挂牌成立，加挂县文物局牌子，下属事业单位有文化馆、图书馆、文物所，内设办公室(财务室)、综合业务股(产业发展股、公共文化和宣传股、文化市场综合执法大队)。2023年，县文旅局立足“生态泾源　绿色崛起”定位，按照挖掘资源优势、发展生态经济、提升品牌效应、完善基础服务、强化综合能力、开发创意产品的工作思路，用足用活“泾水之源　避暑胜地”特色名片，将生态优势转化为经济优势。

【数字化建设】 完善文化活动服务网络，推行文化馆数字化建设，引入先进的信息技术和设备，提升文化馆的数字化服务能力，加强文化资源的数字化整理及管理，建设数字化展示平台，实现文化资源的数字化传播和共享。以文化馆数字化建设项目公共文化云平台为依托，推进文化资源向乡村延伸，全年“泾源文化云”数字化服务平台上传文化类信息30余条，浏览量5000余次，对“冰雪文化体育旅游节” 和大湾乡杨岭村“村晚”等活动现场进行线上直播，在线观看人数约3.8万次。

【公共文化基础设施建设】 坚持把公共文化服务基础设施建设作为文化事业繁荣发展的主抓手，扶持发展文化大院、民间文艺团队、非遗传承基地和非遗传承人，提升基层文化示范点2个；投资94万元实施泾源县乡村振兴重点示范村文化长廊建设项目；提升5个乡村文化示范点(1个乡镇文化站，4个村级综合文化服务中心)，配发文化设备器材，提升了文化设施服务效能。

【公共文化服务】 健全公共文化场所基本公共文化服务项目和公共文化服务公示制度，规范服务流程，提高服务能力，以县文化馆、图书馆总分馆制为总抓手，做好公共场馆免费开放工作，全年“两馆”到馆8万余人次，线上服务4万余人次。针对不同年龄段、性别、职业等特点，开展丰富多样的文化活动，包括开设素描、硬笔书法、吉他等6个线下公益培训班(免费培训100余人)，开展乡村文化流动服务，送书下乡、进养老院，送红书包下乡、进校园，悦读——最美书签悦读及“品味书香　有爱无障”泾源县图书馆助残等活动，组织县内文艺团体和文艺工作者深入基层开展文化志愿者服务活动。加强社区文化服务，深化“广场

2023 年 2 月 16 日，县图书馆在武坪村开展"送书下乡"活动

文艺演出、送戏下乡、戏曲进乡村、戏曲进校园""文化大篷车"等文化品牌活动，全年完成"送戏下乡"50 场次，"戏曲进乡村"42 场次，开展各类文化惠民演出 220 场次，其中围绕泾源民间故事创演花儿歌舞实景剧《柳毅传书》全年演出 100 场次。加强文化产品的开发和推广，提供具有泾源特色的优秀文艺作品，制作全民艺术普及慕课 30 余课时、开展文化活动直录播 5 场次，通过文化云平台、微信公众号、视频号等线上平台发布各类信息 120 余条。

【文体赛事活动】 举办第十九届宁夏六盘山山花节暨首届六盘山花儿艺术节、大地欢歌"夏季村晚"全国"四季村晚"示范展示活动、第四届杨岭乡村文化旅游节、宁夏固原·泾源第四届冰雪文化体育旅游节、"5·19"中国旅游日等品牌节庆活动 11 场次。组织群众文艺团队参加了区、市书法绘画摄影展、社火、秦腔展演、歌手大赛、广场舞等活动(赛事)。

【人才队伍建设】 加强对文化从业人员的培训和能力提升。通过参加"2023 年全区群众文艺骨干中国舞精品创作培训班""2023 年全区文艺骨干文化志愿服务能力提升培训班""自治区文化和旅游厅关于举办中国非物质文化遗产传承人研修培训计划暨黄羊钱鞭培训班"等各类专题培训班及艺术家讲座、艺术表演交流，为文化工作者提供学习和交流的平台，提高了群文工作者的专业技能和综合素质，全年参加培训 26 人次。

【非遗基本情况】 泾源县现有国家级非物质文化遗产代表性项目 1 项(泾源民间故事)；自治区级非物质文化遗产代表性项目 13 项(踏脚、赶牛、方棋、泾源民间故事、山花儿、打毛蛋、刺绣、陶器烧制技艺、剪纸、九碗十三花、麦芽糖制作技艺、泾源蒸鸡制作技艺、泾源小曲)，自治区级传承人 20 名；自治区级非物质文化遗产代表性项目传承基地 3 处（泾源县六盘山镇和尚铺村"山花儿"传承基地、泾源县李治明陶器烧制技艺传承基地、泾源县东山坡剪纸传承保护传承基地)；固原市级非物质文化遗产代表性项目 16 项、传承人 45 名；县级非物质文化遗产代表性项目 42 项，传承人 128 名。

【非遗传承保护工作】 加强非遗保护利用，强化非遗活态传承，扶持发展非遗传承基地和非遗传承人，开展非遗项目挖掘、申报工作。2023 年成功申报自治区第七批非物质文化遗产代表性项目 3 个；完成国家级非遗代表性项目《泾源民间故事》丛书的编纂及出版工作，共 1440 篇，180 余万字，分为《生活故事篇》《神话故事篇》《风俗故事篇》《人物轶事篇》《动物故事篇》《传说故事篇》(6 本)。加强乡村非物质文化遗产保护和利用，推动非遗项目进景区、进校园，组织开展了 2023

2023 年 6 月 9 日，非遗传承人向中小学生展示陶器作品

年“在宁夏·非遗过大年”、五一节假日“非遗进景区”和 2023 年度“文化和自然遗产日”宣传展示活动；在泾源县第一中学和泾河源镇白面小学分别将自治区级非遗项目“泾源陶器制作技艺”和“泾源剪纸”作为校本课程。7 月 10—13 日举办了国家级非遗项目“泾源民间故事”非遗传承人培训班及传承人讲述大赛。组织非遗传承人在杨岭村乡村文化旅游节、杨岭村乡村“村晚”示范展示活动、冰雪文化体育旅游节期间参与非遗展示。泾源县文化馆与文化企业合作成立“非遗研发中心”，进行剪纸文创产品的研发和推广工作，取得了一定的非遗产业化效应。

【文物保护工作】 泾源县文物所具体负责文物管理保护工作，实行县、乡（镇）、村三级文物管理责任体系，层层签订《文物保护工作目标责任书》，形成“党政领导、文化主管、部门联动、社会参与”的齐抓共管格局。落实文物安全责任制和各类管理制度，加强文物安全检查巡查及馆藏文物的安保工作，完善文物突发事件预案体系，初步形成以县文物所为中心的县、乡（镇）、村三级文物管护网络。加大文物保护力度，坚持加强管护与严格执法相结合，调动社会各界参与文物保护工作；全县所有文保单位均按文物法规定的程序制定和公布，划定保护范围、树立标志碑、建立记录档案、设置保管机构，“四有”档案齐全。加大对《中华人民共和国文物保护法》的宣传力度，利用“5·18”博物馆日和文化遗产保护日举办丰富多彩的宣传展示活动，利用媒体等宣传教育手段宣传展示文物、普及文物保护知识，增强广大群众的文物保护意识，在全社会营造良好的文物保护氛围。2023 年，辖区内有区级不可移动文物保护单位 6 处（果家山秦汉遗址、石窑湾石窟、瓦亭城址、凉殿峡遗址、余羊清真寺、三关口摩崖石刻），县级不可移动文物保护单位 20 处，未定级 96 处；馆藏文物 238 件，包括玉器、钱币、古籍、瓷器、陶器、金银器、石器、铁器、铜器、砖瓦、化石、杂项等 12 类，其中二级 6 件，三级 70 件，未定级别件 162 件，古钱币 2000 余枚。申请文物保护专项资金 264.55 万元实施泾源县石窑湾石窟修缮加固工程。

旅　游

【概　况】 立足“生态泾源　绿色发展”定位，制定了《泾源县 2023 年文化旅游产业发展工作实施方案》《泾源县关于加快建设生态文旅特色县的实施方案（征求意见稿）》；完成了自治区级特色旅游村、星级农家乐转型乡村旅游示范点申报及等级民宿市级初评工作；开展乡村旅游示范点、农家乐、民宿从业人员培训班 4 期 270 人；全域旅游示范县创建通过了自治区级复核验收。2023 年，全县共接待区内外游客 120.11 万人次，旅游综合收入 9.27 亿元。

【项目建设】 推进重点项目建设，加大文旅基础设施投资。投资 552.9 万元建成“泾源牛街”特色旅游街区；争取自治区文旅厅 500 万元用于农文旅融合助力乡村振兴发展项目；提升了胭脂峡景区基础服务设施。

【宣传营销】 制定了《泾源县 2023 年旅游推介会活动方案》，在西安市大唐西市举办首场“红色六盘山·避暑泾河源”推介会，参加固原市在西安、福州等地举办的农文旅推介招商活动。先后举办泾源县第二届双品网购节暨农特产品展销会、文化旅游美食节暨泾源养生膳食烹饪大赛等活动。参加“两晒一促”大型文旅推介活动和“我是家乡带货王”直播活动，助力销售泾源黄牛肉、土蜂蜜等农特产品，9 家企业长期进驻宁夏卫视“塞上名品荟”电商平台。

【生态旅游】 坚持“绿水青山就是金山银山”的理念，厚植绿色“底片”，擦靓“泾水之源、避暑胜地”旅游品牌，逐步形成了城乡联动、多元发展、要素聚集、功能完备的生态旅游产业体系，生态为基、文化为魂、旅游为型的产业态势为泾源县旅游业注入了源源不竭的发展后劲。2023 年 3 月，泾源县被认定为全国避暑旅游目的地；2023 年 12 月，《绿色“底片”擦靓泾源生态旅游“名片”》入选全国绿色旅游目的地创新发展典型案例。

【民宿经济】 结合产业发展实际，落实闽宁合作资金 200 万元，通过以奖代补的形式，重点对新建、改建民宿、农家乐及旅游商品销售摊位、实用人才培训进行扶持，农户新建或改建民宿业态，达到验收标准，每户补助 5 万元；新建或改建农家乐，达到验收标准，每户补助 2 万元；在景区景点摆摊设点销售旅游商品，补助 3000 元；开展民宿业实用人才培训班 2 期 20 万元。经过申报、初评、复核、验收，2023 年实际扶持民宿改造 21 户，补助资金 105 万元；扶持农家乐 32 户，补助资金64 万元；扶持消费帮扶项目 33户，补助资金 9.9 万元；扶持民宿实用人才培训班 2 期 20 万元。

【农文旅融合】 泾源县把旅游业发展作为乡村振兴战略的重要抓手，聚焦美丽乡村建设、乡村振兴战略。2023 年，各乡镇结合产业发展需求，培育农文旅多元化发展路径。新民乡按照全县农业产业结构改造的总体安排，以旅游、肉牛、中蜂产业为依托，探索“农业+旅游”“田园+旅游”“生态+旅游”的农旅融合发展新模式，在张台村打造农旅融合观光基地，完善农旅融合基地基础设施建设，以“龙头企业+合作社+基地+农户”的运行模式，推动农业产业、旅游观光同步发展。六盘山镇围绕“八个万级”特色产业基地建设，打造百花溪谷产业园和李庄、集美农旅融合产

2023 年 11 月 17 日，游客在泾源县黄花乡向阳温泉打卡

业园及集美观光采摘园3个产业点位，以点带面串联中蜂产业、四大流域中药材产业、周沟旅游等产业，形成以强带弱、全面发展的产业模式。泾河源镇余家村建设特色农业示范园，利用村集体土地和流转农户土地，建设萌宠乐园、儿童游乐沙滩、生态养鸡场等，特色农业示范园将成为20公里旅游服务带上新的增长点。大湾乡杨岭村以党建引领乡村振兴和乡村治理，立足特色资源，打造集红色教育、特色养殖、生态体验为一体的农文旅融合观光基地，推动“农业”与“文旅”深度融合。黄花乡沙塘村，盘活废旧鱼塘，规划建设沙塘村休闲垂钓中心，利用鱼池周边闲置校舍打造沙塘月色露营基地。黄花乡向阳村，依托天然温泉等自然资源禀赋优势，建设向阳温泉露营打卡地。

广播　电视　电影

【概　况】 泾源县融媒体中心（加挂泾源县广播电视台牌子）初步实现了全县新闻信息“一次采集、多层次处理、多端口生产、多渠道发布、多媒体呈现”，与中央主流媒体、区市主流媒体互通互融的立体架构，将逐步实现“媒体+政务”“媒体+服务”等功能。2023年，县融媒体中心以主动占领意识形态主阵地为根本，坚持党管媒体原则和团结稳定鼓劲、正面宣传为主的方针，把握正确的政治方向和舆论导向，深度融合各种媒体，使媒体融合工作成为宣传思想发动、意识形态引领、舆论生态构建的有力抓手，成为服务全县党的建设及县委和政府中心工作的有力支撑，为建设美丽新泾源提供了良好的宣传舆论氛围。

【党建工作】 落实“第一议题”等制度，通过开展集中学习、自学、支部书记讲党课、专题辅导、交流研讨、党校专家授课、举办知识竞赛等多种形式，学习贯彻党的二十大精神，全年共组织集中学习22次，开展交流研讨活动11次，党支部书记带头讲党课、做专题辅导6次。落实“一岗双责”责任，履行全面从严治党第一责任人职责，全年召开党支部会议12次；开展“三会一课”、党支部“评星定级”和党员“评星定格”，召开支部主题党日活动12次；一体推进不敢腐、不能腐、不想腐，加强党风廉政建设，组织召开党风廉政建设工作会议4次，开展谈心谈话6次；按时召开意识形态工作分析研判会议，落实意识形态工作责任制，定期梳理总结意识形态工作中存在的问题并及时调整解决方案。开展学习贯彻习近平新时代中国特色社会主义思想主题教育支部书记轮训1批次，专题党课1次，学习讨论6次，开展立足岗位做贡献活动5次，结合本职工作为群众办实事办好事6次，开展建言献策活动2批次，听取意见建议9条，检视问题短板3个，落实整改措施3个。

【新闻报道】 紧紧围绕县委和政府工作大局，坚持以科学发展观统领宣传工作，宣传中央、区、市各项重大方针政策，加强对全县的重大决策、重点工程和重大项目建设的宣传力度，在新闻宣传“三贴近”上下功夫。针对重大新闻题材制定详细报道计划，整合资源，责任到人，协同作战。先后承担了自治区十三届四次、五次、六次全会，全国两会反响及相关系列报道和泾源县两会、环境卫生综合治理、全域旅游、村集体经济、乡村振兴、森林草原防火、移风易俗、重点项目建设、乡村旅游节、冰雪节、越野赛等重大新闻题材和与群众生产生活息息相关的新闻报道；转发区、市安全生产相关报道43期（包含评论员文章5期），发布安全生产相关电视新闻报道及公告54期；播出新闻1382条，上传区台160条、采用111条，上传市台902条、采用813条。

【专题宣传】 在做好时政报道的同时,从时政报道中找出线索,创作有深度、有策划的主题性宣传栏目,先后开办了《聚焦两会》《政策公开讲》《榜样》《宣传贯彻自治区十三届四次全会精神》《宣传贯彻自治区十三届五次全会精神》《宣传贯彻自治区十三届六次全会精神》《环境卫生红黑榜》《新春走基层》《乡村行看振兴》《安全公开讲》《妇女节系列报道》《闽宁协作》《创建卫生县城》《党建引领促发展》《移风易俗》《大学习大讨论》《创城曝光台》《办实事解民忧》等十七个专栏共计300余期;开设安全生产相关专栏3个,其中《安全生产》专题67期,《天天讲安全》专栏112期,《主播解读》专栏6期;制作栏目《视线聚焦》三期,制作专题片《党建引领》《旅游推介》《探索基层协商民主新路径 展现专门协商机构新作为》《打造廉洁文化"主阵地" 涵养崇廉尚洁"新风气"》等六部。

【全媒宣传】 全年泾源县融媒体中心公众号共发布信息860余条,视频号发布短视频510余条。发布主题教育相关信息230期,《学习自治区十三届五次全会精神》15期,《榜样》16期,《健康科普》105期,《应急科普》17期。开设《政策公开讲》12期,《学习身边榜样》8期,《办实事解民忧》25期,《乡村行看振兴》45期,《微宣讲》专栏13期,《泾源县创建卫生县》专栏6期。发布安全生产相关小视频32期(包含《主播说安全》5期,《人人讲安全 个个会应急》应知应会3期)。外购播放了《乡村法制》《农村卫生》《致富农经》等栏目30期;播出禁毒公益广告片480次,播出安全生产、消防、法治、禁毒等公益广告及标语2800余条,制作播放各类宣传标语55条,播出禁毒、法治题材影视剧3部。制作短视频383条,"学习强国"采用187条,稿件被各类媒体采用、转发1300余条。

【农村数字电影放映】 加强广播电视公共服务体系建设,圆满完成了2023年农村数字电影放映任务。按照自治区广电局2023年农村电影放映工作要求,制定2023年农村电影放映工作安排,召开专题会议安排部署农村电影放映工作,与放映员签订了放映工作目标管理及安全责任书,及时开展片源订制、放映设备维护等准备工作。在放映过程中,通过悬挂标语、播放科教片等方式,将禁毒、法治、卫生健康教育、安全生产宣传警示教育与放映紧密结合。2023年自治区下达农村数字电影放映任务1470场次,已完成放映农村数字电影1479场次,其中行政村放1260场次,农林牧场放映9场次,移民村放映24场次,社区放映18场次,固定放映点放映168场次,观众达6.6万人次。

【安全播出】 利用"安全生产活动周"等活动组织开展形式多样的安全生产宣传活动,宣传广电法规和依法行政法律法规,完善安全播出应急预案,制定安全风险评估机制,健全人防、技防、物防措施,严格实行节假日24小时带值班制度,加强节庆假日等重大活动期间的安全播出演练和快速反应,实现全年节目安全播出零事故,除设备检修和停电外没有发生停播现象。

文化旅游企业

泾源县旅游开发服务有限公司

【概　况】 年初,泾源县旅游开发服务有限公司成立了以公司总经理为组长的工作领导小组,围绕安全、文明、A级景区创建等工作,贯彻文明服务、文明管理、文明经营的核心理念,按照方案,部署落实,明确目标任务、责任部门、责任人、完成

2023 年 4 月 27 日，泾源县在陕西西安市举办“红色六盘山　避暑泾河源”宁夏·泾源 2023 年文化旅游推介会(西安站)

时间和质量要求，专注于管理机制优化、环境卫生提升、景区风貌改造、服务质量增强，逐条逐项开展工作。响应县委和政府号召，参加“红色六盘山避暑泾河源” 宁夏·泾源 2023 年文化旅游推介会(西安站)，向西安市民发放了 1 万张免费门票；入驻携程、美团购票平台，提高了游客的购票速度和满意度；胭脂峡景区于“五一”期间恢复营业，实行门票免票、半价优惠等政策，吸引了大量游客前来游玩；自驾车游客量与往年相比大幅攀升，旅行社接待量仅占自驾游、短线游接待量的 1/3。

【管理制度建设】 景区在原有管理机制的基础上，修订并完善了《服务岗位职责》《清洁管理制度》《车辆出入管理》《游客投诉处理工作制度》《景区车辆密集应急预案》《景区人流高峰疏导应急预案》及其他安全应急预案，组织实施了景区车辆碰撞、侧翻应急演练。

【优质文明服务】 按照文明景区的相应要求，开展优质文明服务工作，树立优质服务窗口形象，达到创建文明景区的工作目标，推动景区整体建设。2023 年开业之初，邀请宁夏前沿交叉学院旅游管理系的老师对全体员工从接待礼仪、安全常识、民俗历史、导游基础、医疗救援、安全设备操作等方面进行了专题培训，并经常利用例会时间巩固学习。

【基础设施改造】 坚持便民、利民的原则，做好相应的设施维修、完善工作。创新服务方式，建设乡野帐篷民宿，提供一体化的住宿、餐饮、消费服务，满足游客的多样化需求，给游客带来更加便捷、舒适的旅游体验，为景区创造了新的利润增长点。

【安全防范管理】 建立健全安全生产工作制度和安全管理规范，成立应急组织机构，多次组织应急演练，完善应急救援预案、安全检查记录、安全培训、安全工作方案和总结。严格实行景区内设施每天巡检、每周一小检、节假日例行安全检查的检查制度，防范安全事故发生。在各大节假日和重大活动期间，开展安全生产知识培训和安全隐患排查，坚持领导值班制度，确保景区秩序优良，推动景区各项工作顺利开展。

宁夏六盘山国家森林公园开发有限公司

【概　况】 2023 年，宁夏六盘山国家森林公园开发有限公司坚持以习近平新时代中国特色社会主义思想为指导，紧紧围绕宁夏旅投集团和六旅集团党委中心工作，以“强党建抓作风，提服务抓营收，促落实抓升级，提质量抓管理”的工作举措，持续推进“管理优化、运营优化、体系优化”任务目标，推进公司各项工作走深走实。2023 年实现税后营业收入

2198 万元；景区发生总成本费用 1883 万元，比去年增加 62 万元，上涨 3.4%。

【宣传营销】 以提靓六盘山国家森林公园“清凉世界、天然氧吧、避暑胜地、徒步天堂”的生态景区形象为营销主线，推广六盘山国家森林公园“春赏花漾六盘·打卡特色景观”“魅力六盘·诗画野荷”，设计包装“生态研学课程、高端徒步探险、特色景观打卡、旅游线路制定”，突出景区特色。谋划部署节日期间旅游措施，开展端午节“吃粽子、赏美景、穿汉服、享清凉”及中秋节和国庆节“情暖中秋、欢度国庆、祈福盛世、歌唱祖国”等活动。升级装扮沿小南川水路、陆路打造的动物场景石刻、摩崖石刻、“梅李谷”、鸟巢、心形、月亮门等打卡点，将春季赏花、夏季纳凉等元素结合起来，组织拍摄好照片、好视频，在相关媒体平台进行宣传和展播。邀请网红达人、媒体主播对景区进行全面宣传，主动联系 FM103.7 宁夏旅游广播、FM98.4 宁夏交通广播等进行连线。对 2023 年中考、高考应届毕业生免首道门票；落实“崇军行动”，对持证军人和全国大中专院校在校学生（含研究生）免首道门票；全年推出“穿汉服进景区”免首道门票优惠措施。根据淡季旅游特点和方式推出惠民政策，即 10 月 8 日至 10 月底，游览六盘山国家森林公园、野荷谷享受门票半价优惠，持森林公园门票享受野荷谷门票全免等优惠活动。通过走访旅行社、户外协会等社会群团，走访媒体、研学机构，投放广告宣传，预热景区旅游市场，提升景区知名度，夯实客源基础。4 月 2 日接待兰州首发团 800 余人；5 月 7 日，协助组织开展了固原市 2023 年“三区”人才培训暨花儿传承人及爱好者培训班“花儿唱响六盘山”结业展演活动；5 月 26 日接待了 2023 西安旅游专列踩线团走进“天高云淡六盘山”踩线采风活动；8 月 12 日第十一季网络达人浪固原并到达景区进行实地宣传；8 月 28 日，西安千人旅行团走进天高云淡六盘山，开启品味多样六盘活动。开展“固原故事我来讲”活动，提高景区讲解员的能力和水平，打造一批懂业务、会讲解、“召之即来，来之能战”的专业化讲解员，制定科学详细的拍摄计划，坚持尊重历史，选择适宜宣传景区的生动故事进行绘声绘色的讲解宣传，让听众了解固原历史，了解六盘发展，了解景区未来，已拍摄五期固原故事短视频。

【短视频摄影大赛】 开展首届以“观层林尽染·赏六盘秋韵”为主题的短视频摄影大赛，通过线上线下联动的方式宣传短视频大赛，吸引兴趣爱好者参与其中，并相继在景区微信公众号和视频号上对所有参赛作品进行展示展播。活动自 9 月初开始，截至 2023 年 10 月 31 日，共征集到短视频作品 135 条、摄影作品 1003 幅，全平台累计总播放量突破 400 万次。经专业评委评审，共评选出短视频作品 26 条，其中一等奖 1 名、二等奖 2 名、三等奖 3 名、优秀奖 20 名；共评选出摄影作品 16 组（62 幅），其中一等奖 1 名、二等奖 2 名、三等奖 3 名、优秀奖 10 名。

【重点亮点工程建设】 按照自治区四防督导组及相关部门反馈安全隐患整改要求，完成了六盘山生态博物馆消防安全隐患整改、森林公园智慧化景区及主线道路的监控系统建设安装、小南川 2600m 低压线路安装及 2 座 A 级厕所电路灯具接入、小南川主线路弯道 2 处山体崩塌隐患点 650m^2 主动防护网安装、森林公园主线路及各景点观光车道波形护栏和道路标识牌安装等项目。实施了森林公园小南川生态广场商品餐饮服务区 12 座小木屋及防腐木底座休闲平台 973.1m^2 改造、凉殿峡广场至敖包段 460m²木栈道建设、野荷谷景区洪沟荷花池铺设木栈道及周边秋千安装、小南川生态广场增加制作休憩树围座椅、凉殿峡重新做勒勒车、主线道路挡土墙墙体维修、森林公园各景点绿化靓化等项目。

【基础设施升级改造】 按照相关单位对景区督查检查要求，对部门基础设施进行升级改造，完成了森林公园凉殿峡餐厅厨房防火改造、野荷谷洪沟摊点商铺改造、主线道路做高压线路检查井、凉殿峡至卫生间线路改造、游客中心监控室装饰粉刷及屋面防水维修、景区各景点厕所侧位管网疏通及蹲便器改造、野荷谷景区 220m²观光车道沥青路面及混凝土路面破损沉陷修补、生态博物馆动植物昆虫标本维护保养整理等项目。先后实施修补了一批零星工程项目，包括野荷谷景区停车场智慧化收费系统安装、游客服务中心检票口护栏改造、游客服务中心值班室改造、小南川电子屏安装、森林公园游客服务中心钢结构靓化及生态博物馆吊桥维护、森林公园各景点电力设施及高压线路维护、森林公园各景点基础设施零星维修、森林公园主线路沥青路面维修及道路环境整治、森林公园厕所化粪池及管网改造维修、各景点零星项目提升及垃圾桶采购、生态博物馆展厅展板装饰更新改造等。

【旅游服务措施】 完善景区卫生管理制度，对景区卫生进行重新划分，实行责任到部门机制，组织景区全体员工进行卫生整治，定期清理假山泥沙，清理道路两边杂草、杂物、落石；加强景区环境服务质量督查检查，成立督查小组，以督查促落实，做到人人都是保洁员，共同维护景区形象。为提高游客辨识度，消除迷路风险和安全隐患，在小南川、凉殿峡等关键重要部位制作醒目标识牌和警戒带。在小南川、凉殿峡以及上下车会车点安排调度员和志愿者做好游客分流工作，杜绝发生拥挤踩踏事件，确保游客安全。各部门利用晨会时间抓好员工培训，及时将上级会议精神以及公司要求传达至每位员工，强调服务中需要加强和改进的地方，不断提升员工服务能力和水平。做好摊点摊位管理，与其经营者签订租赁协议、诚信经营承诺书、摊点摊位管理制度、食品卫生安全责任书、森林防灭火责任书和安全承诺书；并明确营业时间佩戴统一工作帽、工作牌，不定时对摊点摊位进行检查，确保食品卫生安全。

【企业体育活动】 9 月，由公司支部和工会联合举办六盘山国家森林公园第三届“旅游安全杯”三人制篮球比赛活动，此次活动促进了职工之间的沟通和交流，凝聚了公司向心力，增强了员工对公司的认同感和归属感。10 月 12 日，由宁夏六盘山旅游集团、固原市六盘山林业局主办，宁夏六盘山国家森林公园开发有限公司承办的第二届“六盘山旅游杯”篮球邀请赛在泾源县荷花新城社区全民健身中心圆满闭幕；邀请赛共有来自固原市六盘山林业局、宁夏六盘山旅游集团和六盘山红军长征景区联合组队、固原市公安局六盘山森林分局、泾源县泾河源镇政府、泾源县公安局泾河源派出所、泾源县旅游服务开发有限公司、宁夏六盘山国家森林公园开发有限公司、宁夏须弥山旅游有限公司的 8 支队伍 70 余人参加。

【安全生产工作】 坚持“以学促干”晨会学习制度，各部门于每日晨会时间学习安全生产相关知识，第一时间将自治区党委十三届四次、五次和固原市委八次、九次全会精神传达至每位员工，在具体工作中落实自治区党委和固原市委决策部署。为提高景区驾驶员及外聘驾驶员安全意识，按照实际情况制定培训方案，对从业人员进行全覆盖培训，全年共开展各类驾驶员培训教育60余次、召开安全生产例会12次、开展应急演练3次，制作安全横幅30余条；落实驾驶员“三查一询”制度，确保道路运输安全。做好森林防火工作，严防火源火种入山，要求驾驶员做好火源收缴和宣传工作，提醒游客自觉主动上缴漏缴的火源，配合景区森林防火工作，把好火源入山“三道关”。结合“安全生产月”“安全生产万里行”“安全生产百日专项整治行动”等活动，开展专项安全生产隐患大排查、大整治行动，查处各类事故隐患，制定整改和防范措施，对发现的问题及时整改销号，形成安全隐患排查整治长效机制；累计排查各类安全隐患35处，已整改35处，整改率100%。

【督查检查工作】 不定期开展督查检查，按照自治区四防督导组和各级上级单位检查督查情况，2023年度共排查各类安全隐患92处（其中自治区级部门督导检查隐患25处，市县级部门督导检查隐患24处，企业自查隐患43处），已整改92处，参加排查人数116人次。针对自治区党委督查室督查工作通报“四防”常态化督查和中共泾源县委员会督查室10月25日下发的《督办通知》以及《反馈区“四防”督查组督查存在的问题和特种设备安全监察指令书》中涉及的相关问题，及时召开会议，研究制定整改措施，制订整改方案，安排部署落实具体工作，已全部完成整改。2023年5月2日，景区外租车辆在转运游客过程中因车辆制动原因，发生了单方侧翻事故，造成2人轻伤；根据自治区、固原市、泾源县领导及相关部门的指示精神，在做好善后事宜处理的同时，立即开展了全面隐患排查整治和道路车辆专项整治工作，结合各级部门督导检查及自我排查情况，共排查景区各类安全隐患43处，已整改完毕42处，整改率97.6%；投资100多万元用于安全隐患排查整治，在小南川、野荷谷临崖路段加装安全防撞护栏800多米，对景区主干道路事故易发段加装高强度防撞护栏180余米，新增道路标识标牌及限速牌55块，加装减速带12处，更换8处，更换凸镜25面；修整破损路面500余平方米；维护保养景区专用变压器4个，对有安全隐患的两处高压线路进行了换杆改线，清理林区高压线路树障5000米；清理了主干道路两侧12公里范围内的铁丝围网和破损水泥立柱；对影响安全视线的主干道路两侧树枝进行了修剪。银川“6·21”燃气爆炸事故发生后，公司立即组织召开了警示教育会，学习传达了习近平总书记对银川“6·21”燃气爆炸事故的重要指示和中央领导有关批示、自治区领导及区文化和旅游厅等相关部门会议精神，并对景区安全生产工作再动员、再部署，安排专人对景区职工食堂、凉殿峡餐厅、小南川商贸店美食区、所有用电的餐饮区及职工食堂电路、水路等进行排查，现场排查出2家商户使用煤气罐，当场进行清理，对存在的个别线路隐患进行立查立改。

【发挥中枢功能】 做好收发文工作，严格按照流程第一时间处理收发文，按照领导批示及时将办理意见和落实措施传达至相关部门，确保件件有落实，步步有举措。按照领导班子部署和要求，做好接待工作，发挥行政后勤人员模范带头作用，增加行政后勤人员体会一线工作辛苦的感知，每逢节假日和旅游高峰期，安排行政后勤人员率先进入相关需要岗位，协助其他部门人员做好检票、调度和其他相关工作，提高旅游接待服务的质量和工作配合度。发挥好“后勤保障员”作用，做好各项检查督查相关迎检工作，为后续工作开展作准备。按照会议研究决定，组成考察小组前往平凉市实地考察冬季冲锋衣，经过多方对比，为职工购买冬季冲锋衣，提高了职工冬季值班的积极性。

卫生健康

综　述

【概　况】 2023年，卫生健康工作坚持以习近平新时代中国特色社会主义思想为指导，深入学习贯彻落实党的二十大精神，按照县委和政府总体工作安排部署，紧紧围绕全年卫生健康工作重点目标任务，深化医药卫生体制改革，推进健康泾源建设，实施全民健康水平提升行动，提升医疗卫生服务质量，预防控制重大疾病，完善积极生育支持政策体系，加强“一老一小”健康服务保障，为城乡居民提供更加优质、更加均衡、更加满意的医疗卫生服务。

【党的建设】 学习贯彻习近平新时代中国特色社会主义思想主题教育，县卫健工委按照县委统一安排部署，坚持把“学思想、强党性、重实践、建新功”总要求贯穿主题教育全过程，把开展理论学习、推动干事创业、检视整改问题等重点措施有机融合、一体推进，将开展主题教育与“解决群众反映强烈的看病就医突出问题专项整治”相结合，主题教育进展顺利，取得了阶段性成效，进一步提升广大群众获得感、幸福感。加强政治引领凝心铸魂，坚持以习近平新时代中国特色社会主义思想为指导，学习贯彻落实党的二十大精神，开展“大学习、大讨论、大宣传、大实践”活动，强化政治理论学习，引导党员干部深刻领悟“两个确立”的决定性意义，增强“四个意识”、坚定“四个自信”、做到“两个维护”。夯实基层基础强基固本，紧盯公立医院党的建设、“五型”模范机关建设、日常基础工作三个关键，以实施基层党组织建设提质增效工程为抓手，推进基层党组织建设，落实党组织领导下的院长负责制，修订了县医院章程和议事规则，落实“三会一课”、主题党日、民主评议党员等制度，按要求开好民主生活会和组织生活会，落实党费管理规定，按月足额收缴党费，开展“五型”模范机关创建、深化“双培双带”党建模式，举办“喜迎二十大奋进新征程”主题护士节技能比赛活动，倾力打造“县医院、疾控中心、六盘山镇卫生院”党建品牌，不断提升党支部标准化规范化水平，按程序新发展对象及预备党员各2名、入党积极分子10名。全面推进从严管党治党，坚决落实管党治党政治责任，严格落实“一岗双责”责任制，做到党建同业务工作同谋划、同安排、同检查、同落实，开展卫生健康领域突出问题专项治理、民生领域侵害群众利益突出问题专项整治、违规收送红包礼金和不当收益及违规借转贷或高额放贷专项整治、乡村振兴领域腐败和作风专项整治、纠治形式主义官僚主义专项治理等工作，进一步严肃纪律、改进作风、狠抓落实、推动工作。

【医药卫生体制改革】 推进县域综合医改，开展县域紧密型医共体建设，制定印发了《泾源县县域综合医改实施方案》《泾源县医疗健康总院建设方案》《泾源县关于深化公立医院薪酬制度改革实施方案》等规范性文件，组建成立了以县人民医院为龙头，各医疗单位为成员的医疗健康总院，成立了医疗健康总院党委，严格落实党委领导下的院长负责制，实行人员、业务、财务、信息、药械“五统一”管理，初步形成了县域医疗健康总院医疗卫生一体化管理新模式基本框架；建设泾源县“互联网+医共体”信息化平台，实现各医疗单位诊疗信息互联互通，构建起综合监管、业务管理、信息共享、业务协同、互联网医疗服务等医共体应用中心，促进医疗资源协同服务、信息共享服务等应用有效落地。

【医疗服务能力提升】 强化基础设施建设，实施县医院急救救治能力提升项目，新建标准化村卫生室3所，县医院重症医学科、卒中和胸痛中心建成并投入使用。实施健康产业培育工程，争取自治区项目资金140万元，开展医养结合试点工作，全县医疗服务基础设施全面提升。加大卫生专业技术人才培养力度，依托“闽宁协作”“组团式”帮扶平台，引进三级医院帮扶专家20余人次进行技术指导，先后选派52名专业技术骨干到区内外三级医院进修深造，成功举办全县闽宁卫生人才培训班，培训人员170余人，业务能力水平得到明显提升。改善群众就医环境，开展“优质服务基层行”活动，泾河源镇中心卫生院通过国家推荐标准、大湾乡和黄花乡卫生院通过国家基本标准评估验收。推进分级诊疗制度，利用“千名医师下基层”活动，建立“凡晋必下”职称晋升制度，推动优质资源下沉，引导群众首诊在基层，2023年区市县“千名医师下基层”对口支援基层29人，有效落实分级诊疗制度。提升中医服务能力，县医院建立了“名中医”工作室，每个乡镇卫生院均建立了中医馆，65%以上的村卫生室具备与其功能相适应的中医药服务能力，医疗机构中医诊疗量占比达到30%以上，中医特色诊疗专科提档升级。

2023年11月，泾源县卫健局在县人民医院组织召开泾源县2023年闽宁协作卫生人才培训班

【公共卫生服务】 做好基本公共卫生服务管理，全面落实14类54项基本公共卫生服务项目任务，加强重大慢病规范管理，开展各类公共卫生培训班10期次，培训医务人员300余

人次，公共卫生服务水平不断提升。全县城乡居民规范化电子健康档案建档率达98%，老年人健康管理率达82%，高血压、糖尿病、严重精神障碍患者规范管理率分别达85.89%、84.51%和94.81%，癫痫病服药管理率100%。儿童建档基本信息完整率均为100%，国家免疫规划疫苗接种率持续保持在95%以上，全县无甲类传染病报告，无突发公共卫生事件报告。

【妇幼保健项目管理】 免费婚前医学检查完成率达88.3%，免费孕前优生健康检查完成率达90%，孕产妇系统管理率达99.20%，产前筛查率达94%；新生儿疾病筛查率为100%，叶酸服用率为99.74%；未发生孕产妇死亡病例；农村妇女宫颈癌、乳腺癌免费检查完成率达100%。

【卫生健康综合监管】 强化卫生监督执法监管，完善医疗卫生行业综合监管制度，依法查处医疗卫生违规违法行为，完成各类专项监督检查整治工作。审核发放医疗机构执业许可证13家，校验86家，发放公共场所卫生许可证21家。共查处各类违法案件8起，罚款共计93000元，没收违法所得4000元，没收中药饮片400多公斤，卫生监督覆盖率达100%。

【地方病和职业病防治】 做好地方病和职业病防治，管理包虫病病人1例，管理布鲁氏菌病病例113人，病例建档管理率100%；完成全县职业病及健康危害因素和枯水期生活饮用水水质监测工作。

【家庭医生签约服务】 全县普通人群签约服务率达65%以上，重点人群签约服务率达90%以上，建档立卡脱贫人口家庭医生签约服务达到全覆盖。

【健康泾源建设】 实施全民健康水平提升行动，开展健康知识普及，设置健康科普专栏，开展健康科普“六进”活动，共完成各类宣讲150场次，受益群众1.8万余人，居民健康素养水平达到26.48%，提升3.27个百分点，体育场地人均面积达到7.28平方米，经常参加体育锻炼比例达35.50%。成功创建国家卫生县城，开展爱国卫生日、爱国卫生月活动30余场次，集中清整活动42次，清理脏乱死角319处，发放宣传资料4800余份，参与人数3.6万余人次，开展全县卫生评比工作，市容市貌大幅提升，人居环境明显改善，创卫工作成效明显，顺利通过国家卫生县评估验收。开展健康细胞创建活动，创建区市级健康细胞27家，其中健康家庭15户，县级健康机关5个，健康村/社区3个，健康企业1个，健康学校3个；创建县级健康家庭130户，健康机关22个，健康企业2个，健康学校10个，健康村/社区8个。设立戒烟门诊1家，各社区均设置了控烟工作站、戒烟咨询点、心理干预辅导室及健康科普体验室等“四位一体”社区戒烟阵地，无烟党政机关、无烟医院、无烟学校创建率为100%，达标率100%，健康环境建设成效明显。

【推进“一老一小”工作】 加快健康养老产业发展，百泉社区卫生服务站、六盘山镇中心卫生院分别与县中心敬老院、六盘山敬老院签订医疗服务合作协议，县人民医院设置老年病科（室），争取项目资金140万元，打造全县医养结合服务能力示范点，友善型医疗机构创建全面推进，努力打造“医护康养一体化”医养结合服务新模式。全面落实计划生育各项政策，落实计划生育家庭奖励扶助227人，扶助资金27.42万元，落实独子户、纯女户提前奖励扶助1119人，扶助资金134.28万元。全县备案托育机构3家,备案托位数260个,已超额完成备案目标任务。共发放一次性育儿补贴金人数223人,资金57.2万元,其中二孩补贴人数160人,资金32万元,三孩补贴人数63人,资金25.2万元。

泾源县人民医院

【概　况】 2023年,医疗总收入3439.6万元,其中住院收入2408.1万元,住院患者7486人次,住院次均费用3219元;门诊收入1013.5万元,门急诊患者80616人次,门诊次均费用129.49元;药品收入1273.5万元(其中中草药135.3万元),占比33%,卫生材料收入186.6万元,占比5.4%;检查、化验收入771.8万元,占比22.40%;平均住院天数7.5天,床位使用率77%;医疗服务收入1207.7万元,占比35.1%。

【党的建设】 泾源县人民医院在上级党组织和卫健局党组的正确领导和大力支持下,以习近平新时代中国特色社会主义思想为指导,深入贯彻落实党的二十大精神,充分发挥党支部把方向、管大局、作决策、促改革、保落实的领导作用。坚持以政治建设为统领,持续加强思想建设、组织建设、作风建设和党风廉政建设,不断提升党支部的政治引领和凝聚力。把创建“医心向党　护佑生命”党建品牌作为党建工作提质增效的有力抓手,不断夯实党建基础,打造党建文化阵地,设立党员先锋岗,充分发挥党组织政治堡垒和党员先锋模范作用。结合医药领域腐败问题集中整治及“纠治形式主义官僚主义”专项整治活动,开展医院党风廉政建设和行业作风整顿工作,通过警示教育和自查自纠,强化党员干部规范执业和廉洁从业的意识。注重“双培双带”工作模式,加强学科带头人和业务骨干的培养,为党组织增加活力和新鲜血液,有6名业务骨干被确定为入党积极分子,1名被列为发展对象,接收2名入党申请人。

【医疗质量与控制】 结合医院实际,制订医疗质量安全改进目标工作方案,确定了6项医疗质量安全改进目标和20项质量控制目标,通过日常监管、协调和定期检查等方式进行质量管控,医疗质量得到提升。以医疗质量为核心,以医疗安全为目标,通过抓病历质量、医疗操作和培训学习等,强化核心制度落实,确保医疗质量、责任与安全。严格查处、纠治“不合理用药、不合理检查、不合理收费”等现象,将临床诊疗行为作为日常重点督查内容,加强对病历和处方点评,对发现的不合理用药、不规范诊疗和过度检查的行为及时反馈整改。加强对药品、卫生材料从采购、入出库、使用和报销的全流程监控,尤其是对重点监控药品、高值耗材使用的管控。努力提升辅助检查工作人员能力水平,提高辅助检查结果质量,降低检查检验收入占医疗收入的比例,落实医疗机构检查化验结果互认。

【学科发展】 打造“五大中心”建设,相继成立重症医学科、心脑血管科(下辖卒中中心、胸痛中心)和老年医学科,并全部实现实质化运行。其中:危重孕产妇救治中心于2002年挂牌,危重新生儿救治中心于2023年5月通过验收评审,创伤中心于8月19日通过验收评审,卒中中心和胸痛中心于9月15日建成运行,且均具备及时有效救治危重症孕产妇、危重症新生儿、急性创伤、急性脑血管梗塞、急性心肌梗死的急诊急救能力,初步实现了“急危重症不出县”的目标。中医科是集传统中医疗法、中医特色疗法、中医康复于一体的综合性科室,2023年申报了中医药服务能力提升项目,建设中医名医工作室一间，在中医科一楼大厅打造六盘山中医药文化展馆一间；全面开展中医诊疗业务，尤其在中药汤剂、针灸、艾灸、熏蒸、足浴、刮痧、推拿等中医理疗技术领域均取得良好成效，同时在帮扶专家的指导下，开展了 PNF 技术在偏瘫患者中的临床应用、中药联合针灸治疗胃脘痛等新技术、新业务。

【人才队伍建设】 树立人才是第一资源、第一要素的理念，增强做好人才培育工作的责任感、使命感和紧迫感，围绕学科建设和群众需求培育人才，本年度派出省内省外进修学习的医护骨干 23 人。通过 2023 年事业单位公开招聘，招录了急需岗位紧缺专技人员 9 名。选派了 16 名医务人员前往帮扶医院进修学习。

【医共体建设】 2023 年 1 月进行了医疗健康总院事业单位法人登记，组建了以县人民医院为龙头，县妇幼保健院、7 家乡镇卫生院、2 家社区卫生服务站为成员单位的泾源县医疗健康总院，在县人民医院加挂“泾源县医疗健康总院”牌子，各成员单位加挂了分院牌子。2023 年 5 月，泾源县委下发《关于成立中国共产党泾源县医疗健康总院委员会的通知》(泾党办发〔2023〕41 号)，正式成立了医疗健康总院党委，由卫健局局长兼任党委书记，组建了由党委书记、总院长、副院长及院委成员组成的医疗健康总医院院委班子，建立了县域医共体建设中党委领导下的院长负责制。实行人员、业务、财务、信息、药械“五统一”管理，形成了县域医疗健康总院医疗卫生一体化管理新模式基本框架。

2023 年 1 月 11 日，泾源县人民医院重症医学科成立

【医药领域腐败问题整治】 主要从检查检验、药品耗材使用、临床路径管理、医疗质量、患者投诉、特殊群体服务、慢特病的门诊诊疗等方面全面自查，共涉及 7 个问题 17 项措施，已完成整改措施 15 项。

【平安医院建设】 强化完善医疗安全、消防安全、人员安全等重点方面，开展安全生产及重大事故隐患专项排查整治行动，及时发现问题并整改。在污水在线处理、电梯维保、消防安全、网络信息安全、医疗废弃物处置等均与第三方维保公司签订了协议合同。成立了司机转运专班，统一规范管理 120 司机、总务后勤司机、日常车辆的管理与使用。更换全院老旧监控设备，规划院区停车位，新配备防爆器材。

卫生监督

【概　况】 2023 年，在县委和政府、县卫生健康局的坚强领导下，在上级业务主管部门的正确指导下，坚持以习近平新时代中国特色社会主义思想为指导，贯彻党的二十大精神和自治区十三届四次全会精神，按照区、市卫生监督工作会议和全县卫生健康工作会议要求，围绕依法治县工作和专项整治工作，通过加强内部管理，完善各项规章制度，规范卫生监督执法行为，树立卫生监督新形象，开展了各项卫生监督工作。全县各类监督管理单位324家，其中生活饮用水集中供水单位1家，二次供水3家，公共场所经营单位134家，放射诊疗单位8家，职业病健康检查机构1家，医疗服务机构120家，学校47家，职业病危害因素用人单位8家。管理的卫生专业技术人员675人，新注册24人，变更和延续注册38人，其他各类公共场所从业人员1600多人。

【思想政治建设】 以党支部为中心，开展支部组织活动和“主题党日”活动，学习贯彻习近平新时代中国特色社会主义思想、党章、党的二十大精神、习近平视察宁夏重要讲话指示批示精神、自治区十三届四次五次党代会精神、宪法等党和国家重要理论和法规政策，温习党的历史。学习模范和身边榜样，设立党员示范岗位、模范岗位，开展“学思想、强党性、重实践、建新功”等活动。开展廉政警示教育活动、纠治形式主义官僚主义专项整改、卫健领域专项治理活动、“收受红包”专项整治活动、医药领域腐败集中整治、“转作风、勇担当、勤履职、提效能”专项行动等活动。

【卫生许可】 全年共审核发放医疗机构执业许可证13家，校验105家，公共场所卫生许可证27家。

【卫生行政处罚】 全年共查处各类违法案件8起，罚款共计93000元，没收违法所得4000元，没收中药饮片400多公斤，其中查处非法行医案件2起，罚款共计70000元，没收违法所得4000元，没收中药饮片400多公斤；传染病防治、医疗操作不规范案件2起，罚款11000元；查处公共场所违法案件4起，罚款共计6000元。

【双随机监督抽查】 国家下达的随机抽查共14家，市场监管部门随机抽查共14家，其中：2所学校卫生、1家放射卫生、10家公共场所、1家生活饮用水供水单位；按照国家方案要求，随机抽取5家职业用人单位，随机抽查单位检测和监督检查完成率100%，完结率100%，检测合格率100%。

【卫生监督协管】 加强卫生监督协管人员管理，完善管理制度，签订目标责任书，加强督查和指导。执行卫生监督协管月例会制度，定期开展乡村级卫生监督协管员的培训，及时报告和汇总每月卫生监督协管巡查情况，加强食品安全信息、生活饮用水、学校卫生和公共场所、计划生育、打击“两非”等卫生监督工作，促进全县综合监督总体工作的发展。

【传染病卫生监督】 加大对医疗机构监督检查力度，对县医院传染病区、PCR实验室的管理，各医疗机构预检分诊制度的执行、发热门诊的建立情况，是否严格执行首诊负责制，按规定报告传染病疫情，是否存在瞒报、缓报、谎报传染病疫情报告，是否做好院内感染控制和消毒隔离工作，尤其是重点科室、重点区域的消毒隔离工作，以及医疗废物的分类、收集、运送、贮存、处置等重点环节是否符合国家有关规定等内容进行监督检查。查处违反传染病防治法律法规的2家医疗机构，罚款11000元。

【公共场所卫生监督】 组织监督执法人员对全县135家各类公共场所进行了监督检查，对存在问题的公共场所经营单位下达了卫生监督意见书，要求限期整改。全县公共场所经营单位全部持有《公共场所卫生许可证》，查处4家违法行为单位，共计罚款6000元。

【医疗卫生监督】 全年共监督检查医疗机构119家，重点检查了县直各医疗卫生单位、乡镇卫生院医务人员、民营医疗机构及个体诊所的执业行为、医疗废物安全处置、医疗安全和生物安全等各方面的情况。同时加强对医疗机构诊治发热感冒病患、执业范围、医务人员资质及医疗废物管理与处置等专项执法监督检查，规范了医疗机构执业行为。对67家医疗机构存在的不同问题分别下发了监督意见书，并要求立即整改。严厉打击未取得《医疗机构执业许可证》的机构和药店“坐堂”“游医”“黑诊所”及医疗机构聘用非卫生技术人员行医、非法医疗美容的行为等医疗乱象。查处非法行医案件2起，罚款70000元，没收违法所得4000元，没收中药饮片400多公斤。取缔各种非法行医流动摊点3起。严格按照《宁夏医疗机构不良执业行为积分管理办法》，对医疗机构不良执业行为按照规定给予相应记分，并对部分执业不规范的卫生技术人员予以相应记分。

【职业卫生监督】 全县存在职业危害的企业共8家。接害人员共213人。通过监督检查，督促用人单位抓好企业职业卫生基础建设和职业危害基础防治工作（包括职业危害责任制、管理制度、操作规程的完善、职业健康用品的配备、防护措施的落实等）。8家企业中进行了职业病危害评价与检测的2家，完成职业病危害因素申报的8家，工作场所有警示标识的7家，有职业病防护措施的有8家，建立职业健康监护档案的有7家，配备防护用品的7家，使用个人防护用品的7家。

【饮用水卫生监督】 县辖区城镇现有市政供水二次加压供水的单位和住宅小区16家。其中，水箱式二次供水3家，单纯加压（无负压变频）供水13家。通过对3家水箱式二次供水单位进行了多次重点检查，主要对用水管理、运行流程、设施设备、卫生安全等方面检查，存在少量问题和隐患，督促其进行整改，并建立了《二次供水问题排查整治台账》、向管护单位下达《卫生监督意见书》，要求管护单位完成整改消除安全隐患。全县有25家农村集中式供水，均为供水能力1000吨以下的小型集中式供水单位，农村集中供水涉及人口共计5.5万人，农村集中式供水的卫生安全管理薄弱，农村饮用水卫生监督管理工作面临困难和挑战。

【学校卫生监督】 按照《学校卫生工作条例》和《传染病防治法》，对辖区内82所学校和托幼机构，从学校生活饮用水、近视防治、新冠疫情防控和传染病防控、组织机构的建立、传染病管理制度（包括晨午检制度）、突发公共卫生事件应急预案、新生入学《预防接种证》查验登记、学校卫生和健康教育等工作制度、措施的建立健全和落实方面开展专项监督检查，针对发现的问题，监督员现场进行了指导，并提出了相应的整改意见，要求限期整改。

疾病防控

【概　况】 2023年，疾病预防控制中心在泾源县委和政府、区市卫生健康委、县卫生健康局的正确领导下，在各单位的支持配合下，坚持“预防为主”的工作方针，坚持“服务人民健康争做疾控先锋”的服务理念，推进疾控重点工作落细落实，全县疾病预防控制各项工作取得了明显成效，为保障人民身体健康和公共卫生安全，促进经济社会发展做出了贡献。

【党建引领】 疾病预防控制中心党支部始终把政治建设放在

首位，坚定政治方向，提高政治站位，全面加强党的建设。开展学习贯彻习近平新时代中国特色社会主义思想主题教育，开展医药领域腐败问题集中整治工作及党风廉政建设活动，组织党员干部理论学习43场次，党政负责同志讲专题党课8次，中华优秀传统文化专题讲座2场次，党员干部理论测试3次，组织党员干部职工集中观看、收听、学习全国两会电视新闻直播报道1次。组织全体党员干部职工接受警示教育活动9场次、集中观看廉政反腐视频5场次，与全体党员干部职工及其家属签订了廉政承诺书，倡导党员干部树立正确的健康观念，培养健康生活方式。

【传染病防控】 提升人员防控能力，全年组织了2期新冠病毒感染、猴痘、出血热重点传染病防治和传染病报告管理知识培训班，接受培训的医护人员180余人。为做好学校传染病防控工作，全年共举办2期学校传染病防控培训班，累计培训老师171人。全县无甲类传染病报告，共报告乙丙类传染病13种1119例，报告发病率为1325.85/10万，较2022年(386例)上升了189.9%，较近三年平均水平上升了234.03%。报告发病率居前五位的病种依次是新型冠状病毒感染、流行性感冒、布病、其他感染性腹泻病和手足口病。全年无死亡病例报告，无突发公共卫生事件报告。全年共报告手足口病例72例，其中本县医疗机构报告66例，外县报告全县病例6例，按照监测要求对本县报告的66例手足口病例采样并送固原市疾控中心进行检测，完成了监测工作任务(全年采样任务量为60份)，采样完成率为108.33%。处置县幼儿园1起手足口病聚集性疫情，处置家庭聚集性手足口病疫情3起。按照自治区疾控中心和创建卫生城市要求，完成了蚊子、苍蝇、老鼠、蟑螂密度监测和消杀工作，使其密度符合创建国家卫生城市要求。全年共开展艾滋病防治知识讲座12期，受益人群14000余人，发放宣传资料14000余份，完成了213人艾滋病自愿咨询免费检测，累计治疗艾滋病人14人，规范管理治疗13人，管理治疗率92.8%。完成了丙肝监测109人，结果均为阴性。完成出血热监测任务，全年共布放鼠夹8450夹次，捕鼠274只，平均鼠密度为2.89%，检测结果鼠血和鼠肺阳性标本涉及4个乡镇，7个村子，对七个村进行了灭鼠、疫苗接种及健康干预工作。全县完成包虫病筛查登记6615人，其中农村居民3000人，学生1615人，医院B超门诊病人2000人，无确诊病例，管理病人1例。犬驱虫摸底调查家犬3510只，登记管理犬只3469只，全年驱虫4次，驱虫率98.83%。采集犬粪样615份，实验室检测阳性13份，家犬感染率为2.11%。全年报告布鲁氏菌病病例117例(其中42例为2022年大筛中确诊病例)，117例患者均规范管理，开展重点高危人群筛查3062人，实验室确诊报告病人67例，筛查患病率2.19%。

【慢性病健康管理】 65岁及以上常住老年人10411人，完成健康体检8809人，老年人体检率84.61%，健康管理8573人，健康管理率82.35%。慢性病健康管理完成自治区下达的目标，高血压患者6959人，规范管理6406人，规范管理率92.03%。2型糖尿病患者1711人，规范管理1595人，规范管理率为93.22%。

【肿瘤随访管理】 报告肿瘤病例151例，累计报告肿瘤患者366人，报告率1.78‰，管理随访239人。

【死因监测】 报告死亡602人，

死亡报告率7.0‰(自治区的目标值6‰),死因顺位前五位分别是心脏病、脑血管病、恶性肿瘤、呼吸系统疾病、损伤及中毒。

【严重精神障碍患者健康管理】 在册严重精神障碍患者464人,患病率5.40‰(≥4‰),管理治疗438人,规范管理427人,规范管理率92.03%。

【癫痫病人健康管理】 全县共管理癫痫病人121例,死亡3例,规范管理118人,服药管理率100%。

【结核病防治管理】 县医院结核病门诊共就诊疑似病人93人,拍胸片93张,痰涂片105人次,分子生物学监测5人,共确诊结核病9人,其中肺结核7人,肺外结核2人,均按规定进行登记管理,给予免费治疗。医疗机构网络报告病人16人,全部追踪16人,其中到位12人,到位率75%,1人拒绝治疗,1人搬迁,2人正在住院治疗。

【重大慢性病机会性筛查干预管理】 泾源县人民医院筛查糖尿病247人(确诊患者),脑卒中265人(确诊患者),高血压高血脂435人(确诊患者),心血管病571人(其中430人为确诊患者,141人无临床诊断与处置),消化道癌0人,结直肠癌0人,肺癌0人,慢阻肺502人(确诊患者),共计筛查2020人,各乡镇卫生院及社区卫生服务站规范管理1668人,规范管理率为82.57%。

【免疫规划工作】 加强人员培训,提升服务能力,举办培训班和以会代训14次,共培训360人次,预防接种人员均培训考核合格,预防接种人员培训合格率100%,全县预防接种单位资质合格率100%。全年共建档儿童599名,儿童基本信息完整率100%,接种17654剂次,(脊灰疫苗第四剂次接种率86.78%,百白破疫苗第四剂次接种率89.39%,白破疫苗接种率84.14%,麻腮风疫苗第一剂次接种率88.35%,A群流脑多糖疫苗第一剂次接种率88.79%,A+C流脑多糖疫苗第一剂次接种率87.81%、第二剂次接种率84.62%,乙脑减毒疫苗第一剂次接种率83.11%,甲肝减毒活疫苗接种率85.70%),其余剂次接种率均达到90%以上。全年共报告AFP病例0例,流脑病例0例,乙脑病例0例,新生儿破伤风0例,14岁以下乙肝病例0例,报告疑似麻疹病例3例,均排除,流行性出血热0例。查漏补种、查验预防接种证及疑似预防接种异常反应工作,查漏补种及查验预防接种证6079人,应补种1117人,补种完成率92.93%,全年预防疑似接种异常反应4例,其中异常反应0例,待定1例,一般反应3例。

【非免疫规划疫苗接种工作】 狂犬疫苗接种764剂次,乙肝疫苗接种32剂次,流感疫苗接种1119剂次,HPV疫苗接种1708剂次,水痘疫苗接种208剂次,带状疱疹疫苗接种26剂次,23价肺炎疫苗接种9剂次,出血热疫苗接种4572剂次。

【基本公共卫生工作】 地方病检测,共计采集盐样300份,经检测合格盐样296份,不合格盐样4份,其中非碘盐0份,碘盐覆盖率100%,碘盐合格率98%,合格碘盐食用率98%。共对200名8~10岁儿童进行甲状腺B超筛查,筛查结果均为正常,无肿大情况发生。病人随访和管理,全年登记管理地克病65例,死亡3例。随访管理及体检地克病62例,随访率、体检率为100%。2023年登记管理地方性甲状腺肿5例,现死亡1例,随访、体检、管理4例,管理率和随访率、体检率均为100%。饮茶型地氟病,共检查8~12岁儿童60人,其中正常60人,可疑0人,氟斑牙患者0人,氟斑牙检出率为0%。对5个病区村25岁以上常住成人进行临床氟骨症检查,共检查277人,未发现临床氟骨症病例。在大湾乡抽样检测砖茶5份,合格4份,不合格1份,合格率为80%,砖茶含氟量平均值为186.26mg/kg,符合国家砖茶含氟量标准(GB19965)。饮用水安全监测工作,枯水期共采送水样53份,检测水样53份,合格53份,合格率100%;丰水期共采送水样53份,检测水样53份,合格51份,合格率96.23%。不合格项目是硫酸盐2份,其中检测城市饮用水水样6份,合格6份,合格率100%,共检测农村饮用水水样44份,合格42份,合格率95.46%。全年共报告农药中毒6例,管理本辖区内尘肺6例,均已纳入随访管理。医疗机构消毒质量监测工作,全年应监测医疗机构17家,实监测17家,完成率100%,监测覆盖率100%,共采集各类样品269份,合格223份,合格率83%;不合格样品是室内空气、医护人员卫生手、物体表面环境菌落总数超标,致病菌均未检出。完成了学生常见病监测,全县抽取的2所幼儿园大班、2所小学、2所初中和1所高中儿童青少年进行了现场体检,共检测2238人,任务完成率为121.63%(任务数为1840);共对泾源县14所中小学校,包括中心小学、初中、高中和职业中学开展了学生常见病干预暨健康知识进校园讲座宣教和干预,受益老师和学生3000余人。食源性疾病报告117例,共计11家哨点监测医院均有病例报告,上报率100%。

【健康教育和健康促进工作】加强人员培训,提升宣讲能力,全年共派人员参加区级业务培训班1次,参培人员2人次。组织开展县级各类培训班3期次,参培人员350人次。本单位组织职工开展与业务相关的知识培训2次, 参培人员54人次。开展乡村两级培训6次,参培人员660人次, 以会代培5次,参加人员150人次。开展全民健康生活方式"三减三健"行动、全民健康生活方式行动日等活动,利用各种宣传日和宣传月活动在全县范围内进行广泛宣传;共出动车辆30辆次,出动人员120人次,进学校30余所,进行咨询服务20次,电子显示屏滚动播出60余条,展出展板46块次,发手机短信10万余条,公众号发布健康科普知识42篇;通过多种方式宣传,泾源县居民健康素养水平由2022年的23.21%提升到2023年的26.48%,健康素养水平提升了3个百分点。

【检测能力提升】 布鲁氏菌病共计筛查3923人份,其中阳性126人。乙肝抗体监测3020人份,茶砖氟5份,盐碘310份、尿碘305份,包虫病血清抗体检测30份。包虫病犬粪抗原604份,公共场所用品用具监测9家26份。医院消毒监测17家,监测样本268份。

妇幼保健

【概　况】 泾源县妇幼保健院成立于1965年,2015年3月由原妇幼保健所和计划生育服务站合并为泾源县妇幼保健计划生育服务中心,2019年5月更名为泾源县妇幼保健院,属二级未定级妇幼保健机构。现有职工45名,其中在编人员29人,聘用人员15人,高级职称10人,中级职称6人,初级职称15人。2023年,在县委和政府以及县卫健局的坚强领导下,在区市妇幼保健院的大力支持下,泾源县妇幼保健院坚持以习近平新时代中国特色社会主义思想为指导, 全面学习宣传贯彻党的二十大精神,认真学习贯彻习近平总书记视察宁夏重要讲话指示批示精神,坚决贯彻区、市、县卫生健康工作会议精神，始终坚持“以保健为中心，以保障生殖健康为目的，保健与临床相结合，面向群体，面向基层和预防为主”的工作方针，不断强化规范化管理，发挥妇幼保健职责，突出群体保健功能，对妇幼保健工作进行了有益的实践探索，围绕“妇女生命全周期、儿童生长全过程”开展妇幼健康服务，落实“一法两纲”及惠民政策，孕产妇、儿童保健各项健康指标得到明显改善，各项工作取得了明显成效。

【党的建设】 深入学习贯彻落实习近平新时代中国特色社会主义思想，认真贯彻落实党的二十大和自治区第十三次党代会精神、固原市第五次党代会精神和县委第十五次党代会精神，教育引导党员干部不断增强对习近平新时代中国特色社会主义思想的政治认同、思想认同、情感认同，推动学习教育常态化、长效化、制度化。2023年，共开展集中学习19次，同时，为丰富学习教育内容与形式，保健院党支部组织全体党员前往大湾乡杨岭村开展“沿着总书记足迹，感悟思想伟力”主题教育活动。开展基层党组织建设，突出抓好制度建设，提高党建工作的规范化、制度化水平。共组织党员大会4次、党支部书记讲党课5次、召开主题党日12次、民主生活会1次，创建“妇幼丹心，情倾母婴”党建品牌，以团结、拼搏、创新、奋斗为主题，突出党建文化，营造良好的工作氛围，增强保健院全体职工的凝聚力和归属感。推进妇幼保健院全面从严治党，把党风廉政建设工作列入保健院党支部重要议事日程，狠抓党风廉政建设责任制落实，结合保健院实际工作制定党风廉政工作计划，及时召开党风廉政建设专题会议，以专题警示教育活动为重要抓手，以制度建设为根本，强化监督执纪问责，抓好党员干部日常警示教育和监督管理，打造清正廉洁的党员干部队伍，健全和完善了党风廉政建设工作的长效机制。

【婚前医学检查】 免费婚前医学检查955人，结婚登记1060人，婚检完成率90.10%，通过婚前卫生健康咨询，进行医学指导意见。

【妇女“两癌”筛查】 完成乳腺癌筛查4100人，完成率100%，其中钼靶检查84人，检出乳腺浸润癌3例，均已手术治疗；宫颈癌筛查4100人，完成率100%，筛查出HPV阳性260人，阴道镜检查161人，组织病检75人，其中癌前病变17人（包括1例宫颈原位癌，已手术治疗）。

【孕前优生健康检查】 免费孕前优生健康检查，完成怀孕夫妇872对，目标人群覆盖率109.0%。对筛查出影响妊娠相关疾病等高风险人群均给予规范的咨询指导。

【推进增补叶酸预防神经管缺陷】 指导全县适龄妇女叶酸应服用人数978人，实际服用人数976人，服用率99.79%，全面预防胎儿神经管畸形。

【儿童营养改善项目】 发放营养包12001盒，应发人数1731人，实际发放1697人，发放率98.04%。

【儿童健康管理】 推进0~6岁儿童健康管理工作，根据《宁夏妇幼保健项目管理工作规范》，对全县托幼机构及0~6岁儿童进行了健康体检工作，0~6岁儿童数6887人，健康管理6682人，管理率97.02%。辖区内接受1次及以上眼保健和视力检查的0~6岁儿童数6682人，检查覆盖率97.02%，6岁视力检查1183人，不良检查61人，6岁视力不良检出率5.16%。新生儿死亡1例，新生儿死亡率1.40‰，婴儿死亡2例，婴儿死亡率 2.80‰,5 岁以下儿童死亡 5 例,5 岁以下儿童死亡率 7.0‰。

【出生医学证明管理】 2023年共办理 224 份出生医学证明,其中首次签发 210 份、换发 6 份、补发 8 份、废证 0 份。

【开展临床业务】 保健院按照县级妇幼健康服务机构业务部门设置要求,着力打造了儿童保健部、儿童医学部、妇女保健部、孕产保健部(即四大部建设),从而优化了服务模式,深化了服务内涵,加强了保健院标准化建设和规范化管理的相互融合。落实《推进妇幼健康领域中医药工作实施方案(2021—2025)》文件精神,打造重点特色专科建设,拟增设中医科,目的是弘扬中医药在妇女儿童常见病诊疗和预防保健中的独特优势,努力为广大妇女儿童提供全方位全周期的中医医疗保健服务。申请加入医保定点医疗机构,打造规范化药房,建立医药采购平台信息管理,实行线上采购药品、耗材,共采购西成药品 130 种,中药饮片 325 种,医用耗材 97 种。2023 年度全院就诊共计 4552 人次,其中门诊就诊 2553 人次,儿童体检人数 1999 人,临床业务共收入 27.57 万元,药品总收入 3.43 万元。

【信息化平台建设】 依托"云上妇幼"服务能力建设,将五楼会议室重新改造装饰,利用资源空间,加强计算机等硬件设备配备和系统改造,通过政府挂网实施采购电子显示屏等设备,设备已配备齐全并投入使用。与卫宁健康科技集团股份有限公司合作改造新医保平台接口。通过泾源县医疗保障局现场验收,接口已升级改造完成,临床业务工作已全面开展。

【人才培养】 保健院在拓展临床业务的同时派出专业技术人员外出学习 9 人次。每月按计划定期开展业务培训 32 次,有效促进了保健院医务人员的业务水平和诊疗技术。

【安全生产】 根据业务发展需求,改造科室上下水共 39 处,安装监控 20 个,改造排烟系统,更换安全标识。2023 年,县级以上安监部门来保健院检查指导安全生产工作 6 次,保健院组织安全生产大排查、大检查 12 次,排查出安全隐患 34 处,均已整改到位。

人力资源和社会保障

【概 况】 2023年，泾源县坚持以习近平新时代中国特色社会主义思想为指导，深入贯彻党的二十大和自治区第十三次党代会精神，落实区、市、县党委和政府各项决策部署，以推动高质量发展为主题，突出稳就业、保就业工作主线，整体推进社会保障、人才人事、和谐劳动关系构建等工作，全面拓宽居民增收渠道，各项目标任务顺利推进。2023年城镇常住居民人均可支配收入32888元，比上年增加1832元，增长5.9%。

【职业技能培训】 贯彻落实区、市《关于做好2023年度政府补贴性职业技能培训工作的通知》精神，制定印发了《泾源县关于做好2023年度全县政府补贴性职业技能培训工作的通知》，坚持就业导向、适应市场需求，推动职业技能培训扩容提质，促进就业。及时召开2023年职业技能培训启动会议，根据摸底征集群众培训意愿，安排服装缝纫、育婴员、中式烹调师、老年人照料、家居清洁、牛肉拉面制作、酿皮制作等7个工种培训。全年开展政府补贴性各类培训776人（其中城乡劳动力职业技能培训班13期650人、创业能力培训班4期120人、直补个人职业技能培训6人），完成目标任务770人的100.5%，其中培训脱贫劳动力229人。发放直补个人职业技能培训补贴6人0.87万元、职业技能培训补贴138.43万元（包括2022年职业技能培训补贴96.98万元、“两后生”技能培训补贴0.6万元）、脱贫劳动力等参加2022年职业技能培训338人生活费补贴21.45万元、“两后生”技能培训生活费补贴0.3万元、企业职工参加技术技能培训补贴2人0.3万元。

【劳动力转移就业】 印发了《泾源县人民政府办公室关于下达2023年全县就业创业工作目标任务的通知》《泾源县就业工作领导小组办公室关于做好赴闽务工人员集中“点对点”输送工作的通知》，按照政府推动、市场主导原则，通过“点对点”集中输送、劳务经纪人带动、特色产业服务、企业和工程项目吸纳、群众自发转移、公益性岗位安置等方式促进劳动力转移就业29006人（其中：区外6874人、区内县外5509人、县内16623人），完成目标任务29000人的100%，实现工资收入7.5亿元，完成目标任务7亿元的107.1%。稳定就业6个月以上19441人，其中脱贫劳动力转移就业13805人（区外1946人、区内县外4063人、县内务工 7796 人），稳定就业 6 个月以上 11193 人（区外 1062 人、区内 10131 人）。集中组织“点对点”向厦门、西安、内蒙古、银川等重点企业输送务工人员 515 人。农村劳动力购买“铁杆庄稼保”25448 人，完成目标任务 24650 人的 103.2%。享受交通补贴 1319 人（其中点对点包车包机向厦门输送 107 人），发放一次性交通补贴 1212 人 76.86 万元（其中人社资金 102 人 6.9 万元、县财政资金 1110 人 69.96 万元）、一次性扩岗补助 4 人 0.6 万元、9 家企业吸纳就业（11 人）社保补贴 13.1 万元、5 家企业一次性吸纳就业补贴 0.7 万元、稳岗补贴 32 人 8.65 万元、一次性就业补助 2 人 0.1 万元、“铁杆庄稼保”政府补贴 24719 人 86.52 万元。

【就业再就业】 制定印发了《泾源县 2023 年城镇公益性岗位计划实施方案》《泾源县 2023 年乡村公益性岗位计划实施方案》，坚持底线思维，突出精准施策，多方式宣传就业创业惠民政策，促进充分就业。全年城镇新增就业 602 人，完成目标任务 550 人的 109.5%；城镇失业人员再就业 251 人，完成目标任务 200 人的125.5%；就业困难人员实现就业 90 人，完成目标任务 60 人的 150%；招募青年就业见习 16 人，完成目标任务 15 人的 106.7%；城镇调查失业率控制在 5.5%以内。安置城镇公益性岗位 110 人（其中劳务移民 54 人中脱贫户 46 人），完成目标任务 100 人的 110%；安置乡村公益性岗位 120 人（全部是脱贫人口或监测对象），完成目标任务 120 人的 100%。发放 12 家企业一次性留工培训补助 3.75 万元、50 家企业稳岗返还资金 38.65 万元、灵活就业人员社保补贴 33 人 15.4 万元、失业保险金 216 人 133.88 万元、失业补助金 22 人 7.21 万元、公益性岗位 553 人补贴待遇 977.03 万元、青年就业见习补贴 29 人 28.18 万元。

【创业扶持】 贯彻落实《宁夏回族自治区创业担保贷款办法》（宁人社规字〔2021〕18 号）精神，加大创业担保贷款、重点群体创业补贴政策落实力度，优化担保贷款经办流程，线上线下发布创业担保贷款报名公告，扶持高校毕业生、农民工、退役军人等重点群体就业创业，形成以创业带就业、以就业促创业的良性循环。全年发放创业担保贷款 96 户 1800 万元（其中脱贫户 5 户 95 万元），完成目标任务 1800 万元的100%，培育创业实体 213 个，完成目标任务 200 个的 106.5%；创造新岗位 406 个，完成目标任务 400 个的 101.5%；创业带动就业 1014 人，完成目标任务 1000 人的 101.4%。发放一次性创业补贴 6 人 4 万元、创业担保贷款贴息 262.28 万元。

【公共就业服务】 制定印发了《关于在全县开展 2023 年春风行动暨就业援助月专项服务活动的通知》《泾源县 2023 年春风行动暨闽宁劳务协作现场招聘活动实施方案》《泾源县 2023 年金秋招聘月暨闽宁劳务协作专场招聘会实施方案》《泾源县就业创业社会保险劳动保障监察政策汇编》《泾源县稳就业促增收补贴政策》和《关于收集报送外出务工人员各项就业补贴资料的通知》，编辑《泾源县就业创业补贴政策汇编》电子口袋书。年初摸排全县 16~60 周岁之间劳动力资源 50841 人，做到劳动力资源底数清、就业意向清、技能水平清、服务需求清。调查摸底有外出务工需求人员情况，动态掌握农民工外出动向，为就业困难人员及时跟进提供服务。对脱贫户、移民户、监测户、低保户中就业困难人员以村为单位建立了“1311”就业帮扶服务台账，积极落实就业帮扶政策。举办"春风行动""民营企业服务月""百日千万招聘专项行动""大中城市联合招聘高校毕业生秋季网络招聘会""2023年金秋招聘月"等线上线下招聘活动27场次(举办专场招聘会4场次,线上招聘活动23场次),通过"泾源就业创业"公众平台发布推送114家企业岗位信息21926个,累计发放各类就业创业政策宣传资料10万余份。其中:联合厦门市同安区、海沧区分别在县体育馆门前广场、泾河源镇街道举办"泾源县2023年春风行动暨闽宁劳务协作现场招聘会"和"泾源县2023年金秋招聘月暨闽宁劳务协作专场招聘会"3场次,达成就业意向179人;联合工业园区管委会在人民广场举办泾源县民营企业服务月暨园区企业专场招聘会"1场次,达成就业意向83人;联合区内外重点企业开展"直播带岗"招聘活动2场次,求职者通过在线观看、后台私信、电话咨询等方式与企业交流洽谈、全方位对接,进入直播间2917人,点赞量达到2.9万次,业务人员做客直播间对就业创业政策进行了讲解宣传。

【劳务派遣单位专项整治】 开展劳务派遣单位稳岗返还资金截滞留、失业保险待遇发放、职业技能培训和评价专项整治。按照区市部署要求,制定了专项整治工作方案,明确责任和整改时限,安排专人,及时开展问题排查。检查营业执照具有劳务派遣和劳务分包职责单位4家,发现劳务派遣稳岗返还资金截滞留疑点问题1条,涉及劳务派遣单位1家(宁夏天下金盾保安服务有限公司泾源分公司),补贴人数141人,返还金额34333.17元,因在泾源县无《人力资源服务许可证》《劳务派遣经营许可证》,收回稳岗返还资金34333.17元。排查发现失业保险待遇发放疑点问题10条,涉及3家用人单位共10人,领取失业补助金28215元。针对疑点数据,采取查询、走访等方式核查,认定为违规领取失业补助金,通过电话联系、上门动员、下达追缴通知书等方式,领取的失业补助金28215元已全部追回。自查发现职业技能培训违规补贴30人4.45万元已全部追回(其中创业培训违规补贴25人3.88万元,技能培训违规补贴5人0.57万元)。

【社会保障】 落实全民参保计划,推进扩面参保,达到应保尽保。为实现"人人享有社会保障"的发展目标,坚持"保基本、广覆盖、有弹性、可持续、能转移"的原则,落实全民参保登记、信息采集比对、征缴稽核监督、广泛宣传,引导城乡居民积极参保,做到应保尽保。全面落实"四个不摘"要求和社保扶贫政策待遇,做好社保扶贫与乡村振兴战略有效衔接,达到应代尽代。全面准确核实全县建档立卡户信息数据,加强部门协作,建立协调机制。提升脱贫人口、易返贫致贫人口、困难群体动态化管理服务水平,落实参加城乡居民养老保险的低保、特困、重度残疾等困难群体代缴保费政策,做到代缴金额及时到位,养老金按时发放,确保政府代缴率100%,享受城乡居民养老保险待遇发放率100%,促进社会保险高质量可持续发展,助力全面实施乡村振兴战略。推进社保经办改革工作,达到应改尽改,全面提升服务水平。推进社保经办服务数字转型,推动各项社保业务网上办、掌上办。巩固企业开办与社保登记同步"秒批",推进第三代社保卡使用"秒闪"。围绕服务群众、服务民生的主要内容,推行"人社服务快办行动",践行社保"一站式"服务、"一次性办结"承诺,公开公示社保经办程序,简化经办服务流程,推动关联事项"打包办"、高频事项"提速办"、所有事项"简便办",打通政策落实的"最

2023年10月21日，泾源县人社局采取“以会代训”方式举办社会保险数据治理应用先行先试“数据找人”基层数据采集业务培训班

后一公里”，实现服务群众的“零距离”，以务实清廉为民的实际行动取信于民，让人民满意。加强基金预决算管理，严格执行社会保险基金收支预算管理规定，强化对基金运行风险的分析研判，建立基金及时预警机制，定期报送基金预算执行情况，基金收支预算执行差值率控制在10%以内，加强社保稽核监控，严格规范社保申报、核定和稽核监控工作，全年社会保险费征缴稽核不少于参保职工总人数的20%。完善社保数据协查机制，加强与司法、卫健、民政、公安等跨部门跨系统数据筛查比对，利用信息系统及时对服刑、死亡等各类人员数据进行交换、比对、筛查，畅通举报投诉通道，完善了社保内控制度。完善领取养老保险、工伤保险待遇资格认证机制，优化多种认证方式。

【执法检查】 贯彻落实《保障农民工工资支付条例》《农民工工资专用账户管理实施细则（试行）》《农民工工资保证金实施办法（试行）》，开展根治欠薪专项行动，力争实现农民工工资基本无拖欠目标。联合公安局、检察院、司法局、市场监督管理局、住建局、水务局、交通局等部门采取“拉网式、滚动式、不间断式”等模式开展了第一批包案化解工作、欠薪隐患“动态清零”专项行动、用人单位遵守劳动用工法律法规情况常态化执法检查、打击非法使用童工等专项检查，共检查用人单位114家，对存在问题的用人单位下达限期整改指令书10份，要求限期整改，存在的问题全部整改到位。加大案件办理力度，全年共协调农民工维权投诉举报案64件，为193名农民工追讨劳动报酬共计90.9609万元，办结率为100%，欠薪人数较上年同期数据相比下降38.92%，欠薪金额较上年同期数据相比下降65.08%。开展“《条例》实施三周年”宣传活动、“用人单位遵守劳动时间执行最低工资制度和高温期间职工劳动保护”专项检查、“查风险　强协商　保支付　促和谐”专项行动、“送安全送培训　送清凉　送健康　促和谐”大走访活动、“薪暖农民工”服务行动、农民工工资支付“六个一”活动、“最美农民工”选树活动、根治欠薪冬季专项行动，巩固“我为群众办实事”实践活动成果，解读《保障农民工工资支付条例》《农民工工资专用账户管理实施细则（试行）》《农民工工资保证金实施办法（试行）》《中华人民共和国劳动法》《劳动合同法》等法律法规。组织4次化解欠薪集中接访活动，接待来访群众60余人次。

【人才队伍建设】 加强事业单位管理，完成2171名事业单位工作人员年度考核和备案管理工作，落实了事业单位管理岗位职员等级晋升。做好事业单位职称聘任工作，全年职称聘任367人，人均月增资450元，激发了专业技术人员工作积极性。按照县委的统一部署，把乡村人才振兴作为重点，协调教育、卫生、农业农村、科技等部门，培养本土人才，提升人才素质。组织申报“塞上英才”“青年拔尖人才”人选各1人，推荐申报自治区特级教师最终获得称号的2人。严格按照自治区人社厅要求，做好专业技术人员继续教育和职称评审工作，完成高素质农民职称评审5人，基层“双定向”职称评审20人，推荐正高级职称评审3人，副高级职称评审52人，中级职称评审82人。2023年征集事业单位招聘岗位73个，经自治区编办审核，泾源县公开招聘事业单位工作人员84名（其中：教育系统招聘专业技术人员18人，卫生系统招聘专业技术人员17人，农业系统招聘专业技术人员9人）。接收安置订单定向医学生3人，公费师范生1名。

民　政

【概　况】 2023年，泾源民政工作坚持以习近平新时代中国特色社会主义思想为指导，围绕深入学习贯彻党的二十大精神“一条主线”，突出民政事业高质量发展“一个主题”，以“民政重点工作落实年”为抓手，推进健全完善社会救助兜底保障体系、建设基本养老服务体系等九项重点工作，落实四项工作机制，让基本民生保障更有力度、基层社会治理更有深度、基本社会服务更有温度，各项工作取得了新的成效。

【民生优享工程实施】 实施城乡低保“增效+扩围”、高龄津贴“提标+扩围”民生实事，共摸排困难群众3396户4780人，新增城乡低保对象2139户2346人，2023年5月底在全市率先完成低保扩围预定目标。为加强动态管理，提高精准度，从6月份开始，持续开展“回头看”入户核查，共入户抽查598户，清退不符合条件对象24户31人，新增低保对象27户28人，新增高龄老年人832人，核定低收入高龄老年人913人。全年共发放农村低保5854.93万元，城市低保672.25万元，发放低收入高龄老年人津贴415.75万元，普惠型高龄老年人津贴65.25万元。

【社会保障体系建设】 深化“8+1+N”分层分类救助体系，做实数据共享比对，坚持每月与县医保、乡村振兴、残联等部门进行数据比对和信息预警。全年共比对数据信息3468条，动态调整城乡低保对象3203户3548人，其中，新增城乡低保对象2344户2607人，退出不符合条件城乡低保对象859户941人。

【助推乡村振兴】 依托宁夏民政综合服务管理平台，每月向乡村振兴局推送新增“整户保”低保对象，全年共推送324户564人，已纳入防返贫监测“三类对象”36户99人。制定了《泾源县民政局关于开展乡村振兴领域腐败与作风问题专项治理工作方案》等四个专项治理方案，推动乡村振兴领域专项治理走深走实。全年共发放各类救助资金8183.19万元，共实施临时救助1927户，发放救助资金421.33万元。

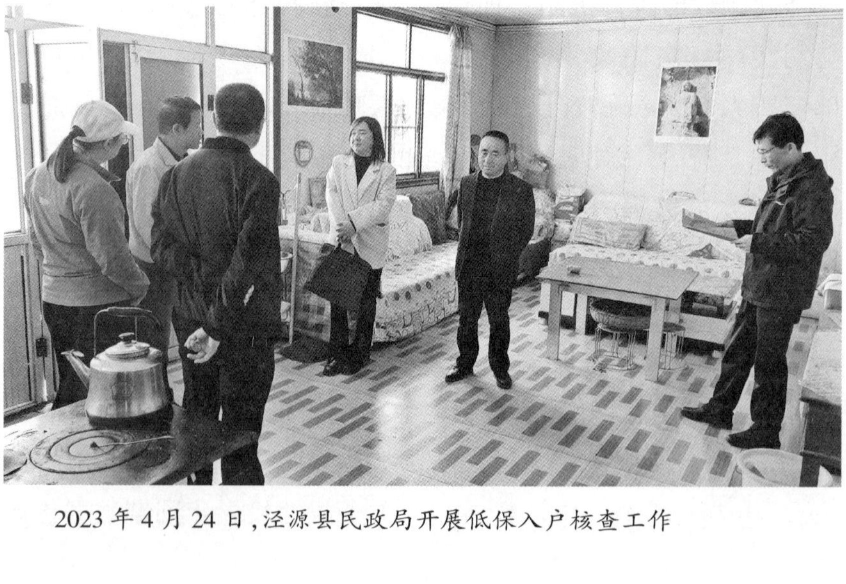

2023年4月24日，泾源县民政局开展低保入户核查工作

【基本养老设施建设】 推进县老年养护院续建工程，建筑面积6235.50平方米，设置床位140张。参与养老机构等级评定，县中心敬老院、六盘山敬老院获评全区一星级养老机构。

【养老服务惠民暖心工程】 争取自治区民政厅支持资金318万元，采购配备护理型床位及护理设备，新增护理型床位382张，目前护理型床位占比达到65%，在全市率先完成60%目标。争取自治区民政厅支持资金250万元在全县实施500户困难老年人居家适老化改造项目，已完成改造任务和市县两级验收。争取自治区民政厅资金4.49万元为全县912名80岁以上困难高龄老人购买人身意外伤害保险。争取自治区民政厅资金55万元，实施示范性社区嵌入式养老服务项目、自治区福彩公益金支持政府购买社会工作服务项目、泾源县六盘山镇情暖迟暮为关爱老人服务项目等政府购买服务项目，为700余名空巢、孤寡、独居、残疾等特殊困难老年人提供生活照料、心理慰藉、助洁助餐、保健康复、文化娱乐等服务。

【健康养老产业发展】 完成县老年养护院建设项目和县人民医院急救救治能力提升项目。在全县10所公立医疗机构开设中医馆，将县人民医院中医科和百泉社区卫生服务站建设成为中医诊疗优势医院。推动百泉社区卫生服务站、六盘山镇中心卫生院与县中心敬老院、六盘山敬老院签订医疗服务合作协议，建立民政服务对象就医优先绿色通道，提供分类分级健康服务，探索建立“医护康养一体化”的医生签约服务模式。在县龙潭街社区卫生服务中心和县中心敬老院开展“嵌入式”“联合体”医养结合服务，实现诊疗、护理、住院报销“一站式”服务。依托县全民健身中心设立老年大学（老年人活动中心），布设舞蹈、书画、棋牌、乒乓球、台球、培训中心等6个功能室，开设书法、绘画、声乐（戏曲）、舞蹈等4个教学班，招录学员60余人，举办老年人趣味运动会，吸引400余人参加。在县职业中学建成老年人服务与管理实训室，增设“老年人服务与管理”专业，计划招生36人。分5批次选派敬老院15名工作人员参加全区护理能力培训班，取得初级、中级护理资格人员达到29人，持证率达100%。赴区内外学习、考察，实地了解厦门市海沧区、同安区等地区在健康养老产业发展、社区治理、社会组织培育等方面的先进做法及经验。制作了健康养老项目手册和《泾水之源·康养福地》宣传片，在全区老博会期间，确定参展企业2家，布设县区展馆1个，对泾河源敬老院、县老年养护院公建民营、托管运营等进行宣传推介，与宁夏江海洋莲花健康产业发展有限公司签订意向协议，邀请西北大学中国老龄事业发展研究院、厦门伍心康养集团等企业（机构）负责人赴泾源县考察，对接洽谈泾河源敬老院、县老年养护院公建民营、托管运营事宜。与厦门市同安区、海沧区民政局分别签订了对口帮扶合作框架协议，对接厦门市海沧区、同安区11家社会组织来泾源县与11个村（社区）开展结对帮扶活动，落实首批帮扶资金及物资30万元。

【安全生产】 汲取“6·21”银川市兴庆区富洋事故教训，成立工作专班，落实包抓责任，一线排查，督办整改。共排查民政服务机构安全风险隐患18条，已完成整改17条，整改完成率94.44%，正在整改1条（县中心敬老院无喷淋系统），已申报2024年重点项目彻底解决。推动隐患排查长效常治，深入学习贯彻自治区党委十三届四次、五次全会精神，分级举办培训班 12 场次，开展消防、疏散演练 5 场次，统筹资金 26 万元，购置消防器材、抢修倾斜围墙、更换标识、指示灯等。按照自治区民政厅《关于印发〈民政系统安全生产工作专班制度〉等 6 项制度的通知》文件要求，制定下发《泾源县民政服务机构全员安全生产能力提升培训方案》《泾源县民政系统集中用餐单位食品安全问题专项治理行动工作方案》等文件，不断提升养老机构安全管理水平。对自治区“四防”督查组督查反馈的 3 条问题和自治区民政厅督查反馈的 5 条问题已全部整改到位。

【未成年人关爱保护】 健全未成年人关爱保护机制，组织召开 2023 年全县未成年人保护工作委员会第一次全体会议，下发《泾源县 2023 年未成年人保护工作要点》，细化工作任务、落实举措及责任分工。开展未成年人保护工作联合督查，召开联合督查推进会，制定印发《泾源县关于迎接全国未成年人保护工作联合督查的实施方案》，督促各成员单位对照督查重点内容全面开展自查自评，查漏补缺。按照“四有”标准（有固定场所、有专门队伍、有管理制度、有服务开展），采取“三站合一”模式（一个未成年人保护工作站，一个社会工作服务站，一个志愿者服务站），在 7 个乡镇建设未成年人保护工作站。开展未成年人保护宣传月活动，举办儿童主任业务培训班 2 期、儿童主任团队体验式拓展培训活动 1 期。实施 2023 年度未成年人保护政府购买服务项目，在 7 个乡镇为 360 余名未成年人提供政策宣传、心理疏导、兴趣拓展、走访摸排等服务，合力维护未成年人健康成长。县人民检察院、黄花乡人民政府被评为全区未成年人保护先进集体，县委宣传部蒙倩楠、六盘山镇惠鹏、公安局于嘉、民政局马会东等 4 人被评为全区未成年人保护先进个人。共有社会散居孤儿和事实无人抚养儿童 120 人，全年共发放孤儿养育津贴 148.9 万元。

2023 年 3 月，泾源县民政局举办“情暖新春　共护未来”巧手迎新传承民俗儿童成长活动

【社区治理】 落实党建引领基层治理“1+1+3”工作机制，推动做实村民代表会议制度“55124”模式，健全城乡社区协商议事机制，推进基层自治组织规范化建设。制定印发《泾源县民政局“五社联动”工作实施方案》《泾源县 2023 年村级议事协商示范点创建工作实施方案》，探索村（社区）级议事协商新机制，在 7 个乡镇各打造议事协商试点 1 个。兴盛乡新旗村被农业农村部、中央宣传部、司法部认定为第三批全国乡村治理示范村，黄花乡胜利村、大湾乡瓦亭村被评为全区第一批议事协商示范村，大湾乡杨岭村、兴盛乡新旗村村规民约被列入全区“与您相约　共创美好”优秀村规民约名单。制定《泾源县落实〈宁夏回族自治区“十四五”城乡社区服务体系建设规

划”〉任务分工方案》《泾源县城市社区规范化建设三年行动方案（2023—2025 年）》，按照“一室八中心”及标准化社区建设要求，推动标准化社区建设。会同县委组织部及时召开全县规范城乡社区组织工作事务、机制牌子和证明事项工作推进会 2 次，下发《关于规范城乡社区组织工作事务、机制牌子和证明事项的实施意见》，动员全县 99个城乡社区对照《实施意见》同步开展清理，累计清理各类标识牌 594 个，清理内部上墙制度 116 项，清理各类展板 29 项，清理不合理证明 60 项。申报推荐香水社区为全区 2023 年度规范化标准化建设示范社区。会同组织、住建部门加强物业行业党的建设，推动物业行业服务和管理规范化科学化，指导社区在全县 52 个居民小区组建业主委员会 48 个，实现老旧小区、家属院业主委员会全覆盖。会同香水镇人民政府对社区网格进行优化调整，将基础网格由 18 个调整为 22 个，实行“微网格”管理，设置小区网格 52 个，微网格 125 个，提升社区精细化治理、精准化服务水平。

【社会组织管理】 推动社会组织党建从有效覆盖提升为有形覆盖，社会组织和党员全部纳入党组织管理服务网络，采取下派党建指导员的方式开展党建工作。2023 年批准成立社会组织党支部 1 家，现有社会组织成立党支部 6 家。培育和发展生活服务、公益慈善、文化体育、产业类有利于加快经济转型发展、促进社会和谐稳定的社会组织。培育发展社区社会组织，支持社区社会组织开展为民服务、养老照护、公益慈善、促进和谐、消防宣教、文体娱乐和农村生活技术服务等活动，培育孵化社会组织 4 家。坚持日常监管与重点监管相结合，开展涉企收费、非法集资、“扫黄打非”、打击非法社会组织和社会组织非法活动等专项整治，推动社会组织建立社会责任标准体系和诚信承诺制度，建立行业性诚信激励和惩戒制度，积极履行社会责任，建立社会组织发起人不良行为记录档案和严重违法失信“黑名单”，将社会组织享受税收优惠、承接政府职能转移和购买服务与社会组织发挥作用等情况挂钩。聚焦实现巩固拓展脱贫攻坚成果同乡村振兴有效衔接，发挥社会组织在动员社会力量、链接各方资源、提供专业服务等方面的作用。聚焦特殊群体，动员社会组织参与养老、育幼、助残等公益事业。推进枢纽型慈善组织建设，成立泾源县慈善会，实现枢纽型社会组织全覆盖。指导泾源县希望公益中心完成法人变更工作，泾源县爱心济困协会注册并完成第一届理事会、监事会选举工作，对接厦门市海沧区、同安区 11 家社会组织与泾源县 11 个村（社区）开展结对帮扶活动，落实首批帮扶资金及物资 30 万元。协调固原市微笑义工社、宁夏延龄农业开发有限公司等机构（企业）为 60 多名家庭困难老年人和 50 余名困境儿童发放棉衣、学习用品等 400 余件，价值 6 万余元。

【殡葬服务管理】 印发《关于做好全县 2023 年清明节祭扫工作的通知》《2023 年“绿色清明文明祭扫”倡议书》，落实值班报告制度，倡导文明祭祀。巩固和深化殡葬领域突出问题整治规范工作，联合县发改、公安、自然资源、生态环境、住房和城乡建设等职能部门在全县集中开展整治规范工作。谋划争取 2024 年殡葬领域项目，申报了泾源县城乡公益性墓地（逝安园）A 区建设项目，着力补齐殡葬领域短板弱项。

【婚姻登记管理】 加强婚姻登记规范化和标准化建设，规范布设结婚登记室、离婚登记室、候登区、颁证室以及婚姻家庭辅导室。推进婚姻家庭辅导，推进婚姻登记“跨省通办”。做好婚姻登记信息化建设,完成婚姻信息补录工作。全年共办理结婚登记617条,离婚申请208条,离婚登记114条,补发结婚登记200条,补发离婚登记23条。

【地名管理】 完成县级行政区域界线第四轮联检工作,联检界桩2个。完成第五轮省级行政区域界线联检外业工作,联检界桩27个。

【党的建设】 推进“五型”模范机关创建,坚持开展政治素质和业务能力“双学双提升”活动,办好民生实事。完成局机关党支部标准化规范化布设,严格落实“三会一课”、民主生活会、组织生活会、谈心谈话、民主评议党员等制度,打造“党建引领、暖心民政”党建品牌,全年召开支委会12次,党员大会4次,主题党日12次。履行全面从严治党主体责任和“一岗双责”,制定《民政局2023年党风廉政建设工作计划》,开展“廉政警示教育月”“转作风、勇担当、勤履职、提效能”专项行动和乡村振兴领域腐败和作风问题专项治理,促进干部职工遵守党章党规党纪,树立远离“红线”、守住“底线”、不碰“高压线”的廉洁意识。全年组织干部职工集中学习57次,党组理论学习中心组学习12次。认真整改巡察审计反馈问题,成立整改工作专班,对巡察、审计反馈问题,及时推进、跟踪督办、对账销号,定期对整改落实情况进行督导检查,以问题整改促工作提升,以工作成效检验整改效果。

【主题教育】 坚持“第一议题”、会前学法等制度,深入学习习近平总书记重要讲话和重要指示批示精神,抓好“必读篇”“宁夏篇”“民政篇”“最新篇”等学习内容。制定“重点任务清单”“为民办实事清单”“民生项目清单”“问题清单”,深入开展党的二十大和习近平总书记视察宁夏重要讲话指示批示精神“大学习、大讨论、大宣传、大实践”活动,提升干部职工理论水平、业务能力和实践本领。全年共组织党员参加主题教育集中研读14次,交流研讨3次,观看专题讲座2次,支部书记讲党课2次,支部书记参加县委主题教育办专题培训1期,全体党员参加集中轮训1次,办理民生实事6件,完成民生项目5个。

医疗保障

【概　况】 2023年,县医疗保障局坚持以习近平新时代中国特色社会主义思想为指引,深入学习贯彻党的二十大精神、自治区第十三次党代会精神,强化政治站位和使命担当,紧紧围绕区、市、县党委、政府重要决策部署,在区市医保部门的正确领导下,在“保基本、可持续、解民忧、推改革”上持续发力,各项重点工作成效明显。

【组织建设】 建立健全学习制度,采取“集中学习+自主学习+研讨交流”模式,明确学习重点、活动载体、组织形式,学习贯彻习近平新时代中国特色社会主义思想主题教育、习近平总书记两次来宁视察时的重要讲话精神及关于医疗保障工作重要指示批示精神等,组织全县各定点医疗机构开展“基金监管+医保政策”知识竞赛、演讲活动,推动党建与医保工作融合共进。严格落实“三会一课”等党内生活制度,组织党员深学党规党纪,开展民主议事,坚持党务公开,增强党组织的凝聚力和向心力。全年共组织开展各类学习研讨7次,讲党课8次,撰写学习心得、交流研讨材料28篇。制定《泾源县医疗保障局全面从严治党党风廉政建设和反腐败工作任务分解方案》,成立工作领导小组,明确责任分工,紧盯关键节点,通过开展廉政谈话、观看警示教育片、学习违法违纪典型案例、签订承诺书、发放家庭助廉倡议书等方式，发挥廉政教育作用。细化工作职责，建立AB角工作机制，推动工作重心由事后处置向事前风险评估防范转变，由被动处理向主动解决转变。理顺工作人员的岗位工作职责，提升干部凝聚力，优化内设机构管理，促进了各项工作的有效开展。以学习贯彻习近平新时代中国特色社会主义思想主题教育为抓手，推动党员干部学习热潮，坚持将理论学习延伸到党员“最末端”，通过党组书记讲专题党课2次、党员干部作交流发言6次，退休干部送学上门，推动干部干事创业，教育引导党员、干部从思想上正本清源、固本培元。践行节约型机关公约，强化机制落实，获得“节约型机关”称号。民主推荐“学习标兵”“卫生标兵”，进行表彰，激发干部职工的学习热情，使全体干部学有标杆、比有差距、赶有目标，营造“比学赶超”的浓厚学习氛围。参加固原市举办的医保知识竞赛，获得二等奖。

【基金宣传监管】 结合全区开展以“安全规范用基金　守好人民‘救命钱’”为主题的集中宣传月活动，以定点医疗机构、定点药店为“主阵地”，通过悬挂横幅、张贴海报、发放资料等线下宣传，开通泾源县医疗保障局智能语音客服，推动宣传全覆盖，提高群众对医保政策的知晓率，营造基金监督的良好社会氛围。健全社会监督机制，畅通投诉举报渠道，聘请关心关爱医保事业发展人员参与医保基金监管工作。举办医疗保障系统政策大讲堂业务提升作风大转变培训班、在浙江大学举办了医疗保障服务能力提升班、在大湾乡杨岭村举办了医疗保障业务经办能力提升培训班，共计培训各医疗机构人员240人次，提升了医疗机构业务经办能力。注重监管跟踪问效，针对飞行检查中发现三家医院违规使用医保基金案件分别处以171964.08元、18267元、9820元行政处罚。开展“清零行动”，针对“层流洁净病房床位费”和“电脑血糖检测”的收费和医保报销情况进行排查，共发现县人民医院、佳禾中医医院违规问题3987次，追回11037元。开展打击欺诈骗保专项行动，联合泾源县人民检察院、公安局、财政局、卫生健康局开展了打击欺诈骗保检查全覆盖工作，共排查出7类问题74条，及时反馈给各医疗机构，目前已基本完成整改。制定下发《泾源县医疗保障局关于开展打击虚构门诊大病病情套取医保基金“百日专项整治行动”实施方案》，成立领导小组，明确时间表和路线图。发扬斗争精神，依托微信、抖音、快手、小视频等形式开展宣传活动。建立自主发现机制，畅通举报投诉渠道，形成监督合力。利用注重智能监管平台应用发现违规问题218条，追回违规金额

2023年9月6日，泾源县医疗保障局在大湾乡卫生院开展打击欺诈骗保检查全覆盖工作

10618.57 元，违规问题较去年同期下降 61.4%，违规金额较去年同期下降 67.6%。入户开展医保基金核查，发现并整改问题 20 余条。抽调 2 名业务骨干积极配合国家、自治区开展飞行检查。

【医保征缴】 完成自治区下达 2023 年城乡居民基本医疗保险目标任务数，全县参保 97399 人，完成参保任务数的 100%，位居全市第一。2023 年全县特殊困难及脱贫人口 36428 人，参保率 100%，实现了应保尽保、应缴尽缴。2023 年 10 月 8 日，召开泾源县 2024 年度城乡居民基本医疗保险参保征缴启动会，形成了各乡（镇）、部门间协同配合的工作机制，严格实行政府分管领导亲自抓、各乡（镇）、相关部门领导具体落实、各村干部包户包人的责任制度。与税务、公安、民政、残联、银行等部门沟通协调，理顺衔接环节，确保信息联动，提升参保征缴信息数据质量，清理重复参保，确保重点人群全员参保，牢牢把好参保登记关口，实现应保尽保、应缴尽缴。组织干部职工深入基层一线做好城乡居民医疗保险政策宣传，利用广场集中宣传、张贴宣传标语、发放宣传单等方式，针对性地通过广大群众身边的典型事例进行宣传教育，特别突出补助兑付和重点受益的宣传，使广大群众能够认识到居民医疗保险的实惠所在，自觉树立互助意识，提高参保积极性。

【医保支付】 协同相关部门，对按政策报销后自付费用超过10000 元，及时推送至乡村振兴、民政、乡镇等部门，形成数据共享，临时救助到位，三类资助纳入到位。截至 10 月份，医保部门共分 10 次推送个人自付费用，超过 1 万元的住院患者 584 人次，自付费用超过 3 万元的患者 79 人。严格落实医疗保障三重救助制度，截至 9 月底，泾源县城乡居民基本医疗保险住院 14975 人次，医疗总费用 8925.73 万元，医保共报销支出 6268.89 万元，其中：基本医疗保险统筹支出 5050.25 万元，大病保险支出 423.28 万元，医疗救助支出 795.36 万元；门诊慢特病 10361 人次，医疗总费用 510.18 万元，基本医疗保险统筹支出 246.78 万元，医疗救助支出 135.52 万元；门诊统筹 69422 人次，医疗总费用 372.16 万元，基本医疗保险统筹支出 228.19 万元，医疗救助资助参保费用 36358 人 836.69 万元。全县已脱贫住院人口 6490 人次，住院总费用 4171.92 万元，基本医疗保险统筹支出 2525.97 万元，大病保险支出 171.00 万元。

【集中带量采购】 根据《自治区医保局关于开展国家组织药品集中带量采购执行情况核查处置工作的通知》文件要求，按照问题清单，通过查资料、调记录、看药品、做笔录等方式核查相关的 11 家医疗机构药品集中带量采购，对不报量不采购中选产品、已报量未落实中选药品进院或进院未采购、已报量未完成约定采购量、完成约定采购量但非中选药品使用量高于 50%四类情况核实出问题 11 项，要求医疗机构提交整改方案并监督实施。内部通报 5 家医疗机构并抄送卫生健康局，约谈相关医疗机构主要负责人。大湾乡卫生院因集采平台无药品配送，通过第三方协议采购 100 瓶乳酸左氧氟沙星，收到一封红色信封；泾河源镇卫生院因采购中选药品未做入库确认收货，存在 100%采购非中选药品情况，收到红色信封一封。

退役军人事务管理

【概　况】 2023 年，退役军人事务工作在县委和政府的正确领导下，在区、市上级业务部门的指导和支持下，坚持以习近平新时代中国特色社会主义思想为指导，深入学习贯彻落实习近平总书记关于退役军人工作的重要论述，加强退役军人服务保障管理工作，让军人成为全社会尊崇的职业。同时紧紧围绕全县工作大局，研究新情况，解决新问题，适应新形势，与时俱进，改革创新，推动工作向更高层次发展，工作整体水平得到提高。

【思想政治建设】 冬季闲暇时间组织各乡镇服务站开展退役军人“军魂永驻，红心向党”党员冬训工作，提高退役军人政治思想觉悟和理论水平。组织先进模范退役老兵开展2023年“忆峥嵘岁月 传红色精神”系列主题宣讲活动，激励广大退役军人不忘初心、牢记使命，继续在新时代中国特色社会主义建设中再立新功，激励广大干部群众崇尚最美、学习最美、争当最美，推动全社会形成“现役军人享尊崇、退役军人受尊重”的浓厚氛围。开展志愿服务活动，各乡镇均成立了“老兵志愿服务队”，注册老兵志愿人数72人，开展环境整治、生态建设、乡村治理等活动。全年共集中开展各类学习活动53次，召开专题会议研究党风廉政建设、形式主义与官僚主义、主题教育等党建重点工作，组织党员干部开展基层党建调研6次，形成调研报告2篇。在学习调研基础上，党组班子成员率先讲专题党课，党组书记带头讲，共讲专题党课2场，40余人参与。与18名退役军人结成对子，开展“一对一”精准帮扶，做到重要节日慰问困难群众，送温暖、解难题，树牢为民务实清廉良好形象。

【服务保障体系建设】 加强退役军人服务站的功能，在县、乡、村三级服务体系全覆盖的基础上制定了退役军人服务中心（站）工作规范流程，从思想政治、优抚安置、就业创业、志愿服务等方面推动工作，提升了退役军人服务中心（站）服务水平和能力，解决了服务退役军人“最后一公里”的实际问题。在乡村换届和工作岗位调整中保障县、乡两级退役军人服务中心（站）专职工作人员全部按要求配备到位。按照“五有”“全覆盖”要求对全县退役军人服务站进行提档升级，建强服务保障体系，加大优抚保障力度，提升保障服务水平。坚持“1+1+N”的创建思路（即党建引领、红色文化赓续传承、N项各具特色的退役军人事务工作）和38项创建标准，按照“一站一特色、一村一品牌”开展“红色精品型退役军人服务站”创建工作，已创建红色精品型退役军人服务站15个，并计划在今后3年内实现“精品型退役军人服务站”全覆盖。

【优抚褒扬工作】 落实优抚政策，全年按时发放各类资金。为22名立功受奖现役军人送喜报并发放褒扬金，在全社会营造“一人立功，全家光荣”的浓厚氛围，增强军人献身国防荣誉感。协调各乡镇为生活困难退役军人办理低保，申请临时救助。成功举办自主就业退役士兵线上适应性培训班，完成了3名转业士官的移交安置以及社会保险接续工作。开展困难退役军人帮扶援助工作，通过入户走访，协调区厅关爱基金1.3万元，为1名困难退役军人发放关爱基金8000元，为1名困难退役军人发放“情暖老兵 子女助学”关爱基金5000元，做到为困难退役军人排忧解难，解决生产生活中的实际问题。

【就业创业工作】 成功举办2023年38名自主就业退役士兵线上适应性培训班。做好退役军人驾驶员技能培训审核报销工作，对符合条件的退役军人考取驾驶证支付培训资金。与县人社局配合组织开展就业创业招聘会1次，促成退役军

2023 年 7 月 31 日，退役军人事务局举办 2023 年转业士官安置选岗现场会

人与企业达成就业意向 10 余人。通过转发招聘信息、提供就业岗位等宣传，实现 12 名退役军人顺利就业。对退役军人就业创业系统信息进行更新完善。

【移交安置工作】 按照区、市主管部门接收政策要求和“阳光安置”工作机制，坚持量化评分、依序选岗原则，对接收 3 名退役士兵的人事档案进行审核，同时与纪检、编办、人社等部门对接，对 3 名转业士官进行了安置，并对接县社保局、医保局做好接续基本保险工作。

【双拥创建工作】 县党政军领导采取召开会议、专题辅导、走访慰问等形式，带头宣讲“双拥”和国防教育。在县电视台开设双拥专栏，打造“双拥文化街”“双拥文化广场”，县双拥办设立永久性双拥标牌 4 块，制作永久性双拥宣传标语 53 幅，在政务服务大厅、汽车站、医院、高速收费站等窗口单位设置拥军标志 20 个，展示泾源县双拥工作的内容和特色。发挥老龙潭革命烈士陵园的红色教育基地作用，组织开展清明祭扫、“9·30”烈士公祭日等重大活动，在全县各领域开展国防双拥主题宣传教育活动，增强干部群众的爱国拥军意识。在八一、国庆等重大节日期间，举办军民共建文艺晚会，组织编排节目在县人民广场演出。

应急管理

【概　况】 2023 年，县应急管理局深入学习贯彻习近平总书记关于安全生产重要论述及重要指示批示精神，落实自治区党委十三届四次全会、五次全会和市委五届八次全会精神，坚决执行区市县党委和政府安全生产决策部署，立足“两个大局”，坚持“两个至上”，以最严格的要求履行安全责任，最坚决的态度坚守安全红线，最扎实的作风落实各项工作措施，推动国务院安委会 15 条硬措施、自治区 20 条具体措施、固原市 56 条硬性措施和泾源县 30 条细化措施落细落实，开展重大事故隐患专项整治 2023 行动和重点行业重点领域安全风险隐患大排查大整治工作，排查化解安全风险，着力抓重点、强监管、严整治，全力保安全、护稳定、促发展。全年全县未发生生产安全事故和自然灾害事故，全县安全生产形势保持总体稳定。

【重点领域风险隐患排查整治】 坚持把城镇燃气、文化旅游、道路交通、建筑施工、“九小场所”等“10+8”个重点领域风险隐患排查整治作为一项重大政治任务，围绕重点场所、重要点位、关键环节进行拉网式、地毯式排查整治，做到“横向到边、纵向到底、全面覆盖、不留盲区”，实行台账式、清单化管理，做到立行立改、深查深改、彻查彻改，推动风险隐患化解在萌芽之时、成灾之前，坚决打好安全生产主动仗、总体仗、攻坚仗、作风仗。截至2023年10月20日,全县共排查各类问题隐患10805条,完成整改10805条,整改率100%。

【重大事故隐患专项整治】 安排部署全县重大事故隐患专项整治2023行动,督促各乡(镇)、各部门(单位)成立工作专班,细化完善工作方案,健全工作机制,建立工作台账,落实好专项行动推进和服务保障工作,推进重大隐患专项排查整治工作落实落地。截至2023年10月30日,全县共排查重大隐患6条,已全部完成整改。

【应急演练】 组织开展2023年泾源县“5·12”抗震避险、防汛抗旱自然灾害大型综合应急演练活动。5月29日,联合甘肃省消防救援总队平凉支队开展“砺剑六盘·2023”跨区域地震应急救援联合演练,消防救援队伍和联动力量共200余人,出动车辆65辆、搜救犬4只参与行动,600余人次参与,社会反响良好,行业部门险情防范应对能力提高。8月22日,会同自然资源等部门在泾河源镇高峰村举办突发地质灾害应急避险演练,演练中,组织公安、消防、卫健、民政、交通、宣传等多部门,共同组建综合协调组、交通治安组、抢险救灾组、灾害信息组、医疗卫生组、转移治安组、设施抢修组、宣传引导组8支应急救援队伍共计123人,场外人员物资协调、后勤保障、信息技术人员共计51人,动员高峰村村民19户59人配合参演;通过演练检验技术实力,磨合应急队伍,积累“应大急、救大灾”技术支持经验,提高应对突发地质灾害事件的快速反应、指挥调度和防范处置能力。

【自然灾害综合风险普查】 编制了《宁夏回族自治区固原市泾源县自然灾害综合风险普查工作报告》《宁夏回族自治区固原市泾源县自然灾害综合风险评估与区划成果综合报告》《宁夏回族自治区固原市泾源县自然灾害普查综合报告》3个主要成果报告,形成了泾源县第一次全国自然灾害综合风险数据库集,涵盖各级各类空间数据和统计数据。

【安全生产培训】 制定并下发《关于开展全县生产经营单位负责人安全生产综合能力提升专题培训的通知》,于8月3—31日对生产经营单位负责人开展了为期1个月的专题培训活动。采取“分时段、分阶段、分专题”模式安排集中培训、分层培训,按照“理论教育、政策解读、以案说法、现场教学”的思路设置7个专题学习课程,提高全县生产经营单位负责人防御风险能力和安全管理水平。

【防灾减灾宣传】 开展2023年泾源县“5·12”“10·13”防灾减灾日宣传活动。由县应急管理指挥部办公室牵头,组织应

2023年5月12日,在县人民广场开展防灾减灾日集中宣传活动

急、公安、交通、消防等30多个部门单位、企事业单位参加，着重从安全生产、水旱灾害、气象灾害、地质灾害、森林草原火灾、卫生健康、消防救援等方面，通过摆放展板、悬挂横幅、编发推送手机短信、发放宣传书籍、手册、宣传礼品等多种形式，引导广大群众关注并识别身边的各类风险，增强防灾减灾意识、普及防灾自救基本常识，提高全民防灾减灾意识和防灾减灾救灾能力。6月16日，在县人民广场开展“安全宣传咨询日”活动，通过摆放展板、悬挂横幅、发放宣传品等方式重点面向社会公众和从业人员，集中宣传安全生产方针政策、法律法规、泾源县重大事故隐患专项排查整治2023行动以及安全生产岗位责任、安全知识和避险逃生技能等科普知识，通过手机、电视、广播等途径向社会公众发送安全生产月活动宣传短信和信息，提高全民安全意识。

【森林草原防灭火工作】 将全县分为7个大片区、96个小片区，实行网格化管理，县级领导包乡，科级领导包村，三个林场包片，护林员包点，形成了“网定岗、岗定责、责定人”的全方位、无死角监管网络，抓实野外火源管理，抓细精神障碍等重点人员管控，激活应急救援队伍，坚决执行“五不准”，切实做到早发现、早处置，防患于未“燃”。

消防救援

【概　况】 2023年，泾源县消防救援大队在总队、支队党委的坚强领导下，县委和政府的大力支持下，始终坚持把党的二十大精神作为誓立新功的战斗号角、砥砺前行的指路航标，团结带领全体指战员深入践行习近平总书记授旗训词精神，抓班子带队伍、抓党建带队建，以“拼”的精神、“闯”的劲头、“实”的干劲稳步推进各项重点工作任务，实现了改革政策全面落地、工作机制全面优化、专业能力全面提升、职能作用全面凸显、基层基础全面夯实、队伍内部高度稳定，开创了辖区消防救援事业高质量发展的崭新篇章。

【理论武装】 大队党委在理论研学、工作推进上始终与支队党委同频共振，全年累计开展党委理论学习中心组学习36期，党委成员撰写学习心得100余篇，开展重点学习研讨39次，及时跟进学习习近平总书记最新重要讲话和重要指示批示精神、上级党委最新决策部署，确保在政治立场、政治方向、政治原则、政治道路上时刻与党中央和上级党委保持高度一致，持续增强“四个意识”、坚定“四个自信”、做到“两个维护”。大队、站两级支部先后与县团委、公安局、检察院、杨岭村党支部等地方单位开展“共建联学”主题党日活动18次，党委书记、副书记上党课12次，通过严肃、活化组织生活，大队党委的凝聚力、核心力进一步增强，号召力、执行力进一步彰显。自第二批学习贯彻习近平新时代中国特色社会主义思想主题教育活动开展以来，累计开展12次党委中心组专题学习、8次主题教育读书班集中学习及10次交流研讨，不断加强党的创新理论武装，学会运用习近平新时代中国特色社会主义思想指导各项工作，进一步提高党委班子的执政能力和领导水平。落实“二五教育日”制度，开展时事政治、爱国主义、党史学习、人生三观等专题教育累计126次，提升指战员的理论素养和政治站位，引导指战员不忘初心、牢记使命，弘扬爱国主义，争当岗位先锋，推动消防救援事业发展。探索“自主分享式”教育模式，开展“专职队员上讲台”活动10期，让教育课堂更注重于分享、倾听、互动，向其他队员讲述自己的所见所学、所思所想，促进队伍内部关系和谐稳定。

【作风建设】 深入贯彻二十届中央纪委二次全会和国家消防救援局、总队党风廉政建设暨警示教育会议精神，围绕消防救援工作和队伍建设中心任务，强化政治引领，深化“四责协同”，推进“一岗双责”落实落地，队伍政治生态持续向上向好，为圆满完成各项应急救援任务、推动事业改革发展提供了政治保障。全年组织观看警示教育片6次，廉政教育专题授课4次，廉政提醒谈话25次，邀请泾源县检察院开展廉政授课，使队伍自上而下保持警钟长鸣。开展纪律作风教育整顿2次，《基层建设纲要》《条令》等内容专题学习36课时，邀请公安局、检察院来队开展法治授课2次。聘请3名社会消防监督员，召开2次座谈会，实地走访县纪委监委、信访局、公安局、检察院、社区、辖区重点单位对大队整体执法环境普遍评价反映较好。

【岗位练兵】 日常训练中，严格标准、科学施训，建立个人训练档案，严格落实奖惩措施，坚持周测试和月考核制度，将压力和责任层层传递到每一名队员身上，营造“人人练精兵”的

2023年9月10日，泾源县消防救援大队与县图书馆联合开展首个“图书流动服务点”挂牌活动

浓厚氛围，激发练兵热情，全体指战员的专业技能训练考核成绩得到了提高。在支队2023年度执勤岗位练兵比武竞赛中，泾源大队荣获大队团体总分第一名，泾河站获站团体总分第二名。5月29日，大队主动承办支队联合甘肃总队平凉支队在泾源县香水镇开展“砺剑六盘·2023”跨区域地震应急救援联合演练。组织参加了泾源县森林草原防灭火联合应急演练、泾源县2023年地震应急演练和全区突发地质灾害应急避险演练。围绕实战化要求，加强与应急、公安、自然资源、卫健等多部门之间的联勤联动，提高了大队应对突发事件、科学处置各类灾害事故的实战能力。

【文化建设】 成立首个图书流通服务点，将“蓝焰书院”作为文化宣教主阵地，培养指战员书法、阅读、摄影、绘画等兴趣爱好。多次举办联建联学主题党日，邀请各类艺术协会会员来队参观指导、分享交流4次，带来文化慰问演出2次。主动承办“时代华章踔厉行　翰墨飘香进消防”全国消防主题书法作品展，结合授旗训词五周年学习宣贯活动，面向全国征集优秀原创消防主题书法、摄影作品1500余幅，将中国传统文化与消防职业特色有机结合，由内而外地展现队伍风采，提升队伍士气。打卡“杨岭村”“老龙潭革命烈士纪念亭”“六盘山长征纪念馆”等地标，开展“重走习近平总书记走过的初心路”“缅怀革命先烈　传承革命精神”等活动。在支队组织的第四届优秀消防宣传员评比暨“映像火焰蓝”摄影摄像大赛中，大队获得干部组第二名、文

员组第一名的好成绩，摄影摄像大赛取得全市消防救援队伍第二名的好成绩。

【事故救援】 发扬连续作战精神，以严明的纪律、英勇无畏的过硬作风和科学高效的战术素养，成功处置“3·14”泾源县八方隆工地群众遇险事故、“8·25”青兰高速货车相撞事故，“10·5”青兰高速31吨碳酸二甲酯半挂车侧翻泄漏事故。

【火灾隐患监管】 全年共检查单位659家，发现火灾隐患260处，督促整改火灾隐患254处，下发责令改正通知书220份，行政处罚决定书23份，临时查封决定书5份，责令“三停”8家，累计罚款58425元，组织火灾原因调查4起。联合公安开展“九小场所”专项整治检查单位1655家，发现并督促整改问题隐患4021处。完成两会、冬残奥会等重大活动和节日的消防安保任务，护航辖区消防安全。为贯彻落实消防主体责任，理清部门责任落地见效，大队先后向县委和政府主要领导专题汇报消防工作15次，推动政府开展安全生产暨消防工作会议8次，县委书记王荣、政府县长马晓红亲自带队开展消防工作检查18次。推动政府部门开展了全县“九小场所”起底式全方位、无死角隐患排查整治工作，联合住建局共排查遮挡窗户广告牌48家，拆除48家，对27家带KTV烧烤店和娱乐场所联合住建、文旅等部门开展消防救援集中攻坚整治行动，全部打通消防救援窗。

【宣传培训】 以沐舍酒店火灾事故为契机，开展火情警示教育现场会、重点单位消防安全管理现场会，警示参会人员不忘大火教训、自觉防范火灾。发挥白通路消防救援站科普教育基地普及消防安全知识功能作用，开展宣传培训4000余人。对县委和政府办公驻地县行政中心办公楼开展消防安全培训暨演练活动，并按照县委和政府主要领导指示要求，对全县政府行业部门开展全方位培训演练工作，提升了机关单位工作人员应对突发灾难事件的应急处理能力和自防自救能力，增强了消防安全意识，向政府领导和行业部门制作发放《常见消防安全风险识别及整改标准指导手册》，指导相关行业规范做好全县消防安全重大风险隐患专项排查整治行动相关工作，为全县创造了良好的消防安全环境。联合县科协、公安、卫健对全县七个乡镇开展全覆盖消防安全知识培训，累计培训社区（村部）85个，受众4000余人，人民群众火灾防控意识和对科学知识掌握水平普遍上升。在支队组织的首届社会单位“明白人”消防知识宣传评选活动中，新世纪购物中心消防安全管理人陈卫东作为泾源县社会单位消防安全管理人代表参与了比赛，取得了第一名。

乡村振兴

【概　况】 2023年，泾源县坚持以习近平新时代中国特色社会主义思想为指导，认真学习贯彻党的二十大精神，深入贯彻习近平总书记关于巩固拓展脱贫攻坚成果同乡村振兴有效衔接工作的重要论述和视察宁夏重要讲话指示批示精神，全面落实中央、国务院和区市党委和政府决策部署，聚焦“守底线、抓发展、促振兴”，锚定“两个高于”目标，全面巩固拓展脱贫攻坚成果，为推进乡村振兴打下坚实基础。

【坚持“四个不摘”】 按照中央和区、市有关部署和“四个不摘”要求，深化“领导包抓+专班推进+驻村帮扶”工作机制，召开县委常委会会议12次、政府常务会议13次、县实施乡村振兴战略工作领导小组会议9次安排部署巩固拓展脱贫攻坚成果同乡村振兴有效衔接工作，听取汇报、研究部署工作，确保与自治区党委和政府保持步调一致，同频共振。优化调整了县实施乡村振兴战略工作领导小组，对照“五大振兴”成立了5个工作专班分领域指导落实，一体推进各项重点工作开展，县委和政府主要负责人多次带头深入基层一线蹲点指导、破解难题、狠抓落实，26名县级干部定期不定期到所在包抓乡镇、村一线督导、推进工作，全县形成了上下贯通、一抓到底的工作格局。强化帮扶单位、驻村工作队和第一书记队伍，完成第五轮驻村工作队选派，选派驻村工作队97支，驻村干部267名，修订完善《泾源县驻村干部管理考核办法(试行)》，建立组织部门统筹管理、乡镇党委日常管理、派出单位跟踪管理、农业农村和乡村振兴等部门协助管理、村党组织监督管理的“五位一体”管理机制，先后对县乡村三级1200余名干部及驻村工作队开展业务培训6期，提升干部工作能力和业务水平，确保帮扶责任不落空、帮扶工作不掉线。将巩固拓展脱贫攻坚成果同乡村振兴有效衔接工作列为领导干部考核内容，建立“领导包抓+责任清单+常态化督导”机制，制定“问题、任务、责任、措施”4个清单，坚持“三察(查)一体”和业务督查同步跟进，对工作开展情况专项督查，对发现问题及时交办、跟踪回访、督促落实，确保工作任务落细落实。

【防返贫动态监测】 建立健全村组日常监测、乡镇研判预警、县级调度帮扶机制，开展防返贫动态监测帮扶，整合大数据监测、常态化走访排查、职能部门筛查预警、监督求助电话等多渠道信息，实现部门联合防返贫信息共享，实施动态监测预警帮扶。全年新增监测对象135户581人，消除风险60户232人，共有防返贫监测对象643户2516人，未消除风险325户1252人，2023年脱贫户人均纯收入14573元，同比增长16.51%。

【“三保障”工作】 加强对流动、留守、残疾等重点对象的监测，建立辍学预警机制，制定巩固安置方案，落实“一对一”巩固责任捆绑，推进控辍保学从动态清零向常态清零转变。开展农村低收入群体等重点对象房屋安全隐患排查，2023年农村危房改造任务13户已全部竣工，农村低收入群体实现了“居有所安”。全面排查新生儿和人员新参保情况，基本医疗保险参保率达到100%。统筹实施农村饮水安全巩固提升等项目，自来水入户实现全覆盖。

【资金保障】 2023年按照“因需而整、应整尽整”的总体原则，统筹整合使用涉农资金26850.77万元，其中，中央衔接资金用于产业发展项目占比为62.02%，自治区衔接资金用于产业发展项目占比为54.82%，共实施产业发展、基础设施提升等项目50个。其中，中央衔接资金支付率99%，自治区衔接资金支付率97.72%。

【社会保障】 推进城乡低保扩围增效，加大社会保障和社会救助力度，农村居民基本养老保险全民参保，城乡低保实现“应保尽保”。全年向10221户14696人城乡低保对象发放低保资金5541.14万元，投入131万元为全县29225人脱贫户和监测对象购买家庭意外伤害保险、大病补充医疗保险，坚决兜住因病因灾因意外致贫返贫的底线。

【金融服务保障】 加大金融信贷支持力度，完成贷款18298.98万元，完成任务18000万元的101.66%，贷款覆盖率71.57%。新增富民贷贷款2387万元，完成自治区下达1000万元任务的239%，群众发展产业资金需求实现了“应贷尽贷”。

【问题整改】 坚持“真认账、真反思、真整改、真负责”，针对各级各类反馈问题逐个剖析症结、安排整改措施，审议通过整改方案、专班包抓落实，县委和政府主要负责人牵头，县级干部带队，成立3个督查组，点对点“过筛子”核查整改情况，举一反三推动建立长效机制，确保反馈问题真改实改。2022年度国家考核评估反馈4个方面9类30个具体问题和媒体暗访、各级审计、国家易地扶贫搬迁后续扶持省级交叉反馈问题、区市督导调研反馈问题均整改完成，并逐步建立长效机制，做到整改责任横向到边、纵向到底，全面推动了整改工作落实落细，打好乡村振兴领域腐败和作风问题专项治理“组合拳”，护航乡村振兴。

【产业振兴】 实施现代产业提质增效计划，推进“1+3+X”特色产业全链条发展。文旅龙头赋能带动，盘活胭脂峡、王洛宾文化园景区，建成16个农文旅融合示范基地；举办杨岭乡村旅游节、六盘山杯汽摩节、第七届黄牛节暨农特产品直播带货庆丰收活动，泾源“牛街”特色旅游街区开门营业，雅豪国际滑雪场等冰雪旅游蓄势待发，全县接待游客120.11万人次，接待游客总收入9.27亿元。重点产业提质扩量，因地制宜布局建设“八个万级”农业特色产业示范基地，推动特色产业转型升级补栏肉牛3.5万头、引进安格斯基础母牛2200头、落实“出户入园”示范场建设5个，7个村集体饲草配送中心和1个兽医社会化服务组织建成投用，全县肉牛饲养量达到11万头，提升“泾源黄牛肉”品牌美誉度，深化与浙江农合集团、内蒙古成峰等企业的合作，泾源黄牛肉等农特产品成功打入长三角市场，泾源县与内蒙古等周边省区建立稳定的肉牛活畜交易关系，在外省区开设泾源黄牛肉专营店96家。种植蜜源植物3.4万余亩，新建蜂产业融合发展示范园2个、百群以上标准化蜂场10个、智慧养殖“互联网+”示范基地1个，分蜂扩群1.4万余箱，蜂群达到4万群，蜂蜜产量18万公斤，产值达5500万元。生态经济融合互促，布局林蜂、林菌、林草、林药、林禽、林旅多业态发展，建成菌菇繁育中心2处，建成黄花羊槽、新民马河滩、香水沙南3个菌菇种植示范基地，全县菌菇种植规模达到515万棒，示范带动农户546户，全县冷凉果蔬种植面积达到1.5万亩，发展道地中药材4.7万亩，带动特色手工、农家乐、林下养殖等庭院经济5000余户。扶持服装箱包企业8家实现产值1.1亿元，集美村分布式光伏、卡子村“出户入园”环保养殖和泾河社区清洁能源一体化项目投入使用，城乡清洁取暖全力推进。

【人才振兴】 围绕全面推进乡村振兴需要，实施“乡土能人”带培计划，培育乡村工匠22人，巩固提升农民教育培训基地8个，培育移民安置区实用人才100人，完成高素质农民培训对象遴选。开展实用技术培训、致富带头人培训等各类职业技能培训14期640人，落实村干部学历提升计划，帮助村“两委”班子提升学历，助力乡村发展。

【文化振兴】 推进“文化惠民”工程，开展“思想政治引领、文明风尚提升、优秀文化传承、文化服务惠农、文化产业富农”五项行动，评选移风易俗示范户、乡村振兴带头人等各类先进典型1500余人，举办“推进移风易俗　助力乡村振兴”活动等280余场次，组织开展各类志愿服务活动1180余场次，服务群众7.1万人次。开展秦腔戏曲展演、元宵节猜灯谜、游灯会、赏烟花等群众喜闻乐见的文化娱乐活动近230场次，累计完成《柳毅传书》舞台剧公演100余场次。

【生态振兴】 巩固拓展“绿水青山就是金山银山”实践创新基地成果，推广“以林养林”“以地养林”模式，完成绿化造林5.5万亩、生态修复3500亩，闽宁碳汇林1446亩，森林覆盖率达到37.4%，正在建设国家储备林11万亩（一期6万亩），探索开发森林草原碳汇资源，借助闽宁协作平台，与厦门市同安区探索开展全区首批农业碳汇交易，8月10日，厦门产权交易中心在新民乡购买泾源县农业碳减排量19.79万吨，交易额31万元。深化苗木腾退去库存工作，完成4000亩腾退任务，全年销售各类苗木2200万株以上，苗木产值达到2亿元。

【组织振兴】 以基层党组织建设提质增效工程为抓手，深化“一抓两整”示范县乡创建行动，细化工作措施，压茬推进，全县三星级以上示范村77个，占行政村总数的80%，示范乡镇7个，占比100%。培育致富带头人1150名，村级后备干部277名。打造“六盘先锋”党建品牌，培育农村党建品牌示范点13个，典型引领、示范带动，促进整体工作提升。2023年，全县7个乡镇96个村集体盘活资金4568.68万元，村均实现收入10万元以上。

【居民收入提升行动】 深化农村“三权”改革，实施农村劳动力转移就业促进计划，建立与重点户劳动力寻岗对接机制，建立政府工程、涉农项目精准带动和龙头企业吸收就业机制，前三季度农村劳动力转移2.9万人，实现收入7.2亿元。推进“就业创业促进年”活动，开展各类培训774人，举办春风行动闽宁劳务协作现场招聘等线上线下招聘活动24场次，发放创业担保贷款96户1800万元，培育创业实体211个，创造新岗位406个，劳动力转移就业2.9万人，实现工资收入7.5亿元，享受一次性交通补贴1319人，发放一次性交通补贴1212人76.86万元。其中就业补助资金102人6.9万元、县财政资金1110人69.96万元。

【移民致富提升行动】 紧盯移民安置区产业、就业、社会融入、基础设施及公共服务配套等短板，安排各类资金1.48亿元，明确8类29项重点工作任务。泾河社区综合服务中心有序搬迁，卡子村出户入园光伏能源项目实现并网发电。开展各种技能培训班13期，培训移民632人，安置公益性岗位186人（新增公益性岗位50人），移民劳动力就业率达到93%。解决2143名困难移民群众低保和高龄救助，帮助3524名移民随迁子女就近入学，入学率100%。

【教育质量提升行动】 全面落实立德树人根本任务，加快建设高质量教育体系。巩固“双减”和“五项管理”成果，义务教育优质均衡发展达标县建设顺利推进，高考综合改革进展有序，第二中学建设项目主体完工，第五幼儿园投入使用，新增幼儿学位360个，全县普惠性学前教育资源占比达到了100%，城关二小、平凉庄小学宿舍楼建设项目如期完成。打造教育数字化试点校1所，装备各类智慧教室19间，创建义务教育优质均衡校16所，打造智慧校园1所，医教联合体覆盖面达到100%。建立教师补充机制，招聘事业编教师17名，签约免费师范生1名。

【健康水平提升行动】 紧紧围绕全民健康水平提升行动“十大工程”30项措施，居民健康素养水平26.48%。开展爱国卫生运动，推进国家卫生县创建。推进“互联网+医疗健康”建设，建成医共体信息化平台。投入7300万元实施县医院急救救治能力提升项目，主体工程已完工，正在进行室内装修。全面启动新一轮家庭医生签约服务，共签约73430人。脱贫人口基本医疗保险和养老保险覆盖率达到100%。

【文明素养提升行动】 实施“七大工程”，发挥“一约四会”作用，修订规范“村规民约”，出台《进一步推进移风易俗 助力乡村振兴的实施意见》，巩固深化红黑榜、积分卡工作模式，举办固原市“推进移风易俗助力乡村振兴”启动仪式、移风易俗主题演讲比赛等宣传活动150余场次，发放宣传资料1.5万余份。深化群众性精神文明创建活动，开展文明村镇、文明单位、文明校园、文明家庭创建活动，2023年新命名县级文明村镇41个、文明单位9个、文明校园4所、文明家庭8户。开展“移风易俗示范户”“好媳妇”“好婆婆”等评选活动，选树各类先进典型1500余人。改造提升新时代文明实践中心、实践所(站)8个，培育志愿服务项目品牌10个，注册志愿队伍209支、志愿者15473人，开展各类群众喜闻乐见的文明实践活动1300余场次，累计服务时长达28万余小时，服务群众6.7万人次。

【城乡面貌提升行动】 加大农村基础设施建设和公共服务保障力度，启动43个村庄规划编制，建设美丽村庄3个，泾河源小城镇和4个美丽宜居村庄列入全区乡村建设重点行动，杨岭村入选中国美丽休闲乡村。推进农村人居环境整治提升五年行动，完成15个乡村振兴示范村人居环境整治项目，实施农村公路质量服务乡村振兴三年攻坚提升项目51条114公里，生命防护和水毁抢修22公里，智慧公路3.5公里，完成农村改厕1310户，落实高标准农田建设任务2万亩，修建农田排水渠14公里。推进农网改造，架设10千伏线路23.56公里、低压线路67.34公里，实施农村热源清洁化改造3900户、农村生物质热源改造250户，农村建筑节能改造3.5万平方米。

【乡村治理】 深入推进党建引领乡村治理试点县建设，将移风易俗、“三项教育”与“1+1+3”基层治理和“1+N”社区治理联动工作机制深度融合，全年共排查矛盾纠纷412件，调解成功389件，调解成功率为94%。建设规范化村(社区)综治中心4个，建成县级1个、乡镇7个、村级21个“一站式”调解中心，搭建“有事大家说”“板凳会”等平台，开展议事活动1000余次，贯彻落实村民代表会议制度，落实村党组织书记、村委会主任“一肩挑”，保障村级办公经费、乡村治理经费、村干部报酬，指导各村开展民主协商、民主议事，加强了基层党组织的组织力、号召力和凝聚力。深入学习贯彻习近平法治思想，严格落实县级领导接访下访制度，坚持“两排查一分析”制度，推进人民调解、行政调解、司法调解“三调联动”，19个党政部门设立人民调解组织，7个乡镇司法所配备视频会议系统、触控查询一体机，全县民警、辅警全部在辖区担任村(社区)党支部副书记、或村(居)委会副主任或主任助理协助工作，逐步构建了上下一体、全面覆盖的依法治理体系，强化矛盾纠纷排查和积案化解。开展反诈三年行动，推动平安创建系列活动，建立“2+1+3”行政争议化解机制，全县矛盾纠纷化解率达98%，电信诈骗发案率下降35.29%，未发生“八类”刑事案件。推行乡村文明实践积分卡“5223”制度，组织评选示范村、示范户，选树最美志愿者、好公婆、乡村美德少年等各类先进典型，评选文明家庭、星级文明户。通过建立村民议事会、红白理事会、禁毒禁赌会、道德评议会等机构，完善“一约四会”制度，使村级管理事项更加完善，提升了社会治理的宽度和广度。

【社会帮扶】 坚持统筹推进闽宁对口协作、央企定点帮扶和消费帮扶等工作，构建多方联动、协同发力的帮扶格局。2023年安排闽宁协作资金4850万元，重点围绕乡村发展、乡村建设、乡村治理安排实施10大类36个项目。强化央企定点帮扶，全年争取资金1305万元，安排落实帮扶项目9个，培育壮大地方产业，提高县域经济发展能力。坚持政府引导、市场主导、社会参与、互利共赢原则，强化产销对接，深化东西部协作，组织企业参加区内外展销、促销、洽谈等活动，引导会员企业和企业员工购买消费扶贫产品，累计完成消费帮扶1.83亿元。实施“百企兴百村”行动，动员非公有制企业发挥在资金、技术、产业、人才、就业等方面的优势，7家非公企业面向帮扶村招收员工123个，发放工资100余万元，实现结对帮扶村村民稳定就业增收。

六盘山镇

【概　况】 2023年，是全面贯彻党的二十大精神的开局之年，在县委和政府的正确领导下，六盘山镇党委、政府坚持以习近平新时代中国特色社会主义思想为指导，全面贯彻落实党的二十大精神，坚决贯彻落实习近平总书记视察宁夏重要讲话指示批示精神，坚持稳中求进工作总基调，统筹安全生产和经济社会发展，突出工作重点，狠抓工作落实，加快推进乡村振兴建设，推动经济社会高质量发展，各项工作都取得了较好的成绩。六盘山镇大庄村被评为“自治区文明村”，和尚铺村已通过自治区文明村验收，集美村被评为“新型农村集体经济示范村”，集美村村党支部书记闵富有同志被评为“全区民族团结进步模范个人”“全市乡村振兴担当作为好支书”。

【党的建设】 六盘山镇加强思想政治引领，锚定“学思想、强党性、重实践、建新功”的总要求，推动学习贯彻习近平新时代中国特色社会主义思想主题教育走深走实，用习近平新时代中国特色社会主义思想凝心铸魂，以“三会一课”“主题党日”“理论学习中心组学习”等为载体，开展多形式、分层次、全覆盖集中学习教育55次；以实施基层党组织建设提质增效工程为抓手，全面加强基层组织建设，深化“一抓两整”示范镇村创建行动，打造什字村“党建引领·产业赋能·党群共富”党建示范点和蒿店、和尚铺镇级党建品牌，整顿提升半个山村软弱涣散党组织；深化“导师帮带制”，重新推荐评定村级后备干部51名，致富带头人255名，实施村级保障扩能增量行动，发展壮大村集体经济，计划打造年收益突破30万元集体经济强村3个；发挥党建引领基层治理功能型党支部作用，不断提升基层治理水平和能力；开展党建引领乡村治理试点创建，构建集美村“党建领方向、网格全覆盖、服务零距离”、和尚铺村“文旅融合助推乡村治理”乡村治理格局。

【安全生产】 六盘山镇始终把安全作为头等大事，深入贯彻习近平总书记重要指示批示精神，学习贯彻落实自治区十三届四次全会精神，履行属地管理责任，抓实抓好全镇安全生产各项工作，对安全生产风险隐患排查整治的14个重点领域进行督导检查，不定时抽查检查各村整改工作，把压力传导下去，提高全镇思想认识，强化责任担当，确保责任到位、管理到位、整改到位，消除安全隐患，14个领域共排查问题隐患3282条，已整改3267条，正在整改 15 条,整改完成率 99%,确保对账销号,不留盲区、不留死角,做到隐患排查到位、问题整改到位、责任压实到位,安全制度建立到位。

【脱贫攻坚成果巩固】 按照“两个高于”目标,紧盯 987 户3630 人脱贫群众和监测对象收入,开展收入监测预警。开展动态监测工作,每月针对行业部门筛查预警反馈名单,逐人进行实地核查、分析研判,对符合条件的及时纳入监测对象,有针对性开发式帮扶措施,落实中蜂 28 箱、肉牛 9 头、养羊 25只、种植玉米 37 亩,办理金融贷款 33 万元。对因病、因残致贫的 10 户监测对象申请低保各 1 人,办理医疗救助 12 人,苗木销售 11 万元。开展防止返贫监测帮扶集中排查工作,共排查 3620 户(其中脱贫户1189 户,监测户 52 户,“八必访户”947 户,一般户 1432 户),纳入“三类人群”2 户 10 人,完成 2023 年 3 个项目入库录入和 10 个帮扶车间信息录入工作。

【特色产业】 六盘山镇围绕“1+3+X”产业体系和“八个万级”农业特色产业基地建设目标,打造以文旅产业为主导,肉牛、中蜂、中药材种植产业全面发展的产业格局。王洛宾文化园开园运营,百花溪谷正在试营业阶段,正在盘活李庄村、马西坡村旅游驿站,后续将依托全域旅游资源优势,围绕“百花溪谷”、王洛宾文化园、旅游驿站、采摘大棚等点位打造全域“一日游”精品旅游线路;引进育肥牛 1490 头,全镇肉牛存栏量达到 3300 头以上;新建百群以上标准化蜂场 2 个(太阳洼村、蒿店村),引进中蜂 1100箱,扩繁子蜂 3400 箱以上。在张堡村打造中药材良种繁育基地 100 亩,在周沟村打造大田种植 2000 亩,在蒿店村流域、东山坡村流域、和尚铺村流域打造仿野生林下种植中药材 10000 亩,将分批次、分种类、按季节有序种植。利用苗木腾退土地种植地膜玉米 9070 亩,玉米大豆带状复合种植 500亩。

2023 年 9 月 14 日,泾源县六盘山镇集美村肉牛养殖

【民生保障】 强化兜底保障,开展低保“扩围增效”工作,扩大低保和特困人员救助补助范围,以无劳力脱贫家庭为兜底保障重点,严格按照程序开展农村低保评议,新增纳入低保范围 215 户 339 人,做到“应保尽保”。加大基础设施建设,对全镇部分水毁道路开展维修工作,完成什字村街道“白变黑”4 公里,什字村卧羊川文化戏台、什字村中心文化广场维修改造动工,为全镇 23 名退役军人完成退役军人优待证申领及发放工作,完成养老认证 1250 人,开展劳动力素质技能提升培训达 750 人次。完成全镇 11061 户自建房排查工作,其中包含经营性自建房 172 栋,其中存在安全隐患 36 栋,已全部完成整治,整治率达 100%。协助相关单位推进 312 国道征迁工作,后续将做好服务保障工作,为沿线群众提供舒适、安全的

出行环境。

【社会治理】 以党建引领乡村治理为抓手,推动党建引领基层治理"1+1+3"工作机制,完善乡村治理体系、创新治理方式、提高治理效能,加大信访矛盾纠纷排查,每月定期召开信访工作联席会,实行挂牌"销号"管理,做到党委"一把手"亲自部署、过问、协调和督办,开展食品安全示范乡镇创建工作,围绕铸牢中华民族共同体意识主线,巩固集美村、李庄村民族团结进步村创建成果,推进周沟村、和尚铺村民族团结进步村创建进程,落实"五进"宗教活动场所,坚持依法管理宗教事务,营造和谐健康的宗教关系。联合镇派出所、司法所深入各村和校企开展以扫黑除恶、电信网络诈骗、非法集资、防溺水宣传等为主题的宣传教育活动21场次。开展六盘山镇道路交通预防专项整治工作,聚焦G312线、G344线等重点路段,重点围绕"两危一客一货",对全镇内运营面包车摸排登记并签订承诺书253份。

【生态文明建设】 围绕人居环境整治持续发力,坚持建好管好护好,通过开展机关环境整治、主街道整治、家禽家畜散养整治、垃圾卫生整治、乱堆乱放整治等专项行动,加强村民文明生活习惯培养,确保村庄整治长效不反弹。坚持生态优先,压实河长制责任落实,确保河(湖)长工作有效,镇、村两级河长按照要求开展巡河护河工作,坚决保护好水源安全,共计巡河30余次,清理水面垃圾0.3吨左右。加强全民森林防灭火意识,发挥各级林长、护林员的作用,清明节期间利用广播、宣传单推行鲜花祭扫等方式在辖区内开展森林防灭火宣传工作,组织志愿服务队、城管、环卫工开展三关口垃圾清理志愿活动21场次。开展农村面源污染治理工作,做好秸秆禁烧、废旧残膜回收等工作,建立村庄清洁、农村生活污水垃圾处理、农村卫生厕所管理等制度,推进卫生健康示范镇建设。

2023年2月13日,泾源县六盘山镇什字村开展2023年"送福迎新春·文化暖人心"主题活动

香水镇

【概　况】 2023年,在县委和政府的坚强领导下,香水镇坚持以习近平新时代中国特色社会主义思想武装头脑、指导实践、推动工作,深入学习宣传贯彻党的二十大精神和习近平总书记视察宁夏重要讲话指示批示精神,全面落实自治区第十三次党代会和区市县党委历次全会部署要求,坚持以推动高质量发展为主题,以黄河流域生态保护和高质量发展先行区建设为统领,更好统筹发展和安全,围绕建设"五个示范县"目标,牢固树立大抓发展、抓大发展、抓高质量发展、推动跨越式发展的鲜明导向,踔厉奋发、勇毅前行,较好完成了全年各项工作目标任务。

【思想政治建设】 坚持把学习宣传贯彻党的二十大精神作为

首要政治任务，坚持用习近平新时代中国特色社会主义思想凝心铸魂。把深入学习宣传贯彻党的二十大精神、习近平总书记视察宁夏重要讲话指示批示精神和自治区第十三次党代会精神作为“纲”和“魂”，深刻领悟“两个确立”的决定性意义，增强“四个意识”、坚定“四个自信”、做到“两个维护”，自觉在政治上主动对标、思想上精准对表、行动上坚决对照，做到“总书记怎么说，我们就怎么做”。

【产业发展】 紧扣全县“1+3+X”产业布局和“八个万级”农业特色产业示范基地建设总体要求，联农带农机制不断完善，群众收入不断提升。推进“扩栏补母”工程，引进安格斯母牛350头，育肥牛补栏2400头，出栏6500头，肉牛存栏达到9320头，种植优质高产高效玉米9296亩，种植紫花苜蓿300亩。建成标准化中蜂养殖场8个，养殖中蜂2300箱，种植六盘山野生花灌木和蜜源植物37种100余亩，年底将达到5000箱左右。依托20公里旅游服务带，盘活香水民宿新村，培育沿线农家乐示范户130户，建成新月村房车露营地1处。沙南村、卡子村以“龙头企业+合作社+基地+农户”新发展模式为引领，凝心聚力把“小菌菇”办成“大产业”，培育菌菇16万棒，种植菌菇、木耳130余亩，种植中药材50亩，太阳村、上桥村、新月村林下生态鸡养殖累计突破3万只，城关村特禽养殖场养殖七彩山鸡500只。18个行政村实施发展壮大新型村集体经营项目56个，各村村集体项目均达到3个以上。新建羊场5个，“外引+内繁”培育肉羊1200只，争取闽宁资金462万元，提升沙源村扶贫车间1个，新建沙南村、大庄村等标准化中蜂繁育场5个。卡子村新建设施大棚20座，肉羊养殖场1个养殖肉羊400只，中蜂养殖场1个养殖中蜂200箱，肉牛出户入园180头，安装光伏发电板3546平方米，打造集香菇、蔬菜、中蜂、肉羊、肉牛、光伏等种养殖一体化产业集群。沙南村依托林下资源优势，按照“集体+企业+农户”运行方式，建成林下木耳基地50亩，种植木耳10万棒，建立“1+1”和“1+N”的结对帮带方式，带动9户“监测对象”种植菌菇2.5万棒，辐射园子、新月、车村、杨家等90余户群众分散种养菌菇，搭起了产业致富链条，为全县林下菌菇产业发展作出了示范。

2023年4月8日，香水镇沙南村菌菇产业园

【民生事业】 坚持以人民为中心的发展思想，把守牢不发生规模性返贫和守好改善生态环境生命线作为“头等大事”，守实成果、促进振兴、护好生态，宜居水平不断提升。乡村振兴全面推进，紧紧围绕守住不发生规模性返贫的底线任务，紧盯重点人群、关键环节，开展防返贫监测帮扶“大排查”5401户，“八必访”2105户，核查核实农户自主申报部门预警反馈

信息282条,全年新增监测对象10户39人、消除风险9户34人,做到应纳尽纳、动态监测。落实教育帮扶政策,义务教育阶段适龄儿童无失学辍学。基本医疗保险参保率达到100%。实施农村饮水安全管网改造工程,稳定实现农村安全饮水保障全覆盖。打造乡村振兴示范村2个,脱贫人口人均纯收入增长19.56%,实现"两个高于"目标。以实施农村人居环境整治提升行动为抓手,全面推进农村改厕、垃圾治理、污水处理和村容村貌整治提升,人居环境不断改善;卡子村完成排水渠改造800米,沙南村实施道路边沟500米,铺设排雨管网80米;新建卫生厕所160座,整改783座,整改完成率为66.35%;按照"村内村外、院内院外、屋内屋外"全方位清洁要求,接续开展"拆、清、整"行动,全面提升村容村貌,打造农村人居环境整治示范村2个。坚持生态建设和生态经济同步发展,在守好改善生态环境生命线的同时,推进生态产业化、产业生态化,发展林下经济,实现山绿与民富共赢。

【法治政府建设】 将法治政府建设工作纳入经济社会发展全局,摆在工作全局的突出位置,政府班子成员以身作则、以上率下,带头自觉运用法治思维和法治方式深化改革、推动发展、化解矛盾、维护稳定。把领导干部带头学法、模范守法作为树立法治理念、提高法治水平的关键。累计开展习近平法治思想、中央依法治国、自治区依法治区会议精神、《中华人民共和国宪法》《中华人民共和国民法典》等法律法规学习40余次,发放法治宣传册2万余份。全面推行法律顾问制度,镇政府和21个村(社区)法律顾问全覆盖,镇政府法律顾问共办理涉法事务24件,办理检察建议4件,对9件镇政府重大决策及重要涉法事件提供了法律意见和处理方案,法律咨询7件,为政府重大决策提供了法治保障。坚持完善"四议两公开"、政务公开等制度,及时真实地公开相关信息,确保村级财务收支状况晒在阳光下,保障村民的知情权、参与权。

【社会治理】 以矛盾纠纷排查、信访案件化解、重点人员管控、社会面安全管控四大任务为主攻,按照"日排查、周碰头、月研判、季考核"的工作机制,运用"4+N"下沉一体化矛盾纠纷排查化解力量,落实"1+1+3"基层治理机制和社区治理"1+N"工作机制,统筹整合综治中心、派出所、司法所、"五办四中心"力量,紧盯邻里纠纷、婚姻矛盾、劳资关系、征迁安置等重点领域,开展矛盾隐患排查处置,做到小问题原地化解,大矛盾原地管控。按照"实事求是、依法依规"的原则,抓好重点信访事项办理化解工作,做到"三到位一处理",严格按照信访事项办理流程,逐条逐项进行调查核实,依法依规进行办理化解。

【禁毒工作】 紧盯突出问题,强化综合治理,坚持党政同责,开展综合督导、预防教育、社区康复等工作,定期召开禁毒工作会议,及时研究解决禁毒工作过程重点难点问题。镇禁毒办结合重大节日、重要活动等契机,开展集中宣传、入户宣传、专项宣传、禁毒竞赛等宣传教育活动,全年发放禁种铲毒、禁吸戒毒、禁毒法律法规等资料1.6万余份,开展禁毒宣传活动35场次。把戒毒康复人员及其困难家庭列为救助帮扶对象,开展摸底排查,将6名符合条件的涉毒人员困难家庭纳入最低生活保障。全镇禁毒工作"稳中有进、持续向好",禁毒工作取得了明显成效。

【民族宗教工作】 以铸牢中华民族共同体意识为主线,坚决守好促进民族团结生命线。把学习贯彻落实党的二十大精神作为首要政治任务，全面贯彻习近平总书记关于加强和改进民族工作的重要思想、关于宗教工作的重要论述和视察宁夏重要讲话指示批示精神纳入学习教育重点内容，累计开展集中学习20余次，开展大宣讲及宗教场所教职人员大培训3次，举办“三定”学习3场次200余人次，先后组织开展“春节联谊会”“民族团结一家亲、新春佳节话邻里”、团结杯篮球比赛、“两节”趣味运动会等活动50余次，铸牢中华民族共同体意识示范区建设成效明显。

【干部作风建设】 坚持严的主基调不变，全面推进以上率下夯责任、以案示警抓纪律、完善制度抓管理、加强监管抓日常、强化整顿树形象等六大任务，开展各项法规条例学习活动25次600余人次，开展镇村干部廉洁从政谈话22人次，加强干部作风纪律整顿，下发通报11期，批评教育12人，责令书面检查2人。开展节假日镇村干部集体廉政谈话3次，开展“转作风、勇担当、勤履职、提效能”专项行动、纠治形式主义官僚主义专项整治、乡村振兴领域腐败和作风问题专项治理工作，持续整治群众身边腐败和作风问题，围绕涉农资金监管、低保养老等民生领域重点工作，开展监督检查11次，排查整改廉洁风险点10个，整改问题4件，推动了政府决策部署落地落实。严格落实“三重一大”事项请示报告制度，严格执行中央八项规定精神，认真落实党风廉政建设“一岗双责”，推进政务公开，实施精准普法惠民工程，开展《中华人民共和国宪法》《中华人民共和国民法典》学习宣传教育。

泾河源镇

【概　况】 2023年，泾河源镇坚持以习近平新时代中国特色社会主义思想为指导，深入贯彻落实党的二十大精神和习近平总书记视察宁夏重要讲话指示批示精神，在区市县党委和政府的坚强领导下，踔厉奋发、勇毅前行，经济社会发展迈出了坚实步伐。2023年2月，泾河源镇被自治区党委农村工作领导小组评为自治区第二批乡村治理示范镇；2023年9月，泾河源镇被泾源县委农村工作领导小组评为肉牛养殖示范镇；2023年9月，泾河源镇庞东村被自治区农业农村厅评为自治区级示范性农村集体经济组织；党建引领农文旅融合发展工作在全市基层党组织建设工作推进会上作交流发言和经验分享；创新建立落实“4+N”乡村一体“下沉”机制（即法官及助理、检察官及助理、警官及辅警、律师及法律顾问+平安建设成员单位N个职能部门），4支专业力量向镇村一体“双下沉”，落实“吹哨联派”制度，N个成员单位力量向镇村一体联合“下沉”，构建镇（村）善治指挥链，推动“问题联治、风险联控、平安联创”，做到“小事不出村、大事不出镇、矛盾不上交”。

【脱贫成果巩固提升】 落实“四个不摘”要求，开展“四查四补”，完善落实防返贫动态监测帮扶机制，强化排查预警。2023年，全镇新增防返贫监测对象12户55人（边缘易致贫户3户15人，脱贫不稳定户5户18人，突发严重困难户4户22人），风险消除3户16人，全镇剩余未消除风险防返贫监测对象“三类人群”44户194人，结合各户发展实际，全部制定“一户一策”，确保帮扶成效。排查整改各类问题65条，已全部整改。紧盯增加脱贫群众收入这个关键，探索建立联农带农利益联结机制，发挥帮扶车间、乡村公益性岗位、以工代赈项目、设施农业、乡村旅游等带动作用，新增800余人在家门口就业，实现务工总收入900余万元，稳定输出劳务就业务工 5200 余人。

【乡村振兴】 全面推进乡村振兴,培育涝池村、余家村乡村振兴示范村 2 个。深化闽宁对口协作和中国建材集团帮扶机制,投入资金 273 万元,实施项目 5 个,受益人群 1823 人。提升村级集体经济发展质量,实现村集体经济和群众收入“双增收”,培育选树 30 万元以上“十强”村集体 6 个,村集体经济预计年收益达 284 万元。2022 年 10 月至 2023 年 9 月一个年度,全镇脱贫群众人均纯收入为 14334.75 元,较 2022 年的 1219.38 元相比,同比增长 17.58%。

【抓项目促投资】 牢固树立“项目为王”理念,狠抓项目有效投资。全年实施重点项目 11 个,投资 2244 万元,落实招商引资项目 1 个 5000 余万元。通过项目实施,全镇基础设施水平不断提升,产业发展基础不断夯实,群众幸福感、获得感和服务群众质量明显提高。

【产业发展】 围绕县委和政府“1+3+X”产业布局,做好“八个万级”农业特色产业示范基地建设,形成农文旅产业融合发展新格局。在白面—冶家片区建设 3000 亩高标准冷凉果蔬产业园,在兰大庄—上秦片区建设 1600 亩“林药—油菜”产业融合观光园,在东峡—底沟流域建设 2300 亩林下中药材种植示范基地。全力以赴调结构、拓领域、育企业、壮产业,推广种植优质高产高效饲料玉米 1.75 万亩,新建余家村、河北村 2 个“出户入园”示范场,打造龙潭村、兰大庄村等 8 个肉牛高质量养殖示范村。全年引进安格斯基础母牛 260 头,育肥牛 2500 头,确保全镇肉牛饲养量达 2.4 万头以上。在河北梁推广玉(早熟玉米)豆套种试验田 600 亩,以河北梁主片区辐射带动泾河南北共计 8 个村种植早熟玉米 1200 余亩,亩均实现增收 2500 余元。在庞东村重点打造 50 户菌菇种植示范户,建设河北村菌菇种植大棚 1600 平方米,优化产业布局,发展特色菌菇经济,拓宽致富门路。做好“生态+”文章,发展林下养殖乌鸡产业,全镇养殖乌鸡 16000 余只,建设底沟村 1 个标准化蜂场,全镇引进中蜂 300 余箱,分蜂扩群 2000 群,全镇蜂群数量保持在 3000 箱。实施“旅游+”战略,在泾光川道片区建设特色农业种植园种植油菜花、豆角、荞麦等作物发展农旅融合观光经济,余家村建设特色农业示范园,扩建泾河夜“肆”闽宁特色街区,增加更多小吃、游玩摊位,提升泾河北岸野奢露营地服务,推进泾河源中医康养特色街区建设工作。先后举办泾源县首届农特产品展销会、泾源县“红色六盘山·避暑泾河源”文化旅游美食节系列活动等,让泾源美食、黄牛肉、蜂蜜和泾源乌鸡的名气更响。宁夏泾水源食品有限公司、冶家村电商直播间、篝火广场等销售消费平台良好运

2023 年 9 月 19 日,泾源县泾河源镇闽宁特色街区泾河夜肆

营，旅游业态向多样化、高品质发展迈上新台阶。2023年全镇接待游客近18万人次，实现旅游综合收入3300余万元。

【美丽乡村建设】 推进美丽乡村建设，完善基础设施，推进农村人居环境整治提升五年行动，深化“11343”人居环境整治新机制，打造人居环境示范村3个，示范户2782户，整理柴堆粮堆1500余方，清运垃圾1180余吨，清理河渠垃圾80余公里。加大农村卫生厕所改造力度，全镇2023年260座改厕任务已完成224座，改厕工作按照时间节点压茬推进，确保按时按量及时完成。抓好涝池村、余家村乡村振兴示范村建设，乡村振兴示范村人居环境综合治理工程和道路维修改造工程全面实施完成，冶家村成功入选第六批中国传统村落名录，逐步形成了“村美人富”的良好局面。

【环境整治】 深入学习贯彻落实自治区十三届五次全会精神，坚持树木树林、治山治水同步发力，统筹推进山水林田湖草系统治理，坚决打好蓝天保卫战、碧水攻坚战、净土持久战。组织开展涉及辖区各类环境保护检查督查40余次，检查各类行业主体35家，下发生态环境整改通知书10余份，督促其整改环保隐患10余个。全面做好农业面源污染治理工作，督查整改农业面源污染问题13条。推进净土行动，回收残膜20余吨，龙潭有机肥加工厂正常生产，在循环农业产业链上迈出可喜的一步。有机肥还田2000余亩，落实耕地地力保护2.5万余亩，全年建设高标准农田3000余亩，节水灌溉8800亩，整修农田5000余亩。开展封山禁牧执法检查，封山禁牧检查处罚2人，罚款1000元。做好马家村、高峰村垃圾填埋场封场工作，启用河北村临时垃圾堆放点，做好城乡生活垃圾转运工作。完成春季造林供苗21余万株，全镇生态环境日益改善，“绿水青山就是金山银山”理念深入人心。

【民生服务】 全面开展农村低保扩围增效专项工作，农村低保扩围新增365人。2023年动态调整农村低保5次，增加177人，清退112人(含亡故人员)，共计发放临时救助5批次181户465700元。完成职业技能提升培训200余人、创业培训50余人。培育各类经营主体20余个，新增就业600余人，劳务创收近5000万元。残疾人“两项补贴”556人、农村“五保户”55人，保障资金按时发放。截至10月底，累计发放各类救灾、救助资金130余户686人59.88万元。发放耕地地力保护补贴852210元，实际种粮农民一次性补贴21450元，兑付外购安格斯基础母牛补贴资金52万元。落实2023年春季学期“雨露计划”项目补助工作共152名学生228000元。社会保障体系逐步完善，养老服务水平有效提升，家门口服务站便民服务机制不断深化，“双拥”和退役军人管理服务工作更加规范，2023年城乡居民养老保险和医疗保险参保率均达到100%。

【社会治理】 落实总体国家安全观，“十大专项行动”纵深推进。平安泾源建设深入推进，社会治安持续向好。落实党建引领基层治理“1+1+3”工作机制，发挥乡村治理功能型党支部、大综合治理服务平台和“日报告”“周碰头”“月研判”“季度考核”“半年小结”制度，创新建立“4+N”乡村一体“下沉”推动矛盾纠纷联合化解机制，推动矛盾风险隐患排查化解，健全“三张清单”。2023年累计排查纠纷25起，化解率100%。推进“5223”乡村文明实践积分卡制度，开展铸牢中华民族共同体意识示范县创建活动，巩固宗教工作新局面。全面学习贯彻自治区党委十三届四次全会精神，推进安全生产专项整治和大排查大整治行动，抓好农村道路交通安全、消防安全、食品药品安全、建筑领域安全监管、自建房领域安全隐患排查、防溺水安全专项整治、森林草原防火、地质灾害隐患排查整治工作，共组织全覆盖排查333家经营主体，共排查出安全隐患2501条，均为一般性隐患，已完成整改2453条，正在整改48条。食品药品安全区创建成效明显，全镇安全生产形势总体平稳。

大湾乡

【概　况】 2023年，大湾乡坚持以习近平新时代中国特色社会主义思想为指导，深入学习贯彻党的二十大精神和习近平总书记视察宁夏重要讲话指示批示精神，在县委和政府的正确领导下，紧紧围绕“五个县”建设任务，统筹发展和安全，统筹发展和生态，聚焦“产业发展、环境优化、民生改善、安全稳定”等方面，狠抓工作落实，保证了全乡经济社会和各项事业健康稳定发展，全乡生产总值增长6%，农村人均可支配收入增长9%。

【党的建设】 坚持把学习贯彻习近平新时代中国特色社会主义思想和党的二十大精神，特别是习近平总书记视察宁夏重要讲话指示批示精神作为首要政治任务。结合“学习贯彻习近平新时代中国特色社会主义思想”主题教育及《关于大兴调查研究的实施方案》要求，组织乡村两级干部走出办公室，深入群众，把学习和开展调研结合起来，把学习和解决群众的实际困难和问题结合起来，用理论来指导实践，用实践来强化理论武装。开展中心组理论学习9次，集中学习54次，研讨75人次，班子成员到村开展宣讲活动35场次，讲党课50次，乡村两级干部提交调研报告42份，为民办实事200余项，引导党员干部深刻认识“两个确立”的决定性意义，增强“四个意识”、坚定“四个自信”、做到“两个维护”。以基层党组织建设提质增效工程为总抓手，严格落实“三会一课”“主题党日”等基本制度，利用“双评双定”正向激励反向监督机制作用规范党员行为，调动党员在参与村级发展和推动乡村振兴中的模范示范作用，亮黄星党员5名，2023年发展党员13名。抓实星级党支部创建工作，年底创建5星级党支部1个，4星级党支部4个，3星级党支部8个。对照“一抓两整”，按照示范乡村创建标准，制订了乡村两级“一抓两整”方案和“三个清单”，召开薄弱村整顿提升推进会，指导大湾村和四沟村规范化落实党建各项工作任务，确保两个村年底完成整顿提升。推进农村“两个带头人”工程，累计培育党组织带头人13名、致富带头人123名，储备村级后备干部39名，并为每名后备干部确定1名村干部作为导师进行帮带，调动其参与村级事务的积极性。组织13名村党支部书记参加区外培训4次、区市县培训33次，充分发挥“头雁效应”。累计投入资金24.6万元完成8个村党群服务中心维修。推进农村党员“挂联诺”机制，解决群众急难愁盼问题142件。开展党建品牌创建行动，巩固杨岭村“红色杨岭，振兴先锋”党建品牌，打造苏堡村“党建赋能，产业振兴”党建品牌，凝聚全面推进乡村振兴强大合力。建成大湾乡党校，举办轮训班2期，累计培训党员240名，为乡村党员“补钙壮骨”。打造杨岭村党建文化长廊，建成杨岭研学实践基地，杨岭村史馆被区市确定为党史学习教育基地，2023年，累计接待各种团建活动120批次。履行党委主体责任、党委书记“第一责任人”职责和班子成员“一岗双责”，建立乡村干部廉政档案213份，把党风廉政建设和反腐败工作与全乡重点工作同步推进，乡党委研究党风廉政建设及反腐败工作7次。强化监督执纪问责，针对巩固拓展脱贫攻坚成果同乡村振兴有效衔接、安全生产等方面，开展监督检查6次，党委领导班子成员对分管“五办四中心”负责人、党员干部开展谈心谈话12人次，履责谈话1人次，廉政谈话4人次，提醒谈话4人次，乡纪委约谈3人，乡村干部大会上书面检查5人。开展“三个专项整治”，建立专项治理月清单、月督查、季研判、“清单+整改”台账制度，“转作风、勇担当、勤履职、提效能”专项行动自查问题126条，纠治形式主义官僚主义专项整治个人自查问题133条，单位自查问题26条，乡村振兴领域腐败和作风问题专项治理机关自查问题4条，各村自查问题15条，已整改完成。实施村集体经济“提质增效”计划，探索林下种植业、连片发展等新路径，融合发展壮大村集体经济。村集体收入达到10万元以上的行政村8个，30万元以上的行政村2个。主题教育进一步走深走实，聚焦全乡重点工作任务，制定主题教育学习计划、工作计划、重点任务清单，建立在家党员、流动党员、年老体弱党员“三个台账”，分类施策开展学习。先后为76名流动党员邮寄学习资料，为27名行动不便党员送学上门。鼓励党员干部立足岗位做贡献，为群众办实事办好事77件。引导广大党员干部将理论学习、推动发展、检视整改融会贯通，共检视查摆问题194个（其中：乡党委3个、各基层党支部29个，党员干部个人162个），建立问题整改台账，领导班子成员根据包抓行政村及分工责任主动认领、牵头整改，敦促各党支部、党员干部明确整改目标、完成时限，坚持“当下改”与“长久立”相结合，及时借鉴学习主题教育中出现的好做法、好经验，推动主题教育工作走深走实。

【脱贫攻坚成果巩固提升】 严格落实“四个不摘”，整合统筹各类涉农资金310万元，实施产业发展、基础设施提升项目3个。开展动态监测帮扶，新识别纳入监测对象32户108人，因户制宜实施“一户一策”，消除风险9户23人。推进小额信贷帮扶，新增贷款1706万元，贷款覆盖率达84%。深化闽宁协作和央企定点帮扶，投入闽宁帮扶资金420万元，实施基础设施提升项目2个，争取央企帮扶资金300万元，建成杨岭村研学基地。做好就业帮扶，开展劳务技能培训3场次，转移就业3703人次，新增公益性岗位39个，5个帮扶车间吸纳脱贫户就业47人。推行村集体经济发展“3655”模式，13个村集体收入均达到10万元以上，其中杨岭村、苏堡村突破30万元。建设乡村振兴示范村2个。完成农民收入测算工作，2023年脱贫户人均纯收入13294元，同比增长17.06%，稳定实现“两个高于”目标。

【产业发展】 推动“1+3+X”产业体系，发展“八个万级”农业特色产业示范基地，壮大肉牛、肉羊、生态经济、文化旅游等特色产业。打造肉牛养殖示范村2个，建成大湾村移民安置点“出户入园”养殖示范场，引进安格斯基础母牛350头，育肥牛引进4100头，全乡肉牛饲养量达到14000头，培育肉牛存栏20~49头养殖户50家、50~99头养殖大户2家、100头以上合作社8家。探索建立“集中养殖+分户饲养”的养殖模式和“统一管理+分户核算”的联农带农机制，成立大湾乡肉羊养殖协会和7个村级专业合作社，培育肉羊养殖示范村4个，新建尚坪村千只肉羊养殖场，维修改造六盘村、何堡村肉羊养殖场，引进基础母羊9000只，培育“30”大户220户，全乡肉羊饲养量25800只，杂

2023年5月15日，泾源县大湾乡苏堡村肉羊养殖

交小尾寒羊示范基地建设初步成型。深挖林下资源，发展培育标准化蔬菜大棚4座、菌棚8座，种植车厘子1500株、平菇3.5万棒、六盘山道地中药材395亩，动员农户搭建菜棚950户，为脱贫户发放鸡苗7000只，全乡家禽存栏2250只，促进庭院经济与和美乡村建设互促互融。推行“大手连骨干拉小手”机制，培育中蜂97户2640箱，年生产优质蜂蜜1.2万公斤，建成苏堡村中蜂产业示范园和杨岭村农特产展销馆。着眼高标准饲草料基地建设，建成绿塬村千亩高效优质饲草料种植基地，全乡种植以紫花苜蓿、青贮玉米为主的优质饲草24529亩，基本实现饲草供应自给自足。成功举办第四届“乡村文化旅游节”，游客突破10万人次，旅游综合收入110万元，杨岭村被评为中国美丽休闲乡村。

【美丽乡村建设】 贯彻落实自治区党委十三届五次全会和“1+4”系列文件精神，推进生态文明建设。坚持环境卫生整治“213”工作机制，投入劳动力1.2万人次、车辆机械936台次，清理林带、沟渠13公里、垃圾杂草0.51万吨，各村开展农村人居环境卫生评比156次，通报、整改卫生死角50处，红榜上榜662人次，黑榜上榜159人次，评选环境卫生示范户177户，以身边人、身边事带动农民转变观念、改变习惯。推进厕所革命，新建卫生厕所177座，兑付补贴资金35万元，建设农村“厕所革命”整村推进村1个，全乡农村常住户卫生厕所普及率达到73%。落实“河长制”“林长制”“田长制”，开展巡河、巡林工作，乡村两级巡河员巡河3035次，开展清河溯源活动6次清理垃圾10余吨。完成荒山造林1.9万亩52万株，实施村庄绿化5000余平方米，绿化美化村庄道路3公里。

【民生服务】 实施基础教育提升行动，全乡义务教育阶段适龄儿童入学率保持100%，2023年考入大学37人，高职28人，中职24人，开展捐资助学39人17.9万元，“雨露计划”资助贫困学生42名6.3万元。实施健康水平提升行动，全乡脱贫户、重点人群健康建档管理和签约服务全覆盖，医疗保险覆盖率达到100%、养老保险覆盖率达80%。实施低保“增效+扩围”、高龄津贴“提标+扩围”行动，新增低保349人、高龄老人221人，累计发放临时救助资金17.55万元，惠及84户239人。3个“老饭桌”、13个“儿童之家”全面运营，有效解决“三留守”问题。抓好村级文化阵地建设，协调开展送戏下乡8场次，开展广场舞大赛、村篮球联赛、趣味运动会、粽情端午等各项文体活动21次，组织大湾乡秦剧团参加全县第四届秦腔比赛，取得一等奖1个，二等奖2个，群众业余文化生活逐步丰富。补齐基础设施，提升公共服务能力，维修硬化道路4079.1平方米，铺设雨污分流管道929.7米，新修护坡144.8米，修建排水渠310米，维修挡土墙台帽200平方米，新建90立方米灌溉蓄水池1座,变压器1座,提升小城镇建设品质,提高居民生活质量。

【社会治理】 统筹发展和安全，全面落实自治区党委十三届四次全会精神及“1+37+8”系列文件,围绕燃气安全、道路交通、九小场所、森林草原防火、地质灾害等重点领域,开展2023年重大事故隐患专项排查整治行动，排查整治各类隐患1200余条,维护人民群众生命财产安全。建设完成杨岭村综治中心,深化运用“4+N”乡村一体“下沉”机制,联合推动信访问题和矛盾纠纷化解。整治防范网络诈骗，签订反诈承诺书200份,国家反诈App安装率达到70%。坚持“三统一”工作保障措施和“三公开”工作模式，确保铁路大动脉安全畅通,乡域铁路段正常运行,未发生铁路安全隐患问题。开展禁毒工作,扩大禁毒工作宣传面。推进民族团结进步创建，依法管理宗教事务,巩固民族团结、宗教和顺的良好局面。

黄花乡

【概　况】 2023年,在县委和政府的坚强领导下，黄花乡坚持以习近平新时代中国特色社会主义思想为指导，深入学习贯彻党的二十大精神和习近平总书记视察宁夏重要讲话指示批示精神、自治区党委十三届四次五次六次全会精神,统筹发展和安全、发展和环境、发展和民生，完成了各项目标任务。

【党的建设】 把牢正确的政治方向，坚持把学习贯彻习近平新时代中国特色社会主义思想、自治区党委十三届四次五次六次全会和固原市委五届八次九次全会精神等内容作为学习重点,培训党员干部550余人次,中心组学习17次,集中学习95次,开展交流研讨45次。培养后备干部34名,选拔培育产业带头人83名,发展党员8名,按期转正7名,对全乡47名流动党员建立管理台账。提升“党旗映红胭脂川”党建品牌成效，创建胜利村“支部引领阳光治理”县级党建品牌示范点。村集体经济发展势头强劲,2023年年底村集体收入达到50万元以上村1个,20万元以上村2个,10万元以上村8个。

【产业发展】 按照全县“1+3+X”特色产业发展体系及“八个万级”特色产业示范基地建设总体要求，立足全乡资源禀赋和生态优势，推动农业产业提档升级。推进生态文旅建设,胭脂峡景区恢复营业,吃、住、行基本服务保障到位。羊槽村农业科技示范园建成投用，辐射带动全乡种植普罗旺斯西红柿、火龙果、西瓜等高附加值果蔬,打造“鱼菜共生”复合型立体农业示范点，填补了泾源县循环农业、无土栽培的空白。推进肉牛集约化、标准化养殖,探索建立“户繁场育”联企带农养殖机制,加大培育“50”规模养殖户,种植优质高效玉米7371亩，全乡肉牛存栏达6000余

2023年10月19日,泾源县黄花乡群众采摘辣椒

头，实现了“人均一头牛”的目标。建成特色菌菇产业示范园区1处，完善“企业+村集体+农户”种植模式，示范带动8个行政村120余户群众发展菌菇种植，全乡菌菇种植规模达到50万棒，产值达到200万元。推进六盘山道地中药材起步发展，种植大黄、独活、板蓝根等特色中药材669亩。推行中蜂养殖“大手连骨干拉小手”机制，种植蜜源植物300余亩，示范带动20户养殖“大手”中蜂扩群600余群，全乡蜂群稳定在3000群以上。

【脱贫攻坚成果巩固提升】 严格落实“四个不摘”，紧盯“一收入”“两不愁三保障”和安全饮水，深化“四查四补”，强化动态监测帮扶，累计识别“三类人员”50户221人，精准落实“一户一策”帮扶措施，已消除风险15户74人。推进移民致富提升行动，实施产业、就业、基础设施配套等项目11项。加大小额信贷帮扶，全年新增“脱贫贷”1913.6万元，完成任务的105%。开展闽宁帮扶和央企帮扶，争取闽宁和中国建材集团帮扶资金255万元，惠及群众3500余人。利用帮扶车间，带动50余人实现家门口就业，人均增收1万元以上。村集体经济发展势头强劲，全乡11个行政村村集体经济收入均达到10万元以上，其中羊槽村突破50万元。全面落实各类增收措施，产业补贴、集体分红、雨露计划、务工补助等各项转移性补贴“应补尽补”，推进各类反馈问题整改，全年人均可支配收入达到13712元，同比增长17.5%，实现了“两个高于”目标。

【美丽乡村建设】 发挥农户主体作用，结合新时代文明实践志愿活动，发动群众参与人居环境整治，全年累计清理生产生活垃圾130余吨，清理乱堆乱放200余处，人居环境持续改善。实施乡村道路亮化工程，新安装太阳能路灯120盏。推进12公里农村村内主干道建设，乡村面貌全面优化。统筹推进农村户厕问题摸排整改，完成改厕170户，整改问题厕所279户，完成全年目标任务。开展农村自建房屋摸排，完成自建房排查录入3417户，排查建筑安全隐患32处，打造美丽庭院191个。紧盯农业面源污染防治，累计回收农残膜40余吨。常态化落实河长制，乡村两级河长累计巡河2500余次，及时清理河道杂草淤泥，实现了“水清、河畅、岸绿、景美”的水生态环境。全面压实“林长制”，完成春秋季造林1738亩，未成林抚育4309亩，退化林改造1315亩，村道巷道沿线新栽各类花卉6公里。实施“藏粮于地、藏粮于技”战略，严守耕地红线和永久基本农田控制线，实地核查违规图斑18个，整改率达100%。

【民生服务】 坚决践行以人民为中心的发展思想，坚持尽力而为、量力而行，落实惠民举措，办理民生实事，群众幸福感、获得感显著提升。累计发放低保等各项补助救助资金738.03万元。完成就业人员培训50人，转移就业3059人，安置公益性岗位39人，实现家门口就业149人，“铁杆庄稼保”承保2700人。全乡11个志愿服务队在中国志愿服务网上注册志愿者862名，累计开展志愿服务活动82次。开展各类移风易俗活动10余场次，评选“文明家庭”“移风易俗示范户”等先进典型88户。2023年全乡参加高考本科上线人数达41人，中考县外录取人数达18人，全乡义务教育入学率达100%。未成年人保护工作成绩突出，乡级标准化未成年人工作站建设完成，黄花乡荣获全区未成年人保护工作先进集体。新建居民健康档案73人，接种常规疫苗1180针次，65岁以上老年人完成健康体检

725 人，常住人口家庭医生签约续约数 7240 人，签约续约率为 98.5%，新建上胭村卫生室。强化参保扩面征缴，办理养老保险待遇领取 102 人，居民医疗保险参保征缴 9455 人，参保率达 100.65%。政务服务不断提升，线上线下办理各项审批事项 5860 件，服务群众 3000 余人次。村级议事协商机制日益健全，开展议事协商创新实践，胜利村荣获自治区首批议事协商示范村。

【社会治理】 统筹发展和安全，开展矛盾纠纷调解、安全生产排查、民族团结示范创建等工作。坚持“总体国家安全观”，深化拓展党建引领基层治理“1+1+3”工作机制，创新推行“4+N”乡村一体下沉化解机制，完成乡标准化、实体化综治中心建设，矛盾化解和信访积案化解取得成效，各类矛盾纠纷、信访事项化解率 100%，案件化解率达 99%。防范电信网络诈骗、打击整治养老诈骗专项行动成效突出，禁毒工作、扫黑除恶斗争有序开展，羊槽村荣获全区乡村治理示范村。安全生产常抓不懈，落实自治区党委十三届四次全会精神及“1+37+8”系列文件，燃气、消防、用电、森林草原防火及道路交通安全等重点领域风险隐患排查整治成效显著，累计排查隐患 1200 余处，整改完成率达到 97% 以上，做到了隐患排查不到位不放过、安全责任不落实不放过。坚持以铸牢中华民族共同体意识为主线，依法管理宗教事务，全国民族团结进步示范乡创建初显成效。

兴盛乡

【概　况】 2023 年，兴盛乡坚持以习近平新时代中国特色社会主义思想为指导，深入学习贯彻落实党的二十大和习近平总书记视察宁夏重要讲话指示批示精神，在县委和政府的坚强领导下，踔厉奋发、勇毅前行，经济社会发展迈出了坚实步伐。全年争取项目资金 2670 万元，落地项目 7 个，完成固定资产投资 1324.7 万元；人均可支配收入 13742 元，同比增长 8.3%。

【脱贫攻坚成果巩固提升】 开展“四查四补”，完善动态监测和精准帮扶机制，开展低收入群众全面摸排，累计纳入监测对象 85 户 360 人，通过针对性帮扶，消除风险 38 户 184 人。发放小额贴息贷款 1295 万元，落实雨露计划 74 人 10.8 万元，“乡村振兴健康保”实现脱贫户和监测对象全覆盖，守牢了不发生规模性返贫底线。盘活资金、资产、资源，采取“抱团”发展等多种经营模式，拓宽村集体经济发展增收渠道，实施壮大村集体经济项目 9 个，全乡 9 个行政村集体经济均达 10 万元以上，培育选树 30 万元以上“十强”村集体 5 个。打造乡村振兴示范村 2 个，实施下金村高质量美丽宜居村庄建设项目、红旗村基础设施建设项目，硬化农村道路 6.3 公里，自然村道路硬化率达到 90% 以上。修建污水管网 3.2 公里。开展闽宁互访交流，争取闽宁帮扶资金 910 万元，实施产业到户、基础设施建设等项目 5 个，惠及群众 3500 余人。盘活运营帮扶车间 3 家，全乡 3 个帮扶车间吸纳就业 90 余人次，带动务工群众年人均增收 1.5 万元以上。

【产业发展】 按照县委“1+3+X”特色产业发展体系及“八个万级”农业特色产业示范基地建设总体要求，结合我乡实际，发展优势特色产业。建成“出户入园”规模养殖园区 2 个，全乡肉牛饲养量达到 13000 头，存栏量达 10000 头，带动 2000 余户群众增收致富。建成冷凉果蔬基地 1 个，种植果蔬 4800 亩，带动 800 名群众稳定就近就地务工，增加群众工资性收

兴盛乡群众在蔬菜基地务工

入181.8万元，配套建成兴盛村冷凉蔬菜育苗中心1个，兴明村冷凉果蔬采摘园1个，果蔬分拣包装冷藏车间1栋，努力完成冷凉果蔬产业全链条发展。实施“旅游+”战略，配合县国投集团运营滑雪场，建设集休闲、娱乐、餐饮为一体的旅游乐园1处、帐篷营地30座、太空舱6座、三角民宿屋4座，激活夏季旅游业态，逐步实现旅游由“半年闲”向“全年游”转变，举办泾源第一届汽摩节暨“六盘山杯”越野场地赛，群众参与经营收入达到80万元以上。在新旗村发展农家特色庭院体验旅游，建设梅花鹿养殖棚1个，观光台1处、凉亭1座，吸引游客1000余人。做好“生态+”文章，依托得天独厚的自然条件，在下黄村发展“林+禽”项目。在下金村、新旗村发展“林+蜂”项目，在上金村、兴盛村发展“林+中药材”项目。开展“就业创业促进年”活动，推动稳就业促增收各项工作措施落地落实，开展酿皮制作培训班1期50人，开展城乡建筑工匠职业技能培训1次63人，转移就业2825人，公益性岗位安置就业187人，共计创收3254.96万元，“铁杆庄稼保”持续保障，实现目标人群覆盖率100%。

【美丽乡村建设】 改善农村基础设施条件，争取842万元实施基础设施建设类项目，完成村道巷道硬化33435平方米，新建护坡2213立方米，改造及新建主干道路排水排洪沟2392米，安装太阳能路灯15盏，完成村道“白改黑”5.5公里。推行人居环境综合整治五级网格责任体系，建立“村周评、乡月评”的长效机制，突出“微改造、精提升”，全乡累计改厕1902户，清理河道沟渠25次，清运垃圾75余吨，修剪沿线绿化景观树4000余棵，绿化带新栽植景观树300棵，清理乱堆乱放80余处，修剪绿化草坪1500余平方米，配备保洁员82名，乡村环境卫生管护实现全覆盖。坚持树木树林、治山治水同步发力，统筹推进山水林田湖草系统治理，坚决打好蓝天保卫战、碧水攻坚战、净土持久战。组织开展涉及辖区各类环境保护检查督查8次，下发生态环境整改通知书3份，督促其整改环保隐患6个。推进净土行动，回收残膜800余吨，做好城乡生活垃圾转运工作。

【民生服务】 建设“以人为本”救助体系，做好全乡困难群众的大病救助和慰问救助工作，发放临时救助资金共计92户253人24.78万元。落实农村低保、五保等民生兜底保障工作，实施低保户动态管理和定期核查，新增低保248户256人，动态调整死亡、不符合政策38人，高龄人员130户130人，救助困难老人42户42人，特困供养28户28人，分散供养19户19人，集中供养8户8人。健全“老饭桌”运行机制，5个“老饭桌”、9个“儿童之家”全面运营，有效解决“三留守”问题。推进新时代文明实践活动，抓好文化阵地建设，全乡新时代文明实践所建设全覆盖，开展文明实践志愿服务10余场次。农村家庭医生“三三制”诊疗服务，完成妇女“两癌”筛查460人。建立65岁以上老年人健康档案，家庭医生签约服务5095人，实现了脱贫户和重点人群全覆盖。医疗保险和养老保险缴费率达到100%，降低了因病致贫的风险。落实国家“双减”政策和“五项管理”措施，开展课后服务，送教上门4人，实现适龄学生零辍学。

【社会治理】 围绕基层治理“1+6”任务目标，构建“五治”融合治理格局，基层社会治理“1+1+3”机制全面推行，新旗村荣获全国乡村治理示范村称号。推进扫黑除恶斗争，创新发展新时代“枫桥经验”，开展矛盾纠纷大排查大起底大化解专项行动，排查化解矛盾纠纷62件，化解率达到100%，办理信访件15件，办复率达100%。推进安全生产隐患集中大排查专项行动，针对“九小场所”、道路交通安全、燃气等8个方面领域开展摸排，排查对象2157个，隐患总数596条，已全部完成整改。开展食品药品安全“双创”行动，“舌尖上的安全”和消费者权益更有保障。狠抓感恩教育、认同教育、法治教育、文明教育，围绕长效长治，巩固扫黑除恶成果，开展“八五”普法，推进党务、政务、村务公开，支持人大依法监督和社会监督，全民法治意识、法治观念进一步增强。

新民乡

【概　况】 2023年，新民乡坚持以习近平新时代中国特色社会主义思想为指导，以习近平总书记视察宁夏重要讲话指示批示精神为“纲”和“魂”，学习宣传贯彻党的二十大精神，贯彻落实自治区第十三次党代会及固原市委五届五次全会、县委十五届三次全会精神，坚持和加强党的全面领导，坚持稳中求进工作总基调，统筹发展和安全，以高质量发展为主线，以改革创新为动力，树立“大抓发展、抓大发展、抓高质量发展、推动跨越式发展”的鲜明导向，围绕打造生态文旅特色县、乡村全面振兴样板县、高质量发展先行县、国家全域旅游示范县、铸牢中华民族共同体意识示范县“五个示范县”目标，聚焦“生态泾源、绿色发展”战略定位，着力兴产业、抓项目、促发展、惠民生，开创全乡经济社会发展新局面。

【思想政治建设】 坚持把政治建设摆在首要位置，落实“第一议题”制度，深入学习习近平新时代中国特色社会主义思想、党的二十大精神和习近平总书记视察宁夏重要讲话指示批示精神、习近平法治思想、习近平生态文明思想、习近平文化思想等以及自治区党委十三届四次五次全会精神、固原市委五届七次八次全会精神，贯彻落实中央及区市县党委和政府各项决策部署。结合实际，贯彻执行党的路线、方针、政策和区市县党委、政府的各项重大决策部署。开展学习贯彻习近平新时代中国特色社会主义思想主题教育，召开主题教育工作会2次、领导小组专题会2次，开展专题督查3次，乡党委理论学习中心组集中学习3次，开展专题研讨10人次。发放必读书籍共计500套，其中农村党员发放468套，机关党员发放32套。乡机关党员干部开展集中学习8次，交流发言9人次，各支部结合实际组织党员开展集中学习63场次，讨论交流56人次。依托“村言村语”“板凳会”等形式，用“乡音”传“党音”，累计开展宣传宣讲活动15场次。开展“感恩总书记　奋进新征程”专题宣讲6场次。为民办实事、解决群众困难共计45个，立足岗位做贡献30件。

【党的建设】 党委书记认真落实党建工作主体责任和第一责任人责任，制定了《新民乡2023年基层组织建设工作安排》《新民乡基层党组织建设提质增效工程实施方案》，定期组织召开专题会议，对党建工作进行安排部署，通过听汇报、实地走访查看的方式，及时掌握各项工作和活动进展情况。听取基层党建工作述职2次，党委会研究部署基层党建工作12次。认真执行班子成员党建责任联系点制度、“一岗双责”工作制度和基层书记抓党建专项述职制度，秉持党委书记亲自抓、组织委员具体抓、班子成员合力抓的原则，形成齐抓共管、一级抓一级、层层抓落实的党建工作格局。每季度对各村党支部书记和副书记开展党建工作和党务工作培训，落实“三会一课”、组织生活会等各项制度，召开党建工作座谈交流会7次，下发工作提醒7期，党建督查7次。抓好“一抓两整”，指导各村结合各自实际制定2023年度“一抓两整”3个清单，开展“主题党日”77场次，亮黄星4人4星，发展党员10人，申领“光荣在党50年”纪念章2枚。调整不称职的村两委干部2人，培养村级后备干部34名。强化驻村干部管理，落实“周清单”工作制，下发工作任务清单26期，先后开展驻村片区交流3场次，召开驻村工作队阶段性工作汇报会3场次，完成驻村工作队新老工作交接、第一、二季度考核及驻村期满队员的考核工作。开展党建品牌创建，2023年打造县级品牌1个，乡级品牌2个，推动党建“主业”与乡村振兴“主责”相统一，形成“党建+产业”发展新模式。开展薄弱村整顿工作，对确定的杨堡、石咀两个薄弱村，制定“一村一策”整顿提升方案，强化整顿措施，召开动员会，明确责任人，对标清单逐项销号。开展党建引领乡村治理示范村建设，打造党建引领乡村治理AAAAA级示范村1个，县级AAAA级示范村1个。开展“学雷锋”志愿服务月活动、“大手牵小手·缤纷庆六一”新时代文明实践活动、“我们的节日暨浓情端午暖人心”“千人万场”家庭安全素养提升教育培训等活动77场次，被《固原日报》、泾源县融媒体中心多次报道。实施基层党组织建设提质增效工程，落实基层党组织建设提质增效工程具体要求，制定提质增效工程任务月清单5期，完成提质增效重点任务42条。强化党员教育管理，组织党员干部学习贯彻落实《中国共产党纪律处分条例》《中国共产党党内监督条例》等党内法规，党委理论学习中心组集中学习14次，乡机关党员集中学习25次，各支部结合实际组织党员开展集中学习77场次，开展各类研讨交流68场次。全乡共摸排流动党员43名，以支部为单位，建立流动党员管理群，定期掌握其学习和参与流入地组织生活情况。开展党员“挂联诺”活动，为全乡374名党员进行挂牌，237名党员联

新民乡农村党员联系服务群众“挂联诺”机制工作启动会

系 871 名群众，承诺事项 314 条，引导全乡党员公开承诺践诺，提高党员服务群众意识，发挥党员模范带头作用。

【产业发展】 围绕全县“1+3+X”产业发展布局，坚持以“八个万级”农业特色产业示范基地建设为抓手，扩规模、延链条、强品牌、提质量、增效益，持续提升产业发展动能和水平。坚持把发展肉牛产业作为强农富农的支柱产业，推动肉牛产业提质增效，按照“大户带动+自育自繁”模式，在防范肉牛价格波动的前提下，动员肉牛养殖群众出栏补栏，增加群众收入；全乡肉牛共出栏 6000 头，补栏 4700 头，同比增长 9%和 11%；全乡肉牛存栏稳定在 1.6 万头以上。加强“出户入园”运营管理，在养殖方式上由传统散户养殖向规模化集约化养殖转型，动员农户参与园区集中养殖，全乡“出户入园”养殖园区养殖安格斯基础母牛 97 头、育肥牛 769 头、基础母牛 125 头，出栏 970 头。夯实肉牛养殖配套产业，坚持“以草定畜、以草调畜”思路，发挥“藏地于林”优势。加大苗木腾退力度，支持农户开展牧草种植，落实农机具购置补贴、种粮补贴和耕地保护补贴等扶持政策，鼓励养殖户利用倒茬地块、林草间作等形式种植饲草。全面推广全株玉米青贮、苜蓿打捆包膜青贮技术，支持开展农作物秸秆收贮加工利用，建立干草集配中心，鼓励农户在周边县区通过土地流转、租赁土地、“订单农业”等形式种植饲草。全乡种植青贮玉米 1.8 万亩，优质牧草 5000 亩，每年可生产青贮饲料和优质牧草 12 万吨，可为 2 万头肉牛提供优质饲料保障。加强养殖技术培训，与农业部门对接，开展肉牛养殖技术培训 2 次，培训养殖大户、致富带头人 30 人次，使养殖方式由粗放式向精细化转变。开展产销宣传推介，坚持品牌强农理念和全网营销理念，加强品牌培育与宣传推介，完善市场营销体系，提升品牌影响力和市场竞争力。支持企业及经营主体充分利用微信、抖音、快手等新媒体宣传泾源黄牛肉品牌文化，提升消费者的认知度。组织参加宁夏泾源县第七届黄牛节，并取得好成绩。2023 年 8 月 10 日，首次“闽宁协作”农业碳汇交易签约仪式在新民乡举行，通过厦门产权交易中心出售新民乡南庄村和马河滩村部分高标准农田碳减排量 19790 吨共 39.5 万元。按照“13346”即一个体系、三个一批（牛棚种植平菇带动一批、庭院种植木耳联动一批、大棚种植香菇拉动一批）、三种保障（确保 95%以上出菇率、保底价收购、全程技术指导）、四个统一（统一菌菇标准、统一供应菌棒、统一技术指导、统一订单销售）、六种模式（集体运营创收普惠型、闲置牛棚资源盘活型、大户能人联农带农型、多种业态复合经营型、庭院流转劳务互助型、智能管理科技示范型）的思路发展菌菇产业，采取“支部+企业+村集体+协会+农户”，调动留守老人和妇女等剩余劳动力种植菌菇的积极性，让部分闲置劳动力通过发展“庭院经济”，在家门口就有活干、有钱挣，拓宽了群众增收渠道。全乡共种植菌菇 20.2 万棒，其中马河滩村集体种植大田木耳 3 万棒、大棚香菇 3 万棒。菌菇产值突破 150 万元，带动种植户均收入 6000~10000 元，人均增收 760 元，实现村集体经济收入 30 万元以上。推行“大田种植+林药间作”种植，采取“公司+村集体+农户”模式，道地中药材种植品种多样，提升产业发展动能和水平。先进村种植独活 90 亩、大黄 65 亩、木香 60 亩、板蓝根 25 亩、柴胡 25 亩。张台流域林下种植芍药 260 亩，柴胡 1635 亩，播撒板蓝根 2120 亩，大田种植独活 50 亩，播种油菜花 1000 亩，新建张台、石咀中蜂养殖场 2 个，引进中蜂

260 箱，初步形成“林药+林蜂+林旅”发展格局，打造农文旅融合发展基地新亮点。依托石咀村退耕还林地发展林下中蜂养殖产业，养殖中蜂 120 箱，在退耕还林经营林下轻奢露营基地，收益 10000 元，成为新民乡历史上第一笔旅游收入。先锋村抢抓乡村振兴示范村的机遇，发挥网红山生态资源优势，利用造型油松基地资源，发展林下养殖产业，通过“党支部+合作社+农户”的模式，建立“溜达鸡”合作社，发展林下养鸡 3000 只，拓展延伸肉鸡销售、土鸡蛋捡拾、土炉烤鸡、休闲体验、旅游服务等业态，打造“林下种养+休闲旅游观光基地”。探索“观光+游玩+采摘”立体式农旅融合新格局，以及“党建引领+产业发展”模式，发展特色农业，延伸拓宽农旅融合产业链。全乡种植优质高产高效玉米 1.85 万亩，大豆玉米带状复合种植 1300 亩，水果玉米 1000 亩，打造高家沟、南庄、马河滩农旅观光旅游服务带。张台村采取“林药+林蜂”发展模式，发挥林药间作优势，林下种植板蓝根等 3 个品种的道地中药材 4015 亩，大田种植独活 50 亩，播种油菜花 1000 亩，新建中蜂养殖场 2 座，引进中蜂 120 箱。利用现有的 2 栋温室大棚，种植红颜草莓，将形成夏秋赏花、冬春采摘于一体的观光体验区。初步形成千亩“林药+中蜂+油菜+采摘”农旅融合观光基地新亮点。吸引社会资本参与生态修复，支持宁苗园林公司在燕家山开发旅游研学项目，将燕家山打造成为新民新的旅游打卡地。挖掘活佛济公修行地延龄寺的历史文化，实施石窑湾改造和燕家山生态修复项目，奠定我乡旅游业发展基础。利用网络新媒体制作各类宣传小视频和文章，讲好新民故事，宣传新民旅游新业态，其中“学习强国”发布各类短视频 5 次，“多彩新民”公众号发布文章 11 次，宣传新民乡网红山、燕家山、大雪山等自然优势旅游资源，提升新民旅游的美誉度、知名度和吸引力。

【脱贫攻坚成果巩固提升】 紧盯“两不愁三保障”、收入支出等指标要求，严格落实“四个不摘”，坚决守住不发生规模性返贫底线，健全精准帮扶等动态监测和帮扶机制，围绕全乡重点人群和特殊群体开展“八必访”624 户。全乡 3056 户 13296 人常住人口，脱贫户 994 户 4936 人，累计识别纳入监测帮扶对象 80 户 333 人，落实开发式帮扶措施 26 户、产业帮扶措施69 户、金融帮扶措施 36 户，公益性岗位 35 户、安全住房 11 户，消除风险监测对象 50户 211 人。培育打造乡村振兴示范村 2 个，实施基础设施提升项目 7 个，产业提升项目 4 个，惠及 2713 人。金融贷款覆盖率达到 70%，“铁杆庄稼保”参保率 100%，完成“富民贷”207%。

【党风廉政建设】 严格执行中央八项规定精神及其实施细则、自治区“八条禁令”、固原市“十项规定”，做到风气严实、纪律严明、班子廉政、干部廉洁，营造良好的政治生态和发展环境。加强组织领导，乡党委始终把党风廉政建设同全乡重点工作相结合，做到同部署、同落实、同检查、同考核，重要工作亲自部署、亲自协调、亲自督办，把党要管党、全面从严治党作为主要职责和根本任务，推进“三张清单”管理，制定《新民乡 2023 年党风廉政建设工作要点》，完善党委班子民主议事、重大事项报告等制度，修订了《中共新民乡党委议事规则》等规章制度 12 项，形成了主要领导负总责、班子成员分工负责、分管领导具体负责、“五办四中心”各负其责的党风廉政建设工作局面。强化政治监督，坚持和完善第一议题制度、集体学习制度，围绕贯彻落实习近平总书记视察宁夏重要讲话指示批示精神，紧盯学习宣传贯彻党的二十大精神，开展政治监督，推动党组织和党员干部坚定不移捍卫“两个确立”、做到“两个维护”，确保决策部署和重点任务落实不偏向、不变通、不走样。落实县纪委十五届三次全会的安排部署，加强对“一把手”和领导班子落实全面从严治党主体责任、执行民主集中制、依规依纪依法履职用权等情况的监督，督促“关键少数”发挥关键作用。健全贯彻党中央和区市县党委重大决策部署政治督察机制和“回头看”长效机制，确保全乡上下在推动经济社会高质量发展中政令畅通、令行禁止。深化作风建设，坚持“一五”干部例会学习制度，组织领导干部深入学习习近平总书记在二十届中央纪委二次全会上的重要讲话精神、《中国共产党章程》《中国共产党党员领导干部廉洁从政若干准则》《中国共产党纪律处分条例》等，做好干部日常督查管理，广泛开展廉政风险点查找活动，建立履职风险防控责任清单89人。开展预防腐败廉政警示，累计谈话13人次、警示提醒2人次、责令纠错1人。深化基层小微权力“监督一点通”平台应用，共收到投诉件13件，办结13件。开展纠治形式主义官僚主义专项整治、乡村振兴领域腐败和作风建设专项整治、2023年干部“转作风、勇担当、勤履职、提效能”专项行动、纪检监察干部队伍教育整顿，对清理出来的问题，坚持挺纪在前，不留情面，发现一件、登记一件、整改一件、销号一件。强化警示训诫，严格执行党风廉政建设履责提醒机制，开展“廉政警示教育月”活动，举办乡村干部廉洁从政演讲比赛、现场观摩县检察院廉洁从政教育基地，在乡机关走廊、文化广场、马河滩菌菇基地、张台新农村通过廉政文化走廊、廉洁文化书画、标语等形式多样的廉洁文化宣传，开展党员干部廉洁从政警示教育4场次，教育引导党员干部树立良好作风，提高党员干部廉洁办事的能力。

【美丽乡村建设】 坚持“绿水青山就是金山银山”的理念，贯彻落实自治区党委十三届五次全会、固原市委五届八次全会精神，严格落实“河长制”“林长制”“日保洁、周评比、月例会”、网格化管理等长效机制，常态化开展环境卫生整治工作，改厕150户，村容村貌明显改善。加大农村基础设施投入，泾源县先进等村坡耕地水土流失综合治理项目、马河滩等6个村产业路提升改造等工程相继完工。开展农村乱占耕地建房问题专项整治工作，下发图斑68个，整改68个。开展“新时代文明实践活动暨农民运动会及先进典型表彰活动”、移风易俗专题宣讲、“学雷锋志愿服务月暨移风易俗我践行”“村言村语”新时代文明实践宣讲等专题实践活动等80余场次，开展专题党课26次，交流研讨40余次，宣讲30余次。成立志愿服务队伍120支，注册志愿者1218人，运行项目3个，累计开展活动70余场次。

【民生保障】 全乡低保户1668人，发放救助资金276户40万元，高龄养老193人，残疾人“两项”补贴377人，特困供养52人，做到应保尽保。创建健康村1个，健康家庭5户，医疗和养老保险缴费率分别达到100%和96%。

【安全生产】 树立抓稳定就是抓发展的思想，深入学习贯彻习近平总书记关于安全生产重要论述、自治区党委十三届四次全会、固原市委五届八次全会精神，紧盯“深准狠”总要求、“三个不发生”“四个坚决”“五个全面”“六个逐年下降”目标任务和“防、查、改、教、强、技、制、督、调、究”重点任务，深入排摸风险隐患624处，整改

608处。加强防火、防汛、道路交通安全工作，签订520辆非机动车安全驾驶承诺书，集中组织开展交通劝导40余场次，劝导700余人次，大喇叭、微信群宣传300余次。推进全域食品药品安全区创建，建设新民乡应急物资储备库，确保人民群众生命财产安全。

【社会治理】 紧盯“平安稳定五大基础”“党建引领六大保障”工作要求，落实“1+1+3”工作机制，加大矛盾纠纷排查化解，做到“小事不出村、大事不出乡”，调处化解各类矛盾纠纷31件。开展预防电信诈骗、养老诈骗、打击传销、禁毒禁赌等专项整治，动员3700余群众下载安装国家反诈App，发放反电诈宣传彩页200余份，转发警情通报和链接180余条。建设新民乡值班室，强化值班值守，确保全乡社会大局稳定。抓好习近平法治思想学习宣传贯彻落实，推进“八五”普法，党委会议学法、条例等25次31部，提高了依法执政、依法决策、依法行政、依法办事的能力和水平。始终把学习宣传和贯彻落实习近平总书记关于民族和宗教工作重要论述、中央民族和宗教工作会议精神、党的民族和宗教政策、法律法规、《宗教事务管理条例》、社会主义核心价值观等作为重要学习内容，以铸牢中华民族共同体意识为主线，依法加强宗教事务管理，落实宗教场所“五进”“三定”工作要求，举办学习会6场次210余人次，开展马克思主义“五观”宣讲共12场次420余人次，开展“铸牢中华民族共同体意识”主题党日活动12次，开展民族工作知识讲座21场次，举办2023年村规民约诵读大赛，发放宣传手册1500余本，民族团结、宗教和顺局面更加巩固。

【巡视巡察反馈问题整改】 反馈存在问题3个方面9类90条，已整改完成并长期坚持的84条，正在整改推进的6条。完善党委班子民主议事、重大事项报告等制度，修订了《中共新民乡党委议事规则》《党委中心组学习制度》《新民乡财务收支管理制度》《机关干部学习制度》《机关干部考勤制度》《机关干部请销假制度》《公务车辆管理制度》等规章制度12项。免职村党支部书记1名，诫勉谈话1人次，书面检查2人次，集体谈话提醒1次，单独谈话提醒6人次，警示提醒3人次，责令纠错2人，通报批评2人次。调整村监会主任2名，补选村监会委员1名。

荣 誉 榜

先 进 集 体

省部级先进集体

获奖单位	获奖名称	颁奖单位	获奖时间
泾源县	2022 年全国避暑旅游目的地	中国气象局	2023.01
泾源县人民检察院	全国检察机关大数据法律监督模型竞赛三等奖（泾源黄牛肉地理标志保护监督模型）	最高人民检察院	2023.01
泾源县图书馆	“2021 年阅读推广展示项目”——《“流动红书包”助力全民阅读》	中国图书馆协会	2023.02
泾源县	2022 年度全国村庄清洁行动先进县	农业农村部、国家乡村振兴局	2023.03
泾源县泾六盘蜂业合作社	巾帼文明岗	中华全国妇女联合会	2023.03
泾源县大湾乡杨岭村	2023 年全国“四季村晚”（夏季“村晚”）示范展示点	文化和旅游部	2023.04
泾源县教育体育局	2023 年度全国红领巾中队	全国少工委	2023.06
泾源县大湾乡杨岭村	2023 年中国美丽休闲乡村	农业农村部	2023.09
泾源县兴盛乡新旗村	全国第三批乡村治理示范村	中央宣传部、农业农村部、司法部	2023.09
泾源县大学生志愿服务西部计划项目办	2022 年西部计划绩效考核优秀等次服务县项目办	全国大学生志愿服务西部计划项目管理办公室	2023.09
泾源县	第四批农村物流服务品牌（泾源县“商贸流通+物流整合服务”）	交通运输部办公厅、国家邮政局办公室	2023.10

续表 1

获奖单位	获奖名称	颁奖单位	获奖时间
泾源县图书馆	第七次全国县级以上公共图书馆评估定级二级图书馆	文化和旅游部	2023.11
泾源县	2023 绿色旅游目的地创新发展典型案例（宁夏泾源：绿色“底片”擦靓泾源生态旅游“名片”）	中国报业协会、中国旅游报社、中国社会科学院新闻与传播研究院	2023.12
泾源县科学技术局	2023 年全国科技活动周先进单位	全国科普工作联席会议办公室、科技部科技人才与科学普及司	2023.12

厅局级先进集体

获奖单位	获奖名称	颁奖单位	获奖时间
泾源县公安局法制大队	全区公安工作先进集体	自治区公安厅	2023.01
泾源县人民法院综合审判庭	全区法院先进集体	自治区高级人民法院	2023.01
共青团泾源县委员会	宁夏希望工程工作先进单位	宁夏青少年发展基金会	2023.02
泾源县泾河源镇	全区乡村治理示范乡镇	自治区党委农村工作领导小组	2023.02
泾源县黄花乡羊槽村	全区乡村治理示范村	自治区党委农村工作领导小组	2023.02
泾源县畜牧技术推广服务中心	全区农业农村先进集体	自治区党委农村工作领导小组办公室，自治区农业农村厅、人力资源和社会保障厅	2023.02
泾源县税务局	自治区健康机关示范点	自治区健康水平提升小组	2023.02
泾源县图书馆	“2023 阅读推广典型案例”——流动红书包	自治区图书馆、宁夏图书馆协会	2023.04
泾源县文化馆	2022 年“欢乐宁夏”全区群众文艺会演戏剧类三等奖（情景剧《致富花儿漫杨岭》）	自治区文化和旅游厅	2023.04
泾源县交通运输综合执法大队	自治区文明单位	自治区精神文明建设指导委员会	2023.04
中国移动通信集团宁夏有限公司泾源分公司	自治区文明单位	自治区精神文明建设指导委员会	2023.04
泾源县六盘山镇大庄村	自治区文明村	自治区精神文明建设指导委员会	2023.04
泾源县红十字会	宁夏红十字人道博爱奉献奖	自治区红十字会	2023.05
泾源县税务局	青年志愿服务驿站	自治区税务局	2023.05
泾源县人民检察院	第一届全区检察机关大数据法律监督模型竞赛二等奖（泾源黄牛肉地理标志保护监督模型）	自治区人民检察院	2023.06

续表 1

获奖单位	获奖名称	颁奖单位	获奖时间
泾源县文化旅游广电局	2023年全区群众广场舞大赛优秀奖	自治区党委宣传部，自治区文化和旅游厅、妇联、体育局、广播电视台	2023.07
泾源县老龙潭景区	宁夏“两晒一促”大型文旅活动第三季“最受欢迎文旅资源”奖	自治区文化和旅游厅	2023.08
泾源县	宁夏“两晒一促”大型文旅活动第三季“精彩人生　幸福故事”奖	自治区文化和旅游厅	2023.08
泾源县	宁夏“两晒一促”大型文旅活动第三季“实力破圈”奖	自治区文化和旅游厅	2023.08
泾源县文化馆	2023年“欢乐宁夏”全区群众文艺会演音乐类一等奖（器乐独奏《梅花操》）	自治区文化和旅游厅、文化馆	2023.08
泾源县轻工产业园区	自治区“最美工会户外劳动者服务站点”	自治区总工会	2023.08
泾源县科学技术协会	全区基层“三长”专题宣传活动优秀组织单位	宁夏科学技术协会	2023.08
泾源县科学技术协会	全区基层“三长”专题宣传活动优质短视频《“三长”助力乡村振兴》	宁夏科学技术协会	2023.08
泾源县教育体育局	全区教育工作先进集体	自治区教育工委	2023.09
泾源县司法局	宁夏第三批法治政府建设示范创建项目	自治区党委全面依法治区委员会	2023.09
泾源县泾河源镇庞东村	自治区级示范性农村集体经济组织	自治区农业农村厅	2023.09
泾源县黄花乡羊槽村	全区第十二批民族团结进步示范村	自治区党委统战部	2023.09
泾源县审计局	全区审计工作先进集体	自治区审计厅	2023.09
泾源县自然资源局	2023年全区驻村帮扶工作先进单位	自治区党委组织部	2023.09
泾源县香水镇泾河社区咸桂玲家庭	自治区首届节水家庭	自治区妇联、水利厅、文明办、民政厅、住建厅	2023.10
泾源县香水镇香水社区白宝琴家庭	自治区首届节水家庭	自治区妇联、水利厅、文明办、民政厅、住建厅	2023.10
泾源县香水镇百泉社区者慧霞家庭	自治区首届节水家庭	自治区妇联、水利厅、文明办、民政厅、住建厅	2023.10
泾源县市场监督管理局	最佳创新作品及拍摄单位	自治区药品监督管理局	2023.10
泾源县气象局	2023年自治区健康机关（事业单位）示范点	自治区爱卫办	2023.11
泾源县人民检察院	全区未成年人保护工作先进集体	自治区未成年人保护工作委员会	2023.11

续表 2

获奖单位	获奖名称	颁奖单位	获奖时间
泾源县司法局	全区法治暨司法行政先进集体	自治区司法厅	2023.11
泾源县司法局泾河源司法所	全区法治暨司法行政先进集体	自治区司法厅	2023.11
泾源县六盘山镇张堡村胡伟家庭	自治区健康家庭示范点	自治区爱卫办	2023.11
泾源县六盘山镇李庄村杜文忠家庭	自治区健康家庭示范点	自治区爱卫办	2023.11
泾源县六盘山镇张堡村张艳丽家庭	自治区健康家庭示范点	自治区爱卫办	2023.11
泾源县大湾乡六盘村冯丽萍家庭	自治区健康家庭示范点	自治区爱卫办	2023.11
泾源县大湾乡六盘村张爱萍家庭	自治区健康家庭示范点	自治区爱卫办	2023.11
泾源县大湾乡六盘村杨秀琴家庭	自治区健康家庭示范点	自治区爱卫办	2023.11
泾源县大湾乡六盘村马海兰家庭	自治区健康家庭示范点	自治区爱卫办	2023.11
泾源县大湾乡六盘村陈宗岐家庭	自治区健康家庭示范点	自治区爱卫办	2023.11
泾源县六盘山镇张堡村李改莲家庭	自治区健康家庭示范点	自治区爱卫办	2023.11
泾源县六盘山镇集美村	2023 年度自治区乡村振兴示范村	自治区农业农村厅	2023.11
泾源县黄花乡人民政府	全区未成年人保护工作先进集体	自治区未成年人保护工作委员会	2023.11
泾源县大湾乡杨岭村	自治区民主法治示范村	自治区司法厅、民政厅	2023.11
泾源县泾河源镇庞东村	自治区民主法治示范村	自治区司法厅、民政厅	2023.11
泾源县黄花乡胜利村	全区首批议事协商示范村	自治区民政厅	2023.12
中共泾源县委党校（行政学校）	全区党校（行政学院〔校〕）系统“优秀咨询成果”三等奖	中共宁夏区委党校（行政学院）	2023.12
泾源县自然资源局	2023 年度自然资源领域专项工作先进单位	自治区自然资源厅	2023.12
泾源县自然资源局	自治区第一次全国自然灾害综合风险普查工作成绩突出集体	自治区第一次全国自然灾害综合风险普查领导小组	2023.12
泾源县市场监督管理局	重点品种信息化追溯工作先进县	自治区药品监督管理局	2023.12
泾源县教育体育局	全市民族团结进步模范集体	中共固原市委、市人民政府	2023.11

县处级先进集体

获奖单位	获奖名称	颁奖单位	获奖时间
泾源县人民法院立案庭	固原市中院先进集体	固原市中级人民法院	2023.01
泾源县人民法院	2022年攻坚突破奖	固原市中级人民法院	2023.01
泾源县兴盛乡新旗村	固原市“村规民约”朗诵一等奖	固原市精神文明建设指导委员会	2023.01
泾源县轻工产业园区	固原市模范职工之家	固原市总工会	2023.03
泾源县六盘山镇和尚铺村	“传承优良家风　弘扬文明新风”“好家风　好家训”作品征集三等奖	中共固原市委宣传部，固原市纪委监委、直属机关工作委员会、妇女联合会	2023.05
泾源县科学技术协会	固原市青少年科技创新大赛优秀组织单位	固原市科学技术协会、教育体育局	2023.06
泾源县高级中学	固原市青少年科技创新大赛十佳科技教育创新学校	固原市科学技术协会、教育体育局	2023.06
泾源县第四小学	固原市青少年科技创新大赛十佳科技教育创新学校	固原市科学技术协会、教育体育局	2023.06
中共泾源县委党校（行政学校）	全市党校（行政学院〔校〕）系统庆祝建党102周年“学习二十大　奋进新征程　永远跟党走”红色经典情景微党课比赛三等奖	中共固原市委党校（宁夏六盘山干部培训学院）	2023.06
泾源县教育体育局	固原市教育体育系统第四届中学生田径运动会优秀组织奖	固原市教育体育局	2023.07
泾源县市场监督管理局	固原市优秀政务微信	固原市委宣传部、网信办，固原市政府办公室、文明办、公安局	2023.08
泾源县公安局兴盛派出所	集体三等功	固原市公安局	2023.08
泾源县公安局	集体三等功	固原市公安局	2023.08
泾源县教育体育局	全市教育工作先进集体	固原市教育工作委员会	2023.09
泾源县红十字会	固原市首届应急救护技能大赛三等奖	固原市红十字会、应急管理局、卫生健康委员会、总工会、消防救援支队	2023.09
泾源县香水镇卡子村	新型农村集体经济示范村	中共固原市委组织部，固原市农业农村局、乡村振兴局	2023.09
泾源县香水镇城关村村工会	固原市“小三级”工会示范点	固原市总工会	2023.10
泾源县泾河源镇工会	固原市“小三级”工会示范点	固原市总工会	2023.10

续表 1

获奖单位	获奖名称	颁奖单位	获奖时间
泾源县汽车站工会	固原市模范职工之家	固原市总工会	2023.10
泾源县职业技术学校	固原市工会户外劳动者服务（法律援助)站	固原市总工会	2023.10
泾源县六盘山镇什字村	固原市村规民约(居民公约)诵读大赛三等奖	固原市精神文明建设指导委员会	2023.10
泾源县人民医院	固原市卫生健康系统中药调剂竞赛二等奖	固原市卫生健康委员会	2023.11
泾源县疾病预防控制中心	固原市现场流行病学调查职业技能竞赛二等奖	固原市卫生健康委员会	2023.11
泾源县教育体育局	全市中小学"强国复兴有我"艺术展演优秀组织奖	固原市教育体育局	2023.11
泾源县教育体育局	固原市 2023 年教育教学"四评一赛"活动优秀组织奖	固原市教育体育局	2023.12
泾源县社会经济调查队	2022 年度效能目标管理考核优秀等次	中共泾源县委、县人民政府	2023.09

先 进 个 人

省部级先进个人

姓　名	工作单位	获奖名称	颁奖单位	获奖时间
闵富有	泾源县六盘山镇集美村	全区民族团结进步模范个人	中共宁夏回族自治区委员会、自治区人民政府	2023.09

厅局级先进个人

姓　名	工作单位	获奖名称	颁奖单位	获奖时间
梁　茜	泾源县人民法院	全区法院先进个人	自治区高级人民法院	2023.01
于永江	泾源县人民法院	全区法院先进个人	自治区高级人民法院	2023.01
马　杰	泾源县公安局	全区公安工作先进个人	自治区公安厅	2023.01
马　勇	泾源县公安局	全区公安工作先进个人	自治区公安厅	2023.01
于梦娇	泾源县公安局	全区公安工作先进个人	自治区公安厅	2023.01
王　涛	泾源县税务局	青年才俊	自治区税务局	2023.01
马　莹	泾源县税务局	减税降费专项工作嘉奖	自治区税务局	2023.01
鄢智强	泾源县社会经济调查队	2022 年信息考核先进个人	国家统计局宁夏调查总队	2023.02
贾晓闻	泾源县税务局	青年才俊	自治区税务局	2023.02
明　雪	中共泾源县委党校（行政学校）	全区党校（行政学院〔校〕）系统学习宣传贯彻党的二十大精神微党课大赛三等奖	中共宁夏区委党校（行政学院）	2023.03
禹文军	泾源县高级中学	自治区五一劳动奖章	自治区总工会	2023.04
马丽霞	泾源县人民医院	2023 年度南丁格尔科技志愿服务先进个人	宁夏护理学会	2023.05
贾玉杰	泾源县大湾乡六盘村	“忠诚立家风”清廉家风文化作品二等奖（《朱子家训》）	自治区妇联	2023.06
汪　莹	泾源县卫健局	“忠诚立家风”清廉家风文化作品二等奖（《家和万事兴》）	自治区妇联	2023.06
马秀珍	泾源县大湾乡四沟村	“忠诚立家风”清廉家风文化作品三等奖（《家风日记》）	自治区妇联	2023.06
冯天军	泾源县教育体育局	教育工作先进个人	自治区教育工作委员会、教育厅	2023.09
李文富	泾源县高级中学	优秀教师	自治区教育工作委员会、教育厅	2023.09

续表 1

姓　名	工作单位	获奖名称	颁奖单位	获奖时间
秦永利	泾源县文化旅游广电局	全区文化和旅游工作先进个人	自治区人力资源和社会保障厅、文化和旅游厅	2023.09
马志发	泾源县文化旅游广电局	全区文化和旅游工作先进个人	自治区人力资源和社会保障厅、文化和旅游厅	2023.09
丁　平	泾源县文化旅游广电局	全区文化和旅游工作先进个人	自治区人力资源和社会保障厅、文化和旅游厅	2023.09
马　燕	泾源县文化旅游广电局	全区文化和旅游工作先进个人	自治区人力资源和社会保障厅、文化和旅游厅	2023.09
孙　岩	泾源县人民检察院	首届“全面履行法律监督职能　保障黄河保护法统一正确实施”主题检察理论研讨会优秀论文	自治区人民检察院	2023.09
禹素娟	泾源县人民检察院	首届“全面履行法律监督职能　保障黄河保护法统一正确实施”主题检察理论研讨会优秀论文	自治区人民检察院	2023.09
马乾坤	泾源县审计局	全区审计工作先进个人	自治区审计厅	2023.09
张丽霞	泾源县审计局	全区审计工作先进个人	自治区审计厅	2023.09
于　勇	泾源县自然资源局	2023 年全区驻村帮扶工作优秀第一书记	自治区党委组织部	2023.09
赵　军	泾源县司法局	全区法治暨司法行政先进个人	自治区司法厅	2023.11
于丽萍	泾源县司法局	全区法治暨司法行政先进个人	自治区司法厅	2023.11
惠　鹏	泾源县民政局	全区未成年人保护工作先进个人	自治区未成年人保护工作委员会办公室	2023.11
李志强	泾源县市场监督和管理局	全市民族团结进步模范个人	中共固原市委、市人民政府	2023.11
于永强	泾源县新民乡人民政府	全市民族团结进步模范个人	中共固原市委、市人民政府	2023.11
韩满禄	泾源县泾河源镇人民政府	全市民族团结进步模范个人	中共固原市委、市人民政府	2023.11
拜晓霞	中共泾源县委宣传部	全市民族团结进步示范个人	中共固原市委、市人民政府	2023.12
马贵恩	中共泾源县委政法委员会	先进个人	中共固原市委、市人民政府	2023.12

县处级先进个人

姓　名	工作单位	获奖名称	颁奖单位	获奖时间
马　鑫	泾源县人民法院	全市法院先进个人	固原市中级人民法院	2023.01
于永江	泾源县人民法院	第三届固原市“学习强国”达人挑战赛优秀奖	中共固原市委宣传部、固原市新闻传媒中心	2023.02
周福银	固原市生态环境局泾源分局	2022 年度先进工作者	固原市生态环境局	2023.02
丁常青	泾源县人民法院	全市法院“强主责，护稳定，迎廿大”院庭长大调研论文二等奖	固原市中级人民法院	2023.03
马小萍	泾源县人民法院	全市法院“强主责，护稳定，迎廿大”院庭长大调研论文二等奖	固原市中级人民法院	2023.03
明　雪	中共泾源县委党校（行政学校）	市党校（行政学院〔校〕）系统学习贯彻党的二十大精神微党课大赛二等奖	中共固原市委党校（宁夏六盘山干部培训学院）	2023.03
王　艳	中共泾源县委党校（行政学校）	市党校（行政学院〔校〕）系统学习贯彻党的二十大精神微党课大赛优秀奖	中共固原市委党校（宁夏六盘山干部培训学院）	2023.03
顾锦华	中共泾源县委党校（行政学校）	市党校（行政学院〔校〕）系统学习贯彻党的二十大精神微党课大赛优秀奖	中共固原市委党校（宁夏六盘山干部培训学院）	2023.03
禹光元	泾源县新民乡南庄村	乡村振兴担当作为好支书	中共固原市委组织部	2023.05
兰鑫磊	泾源县城关第一小学	青少年科技创新成果竞赛二等奖（懒人洗碗机）	固原市科学技术协会、教育体育局	2023.06
李子尧	泾源县第四小学	青少年机器人竞赛一等奖	固原市科学技术协会、教育体育局	2023.06
惠雨泽	泾源县第四小学	青少年机器人竞赛二等奖	固原市科学技术协会、教育体育局	2023.06
陈玺丞	泾源县第四小学	青少年机器人竞赛二等奖	固原市科学技术协会、教育体育局	2023.06
咸　睿	泾源县第四小学	青少年机器人竞赛三等奖	固原市科学技术协会、教育体育局	2023.06
华正阳	泾源县第四小学	青少年机器人竞赛三等奖	固原市科学技术协会、教育体育局	2023.06
马晨阳	泾源县高级中学	青少年机器人竞赛一等奖	固原市科学技术协会、教育体育局	2023.06
李　鹏	泾源县高级中学	青少年机器人竞赛二等奖	固原市科学技术协会、教育体育局	2023.06

续表 1

姓　名	工作单位	获奖名称	颁奖单位	获奖时间
杨　涛	泾源县高级中学	青少年机器人竞赛二等奖	固原市科学技术协会、教育体育局	2023.06
马勇波	泾源县高级中学	青少年机器人竞赛三等奖	固原市科学技术协会、教育体育局	2023.06
马　娟	泾源县新民乡中心小学	青少年科学影像节活动二等奖	固原市科学技术协会、教育体育局	2023.06
马芯怡	泾源县新民乡中心小学	青少年科学影像节活动二等奖	固原市科学技术协会、教育体育局	2023.06
禹　斌	泾源县新民乡中心小学	青少年科学影像节活动二等奖	固原市科学技术协会、教育体育局	2023.06
杨宏胜	泾源县高级中学	十佳优秀科技辅导员	固原市科学技术协会、教育体育局	2023.06
者国伟	泾源县第四小学	十佳优秀科技辅导员	固原市科学技术协会、教育体育局	2023.06
白三泉	泾源县科学技术协会	优秀组织工作者	固原市科学技术协会、教育体育局	2023.06
周福银	固原市生态环境局泾源分局	2022 年度优秀工作者	中共固原市委组织部、固原市人力资源和社会保障局	2023.08
马　健	泾源县教育体育局	教育工作先进个人	固原市教育工作委员会、教育体育局	2023.09
于慧君	泾源县兴盛乡中心小学	教育工作先进个人	固原市教育工作委员会、教育体育局	2023.09
闫　聪	泾源县高级中学	优秀教师	固原市教育工作委员会、教育体育局	2023.09
于丽霞	泾源县第一中学	优秀教师	固原市教育工作委员会、教育体育局	2023.09
穆全录	泾源县第一中学	优秀教师	固原市教育工作委员会、教育体育局	2023.09
禹月香	泾源县城关第一小学	优秀教师	固原市教育工作委员会、教育体育局	2023.09
丁　辉	泾源县第三小学	优秀教师	固原市教育工作委员会、教育体育局	2023.09
胡　娟	泾源县第四小学	优秀教师	固原市教育工作委员会、教育体育局	2023.09
铁红丽	泾源县香水镇中心小学	优秀教师	固原市教育工作委员会、教育体育局	2023.09
李　莉	泾源县泾河源镇中心小学	优秀教师	固原市教育工作委员会、教育体育局	2023.09

续表 2

姓　名	工作单位	获奖名称	颁奖单位	获奖时间
丁凤云	泾源县黄花乡中心小学	优秀教师	固原市教育工作委员会、教育体育局	2023.09
马小会	泾源县六盘山镇中心小学	优秀教师	固原市教育工作委员会、教育体育局	2023.09
马广峰	泾源县泾河源镇余家村	全市优秀产业带头人	中共固原市委组织部，固原市农业农村局、乡村振兴局	2023.09
冶浩天	泾源县泾河源镇龙潭村	全市乡村振兴担当作为好支书	中共固原市委组织部	2023.09
陈建云	泾源县人民医院	全市民族团结进步模范个人	固原市民族团结进步创建活动领导小组办公室	2023.11
张顾杰	泾源县香水镇人民政府	全市民族团结进步模范个人	固原市民族团结进步创建活动领导小组办公室	2023.11
张雄雄	泾源县六盘山镇刘沟村	“红色固原·绿色无毒”书记讲禁毒大赛二等奖	固原市禁毒委员会办公室	2023.11
禹万金	泾源县人民法院	2023 年固原市“宪法宣传周”“普及法律知识　弘扬法治精神”主题线上法律知识竞赛活动优秀奖	中共固原市委全面依法治市委员会	2023.12
马贵恩	中共泾源县委政法委员会	2022 年度优秀公务员	中共泾源县委、县人民政府	2023.09
单伟民	中共泾源县委办公室	记三等功公务员	中共泾源县委、县人民政府	2023.11
兰亚龙	中共泾源县委组织部	记三等功公务员	中共泾源县委、县人民政府	2023.11
马　艳	泾源县妇女联合会	记三等功公务员	中共泾源县委、县人民政府	2023.11
张玉平	泾源县教育体育局	记三等功公务员	中共泾源县委、县人民政府	2023.11
仇晓辉	泾源县财政局	记三等功公务员	中共泾源县委、县人民政府	2023.11
糟海学	泾源县农业农村局	记三等功公务员	中共泾源县委、县人民政府	2023.11
张志明	泾源县卫生健康局	记三等功公务员	中共泾源县委、县人民政府	2023.11
马志广	泾源县公安局	记三等功公务员	中共泾源县委、县人民政府	2023.11
魏　贵	泾源县公安局	记三等功公务员	中共泾源县委、县人民政府	2023.11
马福云	泾源县公安局	记三等功公务员	中共泾源县委、县人民政府	2023.11
胡　茜	泾源县公安局	记三等功公务员	中共泾源县委、县人民政府	2023.11
常银广	泾源县公安局	记三等功公务员	中共泾源县委、县人民政府	2023.11
马岚宁	泾源县新民乡	记三等功公务员	中共泾源县委、县人民政府	2023.11
马晓莉	泾源县香水镇	记三等功公务员	中共泾源县委、县人民政府	2023.11

续表 3

姓　名	工作单位	获奖名称	颁奖单位	获奖时间
何小斌	泾源县六盘山镇	记三等功公务员	中共泾源县委、县人民政府	2023.11
拜佳宇	泾源县六盘山镇	记三等功公务员	中共泾源县委、县人民政府	2023.11
金正强	中共泾源县纪律检查委员会(监察委员会)	嘉奖公务员	中共泾源县委、县人民政府	2023.11
甄岚蓉	中共泾源县纪律检查委员会(监察委员会)	嘉奖公务员	中共泾源县委、县人民政府	2023.11
底　莉	中共泾源县纪律检查委员会(监察委员会)	嘉奖公务员	中共泾源县委、县人民政府	2023.11
马慧珍	中共泾源县纪律检查委员会(监察委员会)	嘉奖公务员	中共泾源县委、县人民政府	2023.11
胡文强	中共泾源县纪律检查委员会(监察委员会)	嘉奖公务员	中共泾源县委、县人民政府	2023.11
苏　丽	中共泾源县纪律检查委员会(监察委员会)	嘉奖公务员	中共泾源县委、县人民政府	2023.11
马宏宇	中共泾源县纪律检查委员会(监察委员会)	嘉奖公务员	中共泾源县委、县人民政府	2023.11
冶宝军	中共泾源县委办公室	嘉奖公务员	中共泾源县委、县人民政府	2023.11
马超群	中共泾源县委办公室	嘉奖公务员	中共泾源县委、县人民政府	2023.11
底月萍	中共泾源县委办公室	嘉奖公务员	中共泾源县委、县人民政府	2023.11
金利星	中共泾源县委办公室	嘉奖公务员	中共泾源县委、县人民政府	2023.11
马文东	中共泾源县委办公室	嘉奖公务员	中共泾源县委、县人民政府	2023.11
冶春广	中共泾源县委组织部	嘉奖公务员	中共泾源县委、县人民政府	2023.11
马靖宇	中共泾源县委组织部	嘉奖公务员	中共泾源县委、县人民政府	2023.11
马丽艳	中共泾源县委宣传部	嘉奖公务员	中共泾源县委、县人民政府	2023.11
海　军	中共泾源县委统一战线工作部	嘉奖公务员	中共泾源县委、县人民政府	2023.11
马鼎钰	中共泾源县委统一战线工作部	嘉奖公务员	中共泾源县委、县人民政府	2023.11
马贵恩	中共泾源县委政法委员会	嘉奖公务员	中共泾源县委、县人民政府	2023.11
李　娜	中共泾源县委政法委员会	嘉奖公务员	中共泾源县委、县人民政府	2023.11
王永鹏	中共泾源县委政策研究室	嘉奖公务员	中共泾源县委、县人民政府	2023.11
柳武平	中共泾源县委网络安全和信息化中心办公室	嘉奖公务员	中共泾源县委、县人民政府	2023.11

续表 4

姓　名	工作单位	获奖名称	颁奖单位	获奖时间
金　琳	中共泾源县委机构编制委员会办公室	嘉奖公务员	中共泾源县委、县人民政府	2023.11
周苗苗	中共泾源县委机构编制委员会办公室	嘉奖公务员	中共泾源县委、县人民政府	2023.11
童智勇	中共泾源县委巡察办公室	嘉奖公务员	中共泾源县委、县人民政府	2023.11
高　敏	中共泾源县委党校	嘉奖公务员	中共泾源县委、县人民政府	2023.11
王建平	中共泾源县委党校	嘉奖公务员	中共泾源县委、县人民政府	2023.11
樊　欣	中共泾源县委党校	嘉奖公务员	中共泾源县委、县人民政府	2023.11
马小琴	泾源县档案馆	嘉奖公务员	中共泾源县委、县人民政府	2023.11
马　平	泾源县人民代表大会常务委员会	嘉奖公务员	中共泾源县委、县人民政府	2023.11
赫生全	泾源县人民代表大会常务委员会	嘉奖公务员	中共泾源县委、县人民政府	2023.11
白　杨	政协泾源县委员会	嘉奖公务员	中共泾源县委、县人民政府	2023.11
王　慧	泾源县人民法院	嘉奖公务员	中共泾源县委、县人民政府	2023.11
毕玉香	泾源县人民法院	嘉奖公务员	中共泾源县委、县人民政府	2023.11
张　辉	泾源县人民法院	嘉奖公务员	中共泾源县委、县人民政府	2023.11
马　艳	泾源县人民法院	嘉奖公务员	中共泾源县委、县人民政府	2023.11
李炫征	泾源县人民法院	嘉奖公务员	中共泾源县委、县人民政府	2023.11
赵怀吉	泾源县人民法院	嘉奖公务员	中共泾源县委、县人民政府	2023.11
兰　鑫	泾源县人民法院	嘉奖公务员	中共泾源县委、县人民政府	2023.11
高玉强	泾源县人民法院	嘉奖公务员	中共泾源县委、县人民政府	2023.11
者　兰	泾源县人民检察院	嘉奖公务员	中共泾源县委、县人民政府	2023.11
禹素娟	泾源县人民检察院	嘉奖公务员	中共泾源县委、县人民政府	2023.11
苏乙姣	泾源县人民检察院	嘉奖公务员	中共泾源县委、县人民政府	2023.11
喇玉芳	泾源县人民检察院	嘉奖公务员	中共泾源县委、县人民政府	2023.11
马芳慧	泾源县人民检察院	嘉奖公务员	中共泾源县委、县人民政府	2023.11
蒙晓东	泾源县总工会	嘉奖公务员	中共泾源县委、县人民政府	2023.11
于亚楠	共青团泾源县委员会	嘉奖公务员	中共泾源县委、县人民政府	2023.11
马玉贞	共青团泾源县委员会	嘉奖公务员	中共泾源县委、县人民政府	2023.11
兰银萍	泾源县妇女联合会	嘉奖公务员	中共泾源县委、县人民政府	2023.11

续表 5

姓　名	工作单位	获奖名称	颁奖单位	获奖时间
丁　丽	泾源县残疾人联合会	嘉奖公务员	中共泾源县委、县人民政府	2023.11
纳玉成	泾源县人民政府办公室	嘉奖公务员	中共泾源县委、县人民政府	2023.11
马胜宏	泾源县人民政府办公室	嘉奖公务员	中共泾源县委、县人民政府	2023.11
白国瑞	泾源县发展和改革局	嘉奖公务员	中共泾源县委、县人民政府	2023.11
秦　臻	泾源县发展和改革局	嘉奖公务员	中共泾源县委、县人民政府	2023.11
马惠平	泾源县发展和改革局	嘉奖公务员	中共泾源县委、县人民政府	2023.11
陈云芳	泾源县发展和改革局	嘉奖公务员	中共泾源县委、县人民政府	2023.11
伍会清	泾源县教育体育局	嘉奖公务员	中共泾源县委、县人民政府	2023.11
马丽萍	泾源县科学技术局	嘉奖公务员	中共泾源县委、县人民政府	2023.11
苏晓梅	泾源县公安局	嘉奖公务员	中共泾源县委、县人民政府	2023.11
冶建军	泾源县公安局	嘉奖公务员	中共泾源县委、县人民政府	2023.11
马　杰	泾源县公安局	嘉奖公务员	中共泾源县委、县人民政府	2023.11
白玉杰	泾源县公安局	嘉奖公务员	中共泾源县委、县人民政府	2023.11
温伟利	泾源县公安局	嘉奖公务员	中共泾源县委、县人民政府	2023.11
丁　强	泾源县公安局	嘉奖公务员	中共泾源县委、县人民政府	2023.11
马建军	泾源县公安局	嘉奖公务员	中共泾源县委、县人民政府	2023.11
兰　娟	泾源县公安局	嘉奖公务员	中共泾源县委、县人民政府	2023.11
杨忠武	泾源县公安局	嘉奖公务员	中共泾源县委、县人民政府	2023.11
马晚霞	泾源县公安局	嘉奖公务员	中共泾源县委、县人民政府	2023.11
赵献春	泾源县公安局	嘉奖公务员	中共泾源县委、县人民政府	2023.11
马思渊	泾源县公安局	嘉奖公务员	中共泾源县委、县人民政府	2023.11
孙兵生	泾源县公安局	嘉奖公务员	中共泾源县委、县人民政府	2023.11
王　菲	泾源县公安局	嘉奖公务员	中共泾源县委、县人民政府	2023.11
李雪宇	泾源县公安局	嘉奖公务员	中共泾源县委、县人民政府	2023.11
何亚禹	泾源县公安局	嘉奖公务员	中共泾源县委、县人民政府	2023.11
马晓虎	泾源县公安局	嘉奖公务员	中共泾源县委、县人民政府	2023.11
贾元平	泾源县公安局	嘉奖公务员	中共泾源县委、县人民政府	2023.11
马思伟	泾源县公安局	嘉奖公务员	中共泾源县委、县人民政府	2023.11
马海霞	泾源县民政局	嘉奖公务员	中共泾源县委、县人民政府	2023.11

续表6

姓　名	工作单位	获奖名称	颁奖单位	获奖时间
于剑斌	泾源县司法局	嘉奖公务员	中共泾源县委、县人民政府	2023.11
于丽萍	泾源县司法局	嘉奖公务员	中共泾源县委、县人民政府	2023.11
马　婧	泾源县司法局	嘉奖公务员	中共泾源县委、县人民政府	2023.11
吴丽娜	泾源县司法局	嘉奖公务员	中共泾源县委、县人民政府	2023.11
马晓霞	泾源县财政局	嘉奖公务员	中共泾源县委、县人民政府	2023.11
马海成	泾源县人力资源和社会保障局	嘉奖公务员	中共泾源县委、县人民政府	2023.11
兰保平	泾源县人力资源和社会保障局	嘉奖公务员	中共泾源县委、县人民政府	2023.11
蒙贵琴	泾源县人力资源和社会保障局	嘉奖公务员	中共泾源县委、县人民政府	2023.11
冶兴亮	泾源县自然资源局	嘉奖公务员	中共泾源县委、县人民政府	2023.11
杨　蓉	泾源县自然资源局	嘉奖公务员	中共泾源县委、县人民政府	2023.11
于　飞	泾源县自然资源局	嘉奖公务员	中共泾源县委、县人民政府	2023.11
者建军	泾源县住房和城乡建设局	嘉奖公务员	中共泾源县委、县人民政府	2023.11
李建军	泾源县交通运输局	嘉奖公务员	中共泾源县委、县人民政府	2023.11
雒永强	泾源县水务局	嘉奖公务员	中共泾源县委、县人民政府	2023.11
马三学	泾源县农业农村局	嘉奖公务员	中共泾源县委、县人民政府	2023.11
于丽萍	泾源县农业农村局	嘉奖公务员	中共泾源县委、县人民政府	2023.11
冶宝平	泾源县卫生和健康局	嘉奖公务员	中共泾源县委、县人民政府	2023.11
伍晓勇	泾源县应急管理局	嘉奖公务员	中共泾源县委、县人民政府	2023.11
于英梅	泾源县应急管理局	嘉奖公务员	中共泾源县委、县人民政府	2023.11
兰　玮	泾源县审计局	嘉奖公务员	中共泾源县委、县人民政府	2023.11
禹文英	泾源县市场监督管理局	嘉奖公务员	中共泾源县委、县人民政府	2023.11
郑学芳	泾源县市场监督管理局	嘉奖公务员	中共泾源县委、县人民政府	2023.11
蒙桂红	泾源县市场监督管理局	嘉奖公务员	中共泾源县委、县人民政府	2023.11
禹惠军	泾源县乡村振兴局	嘉奖公务员	中共泾源县委、县人民政府	2023.11
赫学保	泾源县乡村振兴局	嘉奖公务员	中共泾源县委、县人民政府	2023.11
马云轩	泾源县医疗保障局	嘉奖公务员	中共泾源县委、县人民政府	2023.11
安六三	泾源县审批服务管理局	嘉奖公务员	中共泾源县委、县人民政府	2023.11

续表 7

姓　名	工作单位	获奖名称	颁奖单位	获奖时间
魏霄婷	泾源县审批服务管理局	嘉奖公务员	中共泾源县委、县人民政府	2023.11
杨建广	泾源县统计局	嘉奖公务员	中共泾源县委、县人民政府	2023.11
王学良	泾源县新民乡	嘉奖公务员	中共泾源县委、县人民政府	2023.11
阎红菊	泾源县新民乡	嘉奖公务员	中共泾源县委、县人民政府	2023.11
杨慧敏	泾源县新民乡	嘉奖公务员	中共泾源县委、县人民政府	2023.11
赵英俊	泾源县新民乡	嘉奖公务员	中共泾源县委、县人民政府	2023.11
于建学	泾源县泾河源镇	嘉奖公务员	中共泾源县委、县人民政府	2023.11
秦　琴	泾源县泾河源镇	嘉奖公务员	中共泾源县委、县人民政府	2023.11
丁　丽	泾源县泾河源镇	嘉奖公务员	中共泾源县委、县人民政府	2023.11
丁万成	泾源县泾河源镇	嘉奖公务员	中共泾源县委、县人民政府	2023.11
金卫东	泾源县兴盛乡	嘉奖公务员	中共泾源县委、县人民政府	2023.11
丁彩霞	泾源县兴盛乡	嘉奖公务员	中共泾源县委、县人民政府	2023.11
安海琴	泾源县兴盛乡	嘉奖公务员	中共泾源县委、县人民政府	2023.11
兰卫涛	泾源县香水镇	嘉奖公务员	中共泾源县委、县人民政府	2023.11
张顾杰	泾源县香水镇	嘉奖公务员	中共泾源县委、县人民政府	2023.11
马　昕	泾源县香水镇	嘉奖公务员	中共泾源县委、县人民政府	2023.11
海　伟	泾源县香水镇	嘉奖公务员	中共泾源县委、县人民政府	2023.11
李六军	泾源县黄花乡	嘉奖公务员	中共泾源县委、县人民政府	2023.11
杨　媛	泾源县黄花乡	嘉奖公务员	中共泾源县委、县人民政府	2023.11
于　敏	泾源县黄花乡	嘉奖公务员	中共泾源县委、县人民政府	2023.11
马梓晗	泾源县黄花乡	嘉奖公务员	中共泾源县委、县人民政府	2023.11
冯少鹏	泾源县六盘山镇	嘉奖公务员	中共泾源县委、县人民政府	2023.11
李惠兵	泾源县六盘山镇	嘉奖公务员	中共泾源县委、县人民政府	2023.11
何佳宁	泾源县六盘山镇	嘉奖公务员	中共泾源县委、县人民政府	2023.11
杨　斌	泾源县六盘山镇	嘉奖公务员	中共泾源县委、县人民政府	2023.11
王文桃	泾源县大湾乡	嘉奖公务员	中共泾源县委、县人民政府	2023.11
马　斌	泾源县大湾乡	嘉奖公务员	中共泾源县委、县人民政府	2023.11
杨冬生	中共泾源县委组织部	优秀驻村第一书记	中共泾源县委、县人民政府	2023.11

续表 8

姓　名	工作单位	获奖名称	颁奖单位	获奖时间
苏良成	中共泾源县委统一战线工作部	优秀驻村第一书记	中共泾源县委、县人民政府	2023.11
郭　磊	中共泾源县委政法委员会	优秀驻村第一书记	中共泾源县委、县人民政府	2023.11
虎长江	泾源县发展和改革局	优秀驻村第一书记	中共泾源县委、县人民政府	2023.11
杨小勇	泾源县人力资源和社会保障局	优秀驻村第一书记	中共泾源县委、县人民政府	2023.11
秦万贵	泾源县自然资源局	优秀驻村第一书记	中共泾源县委、县人民政府	2023.11
魏　峰	泾源县水务局	优秀驻村第一书记	中共泾源县委、县人民政府	2023.11
蒙桂兰	泾源县农业农村局	优秀驻村第一书记	中共泾源县委、县人民政府	2023.11
丁　红	中共泾源县委办公室	优秀驻村工作队员	中共泾源县委、县人民政府	2023.11
马玉琴	中共泾源县委机构编制委员会办公室	优秀驻村工作队员	中共泾源县委、县人民政府	2023.11
李雨馨	泾源县人民政府办公室	优秀驻村工作队员	中共泾源县委、县人民政府	2023.11
褚金龙	泾源县人民法院	优秀驻村工作队员	中共泾源县委、县人民政府	2023.11
马亚丽	泾源县文化旅游广电局	优秀驻村工作队员	中共泾源县委、县人民政府	2023.11
马晓芸	泾源县医疗保障局	优秀驻村工作队员	中共泾源县委、县人民政府	2023.11
梁玉霞	泾源县审批服务管理局	优秀驻村工作队员	中共泾源县委、县人民政府	2023.11
于永强	泾源县新民乡	优秀驻村工作队员	中共泾源县委、县人民政府	2023.11
兰　琦	泾源县香水镇	优秀驻村工作队员	中共泾源县委、县人民政府	2023.11
马志荣	泾源县大湾乡	优秀驻村工作队员	中共泾源县委、县人民政府	2023.11

附　录

泾源县机构和组成人员

县级领导机构成员名录

中共泾源县委员会

县委书记　王　荣

副书记　马晓红(女,回族)

张　明

吕子明(9月任职,福建选派挂职)

常　委　陈晓悫(9月离任,福建选派挂职)

杨晓曦(女)

陈志东

杨　璞(4月离任,中国建材集团选派挂职)

任　伟

张毓龙

杨继宏(回族)

田鹏飞

张　路(4月任职,中国建材集团选派挂职)

泾源县人民代表大会常务委员会

主　任　李白虎(回族)

副主任　于　雷(回族)

陈　宝

马津垠(回族)

拜春霞(女,回族)

泾源县人民政府

县　长　马晓红(女,回族)

副县长　吕子明(9月任职,福建选派挂职)

任　伟

陈晓悫(9月离任,福建选派挂职)

杨　璞(4月离任,中国建材集团选派挂职)

张　路(4月任职,中国建材集团选派挂职)

张怀彪

马义杰(回族)

李　静(女,回族)

政协泾源县委员会

主　席　李　刚

副主席　孙阿娜(女)

　　　　于清海(回族)
秘书长　　咸永升(回族)

中共泾源县纪律检查委员会(监察委员会)

纪委书记　　杨晓曦(女)
监委主任　　杨晓曦(女)
纪委副书记　　金正强(回族)
　　　　童文治(回族)
纪委常委　　杨晓曦(女)
　　　　金正强(回族)
　　　　童文治(回族)
　　　　者晓勇(回族)
　　　　底　莉(女,回族)
　　　　马慧珍(女,回族)
　　　　马浓媛(女,回族)
监委副主任　　金正强(回族)
　　　　童文治(回族)
监委委员　　杨晓曦(女)
　　　　金正强(回族)
　　　　童文治(回族)
　　　　底　莉(女,回族)
　　　　马慧珍(女,回族)
　　　　马浓媛(女,回族)
　　　　胡文强

泾源县人民法院

院　长　　尹　鹏
副院长　　王志宏
　　　　兰海红(女,回族)

泾源县人民检察院

检察长　　孙　岩(女)
副检察长　　张旭峰(回族)
　　　　马权良(回族)

泾源县轻工产业园区管委会

副主任　　秦小兵(回族)
　　　　马耀星(回族)

综合办公室(党工委办公室)

主　任　　马彩英(女,回族)

经济发展局

局　长　　禹国君(回族)
副局长　　马　宁(回族)

招商服务局

局　长　　马今胜(回族)
副局长　　洪志杰(回族)

规划建设局

局　长　　赫志明(回族)

安全环保局

局　长　　吴治雄

泾源县委工作部门及所属事业单位

中共泾源县委办公室

主　任　　于清海(回族)

副主任　　马军辉(回族)
　　　　　马超群(回族)
　　　　　杨　杰(回族,7月离任)
　　　　　冶宝军(回族,7月任职)
　　　　　单伟民(回族,3月任职)

党史和地方志研究室

主　任　　单伟民(回族)

机要局

局　长　　单伟民(回族,5月任职)

泾源县国家保密局

局　长　　于清海(回族)

档案局

局　长　　马军辉(回族)

档案馆

馆　长　　吕忠德(回族)
副馆长　　马小琴(女,回族)

巡察办公室

主　任　　者晓勇(回族)
副主任　　童智勇(回族)

组织部

部　长　　张毓龙
副部长　　马恩成(回族)
　　　　　冶春广(回族)

宣传部

部　长　　田鹏飞
副部长　　拜晓霞(女,回族)
　　　　　冶宝军(回族,7月离任)
　　　　　吴文春(回族,8月任职)

网络安全和信息化中心办公室

主　任　　童银科(回族)

统一战线工作部

部　长　　杨继宏(回族)
副部长　　海　军(回族)
　　　　　马海燕(女,回族)
　　　　　于哈哈(女,回族)

民族宗教事务局

局　长　　海　军(回族)

政法委员会

书　记　　张　明
副书记　　马贵恩(回族)
　　　　　兰　军(回族)
　　　　　周丽红(女,回族)
秘书长　　马贵恩(回族)

政策研究室

主　任　　童宝强(回族,7月离任)

杨　杰(回族,7月任职)
副主任　王永鹏

机构编制委员会办公室

主　任　马天云(回族)
副主任　金　琳(女,回族)

事业单位登记管理局

局　长　马天云(回族)

党　校

常务副校长　郭　伟(回族)
副校长　安美思(回族)
高　敏(回族)

泾源县人大常委会工作部门

人大常委会办公室

主　任　秦志龙(回族)
副主任　于鹏飞(回族)

财政经济工作委员会

主　任　顾　军

代表选举与联络委员会

主　任　冶广成(回族)

法制委员会

主　任　安华英(女,回族)

教科文卫工作委员会

主　任　马　平(回族)

泾源县人民政府工作部门及所属事业单位

泾源县人民政府办公室

主　任　纳玉成(回族)
副主任　马胜宏(回族)
马　钰(回族)
马忠贤(回族)
王　健(9月离任,挂职)
赖劭哲(9月任职,挂职)

信访局

局　长　马忠贤(回族)

机关事务服务中心

主　任　于　杰(回族)
副主任　洪志杰(回族,1月离任)
王　涛(回族)
马玉鹏(回族,12月任职)

发展和改革局

局　长　马卫荣(回族)

副局长　丁巧玲(女,回族)
　　白国瑞(回族)
　　马永亮(回族,1月任职)

投资促进服务中心

主　任　马惠平(回族)
副主任　陈国鹤(回族)
　　田　宇(女,回族)

商贸流通中心

主　任　马林俊(回族)

市场监督管理局

局　长　李志强(回族)
副局长　杨咏梅(女,回族)
　　马　宁(回族)

财政局

局　长　仇晓辉
副局长　拜艳华(女,回族)
　　张振东(回族)
　　王　海

审计局

局　长　马乾坤(回族)
副局长　尹克豹(12月离任)
　　兰　玮(女,回族)
　　马月霞(女,回族,12月任职)

统计局

局　长　马东梅(女,回族)
副局长　刘金阳(回族)
　　杨建广(回族)

审批服务管理局

局　长　丁继军(回族)
副局长　刘雪燕(女,回族)

政务服务中心

主　任　安六三(回族)

公安局

局　长　张怀彪
政　委　张永生
副局长　孙运昌(回族)
　　马志广(回族)

司法局

局　长　赵　军
副局长　于剑斌(回族,12月离任)
　　马丽霞(女,回族)
　　者小瑞(回族,12月任职)

农业农村局

局　长　糟海学(回族)
副局长　马三学(回族)
　　穆　兵(回族)

供销合作社

理事会主任　　糟海学(回族)
理事会副主任　赵宝成(回族)
　　　　　　　黄学智

水务局

局　长　　兰长东(回族)
副局长　　雒永强(回族)
　　　　　李　伟(回族)

自然资源局

局　长　　冶兴亮(回族)
副局长　　杨　蓉(女,回族)
　　　　　兰全江(回族)
　　　　　王建强

住房和城乡建设局

局　长　　古学宏
副局长　　者建军(回族)
　　　　　马志强(回族)
　　　　　于亮亮(回族)

交通运输局

局　长　　苏志成(回族)
副局长　　奚金飞(回族)
　　　　　李建军(回族)
　　　　　吴　松(7月任职,挂职)

科学技术局

局　长　　马志宏(回族)
副局长　　马丽萍(女,回族)
　　　　　马凤鸣

教育体育局

局　长　　拜艳丽(女,回族)
副局长　　吴　平
　　　　　伍会清(回族)

体育中心

主　任　　者连成(回族)

文化旅游广电局

副局长　　王　鑫(回族)
　　　　　吴桂花(女,回族)
　　　　　胡红艳(女,1月任职,挂职)

文化馆

馆　长　　马金瑞(回族)

卫生和健康局

局　长　　冶宝平(回族)
副局长　　张志明(回族)
　　　　　丁亚敏(女,回族)
　　　　　王秋实(1月任职,挂职)

泾源县人民医院

院　长　　陈建云(回族)

泾源县卫生监督所

所　长　　王喜文(11月份离任)

泾源县疾病预防控制中心

主　任　　于秀峰(回族)

泾源县妇幼保健院

院　长　　马志杰(回族)

人力资源和社会保障局

局　长　　马建国(回族)
副局长　　马月霞(女,回族,12月离任)
　　　　　于三学(回族)

社会保险事业管理中心

主　任　　李晓辉(回族)

就业创业和人才服务中心

主　任　　马海成(回族)

医疗保障局

局　长　　禹贵喜(回族)
副局长　　丁亚丽(女,回族)

退役军人事务局

局　长　　惠福俊(回族)
副局长　　王存保(回族)
　　　　　马　绪(12月离任,兼)
　　　　　丁小卯(12月任职,兼)

应急管理局

局　长　　伍晓勇(回族)
副局长　　禹德发(回族)
　　　　　者红星(回族)

地震局

局　长　　马　慧(女,回族)

民政局

局　长　　吴志建(回族)
副局长　　何连明(3月离任)
　　　　　马海霞(女,回族)

乡村振兴局

局　长　　张小飞(回族)
副局长　　禹惠军(回族)
　　　　　王金福(回族)
　　　　　陈志琴(女,回族)

扶贫服务中心

主　任　　禹广军(回族)

政协工作部门

办公室

主　任　　咸永升(回族)
副主任　　白　杨(回族)

提案和委员联络委员会

主　任　　余清江(回族)

教科文卫委员会

主　任　　马义红(回族)

经济委员会

主　任　　禹新仓(回族)

社会治理委员会

主　任　　兰桂萍(女,回族)

群众团体

总工会

主　席　　马津垠(回族)
副主席　　兰　莹(女,回族)
　　　　　蒙晓东(回族)
经审主任　王　鹏(回族)

妇女联合会

主　席　　兰银萍(女,回族)
副主席　　于春兰(女,回族)

共青团泾源县委员会

书　记　　马　杰(回族,3月离任)
　　　　　于亚楠(女,回族,7月任职)
副书记　　于亚楠(女,回族,7月离任)
　　　　　马玉贞(女,回族,7月任职)
　　　　　张　刚(5月任职,兼)
　　　　　马彦东(5月任职,兼)
　　　　　安旭东(回族,5月任职,挂职)

科学技术协会

主　席　　马银全(回族)
副主席　　白三泉(回族)

残疾人联合会

理事长　　徐万兴(回族)
副理事长　丁　丽(女,回族)

文　联

主　席　　杨风帆(回族)

泾源县红十字会

常务副会长　马　越(回族)
副会长　　禹香梅(女,回族,3月任职)

工商联合会

党组书记　李炳全(回族)
副主席　　常玉琴(女,回族)

区、市驻泾各单位

国家税务总局泾源县税务局

局　长　　高秉坤
副局长　　马文婷（女，回族）
　　　　　何炳义（回族，5月离任）
　　　　　刘相军（9月离任）
　　　　　李惠建（回族，9月任职）
纪检组长　杨　乐（8月离任）
　　　　　田春雷（9月任职）

生态环境局泾源分局

局　长　　马　强（回族）
副局长　　马　鑫（女，回族）

固原市住房公积金管理中心泾源分中心

主　任　　拜小玲（女，回族）

泾源县消防救援大队

大队长　　黄远洋
教导员　　唐金林

农村社会经济调查队

队　长　　高文坛
副队长　　王园园（女）

中国农业银行泾源县中心支行

行　长　　杨永根（12月离任）
　　　　　权　能（12月任职）
副行长　　权　能（12月离任）
　　　　　杜立翔（11月离任）
　　　　　马小花（女，回族，8月任职）
　　　　　梁　斌（12月任职）
纪委书记　李志明（回族）

泾源县农村商业银行

理事长　　桂　煦
行　长　　马玉江（回族）
监事长　　杨志刚（回族）
副行长　　马利华（回族）

中国邮政储蓄银行泾源县支行

行　长　　靳　晖（8月任职）
副行长　　于永成（回族）

宁夏银行泾源支行

行　长　　马国瑞（回族）
副行长　　马晓龙

国网泾源县供电公司

经　理　　虎志文
副经理　　马　伟（回族，4月离任）
　　　　　祁耀祖
　　　　　马金山（回族，4月任职）

泾源县气象局

局　长　　孔承承
副局长　　马兴明（回族，11月任职）

泾源县邮政分公司

经　理　　李　力(回族,6月离任)
　　　　　杨列君(6月任职)

泾源县烟草专卖局(分公司)

局　长　　吴　元
副局长　　魏　强(回族)

人保财险

经　理　　张应平

人寿保险

经　理　　胡彦勋

中国电信股份有限公司泾源县分公司

经　理　　马小虎(回族)

中国移动通信集团宁夏有限公司泾源县分公司

经　理　　马国杰(回族,9月离任)
　　　　　马金鹏(回族,9月任职)

中国联合网络通信有限公司泾源县分公司

经　理　　朱燕妮(女,6月离任)
　　　　　李　杰(回族,7月任职)

乡　镇

六盘山镇

党委书记　　褚月霞(女)
镇　长　　马　勇(回族)
人大主席　　冯少鹏
党委副书记　　马　鑫
　　　　　闵富有(回族,7月任职,挂职)
纪委书记　　杨广明(回族)
组织委员　　拜佳宇(回族,3月任职)
副镇长　　兰　瑞(女,回族,3月离任)
　　　　　何小斌
　　　　　冯　婷(女,回族)
　　　　　何连明(3月任职)
武装部部长　　李惠兵

香水镇

党委书记　　韩志杰(回族)
镇　长　　张顾杰
人大主席　　于永泉(回族)
党委副书记　　庞　辉(回族)
　　　　　余全亮(回族,7月任职,挂职)
纪委书记　　沙　涛(回族,3月离任)
　　　　　兰卫涛(回族,3月任职)
组织委员　　禹安东(回族)
副镇长　　魏红姣(女,回族)
　　　　　于建龙(回族)
　　　　　马晓莉(女,回族)
武装部部长　　马晓斌(回族)

泾河源镇

党委书记　　丁　毅(回族)

镇　长　韩满禄
人大主席　白　浩
党委副书记　赫丽娜(女,回族)
马有明(回族,7月任职,挂职)
纪委书记　安雪琴(女,回族)
组织委员　张海龙(3月任职)
副镇长　秦　琴(女,回族)
于建学(回族)
底志明(回族,3月任职)
武装部部长　张海龙(3月离任)
杨雅彬(回族,3月任职)

大湾乡

党委书记　朱　云
乡　长　吴旭涛(回族)
人大主席　马　锋(回族)
党委副书记　于　骞(回族)
王志伟(7月任职,挂职)
纪委书记　杜德全
组织委员　王文桃(女,回族)
副乡长　赫剑云(回族)
马　斌(回族)
武装部部长　赫小龙(回族)

黄花乡

党委书记　魏霄鹏(回族)
乡　长　杨　波
人大主席　陈广喜(回族)
党委副书记　李六军(回族)
于春兰(女,回族,7月任职,挂职)
纪委书记　杨　媛(女,回族)
组织委员　毛智慧(回族,3月任职)
副乡长　古　锋(回族)
李海宝(回族)
武装部部长　李　琦(回族)

兴盛乡

党委书记　余建成(回族)
乡　长　刘玉祥
人大主席　兰林广(回族)
党委副书记　金卫东(回族)
魏稳泰(7月任职,挂职)
纪委书记　丁彩霞(女,回族)
副乡长　马　莹(女,回族)
李　原
武装部部长　底志明(回族,3月离任)
陈武斌(3月任职)

新民乡

党委书记　伍福升(回族,3月离任)
王学良(3月任职)
乡　长　王学良(3月离任)
马　杰(回族,3月任职)
人大主席　于福荣(回族)
党委副书记　者慧军(回族)
禹光元(回族,7月任职,挂职)
纪委书记　马文波(回族)
组织委员　阎红菊(女)
副乡长　杨慧敏(女,回族)
毛智慧(回族,3月离任)
赵英俊(回族,3月任职)
陈　峰(回族)
武装部部长　殷宇阳(回族)

中共泾源县委重要文件目录

序号	文　号	文　件　名　称
1	泾党发〔2023〕1 号	印发《关于做好 2023 年全面推进乡村振兴重点工作的实施方案》的通知
2	泾党发〔2023〕5 号	关于印发《泾源县 2023 年巩固拓展脱贫攻坚成果同乡村振兴有效衔接实施方案》的通知
3	泾党发〔2023〕9 号	印发《关于深入打好污染防治攻坚战的实施方案》的通知
4	泾党发〔2023〕11 号	关于印发《泾源县关于深入贯彻落实习近平总书记重要讲话精神推动黄河流域生态保护和高质量发展先行区建设取得新突破的实施方案》的通知
5	泾党发〔2023〕12 号	印发《关于优化生育政策促进人口长期均衡发展的实施方案》的通知
6	泾党发〔2023〕13 号	关于印发《泾源县关于贯彻落实〈自治区全方位优化营商环境推动民营经济高质量发展的若干意见〉的工作措施》的通知
7	泾党发〔2023〕16 号	关于报送《泾源县 2023 年扶持发展新型农村集体经济项目实施方案》的报告
8	泾党发〔2023〕20 号	中共泾源县委印发《关于在全县深入开展学习贯彻习近平新时代中国特色社会主义思想主题教育的实施方案》的通知
9	泾党发〔2023〕23 号	关于呈报《泾源县泾河源镇冶家村推动红色村组织振兴建设红色美丽村庄试点工作建设实施方案》的报告
10	泾党发〔2023〕24 号	中共泾源县委 县人民政府关于给予王学良等 151 名同志嘉奖单伟民等 14 名同志记三等功的决定
11	泾党发〔2023〕25 号	中共泾源县委 县人民政府关于泾源县消防救援大队记集体三等功的决定

中共泾源县委办公室重要文件目录

序号	文　号	文　件　名　称
1	泾党办发〔2023〕1 号	印发《关于落实县委十五届五次全会重点工作任务的分工方案》的通知
2	泾党办发〔2023〕3 号	关于印发《泾源县 2023 年县级领导包抓重点项目工作分工方案》的通知
3	泾党办发〔2023〕4 号	关于印发《泾源县进一步推进移风易俗助力乡村振兴的实施意见（试行）》的通知
4	泾党办发〔2023〕6 号	关于印发《泾源县 2023 年干部“转作风、勇担当、勤履职、提效能”专项行动实施方案》的通知
5	泾党办发〔2023〕7 号	关于办理县政协十四届一次会议重点提案的通知
6	泾党办发〔2023〕9 号	关于印发《基层党组织建设提质增效工程实施方案》的通知
7	泾党办发〔2023〕10 号	关于成立泾源县城市基层党建引领基层治理领导小组的通知
8	泾党办发〔2023〕11 号	中共泾源县委办公室印发《关于开展全县乡村振兴领域腐败和作风问题专项治理工作方案》的通知
9	泾党办发〔2023〕12 号	中共泾源县委办公室印发《关于在全县开展纠治形式主义官僚主义专项整治的实施方案》的通知
10	泾党办发〔2023〕13 号	关于印发《泾源县中华蜜蜂产业专班 2023 年工作方案》的通知
11	泾党办发〔2023〕14 号	关于印发《泾源县“就业创业促进年”活动实施方案》的通知
12	泾党办发〔2023〕15 号	关于印发《泾源县关于做好一季度经济工作确保实现“开门红”工作方案》的通知
13	泾党办发〔2023〕16 号	关于印发《2023 年泾源县全面从严治党党风廉政建设和反腐败工作任务分工方案》的通知
14	泾党办发〔2023〕18 号	关于印发《泾源县 2023 年“八个万级”农业特色产业示范基地建设方案》的通知
15	泾党办发〔2023〕20 号	中共泾源县委办公室 县人民政府办公室关于印发《泾源县粮食节约行动实施方案》的通知
16	泾党办发〔2023〕21 号	关于印发《泾源县加强新时代妇女工作实施方案》的通知
17	泾党办发〔2023〕22 号	关于印发《泾源县肉牛产业专班 2023 年工作方案》的通知
18	泾党办发〔2023〕23 号	印发《泾源县 2023 年招商引资方案》的通知
19	泾党办发〔2023〕24 号	关于印发《泾源县移民致富提升行动 2023 年实施方案》的通知
20	泾党办发〔2023〕25 号	关于印发《泾源县关于加强和改进新时代青年和共青团工作的实施方案》的通知
21	泾党办发〔2023〕26 号	关于印发《泾源县关于全面加强新时代少先队工作的实施方案》的通知

续表 1

序号	文 号	文 件 名 称
22	泾党办发〔2023〕27 号	关于印发《关于加强县直部门(单位)机关纪委建设的实施意见(试行)》的通知
23	泾党办发〔2023〕28 号	关于印发《2023 年“全县领导干部廉政警示教育月”活动方案》的通知
24	泾党办发〔2023〕29 号	关于印发《泾源县 2023 年争项目争资金工作方案》的通知
25	泾党办发〔2023〕30 号	关于印发《泾源县 2023 年文化旅游产业工作方案》的通知
26	泾党办发〔2023〕31 号	关于印发《泾源县教育质量提升行动实施方案》的通知
27	泾党办发〔2023〕32 号	关于认真贯彻落实中共中央办公厅《党组讨论和决定党员处分事项工作程序规定(试行)及自治区党委办公厅〈实施细则〉的通知》
28	泾党办发〔2023〕34 号	关于印发《政协泾源县委员会 2023 年协商工作计划》的通知
29	泾党办发〔2023〕37 号	泾源县贯彻落实自治区党委办公厅、人民政府办公厅印发《关于推进基本养老服务体系建设的实施方案》的分工方案
30	泾党办发〔2023〕39 号	关于开展“四防”常态化督查工作的通知
31	泾党办发〔2023〕41 号	关于成立中国共产党泾源县医疗健康总院委员会的通知
32	泾党办发〔2023〕42 号	印发《关于大兴调查研究的实施方案》的通知
33	泾党办发〔2023〕43 号	印发《关于进一步发展壮大新型村集体经济的实施意见》的通知
34	泾党办发〔2023〕44 号	关于印发《泾源县扶持壮大村级集体经济项目管理办法(试行)》和《泾源县村集体经济组织财务管理办法(试行)》的通知
35	泾党办发〔2023〕48 号	印发《关于加快建设乡村全面振兴样板县实施方案》的通知
36	泾党办发〔2023〕49 号	关于印发《泾源县 2023 年闽宁协作项目实施方案》的通知
37	泾党办发〔2023〕50 号	关于印发《泾源县乡镇党委和村“两委”班子届中分析工作方案》的通知
38	泾党办发〔2023〕51 号	关于印发《机关党组织政治功能和组织功能增强工程实施方案》的通知
39	泾党办发〔2023〕53 号	关于印发《泾源县 2022 年度巩固拓展脱贫攻坚成果同乡村振兴有效衔接考核评估问题整改方案》的通知
40	泾党办发〔2023〕54 号	关于 2022 年度泾源县效能目标管理考核结果的通报
41	泾党办发〔2023〕55 号	关于印发《泾源县严格责任落实进一步深化重点领域重点行业安全风险隐患大排查大整治工作方案》的通知
42	泾党办发〔2023〕59 号	中共泾源县委办公室 县人民政府办公室印发《关于进一步强化基层党组织作用加快健全网络综合治理体系的工作方案》的通知
43	泾党办发〔2023〕61 号	关于印发《泾源县贯彻落实自治区党委十三届四次全会和固原市委五届八次精神及“1+37+8”系列文件责任分工方案》的通知
44	泾党办发〔2023〕62 号	关于印发《泾源县 2023 年国家重点生态功能区县域生态环境质量监测评价与考核工作实施方案》的通知

续表 2

序号	文　号	文　件　名　称
45	泾党办发〔2023〕63 号	中共泾源县委办公室 县人民政府办公室关于印发《学习宣传贯彻自治区党委十三届四次全会和固原市委五届八次全会精神进一步加强全县安全宣传的实施方案》的通知
46	泾党办发〔2023〕64 号	关于成立自治区党委第三巡视组巡视泾源县反馈意见整改工作领导小组的通知
47	泾党办发〔2023〕65 号	关于印发《泾源县 2023 年民族团结进步月活动方案》的通知
48	泾党办发〔2023〕66 号	关于印发《泾源县供销集团有限公司组建方案》的通知
49	泾党办发〔2023〕67 号	印发《关于实施财源建设工程推进经济高质量发展的实施方案》的通知
50	泾党办发〔2023〕68 号	关于印发《泾源县贯彻落实自治区党委十三届五次全会精神及“1+4”系列文件责任分工方案》的通知
51	泾党办发〔2023〕69 号	关于印发《2023 年度泾源县效能目标管理考核方案》的通知
52	泾党办发〔2023〕70 号	关于推荐吕子明等同志为县第十八届人民代表大会代表候选人的通知
53	泾党办发〔2023〕71 号	关于印发《泾源县领导干部任前公示办法》的通知
54	泾党办发〔2023〕72 号	关于印发《泾源县贯彻落实自治区党委办公厅 人民政府办公厅〈关于深化“六权”改革的意见〉的任务清单》的通知
55	泾党办发〔2023〕73 号	关于进一步严格财政支出管理坚决落实过紧日子要求的通知
56	泾党办发〔2023〕75 号	关于印发《泾源县开展争资金争项目争招引“百日无冬闲”攻坚行动实施方案》的通知
57	泾党办发〔2023〕79 号	关于做好 2024 年元旦春节期间有关工作的通知
58	泾党办综〔2023〕15 号	关于印发《泾源县贯彻落实自治区关于加快县域经济和城区经济高质量发展的实施意见重点工作任务清单》的通知

泾源县人民政府重要文件目录

序号	文 号	文 件 名 称
1	泾政发〔2023〕1 号	泾源县人民政府关于呈报《泾源县巩固拓展脱贫攻坚成果同乡村振兴有效衔接综合考核情况》的报告
2	泾政发〔2023〕4 号	泾源县人民政府关于泾源县部分单位未按审计工作要求向审计组提交资料问题调查核实情况的报告
3	泾政发〔2023〕9 号	泾源县人民政府关于呈报《自治区审计厅审计发现反馈问题整改方案》的报告
4	泾政发〔2023〕10 号	泾源县人民政府关于《宁夏泾源县乡村振兴重点帮扶县相关政策落实和资金情况审计报告》反馈问题整改情况的报告
5	泾政发〔2023〕11 号	泾源县人民政府关于 2023 年新增政府债券项目资金安排情况的报告
6	泾政发〔2023〕18 号	泾源县人民政府关于做好我县第五次全国经济普查工作的通知
7	泾政发〔2023〕27 号	泾源县人民政府关于印发《国道 312 线苋麻湾至杨庄段公路工程项目建设用地征收补偿安置方案》的通知
8	泾政发〔2023〕38 号	泾源县人民政府关于呈报《宁夏回族自治区泾源县“五好两宜”和美乡村试点实验实施方案》的报告
9	泾政发〔2023〕46 号	泾源县人民政府关于《宁夏泾源县乡村振兴重点帮扶县相关政策落实和资金情况审计报告》反馈问题整改情况的报告
10	泾政发〔2023〕47 号	泾源县人民政府关于成立全县第五次全国经济普查领导小组的通知
11	泾政发〔2023〕50 号	泾源县人民政府关于印发《泾源县人民政府关于征收大湾乡何堡村、六盘村集体土地补偿安置方案》的通知
12	泾政发〔2023〕54 号	泾源县人民政府关于印发《泾源县卧龙山公共体育设施服务项目建设用地征收补偿安置方案》的通知
13	泾政发〔2023〕55 号	泾源县人民政府关于呈报《泾源县大湾乡杨岭村乡村振兴示范点建设实施方案》的报告
14	泾政发〔2023〕81 号	泾源县人民政府关于第二轮中央生态环境保护督查第十五项整改任务验收销号的报告
15	泾政发〔2023〕82 号	泾源县人民政府关于开展国办督查室《督查通报》指出问题举一反三自查自纠情况的报告
16	泾政发〔2023〕91 号	泾源县人民政府关于《禁猎区划定》备案报告

泾源县人民政府办公室重要文件目录

序号	文　号	文　件　名　称
1	泾政办发〔2023〕1 号	泾源县人民政府办公室关于印发《泾源县 2023 年优质高产高效玉米推广工作方案》的通知
2	泾政办发〔2023〕2 号	泾源县人民政府办公室关于转发《宁夏回族自治区医疗救助办法》的通知
3	泾政办发〔2023〕3 号	泾源县人民政府办公室关于印发《2023 年度县政府常务会议学法计划》的通知
4	泾政办发〔2023〕4 号	泾源县人民政府办公室关于印发 2022 年民生实事的通知
5	泾政办发〔2023〕5 号	泾源县人民政府办公室关于印发《泾源县全面实施预算绩效管理实施方案》的通知
6	泾政办发〔2023〕6 号	泾源县人民政府办公室关于成立提升农村公路质量服务乡村振兴三年攻坚行动工作领导小组的通知
7	泾政办发〔2023〕7 号	泾源县人民政府办公室关于印发 2022 年《政府工作报告》确立事项任务分解的通知
8	泾政办发〔2023〕8 号	泾源县人民政府办公室关于印发《泾源县消费需求促进年活动实施方案》的通知
9	泾政办发〔2023〕9 号	泾源县人民政府办公室关于印发《泾源县贯彻落实气象高质量发展纲要（2022—2035 年）实施方案》的通知
10	泾政办发〔2023〕10 号	泾源县人民政府办公室关于认真做好县十八届人大二次会议代表议案建议和政协十四届二次会议委员提案办理工作的通知
11	泾政办发〔2023〕11 号	关于进一步加强和改进行政应诉工作的通知
12	泾政办发〔2023〕12 号	泾源县人民政府办公室关于印发《泾源县建设全区“数字供销”示范县任务分工方案（2021 年—2025 年）》的通知
13	泾政办发〔2023〕14 号	泾源县人民政府办公室关于印发《泾源县 2023 年电子商务产业专班工作方案》的通知
14	泾政办发〔2023〕15 号	泾源县人民政府办公室关于印发《泾源县 2023 年清洁能源产业专班工作方案》的通知
15	泾政办发〔2023〕16 号	泾源县人民政府办公室关于印发《泾源县 2023 年服装箱包产业专班工作方案》的通知
16	泾政办发〔2023〕17 号	关于进一步加强和规范政务信息报送的通知
17	泾政办发〔2023〕18 号	泾源县人民政府办公室关于印发《泾源县 2023 年中药材产业专班工作方案》的通知
18	泾政办发〔2023〕19 号	泾源县人民政府办公室关于印发《泾源县 2023 年食用菌产业专班工作方案》的通知

续表 1

序号	文　号	文　件　名　称
19	泾政办发〔2023〕20 号	泾源县人民政府办公室关于印发《泾源县 2023 年城乡面貌提升行动实施方案》的通知
20	泾政办发〔2023〕21 号	泾源县人民政府办公室关于印发《泾源县 2023 年教育质量提升行动任务清单》的通知
21	泾政办发〔2023〕22 号	泾源县人民政府办公室关于印发《泾源县 2023 年全民健康水平提升行动实施方案》的通知
22	泾政办发〔2023〕23 号	泾源县人民政府办公室关于转发《固原市住房公积金缴存实施细则》《固原市住房公积金提取实施细则》《固原市住房公积金个人住房贷款实施细则》的通知
23	泾政办发〔2023〕24 号	泾源县人民政府关于印发《泾源县生态经济产业专班 2023 年工作方案》的通知
24	泾政办发〔2023〕25 号	泾源县人民政府办公室关于印发《泾源县“十四五”特殊教育发展提升行动实施方案》的通知
25	泾政办发〔2023〕26 号	泾源县人民政府办公室关于印发《泾源县“十四五”学前教育发展提升行动实施方案》的通知
26	泾政办发〔2023〕27 号	泾源县人民政府办公室关于印发《泾源县残疾人基本状况调查试点工作方案》的通知
27	泾政办发〔2023〕28 号	泾源县人民政府办公室关于印发《泾源县 2023 年健康养老产业专班工作方案》的通知
28	泾政办发〔2023〕29 号	泾源县人民政府办公室关于印发《泾源县冷凉蔬菜产业专班 2023 年工作方案》的通知
29	泾政办发〔2023〕30 号	泾源县人民政府办公室关于印发《泾源县 2023 年农用残膜回收项目实施方案》的通知
30	泾政办发〔2023〕31 号	泾源县人民政府办公室关于印发《泾源县 2023 年大湾乡羊产业示范基地建设方案》的通知
31	泾政办发〔2023〕33 号	泾源县人民政府办公室关于印发《泾源县“清理整治不规范地名成果巩固年活动”实施方案》的通知
32	泾政办发〔2023〕35 号	泾源县人民政府办公室关于建立泾源县村庄规划联合审查工作机制的通知
33	泾政办发〔2023〕36 号	泾源县人民政府办公室关于印发《泾源县 2023 年乡村振兴健康保工作方案》的通知
34	泾政办发〔2023〕37 号	泾源县人民政府办公室关于调整泾源县推进“数字政府”建设工作领导小组组成人员的通知
35	泾政办发〔2023〕38 号	泾源县人民政府办公室关于印发《2023 年泾源县数字政府建设工作要点》的通知
36	泾政办发〔2023〕39 号	泾源县人民政府办公室关于印发《泾源县 2022 年耕地流出排查整改工作方案》的通知

续表 2

序号	文号	文件名称
37	泾政办发〔2023〕40 号	泾源县人民政府办公室关于成立泾源县推进解决历史遗留城镇住宅“办证难”问题联席会议的通知
38	泾政办发〔2023〕41 号	泾源县人民政府办公室关于印发《泾源县 2023 年农村厕所革命实施方案》的通知
39	泾政办发〔2023〕42 号	泾源县人民政府办公室关于公布泾源县人民政府 2023 年度重大行政决策事项目录的通知
40	泾政办发〔2023〕43 号	泾源县人民政府办公室关于促进当前形势下肉牛产业健康发展的通知
41	泾政办发〔2023〕44 号	泾源县人民政府办公室关于印发《泾源县 2023 年冬季清洁取暖项目实施方案》的通知
42	泾政办发〔2023〕45 号	泾源县人民政府办公室关于印发《泾源县“九小场所”安全生产隐患排查整治网格化实施方案》的通知
43	泾政办发〔2023〕46 号	泾源县人民政府办公室关于印发《泾源县城镇燃气安全风险隐患排查整治网格化实施方案》的通知
44	泾政办发〔2023〕48 号	泾源县人民政府办公室关于印发《泾源县燃气领域安全风险隐患排查整治包抓责任制工作方案》的通知
45	泾政办发〔2023〕49 号	泾源县人民政府办公室关于启用泾源县第五次全国经济普查领导小组及办公室印章的通知
46	泾政办发〔2023〕50 号	泾源县人民政府办公室关于印发《关于发放泾源县行政事业单位工作人员住房补贴的通知》的通知
47	泾政办发〔2023〕51 号	泾源县人民政府办公室关于印发《泾源县 2023 年政务公开要点的通知》的通知
48	泾政办发〔2023〕54 号	泾源县人民政府办公室关于调整县人民政府班子和党组成员工作分工的通知
49	泾政办发〔2023〕55 号	关于成立泾源县“三山”生态保护修复工作领导小组的通知
50	泾政办发〔2023〕57 号	泾源县人民政府办公室关于印发《泾源县加强农村生活污水集中式处理设施运行排查整治专项行动问题整改方案》的通知
51	泾政办发〔2023〕58 号	泾源县人民政府办公室关于印发《泾源县贯彻落实 2023 年全区深化“放管服”改革工作要点责任分工方案》的通知
52	泾政办发〔2023〕59 号	泾源县人民政府办公室关于印发《泾源县 2023 年政务服务改革创新试点工作方案》的通知
53	泾政办发〔2023〕60 号	泾源县人民政府办公室关于印发《泾源县 2023 年苗木产业转型发展补贴项目实施方案》的通知
54	泾政办发〔2023〕61 号	泾源县人民政府办公室关于印发《泾源县行政许可事项清单（2023 版）》的通知
55	泾政办发〔2023〕62 号	泾源县人民政府办公室关于印发《泾源县创建国家水土保持示范县工作实施方案》的通知

续表 3

序号	文 号	文 件 名 称
56	泾政办发〔2023〕64 号	泾源县人民政府办公室关于印发泾源县政务新媒体管理细则（试行)的通知
57	泾政办发〔2023〕66 号	泾源县人民政府办公室关于印发县人民政府办公室主任 副主任及内设机构负责人工作分工的通知
58	泾政办发〔2023〕67 号	泾源县人民政府办公室关于印发《泾源县 2023 年国庆中秋节促消费活动实施方案》的通知
59	泾政办发〔2023〕68 号	泾源县人民政府办公室关于印发《泾源县“十一”假期美化市容市貌工作实施方案》的通知
60	泾政办发〔2023〕69 号	泾源县人民政府办公室关于印发《泾源县政府部门权责清单(2023)》的通知
61	泾政办发〔2023〕71 号	泾源县人民政府办公室关于印发《泾源县行政事业单位离退休人员住房货币化分配有关问题的补充通知》的通知
62	泾政办发〔2023〕73 号	泾源县人民政府办公室关于做好 2024 年度城乡居民基本医疗保险参保征缴工作的通知
63	泾政办发〔2023〕74 号	泾源县人民政府办公室关于印发《泾源县迎接 2023 年国务院推动高质量发展综合督察工作方案》的通知
64	泾政办发〔2023〕75 号	泾源县人民政府办公室关于成立泾源县消费促进工作专班的通知
65	泾政办发〔2023〕76 号	泾源县人民政府办公室关于印发《泾源县 2023 年第四季度“暖冬大惠购”促消费活动实施方案》的通知
66	泾政办发〔2023〕79 号	泾源县人民政府办公室关于进一步规范政府投资项目管理的通知
67	泾政办发〔2023〕80 号	关于印发《泾源县贯彻落实宁夏回族自治区法治政府建设指标体系任务分工》的通知
68	泾政办发〔2023〕81 号	泾源县人民政府办公室关于印发《泾源县轻工产业园区安全生产联合执法机制》的通知

泾源县 2023 年国民经济和社会发展统计公报

泾源县统计局

（2024 年 7 月 5 日）

2023 年，是贯彻党的二十大精神、全面建设社会主义现代化国家的开局之年，也是以一域发展服务中国式现代化建设全局、以跨越式发展落实自治区第十三次党代会、市委五届五次六次七次全会安排部署的关键一年，全县上下坚持以习近平新时代中国特色社会主义思想为指导，全面学习宣传贯彻党的二十大精神，以习近平总书记视察宁夏重要讲话指示批示精神为“纲”和“魂”，坚持党的全面领导，坚决贯彻中央经济工作会议精神，认真落实自治区第十三次党代会和自治区党委十三届二次三次全会、市委五届五次六次七次全会及县委十五届三次四次五次全会部署，扎实推进中国式现代化，坚持以推动高质量发展为主题，坚持稳中求进工作总基调，完整准确全面贯彻新发展理念，主动服务和融入新发展格局，以黄河流域生态保护和高质量发展先行区建设为牵引，坚持“生态泾源、绿色发展”定位，在建设“五个县”上取得更大进展，大抓发展、抓大发展、抓高质量发展、推动跨越式发展，踔厉奋发、勇毅前行，在全面建设社会主义现代化美丽新宁夏中交出更加出彩的泾源答卷。

一、综合

经济总量：初步核算，全年实现地区生产总值 254222 万元，按可比价格计算，比上年增长 6.3%。其中：第一产业增加值 36093 万元，增长 8.5%，贡献率为 21.9%，拉动地区生产总值增长 1.4 个百分点；第二产业增加值 46470 万元，增长 22.3%，贡献率为 53.3%，拉动地区生产总值增长 3.3 个百分点；第三产业增加值 171660 万元，增长 2.3%，贡献率为 24.8%，拉动地区生产总值增长 1.6 个百分点。经济结构由上年 13.3:16.3:70.4 调整为 14.2:18.3:67.5，第一产业比重上升 0.9 个百分点，第二产业比重上升 2 个百分点，第三产业比重下降 2.9 个百分点。全年人均地区生产总值 29838 元，比上年增长 7.3%。

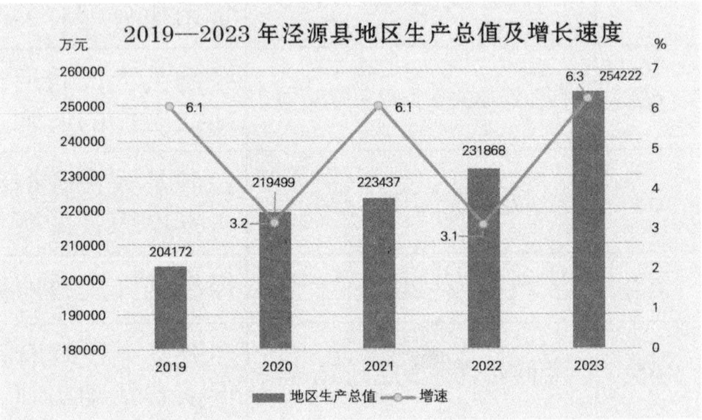

2019—2023 年泾源县地区生产总值及增长速度

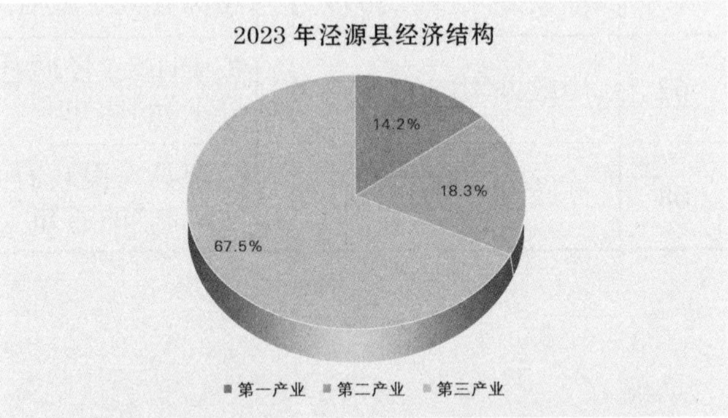

2023 年泾源县经济结构

2019—2023 年泾源县三次产业增加值占地区生产总值比重

表 1　2023 年全县地区生产总值及其增长速度

指　标	绝对值(万元)	比上年增长(%)
全县地区生产总值	254222	6.3
农林牧渔业	46543	8.0
工业	3568	−13.4
建筑业	42901	25.7
批发和零售业	8774	−1.0
交通运输、仓储和邮政业	3737	10.5
住宿和餐饮业	6776	11.9
金融业	14733	6.9
房地产业	12297	1.6
其他服务业	114893	1.0
营利性服务业	22416	4.9
非营利性服务业	92476	0.0
第一产业	36093	8.5
第二产业	46470	22.3
第三产业	171660	2.3

人口：据人口抽样调查，年末全县常住总户数为 2.71 万户，常住总人口为 8.45 万人。其中：城镇人口 3.19 万人，乡村人口 5.26 万人。常住人口城镇化率为 37.75%，比上年末提高 0.96 个百分点。全年全县出生人口 0.13 万人，出生率为 15.26‰；死亡人口 0.14 万人，死亡率为 16.43‰；人口自然增长率为−1.17‰。据公安户籍年报，年末全县总户数为 32231 户，户籍总人口 113524

表 2　2023 年全县户籍人口及其构成

指　标	年末数(人)	比重(%)
总人口	113524	100
其中：全县城镇人口	11383	10
乡村人口	102141	90
其中：男性	59506	52.4
女性	54018	47.6
其中：0~17 岁	28031	24.7
18~34 岁	30294	26.7
35~59 岁	39067	34.4
60 岁及以上	16132	14.2
其中：汉族	21146	18.6
回族	92335	81.3
其他少数民族	43	0.03

人。其中:城镇人口 11383 人,乡村人口 102141 人。男 59506 人,女 54018 人。回族人口 92335 人,占总人口的比重为 81.3%。户籍人口城镇化率为 10%。

全年城镇新增就业人员 602 人,比上年减少 21 人。城镇失业人员实现再就业人数 251 人,比上年增加 16 人。城镇调查失业率低于 5.5%。创业培训人数 120 人,技能培训人数 656 人。创造新岗位 406 个,发放创业担保贷款 1800 万元,全年农村劳动力转移就业人数 29006 人,实现工资收入 7.5 亿元。

物价水平:全年居民消费价格比上年上涨 0.2%。其中食品价格上涨 0.1%,非食品价格上涨 0.2%,服务价格上涨 1.0%,工业品价格下降0.5%。

表 3　2023 年全县居民消费价格指数

指　标	以上年价格为 100
居民消费价格总指数	100.2
食品烟酒类	100.2
衣着类	100.0
居住类	101.2
生活用品及服务类	99.9
交通和通信类	97.6
教育文化和娱乐类	100.8
医疗保健类	101.5
其他用品及服务类	103.4

新产业新业态新模式较快成长。年末存续各类市场主体 789 户,全年新增登记各类市场主体 859 户。其中,年末存续私营企业 271 户,全年新登记私营企业 284 户;年末存续个体经营户 518 户,全年新登记个体经营户 575 户。

二、农业

全年粮食种植面积 23687 亩,比上年增 8.5%。夏粮面积 400 亩,下降 20%;秋粮面积 15100亩,增长 0.4%,其中:玉米面积 15100 亩,增长0.4%;马铃薯面积 6000 亩,下降 1.7%。

全年粮食产量 5491 吨,比上年增长 101吨,增长 8.5%。其中,夏粮产量 79 吨,下降 21.2%;秋粮产量 4032 吨,增长 0.4%。小麦产量 79 吨,下降 21.2%;玉米产量 4032 吨,增产 0.3%,马铃薯折粮产量 1233.6 吨,增产 1.5%。

全年猪肉产量 62 吨,比上年下降 22.6%;牛

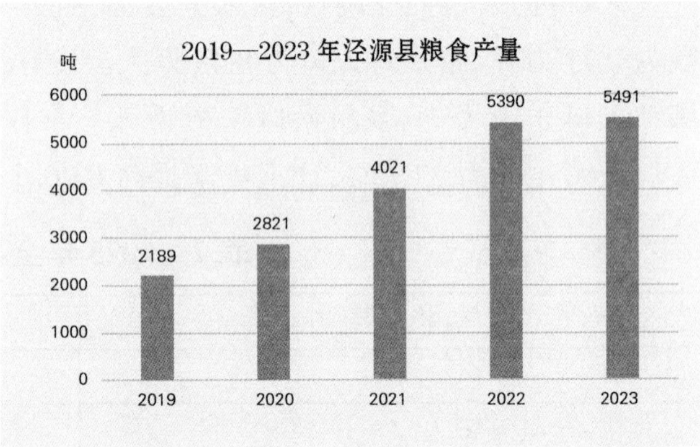

表 4　2023 年主要农产品种植面积、产量及其增长速度

品　种	面积(亩)	增长(%)	产量(吨)	增长(%)
粮食	23687	8.5	5491	8.5
夏粮	400	−20	79	−21.2
小麦	400	−20	79	−21.2
秋粮	15100	0.4	4032	0.4
玉米	15100	0.4	4032	0.3
马铃薯	6000	−1.7	1233.6	1.5

肉产量4925吨，增长5.9%；羊肉产量170吨，增长27.6%；禽肉产量208吨，增长42.5%；禽蛋产量382吨，增长3.1%。年末牛存栏52940头，下降0.2%，全年牛出栏31088头，增长5.8%。年末羊存栏14140只，增长14.3%，全年羊出栏9239只，增长28.6%。年末家禽存栏73100只，增长43.1%，全年家禽出栏100400只，增长40.3%。年末生猪存栏667头，下降25.5%；全年生猪出栏683头，下降24.9%。

三、工业和建筑业

工业：全年全部工业增加值比上年下降13.4%。其中：规模以上工业增加值增长10.2%。

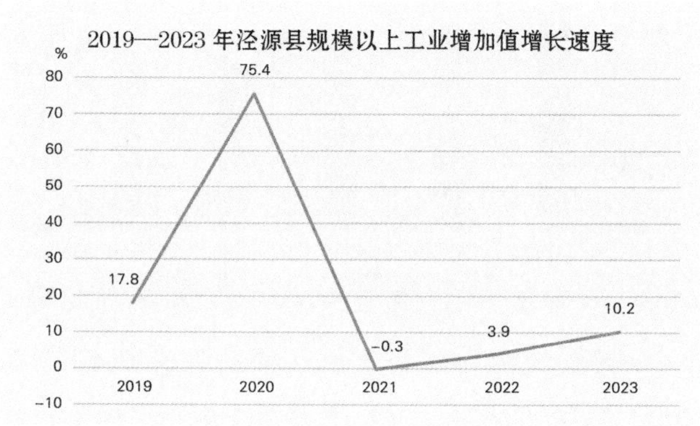

建筑业：全县具有总承包资质和专业承包资质的建筑企业13家，全年完成建筑业总产值3.23亿元，比上年增长42.6%。建筑业企业房屋建筑施工面积5.22万平方米，增长27%。

四、固定资产投资

全年全社会固定资产投资（不含农户）比上年增长8.2%。其中：厅局项目投资下降3.2%，占全社会固定资产投资的比重为10.7%；地方项目投资增长10.4%，占全社会固定资产投资的比重为85.8%；房地产项目投资下降4.7%，占全社会固定资产投资的比重为3.5%。地方项目投资中，第一产业投资比上年增长82.9%，占地方项目投资的比重为19.4%；第二产业投资比上年增长316.4%，占地方项目投资的比重为10.3%；第三产业投资比上年下降54.6%，占地方项目投资的

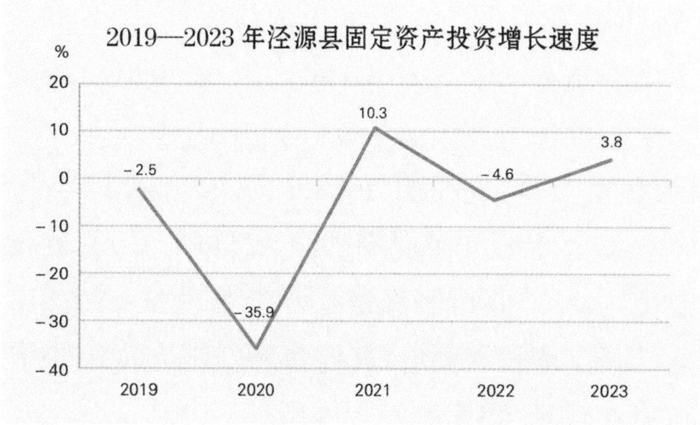

比重为70.3%。民间固定资产投资比上年增长174.1%，占地方项目投资的比重为64.6%。

全县房地产开发企业完成投资额0.54亿元。商品房销售面积0.5万平方米，比上年下降87.7%；其中，住宅销售面积0.47万平方米；商业营业用房销售面积0.03万平方米；商品房销售额0.19亿元，其中，住宅销售额0.17亿元，商业营业用房销售额0.019亿元；商品房待售面积13.5万平方米，其中，住宅待售面积10.18万平方米，商业营业用房待售面积3.33万平方米。

五、国内贸易

全年实现社会消费品零售总额78217.2万元，比上年下降4.6%。按经营地统计：城镇实现零售额60034.1万元，同比下降6.6%；乡村实现零售额18183.3万元，同比增长2.9%。按消费类型统计：批发业实现零售额27563.6万元，同比增长3.7%；零售业实现零售额41745.6万元，同比下降11.6%；住宿业实现零售额421.3万元，同比增长11.4%；餐饮业实现零售额8486.7万

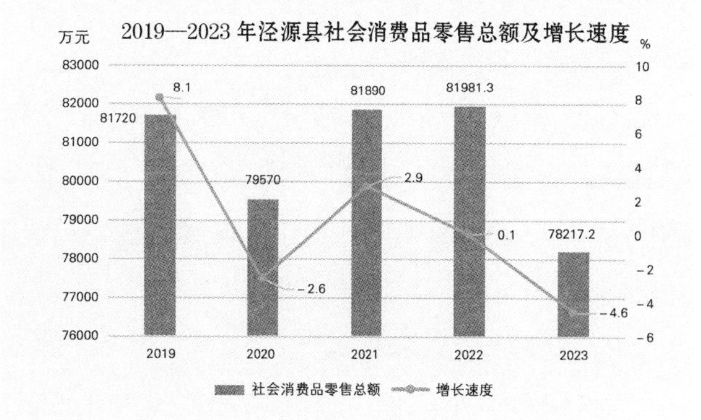

元，同比增长 8.9%。按经济类型统计：国有经济实现零售额 406.8 万元，同比增长 46.9%；集体经济实现零售额 477.8 万元，同比增长 2.8%；私营经济实现零售额 7628.4 万元，同比下降 46.6%；个体经济实现零售额 42444.1 万元，同比增长 4.4%；股份制经济实现零售额 22680.2 万元，同比增长 3.8%；其他各种经济实现零售额 4579.9 万元，同比增长 2.8%。

六、交通和邮电

交通运输业：全县境内等级公路里程达到 772.432 公里。按技术等级分：高速公路 100.302 公里，二级公路 224.131 公里，三级公路 64.414 公里，四级公路 483.887 公里。按行政等级分：国道 107.216 公里，省道 38.627 公里，县道 27.61 公里，乡道 254.762 公里，村道 243.915 公里。全县公里通车里程 672.13 公里，其中：高速公路通车里程 100.302 公里。全县营运车辆 418 辆，其中：客运 82 辆。全县公共交通运营车辆 40 辆，出租汽车 123 辆，旅游客运 30 辆。

全年旅客运输总量 41.06 万人次，旅客运输周转量 2845.45 万人公里。

年末全县民用汽车保有量 3.6 万余辆（包括三轮汽车和低速货车），比上年末增加 0.1 万辆，其中：私家车保有量 3.1 万辆，与上年持平。

邮政电信业：全年完成邮政业务总量 1085.02 万元，比上年增长 25.34%。其中：邮政函件业务 5.73 万元，比上年下降 17.3%；包裹业务 46.26 万元，比上年下降 8.66%；快递业务 232.04 万元，比上年增长 137.28%。

全年完成电信业务总量 3820 万元，比上年增长 5.8%。全县电话用户总数 60150 户，其中移动电话用户 59441 户。固定互联网宽带接入用户 24552 户，比上年末增加 837 户。

七、财政、金融和保险

财政收支：全年地方公共预算总收入 326567 万元，比上年增长 8.82%。其中：地方一般公共预算收入 8977 万元，比上年增长 2.56%。在地方一般公共预算收入中，税收收入 4743 万元，比上年增长 17.05%；非税收入 4234 万元，比上年下降 9.93%。政府性基金预算收入 1603 万元，比上年增长 156.89%。全年全县财政总支出 326567 万元，比上年增长 8.82%。其中：地方一般公共预算支出 240113 万元，比上年增长 2.2%；政府性基金预算支出 7049 万元，比上年增长 172.06%。

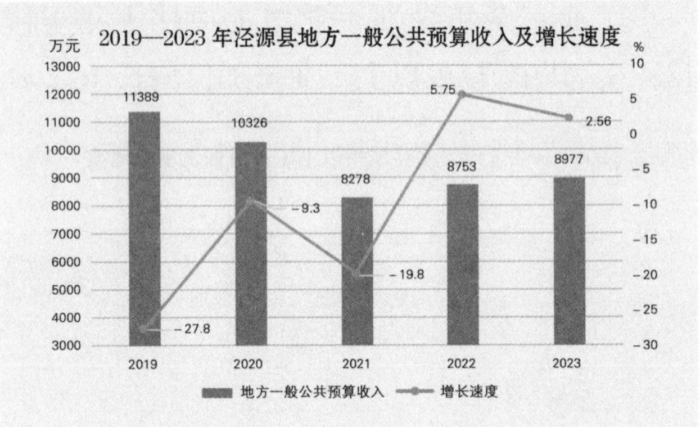

据人民银行统计，年末全县金融机构各项存款余额 451694 万元，比上年增长 13.34%。其中：住户存款余额 342519 万元，增长 12.54%；非金融企业存款余额 46398 万元，增长 22.8%；机关团体存款余额 55053 万元，增长 3.78%；财政性存款余额 7725 万元，下降 129.64%。年末全县金融机构各项贷款余额 391255 万元，比上年增长 10.42%。按期限分：短期贷款 214360 万元，下降 2.17%，中长期贷款余额 129365 万元，增长 34.35%，票据融资 13780 万元，增长 0.21%。按贷款结构分：企（事）业单位贷款 47530 万元，增长 22.1%。住户贷款 343725 万元，同比增长 8.98%；各项贷款占各项存款的比例为 86.62%，比上年下降 2.29 个百分点。

据中国人寿保险股份有限公司泾源分公司统计，全年寿险业务原保险保费收入 1643 万元，比上年下降 13.6%。健康险和意外伤害险业务原保险保费收入 280 万元，下降 23.1%。寿险业务给付 406.47 万元，增长 122.39%。健康险和意外伤害险业务赔款及给付 220.73 万元，增长 146.62%。

据中国人民财产保险股份有限公司泾源分公司统计，机动车辆保险保费收入 2049.84 万元，同比增长 7.35%；个人非车险保费收入 226.4 万元，同比增长 6.64%；团体非车险保费收入 376.25 万元，同比增长 15.1%；农业保险保费收入 1198.49 万元，同比增长 56.26%。机动车辆保险赔款支出 1167 万元，同比增长 25.4%；非车险赔款支出 144 万元，增长 1.6%；农业保险赔款支出 607 万元，增长 23.8%。

八、居民收入和社会保障

据城乡一体化住户调查，全年全体常住居民人均可支配收入达到 18324 元，比上年增长 8.0%。按常住地分，城镇常住居民人均可支配收入 32888 元，比上年增加 1832 元，增长 5.9%。农村常住居民人均可支配收入 13893.1 元，比上年增加 1077 元，增长 8.4%。城乡居民人均可支配收入比为 2.37。

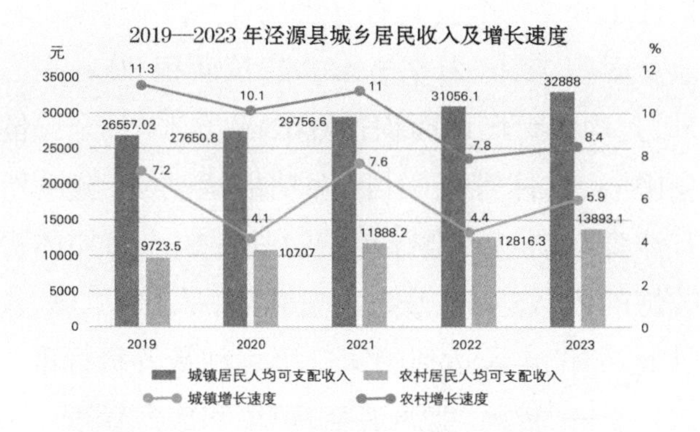

年末全县参加城镇职工基本养老保险人数 10445 人，比上年末增加 683 人。参加城乡居民基本养老保险人数 66589 人，比上年末增加 168 人。参加基本医疗保险人数 104392 人，其中，参加职工基本医疗保险人数 6813 人；参加城乡居民基本医疗保险人数 97579 人。参加失业保险人数 4929 人。参加工伤保险人数 7051 人，其中，参加工伤保险的农民工 2365 人。参加生育保险人数 5047 人。

全县城乡居民最低生活保障人数 16311 人，其中，享受城市居民最低生活保障人数 1180 人（含高龄 99 人），发放城镇居民最低生活保障金 672.25 万元（含高龄津贴 9.75 万元）；享受农村居民最低生活保障 15131 人（含高龄 1646 人），发放农村居民最低生活保障金 5854.93 万元（含高龄津贴 437.82 万元），425 人享受农村特困人员救助供养（含集中供养 111 人），全年临时救助 2111 人次。全县退役军人和其他优抚对象 1262 人，其中重点优抚对象 304 人，年发放抚恤生活补助 252.8 万元。

年末，全县有敬老院 4 所，床位 638 张，五保供养人数 423 人，其中集中供养 110 人。年末全县共有各类提供住宿的民政服务机构 6 个，其中养老机构 4 个。提供住宿的民政服务机构床位 684 张，其中养老服务床位 684 张。年末共有社区服务站 99 个。

全年全县缴存住房公积金人数 4006 人，当年归集住房公积金 10143.81 万元，累计归集公积金 90938.52 万元，归集余额 35561.07 万元。当年发放贷款 19 户 671.2 万元，累计发放个人贷款 1962 户 31161.83 万元，贷款余额 6976.7 万元。公积金当年提取 1051 人 6973.95 万元，累计提取 8492 人 55377.45 万元。公积金使用率 68.57%，公积金个贷率 19.62%。

九、科学技术和教育

全年共签订技术合同 42 项，技术合同成交金额 645 万元。组织申报各类科技计划项目 118 项，已评审立项 74 项。争取上级科技项目 39 个，争取项目资金 579.7 万元。其中，争取自治区级科技项目 39 个，争取自治区科技专项资金 579.7 万元。全年专利申请数 60 件，全年专利授权数 57 件,有效发明专利数 1 件。县财政预算安排科技专项资金 550 万元。全县培训发展科技特派员 135 名,其中,法人科技特派员 80 名,自然人特派员 55 名。培育种养科技示范户 155 户,推广草畜、中蜂等新品种 55 个。

年末全县各级各类学校 73 所。其中,幼儿园 27 所(含 1 所民办幼儿园),普通小学 42 所(含 5 个教学点),普通初中 2 所,完全中学 1所,职业中学 1 所。专任教师 1064 人(不含特岗教师),其中,幼儿园 24 人(不包括民办幼儿园教师),普通小学 526 人,普通中学 487 人,职业中学 27 人,特岗教师 0 人。在校学生 17206 人,其中,学前教育 2775 人(含民办幼儿园 586 人),普通小学 7768 人,普通初中 3902 人,普通高中 2454 人,职业中学 307 人。学前教育毛入园率为 92.25%,小学学龄人口入学率为 100%,初中阶段毛入学率为 114.93%,高中阶段毛入学率为 95.13%,小学六年巩固率为 100%,初中三年巩固率为 100%。

十、文化旅游、卫生健康和体育

全县文化和旅游系统共有艺术表演团体 6 个,共举办文艺演出 220 场。有县级文化馆 1 个,乡镇文化站 7 个,村级文化室 94 个,社区文化室 2 个,农家书屋 100 个。有公共图书馆 1 个,藏书 19.89 万册,借阅人次 8.87 万人次。文物管理所 1 所,有馆藏文物 238 件(可移动文物),其中国家级二级文物 6 件。不可移动文物全县定级 26 处,其中 6 处为区级保护单位,20 处为县级保护单位。有线电视实际用户 3800 户,其中有线数字电视实际用户 3280 户。年末广播节目综合人口覆盖率为 55%,电视节目综合人口覆盖率为 76%。广场文艺演出 40 场次,放映电影 1308 场。全年共完成新闻 1110 期(档),摄制各类专题节目 6 部,完成专场录制 4 场,制作播出各类宣传片、公益广告 21 部。全县共有旅游景点 4 个,其中,4A 级旅游景点 1 个,3A 级旅游景点 1 个,2A 级旅游景点 2 个。注册旅行社 3 家。全年接待游客 120.11 万人次,接待游客总收入 9.27 亿元。

年末全县共有各类卫生机构 123 个,其中:公立医院 2 所,民营医院 2 所,乡镇卫生院 7所,城市社区卫生服务站 2 个,妇幼保健院 1 个,疾病预防控制中心 1 个,卫生监督所 1 个,村卫生室 96 个,个体诊所 12 个。各类卫生技术人员603 人,其中:执业医师和执业助理医师 269 人、护士 250 人、药剂师 31 人、技师 38 人、其他卫生技术人员 15 人。乡村医生 127 人。实有病床数公立医院 356 张、私立医院 120 张,孕产妇死亡率 0,婴儿死亡率 3.13‰(1 周岁以内),其中新生儿死亡率 1.56‰(28 天以内),传染病发病率 1.2/10 万。全年总诊疗人次 232455 人次,出院人数 9955 人。

全县在小区、公园、广场、绿地、社区安装健身路径累计 118 套,篮球架累计 118 副,建成 2 个健身驿站。共组织开展体育活动赛事 12 项,新建社区健身广场 2 个,广场配体育健身器材累计 120 个。全县共有体育场地 117 个,体育场地总面积 72.18 万平方米,建筑面积 8006 平方米,人均体育场地面积达 6.02 平方米。县全民健身中心、县体育场、社区多功能运动场,城乡所有体育运动场所全部免费对外开放。参加体育锻炼的人数达 15 万人次,占常住人口的 38.7%以上。有 14 人达到国家二级运动员等级标准。

十一、资源、能源消耗、环境和应急管理

水资源总量 2.4 亿立方米。全年总用水量 614.92 万立方米,比上年下降 18.3%。其中,生活用水 388.05 万立方米,工业用水 17.65 万立方米,农业用水 157.98 万立方米。年末行政区域面积 1128.67 平方公里,耕地面积 7945.38 公顷,森林面积 47673.33 公顷,自然保护区面积

54493.33公顷,国家级自然保护区1个,草原综合植被覆盖度2.61%。全年完成造林面积3666.67公顷。其中人工造林面积666.67公顷,占全部造林面积的18.18%。

全县人均公园绿地面积30.42平方米,城市建成区绿地面积238公顷,城市建成区绿地率39.5%,污水处理厂4个,污水处理厂集中处理率100%,垃圾处理站7个,城市生活垃圾无害化处理率100%,生活垃圾无害化处理率100%。全县环境空气有效监测天数357天，其中优良天数335天,扣除沙尘天气影响后,优良天数比例达到97.3%。吸入颗粒物(PM_{10})平均浓度为35微克/立方米,细颗粒物($PM_{2.5}$)平均浓度为15微克/立方米。

全年平均气温为7.4℃，比往年偏高0.8℃。全年降水量647.2mm,比以往偏少13.2mm,日照时数1982.3小时,比往年偏少302.8小时。

全县共发生各类安全生产事故1起,死亡5人。亿元GDP生产安全事故死亡人数为0.1058人,未发生一次性死亡10人以上重大事故。

注:[1]本公报中数据均为初步统计数,正式数据以《宁夏统计年鉴——2023》为准。部分数据因四舍五入的原因，存在着与分项合计不等的情况,数据均保留两位小数。

[2]地区生产总值、三次产业及相关行业增加值、人均地区生产总值绝对数按现价计算,增长速度按不变价格计算。

[3]根据国家统计局2012年制定的《三次产业划分规定》,第一产业增加值不含农林牧渔专业及辅助性活动增加值。

[4]全县价格指数统一使用固原市数据。

[5]根据自治区统计局规定,自2018年起,不再公布固定资产投资总量。

[6]根据国家统计局规定,“五上”企业入统标准：①规模以上工业企业是指年主营业务收入2000万元及以上的工业企业。②限额以上商贸业是指年主营业务收入2000万元及以上的批发业企业(单位)、500万元及以上的零售业企业(单位)、200万元及以上的住宿和餐饮业企业(单位)。③规模以上服务业统计范围包括:年营业收入2000万元及以上的交通运输、仓储和邮政业,信息传输、软件和信息技术服务业,水利、环境和公共设施管理业,卫生行业法人单位;年营业收入1000万元及以上的房地产业(不含房地产开发经营),租赁和商务服务业,科学研究和技术服务业,教育行业法人单位;以及年营业收入500万元及以上的居民服务、修理和其他服务业,文化、体育和娱乐业,社会工作行业法人单位。④有资质的建筑业是指有总承包、专业承包的建筑业企业。⑤房地产开发经营业是指全部房地产开发经营业企业。

[7]此公报数据若与上年公报数据有不衔接之处,系按2022年统计年报最终核准数据或普查相关资料调整。

[8]部门数据来源:发展和改革局、教育体育局、科学技术局、公安局、民政局、财政局、人力资源和社会保障局、自然资源局、住房和城乡建设局、交通运输局、水务局、农业农村局、文化旅游广播电视局、卫生健康局、退役军人事务局、应急管理局、审批局、医疗保障局、生态环境局、体育中心、社保中心、人民银行泾源支行、社会经济调查队、住房公积金管理中心、气象局、邮政局、人寿保险公司、财产保险公司。

[9]其余数据均来自于县统计局。

主　编:马东梅

副主编:刘金阳、杨建广

编　撰:毛嘉鑫

审　校:杨锐、唐晓严、马磊、马小娟、马芳梅

区级以上新闻报道目录

序号	日　期	新闻报道标题	刊载媒体	作者 / 记者
1	1月5日	泾源县:“高原绿岛”十年磨剑绘宏图	共产党人	李　旭
2	1月6日	宁夏泾源:“三方联动”机制让肉牛产业更“牛”	新华社	谢建雯
3	1月6日	宁夏泾源:聚焦“四点发力” 打通服务群众“最后一公里”	新华社	谢建雯
4	1月8日	宁夏泾源:暖心服务畅通服务“最后一米”	中国新闻网	胡耀荣
5	1月9日	新春走基层丨宁夏泾源:西北小城兴起滑雪热	新华社	刘　海
6	1月10日	宁夏泾源第三届冰雪文化体育旅游节启幕	光明日报	王建宏　张文攀
7	1月10日	宁夏泾源:“冰雪经济”让冷资源“热”起来	中国新闻网	邵婉云
8	1月10日	冰雪助力 宁夏泾源“冷资源”盘活“热产业”	央视新闻	李浩男
9	1月10日	新春走基层丨六盘山下冰雪热	人民网	阎梦婕　宽　容
10	1月11日	泾源县:盘活冰雪“冷资源” 迸发文旅“热效应”	人民网	阎梦婕　宽　容
11	1月11日	相约六盘山,健康冰雪行——宁夏泾源县举办第三届冰雪文化体育旅游节	新华网	纪桂红
12	1月12日	“村言村语” 传党音——宁夏泾源创新形式让宣讲更接地气	经济日报	吴舒睿
13	1月15日	宁夏人大代表王荣:打造生态文旅特色县,构建全域旅游发展新格局	光明日报	王鲁婧
14	1月15日	宁夏人大代表于仙萍:精心做好“土特产”大文章	光明日报	王　倩
15	1月17日	宁夏新增5条国字号旅游精品线路 全年19条上榜数量位居西北前列	人民网	贾　茹　宽　容
16	1月18日	宁夏泾源:冬季轮训 充电蓄能	中国新闻网	胡耀荣
17	1月20日	销路	人民网	阎梦婕　宽　容
18	1月25日	过年来固原,美景不重样	经济日报	吴舒睿
19	1月26日	非遗中的年味丨传承而来的人间烟火	人民网	阎梦婕　宽　容
20	1月30日	宁夏税务:以良好状态投入工作 确保各项工作高效有序运转	人民网	阎梦婕　宽　容
21	2月2日	宁夏泾源县杨岭村第一书记	人民日报	秦瑞杰
22	2月3日	宁夏泾源县:新时代文明实践宣讲接地气合民意	新华网	崔伊铭

续表 1

序号	日 期	新闻报道标题	刊载媒体	作者 / 记者
23	2 月 7 日	宁夏:西海固冰雪运动引客来	新华社	解文韬
24	2 月 8 日	瑞雪兆丰年:宁夏新年首场大雪	人民日报	李 玲
25	2 月 9 日	宁夏泾源县:雪天执勤不放松 守护平安保畅通	人民日报	张 文
26	2 月 9 日	宁夏:雪天“警”色美	新华网	张洁龙
27	2 月 11 日	宁夏固原:党建引领推动集体经济“强筋壮骨”	新华社	马丽娟
28	2 月 12 日	雨雪天气致车辆滞留 宁夏交警暖心相助	央视新闻	李浩男
29	2 月 15 日	宁夏泾源公安“准时上线” 为春季开学保驾护航	中国新闻网	李佩珊 屈琳昆
30	2 月 15 日	宁夏泾源:雪后初晴 银装素裹宛如童话世界	央视新闻	宝 杰
31	2 月 21 日	宁夏泾源:市场监管守护师生“盘中餐”	今日头条	马兴邦 马娟娟
32	2 月 22 日	宁夏六盘山镇集美村:移风易俗新风尚 乡村振兴正当时	中国新闻网	胡耀荣
33	2 月 25 日	留恋雪季激情——冰雪运动让宁夏人爱上寒冬	新华社	马思嘉
34	2 月 27 日	宁夏泾源:监管“铁拳”压实“食安底线”	中国食品报网	张兴邦 田 华
35	3 月 2 日	宁夏泾源:筑牢全民反诈“防火墙”	中国新闻网	胡耀荣
36	3 月 2 日	宁夏泾源:双轮驱动 推动肉牛产业高质量发展	中国新闻网	胡耀荣
37	3 月 2 日	宁夏泾源县:“五心”服务提升社区治理水平	人民日报	李 玲
38	3 月 2 日	留恋雪季激情——冰雪运动让宁夏人爱上寒冬	经济参考报	马思嘉
39	3 月 5 日	宁夏泾源启动“学雷锋志愿服务月”系列活动	中国新闻网	胡耀荣
40	3 月 6 日	宁夏泾源县:邀请在外优秀人才共谋发展	人民日报	李 玲
41	3 月 9 日	宁夏泾源县三级预防妇女患癌风险	人民日报	刘 峰
42	3 月 11 日	宁夏泾源县:“村村联合”走好发展路	人民日报	宋佳佳
43	3 月 16 日	宁夏泾源:变山泉为“活水” 助力乡村振兴	新华网	汤静怡
44	3 月 17 日	宁夏泾源县计划打造“八个万级”农业特色产业示范基地	新华网	张洁龙
45	3 月 17 日	宁夏泾源:“八个万级”农业特色产业示范基地推动产业发展再上新台阶	中国新闻网	胡耀荣
46	3 月 17 日	宁夏泾源县打造“八个万级”农业特色产业示范基地助推乡村振兴	人民日报	张 文
47	3 月 23 日	宁夏泾源:产农互助,共赴春耕好时节	人民网	高嘉蔚 贾 茹

续表 2

序号	日　期	新闻报道标题	刊载媒体	作者 / 记者
48	3 月 24 日	“泾源黄牛肉”订货会上喜提 2100 万元订单	新华网	刘文鑫
49	3 月 30 日	宁夏泾源打造“八个万级”农业特色产业示范基地	经济日报	吴舒睿
50	3 月 30 日	泾源县首个 10 千伏分布式光伏成功并网试运行	新华网	姜雪城
51	4 月 1 日	宁夏泾源:桃花次第开 踏青好时节	人民网	高嘉蔚
52	4 月 3 日	我和我的村丨有一种称赞叫“倭也”	光明日报	王建宏　张文攀
53	4 月 6 日	宁夏泾源:春日飞雪 六盘山上披银装	人民网	高嘉蔚　宽　容
54	4 月 8 日	我和我的村丨“急难愁盼”逐一销账	光明日报	李　薇
55	4 月 14 日	宁夏泾源县杨岭村等 8 家单位和村镇获牌成为乡村振兴示范基地	新华社	曹小林
56	4 月 14 日	宁夏泾源县:发挥生态优势,打造“旅游+康养”产业	人民网	李甜甜　宽　容
57	4 月 15 日	我和我的村丨我成了“全科兽医”	光明日报	孙晶晶
58	4 月 16 日	宁夏鼓励和支持社会资本全程参与生态修复	人民网	张　唯
59	4 月 18 日	宁夏泾源县:集体经济领航 “羊”起致富风帆	人民日报	刘　峰
60	4 月 21 日	宁夏泾源县:联农带农,推动形成“一村一品”产业发展新格局	人民日报	刘　峰
61	4 月 21 日	宁夏泾源启动 2023 年“塞上书香节”暨全民阅读系列活动	中国新闻网	胡耀荣
62	4 月 21 日	宁夏泾源:禁毒积分兑换 助力乡村振兴	中国新闻网	胡耀荣
63	4 月 23 日	于红芳:用心浇灌每一株幼苗	人民网	阎梦婕　贾　茹
64	4 月 24 日	宁夏泾源县:电商“星火”燃起乡村发展“燎原之势”	中国新闻网	胡耀荣
65	4 月 27 日	“舌尖”带动“脚尖”:泾源特色美食驱动全域旅游	新华网	张洁龙
66	4 月 27 日	杨少鹏:扎根电力一线 30 余载 以电为光 灯暖万家	新华网	张洁龙
67	4 月 27 日	发电又环保 宁夏泾源打造牛棚上的“牧光经济”	人民日报	秦瑞杰
68	5 月 6 日	宁夏:绿了草原,富了农牧民	光明日报	张文攀
69	5 月 11 日	宁夏泾源获评全国首批“避暑旅游目的地”	中国新闻网	胡耀荣
70	5 月 13 日	新华全媒+丨“权”解旱塬渴——西海固用水权改革见闻	新华网	刘笑冬
71	5 月 16 日	全国首批“避暑旅游目的地”宁夏“天然氧吧” 泾源入选	人民日报	刘　峰
72	5 月 18 日	宁夏泾源县多措并举壮大村集体经济	人民日报	刘　峰
73	5 月 22 日	关注丨宁夏泾源:布局电子商务 服务乡村振兴	中国经济时报	何　玲

续表 3

序号	日　期	新闻报道标题	刊载媒体	作者 / 记者
74	5 月 31 日	宁夏泾源 免费残疾鉴定服务送到家门	中国日报网	胡冬梅
75	6 月 1 日	让体育锻炼成为少年儿童茁壮成长的“标配”	新华网	何晨阳
76	6 月 6 日	宁夏泾源:“双碳”助力闽宁再续“山海情”	中国新闻网	李佩珊
77	6 月 21 日	泾源县委书记王荣:“泾”过千山万水 “源”来这里最美	中国新闻网	李佩珊
78	6 月 21 日	宁夏:提升农村公路质量 铺筑乡村振兴快车道	新华网	刘　海
79	6 月 30 日	宁夏泾源县构建“四个体系”强化党建引领乡村治理	人民日报	刘　峰
80	7 月 2 日	生态文旅融合发展,着墨乡土文化记忆,让人们“望得见山,看得见水,记得住乡愁”——泾源以融合之“笔”绘就美丽乡村新图景	人民网	剡文鑫　李昊斌
81	7 月 5 日	宁夏泾源:小菌菇撑起乡村振兴“致富伞”	中国新闻网	李佩珊
82	7 月 5 日	宁夏泾源:“鱼菜共生”和谐发展 打造农业发展新样板	中国新闻网	李佩珊
83	7 月 5 日	宁夏泾源:冷凉果蔬+休闲观光融合发展 拓宽增收致富路	中国新闻网	李佩珊
84	7 月 6 日	农旅融合塑新貌 构建乡村旅游新格局	经济日报	吴舒睿
85	7 月 6 日	冷凉蔬菜产业拓宽群众增收致富路	经济日报	吴舒睿
86	7 月 6 日	宁夏泾源:“鱼菜共生”打造农业发展新样板	光明日报	张文攀
87	7 月 6 日	宁夏泾源 冷凉蔬菜产业拓宽群众增收致富路	中国日报网	胡冬梅
88	7 月 8 日	文旅新探丨宁夏六盘山:感受清凉夏天	新华社	马丽娟
89	7 月 8 日	宁夏泾源:小菌菇“长”成大产业 释放振兴新活力	中国新闻网	李佩珊
90	7 月 15 日	宁夏泾源泾河源镇将村集体公益金表彰高考优秀学子	中国新闻网	李佩珊
91	7 月 15 日	“冷资源”渐成西海固乡村振兴“热产业”	新华社	张　亮
92	7 月 17 日	闽宁协作之花越开越美——厦门海沧对口帮扶宁夏泾源促乡村振兴	光明日报	马跃华
93	7 月 18 日	牢记领袖嘱托 凝聚奋进力量 宁夏泾源第四届杨岭乡村文化旅游节拉开帷幕	中国新闻网	李佩珊
94	7 月 22 日	第四届杨岭乡村文化旅游节开幕	中国县域经济报	吴舒睿
95	7 月 25 日	宁夏泾源:宣传教育活动搭乘文旅便车	人民日报	张　文
96	7 月 26 日	山河深处一片 “新”——宁夏西海固脱贫乡村接续奋斗奔振兴	光明日报	王建宏　张文攀
97	7 月 28 日	宁夏·泾源第一届汽摩节暨“六盘山杯”汽车场地越野赛激情开赛	中国新闻网	李佩珊

续表 4

序号	日　期	新闻报道标题	刊载媒体	作者 / 记者
98	7 月 29 日	宁夏·泾源第一届汽摩节暨“六盘山杯”汽车场地越野赛开赛	新华网	谢建雯
99	8 月 1 日	宁夏泾源黄牛肉出圈 “浙”里牛味十足	中国新闻网	李佩珊
100	8 月 11 日	首次“闽宁协作”农业碳汇交易成功落地	央广网	郐　眉
101	8 月 14 日	宁夏泾源县农业“碳库”变“金库”	人民日报	张　文
102	8 月 17 日	泾源县香菇种植助力乡村致富路	央广网	廉　军
103	8 月 17 日	宁夏泾源公安:快警驿站把平安暖心送给民众	中国新闻网	杨　迪　田　刚
104	8 月 27 日	人民巷调查丨快来看,这里超市买东西不要钱,积分换!	人民日报	张　文
105	9 月 10 日	宁夏泾源县:书记抓党建促乡村振兴	人民日报	刘　峰
106	9 月 15 日	宁夏泾源县卡子村:探索新型农村集体经济发展模式	人民日报	刘　峰
107	9 月 20 日	第七届黄牛节暨农特产品直播带货庆丰收活动开幕	经济日报	吴舒睿
108	9 月 20 日	宁夏·泾源第七届黄牛节暨农特产品直播带货庆丰收活动正式启动	中国新闻网	李佩珊
109	9 月 21 日	中国西北生态脆弱区拥抱“绿色经济”新机遇	新华社	裴剑容　李钧德　艾福梅
110	9 月 22 日	“泾源牛街”点燃山城烟火气	人民日报	刘　峰
111	9 月 25 日	闽宁协作丨贫困村的惊人蝶变:厦门 10 年造出宁夏六盘山镇“集美村”	中国日报	胡美东
112	9 月 28 日	杨岭又传喜事儿啦!	中国新闻网	李佩珊
113	10 月 29 日	宁夏泾源:泾水之源 千山竞秀	光明日报	张文攀
114	11 月 11 日	宁夏泾源县:抓实“幸福邻里”党建品牌赋能社区治理	人民日报	刘　峰
115	11 月 12 日	宁夏回族自治区固原市:绿染旱塬山河新 生态富民引发展	人民日报	张永超
116	12 月 12 日	泾源县“四下基层”扎扎实实为群众办实事	人民日报	张　文
117	12 月 15 日	乡村行·看振兴丨从万元到百万元,看卡子村的振兴“三级跳”	新华社	张宋红　任　玮
118	12 月 16 日	冬游来固原 相约冰雪六盘山	经济日报	吴舒睿
119	12 月 16 日	宁夏泾源:“冷资源”持续释放“热效应”	中国新闻网	李佩珊
120	12 月 17 日	乡村行·看振兴丨西海固小山村巧借“白雪”换“白银”	新华社	张　亮　马丽娟
121	12 月 17 日	宁夏固原·泾源第四届冰雪文化体育旅游节开幕	光明日报	张文攀

续表 5

序号	日　期	新闻报道标题	刊载媒体	作者 / 记者
122	12 月 18 日	西北山城雪季上演“速度与激情”	新华社	谢建雯　白　舸
123	12 月 21 日	“史有明法官工作室”架起诉源治理“连心桥”	人民日报	马　琳　马晓燕
124	12 月 27 日	宁夏 3 项民生实事获评“2023 全国民生示范工程”	人民网	刘　峰
125	12 月 28 日	宁夏泾源：破难题、解民忧、办实事、促发展　让主题教育成果成效显现	中国新闻网	李佩珊
126	12 月 29 日	先进村“争上游”记	新华社	谢建雯　白　舸
127	12 月 30 日	“羊”村喜事多	新华社	谢建雯　白　舸
128	12 月 31 日	2024 世界雪日分会场活动在宁夏固原举行	新华网	马丽娟
129	12 月 31 日	2000 余名滑雪爱好者现身宁夏泾源　共赴冰雪之约	中国新闻网	李佩珊

区级新闻报道目录

序号	日　期	新闻报道标题	刊载媒体	作者/记者/通讯员
1	1月4日	央媒看宁夏丨宁夏泾源县:水系连通　西北“小九寨”美不胜收	宁夏新闻网	夏　欣　马　江
2	1月4日	泾源农商行创新“整村授信”模式　“贷”动乡村振兴	宁夏日报	马　忠
3	1月4日	泾源县公安局加强巡逻防控排查治安隐患	宁夏新闻网	张　静　杨　丽
4	1月5日	泾源:腾退苗木腾出产业调整大空间	宁夏日报	姬　禹
5	1月6日	映像丨办好“民生事”　答好“民生卷”	宁夏日报	王　鼎　白　茹
6	1月6日	宁夏六盘山和泾源县上榜!2022年避暑旅游目的地评审结果公示	宁夏日报	剡文鑫
7	1月6日	乘风破浪向未来丨天蓝地绿水美　不止是一个美丽承诺——宁夏打造绿色生态宝地人与自然和谐共生	宁夏日报	李　锦
8	1月7日	喜迎自治区两会丨山水宁夏,繁星映雪灿金山——我区打造绿色生态宝地共促人与自然和谐共生	宁夏日报	李　锦　虎　权 杨丽艳
9	1月9日	相约六盘山　健康冰雪行宁夏泾源第三届冰雪文化体育旅游节将于1月10日精彩启幕	宁夏新闻网	丁炜勇　马　江
10	1月9日	泾源县第三届冰雪文化体育旅游节明日启幕	宁夏日报	李昊斌
11	1月10日	再续山海情!泾源和海沧区共建碳汇林“增绿”生态屏障	宁夏日报	剡文鑫
12	1月10日	泾源第三届冰雪文化体育旅游节开幕	宁夏日报	杨玉瑛
13	1月10日	相约六盘山　健康冰雪行泾源第三届冰雪文化体育旅游节开幕	宁夏新闻网	丁炜勇　孙晓村
14	1月11日	泾源县和海沧区共建碳汇林“增绿”生态屏障	华兴时报	马　军
15	1月11日	固原:农村党员冬季轮训“蓄能充电”	宁夏日报	剡文鑫
16	1月11日	泾源公安激励全警坚定信念勇毅前行	宁夏法治报	张　静　孙晓村
17	1月16日	新征程上交出更加出彩的泾源答卷	宁夏日报	剡文鑫　姬　禹
18	1月16日	泾源县举办职工群众冰雪运动会	宁夏新闻网	王雪玲　孙晓村
19	1月16日	全区冰雪产业和冰雪运动安全管理培训班开班仪式在泾源县宁夏娅豪国际滑雪场举行	宁夏新闻网	王雪玲　孙晓村
20	1月16日	宁夏:税收添“薪”　守护“红火”年货潮	宁夏新闻网	张海燕　孙晓村
21	1月16日	黄花乡开展冬季森林草原防灭火联合演练	宁夏新闻网	王雪玲　孙晓村
22	1月16日	宁夏劳务品牌:从小名气走向大市场之路④丨泾源家畜饲养工:“家门口”就业增收有盼头	宁夏日报	刘惠媛

续表 1

序号	日 期	新闻报道标题	刊载媒体	作者/记者/通讯员
23	1 月 17 日	泾源县开展“我们的中国梦—文化进万家”暨“在宁夏·非遗过大年”迎新春系列活动	宁夏新闻网	王雪玲 贺璐璐
24	1 月 17 日	管道卫士——忙碌在地下世界的“管网医生”	宁夏新闻网	王雪玲 贺璐璐
25	1 月 17 日	新春送温暖 情系残疾人 泾源县残联开展新春慰问系列活动	宁夏新闻网	王雪玲 贺璐璐
26	1 月 17 日	新春走基层丨销路	宁夏日报	王 瑞
27	1 月 18 日	泾源县开展 迎新春系列活动	华兴时报	马 军
28	1 月 18 日	凝心聚力创佳绩 踔厉奋发谱新篇 泾源法院助力经济社会高质量发展	宁夏法治报	马 琳 丁 宁
29	1 月 18 日	泾源县公安局打好“组合拳”守好安全关	宁夏法治报	胡 茜
30	1 月 18 日	泾源县市场监管局开展春节期间食品安全集中整治全力守护“舌尖上的年味”	宁夏新闻网	王雪玲 孙晓村
31	1 月 21 日	固原市六盘山荣获 2022 年“避暑旅游目的地”称号	宁夏日报	剡文鑫
32	1 月 26 日	过年丨六盘山下,贴心电画出新春“敬业福”	宁夏新闻网	祁瀛涛 杨兆莲
33	1 月 28 日	春节期间,固原旅游总收入 9800 万元!	宁夏日报	剡文鑫
34	1 月 29 日	山水泾源 扬长赋能 建设生态文旅特色县——访泾源县委书记王荣	宁夏日报	姬 禹
35	1 月 29 日	春节假期冰雪小城泾源掀起滑雪热潮	宁夏新闻网	王雪玲
36	1 月 29 日	泾源农商行零钞兑换暖人心	宁夏日报	马 忠
37	1 月 30 日	泾源县禁毒宣传给毕业生上好初入社会“第一课”	宁夏日报	铁志平 董静怡
38	1 月 30 日	泾源:聚焦“四点发力” 打通服务群众“最后一公里”	宁夏新闻网	王雪玲 孙晓村
39	1 月 30 日	村里建起了残疾人康复站	宁夏新闻网	王雪玲
40	1 月 31 日	固原:驻村干部在一线倾力乡村振兴	宁夏日报	剡文鑫
41	1 月 31 日	泾源公安全力护航冬季旅游安全	宁夏法治报	胡 茜
42	1 月 31 日	泾源家畜饲养工:家门口就业增收有盼头	宁夏日报	阎梦婕 贾 茹
43	1 月 31 日	宁报视点丨“宁字号”劳务品牌:群众就业增收的“金名片”	宁夏日报	刘惠媛 马照刚 智 慧 陈 思 秦 磊
44	1 月 31 日	我为群众办实事 于细微处暖人心	宁夏新闻网	王雪玲 孙晓村
45	1 月 31 日	宁夏话剧院送戏下乡到泾源	宁夏新闻网	王雪玲 孙晓村
46	1 月 31 日	全民禁毒丨泾源县“青青少年团”禁毒讲解员培训班开班啦	宁夏日报	铁志平 董静怡

续表 2

序号	日　期	新闻报道标题	刊载媒体	作者/记者/通讯员
47	2月1日	泾源县:送戏下乡庆新春　文化惠民暖人心	宁夏新闻网	王雪玲　孙晓村
48	2月1日	新年“春风”起　税惠暖民生	华兴时报	王　茜
49	2月3日	打造产业链村民发“牛”财	华兴时报	马　军
50	2月3日	宁夏泾源:冰嬉雪趣欢度新春	宁夏新闻网	丁炜勇　姚振国
51	2月3日	泾源县法官善意执行　圆满化解1起抚养费纠纷	宁夏日报	任建中　丁　莉 董静怡
52	2月3日	泾源县探索肉牛产业“三方联动”机制　为乡村振兴筑基赋能	宁夏新闻网	王雪玲　孙晓村
53	2月3日	泾源县:节后企业开工忙　力争首季“开门红”	宁夏新闻网	王雪玲
54	2月6日	正月十五看花灯	宁夏日报	杨玉瑛
55	2月6日	泾源县新民乡张台村:蔬菜大棚为村集体经济添活力	宁夏新闻网	王雪玲　马　江
56	2月6日	泾源县加快推进苗木腾退　优化产业“腾笼换鸟”	宁夏新闻网	王雪玲　马　江
57	2月6日	元宵节的别样“警”色:当宁夏民俗文化邂逅公安平安文化	宁夏新闻网	胡　俊
58	2月6日	我们的节日丨泾源县禁毒元素融入元宵民俗文化	宁夏日报	铁志平
59	2月7日	泾源黄牛肉:延伸产业链　提升价值链	宁夏日报	党　硕
60	2月8日	宁夏大雪中,居然发生了这么多事?	宁夏日报	张蕴秀
61	2月8日	宁夏迎来入冬以来最强降雪　供电部门力保供电线路设备安全可靠	宁夏日报	鲁延宏
62	2月8日	泾源公安交警:冒雪护航群众安全出行	宁夏日报	刹文鑫
63	2月8日	宁夏检察司法救助为困境妇女送去温暖和希望	宁夏新闻网	张　静　孙晓村
64	2月9日	以“雪”为令保畅通　浴“雪”奋战保安全	宁夏新闻网	尤天竹　孙晓村
65	2月9日	宁夏检察专项司法救助为“她们”点亮希望	宁夏新闻网	尤天竹　孙晓村
66	2月9日	矛盾纠纷巧化解　多元调解促和谐	宁夏新闻网	王雪玲　马　江
67	2月9日	泾源:干燥天气终于迎来入冬后第一次有效降雪	宁夏新闻网	王雪玲　马　江
68	2月10日	建立肉牛良种繁育基地　推动产业提质增效	华兴时报	马　军
69	2月10日	宁夏泾源黄牛肉稳步走向高端市场	宁夏新闻网	丁炜勇　孙晓村
70	2月10日	保障农资储备　备好春耕生产	宁夏日报	党　硕
71	2月11日	固原:党建引领集体经济“强筋壮骨”	宁夏日报	刹文鑫
72	2月12日	热水热馍热稀饭　泾源公安冰雪路上暖民心	宁夏日报	马　琳

续表3

序号	日　期	新闻报道标题	刊载媒体	作者/记者/通讯员
73	2月12日	古稀村医祁世斌 守护村民健康半世纪	宁夏广播电视台	韩　笑
74	2月13日	短视频|泾源雾凇 冰雪世界的白色奇观	宁夏新闻网	丁炜勇　马　江
75	2月14日	固原公安点滴暖心事传递警民情	宁夏日报	马　琳　统　筹
76	2月14日	保障农资储备 备好春耕生产	宁夏新闻网	赵　虎　孙晓村
77	2月14日	泾源县出台实施意见推进移风易俗	华兴时报	马　军
78	2月14日	全区"推进移风易俗 倡导文明新风"主题文艺节目巡演走进泾源	宁夏新闻网	王雪玲　马　江
79	2月14日	泾源县:吹响复工复产"集结号" 奋力冲刺"开门红"	宁夏新闻网	王雪玲　马　江
80	2月14日	护航开学季,泾源消防开展校园消防安全检查	宁夏新闻网	张　纡　马　江
81	2月15日	帮扶车间复工忙 美好生活有希望	宁夏新闻网	王雪玲　马　江
82	2月17日	160名选手上演速度与激情!陕甘宁越野滑雪挑战赛(宁夏站)开幕	宁夏日报	王　刚
83	2月17日	陕甘宁越野滑雪挑战赛开滑 200多名高手"雪中飞"	宁夏日报	高晓刚
84	2月18日	总投资36.69亿元!宁夏泾源县2023年一季度重大项目集中开工	宁夏新闻网	丁炜勇　邵志权
85	2月18日	抓春时起好步! 固原项目建设涌热潮	宁夏日报	剡文鑫
86	2月18日	泾源"筑巢归燕"孵化龙头企业	宁夏日报	王玉平
87	2月18日	宁夏"点对点"输送2499名农村劳动力跨省就业	宁夏日报	马照刚
88	2月20日	宁夏"点对点"输送劳动力跨省就业	宁夏日报	纪桂红
89	2月20日	累计发放支农贷款6.2亿元 泾源农商行"金融甘霖"润泽特色产业	宁夏日报	马　忠
90	2月20日	陕甘宁越野滑雪挑战赛在泾源县举办	华兴时报	马　军
91	2月21日	泾源县兴盛乡"村村联合"发展模式 让村集体经济"破茧成蝶"	宁夏新闻网	王雪玲
92	2月22日	泾源肉牛:从"散养"到"专养"	宁夏日报	党　硕
93	2月23日	解民之所急,泾源公安窗口服务有"速度"更有"温度"	宁夏新闻网	丁炜勇　贺璐璐
94	2月24日	宁夏泾源"燕归巢"行动邀请在外创业企业家共谋发展	宁夏新闻网	丁炜勇　马　江
95	2月24日	泾源招引在外创业企业家"燕归巢"	宁夏日报	李昊斌
96	2月26日	组图|宁夏泾源:白云浮动山水间	宁夏新闻网	祁瀛涛　杨　丽

续表 4

序号	日　期	新闻报道标题	刊载媒体	作者/记者/通讯员
97	2 月 27 日	宁夏泾源县:坚持多措并举 促进学前教育普及普惠发展	宁夏新闻网	丁炜勇　尤天竹
98	2 月 27 日	泾源黄牛肉:“蓄”势勃发 打造富民“新引擎”	宁夏新闻网	王雪玲　马　江
99	2 月 27 日	泾源县:强化动物疫病防控 保障肉牛产业平稳发展	宁夏新闻网	王雪玲　马　江
100	2 月 28 日	泾源检察公益诉讼关爱未成年人	宁夏新闻网	张　静　马　江
101	2 月 28 日	泾源县:地膜企业生产忙 春耕物资有保障	宁夏新闻网	王雪玲　贺璐璐
102	2 月 28 日	固原从“纸上”转向“场上”考察选培干部	宁夏日报	剡文鑫
103	3 月 1 日	泾源县沙塘林场喜获“全国十佳林场”称号	宁夏新闻网	王雪玲　贺璐璐
104	3 月 1 日	泾源县举办城乡建筑工匠和职业技能专题培训班	宁夏新闻网	王雪玲　贺璐璐
105	3 月 1 日	泾源农商行优化金融营商环境助力实体经济发展	宁夏日报	马　忠
106	3 月 2 日	宁夏故事丨从西海固走进伊利的“能工巧匠”	宁夏日报	苏　峰　李　雪
107	3 月 3 日	泾源县立足实际助推肉牛产业向高端转型	华兴时报	马　军
108	3 月 3 日	立足本职献良策 尽心履职为人民——记自治区、固原市两级政协委员 泾源县人民医院副院长张迪	华兴时报	马　军
109	3 月 3 日	关爱独居老人,泾源消防“敲门入户”开展消防安全宣传	宁夏新闻网	张　纡　马　江
110	3 月 3 日	泾源县新民乡开展“学雷锋”主题志愿服务系列活动	宁夏新闻网	王雪玲　贺璐璐
111	3 月 3 日	弘扬和传承雷锋精神 争做新时代好少年——泾源县第三小学开展学雷锋系列活动	宁夏新闻网	王雪玲　贺璐璐
112	3 月 3 日	新民乡:抢抓农时备春耕大豆玉米带状复合种植实现“一地双丰收”	宁夏新闻网	王雪玲　杨　丽
113	3 月 5 日	守护好一方生态“家底”——住宁全国政协委员围绕健全生态保护补偿机制建言献策	华兴时报	吴　倩
114	3 月 6 日	大湾乡:“爱心健康大检查” 情暖老人心	宁夏新闻网	王雪玲　马　江
115	3 月 6 日	泾源高级中学开展“学雷锋红色经典诵读”比赛	宁夏新闻网	王雪玲　马　江
116	3 月 6 日	“电力雷锋”用心用情“电”亮红色六盘	宁夏日报	姜　盼
117	3 月 7 日	泾源县政协开展委员大讲堂活动	华兴时报	马　军
118	3 月 7 日	泾源检察三项措施抓实刑事检察工作	宁夏日报	禹素娟
119	3 月 7 日	泾源启动“春季安全守护”联勤整治工作	宁夏日报	胡　茜
120	3 月 7 日	泾源引进头部企业补齐肉牛产业链	宁夏日报	李昊斌

续表 5

序号	日　期	新闻报道标题	刊载媒体	作者/记者/通讯员
121	3月8日	守护她健康丨泾源三级预防妇女患癌风险	宁夏日报	涢文鑫
122	3月9日	追风逐梦　信心何来——向着春天出发系列报道之二	宁夏日报	马晓芳
123	3月9日	泾源县第一中学:学习雷锋　奉献他人　做时代先锋	宁夏新闻网	王雪玲　马　江
124	3月9日	人工智能助力宁夏提升基层医疗服务能力	宁夏新闻网	杨　洲　马　江
125	3月9日	加强政银合作　汇聚巾帼力量	宁夏新闻网	王雪玲　马　江
126	3月10日	泾源县开展森林草原防灭火宣传工作	宁夏新闻网	王雪玲
127	3月11日	新闻特写:阔步走在小康路上的宁夏乡亲们衷心拥戴习主席	宁夏广播电视台	冯斯宇　王　斐 陈　夏　张　宁 牛大力
128	3月13日	泾源交警:"所队联勤"防范道路安全风险	宁夏日报	刘炳宇
129	3月14日	泾源为普法骨干培训业务技能	宁夏日报	殷　琰
130	3月14日	开展安全检查整改隐患13处	宁夏日报	杨莹莹
131	3月14日	为妇女普及法律知识	宁夏日报	丁世琴
132	3月14日	泾源:将山泉水资源优势变为产业发展优势	宁夏日报	姬　禹
133	3月14日	泾源县举办2023年大豆玉米带状复合种植技术培训班	宁夏新闻网	王雪玲　马　江
134	3月14日	整治户外广告牌匾　擦亮城市文明底色	宁夏新闻网	王雪玲　马　江
135	3月15日	泾源严厉打击消防产品假冒伪劣行为	宁夏日报	李昊斌
136	3月15日	随警行动vlog丨一年又一年,他们行走山间,把"蓝"融入盎然"绿"意中	宁夏日报	陈　思　刘惠媛 张　涛
137	3月17日	强信心　加油干　勇争先　奋力夺取一季度开门红丨固原市开足马力忙生产　冲刺首季"开门红"	宁夏广播电视台	韩　笑　赵　睿 丁　娟
138	3月19日	泾源县"引燕归巢"孵化龙头企业	宁夏日报	王玉平
139	3月19日	固原:心向往之的"诗与远方"	宁夏日报	李昊斌
140	3月20日	泾源县肉羊养殖让乡村振兴"畜"势勃发	宁夏新闻网	王雪玲　贺璐璐
141	3月20日	泾源县按下春耕备耕"启动键"	宁夏新闻网	王雪玲
142	3月20日	泾源腾退苗木优化产业结构	宁夏日报	姬　禹
143	3月21日	泾源县政协组织委员开展进校园活动	华兴时报	马　军
144	3月21日	泾源检察三项措施服务民营经济发展	宁夏日报	禹素娟(通讯员)

续表 6

序号	日　期	新闻报道标题	刊载媒体	作者/记者/通讯员
145	3 月 21 日	弹好“四部曲”夯实基层基础工作	宁夏日报	谭　杰(通讯员)
146	3 月 21 日	泾源检察全力保护消费者权益	宁夏日报	禹素娟(通讯员)
147	3 月 21 日	泾源县警银携手开展反诈宣传	宁夏日报	胡　茜(通讯员)
148	3 月 21 日	影友天地丨一抹新绿点染树的枝头,春天是悦动的诗行	宁夏日报	白　茹
149	3 月 22 日	“泾源黄牛肉”卖向全国 100 多家经销商订货 2100 万元	宁夏日报	剡文鑫
150	3 月 22 日	交易额突破 2100 万元！宁夏泾源黄牛肉产品线上线下订货会成果丰硕	宁夏新闻网	李　东　贺璐璐
151	3 月 22 日	泾源县打响人居环境整治“春季战役”	宁夏新闻网	王雪玲　贺璐璐
152	3 月 22 日	泾源县举行残疾人托养中心启动仪式	宁夏新闻网	王雪玲　贺璐璐
153	3 月 23 日	宁夏全力构建“亲而有界”“清而有为”的政商关系	宁夏日报	高　菲
154	3 月 23 日	泾源县开展 2023 年“世界水日”“中国水周”宣传活动	宁夏新闻网	王雪玲　贺璐璐
155	3 月 24 日	泾源县开展人工增雪作业助力春耕和森林防火	宁夏新闻网	王雪玲　贺璐璐
156	3 月 24 日	泾源县启动 2023 年全县领导干部廉政警示教育月	宁夏新闻网	王雪玲　贺璐璐
157	3 月 25 日	泾源探索畜禽粪污资源化利用最优解	宁夏日报	王玉平
158	3 月 25 日	泾源县残疾人托养中心运行	今日固原	张　兰　马茂荣
159	3 月 25 日	“六盘山水红天下　优质牛肉选泾河”线上线下订货会收获颇丰　“泾源黄牛肉”当日交易额 2100 万元	今日固原	张　兰　马茂荣
160	3 月 27 日	“泾源黄牛肉”订货会上喜提 2100 万元订单	华兴时报	马　军
161	3 月 27 日	我区助推农村人居环境换新颜	宁夏日报	陈世伟
162	3 月 27 日	泾源县羊槽村大棚经济拓宽群众增收致富路	宁夏新闻网	王雪玲　贺璐璐
163	3 月 28 日	大湾派出所三项措施维护校园安全	宁夏日报	杨莹莹(通讯员)
164	3 月 28 日	泾源黄花乡“三支力量”宣传禁种铲毒	宁夏日报	马春梅(通讯员)
165	3 月 28 日	马强:把老百姓的事情放在心上	宁夏日报	胡　茜(通讯员)
166	3 月 28 日	泾源县掀起学习宣传贯彻热潮	华兴时报	马　军
167	3 月 29 日	沪浙苏“宁”有约丨在余村,看绿水青山变金山银山	宁夏日报	杨晓秋　李　锦　党　硕
168	3 月 29 日	现代眉户戏《春到六盘》在泾源县精彩上演	宁夏新闻网	王雪玲　贺璐璐
169	3 月 29 日	泾源县新民乡:闲置牛棚变菇棚　“变”出致富新产业	宁夏新闻网	王雪玲　贺璐璐

续表 7

序号	日　期	新闻报道标题	刊载媒体	作者/记者/通讯员
170	3 月 30 日	在余村 看绿水青山变金山银山	宁夏日报	杨晓秋　李　锦　党　硕
171	3 月 30 日	泾源县打好村庄清洁“组合拳” 助推农村人居环境换新颜	宁夏新闻网	王雪玲　杨　丽
172	3 月 31 日	泾源农商行打出金融“组合拳”助力创业就业	宁夏日报	马　忠
173	3 月 31 日	泾源县：补齐基础设施短板 提升城市宜居品质	宁夏新闻网	王雪玲　贺璐璐
174	3 月 31 日	泾源县黄花乡：志愿服务助力乡风文明	宁夏新闻网	王雪玲　贺璐璐
175	4 月 3 日	《民族文学》年度奖揭晓 宁夏作家雪舟、阿舍获奖	宁夏日报	张　涛
176	4 月 4 日	泾源检察院向受困儿童发放救助金 2 万余元	宁夏日报	马爱霞(通讯员)
177	4 月 4 日	泾源县：打造“家门口的税务局” 打通办税缴费“最后一公里”	宁夏新闻网	王雪玲　马　江
178	4 月 6 日	短视频|六盘春雪 水墨丹青如画来	宁夏新闻网	丁炜勇　贺璐璐
179	4 月 6 日	国网泾源供电公司：迎战倒春寒 带电作业保供电	宁夏新闻网	祁瀛涛　王小梅
180	4 月 6 日	宁夏泾源：四月落雪 如诗如画	宁夏新闻网	王雪玲
181	4 月 7 日	朋友圈| 桃花迎春开 隔屏犹觉香	宁夏日报	强永利
182	4 月 7 日	一季度城镇新增就业 2520 人！ 固原市八项行动促就业创业	宁夏日报	马照刚
183	4 月 7 日	泾源县香水镇：生态鸡养殖 为村集体经济插上腾飞翅膀	宁夏新闻网	王雪玲　马　江
184	4 月 8 日	固原特色生鲜“尝鲜季”，全国 285 个采购商“提着篮子”下订单	宁夏日报	杨玉瑛　王　雷　柯瑞莹
185	4 月 10 日	泾源：植树造林守护六盘山生态屏障	宁夏日报	李昊斌
186	4 月 10 日	泾源县：浓浓春意惹人醉 桃花盛开迎客来	宁夏新闻网	王雪玲　邵志权
187	4 月 12 日	95%荒山披绿，泾源县明年“无地造林”	宁夏日报	李昊斌
188	4 月 12 日	短视频|宁夏泾源：春风吹新绿 植树正当时	宁夏新闻网	丁炜勇
189	4 月 13 日	泾源县“家门口税务局”方便办事群众	华兴时报	马　军
190	4 月 13 日	短视频|宁夏泾源：春耕备耕正当时	宁夏新闻网	丁炜勇　马　江
191	4 月 13 日	税宣春风入课堂 法润青春向未来	宁夏新闻网	王雪玲　马　江
192	4 月 13 日	泾源县六盘山镇：抢抓墒机覆膜忙 下好春耕“先手棋”	宁夏新闻网	王雪玲　马　江
193	4 月 13 日	泾源县开展 2023 年干部职工义务植树活动	宁夏新闻网	王雪玲　马　江
194	4 月 14 日	泾源县六盘山镇：中药材育苗种植为乡村振兴开“良方”	宁夏新闻网	王雪玲　贺璐璐

续表 8

序号	日　期	新闻报道标题	刊载媒体	作者/记者/通讯员
195	4 月 16 日	泾源县:国家安全记于心 禁毒宣传同步行	宁夏新闻网	丁炜勇　王小梅
196	4 月 17 日	泾源县开展第 8 个全民国家安全教育日活动	宁夏新闻网	王雪玲　马　江
197	4 月 18 日	“马兰花”妇女创业就业行动手工制作技能培训班在泾源县开班	宁夏新闻网	王雪玲　马　江
198	4 月 18 日	泾源县新民乡举办“廉政警示教育月”主题演讲比赛	宁夏新闻网	王雪玲　马　江
199	4 月 18 日	赓续教育初心 担当育人使命丨于红芳:用爱诠释教书育人的真谛	宁夏日报	高　菲
200	4 月 19 日	泾源县禁毒宣传进企业进单位	宁夏日报	丁　丁
201	4 月 19 日	泾源县:开启“美颜”模式,提升文旅之美	宁夏日报	姬　禹
202	4 月 19 日	关注世界地球日丨那一抹“生态绿”的背后	宁夏日报	张　唯
203	4 月 21 日	泾源公安把矛盾化解在“萌芽”	宁夏日报	马　琳
204	4 月 21 日	宁夏泾源县“塞上书香节”暨全民阅读系列活动启动	宁夏新闻网	丁炜勇　马　江
205	4 月 21 日	共青团泾源县委举行宁夏青基会青少年视力健康工程(泾源站)启动仪式	宁夏新闻网	王雪玲　马　江
206	4 月 21 日	黄花乡:环境整治不放松 乡村美化不停步	宁夏新闻网	王雪玲　马　江
207	4 月 25 日	每户最高 1 万元! 泾源县真金白银帮“牛倌”发“牛财”	宁夏日报	姬　禹
208	4 月 25 日	瞭望丨宁夏践行东西部协作高质量发展	宁夏日报	姜　盼
209	4 月 25 日	看山花、听山歌、赏花儿!泾源举办“双花节”做足“旅游+”文章	宁夏日报	剡文鑫
210	4 月 26 日	短视频丨第十九届宁夏六盘山山花节暨首届六盘山花儿艺术节在泾源县开幕	宁夏新闻网	李　东　马　江
211	4 月 26 日	泾源这个牛棚好! 能发电还能当“空调”,关键还环保!	宁夏日报	杨玉瑛
212	4 月 26 日	泾源蜂蜜喜获农业农村部“全国最受欢迎产品”荣誉	宁夏新闻网	王雪玲　贺璐璐
213	4 月 26 日	泾源县政协主席李刚:坚持“四抓四促”提质效　推进政协事业开新局	华兴时报	马　军
214	4 月 27 日	“零距离”接受法治教育 泾源百余学生旁听聚众斗殴案庭审	宁夏新闻网	张　静　马　江
215	4 月 28 日	无须去远方,美景与诗就在眼前! 泾源盯着 500 公里内城市“走出去”寻新机	宁夏日报	剡文鑫
216	4 月 28 日	影友天地丨妻子缝补,儿子阅读,回家看到这一幕心里暖暖的	宁夏日报	白　茹

续表 9

序号	日　期	新闻报道标题	刊载媒体	作者/记者/通讯员
217	4 月 28 日	固原“五一”旅游最全打卡攻略	宁夏日报	杨玉瑛
218	4 月 28 日	激活牛市场 壮大牛产业 泾源县活畜交易市场“蓄势待发”	宁夏新闻网	王雪玲　贺璐璐
219	5 月 4 日	接待人数增长 405%、综合收入增长 454%！“五一”期间泾源旅游业迎来“双丰收”	宁夏日报	姬　禹
220	5 月 4 日	电商为泾源特色产品插上“金翅膀”	宁夏日报	陈　勇
221	5 月 5 日	泾源县 7 个乡镇 96 个行政村领到蓝朋友的“消防作业”	宁夏新闻网	张　纡　马　江
222	5 月 5 日	宁夏故事丨“生态警长”的坚守——让每一片青山都有守护者	宁夏日报	刘惠媛　张　涛　陈　思
223	5 月 9 日	行走在泾源乡村的“背包警务”	宁夏日报	马　琳
224	5 月 9 日	宁夏泾源县获全国“避暑旅游目的地”称号	宁夏新闻网	丁炜勇　扬　洲
225	5 月 9 日	泾源法院聚焦案例开展“法官讲法”	宁夏日报	海志花(通讯员)
226	5 月 9 日	泾源检察推动全面从严治检落实落细	宁夏日报	马丽婷(通讯员)
227	5 月 9 日	泾源县“三三机制”健全社会治安防控体系	宁夏新闻网	王雪玲　贺璐璐
228	5 月 10 日	文明素养提升在身边丨固原市启动“推进移风易俗 助力乡村振兴”活动	宁夏广播电视台	韩　笑
229	5 月 11 日	泾源公安千里奔袭追赃挽损	宁夏日报	马　琳
230	5 月 11 日	泾源县法院 庭审当作普法课 警示教育零距离	宁夏日报	马　琳
231	5 月 11 日	飞泻成瀑，落地成潭……宁夏六盘山生态优势变成产业优势	宁夏日报	姬　禹
232	5 月 11 日	全国首批“避暑旅游目的地”宁夏首家“天然氧吧” 泾源凭什么实力入选	宁夏新闻网	王雪玲
233	5 月 11 日	泾源县禁毒宣讲进基层	宁夏日报	马永勇(通讯员)
234	5 月 12 日	宁夏泾源这座会呼吸的小城 富“氧”你整个夏天	宁夏日报	杨玉瑛
235	5 月 12 日	泾源凭啥获此“国字号”招牌	宁夏画报	张玉玲　赵文强
236	5 月 13 日	联播快讯丨泾源：烟雨如梦 山水如画	宁夏广播电视台	韩　笑
237	5 月 13 日	“5·12”国际护士节暨职工技能竞赛在泾源县拉开帷幕	宁夏新闻网	王雪玲　杨　丽
238	5 月 15 日	泾源县六盘山镇：环境整治共行动 志愿服务我先行	宁夏新闻网	王雪玲　马　江
239	5 月 15 日	泾源县开展 2023 年自然灾害应急演练 提高防灾减灾救灾能力	宁夏新闻网	王雪玲　马　江

续表 10

序号	日　期	新闻报道标题	刊载媒体	作者/记者/通讯员
240	5 月 15 日	泾源县开展 2023 年“5·12”防灾减灾日集中宣传活动	宁夏新闻网	王雪玲　马　江
241	5 月 15 日	泾源县启动主题书画摄影作品展活动	宁夏新闻网	王雪玲
242	5 月 16 日	泾源检察大数据监督让危险驾驶无处遁形	宁夏日报	李　魁(通讯员)
243	5 月 16 日	泾源公安防范灾害风险筑牢安全防线	宁夏日报	胡　茜
244	5 月 16 日	泾源县大湾乡:乡村振兴产业旺　走上致富“羊”关道	宁夏新闻网	王雪玲　马　江
245	5 月 16 日	泾源县妇联举行“春蕾计划”助学金发放仪式	宁夏新闻网	王雪玲　杨　丽
246	5 月 16 日	泾源县:玉米大豆套种　万亩梯田成“壮景”	宁夏新闻网	王雪玲
247	5 月 17 日	泾源法院现场执行护春耕保民生	宁夏日报	马　琳
248	5 月 18 日	胭脂川里好风光	宁夏日报	李昊斌
249	5 月 18 日	泾源县开展 2023 年“美好生活·民法典相伴”主题宣传月活动	宁夏新闻网	王雪玲　邵志权
250	5 月 19 日	这个夏天,一起打卡宁夏 40 个博物馆、纪念园吧!	宁夏日报	杨玉瑛
251	5 月 22 日	泾源交警异地调查　帮群众挽损 10 万余元	宁夏日报	刘炳宇
252	5 月 22 日	泾源县“八一爱民学校”正式挂牌	宁夏新闻网	王雪玲
253	5 月 22 日	泾源县开展实用性村庄规划联合审查工作	宁夏新闻网	王雪玲
254	5 月 22 日	泾源农商行金融“活水”让创业者安心逐梦	宁夏日报	马　忠
255	5 月 22 日	“中国旅游日”固原为游客奉上文旅“大餐”	华兴时报	张海峰
256	5 月 23 日	泾源检察院精准发力提升工作质效	宁夏日报	马丽婷(通讯员)
257	5 月 23 日	泾源县:“5223”治理模式助力乡村振兴	宁夏日报	李昊斌
258	5 月 24 日	泾源县开展“热爱科学　崇尚科学”科技活动周宣传活动	宁夏新闻网	王雪玲　贺璐璐
259	5 月 24 日	民警公正处理事故　群众送来水果致谢	宁夏日报	马　琳
260	5 月 25 日	泾源县全力打造“四好农村路”　铺就百姓“致富路”“幸福路”	宁夏新闻网	王雪玲
261	5 月 25 日	宁夏泾源:小积分引领禁毒新风尚	宁夏新闻网	丁炜勇　马　江
262	5 月 25 日	影友天地丨发完奖牌发滩羊?这场比赛有趣	宁夏日报	白　茹
263	5 月 26 日	泾源县六盘山镇:“中药材+蜜蜂”发展新模式　走出生态致富路	宁夏新闻网	王雪玲　贺璐璐

续表 11

序号	日　期	新闻报道标题	刊载媒体	作者/记者/通讯员
264	5月26日	泾源县科协举办菌菇产业技术培训班	宁夏新闻网	王雪玲　贺璐璐
265	5月26日	严管重治 加压攻坚丨泾源公安全力以赴防事故 护平安保畅通	宁夏新闻网	丁炜勇　贺璐璐
266	5月29日	邻里矛盾起纠纷 民警巧妙来化解	宁夏日报	刘炳宇
267	5月30日	积分之变	宁夏日报	李昊斌
268	5月30日	泾源法院举办保密宣传教育月活动	宁夏日报	胡　茜(通讯员)
269	5月30日	泾源公安聚焦急难愁盼零距离服务群众	宁夏日报	于永江(通讯员)
270	5月30日	泾源县法院开展民法典宣传活动	宁夏日报	李　飞(通讯员)
271	5月30日	泾源县禁毒教育进课堂	宁夏日报	马春梅(通讯员)
272	5月30日	精美"法治套餐"送基层,泾源"以案释法"让法治深入人心	宁夏日报	姬　禹
273	5月30日	国网固原供电:电力赋能养殖户 "电"亮乡村振兴路	宁夏新闻网	祁瀛涛　贺璐璐
274	5月31日	宁甘消防开展跨区域地震应急救援演练	宁夏日报	苏克龙
275	5月31日	泾源县开展残疾人手工文创暨新时代文明实践志愿助残系列活动	宁夏新闻网	丁炜勇
276	5月31日	宁夏泾源县:残疾鉴定"送上门" 免费服务暖民心	宁夏新闻网	丁炜勇
277	5月31日	让科学家精神薪火相传！全区科学家精神宣讲活动在固原拉开帷幕	宁夏日报	姬　禹
278	6月6日	固原市900余辆"爱心车"护航高考学子	宁夏日报	姬　禹
279	6月8日	特别策划·小家与大党①丨西海固大山里的人,怀揣着一个大海的梦	宁夏日报	李东梅　剡文鑫 毛文静　许　辉 祁固昌
280	6月9日	特别策划·小家与大党②丨84岁的宁夏农民马德林:五个儿子个个都是百万元户	宁夏日报	李东梅　剡文鑫 毛文静　许　辉 祁固昌
281	6月10日	宁夏泾源县"红色六盘山·避暑泾河源"文化旅游节盛大启幕	宁夏新闻网	丁炜勇　李　东
282	6月12日	特别策划·小家与大党③丨被一本旧书擦亮的命运！生活在西海固大山里,农民马万平月收入一万五	宁夏日报	李东梅　剡文鑫 毛文静　许　辉 祁固昌
283	6月12日	泾源县举办"红色六盘山·避暑泾河源"文化旅游节暨养生膳食烹饪大赛	宁夏新闻网	丁炜勇　李　东
284	6月14日	落实帮扶资金2.17亿元 受益群众40余万人！固原驻村第一书记争"第一"办实事	宁夏日报	李昊斌

续表 12

序号	日　期	新闻报道标题	刊载媒体	作者/记者/通讯员
285	6月16日	泾源:蔬菜大棚种出集体经济增收好“钱”景	宁夏日报	李昊斌
286	6月17日	“寻泾水之源,登胜利之山,泡天然氧吧,享自然宁静”!固原跨省推介农文旅诚邀天下客	宁夏日报	剡文鑫
287	6月18日	宁夏“高质量发展调研行”之打造绿色生态宝地⑥丨杨岭村里喜事多	宁夏日报	强永利
288	6月19日	出警快一秒、平安多一分!宁夏公安“情指行”一体化提速警务效能	宁夏日报	刘惠媛
289	6月20日	泾源县将党建贯穿乡村治理全过程	华兴时报	邓　蕾
290	6月20日	泾源公安三项举措助推接处警提质增效	宁夏日报	马　琳
291	6月20日	泾源法院护航未成年人成长	宁夏日报	李　飞(通讯员)
292	6月20日	泾源公安构建生态保护机制守护绿水青山	宁夏日报	杨莹莹(通讯员)
293	6月20日	泾源检察核心业务数据稳步提升	宁夏日报	沙婷婷(通讯员)
294	6月20日	泾源县兴盛乡:冷凉果蔬种植孕育群众致富新希望	宁夏新闻网	潘　多　赵文强
295	6月21日	泾源县:“互联网+教育”赋能乡村教育优质均衡发展	宁夏新闻网	王雪玲
296	6月21日	新民乡石咀村:点燃“露营激情”绽放乡村魅力	宁夏新闻网	王雪玲
297	6月27日	让人们“望得见山,看得见水,记得住乡愁”!泾源生态文旅融合发展绘就美丽乡村新画卷	宁夏日报	剡文鑫
298	6月28日	按需选派,择优选人!固原再向646个重点村全覆盖选派驻村工作队	宁夏日报	李昊斌
299	6月28日	下沉乡村一线,以帮助建,以扶带变!固原集聚“组团式”帮扶优势 激发乡村振兴强劲动能	宁夏日报	姬　禹
300	7月2日	泾源以融合之“笔”绘就美丽乡村新图景	宁夏日报	剡文鑫
301	7月3日	泾源交警“夏训”练兵促规范执法	宁夏日报	刘炳宇
302	7月4日	泾源公安户籍便民服务有速度更有温度	宁夏日报	马　琳
303	7月4日	泾源检察聚力守护“小邮包”里的“大安全”	宁夏日报	禹素娟(通讯员)
304	7月4日	泾源法院为18名农民工追回欠薪	宁夏日报	赫伟杰(通讯员)
305	7月4日	泾源检察全力守护群众用药安全	宁夏日报	禹素娟(通讯员)
306	7月4日	泾源公安12367平台用心倾听用情服务	宁夏日报	胡　茜(通讯员)
307	7月4日	一场冷凉蔬菜的大Party来了!走,跟着蔬菜们High起来!	宁夏日报	姬　禹
308	7月4日	社体指导员丨丁文广:泾源县的体育达人	宁夏日报	高晓刚

续表 13

序号	日　期	新闻报道标题	刊载媒体	作者/记者/通讯员
309	7 月 5 日	学生不慎遗失手机 泾源民警 4 小时全力寻回	宁夏日报	马　琳
310	7 月 5 日	大美山河赐物华，勤耕沃土育良业！泾源冷凉蔬菜产业走出“优质路”	宁夏日报	剡文鑫
311	7 月 7 日	443 万朵“小伞”盛开在山乡！泾源县：小菌菇做成大产业！	宁夏日报	李昊斌
312	7 月 9 日	奔跑吧，少年！固原第四届中学生田径运动会在泾源举行	宁夏日报	李昊斌
313	7 月 11 日	泾源检察三举措落实为民办实事	宁夏日报	马丽婷（通讯员）
314	7 月 11 日	泾源县举办“三夏”农机安全生产暨农机安全生产网格员培训班	宁夏新闻网	赵文强
315	7 月 12 日	耄耋老人摔倒之际 民警冯玉旺箭步上前扶住	宁夏日报	马　琳
316	7 月 12 日	泾源公安拉起夏季防溺水“警戒线”	宁夏日报	杨莹莹（通讯员）
317	7 月 12 日	小菌菇撑起富民增收“致富伞”	华兴时报	张海峰
318	7 月 13 日	泾源检察推进信访矛盾实质性化解	宁夏日报	马　琳
319	7 月 14 日	又见杨岭村马大嫂	宁夏日报	徐佳敏　剡文鑫
320	7 月 14 日	泾源县泾河源镇为 77 名高考优秀学子发放奖学金	宁夏新闻网	丁炜勇
321	7 月 17 日	架起“连心桥” 拓宽“履职路”——泾源县政协推动履职触角向基层延伸	华兴时报	邓　蕾　马　军
322	7 月 18 日	泾源法院立调立解买卖合同纠纷案	宁夏日报	马　琳
323	7 月 18 日	泾源快警巡逻路上找回走失儿童	宁夏日报	马　琳
324	7 月 18 日	喜迎八方来宾，激发乡村旅游活力！泾源第四届杨岭乡村文化旅游节开幕	宁夏日报	李昊斌
325	7 月 18 日	泾源消防救援大队联合多部门共筑安全“防火线”	宁夏日报	李昊斌
326	7 月 18 日	泾源检察精准宣传守护“钱袋子”	宁夏日报	李　丽（通讯员）
327	7 月 19 日	泾源检察三项举措提升社区矫正监督质效	宁夏日报	杨志强（通讯员）
328	7 月 21 日	沿着总书记足迹 感悟思想伟力丨好日子是汗水浇灌出来的	宁夏日报	徐佳敏　剡文鑫　张晓慧
329	7 月 21 日	沿着总书记足迹 感悟思想伟力丨让好生态成为百姓最普惠的福祉！宁夏守住绿水青山打造金山银山	宁夏日报	李　锦
330	7 月 21 日	三伏天盖厚被，来宁夏泾源享受“18℃的夏天”	宁夏日报	李昊斌
331	7 月 23 日	泾源公安全方位反诈 发案同比下降 47.06%	宁夏日报	胡　茜（通讯员）
332	7 月 23 日	泾源县把“凉资源”做成“热产业”上半年接待游客 32.5 万人次 旅游综合收入 2.9 亿元	宁夏日报	李昊斌

续表 14

序号	日　期	新闻报道标题	刊载媒体	作者/记者/通讯员
333	7月24日	泾源交警“绿色通道” 畅通暑期考证难	宁夏日报	刘炳宇
334	7月25日	同饮泾河水 共享六盘山 陕甘宁三市检察机关共商黄河(泾河)流域生态保护	宁夏日报	马　琳
335	7月25日	微语观潮丨守住“生态美”,才有“百姓富”	宁夏日报	沈　琪
336	7月25日	泾源县举办政法系统“共建平安泾源 共享平安生活”文艺演出	宁夏新闻网	郭　庆
337	7月25日	泾源农商行投放普惠小微企业贷款 5.3 亿余元，让小微企业敢贷愿贷能贷会贷	宁夏日报	马　忠
338	7月26日	面对面讲解 手把手教授 泾源县这场消防宣传有看头	宁夏日报	苏克龙
339	7月26日	为群众“守夜” 为平安“站岗”	宁夏日报	杨莹莹(通讯员)
340	7月27日	泾源检察服务保障黄河(泾河)流域高质量发展	宁夏日报	马　琳
341	7月27日	泾源新民派出所夏季警情同比下降	宁夏日报	杨莹莹(通讯员)
342	7月27日	泾源法院“指尖”调解“揪心事”解难题	宁夏日报	于伟刚(通讯员)
343	7月28日	零距离感受“速度与激情”！宁夏·泾源首届汽摩节暨“六盘山杯”汽车场地越野赛开赛	宁夏日报	李昊斌
344	7月29日	宁夏泾源第一届汽摩节暨“六盘山杯”汽车场地越野赛开赛	宁夏新闻网	李　东　丁炜勇
345	7月30日	从“很难见到绿”到“满眼都是绿”！泾源绿水青山成了金山银山	宁夏日报	李昊斌
346	7月31日	泾源交警开展全域护栏隐患排查整治	宁夏日报	刘炳宇
347	7月31日	泾源民宿旅游:“大产业集群”与“精产业形态”同向发力	宁夏日报	李昊斌
348	7月31日	认养一箱蜂 酿造专属蜜	宁夏新闻网	于玉倩
349	8月1日	泾源法院开展消防应急演练	宁夏日报	兰　鑫(通讯员)
350	8月2日	泾源县政协切实把全会精神传达到委员和各界别群众中	华兴时报	马　瑞(通讯员)
351	8月2日	泾源检察“12309”窗口搭起检民“连心桥”	宁夏日报	杨　岚(通讯员)
352	8月2日	泾源公安“3+举措”提升反诈战斗力	宁夏日报	杨莹莹(通讯员)
353	8月2日	泾源县“带头学拒毒品”筑牢禁毒防线	宁夏日报	鄢福全(通讯员)
354	8月2日	慰问退伍老兵 传递温暖关怀	宁夏新闻网	潘　多
355	8月4日	宁夏泾源县:“甜蜜事业”让残疾人过上了甜蜜日子	宁夏新闻网	丁炜勇
356	8月8日	泾源县乡村旅游富农家 上半年旅游综合收入 2.9 亿元，比去年同期增长 222%	宁夏日报	李昊斌

续表 15

序号	日　期	新闻报道标题	刊载媒体	作者/记者/通讯员
357	8月9日	3.5万群中蜂年产值4000万元！泾源小蜜蜂“酿出”富民大事业	宁夏日报	姬　禹
358	8月10日	农业“碳库”变“金库”！首次“闽宁协作”农业碳汇交易落地泾源	宁夏日报	李昊斌
359	8月11日	培育新业态，打造新亮点！泾源民宿撬动乡村振兴“热产业”	宁夏日报	李昊斌
360	8月13日	美丽新宁夏　黄河千里行·先行区建设晒比促|泾河源头活水来	宁夏日报	苏　峰　杜晓星　何耐江　杨玉瑛　王沛瑶　何婉蓉　马　磊
361	8月14日	美丽新宁夏　黄河千里行·长图|萧关古道　红色固原	宁夏日报	苏　峰　杜晓星　何耐江　杨玉瑛　王沛瑶　何婉蓉　马　磊　杨焘郡
362	8月16日	26年，一件事！“80后”老教授林占熺的宁夏足迹！	宁夏日报	李昊斌
363	8月17日	宁报视点月特别策划|宁夏让凉资源热起来	宁夏日报	王　刚　李昊斌
364	8月17日	“萌娃”走进消防队　近距离追星“火焰蓝”	宁夏日报	李昊斌
365	8月24日	泾源举行突发地质灾害应急避险演练	宁夏日报	李昊斌
366	8月28日	魅力泾源：农文旅融合铸和美乡村　绘就全域旅游新图景	宁夏新闻网	洪旭东　王剑雪
367	8月28日	西安千人旅行团拉开秋游“天高云淡六盘山”序幕	宁夏新闻网	洪旭东
368	8月30日	精彩纷呈连连看！固原民族团结进步月系列活动在泾源启动	宁夏日报	李昊斌
369	9月8日	安全生产监督行Vlog|煤矿、农村、景区、酒吧的安全工作落实得怎么样？跟随人大安全生产执法检查看彭阳和泾源“答卷”	宁夏日报	剡文鑫
370	9月11日	籽籽同心向阳　花开塞上芬芳——写在宁夏民族团结进步月活动设立40周年之际	宁夏日报	马　越　高　菲　王　刚　杨玉瑛　李昊斌
371	9月11日	泾源“正向激励”激发党员干部干事创业动力	宁夏日报	李昊斌
372	9月12日	畅通“消防通道”确保“生命通道”！泾源重锤打击占用堵塞封闭消防通道	宁夏日报	李昊斌
373	9月13日	泾源县国防教育“走新”又“走心”	宁夏新闻网	丁炜勇　李　东
374	9月13日	泾源：保护一方水土　守住生态屏障	宁夏日报	李昊斌

续表 16

序号	日　期	新闻报道标题	刊载媒体	作者/记者/通讯员
375	9月14日	宁夏泾源:“美丽庭院”建设绘就美丽乡村新画卷	宁夏新闻网	丁炜勇　李　东
376	9月18日	一线调查|泾源县:“互联网+教育”打通城乡教学壁垒	宁夏日报	丁建峰
377	9月19日	用“舌尖”带动“脚尖”,让“流量”变为“留量”！泾源“牛街”开市即火爆	宁夏日报	李昊斌
378	9月20日	宁夏泾源第七届黄牛节来了！赛牛大会上,泾源媳妇秦秀兰养的黄牛一举夺魁,荣获“牛王”称号！	宁夏日报	李昊斌
379	9月20日	宁夏泾源县第七届黄牛节暨农特产品直播带货庆丰收活动开幕	宁夏新闻网	丁炜勇　李　东
380	9月22日	固原建强基层党组织为乡村振兴提供坚实支撑	宁夏日报	李昊斌
381	9月25日	“想要玩转宁夏,看我们就够啦”①|爬山洗肺“森”呼吸,来山水小城泾源,给你的心肺做SPA！	宁夏日报	邵珍珍
382	9月26日	绿满燕家山	宁夏日报	张　唯
383	9月28日	泾源多元力量联动治理让平安真切可感	宁夏法治报	马　琳
384	10月11日	看！乘着美丽乡村建设东风 杨岭村越来越“有范儿”了！	宁夏日报	李昊斌
385	10月15日	杨岭村群众在绿水青山间吃上“旅游饭”	宁夏日报	李昊斌
386	10月16日	绿水青山就是金山银山|在宁夏找寻“两山论”的生动实践系列报道之一:山村里的生态养蜂人	宁夏日报	杨紊郡　剡文鑫 毛雪皎　贺珊珊 杨玉瑛　李霞霞
387	10月18日	绿水青山就是金山银山|在宁夏寻找“两山论”的生动实践系列报道之二:白云生处有人家	宁夏日报	杨紊郡　剡文鑫 宫炜炜　李昊斌
388	10月19日	宁浙两省“宣讲走亲”暨“村支书话生态”巡回宣讲走进泾源县	宁夏日报	何娟亮
389	10月19日	“宣讲走亲”话生态	宁夏新闻网	何娟亮
390	10月23日	加快建设宁夏副中心城市和生态文旅特色市！固原作出安排部署！	宁夏日报	剡文鑫
391	10月25日	植绿增绿护绿并举！描绘六盘山壮丽画卷	宁夏日报	李昊斌
392	10月28日	泾源:深耕民生增福祉	宁夏日报	李昊斌
393	10月29日	乡村行 看振兴|泾源羊槽村:水泽地里撑开“富民伞”	宁夏日报	李昊斌
394	10月31日	泾源:高原明珠 青绿叠翠	宁夏日报	李昊斌
395	11月7日	宁夏泾源县农商行助力“小食品”勇闯“大市场”	宁夏新闻网	丁炜勇　李　东

续表 17

序号	日　期	新闻报道标题	刊载媒体	作者/记者/通讯员
396	11 月 13 日	泾源:“派、找、联”多措并举,打造企业发展“红色引擎”	宁夏日报	李昊斌
397	11 月 17 日	惠民生、暖民心、顺民意工作做到群众心坎儿上!泾源全方位推进主题教育“落地生花”	宁夏日报	李昊斌
398	11 月 18 日	办实事、解难题、作贡献!泾源“四下基层”为民解忧促发展	宁夏日报	李昊斌
399	11 月 18 日	泾源县:推行“四下基层”信访工作法化解信访群众烦心事	宁夏新闻网	丁炜勇　李　东
400	11 月 23 日	泾源法院努力把司法服务送到群众身边	宁夏日报	马　琳
401	11 月 24 日	泾源党员干部:立足岗位做贡献以实际行动解难题	宁夏日报	李昊斌
402	11 月 29 日	从单一种植到农旅融合!泾源米岗村小菌菇孕育大产业	宁夏日报	李昊斌
403	11 月 29 日	用好“问题清单” 推动一线解决!泾源推进主题教育走深走实	宁夏日报	李昊斌
404	12 月 3 日	泾源县六盘山镇举行“厚植文化底蕴·赋能乡村振兴”主题文化体育活动	宁夏新闻网	丁炜勇　李　东
405	12 月 3 日	世界舞台中央的宁夏味道!泾源农特产品亮相博鳌“一带一路”全球金融大会	宁夏日报	李昊斌
406	12 月 7 日	泾源新民乡:特色产业“冬闲”变“冬忙”	宁夏日报	李昊斌
407	12 月 9 日	固原市产业引育人锻造乡村振兴“生力军”	宁夏日报	何娟亮
408	12 月 14 日	泾源:土地不留“空窗期”,林下种植中药材	宁夏日报	李昊斌
409	12 月 16 日	2023“冬游固原消费季”启动仪式暨宁夏固原·泾源第四届冰雪文化体育旅游节盛大启幕	宁夏新闻网	丁炜勇　李　东
410	12 月 16 日	泾源冰雪助全域旅游从“半年闲”转向“全年游”	宁夏日报	李昊斌
411	12 月 17 日	2023 年宁夏青少年高山滑雪锦标赛在泾源雅豪滑雪场举办	宁夏新闻网	丁炜勇　李　东
412	12 月 17 日	51 名参赛选手上演“速度与激情”!全区青少年高山滑雪锦标赛在泾源县举行	宁夏日报	李昊斌
413	12 月 19 日	泾源县冷资源持续释放热能量	宁夏日报	李昊斌
414	12 月 21 日	美丽新宁夏　一线看发展丨小菌菇种出泾源林下种植新路径	宁夏日报	李昊斌
415	12 月 22 日	固原筹集 130 万元物资驰援积石山县	宁夏日报	李昊斌

续表 18

序号	日　期	新闻报道标题	刊载媒体	作者/记者/通讯员
416	12 月 23 日	泾源“四下基层”为群众办实事解难题	宁夏日报	李昊斌
417	12 月 23 日	巡察“利剑”推动泾源县城换新颜	宁夏日报	何耐江
418	12 月 23 日	欢庆元旦迎新年·山海情深一家亲	宁夏新闻网	文　弢(通讯员)
419	12 月 29 日	玩冰雪,游宁夏！宁夏冰雪运动节精彩启幕	宁夏日报	高晓刚
420	12 月 30 日	第十届全国大众冰雪季宁夏分会场暨 2024 世界雪日活动固原分会场将在泾源启动	宁夏日报	剡文鑫
421	12 月 30 日	泾源新民乡 153 户农民领到了“新年礼物”！每家抱走 4 只兔子	宁夏日报	李昊斌
422	12 月 31 日	冰雪运动我最炫！第十届全国大众冰雪季宁夏冰雪运动节开幕	宁夏日报	高晓刚
423	12 月 31 日	冬天就要“花式”玩冰雪！　第十届全国大众冰雪季宁夏分会场活动启动	宁夏日报	剡文鑫　李昊斌

索　引

说明：1.本索引以主题分析方法为主，按主题词首字汉语拼音字母顺序排列。

2.主题词后的数字表示内容所在的页码，数字后面的a、b、c表示该页码自左至右的栏别。

D

E

F

G

H

J

K

L

M

N

P

Q

R

S

X

Y

Z